로이드 존스 앤솔러지

GEMS FROM MARTYN LLOYD-JONES
An anthology of Quotations from "The Doctor"

Copyright © 2007 Tony Sargent
Origininally published by Paternoster
Paternoster is an imprint of authentic Media,
9Holdom Avenue, Bletchley, Milton Keynes, Bucks,
MK1 1QR,UK
All Rights Reserved.

Translation by permission SEND THE LIGHT LT, trading as Paternoster Press
Korean Translation copyright © 2009 by Jipyung Publishing Company

본 저작물의 한국어판 저작권은 저작권자와의 독점계약으로 지평서원이 소유합니다.
저작권법에 의하여 한국 내에서 보호를 받는 저작물이므로 무단 전재와 무단 복제를 금합니다.

로이드 존스
앤솔러지

마틴 로이드 존스 지음
토니 사전트 편집 · 신호섭 옮김

지평서원

contents

- 추천의 글 10
- 영문판 편집인의 글 13
- 옮긴이 머리말 21

ㄱ

가족 : 결혼 Family : Marriage 26
간음 Adultery 27
간증 Testimony 27
감상주의 Sentimentalism 28
감정 : 경험 Feeling : Experience 29
감정과 감정주의 Emotion and Emotionalism 30
개인주의 Individualism 32
거듭남 Regeneration 32
거룩 Holiness 33
거룩한 절기 Holy Days 35
거짓 Lie 35
결혼 Marriage 36
겸손 Humility 39
경건 Godliness 40
경험 Experience 41
계명 Commandments 43
계시 Revelation 43
계시록 Book of Revelation 44
고난 Suffering 45
고백 Confession 46
고통 Pain 46
과학 Science 47
관용 Tolerance 48
교단 Denomination 49
교리 Doctrine 49
교만 Pride 54
교육 Education 54

교조주의 Dogmatism 54
교통 Communion 54
교회 : 우주적 교회 Church : Universal 55
교회 : 지역교회 Church : Local 64
구속 Redemption 70
구원 Salvation 71
권세 : 마귀, 귀신 숭배 Power : Devil, Demonism 76
권위 : 성경, 영감 Authority : Bible, Inspiration 76
권징 Discipline 78
균형 Balance 81
그리스도인 Christian 82
근심 Anxiety 92
금식 Fasting 92
기도 Prayer 93
기독교 Christianity 105
기름 부음 : 보증, 성령 세례 109
Anointing : Assurance, Baptism in the Spirit
기름 부음 : 설교 Unction : Preaching 110
기만 Deceit 111
기쁨 Joy 111
기적들 : 은사적 재능 114
Miracles : Charismatic Gifts
기질 Temperament 117

ㄴ

나이 Age 120
낙관주의 Optimism 121
낙심 Discouragement 122
노예 Slavery 122
논리 Logic 123
논쟁 Debate 124
눈물 Tears 126

ㄷ

대중성 Popularity 127
도덕성 Morality 127
동물들 : 소멸 Animals : Consummation 128
동성애 Homosexuality 130
동정녀 탄생 Virgin Birth 130
두려움 Fear 131

ㄹ

라디오 Radio 132
로마 가톨릭주의 Roman Catholicism 132
로마서 Romans 134

ㅁ

마귀 : 귀신 숭배, 악 Devil : Demonism, Evil 135
마리아 : 동정녀 탄생, 로마 가톨릭주의 142
Mary : Virgin Birth, Roman Catholicism
마음 Heart 143
만인구원론 Universalism 144
말씀 Word 144
명성 Publicity 145
모순 Inconsistency 145
목사 Pastor 146
무감각 Insensitivity 146
무신론 Atheism 146
무종교 Irreligion 147
묵상 Meditation 147
물질주의 : 부 Materialism : Wealth 148
미디어 Media 149

미성숙 Immaturity 149
미움 Hatred 150
민족주의 Nationalism 150
믿음 Belief 152
믿음 Faith 152

ㅂ

바리새인 Pharisees 156
바울 Paul 156
배교 Apostasy 160
변론 Contentiousness 161
변증 Apologetics 161
변화 Change 161
병 Sickness 161
보증 : 성령 세례 162
Assurance : Baptism in the Spirit
보혜사 Advocacy 168
복음 : 사회, 비복음화 169
Gospel : Society, Unevangelised
복음전도 Evangelism 176
부 Wealth 180
부모 Parents 182
부활 : 사후의 생명, 천국 182
Resurrection : After Life, Heaven
부흥 Revival 185
불경건 Ungodliness 193
불멸성 Immortality 194
불신앙 Unbelief 194
불신자 Unbelievers 195
비복음화 : 유아들 Unevangelised : Infants 195
비평 Criticism 196
빈곤 : 부 Poverty : Wealth 196

빌립보서 Philippians 197

사도들 Apostles 198
사도들의 행적 Acts of Apostles 199
사람 : 아담 Man : Adam 200
사랑 Love 207
사실들 Facts 210
사탄 : 마귀, 귀신 들림 Satan : Devil, Demonism 210
사회 Society 210
사회 : 복음 Society : Gospel 211
사후의 생명 : 죽음, 천국 213
After Life : Death, Heaven
산상수훈 Sermon on the Mount 214
삼위일체 Trinity 216
상급 Reward 219
상담 Counselling 219
생각(사고) Thinking 222
생명 Life 223
선교사 Missionary 224
선입견 Prejudice 226
선택 : 칼빈주의 Election : Calvinism 226
선함 Goodness 229
선행 Good Works 229
설교 Preaching 230
설교 : 기름 부음 Preaching : Unction 230
설교 : 설교자, 설교하기 242
Sermon : Preachers, Preaching
설교술 : 설교 Homiletics : Preaching 244
설교자 Preacher 244
섭리 Providence 249
성 Sex 250

성격 Character 252
성경 Bible 252
성도(성인) Saints 268
성도의 견인 : 영원한 안전, 선택 270
Perseverance of the Saints : Eternal Security, Election
성령 : 세례, 은사주의 272
Holy Spirit : Baptism, Charismatic Gifts
성령 세례 : 보증 Baptism in the Spirit:Assurance 281
성례 Sacrament 293
성마름 Impatience 294
성미 Temper 294
성숙 Maturity 294
성실함 Integrity 295
성취 Achievement 295
성화 Sanctification 295
세례(물세례) Baptism in Water 300
세상 World 301
속죄 : 십자가, 구원 303
Atonement : Cross, Salvation
수 Numbers 307
수도원 생활 Monasticism 307
순교자들 Martyrs 308
숫자 Numerics 308
스토아 학파 Stoicism 309
습관 Habit 309
시간 Time 310
시민권 Citizenship 311
시편 Psalms 311
시험과 신학교육 312
Examinations and Theological Training
신경 Creed 314
신비 Mystery 314
신비주의 Mysticism 315
신학 Theology 318

실패 Failure 319
심리학 Psychology 319
심판 : 지옥 Judgement : Hell 321
십자가 : 속죄, 그리스도의 보혈 323
The Cross : Atonement, Blood of Christ

O

아담 Adam 328
악 : 마귀 Evil ; Devil 331
악함 Wickedness 332
악행 Depravity 333
안식일 Sabbath 333
알미니안주의 Arminianism 334
야망 Ambition 334
약속들 Promises 335
양심 Conscience 335
어리석음 Stupidity 337
어린이들 : 유아들 Children : Infants 337
언약 Covenant 338
에큐메니즘 Ecumenism 339
여권주의 Feminism 339
역사 History 340
연합 Unity 342
열심 Zeal 345
열정 Passion 345
열정주의 Enthusiasm 345
영광 Glory 346
영생 Eternal Life 348
영성 Spirituality 349
영속성 Persistence 350
영원 Eternity 351
영원한 안전 Eternal Security 351

영원한 형벌 : 지옥, 진노 353
Eternal Punishment : Hell, Wrath
영적 전투 Spiritual Warfare 353
영적 타락 Backslider 355
영혼 Soul 356
예배 Worship 357
예수 그리스도 : 속죄 360
Jesus Christ : Atonement
예언 Prophecy 373
예정 Predestination 376
오순절 Pentecost 376
온유함 Meekness 377
용서 Forgiveness 377
운동 Movements 379
웅변술 Eloquence 379
원죄 Original Sin 380
위로 Comfort 381
유대인 Jews 381
유아들 : 복음화되지 않은 유아들 384
Infants : Unevangelised
유전 Heredity 385
유한성 Impermanence 385
유혹 Temptation 386
윤리 Ethics 389
율법 Law 389
율법폐기론 Antinomianism 392
은사적 선물 : 치유, 이적, 예언 392
Charismatic Gifts : Healing, Miracles, Prophecy
은혜 Grace 394
음악 Music 400
의 Righteousness 401
의복 Vestments 402
의심 Doubt 402
의지 Will 402

이교 : 크리스천 사이언스, 경험 403
Cults : Christian Science, Experience
이기심 Selfishness 404
이단, 이단적 Heresy, Heretics 404
이사야 Isaiah 405
이성 Reason 406
이해 Understanding 408
이혼 : 결혼 Divorce : Marriage 410
인격 Personality 410
인도 Guidance 411
인류 Humanity 412
인문주의 Humanism 414
일관성 Consistency 414

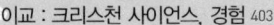

자비 : 불쌍히 여김 Mercy : Compassion 416
자아 Self 417
자연 Nature 422
자유의지 Free Will 423
재림 Second Coming 424
적그리스도 Antichrist 425
전도서 Ecclesiastes 425
전쟁 War 425
전통 Tradition 427
정욕 Lust 427
정죄 Condemnation 428
정치 Politics 428
정통주의 Orthodoxy 431
제자 : 열두 제자 Disciples : the Twelve 432
제자도 Discipleship 432
조나단 에드워즈 : 지옥 433
Jonathan Edwards : Hell

조직신학 Systematic Theology 433
종교 Religion 434
종말 : 짐승들, 재림 435
Consummation : Animals, Second coming
종말론 Eschatology 437
죄 Sin 438
죄과 Guilt 447
죽음 : 사후의 생명 Death : Afterlife 447
지각 Perfection 455
지성 Mind 455
지식 Intellect 457
지옥 : 마귀와 귀신 들림, 영원한 형벌,
복음화되지 않은 자들 458
Hell : Devil and Demonism,
Eternal Punishment, Unevangelised
지옥멸절설 Annihilationism 461
지혜 Wisdom 462
진노 Wrath 462
진리 Truth 463
진화론 : 창조, 반창조론 464
Evolution : Creation, Anti-Creationism

찬송가 Hymns 467
찬양 Praise 468
찬양대 Choirs 469
창세기 Genesis 469
창조 : 종말 Creation : Consummation 470
책들 Books 473
책임 Responsibility 474
천국 : 사후의 생명 Heaven : After Life 474
천년왕국 : 유대인 Millennium : Jews 479

천사들 Angels 480
철학 Philosophy 483
청교도들 Puritans 485
초신자 Novice 485
축복(은총, 하나님의 복 주심) Blessing 485
출생 Birth 487
치유 : 은사주의 Healing : Charismatic Gifts 487
침체 Depression 490
칭의 Justification 490

하나님 God 505
하나님에 대한 지식 Knowledge of God 514
하나님의 나라 Kingdom of God 518
학문 Scholarship 518
행동 Behaviour 519
행복 Happiness 519
헌신(하나님께 드리는 시간) Devotions 520
현대성 Modernity 521
혈연관계 Relationships 523
형벌 : 지옥 Punishment : Hell 523
혼란 Perplexity 524
화해 Reconciliation 524
확신 Conviction 524
활동 Activity 526
회개 Repentance 526
회심 Conversion 528
회심하지 않은 자 Unconverted 534
회중 Congregation 534
회합 Meetings 536
후회 Regrets 537

칼빈주의 – 선택 : 하나님의 주권 494
Calvinism-Election ;Sovereignty of God
퀘이커 교도 Quakers 496
크리스천 사이언스 : 컬트 497
Christian Science : Cults

타락 : 아담, 짐승들, 성취, 창조 499
Fall, The : Adam, Animals, Consummation, Creation

• 로이드 존스 저작 목록 538

평화 Peace 502
평화주의 Pacifism 502
포르노그라피 Pornography 503
프리메이슨주의 : 이교 Freemasonary : Cults 503
피상적 신앙 Superficiality 504
핍박 persecution 504

■ 추천의 글

로이드 존스의 보물 상자를 열어 보다

제임스 패커

지난 수세기 동안 학문적인 신학에 정통한 사람들을 신학박사로 부르는 데 아무 이견이 없었다면, 마틴 로이드 존스를 복음의 박사Doctor Evangelicus로 부르는 것 역시 아무런 이견이 없을 것입니다. 이때 박사는 교사를 의미합니다. 물론 신학박사와 로이드 존스 박사 사이에 차이가 없는 것은 아닙니다. 지난 세기의 신학박사들은 주로 대학의 강의실에서 가르쳤으며, 엄청난 작품을 집필했습니다.

반면 로이드 존스는 강단과 연단에서 설교와 강연을 했습니다. 로이드 존스의 유일한 학문적 업적은 그가 의사 시절에 집필한 것들뿐입니다(바로 이것이 로이드 존스가 평생 박사로 불렸던 이유입니다). 그럼에도 그는 위대했으며, 복음 진리와 신앙생활의 실제적 문제에 대하여 중대한 교사 역할을 담당하였습니다.

더욱이 로이드 존스 박사는 다른 어떤 사람들보다도 영국의 복음주의권 내에서 이전에 없었던 신학에 관한 관심을 불러 일으켰으며, 사람들을 더욱 성숙하게 만들었습니다.

17세기 청교도들과 18세기의 조나단 에드워즈Jonathan Edwards, 19세기의 찰스 핫지Charles Hodge와 20세기의 벤자민 워필드Benjamin B. Warfield가 모두 다 젊은 날의 로이드 존스에게 있어서 웨일즈 칼빈주의 감리교의 유산이었고, 그에게 복음적 이해를 제공해 주었습니다. 그 결과 로이드 존스 박사는 평생 목회 사역을 하는 동안 명료성과 권위성을 동시에 나타낼 수 있었습니다.

그는 민첩하고 날카로웠으며, 명민하고 직관적이었으며, 논리적 지성과 단순한 생각의 소유자였고, 정열적이었으며 기계적이지 않았고, 적당한 속도의 열정적인 연설가였습니다.

여러분은 그가 무엇을 강해하든지, 무엇을 설복하고 적용하든지, 그 자신이 완전히 말씀에 흡수되어 있는 것을 쉽게 느꼈을 것입니다. 그의 시대에 로이드 존스만큼 회중들의 마음을 움직이는 설교자는 없었습니다.

그는 복음적이고도 목회적인 기독교 의사소통의 참된 심장이 하나님의 말씀 선포, 즉 설교에 있으며, 메시지를 선포하는 순간마다 임하는 설교자의 직접적인 영향력이 설교의 참된 심장이라고 강력하게 확신했습니다. 그래서 그는 처음에 자신의 설교를 녹음하는 것을 싫어했습니다. 후에 많은 요구 때문에 어쩔 수 없이 수락하기는 했지만, 그는 여전히 설교자의 녹음테이프를 듣는 것은 하나님의 말씀의 살아 있는 강해자로부터 설교를 직접 듣는 것에 비해 영적으로 훨씬 약한 것임을 주장했습니다.

그러나 우리는 로이드 존스 박사가 이 세상을 떠난 지금, 그의 성경적 지혜를 생생하게 전해 주는, 그래서 마치 박사의 설교 모습을 보는 것 같은 육성 테이프를 듣고 그의 책들을 읽을 수 있는 것을 기쁘게 생각하지 않을 수 없습니다.

『로이드 존스 앤솔러지』 이 책이 바로 그 많은 책들 가운데 하나입니다.

창고에 쌓여 있는 테이프와 문서에 저장되어 있는 깊이 있는 논증으로부터 기품 있는 본문과 진리의 금괴, 화살같이 적중하는 적용의 지혜를 발췌해 내는 것은 결코 쉬운 작업이 아닙니다. 그러나 토니 사전트 박사는 이 일을 신실하게 수행해 냈습니다. 우리는 이 책을 통해 우리에게 보물을 전해 주는 사전트 박사에게 큰 신세를 진 셈입니다.

제임스 패커James Packer는 벤쿠버 리젠트 대학의 조직신학, 역사신학 교수입니다.

■ 영문판 편집인의 글

시대를 초월하는 하나님의 사역자
위대한 설교자 로이드 존스

토니 사전트
(국제기독대학 글라스고우)

　로이드 존스 박사를 도와 한때 함께 목회 사역을 했던 이안 머리Iain Murray 목사는 감사하게도 데이비드 마틴 로이드 존스 박사의 순례 여행(그는 모든 이의 인생을 통한 여행을 묘사하는 데 있어서 이 표현을 선호했습니다)을 상세하게 설명해 줍니다. 그는 마지막 기도 시간에 교회 회중들의 짧고도 불확실한 지상에서의 생애와 순례 여행을 위해 하나님의 복을 종종 빌었습니다. 이안 머리가 쓴 두 권으로 된 두꺼운 로이드 존스의 전기는 우리에게 훌륭하고도 상세한 설명을 제공합니다.

　저는 저의 첫 번째 책을 통해 박사의 생애에 대하여 개괄적으로 설명하였습니다. 그 이후에 좀 더 구체적이고 분석적이며, 이 놀라운 목회 사역의 객관적인 비평을 담고 있는 존 블렌처의 박사학위 논문이 발표되었습니다. 머리와 블렌처 두 사람 모두 로이드 존스 박사의 생애와 그의 설교에 관심을 가진 독자들의 사랑을 받았습니다.

　로마서 시리즈의 마지막 작품인 『로마서 강해 14(자유와 양심)』Liberty and Conscience

의 흥미진진한 서론에서, 머리는 이 모험적 출판의 뒷이야기를 전해 주고 있습니다. 2003년에 머리는 이미 수년 전에 백만 부 판매 기록을 달성했음을 주목하고, 그 이후에도 계속해서 로이드 존스 박사의 작품이 쏟아져 나왔으며, 많은 출판사들이 그의 책을 출판하려고 관심을 보였고, 얼마나 많은 책들이 전 세계로 판매되었는지를 계산하는 것이 불가능해졌음을 이야기한 바 있습니다. 영국의 배너 오브 트루스Banner of Truth가 로이드 존스 박사의 책 가운데 대부분을 출판했으며, 다른 출판사들도 그의 책을 전 세계에 보급하는 일에 뛰어들었습니다.

마틴 로이드 존스 박사가 이 세상을 떠나 영원한 하나님의 나라로 돌아간 지 26년이 되었습니다. 그러나 '그의 책은 아직도 살아서' 우리에게 말하고 있습니다. 그의 책에 대한 요구가 너무나 컸고, 독자층 역시 광범위했습니다. 그의 책들은 20,21세기의 신앙 도서를 위한 가장 위대한 업적이기도 했습니다. 그래서 우리는 배너 오브 트루스의 신앙적 걸음을 축하하지 않을 수 없습니다. 또한 이런 의미에서 '설교의 죽음'이라는 불길한 징조를 알린 사람들이 너무나 성급했음을 알 수 있습니다.

십수 년 전에 존 스토트는 존 브렌처와의 개인 인터뷰를 통해 로이드 존스 박사가 그의 설교를 요약하지 않은 것은 유감스러운 일이라고 말했습니다. 그리고는 "이 모든 설교와 작품들이 앞으로 20,30년 후에도 여전히 출판될 수 있을 것이라고는 생각하지 않는다"라고 말했습니다. 그러나 그 자신이 가공할 만한 대단한 설교자였으며 로이드 존스의 흠모자였음에도 이 예언은 적중하지 않았습니다.

저는 10여 년 전 『위대한 설교자 로이드 존스』The Sacred Anointing를 출판한 이후 이 작품을 시작했습니다. 『위대한 설교자 로이드 존스』는 마틴 로이드 존스 박사의 비범한 사역을 평가하는 것에 대한 수많은 시도 가운데 하나였습니다. 이 책에서 저는 그의 성령론에 관한 논쟁적 교리와 설교 사역을 강력하게 만드는 교리의 중요성을 살펴보았습니다.

이 작품은 감사하게도 영국에서 좋은 평가를 받았고, 미국에서도 출판되었습니다. 또한 인디아에서는 특별판이 출판되었고, 한국에도 번역, 소개되었으며, 최근에는 페이터노스터 출판사 Paternoster Press에서 다시 출판되었습니다.

저는 이 책을 작업하면서 발췌한 수많은 로이드 존스 박사의 글에 또다시 놀라지 않을 수 없었습니다. 저는 로이드 존스 박사의 작품에 나오는 글들을 발췌하고 이 책을 집필하면서, 마치 가장 많이 인용되고 소개되는 19세기의 설교자 찰스 스펄전 Charles Spurgeon의 설교에서 저인망 그물로 물고기를 걷어 올리는 것과 같은 느낌을 받았습니다.

스코틀랜드에 국제기독교대학 International Christian College을 설립하는 일을 돕기 위해 스코틀랜드로 오라는, 전혀 기대하지 않았던 요청을 받은 저는, 28년 동안 섬겼던 영국 남부 해안에 위치한 정든 교회를 떠나게 되었습니다. 저는 천진난만하게도 이 일이 저에게 집필과 여행을 위한 더 많은 시간을 허락해 줄 것이라고 생각했습니다. 그러나 그것은 잘못된 생각이었습니다. 저를 환영해 주고 학문 세계에서 수월하게 많은 사람들을 접촉하게 해 주었던 명예 교수 닐 후드가 저에게 잔소리한 지 8년이 흘러서야 비로소 저는 다시 업무에 복귀했습니다. 그러나 저에게 다시 진지하게 집필을 하라고 압박했던 그는 슬프게도 그 열매를 보기 전에 하나님의 품으로 돌아갔습니다.

저는 설교학 강의 시간에 『위대한 설교자 로이드 존스』를 교과서로 사용했습니다. 이 책을 편찬하면서 저의 마음에는 어떤 설교자가 떠올랐습니다. 바로 찰스 스펄전입니다. 찰스 스펄전은 설교자들을 위한 설명과 인용구 형식을 띤 『당신의 화살을 위한 깃털』 Feathers for Your Arrows이라는 색다른 책을 출간한 적이 있습니다. 바라건대 본서에도 이와 마찬가지로 설교에 있어서 격려와 자극이 될 만한 깃털이 많이 있기를 소원합니다.

저의 주된 관심사는 설교자들로 하여금 로이드 존스를 흉내 내게 만드는 것이 아닙니다. 로이드 존스 박사는 언제나 젊은 설교자들에게 "자신의 모습으로 설교하라"라고 말했습니다. 다만 제가 소망하는 바는, 현재와 미래의 설교자들이 명료성과 열정으로 성경을 주해하였던, 살아 계신 하나님의 말씀을 향한 로이드 존스 박사의 헌신을 본받는 것입니다.

바로 이것이 참된 설교의 정수입니다. 로이드 존스 박사가 설교를 '불붙은 논리'라고 정의한 것은 잘 알려져 있습니다. 칼빈은 대담하게도 "하나님의 말씀을 설교하는 것이 곧 하나님의 말씀이다"라고 말한 바 있습니다.

이 묵상집을 편집하는 저의 또 하나의 소망은, 간결하지만 신학의 개요가 되는 본서를 통해 설교자가 아닌 사람들이 유익을 얻는 것입니다. 우리 교회의 오르간 반주자 가운데 한 분이 제가 워딩 교회Worthing Church에서 본서를 작업할 때 남겨 두었던 원고 몇 장을 발견했습니다. 그것을 읽은 그는 더 많은 내용을 읽어 보기를 원했습니다. 그는 자신이 읽었던 인용 구절들로 인하여 깊이 생각하게 되었고, 또 신학 수업을 받은 것 같았다고 말했습니다. 저 역시 토저의 책들을 읽었을 때 이와 유사한 경험을 한 바 있습니다.

본서의 편찬 방법은 지극히 개인적이며 단순합니다. 저는 로이드 존스 박사의 저작을 책별로 읽었고, 때로는 반복해서 읽었습니다. 그리고 특별히 저의 마음을 감동시킨 구절을 뽑아서 그것들을 차례대로 분류했습니다. 박사의 작품을 읽어 나가면서 분류하는 방법이 더욱 발전했습니다. 인용구들을 어디로 분류해야 할지에 대해 무척 고민할 때도 많았습니다. 많은 인용구들이 다양한 범주에 어울리는 것들이었기 때문입니다. 또한 한 가지 주제 아래 많은 인용구들이 있을 때는 거기에 부제를 달아 주어야 하는 어려움도 있었습니다.

저는 여러분이 저의 분류와 선택에 대해 관대한 평가를 내려 주기를 바랍니다. 확실히 저의 접근 방식이 과학적이지는 않습니다. 그러나 이 묵상집과 그 형식이 매우 유용할 뿐만 아니라 여러분에게 영감을 주는 작품이 되기를 소원합니다.

저는 평소 마음에 담고 있던 로이드 존스 박사의 사역의 주요 강조점들을 제시하고자 했습니다. 그리스도의 속죄와 하나님의 사랑과 진노에 대해 그는 매우 단호한 입장을 견지하였습니다. 그는 천국과 지옥 교리와 선택교리를 매우 열정적으로 설교했습니다. 성경의 권위와 그 영감에 대한 그의 헌신은 진화론을 배격하는 창조론에 대한 그의 신앙만큼이나 그의 설교를 통해 일관성 있게 나타났습니다.

간헐적으로 저는 개인적인 관심사를 캐기도 했습니다. 예를 들어, 저는 동물이라는 주제에 대해 그가 언급한 것을 수차례 인용한 바 있습니다. 그러나 그것은 단순히 동물의 복지에 대한 저의 관심과 낙농업에 대한 성경적 교훈이 우리 교회에 부재하다는 것 때문이었습니다. 이것이 박사의 주요 주제는 절대 아닙니다!

로이드 존스 박사는 제가 이 책에서 시도한 방법에 찬성했을까요? 글쎄요, 잘 모르겠습니다. 그러나 그 방법은 어떤 면에서 그에게서 영감을 받은 것입니다. 그의 고명한 작품인 『성령 세례』 Joy Unspeakable를 읽어 본 사람이라면 그의 인용의 경향과 방식을 잘 알고 있을 것입니다. 이것은 특히 그가 영적 경험의 역사와 그것의 실제적 예를 추적할 때 매우 잘 드러납니다.

박사는 거듭남의 교리와 구분되는 것이라 믿었던 성령 세례에 대한 자신의 신학의 근거를 스펄전과 다른 이들의 주장에서 찾기를 원했습니다. 박사는 우리를 휫필드, 에드워즈, 웨슬리, 무디, 파스칼과 같은 수많은 사람들에게로 인도합니다. 이와 유사한 실례가 로마서 강해 시리즈에서의 설교 도중에 교회사로 여행을 떠날 때 또 발견됩니다. 이것에 대해 제임스 패커는 '자료에 대한 유용한 노크'라고 칭했습니다. 아쉽게도 박사는 이 인용구들의 출처를 제시하지 않았습니다. 그러나 그의 관심사는 학자적인 형식의 책을 집필하는 것이 아니라 오직 복음을 설교하는 것이었습니다.

저는 본서 전반에 걸쳐서 참고 문헌을 매우 세심하게 제시했습니다. 저는 이전 작품에서 약호를 사용했던 것과는 다르게, 이번 책에서는 각각의 인용구에 대해 충분한 제목을 달았습니다. 또한 본서 말미에 독자들을 위한 완벽한 참고 문헌을 제시하기 위해 최선을 다했습니다. 이렇게 참고 문헌을 제시하고 출처를 밝힌 이유는 명백합니다. 저는 로이드 존스 박사의 사상을 정확히 반영하려 노력했지만, 인용구에 관심이 생긴 독자들이 그 인용구의 출처를 직접 확인하고 싶어했기 때문입니다. 특별히 그것이 논쟁적인 주제일 경우에는 더욱 그러합니다. 박사는 대단히 논쟁적인 인물일 수 있습니다. 귀신 들림에 대한 인용구를 살펴보십시오. 그는 분명히 독특한 인물입니다.

그 자체로 의미를 지닌 함축성 있는 인용문들을 발췌하는 것에는 유익이 있습니다. 그러나 그것들이 의미하는 바가 무엇인지를 고찰함으로써 보충하는 것이 필요합니다. 로이드 존스 박사는 언제나 설교를 통해 성경의 의미를 전달했습니다. 그는 항상 청중들로 하여금 그 말씀의 정황과 특정한 교리들의 개론적 구절들을 스스로 고찰하도록 독려했습니다. 언젠가 박사는 설교를 통해 그의 청중들이 본 건물에 들어가기 위해 바울과 함께 '현관'에 머물러 있을 것을 촉구했습니다. 우리는 좀 더 교리적인 구절들을 연구함으로써 어려운 성경 구절들을 읽어 내는 데 도움을 얻을 수 있습니다. 동일한 방식으로 저는 독자들이 난해한 인용문을 발견할 때, 그들을 로이드 존스의 인용구들의 현관으로 안내하는 일을 가능하게 만들었습니다. 본서가 그의 논리의 요점을 더욱 명확하게 하는 데 도움이 되기를 소원합니다.

로이드 존스 박사의 죽음 이후 그의 글들을 편집하는 사명을 감당했던 그의 아내와 장녀 엘리자베스 캐더우드Elizabeth Catherwood여사, 그리고 그녀의 아들에게 존경을 표합니다. 또한 훌륭하게 조직된 마틴 로이드 존스 박사의 녹음 사업을 통해 수천수만의 사람들에게 그의 설교 테이프를 들려주었던 토니 러쉬튼Tony Rushton에게도 감사를 표합니다. 오늘날의 발전된 기술력은 결함 있는 테이프의 질을 한 단계 높여 주었습니다.

본서의 집필과 편집의 책임은 전적으로 저에게 있습니다. 그러나 지난 수년 동안의 친구들의 도움이 없었다면, 이 작업은 불가능했을 것입니다. 워딩 장막교회에서 나의 개인 비서 역할을 했던 크리스 호위Chris Howie와 물질에 대한 경영에 있어서 숙련된 기술을 잘 활용했던 지나 트림Gina Trim의 도움에 대해 감사를 드립니다.

특별히 본서의 인용구들과 그 출처 문헌들을 확인하고 또 확인하는 수고를 아끼지 않았던 조안 홀Joan Hall에게 큰 빚을 졌습니다. 또한 스코틀랜드로 이주한 일은 저에게 산드라 맥스포란Sandra McSporran의 놀랍고도 훌륭한 도움의 복을 선물로 주었습니다. 이 작업에서 몇 가지 일을 훌륭하게 소화해 낸 에일사 벨Ailsa Bell의 노고에 대해서도 감사를 드립니다. 박사과정을 밟고 있는 제자 가운데 하나인 에일린 펜더Aileen Pender는 나의 자료들을 일일이 확인해 주었고, 이제 로이드 존스 설교의 열광자가 되었음을 고백했습니다.

또한 저는 저작권이라는 제약을 받지 않게 해 준 것과 그들의 사랑하는 부친의 글을 마음대로 인용할 수 있도록 해 준 것에 대해 엘리자베스 캐더우드 여사와 로이드 존스 박사의 가족들에게 무한한 감사를 드립니다. 수년 전 캠브리지 대학에서 함께 커피를 마시면서 본서의 집필 구상에 대해 토론할 때 엘리자베스 여사는 저를 많이 격려해 주었습니다.

제임스 패커 박사는 저의 첫 번째 책에 추천의 글을 써 주었습니다. 그리고 제가 본서의 원고를 가장 먼저 그에게 보내며 조심스럽게 평가를 부탁하자 그는 완전하고 통찰력 있으면서도 은혜로운 추천의 글을 써 주었습니다.

이 일에 대해 패커 박사에게 감사를 드립니다.

 마지막으로 마틴 로이드 존스 박사와 같이 탁월한 본보기가 되는 목사와 교사를 자신의 교회에 끊임없이 공급해 주시는 여호와 하나님께 모든 감사를 올립니다.

편집인 **토니 사전트**Tony Sargent는 스코틀랜드 글래스고에 위치한 국제기독대학the International Christian College의 초대 학장입니다. 그 전에는 찰스 스펄전에 의해 시작된 워딩 장막교회Worthing Church에서 담임목사로 사역하였습니다. 그는 런던 대학을 졸업했고 마틴 로이드 존스의 성령론을 통해 미국 웨스트민스터 신학대학원에서 박사학위를 취득했으며, 지금은 많은 나라를 돌아다니면서 활발하게 사역하고 있습니다.

■ 옮긴이 머리말

분별이 사라진 시대를 위한 설교의 표적

신호섭 목사

로이드 존스 설교의 본질

데이비드 마틴 로이드 존스 박사는 무엇보다도 목사요 설교자였습니다. 그의 주된 관심사는, 설교를 통하여 잃어버린 영혼이 구원을 얻는 것이요, 설교를 통하여 하나님의 부흥이 임하는 것을 보는 것이었습니다. 그래서 그에게 있어서 인간이 받을 수 있는 가장 영광스러운 소명은 바로 설교자로 부르심을 받는 것이었습니다.

그는 신학에 있어서 전통적 칼빈주의 신학을 견지했고 그의 설교도 칼빈주의 신학을 기초로 했지만, 한 번도 자신이 칼빈주의자라는 사실을 교파적으로 강조한 적이 없습니다. 그가 믿는 칼빈주의는 언제든지 강단을 통해서 전달되는 것이었기 때문입니다.

이런 설교에 대한 그의 관심과 통찰력 때문에, 그는 세속적 의미에서의 신학박사가 아니었음에도 불구하고 1969년 봄 학기의 6주 동안 에드먼드 클라우니 박사가 교수하던 미국 웨스트민스터 신학대학에 머물면서 신학생들과 교수들, 목사들을 대상으로 설교학에 대해 강의하기도 했습니다. 그 결과로 탄생한 책이 바로 오늘날에도 여전히 설교의 고전으로 읽히고 있는 『설교와 설교자』Preaching and Preachers입니다.

로이드 존스 박사의 설교는 그가 죽은 후 30년이 지난 지금도 여전히 우리 시대에 적실성 있는 설교로 자리 매김 하고 있으며, 설교가 어떠해야 하는지를 보여 주는 모델이 되고 있습니다. 왜냐하면 그의 설교는 단순히 성경을 개관하거나 설명만 하거나 분석, 또는 해석만 하는 소위 단순 강해가 아니기 때문입니다.

그의 설교에는 본문의 해석과 교리, 적용, 성령의 기름 부으심의 요소가 한데 어우러져 있습니다. 박사는 성경 본문으로부터 교리를 이끌어 내고 그것을 시대에 적용했으며, 성령의 기름 부으심을 통해 회중들의 가슴속을 관통하는 화살처럼 하나님의 사람들의 마음속에 하나님의 메시지를 심어 놓았던 것입니다. 그리하여 회중들은 20세기 중반의 위기와 혼돈의 시대를 살아가는 지혜를 얻었습니다.

저는 로이드 존스 박사를 직접 만나 보지는 못했지만, 90년대 초반에 제가 런던신학교에 있었을 때, 그에게 직접 배운 제자들과 그가 남긴 수많은 설교 테이프와 강해서들을 통해 그의 영적 분위기를 느낄 수 있었습니다. 시편 2편에 대한 그의 확신과 영감 넘치는 설교의 육성은 실제로 그를 만난 것 같은 착각을 불러 일으킬 만한 권위로 충만했습니다.

그의 설교에는 성경이 하나님의 말씀이라는 권위, 성경이 성령의 말씀이라는 감동, 즉 하나님의 말씀인 성경만으로 충분하다는 권위가 있었습니다. 그것은 자연히 그의 설교에 권위를 부여했고, 그 결과 그의 설교 사역을 통해 수많은 하나님의 종들이 배출된 것은 당연한 일이었습니다.

그 영향력과 결과

그가 목회하던 웨스트민스터 채플은 3천여 명의 회중만큼이나 많은 목회자들과 설교자들이 그의 설교를 들으러 왔던 것으로 유명합니다. 그는 그레셤 메이첸, 코넬리우스 반 틸, 에드먼드 클라우니, 프란시스 쉐퍼, 존 스토트, 드와이트 무디와 동시대 인물이었으며, 런던대학 킹스 칼리지의 타스커 교수, 캠브리지 트리니트 대학장이었던 역사학자 트레벨리안, 캐나다 리젠트 칼리지의 석좌교수인 제임스 패커 등이 그의 설교에 큰 영향을 받았습니다. 데이빗 웰스, 존 파이퍼, 조엘 비키, 존 맥아더 등과 같은 오늘날의 저명한 작가들 역시 로이드 존스가 자신들에게 영향을 끼친 것을 부인할 수 없을 것입니다.

1961년 로열 앨버트 홀에서 열린 흠정역 성경 출간 350주년을 기념하는 집회에 8천 명이 모여들었습니다. 당시 그곳에서 한 10대 소년이 그의 설교를 듣고 은혜를 받았는데, 그가 바로 후일 로이드 존스가 설립한 런던신학교의 학장이 된 필립 입슨 Philip H. Eveson 입니다.

또한 런던성서대학, 런던신학교, 복음주의 도서관, 배너 오브 트루스 출판사 등이 그의 영향으로 탄생하고 유지되어 지금까지 영국과 전 세계 기독교계에 대단한 영향을 끼치고 있습니다.

로이드 존스 박사는 한 번도 한국교회를 방문한 적이 없었지만, 1905년과 1907년의 비범한 부흥 사건을 잘 알고 있었으며, 그의 설교집과 강해집을 통하여 20세기 한국교회 강단에 가장 큰 영향을 끼친 인물이 되었습니다. 지금도 수많은 목회자들의 서재에는 설교의 고전인 『설교와 설교자』가 꽂혀 있습니다. 이렇게 진정한 설교는 시대를 초월하여 역사하는 법입니다.

성경적 설교의 상실의 시대

오늘날 우리는 설교의 위기 시대, 아니 성경적 설교의 상실의 시대를 살아

가고 있습니다. 많은 부분에 있어서 진정한 성경적 설교는 실용주의와 이에 기초한 구도자 중심적 설교의 희생 양이 되고 있습니다. 그러다 보니 설교에 신학과 교리가 사라지고 있습니다. 영화나 뮤지컬, 단막극이나 간증이 설교를 대체하는 경우도 생겨나고 있습니다. 그것이 효과가 있기만 하면, 그것은 아주 좋은 설교가 되고 맙니다. 그 방법이 매우 세속적이며 비성경적이라고 해도 말입니다. 이것이 결국 하나님을 기쁘시게 하기보다, 사람을 기쁘게 하는 다른 복음을 전하는 것은 아닌지 우려됩니다(갈 1:8-10 참고).

도대체 왜 이런 상황이 발생했습니까? 그것은 로이드 존스가 올바로 지적하고 있듯이, 교회가 스스로 성경의 권위를 포기하고 성경의 충분성을 상실했기 때문입니다. 설교자들이 스스로 설교의 권위를 상실했기 때문입니다. 성경과 설교만으로는 더 이상 21세기의 회중들의 입맛을 만족시킬 수 없으며 그것만으로는 부흥이 올 수 없다고 결론을 내렸기 때문입니다.

바로 이것이 우리가 만난 설교의 위기입니다. 성경만을 설교하고 성경 설교만을 듣는 것은 지루하기 짝이 없는 일이라고 여겨집니다. 그 결과 어떻게 되었습니까? 그런 설교자들과 지도자들은 성경과 그리스도의 충분성을 용도 폐기 했고, 그런 설교자들에게서 배운 교회와 신자들은 혼란과 혼돈에 빠지게 되었습니다. 신학자들은 하나님의 자비의 광대하심으로 인해 존재하는 모든 종교에 구원을 허락하셨다는 '열린 신론'을 논의하기 시작했고, 일련의 복음주의자들이 로마 가톨릭 교회와 칭의 교리에 대해 합의하면서 종교개혁의 정신을 배신하고 종교일치주의의 걸음을 걷고 있습니다.

그러나 성경은 하나님께서 '(설교의) 미련한 것으로 믿는 자들을 구원'(고전 1:21)하시기를 기뻐하셨으며, "다른 이로써는 구원을 받을 수 없나니 천하 사람 중에 구원을 받을 만한 다른 이름을 우리에게 주신 일이 없음이라"(행 4:12)라고 선포합니다. 또한 예수님께서도 "내가 곧 길이요 진리요 생명이니 나로 말미암지 않고는 아버지께로 올 자가 없느니라"(요 14:6)라고 하셨습니다.

그런데 하나님의 결론과 우리의 결론은 얼마나 다른지요!

설교의 표적

이런 의미에서 본서는 가치가 있습니다. 길을 잃어버린 산악인이나 선장에게 나침반은 얼마나 중대한 물건인지요! 본서는 설교에 관한 한, 길을 잃어버린 교회와 설교자들에게 일종의 나침반과 같은 역할을 할 것입니다. 진정한 성경적 설교와 성경적 사고에 관한 일종의 방향과 지침을 제공해 줄 것입니다. 어디까지 지켜야 하고 어디까지 허용해야 하는지에 대한 판단 기준을 제시해 줄 것입니다. 이런 의미에서 그의 설교 한 줄 한 줄은 마치 은쟁반에 놓인 금사과와 같습니다. 자기 아들의 머리 위에 있는 사과를 명중시킨 윌리엄 텔의 화살과 같습니다.

이 책에는 창조에서부터 종말과 천국에 이르기까지 거의 모든 주제에 대한 박사의 통찰력이 압축되어 있습니다. 그래서 맥클레오드가 말했듯이, 본서는 스펄전의 설교만큼이나 훌륭합니다.

본서에 인용된 대부분의 글은 본래 설교자들을 위한 것이 아니라 교회의 회중들을 위한 설교였습니다. 그래서 그의 설교는 명민한 통찰력의 소유자들인 신학자들뿐만 아니라 보통의 그리스도인들 모두를 만족시키는 포용력이 있습니다. 따라서 설교자들뿐만 아니라 성경을 하나님의 말씀으로 믿는 모든 신자들 역시 본서를 통해 큰 은혜로 마음이 뜨거워지는 것을 느끼게 될 것이라고 확신합니다(눅 24:32 참고).

결론적으로 본서는 설교의 위기 시대를 살아가는 설교자들에게는 설교의 충분성을 회복시키는 동시에 무궁무진한 설교의 보고를 제공할 것이며, 혼란과 혼돈의 시대를 살아가는 그리스도인들에게는 시대를 꿰뚫어 보는 분별력과 지혜를 제공해 줄 것입니다. 본서를 통해 한국교회의 강단이 지금보다 더욱 성경적인 강단이 되기를 소원합니다.

로이드 존스 앤솔러지
Gems from Martyn Lloyd-Jones

ㄱ

가족 : 결혼 Family : Marriage

가족:결혼

우리가 좋든 싫든 가정생활의 붕괴는 궁극적으로 도처에서의 붕괴를 초래할 것입니다. 이것은 확실히 국가나 사회조직에 있어서 현재 가장 위협적이고도 위험한 현상이 아닐 수 없습니다. 가족의 개념과 가족 단위, 그리고 가족생활이 한번 붕괴되기 시작한다면, 그런 일이 실제로 발생한다면, 여러분은 신의나 신뢰나 충성을 발견하기 어렵게 될 것입니다. 이것은 가장 심각한 문제 가운데 하나입니다.
Life in the Spirit in Marriage, Home and Work(에베소서 강해 6), p. 245

구약성경에서 아버지가 그의 가정과 가족에게 일종의 제사장 역할을 했다는 사실은 명백합니다. 그는 하나님을 대표했습니다. 그는 도덕과 행위뿐만 아니라 자녀들의 교육과 훈련에 있어서도 책임을 져야 하는 존재였습니다.
Life in the Spirit in Marriage, Home and Work(에베소서 강해 6), p. 294

그리스도인 된 남편과 아내, 그리스도인의 결혼, 그리고 그리스도인의 가정보다 더 훌륭하게 기독교 진리와 신앙의 능력을 드높이는 것은 없습니다.
Life in the Spirit in Marriage, Home and Work(에베소서 강해 6), p. 227

간음 Adultery

음란한 심적 상태는 호기심의 지배를 받습니다.

Spiritual Blessing(영적 축복, 요한복음 17장 강해), p. 166

바로 이것이 모든 간음하는 사람들의 특징이 아닙니까? "오, 정말 지루하고 재미없네요! 우리는 무언가 신선하고 새롭고 흥미로운 것을 원합니다!" 이것이 항상 표적을 구했던 사람들의 세대에 대한 우리 주님의 평가였습니다. 그들은 물론 궁극적으로 호기심에 머무릅니다. 그러한 정신에 사로잡히고 그것에 의해 움직이고 지배를 당하면, 간음하는 사람들은 궁극적으로 자신의 삶을 자신의 손에 올려놓고 무엇을 할까 마음대로 결정하는 사람이 되고 맙니다.

Spiritual Blessing(영적 축복, 요한복음 17장 강해), p. 167

과거에는 결혼 생활에 충실하지 않는 것이 웃음거리와 조롱거리였으며, 아내에게 신실하지 않은 남편은 놀림거리가 되었습니다. 그러나 오늘날에는 그것들이 더 이상 수치스럽지 않은 일이 되어 버렸습니다.

The New Man(로마서 강해 3), p. 281

간증 Testimony

왜 그리스도인들은 다른 사람들에 비해서 자신의 과거를 언급하는 일에 대해 덜 부끄러워할까요? 그 이유는 단지 그것이 지난 일이며 더 이상 중요하지 않다는 것을 알기 때문입니다. 그것은 과거에 대하여 이별을 고하는 그들만의 방식입니다.

Evangelistic Sermons(전도 설교), p. 19

그리스도인의 삶에서 발견되어야 할 그리스도의 복음 진리에 대한 가장 위대한 간증은 바로 '신약의 서신서'대로 살아가는 것입니다.

The Gospel of God(로마서 강해 7), p. 185

간증

어떤 사람이 받는 구원이 다른 사람이 받는 구원보다 더 놀라울 것은 없습니다. 심각한 술주정뱅이가 받는 구원이 평생 입에 술 한 번 대 본 적 없는 사람이 받는 구원보다 더 놀라울 것은 없습니다. 여기에는 전혀 아무런 차이도 없습니다. 그러나 여러분이 보시다시피, 사람들은 간증에 흥미를 느낍니다. 그들은 이렇게 말합니다. "오, 정말 멋진 간증이 아닌가요? 당신은 그 간증을 들어 보셨나요?" 사랑하는 성도 여러분! 만일 여러분이 요청한다면, 저는 술고래가 아닌 사람을 구원하는 것이 훨씬 더 어렵다는 것을 쉽게 증명할 수 있습니다. 왜냐하면 그는 자신이 의롭지 못하다는 것을 알지 못하기 때문입니다. 술고래는 그것을 압니다. 가련한 그는 그것을 심각하게 인식하고 있습니다. 여러분은 우리가 집회에서 세속적인 흥분과 육체를 이용함으로써 어떻게 완전한 복음을 비성경적으로 왜곡하는지를 알고 있습니다. *The Righteous Judgement of God*(로마서 강해 8), p.200

감상주의 Sentimentalism

감상주의

감상주의는 예의 바른 감정주의와 다를 바 없습니다. 그것의 유일한 차이점은, 누더기 같은 감정주의와 야회복 같은 감정주의의 차이일 뿐입니다.

The Christian Warfare(에베소서 강해 7), p.203

감성은 일종의 가면입니다……우리는 감정에 충실한 행동을 하는 것으로 만족해서는 절대로 안 됩니다. 우리는 언제나 진리의 심원함을 느끼고자 해야 합니다.

Assurance(로마서 강해 2), p.141

만일 어떤 사람이 설교하면서 감동적인 이야기를 한다면, 여러분은 무언가를 느낄 것입니다. 그러나 여러분이 그렇게 느끼는 것은 진리 때문이 아니라 그 이야기 때문입니다. 이것이 바로 전형적인 감상주의입니다. 그것은 절대로 진리가 지배하는 것이 아닙니다. 그것은 진리를 전달하는 형식에 과도한 관심을 갖는 것입니다. 즉, 그것은 일종의 기법이고 표상인 것입니다.

The Christian Warfare(에베소서 강해 7), p.203

이것은 실로 작금의 그리스도인들이 싸워야 할 가장 큰 싸움입니다. 도처에서 도덕적 수준이 낮아지고 있습니다. 우리는 이미 청교도주의로부터 너무나 멀리 벗어나 있습니다. 교회와 세상을 구분해 주는 선은 거의 보이지 않으며, 하나님의 백성들에게서는 더 이상 과거에 위대했던 그들의 독특성이 두드러져 보이지 않습니다.

God's Ultimate Purpose(에베소서 강해 1), p. 417

감정 : 경험 Feelings : Experience

만일 우리가 우리 자신의 믿음과 관련해서 아무것도 느끼지 못한다면, 우리에게는 참된 믿음이 없는 것입니다. 무언가를 느끼지 않고서는 이 위대한 구원을 진실로 믿을 수 없습니다. 우리가 이제까지 묘사해 온 진리에 대한 참된 지식을 지닌 사람은, 그 진리에 의해 마음속 깊이 감동을 받은 사람입니다. 반드시 그래야만 합니다. 하나님의 임재를 진실하게 실감하는데도 냉정하고 태연할 수는 없는 것입니다.

The Christian Soldier(에베소서 강해 8), p. 235

우리는 감정에 대한 입장을 분명히 해야 합니다. 너무 과도하게 감정에 안주해서는 안 되지만, 그렇다고 해서 그것을 배제해서도 안 됩니다.

Assurance(로마서 강해 2), p. 163

만일 우리가 자신의 견해를 오직 현재 자신이 느끼는 감정에만 바탕을 둔다면, 우리는 기독교 신앙에 대한 공격, 특히 심리학의 공격에 대해 아무런 말도 하지 못할 것입니다. 만일 우리가 우리의 견해를 오직 경험에만 기초를 둔다면, 우리는 단 한 사람도 설득하거나 회심시킬 수 없을 것입니다. 약삭빠른 심리학의 주장에 대해 우리는 우리 자신이 결코 잊어서는 안 되는 역사적 사건들과 사실들을 다루고 있다는 것을 말해야만 합니다.

Saved in Eternity(성도의 구원, 요한복음 17장 강해), pp. 82-83

구원에 관한 질문을 다루면서, 우리는 얼마나 자주 신약성경의 가르침을 지적해야만 합니까? 신약성경은 절대 '누구든지 느끼는 자가 구원을 얻을 것'이라고 말씀하지 않고, 대신 '누구든지 믿는 자가 구원을 얻을 것'이라고 말씀합니다. 그러나 사람들은 종종 이렇게 말합니다. "어떤 의미에서 나는 그 가르침을 인정합니다. 그러나 당신도 알다시피 내가 아무것도 느끼지 않는다고 말할 수는 없습니다." 이런 말에 대해 단순하게 대답하자면, 신약성경이 그러한 느낌이나 감정을 강조하지 않는다는 것입니다. 신약성경은 이렇게 말합니다. "당신은 믿습니까? 당신의 모든 것을 믿음에 맡길 준비가 되어 있습니까?" 그러므로 여러분은 이렇게 말하는 것만으로 충분합니다. "나는 믿음으로 살아갑니다. 내가 감정을 느끼든지 그렇지 않든지 그것은 전혀 문제가 되지 않습니다. 우리는 감정으로가 아니라 믿음으로 구원을 받기 때문입니다."

Life in God(요한일서 강해 5), p. 105

감정과 감정주의
Emotion and Emotionalism

사람이 아무런 감정 없이 자기 자신이 저주받은 죄인임을 깨달을 수 있을까요? 사람이 아무런 느낌 없이 지옥을 들여다볼 수 있을까요? 사람이 율법의 천둥소리를 듣고도 아무런 감정을 느끼지 못할 수 있을까요? 아니면 반대로 사람이 아무런 감정 없이 예수 그리스도 안에 있는 하나님의 사랑을 묵상할 수 있을까요? 그러므로 감정이 필요 없다는 전반적인 주장은 전적으로 어리석은 것입니다.

Preaching and Preachers(설교와 설교자), p. 95

감정은 기독교 신앙에 있어서 아주 중요한 부분입니다. 그러나 감정주의는 전혀 그렇지 않습니다.

The Christian Warfare(에베소서 강해 7), p. 157

감정주의, 그리고 감상주의와 비교해서 참된 감정은 무엇입니까? 참된 감정은 결코 인위적으로 또는 가볍게 생산되는 것이 아닙니다. 사람은 감정을 만들어 낼 수 없습니다. 그러하기에는 감정은 심오한 것입니다. 감정이란 언제든지 진리 그 자체에 대한 인식의 결과입니다. 참된 감정은 항상 진리의 인식에서부터 나옵니다. 그래서 그것은 심원함이라는 특징을 지닙니다. 또한 이러한 감정에는 고결함과 경이로움과 놀라움이 있습니다. 겉으로 보이는 흥분과 천박함과 시끄러움이 전부인 감정주의에서는 이것들을 전혀 발견할 수 없습니다. 참된 감정에는 단순한 감상주의자들의 공손함도 없습니다.

The Christian Warfare(에베소서 강해 7), p. 204

만일 여러분이 예배 시간에 계속해서 무언가를 느꼈는데 그것이 참된 감정인지 아닌지를 알고 싶다면, 그것을 시험하는 시간은 예배당 안에 있을 때가 아닙니다. 그것은 그다음 날에나 가능합니다……그것이 참된 감정이라면 그것은 여러분을 행동하게 할 것입니다. 그 감정이 여러분을 지배하고 인도하며 여러분에게 지시할 것입니다. 그 감정이 여러분과 함께할 것이며, 여러분을 강하게 만들고 열매 맺게 할 것입니다. 그 감정은 사도 바울이 갈라디아교회에 편지하면서 말한 '성령의 열매'와 비슷합니다. 그것은 실제로 영광스럽고도 영속적인 열매가 될 것입니다.

The Christian Warfare(에베소서 강해 7), pp. 204-205

어떤 사람들은 감정주의 또는 감상주의를 의지하며 살아갑니다. 그들은 감정의 흥분과 분출만이 중요하다고 믿기 때문에 그러한 흥분을 조장하기 위해서 무슨 일이든 할 것입니다. 그래서 그들은 고의적으로 감정이 북받쳐 오르게끔 하기도 합니다. 그들은 예배 시간에 박수를 치고 소리를 지르며 노래를 부르고, 특정한 유형의 합창곡을 부르기도 합니다. 이런 행위들은 흥분을 조장하기 위해 의도적으로 이루어집니다. 그들은 흥분하면 흥분할수록 더욱 감정적이 되며, 자기 자신이 더욱 놀라운 경지에 도달한 것처럼 생각하고, 성령의 복이 임한 것처럼 느끼게 됩니다. 그러나 그것은 단순한 감정주의에 불과합니다.

The Christian Warfare(에베소서 강해 7), pp. 198-199

감정과 감정주의

감정주의는 감정이 지나치게 격동하는 상태를 의미합니다. 감정이 장악하면 그들은 황홀경에 빠지게 됩니다. 만일 감정주의가 나쁜 것이라면, 그것을 고의적으로 조장하려는 시도는 얼마나 더 나쁜 것입니까! 따라서 신약성경은 노래를 부르든지 주문적 기도를 하든지 여러 종류의 춤을 사용하든지 간에 감정을 일으키려는 모든 시도를 정죄하고 있습니다. 단순히 감정을 가지고 장난을 치는 것은 절대로 옳지 않습니다.

Revival(부흥), p. 75

개인주의 Individualism

개인주의

우리는 얼마나 놀라운 존재인가요! 여러분에게는 다른 사람들과 결코 나눌 수 없는 것들이 있습니다. 여러분은 여러분 자신의 본성과 개성의 결정적이고도 근본적인 고독을 경험한 적이 있습니까? 이 세상에 태어나서 가족과 공동체에 소속되지만, 그럼에도 불구하고 우리는 얼마나 현저하게 개인적인지요! 우리는 부모님도 형제들도 친구들도 남편과 아내도 결코 발견할 수 없는 비밀들을 소유하고 있습니다.

Old Testament Evangelistic Sermons(구약을 사용한 복음 설교), p. 238

거듭남 Regeneration

거듭남

저는 결심을 설교하는 것이 아니라 거듭남을 설교하는 것입니다.

Banner of Truth, Issue 275(배너 오브 트루스 정기 간행물)

거듭남은 성령의 사역입니다. 그것은 성령의 비밀한 역사입니다. 거듭남은 실험적인 것이 아니라 신비한 행위입니다. 사람은 단지 그것이 자신 안에 발생했다는 사실만 알 뿐입니다.

Joy Unspeakable(성령 세례), p. 22

구원과 구속과 거듭남은 우리를 단지 아담의 상태로 회복시키는 것이 아닙니다. 그것을 통해 우리는 더욱 고상한 위치로 진입하게 됩니다.

Great Doctrines of the Bible(교리 강해 1), p. 170

하기 어려운 것 가운데 하나가 바로 우리를 그리스도에게 접붙이는 것입니다. 새로운 가지를 나무에 접붙이려면, 칼을 가지고 그 나무를 두드리고 찍어서 틈을 내어 새로운 가지를 나무의 갈라진 틈 사이로 넣어야 합니다. 이것은 아주 어려운 일 가운데 하나입니다. 그러나 일단 접붙이기만 하면 나머지는 아주 쉽게 처리될 것입니다. 나무에서 가지로 흐르는 수액이 가지에 생명을 주고 힘을 공급해 주어서 결국 그 가지가 아주 잘 자라게 됩니다. 접붙이는 수고를 한 번만 하고 나면, 그저 결과를 기다리기만 하면 됩니다. 열매는 저절로 맺힐 것입니다. "그렇다면 그리스도의 생명 안에 있는 우리는 얼마나 더 풍성한 구원을 받겠습니까?"

Assurance(로마서 강해 2), p.151

전 우주에서, 거듭남이라고 묘사된 변화보다 더 위대한 변화는 없습니다.

Spiritual Depression(영적 침체와 치유), p.95

만일 여러분이 그리스도 안에 있다면 그리스도 안에 있는 것입니다. 그리고 그리스도께서 '하나님으로부터 나와서 우리에게 지혜와 의로움과 거룩함과 구원함'(고전 1:30)이 되셨다면, 그분은 반드시 우리에게 영화로움이 되실 것입니다. 여러분은 그리스도를 나눌 수 없습니다. 칭의만 취하거나 성화만 취하거나 할 수 없습니다. '전부이든지, 하나도 아니든지' 둘 중 하나일 뿐입니다. 여러분은 이것들을 분리할 수 없습니다. 그것은 비성경적이며 실제로 불가능한 일입니다. 중요한 것은 그리스도의 인격입니다. 그분은 결코 분리될 수 없습니다. 우리는 이 모든 것들을 그리스도 안에서 소유하게 된 것입니다.

Assurance(로마서 강해 2), p.54

거룩 Holiness

하나님께서 거룩하시기 때문에 우리 역시 거룩해야만 합니다. 우리가 거룩하다면 하나님께서 기뻐하시는 그 거룩을 통하여 하나님의 영광을 드러낼 수 있기 때문입니다. 그러므로 우리는 반드시 거룩해야만 합니다.

Expository Sermons on 2 Peter(베드로후서 강해), p.243

거룩

신약성경은 거룩이 우리가 생각할 수 있는 가장 이성적이고도 상식적인 것이라고 말씀합니다. 그러므로 거룩에 별로 관심이 없는 사람들은 전적으로 비합리적이며 자가당착에 빠진 사람들과 같습니다.

Expository Sermons on 2 Peter(베드로후서 강해), p.42

하나님께서는 거대한 군대를 동원하여 일하시지 않습니다. 하나님은 숫자에 관심이 없으십니다. 하나님은 정결함과 거룩함, 주인이 쓰시기에 합당한 그릇에 관심을 가지고 계십니다. 그러므로 우리는 절대로 숫자에 관심을 두어서는 안 되며, 교리와 거듭남과 거룩, 그리고 교회가 하나님의 거룩한 성전이며 하나님의 거하시는 장소임을 깨닫는 일에 관심을 두어야 합니다.

God's Way of Reconciliation(에베소서 강해 2), p.472

신약성경에서 교리와 직접적인 관계가 없는 거룩에 관한 교훈은 찾을 수 없습니다. 거룩은 교리에서부터 연역되는 것입니다. *The New Man*(로마서 강해 3), p.271

거룩은 어떤 느낌이 아닙니다. 그것은 하나님의 영광과 그분의 영원한 찬미를 위해 살아가는 삶입니다. *The Law:Its Functions and Limits*(로마서 강해 4), p.66

거룩해지는 것은 악으로부터 완전히 분리되는 것입니다.

Love so Amazing(골로새서 강해), p.211

거룩이란 우리가 어떤 것이 되기 위하여 무언가를 수행하는 것이 아닙니다. 그것은 우리가 이미 어떤 사람이 되었기 때문에 반드시 수행해야만 하는 것입니다.

Children of God(요한일서 강해 3), p.41

서로 사랑하는 것, 이것이 거룩입니다. 이 거룩은 하나님과 우리와의 총체적인 관계 속에서 나타납니다. 이것은 교리적인 문제이며, 신약성경은 항상 궁극적인

교리로서 거룩에 대하여 교훈하고 있습니다. *The Love of God*(요한일서 강해 4), p. 42

현대 신학자들이 십자가를 부인하는 것은 놀라운 일이 아닙니다. 왜냐하면 그들이 하나님의 거룩을 제외한 채, 하나님의 사랑만을 우선적으로 말하기 시작했기 때문입니다.
Fellowship with God(요한일서 강해 1), p. 108

저는 성경을 읽은 사람이 어떻게 거룩의 방식에 대해 수동적이고도 소극적인 개념을 수용할 수 있는지 전혀 이해할 수 없습니다.
Spiritual Depression(영적 침체와 치유), p. 257

거룩한 절기 Holy Days

그리스도인의 생활에 있어서 주기적으로 잠시 멈추어 서서 이 위대한 계획을 상고하는 것은 아주 좋은 일이라고 생각합니다. 그래서 저는 성탄절과 수난절과 부활절기를 지키고 그러한 날에 설교하는 것을 중요하게 여깁니다.
Great Doctrines of the Bible(교리 강해 2), p. 1

우리 가운데 많은 사람들이 승천일을 기념하지 않습니다. 이 점에 있어서 저는 사람들이 약간 일관성이 없다고 생각합니다. 우리는 성탄절과 수난절과 부활절을 지킵니다. 성령강림절도 지킵니다. 그러나 승천일은 지키지 않습니다. 그리스도의 승천이 하나님의 계획의 모든 역사에 있어서 매우 본질적인 부분 가운데 하나인데도 말입니다.
Saved in Eternity(성도의 구원, 요한복음 17장 강해), p. 78

거짓 Lie

거짓말은 하나님의 존전에서 설 자리가 없습니다.
Fellowship with God(요한일서 강해 1), p. 21

결혼 Marriage

그리스도인이 아닌 사람들은 진정한 결혼 제도를 이해할 수 없습니다.

Life in the Spirit in Marriage, Home and Work(에베소서 강해 6), p.98

결혼은 인간적 제도가 아닙니다……하나님께서는 태초에 가장 근본적인 단위로서 가족제도를 만드셨습니다. 하나님께서 이 제도를 만드신 이유는, 우리가 이 세상에 태어날 때에 인생의 추운 현관에 홀로 남겨지지 않고, 사랑과 관심과 보호로 둘러싸여 있는 가족의 품에 안기게 하시기 위함입니다.

Singing to the Lord(성경적 찬양), p.69

결혼을 진정으로 이해하고 감사할 수 있는 사람은 오직 그리스도인뿐입니다. 이 것은 그리스도인이 된 사람에게 나타나는 위대한 결과 가운데 하나입니다. 저는 목회 사역을 통하여 너무나 놀랍게도, 기독교가 문제투성이인 남편과 아내의 관계를 올바르게 변화시키는 것을 목도합니다. 두 사람은 서로 갈라서고 방황하며 떠돌고, 또한 적대감과 거의 신랄한 빈정댐으로 서로를 혐오하기까지 합니다. 그런데 그들이 그리스도인이 되면, 처음으로 서로를 발견하게 됩니다. 때로는 그들은 결혼한 지 수년이 지났음에도 불구하고 비로소 결혼 생활의 진정한 의미를 깨닫게 됩니다. 그들은 이제 결혼 제도가 얼마나 아름답고도 영광스러운 것인지를 발견하게 되는 것입니다.

Life in the Spirit in Marriage, Home and Work(에베소서 강해 6), p.98

우리는 반드시 결혼 제도를 속죄 교리의 관점에서 이해해야만 합니다.

Life in the Spirit in Marriage, Home and Work(에베소서 강해 6), p.148

아내라는 이름을 받기에 합당한 여인에게는 남편의 일에 관심을 가지라고 권고할 필요가 없습니다. 그녀는 자신의 남편을 내조하는 일을 최고의 특권으로 생각하기 때문입니다. 그녀는 자신의 남편이 하는 모든 일과 그 성공에 지대한 관심을 지닙니다. *Life in the Spirit in Marriage, Home and Work*(에베소서 강해 6), p. 205

그러므로 우리 아내들을 단순히 우리의 파트너로 간주하는 것만으로는 충분하지 않습니다. 물론 그들은 우리의 파트너입니다. 그러나 단순한 파트너 그 이상입니다. 단순히 사업 파트너인 두 사람의 관계로는 남편과 아내의 관계를 비유할 수 없습니다. 그 비유는 더 고등한 것이어야 합니다. 거기에는 물론 협동이라는 사상이 포함되어 있지만, 단순히 협동심만의 문제는 아닙니다. 남편과 아내의 관계를 더 잘 설명하기 위해 사용되었던 또 다른 문구가 있는데, 제가 보기에 이 문구는 부지중에 기독교의 교훈을 잘 진술해 준다고 생각합니다. 그것은 남자들이 아내를 가리켜 '더 나은 내 반쪽'이라고 표현하는 것입니다. 저는 이것이 아주 정확한 표현이라고 생각합니다. 아내는 더 이상 파트너가 아닙니다. 그녀는 남편의 또 다른 반쪽인 것입니다. "둘이 한 몸을 이룰지로다"(창 2:24). 아내는 남편의 뼈 중의 뼈요 살 중의 살입니다. 이 '반쪽'이라는 단어는 사도 바울이 여기서 상세히 설명하고 있는 모든 내용을 밝혀 주는 단어입니다. 우리는 두 사람 또는 두 명의 실재가 아니라 한 사람의 두 반쪽을 다루고 있는 것입니다. "둘이 한 몸을 이룰지로다." *Life in the Spirit in Marriage, Home and Work*(에베소서 강해 6), p. 213

여러분은 여러분 자신을 몸에서 분리시킬 수 없습니다. 마찬가지로 여러분의 아내로부터 여러분 자신을 분리할 수 없습니다.
Life in the Spirit in Marriage, Home and Work(에베소서 강해 6), p. 215

저는 모든 그리스도인 남편들이 그들의 아내들을 제외한 채 혼자만 초청되는 모든 종류의 초청을 거의 반사적으로 거절해야 한다고 제안하는 바입니다.
Life in the Spirit in Marriage, Home and Work(에베소서 강해 6), p. 217

두 사람이 결혼하고 하나님과 사람들 앞에서 엄숙한 서약을 할 때, 그들은 반드시 부정한 뒷문을 잠가야 하며, 절대로 뒤를 돌아보아서도 안 됩니다. 그러나 오늘날 사람들은 그렇게 하지 않습니다. *Faith on Trial*(믿음의 시련), p. 29

기독교의 결혼 주례와 예배는 오직 전적으로 그리스도인만을 위한 것이어야 합니다. 그 외의 다른 사람들을 위해 결혼 예배를 드리는 것은 어릿광대처럼 어리석은 일입니다. *Life in the Spirit in Marriage, Home and Work*(에베소서 강해 6), p. 117

오늘날 세상은 부정한 뒷문으로 가득 차 있습니다. 오늘날 결혼하는 대다수의 사람들은 결혼하는 시점부터 이미 벌써 이혼을 고려하는 것처럼 보입니다. 바로 이것 때문에 오늘날과 같은 도덕의 몰락이 발생하는 것입니다. 그러한 뒷문들을 절대로 다시 열지 못하도록 반드시 빗장을 걸고 자물쇠를 채워야 합니다. 여러분은 절대로 뒤를 돌아보아서는 안 됩니다. 앞만 바라보아야 합니다. 여러분은 적들과 싸워야 합니다. 은신처나 피난처를 찾아서는 안 됩니다. 절대로 실패의 가능성을 생각하며 농탕쳐서는 안 됩니다. 그것은 사도 바울의 가르침에 정면으로 위배되는 것입니다. *The Christian Soldier*(에베소서 강해 8), pp. 162-163

남편은 아내에게 모든 것을 말해야 합니다. 그리고 아내는 남편의 마음에 존재하는 모든 비밀과 욕구와 야망과 소망과 계획을 다 알아야 합니다. 아내와 남편은 하나입니다. 남편은 아내에게 그 누구에게도 말하지 않을 것들에 대해 말해야 합니다. 아내는 남편의 모든 것을 공유해야 하며, 그들 사이에는 숨기는 것이 전혀 없어야 합니다. 바로 이것이 남편과 아내의 관계입니다. *Life in the Spirit in Marriage, Home and Work*(에베소서 강해 6), p. 204

겸손 Humility

겸손은 자존심과 자기주장과 자기교만의 반대말입니다. 겸손은 기독교의 주요 덕목 가운데 하나입니다. 그리고 그것은 하나님의 자녀의 현저한 특징 가운데 하나입니다. 겸손이란 자기 자신과 자신의 능력과 재능에 대해 보잘것없는 판단을 내리는 것입니다. 산상수훈의 설교 가운데 나타난 우리 주님의 말씀을 인용하면, 그것은 '심령이 가난한 것'을 의미합니다. *Christian Unity*(에베소서 강해 4), p.41

겸손은 영적 생활의 가장 위대한 안전장치입니다.
The Final Perseverance of the Saints(로마서 강해 6), p.167

참된 신자에게 있어서 겸손보다 더 위대한 특징은 없습니다.
The Christian Warfare(에베소서 강해 7), p.231

어떤 의미에서 세상은 그리스도께서 오시기 전까지 참된 겸손에 대해 알지 못했습니다. 바로 그것이 최종적 시금석입니다. 우리는 겸손을 통하여 우리 안에 있는 그리스도의 생명의 흔적을 보여 주어야 합니다. 이 겸손이라는 시금석은 섬세하고도 예민한 시금석입니다. 겸손은 세상이 과시하고 제시하는 모든 것과 정반대됩니다. *Life in God*(요한일서 강해 5), p.172

저는 언젠가 주말에 어떤 마을에서 설교하기로 되어 있었습니다. 기차역에서 저를 마중 나온 한 남자는 제가 그에게 어떤 말을 건네기도 전에 이렇게 말했습니다. "글쎄요, 물론 저는 교회에서 중요한 직책을 맡고 있는 사람이 아닙니다. 저는 그저 평범하고 변변찮은 사람입니다. 저는 위대한 신학자도, 위대한 웅변가도 아닙니다. 저는 기도회에 참석하지도 않으며, 아시는 바와 같이 그저 방문하시는 설교자의 가방과 짐을 들어 주는 사람일 뿐입니다." 그때 저는 이렇게 생각했습니다. "오, 사람은 참으로 이상한 존재야!" 바로 이것이 교만입니다. 여러분

겸손

의 무지를 자랑하는 것은 여러분의 지식과 학식을 자랑하는 것만큼이나 나쁜 것입니다. 어떤 형태의 교만이든지 그것은 하나님 보시기에 혐오스럽고 무례한 것입니다.

Revival(부흥), p. 65

우리는 얼마나 어리석은 사람인지요! 우리는 겸손과 기쁨을 반의어로 간주합니다. 우리는 다음과 같이 신음하고 탄식합니다. "나는 거짓된 기쁨이 두렵습니다." "나는 철면피가 되기 싫습니다." 이러한 반응들은 여러분이 겸손을 전적으로 오해했음을 의미합니다. 겸손에는 완전한 균형이 있습니다. 겸손과 기쁨은 함께하는 것이며, 절대로 반의어로 간주되어서는 안 됩니다. 궁극적으로 오직 자기 자신에게 처절하게 절망을 느끼는 사람만이 온전히 하나님을 의지하고 신뢰할 수 있습니다. 하나님께서 이것을 우리에게 무조건적인 선물로 주셨기 때문에 우리는 그의 구원을 기뻐하는 것입니다.

Assurance(로마서 강해 2), p. 166

경건 Godliness

경건

저는 왜 오늘날 우리 사이에 경건한 사람들의 모습이 사라졌는지 놀라지 않을 수 없습니다. 왜 오늘날 그리스도인들은 '하나님을 두려워하는' 백성들로 묘사되지 않습니까?

The Life of Joy(빌립보서 강해), p. 179

진정으로 경건한 사람은 흥행사가 아닙니다. 그는 자신의 마음속에 가득한 질병이 무엇인지를 아주 잘 아는 사람입니다.

The Righteous Judgement of God(로마서 강해 8), p. 14

교회는 복음을 기초로 하지 않은 채 도덕과 윤리를 설교해 왔습니다. 경건이 없는 도덕 말입니다. 그런 설교는 역사하는 힘이 없습니다. 그것은 아무것도 이루지 못했고, 앞으로도 아무것도 성취하지 못할 것입니다. 교회가 그 진정한 사명을 포기한다면 결국 인간이 고안한 인문주의와 박애 정신만 남게 될 것입니다.

Preaching and Preachers(설교와 설교자), p. 35

경험 Experience

그리스도인이 겪을 수 있는 모든 경험들은 이미 성경 어딘가에서 다루어지고 있습니다. 성경과 관계해서 전에 없던 낯설고 새로운 경험이란 없습니다. 여러분은 성경에서 모든 것을 찾을 수 있습니다.
The Life of Joy(빌립보서 강해), p.10

저는 경건주의를 공격하는 복음주의자들에게 지쳤습니다. 참된 복음주의는 항상 경건합니다. 그리고 그것은 죽은 정통과 그들을 구별해 주는 잣대가 됩니다.
Knowing the Times(시대의 표적), p.333

기독교의 입장의 핵심은 경험에 있습니다. 하나님을 경험하는 것 말입니다! 이것은 단순히 진리에 대한 지적인 인식이나 이해가 아닙니다. 그 일들은 마귀도 할 수 있습니다. 그 경험이 성부 하나님과 그의 독생자에 대한 지식을 가져다주지 않는다면, 그것은 아무런 쓸모가 없습니다. 그것이 반드시 성부 하나님과 그의 독생자에 대한 경험이어야 한다는 것이 중요함을 기억하십시오. 세상에는 여러분의 삶을 변화시키고 패배로부터 구출해 주며 행복을 가져다주는 사이비 종교가 있습니다. 심리 치료를 포함하여 다른 많은 매개체들 역시 여러분에게 그런 것들을 제공합니다. 심지어 뇌 수술로도 그렇게 할 수 있습니다. 그러므로 우리는 반드시 시험해 보아야 합니다. 만일 우리의 경험이, 그것을 제공해 주시기 위해 이 세상에 오셨고 살아가셨으며 죽으시고 다시 부활하신 하나님의 아들 독생자를 통한 살아 계신 하나님에 대한 경험이 아니라면, 만일 그 경험이 성령 하나님을 통해 주어진 것이 아니라면, 그것은 참된 기독교의 경험이 아닙니다.
The Christian Warfare(에베소서 강해 7), p.197

한 어린아이가 망망한 대양의 가장자리에서 노를 젓고 있을 뿐, 저 깊은 대양의 중심에는 들어가지 않습니다. 아무리 큰 규모의 여객선이라고 할지라도 이 망망한 대양에 비하면 코르크 마개나 조그만 유리병에 불과합니다. 대양은 끝이 없

경험

습니다. 우리는 어린아이로서 그리스도인의 삶을 시작하여 광활한 대양을 향해 하기 시작합니다. 그러나 우리는 계속해서 노를 저어야 하며 더 깊은 바다로 나아가야 합니다. *The Unsearchable Riches of Christ*(에베소서 강해 3), p.154

그리스도인은 무절제와 열광을 너무나 두려워한 나머지 자신이 그리스도인이라는 사실만으로 만족하며 살아갑니다. 그러나 그것은 정말 가련한 일입니다. 이 얼마나 큰 비극입니까! 이 얼마나 기독교 교리에 대한 무지요 오해입니까! *The Christian Warfare*(에베소서 강해 7), pp.281-282

경험은 근본적으로 주관적인 어떤 것이 아닙니다. 그것은 오히려 객관적인 진리에 대한 신앙에 근거한 어떤 결과입니다. *Fellowship with God*(요한일서 강해 1), p.62

실제로 오늘날 매우 일반적인 또 다른 경향이 있습니다. 그것은 이러한 중요하고도 고상한 경험들을 단순히 무아경(無我境)으로 취급해 버린다는 것입니다. 사람들은 그것을 젊은 시절의 열광주의 또는 감정주의로 치부하며, 일종의 심리학으로 설명합니다. 그러나 이것은 '이스라엘의 거룩하신 자'를 제한하는 것이며 성령을 소멸하는 행위입니다. 그것은 하나님께서 우리 자신들에게 가능하게 하신 것 앞에 장애물을 두는 것과 같습니다. *Enjoying the Presence of God*(하나님 앞에 사는 즐거움), pp.89-90

만일 나의 경험이 신약성경과 일치하지 않는다면, 그것은 기독교의 경험이 아닙니다. 그것은 아마도 놀랍고도 감격적인 경험일 수도 있으며, 일종의 환상을 본 것일 수도 있습니다. 그러나 그런 것들은 전혀 본질적인 것이 아닙니다. 만일 내 경험이 성경과 일치하지 않는다면, 그것은 절대로 신자의 경험이 아닙니다. 그러므로 중요한 진리를 붙잡는 것은 얼마나 중대한 일입니까! *Fellowship with God*(요한일서 강해 1), p.64

계명 Commandments

어떤 의미에서 십계명은 전혀 새로운 것이 아닙니다. 그렇다면 십계명이 주어진 이유는 무엇입니까? 그것은 이스라엘의 자손들을 포함한 모든 인류가 그 죄와 어리석음으로 인하여 인생 전체와 관계된 이 근본적이고도 중요한 하나님의 율법들을 잊어버리고 곁길로 갔기 때문입니다. 그래서 하나님은 "내가 그 율법 조항들을 하나씩 하나씩 다시 말할 것이다. 내가 너희들이 이 계명들을 확실히 볼 수 있도록 그것들을 기록하고 밑줄을 그어 강조할 것이다"라고 말씀하시는 것입니다.

Life in the Spirit in Marriage, Home and Work(에베소서 강해 6), p.244

하나님의 계명은 불신자들에게는 멍에입니다. 그들에게는 계명이 노동이요 무거운 짐과 같습니다. 그래서 그들은 하나님을 혐오합니다. 그리고 이 계명의 굴레에서 해방되는 것을 무척 기뻐합니다. 그러나 그리스도인에게 있어서 계명은 전혀 그러하지 않습니다. 사도 요한은 진정으로 거듭난 사람에게는 하나님의 계명이 결코 노동이나 지독한 의무가 아니라고 말합니다. 그분의 계명은 전혀 무거운 것이 아닙니다.

Life in God(요한일서 강해 5), p.35

계시 Revelation

"내가 어찌하면 하나님을 발견하고 그의 처소에 나아가랴"(욥 23:3). 바로 이것이 문제입니다! 제가 역사를 살펴보고 하나님의 섭리를 보며 자기 자신을 살피고 도처를 찾아다닌다고 하더라도 하나님을 발견할 수는 없습니다. 제가 어디서 하나님을 찾을 수 있겠습니까? 여기에는 한 가지 해결책만 있습니다. 그것은 오직 하나님을 기다리는 것입니다. 그러면 하나님께서 반드시 저에게 하나님 자신에 관해 말씀해 주실 것입니다. 바로 이것이 계시입니다. 우리에게 이러한 계시를 주는 것이 바로 성령이 하시는 일 가운데 하나입니다.

God's Ultimate Purpose(에베소서 강해 1), p.357

계시

역사 이외에도 이 구약의 사건들 역시 동일하게 에베소서 6장에서 교훈하고 있는 위대한 성경적 진리에 대한 완전한 사건들입니다. 그것은 곧 '마귀의 간계를 능히 대적' 하고 '통치자들과 권세들과 상대'(엡 6:11)하는 일에 대한 것입니다. 이 모든 것들이 골리앗과 다윗의 전투에 묘사되어 있습니다.

The Christian Soldier(에베소서 강해 8), p. 107

이것이 바로 계시입니다! 하나님께서 우리에게 자신의 은혜로운 목적을 보여 주기 위해 행하시는 일입니다. 오늘날의 전기는 그런 식으로 발견되지 않았습니다. 전기는 많은 생각과 조사와 연구를 통해 발견되었으며, 인생의 다른 모든 것들도 그렇게 발견됩니다. 그러나 진리에는 다른 점이 있습니다. 진리는 독특하고도 구별되며 진귀합니다. 그것은 하나님께서 무언가를 우리에게 말씀하시는 것입니다. 그것은 그분 자신을 우리에게 보여 주시고 나타내시는 것입니다.

Old Testament Evangelistic Sermons(구약을 사용한 복음 설교), p. 39

이 세상에서 가장 훌륭한 가르침이라 할지라도, 성령께서 붙잡고 적용하며 우리의 지성을 열어 주시고 우리 전 존재에 그것을 심어 주시지 않으면, 그것은 무익한 것이 되고 맙니다. 우리는 이미 1장에서 사도 바울이 에베소 교인들을 위하여 어떻게 기도했는지를 살펴보았습니다. 그는 바로 하나님께서 그들의 '마음눈을 밝혀 주시길' 기도하였습니다. 만일 성령께서 마음눈을 밝혀 주시지 않는다면, 사도 바울의 설교와 가르침은 쓸모없는 것이 되고 말 것입니다.

The Unsearchable Riches of Christ(에베소서 강해 3), p. 110

계시록 Book of Revelation

계시록

요한계시록은 모든 세대의 그리스도인들을 향한 말씀이며, 세상 끝 날까지 그 일이 계속 이루어질 것입니다. *The Final Perseverance of the Saints*(로마서 강해 6), p. 19

고난 Suffering

신약성경은 우리에게 어려움이나 문제가 없는 안락한 삶을 약속한 것이 아니라 오히려 그 반대의 삶에 대해 말씀하고 있습니다.

The Final Perseverance of the Saints(로마서 강해 6), p. 441

하나님의 말씀은 영광에 대해 말할 때마다 즉시 고난에 대해 선포합니다.

The Final Perseverance of the Saints(로마서 강해 6), p. 11

이 세상 삶에서의 시련과 고난에 대한 우리의 반응으로서의 신앙고백보다 더 중요하고도 세심한 믿음의 시금석은 없습니다. *The New Man*(로마서 강해 3), p. 60

기독교의 반응은 단순히 고난을 참아 내거나 시련에도 불구하고 행복해하거나 그 가운데서 행복을 누리는 것이 아닙니다. 기독교의 신앙은 그런 고난 때문에 기뻐하고 즐거워하는 것입니다. *Assurance*(로마서 강해 2), pp. 65-66

우리에게 시험과 시련이 닥칠 때, 우리가 혹시라도 주님으로부터 멀리 떠나갈 때, 우리는 자신의 참된 상태를 직면하게 됩니다. 따라서 고난은 주님에 대한 더 좋은 지식을 제공할 뿐만 아니라 우리 자신에 대해서도 더 나은 지식을 제공하기 때문에 매우 유익합니다. *Assurance*(로마서 강해 2), p. 68

일이 잘못되고 여러분이 고난 가운데 빠졌다는 것을 발견할 때, 투덜대거나 불평하지 말고 다음과 같이 질문하는 것이 언제나 유익할 것입니다. "내게 이런 상황이 필요해서 발생한 것은 아닐까?" "혹시 이것은 하나님께서 친히 내게 내리시는, 내가 받아야만 하는 일종의 징계가 아닐까?"

Singing to the Lord(성경적 찬양), p. 77

|고난|

'고난tribulation'이란 수고와 고생을 의미합니다. 그것은 고통과 곤란을 의미합니다. 옛날에 밀에서 왕겨를 분리해 낼 때, 사람들은 밀을 마루에 풀어놓고 큰 도리깨로 그것들을 치곤 했습니다. 말하자면 그들은 그것들을 난폭하게 때렸던 것입니다. 이때 사용된 단어가 '도리깨질tribulum'이며, 여기서 '고난'이라는 말이 유래했습니다. 따라서 고난이라는 단어는 여러분이 두들겨 맞는 것을 의미합니다. 우리는 오늘날에도 여전히 이런 의미로 이 단어를 사용합니다. 우리는 불행으로 '두들겨 맞음'에 대해 말하며, 우리 인생에서 발생하는 사건들을 통하여 두들겨 맞고 난타당하고 멍이 드는 일에 대해 말합니다. 이것이 바로 이 백성들에게 평생 동안 일어났던 일입니다. 고난과 시련, 이 엄청난 종류의 매질과 상함 말입니다.

The Righteous Judgement of God(로마서 강해 8), pp. 87-88

저울이 놓여 있는 탁자에 한 남자가 앉아 있다고 생각해 보십시오. 저울의 한쪽 접시에는 그의 고난이 놓여 있습니다. 이 사람은 그 고난을 보고서 그것이 매우 무겁다고 생각합니다. 그래서 그는 저울의 다른 쪽 접시에 장차 나타날 영광을 올려놓습니다. 그러자 이전에 무겁게 보였던 그 고난이 새의 깃털처럼 가볍게 되었습니다. 고난이 본래 가벼웠거나 저절로 가벼워진 것이 아닙니다. 그것은 오직 다른 한쪽 접시에 놓여 있는 더 무거운 것에 비해서 가볍게 되는 것입니다.

The Final Perseverance of the Saints(로마서 강해 6), p. 45

고백 Confession

|고백|

우리 자신이 잘못되었다는 것을 솔직하게 인정하는 것보다 어려운 일은 없습니다.

Authentic Christianity(사도행전 강해 3), p. 69

고통 Pain

|고통|

의학계에서는, 고통의 원인이 발견되기 전까지는 모르핀 주사를 통해 그 고통을

경감시켜서는 안 된다는 것이 황금률이며, 이 법칙을 깨는 것은 최고의 의료 범죄입니다. 약물과 돌팔이 치료의 문제점은, 고통을 경감시키고 증상을 완화시킴으로써 질병의 실질적 원인을 가려 버리고, 진짜 의사의 접근과 치료의 손길을 막는 것입니다. 우리 주님께서는 친히 "건강한 자에게는 의사가 쓸데없고 병든 자에게라야 쓸데 있나니"(눅 5:31)라고 말씀하셨습니다. 이 말씀은 자기 자신이 건강하다고 생각하며 괜찮을 것이라고 추정하는 사람들이 가장 구원을 받아들이지 않을 것을 의미합니다.

Evangelistic Sermons(전도 설교), p.184

과학 Science

사랑하는 성도들이여, 만일 여러분의 입장이 과학자들의 말에 따라서 좌지우지되는 것이라면, 저는 여러분이 매우 불안스럽습니다. 그들은 그들만의 방식이 있습니다. 그들은 오늘은 이 말을 하고 다음 날에는 그것을 부인합니다.

The Gospel of God(로마서 강해 7), p.67

우리 모두 '과학'의 주장들에 대해서 과학적으로 회의론자가 됩시다.

Authority(권위), p.40

과학자들은 오류투성이의 신사들입니다. *The Fight of Faith*(이안 머리의 전기 2), p.318

과학은 금세기가 시작했던 그때보다 훨씬 더 겸손해졌습니다.

Great Doctrines of the Bible(교리 강해 1), p.135

하나님의 진리에 대해서는 그 어떤 과학적 이론과도 타협하지 마십시오.

Great Doctrines of the Bible(교리 강해 1), p.139

저는 성경의 교훈과 참되게 확증된 과학적 사실 사이에는 단 하나의 모순도 존

과학

재하지 않는다는 것을 잘 알고 있습니다.

Great Doctrines of the Bible(교리 강해 1), p.133

만일 그 과학적 이론이 성경과 모순된다면, 그것이 다른 이론으로 대체되는 때가 금방 올 것입니다. 그러므로 우리는 덧없이 지나가는 이론들, 또는 소위 과학적 견해라고 불리는 사조가 우리의 입장을 결정짓는 것을 결코 허용해서는 안 됩니다.

Great Doctrines of the Bible(교리 강해 1), p.139

관용 Tolerance

관용

우리에게는 감상적인 생각과 교리적인 방종을 참된 자비의 정신으로 착각할 수 있는 위험이 도사리고 있습니다. 신약성경은 제가 방금 상기시켰던 것에 대해 언급하면서 그것을 본질적으로 거짓말쟁이라고 합니다. 그렇다면 우리는 이것들을 어떻게 조화시킬 수 있습니까? 글쎄요, 신약성경은 우리 자신을 위해서 우리가 참아야 하는 것과 진리가 공격을 당할 때의 우리의 반응 사이에는 엄청난 차이가 있음을 밝히고 있습니다. 우리 자신과 우리의 개인적 감정에 관한 한 우리는 모든 것을 견딜 수 있어야 합니다. 우리는 자신을 변호해서는 안 됩니다. 또한 우리 자신을 개인적으로 공격하는 사람들을 향해 거짓말쟁이라고 불러서도 안 됩니다. 그러나 진리에 관한 한, 교리와 순전한 복음이 관계되어 있을 때, 특히 주 예수 그리스도의 위격이 관계되어 있을 때, 우리는 굳게 서서 복음을 변호하면서 이런 것에 대해 거짓말쟁이라고 말하는 데 주저해서는 안 됩니다.

Walking with God(요한일서 강해 2), p.133

나의 구원을 약탈하고 하나님과의 관계를 빼앗아 가는 것은 무엇이든지 거짓입니다. 따라서 우리는 온 힘을 다하여 그것을 탄핵하고 몰아내야 합니다.

Walking with God(요한일서 강해 2), p.138

교단 Denomination

이 세상에는 가지각색의 교파들이 있습니다. 사람들은 지극히 중대한 진리나 심지어 2차적인 문제도 아닌, 3등급, 4등급 아마도 20등급 또는 100등급쯤 되는 하찮은 문제들로 자기들끼리 모여서 새로운 교단을 조직하고 설립하기를 주저하지 않습니다.

Knowing the Times(시대의 표적), p. 309

교리 Doctrine

불행하게도 대단히 많은 그리스도인들이 여전히 이렇게 말하고 있습니다. "저는 교리를 참을 수 없어요. 교리는 저에게 너무나 많은 것을 요구합니다. 또 그것은 어렵고 지루합니다. 하루 저녁에 히브리서 전체를 이해하게 해 주는 종류의 성경 강의를 해 주세요. 저는 그것만으로 충분히 만족합니다."

Great Doctrines of the Bible(교리 강해 1), p. 298

만일 하나님께서 의와 칭의와 성화와 구속과 속죄와 화해와 화목제와 같은 용어들을 사용하기로 선택하셨다면, 이 용어들을 직시하고 그 의미들을 고찰하는 것이 우리의 의무입니다. 우리가 그렇게 하지 않는다면, 그것은 하나님을 욕되게 하는 것입니다. 어떤 이들은 이렇게 말하기도 합니다. "나는 이런 용어들에는 관심이 없어요. 나는 하나님을 믿습니다. 그리고 하나님을 기쁘시게 하기 위해 최선을 다해 선한 삶을 살아야 함을 믿습니다." 그러나 하나님께서 계시하심으로써 사람들로 하여금 말씀으로 기록하게 하신 이 용어들을 숙고하기를 거절한다면, 어떻게 하나님을 기쁘시게 할 수 있다는 말입니까?

Walking with God(요한일서 강해 2), p. 23

우리가 성경의 교리들을 그 순서에 맞게 고찰하는 것은 대단히 중요합니다. 만일 여러분이 속죄의 교리 이전에 먼저 거듭남의 교리를 고찰한다면, 여러분은

교리

곤경에 처하게 될 것입니다. 만일 여러분이 하나님 앞에서의 여러분의 상태를 분명히 이해하기 이전에 거듭남과 새로운 생명에 먼저 관심을 가진다면, 여러분의 생각은 잘못될 것이고 결국 비참하게 되고 말 것입니다.

Spiritual Depression(영적 침체와 치유), p.46

균형 balance

참된 견해는 언제나 한쪽 극단이나 또 다른 극단으로 치우치지 않고 균형을 유지하는 것입니다.

Evangelistic Sermons(전도 설교), p.175

모든 교리는 위험하며 오용될 수 있으며, 남용되어 왔습니다.

Assurance(로마서 강해 2), p.22

교리적으로 흔들리는 사람은 그의 삶 전체가 흔들리게 될 것입니다. 만일 그의 믿음의 위대한 중심 진리가 잘못되어 있다면, 그는 다른 모든 요점에 있어서도 잘못되어 있는 것입니다.

Banner of Truth, Issue 275(배너 오브 트루스 정기 간행물)

저는 제 생애의 절반 동안 그리스도인들이 반드시 교리를 연구해야 한다는 것을 가르쳐 왔으며, 나머지 절반은 교리만으로는 충분하지 않다는 것을 가르쳐 왔습니다.

Banner of Truth, Issue 275(배너 오브 트루스 정기 간행물)

경험 experience

저는 신자의 영혼에 있어서 기독교 교리를 신자의 삶과 분리시키는 것보다 더 비성경적이고 위험한 것은 없다고 믿습니다. 세상에는 다음과 같이 말하는 피상적이고도 천박한 사람들이 있습니다. "오, 저는 교리에 구애받을 수 없습니다. 저는 매우 바빠서 그럴 만한 여유가 없어요. 저에게는 책을 읽을 시간도 없고, 그것이 별로 적성에 맞지도 않습니다. 그리고 저는 매우 실제적인 사람입니다. 저는 그리스도인으로서의 삶을 살아간다고 믿습니다. 교리에 관심 있는 사람들이나 교리에 관심을 가지게 내버려 두십시오." 그러나 제가 말하지만, 신약의 서신서들은 그 어떤 것보다도 더욱 이러한 태도를 비난하고 정죄하고 있음을 기억하십시오.
The Gospel of God(로마서 강해 7), p.169

만일 여러분의 교리적 지식이 여러분을 위대한 기도의 사람으로 만들지 못한다면, 여러분 자신을 다시 한 번 잘 검증해 보아야 할 것입니다.
Banner of Truth, Issue 275(배너 오브 트루스 정기 간행물)

모든 교리의 목적은 하나님을 알고 그분을 경배하도록 인도하는 것입니다.
Christian Unity(에베소서 강해 4), p.142

개인적인 경험을 풍성하게 하려면 우선 객관적인 진리를 분명하게 이해하는 것에서 출발해야 합니다. 교리를 홀대하고 무시하는 사람들이 위대한 경험을 하는 경우는 흔하지 않습니다. 진리의 길을 통하여 경험으로 나아가야 하며, 오직 경험에만 집중하고 의지하는 것은 일반적으로 '매우 수준이 낮고 빈곤한' 신자의 삶을 사는 것과 같습니다.
God's Ultimate Purpose(에베소서 강해 1), p.436

사람은 교리 없이 하나님께 기도할 수 없습니다. 그들은 '예수님의 보혈'을 통하지 않고서는 하나님의 임재 안으로 들어갈 수 없습니다. 거기에 들어가는 다른 길은 없습니다. '지성소'에 들어가는 다른 문은 결코 없습니다.
The Final Perseverance of the Saints(로마서 강해 6), p.148

하나님에 관한 지식은 궁극적으로 다른 모든 교리들의 총체입니다. 그 어떤 교리라 할지라도 하나님에 관한 이 위대하고도 핵심적인 총괄적 교리와 관계하지 않는다면, 그곳에는 아무런 뜻이나 의미나 목적도 없습니다.
Great Doctrines of the Bible(교리 강해 1), p.47

신약은 언제나 교리를 먼저 제시합니다. 그리고 나서 항상 이렇게 말합니다. "당신이 이것을 믿는다면 그다음은 필연적인 것이 아닙니까?"
The Life of Joy(빌립보서 강해), p.174

교리에 무관심한 사람은 절대로 탁월한 경험을 할 수 없을 것입니다.

Banner of Truth, Issue 275(배너 오브 트루스 정기 간행물)

거짓 false

거짓 교리는 결코 여호와 하나님을 기뻐하고 즐거워하게 할 수 없습니다.

The Life of Joy(빌립보서 강해), p. 19

만일 '사랑 안에서 참된 것을 말하고 사랑 안에서 진리를 붙잡는 것'이 모든 견해와 교리를 수용하고 포용하며, 그 어떤 견해도 비판하거나 배격하지 않는 것을 의미한다면, 우리가 어떻게 '온갖 교훈의 풍조에 밀려 요동하는 어린아이'(엡 4:14 참고)가 되는 것을 피할 수 있겠습니까? 이렇게 가정하는 사랑의 정신은 '사람의 속임수'와 '간사한 유혹'(엡 4:14) 같은 용어들을 사용하지 못하게 합니다. 본문(에베소서 4장 14,15절) 그 자체, 특히 본문의 정황으로 볼 때 이러한 해석은 전적으로 불가능합니다. 실제로 그것은 사도의 말을 부정하는 것입니다.

Christian Unity(에베소서 강해 4), p. 244

거짓 교훈은 교활하고 매력적입니다. 그리고 여러분은 그것이 여러분에게 필요하다고 느끼며, 분명히 그 교훈이 옳을 것이라고 생각하게 됩니다……예를 들어, 의심의 여지 없이 하나님에 의하여 신비하고도 놀라운 방식으로 성령 충만을 받았으며, 탁월한 하나님의 사람이자 하나님의 위대한 종들의 반열에 있었던 조지 휫필드와 존 웨슬리를 생각해 봅시다. 그들은 제칠일 안식일이 아니라 안식 후 첫날을 준수했습니다. 또한 아마도 여러분은 그들이 어떤 특별한 방식으로 세례 받지 않았음을 발견하게 될 것입니다. 그들은 한 번도 방언을 말하지 않았고 신유 집회 등을 열지도 않았습니다……여러분은, 너무나 많은 것들을 주장하는 이러한 새로운 교훈들이, 수많은 세대와 여러 세기 동안 축적되어 온 위대한 기독교의 경험들을 부정한다는 사실을 간과하지 못하겠습니까? 실질적으로 그들은 진리라는 것이 오직 자신들에게서만 나온다고 주장하면서 지난 1,900년 동안 교회는 무지와 암흑 가운데 있었다고 말하였습니다. 실로 이것은 어처구니없는 주장이 아닐 수 없습니다. *Spiritual Depression*(영적 침체와 치유), p.188

필요성 necessity

만일 우리가 교리를 배반한다면, 우리의 삶 역시 궁극적으로 타락하게 될 것입니다. 여러분은 사람이 믿는 것과 그 사람 자체를 분리해서 생각할 수 없습니다. 그래서 교리는 치명적으로 중대합니다. 어떤 사람들은 무지 가운데 이렇게 말하기도 합니다. "나는 교리를 믿습니다. 나는 주 예수 그리스도를 믿습니다. 나는 구원받았습니다. 나는 그리스도인입니다. 그렇기 때문에 나머지는 전혀 문제가 되지 않습니다." 이렇게 말하는 것은 재앙을 부르는 것과 다름없습니다. 신약성경은 이것이 매우 위험한 것이라고 경고하고 있습니다. 우리는 스스로 '온갖 교훈의 풍조에 밀려 요동하는 어린아이'(엡 4:14 참고)가 되지 않기 위해 삼가 조심해야 합니다. 만일 우리가 교리를 배반한다면, 우리의 삶 역시 머지않아 고통을 받게 될 것입니다. *God's Ultimate Purpose*(에베소서 강해 1), p.118

지난 수년 동안의 경험으로 미루어 볼 때, 긍정적으로뿐만 아니라 부정적으로도 진리를 배우지 못한 사람들은 항상 이단과 이교에 빠졌습니다. 왜냐하면 그들은 이단과 이교에 대해 미리 경고를 받지도 않았고 무장하지도 않았기 때문입니다. *Banner of Truth, Issue 275*(배너 오브 트루스 정기 간행물)

교리의 전체 목적은 단순히 지적인 이해나 만족을 주는 것이 아닙니다. 그것은 우리를 세워 주고 확고하게 하며 견고한 그리스도인으로 만들고, 그 어떤 것도 결코 흔들 수 없는 기초를 제공함으로 결코 요동하지 않는 그리스도인으로 만드는 데 있습니다. *God's Ultimate Purpose*(에베소서 강해 1), p.302

만일 여러분이 사도들의 교리를 제거한다면, 여러분은 거룩하게 살고자 하는 저의 동기를 제거하는 것이 됩니다. *Authentic Christianity*(사도행전 강해 1), p.136

교만 Pride

인간에게 있어서 가장 큰 죄는 지적인 교만입니다. 그러하기에 다음과 같은 사도 바울의 말씀은 언제나 진리입니다. "형제들아, 너희를 부르심을 보라. 육체를 따라 지혜로운 자가 많지 아니하며 능한 자가 많지 아니하며 문벌 좋은 자가 많지 아니하도다"(고전 1:26). 육체적으로 지혜로운 사람은 이해하고자 합니다. 그는 자신의 두뇌로 하나님의 지혜와 한바탕 싸움을 벌이며, "나는 하나님을 볼 수 없습니다"라고 말합니다. 물론 그는 하나님을 보지 못합니다. 이에 대해 그리스도께서는 이렇게 말씀하십니다. "이르시되 진실로 너희에게 이르노니 너희가 돌이켜 어린아이들과 같이 되지 아니하면 결단코 천국에 들어가지 못하리라"(마 18:3).
Assurance(로마서 강해 2), pp.250-251

교육 Education

저는 교육은 이 세상에 태어나는 모든 어린이들이 마땅히 받아야 할 권리라고 믿습니다. *Old Testament Evangelistic Sermons*(구약을 사용한 복음 설교), p.68

교조주의 Dogmatism

우리가 그리스도인이 되었다는 사실이 우리가 생각하고 행동하는 모든 부분에서 당연히 옳게 될 것임을 보증하지는 않습니다.
Life in the Spirit in Marriage, Home and Work(에베소서 강해 6), p.87

교통 Communion

교통이라는 용어는 주님과 우리와의 교통을 의미할 뿐만 아니라 우리와 다른 이들과의 교통도 의미합니다. *Great Doctrines of the Bible*(교리 강해 3), p.53

주의 만찬에 새롭거나 부가적인 은혜가 있는 것은 아닙니다.

Great Doctrines of the Bible(교리 강해 3), p.56

교회 : 우주적 교회 Church:Universal

교회는 오직 하나의 힘의 원천만 가지고 있을 뿐입니다. 그것은 바로 하나님의 능력, 즉 그의 성령의 권세입니다. *Revival*(부흥), p.287

살아 계신 하나님의 교회는, 사람이 처할 수 있는 가장 위험한 장소 중 하나가 될 수도 있습니다.[1] *Evangelistic Sermons*(전도 설교), p.259

예루살렘에 있는 옛 성전을 대체한 것은 바로 기독교회입니다.

Spiritual Blessing(영적 축복, 요한복음 17장 강해), p.232

남용 abuse

로이드 존스 박사는 국가교회의 개념과 국가가 교회라는 용어를 자기 편리한 대로 사용하는 것에 대해서 한탄했습니다.

(ㄱ) 교회는 국가의 시종입니다. 그 교회의 주요 기능은 우리를 위해 무엇인가를 실행하는 것입니다. 국가교회는 세례를 주고 결혼식과 장례식을 거행하는 데 유용합니다. 다른 기관들은 국가교회만큼 이러한 종류의 일을 잘 수행할 수 없습니다. 민간 사무소들도 법적인 목적하에 이러한 일을 잘 수행할 수 있기는 합니다. 그러나 교회의 의식에는 어떤 위엄의 요소가 추가됩니다. 그래서 교회는 결혼식이나 세례식은 물론 장례식을 하기에도 아주 유익한 기관이 되는 것입니다. 뿐만 아니라 전쟁이 발발하거나 국가의 상황이 나쁘게 돌아갈 때, 교회는 나라

---

1) 역자주 – 앞뒤 문맥을 살펴보면, 이 말은 그리스도인인 척하며 교회에 다니는 사람이 불신자보다 더 딱한 처지에 있다는 것을 의미합니다.

를 위한 기도의 날을 조직할 수도 있을 것입니다.

Healing and the Scriptures(의학과 치유), p.56

아마도 오늘날 우리가 직면하고 있는 가장 큰 위험 가운데 하나는 '교회' 대신 '운동'이라는 용어를 사용하는 것입니다. 그러나 신약성경은 그것을 항상 '교회'라고 정의했습니다.

The Gospel of God(로마서 강해 7), p.241

시작 beginning

오순절은 그리스도의 몸으로서의 교회가 공적으로 취임한 날이라고 말할 수 있습니다. 오순절에는 이전과 달라진 무엇인가가 있었습니다. 구약에서도 교회에 대하여 말할 수는 있었겠지만, 오순절 이후로는 구약시대와 사뭇 다른 교회가 시작된 것입니다.

Great Doctrines of the Bible(교리 강해 2), p.36

여러분은 하나님의 백성들, 즉 구속을 받은 백성들이 갈보리 십자가 사건이나 우리 주님의 승천, 혹은 오순절 성령 강림 이후에 시작되었다고 말해서는 안 됩니다. 하나님의 백성은 신약시대뿐만 아니라 구약시대에도 있었습니다.

To God's Glory(로마서 강해 11), p.106

오늘날 우리에게 가장 필요한 것은 기독교회의 본질에 대한 참되고도 적절한 개념입니다. 왜냐하면 그 교회에 소속되어 있는 우리가 교회의 개념에 대해 무지하다면 교회 밖에 있는 사람들을 교회로 인도하는 일에 실패할 것이기 때문입니다.

God's Way of Reconciliation(에베소서 강해 2), p.394

오직 하나의 참된 교회가 계속되고 있습니다. 그것은 '성령의 인도하심'을 받고 '거듭난' 사람들의 비가시적인 영적 연속성입니다.

God's Sovereign Purpose(로마서 강해 9), pp.324-325

쇠퇴 decline

만일 교회가 우리에게, 우리 같은 사람들에게 맡겨졌다면, 기독교회의 역사는 오래전에 사라지고 말았을 것입니다. Assurance(로마서 강해 2), p.333

복음주의적 단체를 포함한 오늘날의 교회의 상태는 대부분 '마귀의 전략'에 대한 무지에 빠져 있습니다. The Christian Warfare(에베소서 강해 7), p.208

우리는 교회 밖의 세상의 상태보다 교회 자체의 상태를 더 신경 쓰고 걱정해야 합니다. 기독교회의 지금의 상태에 대한 설명이 교회 밖이 아니라 교회 안에서 발견되어야 한다는 것은 점점 더 자명해 보입니다. Studies in the Sermon on the Mount(산상설교 2), p.256

그것이 바로 지금 제가 말하는 분리의 원리입니다. 여러분은 배교한 교회에 남아 있을 수 없습니다. 여러분은 반드시 불신앙을 비롯하여 명백하게 복음에 반대되는 것에서부터 분리되어야만 합니다. To God's Glory(로마서 강해 11), p.76

왜 대부분의 나라의 평범한 사람들이 오늘날의 교회를 바보 같고도 어리석은 단체로 생각하고 있습니까? 제가 볼 때 그것은 하나님의 심판입니다. 하나님께서는 우리가 지금까지 저질러 온 남용과 오용으로 인해 그들이 교회를 조롱하도록 허용하시는 것입니다. Spiritual Blessing(영적 축복, 요한복음 17장 강해), p.132

교회는 지난 50여 년 동안, 아니 그보다 더 오랫동안, 인기 있는 프로그램과 드라마와 음악 등을 사용해서 사람들을 교회로 끌어당기려고 노력해 왔고, 특히 젊은 청년들을 매혹시켜 왔습니다. 그러나 그들은 교회에 오지 않았습니다. 물론 앞으로도 교회에 오지 않을 것입니다. 그들은 여호와의 이름을 알기 전까지는 결코 오지 않을 것이며, 여호와 하나님을 알 때에야 비로소 교회로 나올 것입니다. Revival(부흥), pp.309-310

교회
:우주적 교회

우리는 장구한 기독교회의 역사 중 가장 메마른 시기 가운데 하나를 통과해 왔습니다. 우리는 마치 들에서 개돼지와 함께 살며 인생을 탕진해 버린 먼 나라의 탕자와 같았습니다. 그렇습니다. 우리는 갇혀 있었고 두려움 가운데 있었으며 핍박과 조롱을 당했습니다. 그리고 이런 핍박과 조롱은 계속될 것입니다. 우리가 여전히 광야 가운데 있기 때문입니다. 우리가 이것들로부터 해방될 것이라는 그 어떤 제안도 믿지 마십시오. 결코 그렇지 않습니다. 교회는 광야 가운데 있습니다. 그러나 하나님께 감사합시다. 하나님께서는 항상 이러한 시기를 통과한 후에 자신의 위대한 능력을 통해 역사하시며 그 영광을 나타내시는 분입니다.

Revival(부흥), p. 129

교회와 교회의 지도자들은 마치 그들 자신이 권위를 가지고 있는 양 특정한 교훈들을 부인하면서 성경에 대해 비판하기 시작했습니다. 그들은 구약의 하나님을 부인하면서 그러한 하나님을 믿지 않는다고 말합니다. 그들은 영광의 주님을 그저 평범한 인간으로 전락시켰으며, 그분이 동정녀에게서 태어나셨음을 부인하고, 그분이 베푸신 이적과 기적들을 부인했으며, 그분의 속죄와 성령의 인격을 부인했습니다. 그리고는 성경을 윤리 서적이나 도덕책으로 전락시켰습니다. 바로 이것이 오늘날 교회가 왜 이렇게 되었는지를 설명해 줍니다. 교회는 그 교리와 믿음을 배반하였습니다. 교회가 하나님의 지혜의 자리에 인간의 지혜를 두었습니다. 교회가 그들의 학식과 지식을 자랑스러워하기 시작했습니다. 교회는 더 이상 교회의 설교자들과 종들에게 "그가 성령 충만한 사람입니까?" "그는 하나님을 경험하고 있습니까?"라고 질문하지 않습니다. 오히려 교회는 그들에게 "그가 세련된 사람인가요?" "그는 교양 있는 사람인가요?" "그는 어떤 학위를 가졌습니까?"라고 묻기 시작했습니다. 제가 지금 꾸며 낸 이야기를 하고 있습니까? 결코 그렇지 않습니다. 이것이 실제 우리에게 발생한 역사가 아닙니까!

Revival(부흥), pp. 286-287

저는 오늘날의 교회의 상태가 한 가지 사실을 분명히 설명해 준다고 확신합니다. 그것은 바로 교회가 복음의 메시지를 설교하지 않는다는 것입니다.

Saving Faith(로마서 강해 10), p.298

그리스도인으로서 우리는 정말 오늘날의 교회의 상태에 대해 만족하고 있습니까? 우리는 이것에 대해 항상 생각해야만 합니다. 이 나라에는 한때 하나님께 기도하고 찬미하며 영광을 돌리는 백성들로 가득 찼던 도시와 마을들이 있었습니다. 기독교회의 역사 가운데 우뚝 서서 하나님의 영광에 대한 지각으로 충만했던 도시와 마을들이 있었습니다. 그러나 오늘날 그 도시와 마을들은 황폐해졌고 불모지가 되었으며 버려졌습니다.

Revival(부흥), p.253

교회가 무릎을 꿇고 교회 자체의 권세와 능력의 바닥을 드러낸 채로 하나님과 그분의 능력과 성령의 권세를 바라보지 않는 한, 영적 쇠퇴와 타락은 계속될 것이며 더 심해질 것입니다. 하나님의 교회가 어둠과 좌절의 상태에 빠지는 것은 언제나 교회가 교회로서의 정체성을 잊어버리고 하나님을 의지하는 법을 잊었기 때문이며, 오히려 교회 자체의 어리석은 생각과 능력과 기술들을 의지해 왔기 때문입니다. Old Testament Evangelistic Sermons(구약을 사용한 복음 설교), pp.64-65

이상 ideal

바울은 교회를 하나님께서 사람의 마음 안에서 일하고 역사하시는 장소라고 보았습니다.

The Life of Joy(빌립보서 강해), p.38

교회의 존재에 관한 한, 하나님께서는 우주 창조와 비길 만큼 전적으로 새로운 일을 하셨습니다. 하나님께서는 단순히 유대인과 이방인을 취하시어 일종의 제휴와 합동처럼 그들을 한자리에 앉게 하시고 서로 친하게 지내는 일에 동의하라고 하신 것이 아닙니다. 결코 그렇지 않습니다! 교회는 새로운 피조물입니다. 교회는 여러 부분의 집합체가 아닙니다.

Christian Unity(에베소서 강해 4), p.53

교회
:우주적 교회

그리스도께서 머리가 되시는 몸으로서의 기독교회만큼 하나님의 영광을 훌륭하게 선포하는 곳은 없습니다. *The Unsearchable Riches of Christ*(에베소서 강해 3), p.314

여러분도 신데렐라였을지 모릅니다. 모든 교회는 신데렐라입니다. 누더기 옷을 입고 종으로서 언니들의 허드렛일을 도우며 힘들고 어려운 삶을 살던 신데렐라 말입니다. 그러나 신데렐라가 왕자님과 결혼했습니다. 그러자 어떤 일이 벌어졌습니까? 과거에는 종으로 살았던 그녀가 이제는 종들을 부리며 삽니다. 누구의 종들입니까? 왕자의 종들입니다. 그녀가 왕자의 신부가 되었기 때문에 왕자의 모든 종들이 그녀의 종들이 되었고, 그들이 왕자를 섬기듯이 신데렐라를 섬기게 된 것입니다. *Life in the Spirit in Marriage, Home and Work*(에베소서 강해 6), p.205

교회는 빛을 일곱 가지 색깔로 분사시키는 프리즘과 같습니다. 이 얼마나 놀라운 교회의 개념입니까? 교회가 없이는 천사들은 일반적인 빛과 지혜를 볼 뿐, 놀랍고도 다양한 빛을 볼 수 없습니다. 천사들이 이 탁월한 하나님의 지혜의 영광이라는 새로운 개념을 받는 것은 바로 교회를 통해서입니다. *The Unsearchable Riches of Christ*(에베소서 강해 3), p.85

교회는 뒤늦게 생각된 것이 아니라 하나님의 지혜 중에서도 가장 화사하게 빛나는 빛과 같은 존재입니다. 교회가 한시적이며, 교회가 사라지고 천국 복음이 다시 유대인들에게 선포될 때가 올 것이라고 말하는 것 역시 잘못입니다. 교회를 뛰어넘는 것은 아무것도 없습니다. 교회 이외에 하나님의 지혜를 가장 잘 나타내 주는 다른 기관을 기대하는 것은, 이 말씀(에베소서 3장 10절)뿐만 아니라 성경의 다른 많은 구절들을 부인하는 것과 마찬가지입니다. *The Unsearchable Riches of Christ*(에베소서 강해 3), p.86

교회는 새 이스라엘이며 영적 이스라엘이자 참된 아브라함의 씨로서 유대인과 이방인들로 구성되어 있습니다. *God's Ultimate Purpose*(에베소서 강해 1), p.221

교회
:우주적 교회

우리가 기독교회에 대해 참된 개념을 조금이라도 가지고 있다면, 신약의 교회와 같은 교회의 모습을 본다면, 신약시대의 교회들이 어떠했는지 그리고 이후 초창기의 교회의 모습이 어떠했는지에 대한 희미한 개념만 가지고 있다면, 우리가 정말 모든 부흥의 시기와 대각성의 시기에 교회가 어떠했는지를 조금이라도 이해하고 있다면, 우리 모두는 작금의 교회 상태에 대해 통탄할 것입니다. 우리는 분명히 슬픔과 비탄에 빠지게 될 것입니다. 우리 모두는 한때 위대하고도 유명했던 것이 바닥에 떨어지고 마지막을 고하는 모습을 볼 때마다 슬퍼하지 않습니까? 제국의 타락과 쇠퇴는 참으로 슬픈 광경이 아닐 수 없습니다. 큰 사업이 쇠락하는 것을 보는 것은 슬픈 일입니다. 위대한 전문가가 그 비법을 상실하는 것은 슬픈 일입니다. 위대한 운동선수가 나이가 들어서 쇠퇴기를 맞이하는 모습을 보는 것은 매우 슬픈 일입니다. 이 모든 것들은 우리를 슬프게 합니다. 우리는 무한하신 분을 통해 이 모든 것을 생각하고 하나님의 마음으로 하나님의 교회를 생각하며, 그것을 오늘날의 교회와 대조해야 합니다. 이 사람은 말합니다. "오, 시온으로 인하여, 예루살렘으로 인하여, 내가 잠잠하지 아니하리로다. 내가 쉬지 아니하리로다"(사 62:1 참고) .

Revival(부흥), pp.252-253

성숙 maturity

여러분은 석수(벽돌공)가 일하는 모습을 보신 적이 있습니까? 저는 어렸을 때 벽돌 깎는 일을 많이 했는데, 그 일은 아주 매력적이었습니다. 석수는 그가 가지고 있는 여러 가지 종류의 망치들과 정을 사용해서 돌을 조금씩 깎아 나갑니다. 그리고 그 돌을 다듬고 모양을 내며 세련되게 만들고 더 얇게 깎아 냅니다. 그리고 나서 그것을 벽돌 틈에 넣어 봅니다. 그러다가 벽돌 틈에 그 돌이 잘 맞지 않으면 그것을 빼냅니다. 그는 조각칼과 망치로 다른 부분을 더 깎고 다듬습니다. 석수는 그 돌이 벽돌 틈에 맞을 때까지 이 작업을 계속합니다. 그리고 그 돌을 틈에 넣고는 뒤로 물러서서 관찰합니다. 그 작업이 만족스러우면 석수는 그 위에 시멘트 반죽을 입힙니다. 그러고 나서 계속해서 다른 돌을 취하여 같은 작업을 반복합니다. 바로 이것이 사도를 통하여 하신, "그의 안에서 건물마다 서로 연결하여 주 안에서 성전이 되어 가고"(엡 2:21)라는 말씀의 의미입니다.

God's Way of Reconciliation(에베소서 강해 2), p.461

이 점에 있어서 해부학에 관한 특정한 지식이 도움이 될 것입니다. 몸의 접합부분의 경우, 하나의 뼈에는 잔 모양의 움푹 팬 배상와라는 기관이 있고, 다른 뼈 끝에는 이 배상와에 딱 들어맞는 공 모양의 기관이 있습니다. 두 기관의 표면은 부드럽고 매끄러워서 마찰이 없으며, 모든 것이 효과적인 방식으로 쉽고도 조화롭게 접합됩니다. 사도의 가르침에 의하면, 교회의 회원들에게도 이런 방식이 적용됩니다. 이것은 만유 가운데 주 안에서 그들이 자라나는 방식입니다. 기독 교회의 가장 이상적인 상태는, 모든 교회원들이 마땅히 이르러야 하는 상태로서 다른 모든 교회원들과 연결되고 결합되어, '평안의 매는 줄로 성령이 하나 되게 하신 것'(엡 4:3)을 유지하는 상태입니다. 이상적인 교회에는 그 연결 부분에 삐걱거리는 소리가 없으며, 모난 것도 없습니다. 모든 것이 '연결되고 결합'(엡 4:16)되어 가는 것입니다.

Christian Unity(에베소서 강해 4), p.259

연합 unity

오늘날 교회의 문제 가운데 하나가 연합의 문제라고 생각하는 사람들이 있습니다. 그래서 그들은 여기에 모든 시간과 관심을 투자합니다. 사람들이 지옥에 간다는 것은 더 이상 그들에게 중요한 문제가 아닌 것처럼 보입니다. 그들은 항상 연합을 설교하고 그것에 대해 책을 씁니다. '교회의 연합'이 그들의 복음이 되어 버렸습니다. 그러나 이런 복음은 아무도 구원하지 못합니다. 로마 가톨릭 교회를 포함해서 이 세상의 모든 교회들이 하나의 교회로 합병된다면, 여러분은 하나의 위대한 세상 교회를 가지고 있다고 생각할 수도 있을 것입니다. 그러나 저는 감히 이것이 거리에 있는 단 한 사람을 변화시키는 일에 있어서 조금도 영향을 끼치지 못한다고 말할 수 있습니다. 교회들이 분열되어 있기 때문에 그들이 교회 밖에 있는 것이 아닙니다. 자신이 죄를 좋아하는 죄인이기 때문에, 영적 실재에 대해 무지하기 때문에 교회 밖에 있는 것입니다. 그들은 사람이 달나라에 간 것만큼이나 이 연합의 문제에 관심이 없습니다. 그럼에도 불구하고 교회는 여전히 연합의 문제가 마치 가장 중요한 문제인 것처럼 떠들고 있는 것입니다.
The Christian Soldier(에베소서 강해 8), p.292

절대로 두 개의 교회는 존재하지 않을 것입니다. 심지어 기독교회가 두 부분으로 분열되는 일도 없을 것입니다. 기독교회는 하나이며, 항상 하나입니다. 교회는 유대인을 이방인으로, 이방인을 유대인으로 만드는 동일한 하나님의 은혜와 복을 공유하고 있습니다. 그들은 모두 정확히 동일한 약속과 축복스러운 소망의 공동 상속자들입니다.
To God's Glory(로마서 강해 11), p.109

하나님의 교회에는 분열이 없고, 출신과 배경과 인종과 사회적 지위에 따른 구분이나 차별 따위도 없습니다. 이런 것들은 아주 부적절한 것들입니다. 그와 동시에 하나님의 집에는 지적인 구분이나 차별이나 그에 따른 특별한 계급도 없습니다. 여러분이 이 세상에서 가장 뛰어난 천재일 수도 있지만, 그것은 전혀 본질적인 문제가 아닙니다. 하나님의 집에서 여러분은 다른 모든 사람들과 같은 사람입니다. 여러분은 지성적 의미에서 가장 백치인 사람과 동일한 위치에 있는 것입니다. 여러분이 위대한 학식과 지식의 소유자일 수도 있지만, 그것은 여러분이 교회 문을 열고 들어오는 순간 조금의 차이도 만들지 못하며 아무런 도움도 주지 못합니다. 여러분은 아무것도 모르는 사람과 똑같이 하나님의 집에 들어오고, 가장 무지한 사람과 동일한 위치에 있게 되는 것입니다. 이와 마찬가지로 한 사람의 과거의 도덕적 행동이나 행실도 하나님의 집에서는 아무런 의미가 없습니다. 여러분이 모든 덕의 모범과 귀감이 될 수도 있지만, 하나님의 집에서는 그것이 여러분을 전혀 도울 수 없습니다. 아마 여러분은 복음의 말씀을 들으면서 불쾌해할지도 모릅니다. 왜냐하면 복음은 여러분의 모든 의가 더러운 누더기와 같으며, 여러분이 거리에서 부랑 생활을 하는 가장 방탕한 죄인과 다를 바 없이 똑같은 상태에 있다고 말하기 때문입니다.
Old Testament Evangelistic Sermons(구약을 사용한 복음 설교), p.132

교회
:우주적 교회

역사는 기독교회가 세상이 경험한 가장 문명화된 힘이라는 것을 증명해 줄 것입니다.
Authentic Christianity(사도행전 강해 1), p.156

교회 : 지역교회 Church : Local

교회
:지역교회

여러분이 역사상 발생했던 일들은 일단 제쳐 둔 채 신약의 교훈하에 이것들을 고찰한다면, 분명 독립적 지역교회가 가장 성경적인 개념이라는 결론에 도달하게 될 것입니다.
Great Doctrines of the Bible(교리 강해 3), p.23

출석 attendance

하나님의 집은 얼마나 놀라운 장소인가요! 여러분은 단지 그 집에 들어오는 것만으로도 안식을 얻게 될 것입니다. 저는 얼마나 자주 하나님의 집으로 인하여 하나님께 감사하는지 모릅니다. 저는 하나님께서 자신의 백성들이 함께 모여 예배하게 하심을 감사드립니다. 하나님의 집은 '영혼의 홍역과 실족'으로부터 수천 번이나 더 저를 구원했습니다. 단지 제가 그 집의 문을 열고 들어감으로써 말입니다!
Faith on Trial(믿음의 시련), p.39

우리는 하나님을 만나기 위해 함께 모이고 그를 경배하며 그 앞에서 그의 말씀을 듣는 일에 대해 얼마나 많이 생각하고 있습니까? 단지 올바른 믿음을 가지고 있다고 만족하는 것은 얼마나 섬뜩한 위험인지요! 강력한 것, 권세, 우리의 예배를 영과 진리의 예배로 만드는 생명이 사라지고 말았습니다.
Revival(부흥), p.72

저는, 주일 저녁에 집에 앉아 "우리는 오늘 밤 '예배'에 참석할 필요가 없어. 우리는 복음 전도적인 메시지에 대해 잘 알고 있어"라고 말하는 그리스도인들을 결코 이해할 수 없습니다. 여러분은 그리스도의 보혈의 '모든 것'을 다 알고 있습니까? 여러분은 더 이상 신선한 것을 배울 수 없다고 생각할 만큼 그것에 대해 아주 많이 알고 있다고 생각하십니까? 복음 전도 예배 시간에 아무것도 얻지 못하는 그리스도인은 가장 저급하고도 건강하지 못한 상태에 있는 사람입니다. 만일 여러분이 '그리스도의 보혈'에 대해 들을 때마다 심장이 빨라지고 두근거리지 않는다면, 여러분은 사도 바울과 같은 사람이 아닙니다.

God's Ultimate Purpose(에베소서 강해 1), p.176.

주일 아침 9시에 시작하는 예배 한 번으로 충분하다고 하면서, 집에 가서 텔레비전을 보거나 해변으로 달려가거나 푸른 잔디 위에서 골프를 치는 기쁨을 추구하기 위해 다른 모든 예배를 제쳐 두는 것은 신약성경 전체를 완전히 부인하는 것과 다름없는 어리석은 행동입니다.

Joy Unspeakable(성령 세례), p.110

저는 목회 사역을 하면서, 예배에 정기적으로 참석하지 않는 사람들이 주로 시험과 혼란에 빠져 고통을 당한다는 사실을 배웠습니다. 하나님의 집이라는 기운에는 말로 표현하지 못할 어떤 것이 있습니다.

Faith on Trial(믿음의 시련), p.40

여러분에게는 다른 사람들을 돕고 그들을 가르칠 능력이 있습니까? 만일 그렇지 못하다면, 그 이유는 아마도 여러분이 단지 주일날 예배를 단 한 번만 드리거나 그마저도 제대로 드리지 않기 때문일 것입니다. 여러분은 아마 그것만으로도 충분하다고 생각할 것입니다. 그러나 만일 그것만으로 충분하다면, 여러분은 왜 실패하는 것입니까? 왜 다른 사람들을 성공적으로 돕지 못합니까? 여러분은 여러분이 받을 수 있는 모든 종류의 도움을 받아야 하며, 특히 '거룩한 주일'이 다가올수록 더욱 그렇게 해야 합니다. 주일은 하나님께서 우리를 위하여 베푸시는 모든 유익을 얻어야만 하는 날입니다. 성도의 교제는 하나님께서 주일날 우리에게 베푸시는 유익 가운데 하나입니다. 그러므로 우리는 최선을 다해서 주일을 선용해야 합니다.

The Christian Soldier(에베소서 강해 8), p.91

약 200년 전, 복음적 대각성이 발생하기 직전의 교회들은 오늘날의 교회들처럼, 아니 그보다 더 텅텅 비어 있었습니다. 교회는 사람들에게 복음 설교를 들려

교회
:지역교회

주는 능력을 잃어버렸습니다. 왜 그랬습니까? 그것은 사람들의 관심이 다른 데 있었기 때문입니다. 어떤 사람은 이렇게 말합니다. "그러나 그때는 텔레비전이 없었잖아요?" 예, 저도 잘 압니다. 그러나 그들은 수탉싸움과 카드놀이를 즐겼습니다. 그리고 도박과 음주에 완전히 빠져 있었습니다. 세상 사람들이 교회로 나와 복음 설교를 듣지 않을 구실을 찾지 못한 적은 한 번도 없었습니다.

Revival(부흥), p.29

어떤 이들은 하나님을 만난다는 생각이나 하나님의 임재를 기다린다는 생각 없이 하나님의 집으로 나갑니다. 그들은 한 번도, 예배시간에 발생할지도 모르는 그 위대한 일을 기대하거나 머리에 떠올리지 않습니다. 그렇습니다. 우리는 예배를 주일 아침마다 반복합니다. 그것이 우리의 관례이자 습관입니다. 그것은 옳은 의무입니다. 그러나 하나님께서 갑자기 자신의 백성을 찾아오시고 그들에게 임하실 때, 하나님의 임재를 통한 전율과 그분이 가까이 계시다는 감각과 그분의 권세를 전혀 상상조차 하지 않습니다. 모든 것이 그저 형식적이며 자만하는 만족만 있을 뿐입니다. 저는 어떤 분이 이러한 사람들을 다음과 같이 묘사한 것을 들은 적이 있습니다. "그들은 그저 전능자의 모닝콜을 받고 교회에 가는 것 같은 인상을 줍니다."

Revival(부흥), p.72

건물 buildings

웨스트민스터 사원과 대성당에서 1.5킬로미터 정도 떨어진 곳에 위치한 웨스트민스터 교회의 100주년 기념 연설입니다.

"'비국교회 대성당'이라는 말은 그 용어 자체로 모순적이고도 혐오스러운 것입니다. 저는 이 건물 자체가 혐오스러운 것이 아니라 전체 개념이 혐오스럽다고 말하는 것입니다. 왜냐하면 이 용어가 비국교회에 대해 훌륭하게 보이고 싶은 욕망, 세상으로부터 거대하다는 인정을 받고 싶은 욕망 등과 같은 육적인 정신을 나타내기 때문입니다. 이 건물의 디자인이 바로 웨스트민스터 사원과

필적할 만한 '비국교회 대성당'을 만들려는 시도와 같은 열등의식에서 나왔습니다."
Knowing the Times(시대의 표적), p. 229

비국교회의 조상들은 일반적으로 그들의 예배 장소를 만남과 회합의 장소라고 불렀는데, 이것은 아주 좋은 옛 용어입니다. 여러분이 보시다시피 이곳은 만남의 장소입니다. 물론 이곳이 사람들이 서로 만나는 장소이기도 하지만, 더 본질적인 의미로는 하나님을 만나는 장소입니다. 하나님께서는 우리 마음과 생각과 교회가 더욱더 만남의 집이 되기를 원하십니다. 그러므로 우리는 우리 자신들을 향하여 "우리는 하나님을 만나러 갑니다"라고 말해야 할 것입니다. 예배 장소는 회합의 집, 곧 만남의 장소입니다.
Revival(부흥), pp. 162-163

권징 discipline

여러분은 언제 마지막으로 출교라는 단어를 들어 보았습니까? 언제 어떤 교인이 주의 만찬을 정지당했다는 말을 들었습니까? 개신교의 역사를 살펴보십시오. 그러면 여러분은 개신교회에서의 교회의 정의가 '말씀이 선포되고 성례가 시행되며 권징이 실시되는 곳'임을 발견하게 될 것입니다.
Studies in the Sermon on the Mount(산상설교 2), pp. 163-164

"교회의 참된 3대 표지가 무엇입니까?" 저는 얼마나 많은 사람들이 권징의 실시를 언급했을지 궁금합니다. 이 교리가 통탄할 정도로 홀대받고 있다는 것은 의심의 여지가 없는 사실입니다. 실제로 만일 오늘날 교회가 왜 이렇게 무기력하게 되었는지 그 이유를 설명하라고 한다면, 왜 오늘날 교세 통계가 점점 감소되고 있으며 사람들에게 임하는 능력과 영향력이 결핍되고 있는지 그 이유를 설명하라고 한다면, 왜 수많은 교회들이 카드놀이나 사교댄스 같은 것들에 의지하지 않고서는 교회의 존재 목적을 유지할 수 없게 되었는지를 설명하라고 한다면, 저는 그 궁극적인 이유가 바로 교회가 권징을 시행하는 일에 실패했기 때문이라고 대답할 것입니다.
Great Doctrines of the Bible(교리 강해 3), p. 14

여러분은 사도 바울이 "이런 자를 사탄에게 내주었으니 이는 육신은 멸하고 영은 주 예수의 날에 구원 받게 하려 함이라"(고전 5:5)라고 말씀한 것을 들어 보았을 것입니다. 저는 이 말씀이 정확히 무엇을 의미하는지 잘 모릅니다. 그러나 아마도 다음과 같은 의미로 사용되었을 것입니다. 이런 자를 교회의 회원이 아닌 자로 간주할 뿐만 아니라 그를 위해 기도하는 일도 멈추어야 한다는 것입니다. 이런 자를 사탄에게 내주면 사탄이 그의 육신을 괴롭힐 것입니다. 그러나 그렇게 해서라도 그가 비참하고도 가련한 자신의 상태를 깨닫고, 결국 그 영혼이 구원을 받아야 한다는 것입니다. *Great Doctrines of the Bible*(교리 강해 3), p. 17

통치 | government

사도 바울이 교회의 계급 체계를 세밀하게 제시하지 않았다는 것을 주의 깊게 살펴야 합니다. 실제로 성경 어디에서 그러한 계급 체계를 발견할 수 있는지 의문입니다. *Christian Unity*(에베소서 강해 4), pp. 168-169

성장 | growth

이 세상의 교회의 교인 명부에 적힌 사람들의 숫자가 증가하는 것과 주님의 거룩한 성전이 성장하는 것 사이에는 엄청난 차이가 있습니다. 현재 우리는 통계를 좋아하는 시대에 살고 있으며, 아마도 여러분은 거의 모든 사람들이 교회의 신자로 등록되어 있는 나라들과 지역들에 대한 보고서도 읽어 보았을 것입니다. *God's Way of Reconciliation*(에베소서 강해 2), p. 430

회원 | membership

제가 자란 교회에서 입교식을 치를 때, 제가 받은 질문은 단 한 가지였습니다. 바로 우리 주님의 제자들이 다락방에서 시험의 장소로 이동할 때 가로질러 가야만 했던 시냇가의 이름이 무엇인지를 답하라는 질문이었습니다. 저는 그 질문에 대한 답을 기억할 수 없었고, 결국 질문에 올바로 답하지 못했습니다. 그럼에도 불구하고 저는 그 교회의 회원이 되었습니다. 그것이 14살이었던 제가 겪은 일입니다. *Christian Unity*(에베소서 강해 4), p. 61

교회
:지역교회

저는 그 누구에게도 교회에 등록하라고 요청하지 않습니다. 그리고 앞으로도 절대로 그렇게 하지 않을 것입니다. 저는 한 번도 그렇게 한 적이 없습니다. 제가 볼 때 가장 통탄할 만한 잘못된 일은 사람들에게 교회에 등록하라고 간청하고 애원하는 것입니다. *God's Way of Reconciliation*(에베소서 강해 2), p. 431

몸에서 독립된 기관은 하나도 없습니다. 각각의 부분은 다른 부분들과의 관계를 통하여 그 의미와 본질을 획득합니다. 바로 그것이 몸에 관한 진리입니다. 그리고 그것은 교회에 관해서도 동일하게 해당되는 사실이라고 사도는 말합니다. 각각의 기관은 다른 기관들을 필요로 하며 다른 이들의 기능을 통해 유익을 얻는 것입니다. *Christian Unity*(에베소서 강해 4), p. 55

예배 services

교회는 사람들이 모여서 유흥을 즐기거나 앉아서 노래를 듣거나 짧고도 가벼우며 기분 좋은 메시지를 담고 있는 다른 사람들의 경험이나 간증을 듣는 장소가 아닙니다. *God's Ultimate Purpose*(에베소서 강해 1), p. 424

교회는 한 사람이 모든 일을 다 하고 그 외의 다른 사람들은 아무 일도 하지 않는 곳이 아닙니다. 교회는 오직 한 사람만 말하고 다른 모든 사람들은 그저 앉아서 듣기만 하는 곳이 아닙니다. *The Gospel of God*(로마서 강해 7), pp. 238-239

오해하지 마십시오. 저는 오늘날의 교회가 그 위엄과 품위를 상실했다는 느낌을 지울 수가 없습니다. 예배는 아름답고 완전하지만, 성령의 역사는 도대체 어디에 있습니까? *The Christian Warfare*(에베소서 강해 7), p. 284

죽은 교회라는 말은 그 용어 자체가 모순입니다. *Christian Conduct*(로마서 강해12), p. 199

교회는 이 세상에서 가장 스릴 넘치고 흥분되는 곳이어야 합니다. 만일 그렇지

교회
:지역교회

않다면 우리가 '성령을 소멸' 하고 있지는 않은지를 살펴보아야 합니다.

The Christian Warfare(에베소서 강해 7), p. 280

구속 Redemption

구속

그리스도의 보혈이 없이는 구속도 없습니다!

Great Doctrines of the Bible(교리 강해 1), p. 321

구속은 결코 실패하거나 미완성으로 남을 수 없습니다.

Life in God(요한일서 강해 5), p. 151

우리의 몸은 타락의 결과로 고통을 받았습니다. 단순히 인간의 영혼만 타락한 것이 아닙니다. 아담이 타락했을 때, 전인, 즉 인간의 육신과 마음과 영혼 모두가 타락한 것입니다. 현재 우리의 몸은 본래 의도되었던 몸이 아닙니다. 우리의 몸은 매우 약하고 질병과 감염과 기침 감기와 고통과 이 모든 것들에 감염되기 쉬운 몸이 되었습니다……인간의 모든 아름다움, 남자와 여자의 훌륭함과 미모는 모두 상대적인 훌륭함과 미모일 뿐이며, 그 안에 부패의 요소를 담고 있습니다. 그러나 우리가 영화롭게 될 때 우리의 몸은 완전하게 변화될 것이며, 모든 죄의 흔적들이 완전히 사라지고, 모든 죄의 결과와 영향력이 완전히 제거될 것입니다. 더 이상 죄의 흔적이 남아 있지 않을 것이며, 우리 모두가 완전한 아름다움 가운데 영화롭게 변화할 것입니다.

Assurance(로마서 강해 2), p. 51

예수님은 "하나님께서 만민을 다스리는 권세를 아들에게 주셨으므로 그 아들이 반드시 모든 자에게 영생을 주어야만 한다"라고 말씀하셨습니까? 그렇지 않습니다. 예수님은 "아버지께서 아들에게 주신 모든 사람에게 영생을 주게 하시려고 만민을 다스리는 권세를 아들에게 주셨음이로소이다"(요 17:2)라고 말씀하십니다. 우주적이고도 제한적인 구원이 이 말씀에 다 내포되어 있습니다. 이는 실로 고상한 교리입니다. 너무나 높아서 사람이 다 이해할 수 없지만, 그리스도의 마음을 품은 모든 사람들로 하여금 놀람과 경외심을 가지고 그 앞에서 겸손히 경배하게 만드는 고귀하고도 영광스러운 교리입니다.

Saved in Eternity(성도의 구원, 요한복음 17장 강해), p. 61

구속

주님께서 다시 오셔서 온 우주를 회복하실 때, (이 지구뿐만 아니라 화성과 목성과 태양과 달과 모든 우주를 포함하는) 온 우주는 본래의 순전하고도 무결한 상태로 완전히 회복될 것입니다.

Authentic Christianity(사도행전 강해 1), p. 282

구원 Salvation

아, 여러분은 예수 그리스도의 삶에 감탄하고 그분의 말씀과 사역이 매우 굉장한 것이라고 느낄 것입니다. 말구유에서 태어난 아기 예수의 모습이나 모든 사람들에게 배신을 당하고 십자가에서 돌아가신 예수님의 모습을 보면서 눈물을 흘릴 수도 있습니다. 여러분은 예수님을 따르고자 하는 엄청난 열망을 느낄 수도 있으며, 그분과 그분의 삶을 닮아 가고 싶은 마음을 가질 수도 있습니다. 그러나 여러분이 예수님께서 여러분을 위해서 돌아가셨다는 사실을 인식하기 전에는, 또 여러분에게 그분의 삶과 권세가 물밀듯 밀려와서 여러분을 변화시키고 개혁하고 능력을 공급하고 패배를 승리로 바꾸며 죄의 권세에서 여러분을 해방시키심을 경험하기 전까지는, 여러분의 전 영혼과 존재가 감사와 경이와 사랑 안에서 하나님께 나아갈 수는 없을 것입니다. *Evangelistic Sermons*(전도 설교), p. 201

구원

들어감entry

그 누구도 완전한 절망의 지점에 이르지 않고서는 그리스도께 오지 않을 것입니다.

God's Way Not Ours(우리의 방법이 아닌 하나님의 방법), p. 71

여러분이 철저한 절망 가운데서 하나님의 일방적인 자비를 바라보기 전까지는 절대로 구원의 복들을 알 수 없을 것입니다.

God's Way Not Ours(우리의 방법이 아닌 하나님의 방법), p.93

경험 experience

그리스도의 죽으심으로 말미암아 여러분의 죄가 용서되었음을 믿는 것만으로는 충분치 않습니다. 심지어, 개신교 종교개혁의 위대한 표어인, '오직 믿음으로 말미암아 의롭게 된다'는 교리에 충실한 것만으로도 충분치 않습니다. 그것은 단지 지성적인 견해에 불과할 수도 있습니다. 또한 사람들이 몇 가지 정통주의적 교리와 견해만을 견지하고 있다면, 다시 말씀드리지만, 그들은 진정한 기독교의 입장에 서 있는 것이 아닙니다. 기독교적 신학과 삶의 본질은, 우리가 반드시 "참으로 나는 하나님 아버지와 그의 아들 예수 그리스도와 교제합니다"라고 말할 수 있는 것에 달려 있습니다.

Fellowship with God(요한일서 강해 1), p.79

구원의 궁극적인 목적은 우리를 단지 지옥에서 지켜 주거나 특정한 죄악으로부터 구출해 주는 것이 아닙니다. 구원은 우리가 '양자 됨'을 즐거워하고, 우리가 '하나님의 자녀'와 '그리스도와 함께한 후사'가 될 수 있음을 의미합니다. '최고선 summum bonum'은 '하나님을 보는 것'이며, 이 땅에서의 삶을 통해 하나님을 우리 아버지로 친밀하게 아는 것이고, 그를 '아빠 아버지'라고 부르는 것입니다.

The Sons of God(로마서 강해 5), p.245

주 예수 그리스도께서는 단순히 우리를 용서해 주시고 우리가 지옥에 가지 않게 하기 위해서 하늘에서 내려오시고, 사시고, 죽으시고, 다시 부활하신 것이 아닙니다. 구원은 거기서 멈추지 않습니다. 구원은 우리를 단지 타락하기 이전의 아담의 자리로 회복시키는 것 그 이상을 포함합니다.

Assurance(로마서 강해 2), p.235

계획 plan

수세기 전의 사려 깊은 신학자들은 (저는 그들이 한 이 말에 상당한 성경적 증거가 있다고 생각합니다) 창세전에 성부와 성자와 성령 사이에 세상의 문제와 구원에 관해 위대한 회의가 있었다고 말하곤 했습니다. 회의의 결론은 이 문제를 성자에게 넘기는 것이었고, 성자는 그것을 받아 "내가 여기 있으니 나를 보내소서"라고 말씀하셨습니다. Authentic Christianity(사도행전 강해 4), pp.161-162

성부와 성자와 성령의 거룩한 삼위일체 하나님의 영원한 회담은 우리에 관한 것이었습니다. 창세기 1장에서 하나님은 "우리의 형상을 따라 우리가 사람을 만들자"라고 말씀하셨습니다. 그리고 감사하게도 그 회의에서 하나님은 인간의 창조만을 고려하신 것이 아니라 인간의 구원까지도 계획하셨습니다. 삼위 하나님께서 그 회의에서 구원을 계획하셨다는 말입니다(저는 성경적인 차원에서 경외심을 가지고 이 말씀을 드립니다). 구원이 하나님의 마음에 있어서 결과론, 즉 때늦은 생각이었다는 사상은 완전히 지워 버리십시오. 하나님께서는 인간이 타락한 이후에 구원을 생각하신 것이 아닙니다. 그것은 '세상에 기초가 서기 이전'에 미리 계획된 것입니다. *God's Ultimate Purpose*(에베소서 강해 1), p.53

주 예수 그리스도께서 하나님 아버지께 우리의 죄를 용서해 주시고 받아 달라고 매우 고통스럽게 설득하셨다는 사상은 전적으로 비성경적이며 매우 그릇된 것입니다. 구원의 근원과 기원은 하나님의 위대하고도 영원한 마음에 있는 것입니다. *Saved in Eternity*(성도의 구원, 요한복음 17장 강해), p.55

성경의 전체적인 가르침은 구원에 관한 '제2의 기회 이론'과 전적으로 배치됩니다. *Great Doctrines of the Bible*(교리 강해 3), p.76

구원은 결과론이 아닙니다. *Assurance*(로마서 강해 2), p.106

전체적total
구원받는 대상은 우리의 지성만이 아닙니다. 혹은 우리의 영혼이나 마음만 구원받는 것이 아닙니다. 우리의 몸 역시 구원받을 것입니다. 그것은 완전한 구원이며, 저는 이 사실이 대단히 중대한 것이라고 생각합니다.

Christian Conduct(로마서 강해 12), p.44

"예수님께서는 의인이 아니라 죄인을 구원하러 오셨습니다." 스스로 헤엄쳐서 자기 자신을 구할 수 있는 사람은 절대로 도움을 받지 못할 것입니다. 물에 빠져 죽음에 이르는 사람, 오직 절망에 빠진 사람만이 예수 그리스도 안에서 하나님의 영원하신 손에 의해 건짐 받은 것을 기뻐하고 즐거워할 것입니다.

Old Testament Evangelistic Sermons(구약을 사용한 복음 설교), p.265

우리 주님께서 자신의 죽음 이후에, 마귀와 지옥의 권세를 최종적으로 정복하셨다는 암시는 없습니다. 그러나 우리는 십자가에서 그 일이 발생했다는 것을 잘 압니다.

Christian Unity(에베소서 강해 4), p.159

하나님께서는 농부가 반드시 땅을 갈고 씨를 심고 그것을 돌보아야 싹이 트고 땅을 뚫고 나와서 마침내 잘 자라게 섭리하십니다. 이와 마찬가지로 우리의 구원 문제에 관해서도 꼭 그렇게 하십니다.

Assurance(로마서 강해 2), p.337

구원과 구속과 거듭남은 단지 우리를 아담의 본래 상태로 회복시키는 것만을 의미하지 않습니다. 우리는 훨씬 더 높은 위치에 있게 되는 것입니다.

Great Doctrines of the Bible(교리 강해 1), p.170

구원의 방법에 대한 그들의 이해와 생각이 혼란스럽다 할지라도, 인간은 여전히 하나님의 은혜로 구원받을 수 있습니다. *Great Doctrines of the Bible*(교리 강해 2), p.58

가치|value

여러분은 얼마나 자주 여러분이 받은 구원을 '하나님의 영광!'이라고 생각하십

니까?   *Assurance*(로마서 강해 2), p. 96

만일 우리가 받은 구원의 위대함을 깨닫기만 한다면, 그리스도인의 삶에서 거의 대부분의 문제가 해결될 것입니다.
Banner of Truth, Issue 275(배너 오브 트루스 정기 간행물)

여러분이 만일 사람이 도대체 어떻게 구원받을 수 있는지에 대해 묻는다면, 대답은 오직 한 가지뿐입니다. 그것은 하나님께서 그를 선택하셨기 때문입니다. 왜 어떤 사람은 잃어버림을 당합니까? 그것은 그가 하나님의 구원을 거절하는 의도적이고도 고의적인 죄인이며, 교만하고 자랑하는 죄인이기 때문입니다.
God's Sovereign Purpose(로마서 강해 9), p. 286

역사 working

사람의 영혼 내부에 역사하시는 분은 성령이십니다. 그분은 그 안에서 새로운 영적 행동의 원리를 생산하십니다.   *Great Doctrines of the Bible*(교리 강해 2), p. 71

심지어 여러분이 관심을 갖지 않았을 때에도 성령께서는 여러분의 삶에 간섭하시며, 여러분을 찾아오십니다. 하나님께서 구원을 시작하신 것입니다.
The Life of Joy(빌립보서 강해), p. 169

인간은 자신의 구원 문제에 관해서 도무지 아무것도 할 수 없습니다. 절대로 아무것도 말입니다!   *Assurance*(로마서 강해 2), p. 114

우리는 그리스도께서 행하시는 일을 통해 구원받습니다. 우리의 구원이 전적으로 그분의 대권에 달려 있는 것입니다. 그것은 전적으로 그분의 손에 있습니다. 그리스도는 자신에게 다가오는 사람들에게 구원을 맡기지 않으십니다.
Spiritual Blessing(영적 축복, 요한복음 17장 강해), p. 201

구원

구원에는 두 가지 방법이 있지 않습니다. 구원은 신약시대와 마찬가지로 구약시대에도 그리스도를 믿는 믿음으로 받았으며, 항상 그러할 것입니다.

Saving Faith(로마서 강해 10), p.251

권세 : 마귀, 귀신 숭배 Powers : Devil, Demonism

권세
: 마귀,
귀신 숭배

우리를 소유하고 우리의 인생을 지배하고자 하는 두 종류의 권세가 있습니다. 오직 두 종류의 권세만 있으며, 이 둘은 철저하게 서로 적대적입니다. 이 두 종류의 권세 아래 동시에 거하는 것은 절대 불가능한 일입니다.

The New Man(로마서 강해 3), p.205

여러분은 오늘날 이 세상에 인간을 대적하고 낙담시키며, 영혼을 파괴하고 하나님과 불화하게 하며, 천국에 들어가지 못하게 하려고 안간힘을 쓰는 강력하고도 보이지 않는 영적 세력이 있음을 알고 계십니까?

The Life of Joy(빌립보서 강해), p.234

이 세상은 물질적인 것뿐만 아니라 영적인 요소로도 둘러싸여 있습니다. 여기에는 하나님과 모든 거룩한 것을 대적하는 사악한 세력과 영들이 있습니다.

Joy Unspeakable(성령 세례), p.185

권위 : 성경, 영감 Authority : Bible, Inspiration

권위
: 성경, 영감

'인간의 이성'은 권위의 근거가 아닙니다. 만일 인간의 이성이 권위의 근거가 된다면, 모든 인간이 자기만의 권위를 내세울 것입니다. 자신이 인정하지 않으면 그것은 진리가 되지 않을 것입니다. 그러나 그러다가도 다른 사람이 그것을 인정하면 그것은 다시 진리가 될 것입니다. 누구라도 모든 것을 인정할 수 있게 될 것이며, 결국 그 어떤 종류의 권위도 존재하지 않을 것입니다. 대혼란만 있을 뿐이지요!

Love so Amazing(골로새서 강해), p.41

여기에는 오직 두 가지의 궁극적 입장만 있습니다. 우리가 성경을 가장 권위 있는 말씀으로 간주하든지, 아니면 소위 철학이라고 불리는 인간 사상을 더 신뢰하든지 말입니다. 모든 성경은 하나님의 특별하고도 독특한 계시의 말씀입니다. 따라서 궁극적으로 나의 이성을 닫고 이 특별한 계시 안으로 들어가야 합니다.

Fellowship with God(요한일서 강해 1), p. 104

권위
:성경, 영감

'그리스도 안에 있는 기독교', 이것은 철학이 아닙니다. 종교도 아닙니다. 이것은 '하나님께서 오셔서 자신의 백성을 구속하셨다'는 복된 소식입니다. 하나님께서 자신의 독생자를 이 세상에 보내셔서 살게 하고 죽게 하고 다시 부활하게 하심으로 수행하신 구속 사역에 대한 복된 소식인 것입니다.

Authority(권위), p. 29

그 어떤 사람도 '내적으로 역사하시는 성령님 testimonium Spiritus internum' 없이는 성경의 권위를 믿을 수도 없고 성경 말씀에 자신을 맡길 수도 없습니다. 성경 말씀의 권위에 대한 보증과 확신은 오직 우리 안에서 역사하시는 성령 하나님의 사역과 조명의 결과로만 발생합니다. 이것은 사도 바울이 고린도전서 2장 14절에서 명백하게 진술한 말씀으로 다시 설명될 수 있습니다. "육에 속한 사람은 하나님의 성령의 일들을 받지 아니하나니 이는 그것들이 그에게는 어리석게 보임이요, 또 그는 그것들을 알 수도 없나니 그러한 일은 영적으로 분별되기 때문이라."

Authority(권위), p. 39

요컨대 우리 주님은 계속해서 이렇게 말씀하십니다. "내가 누구인지, 내가 무슨 말을 하는지 살펴보라. 구약성경으로 나를 대조해 보라. 구약을 읽고 찾아보라. 그 모든 말씀을 분별해 보라." 주님 자신께서 구약을 사용하셨고, 구약성경을 통하여 자신에 관한 진리를 가르치고 나타내셨습니다. 주님의 모든 말씀과 가르침이 바로 구약성경의 배경과 정황인 것입니다.

Authority(권위), p. 52

직무 자체에 내재하는 권위란 존재하지 않습니다. 권위는 인간 안에 내재하신 성령님의 임재입니다.

The Gospel of God(로마서 강해 7), p. 236

권위
:성경, 영감

이 세상에 존재하는 무질서와 혼돈은, 그것이 국가 간의 권위이든지 국가 내의 각 부분의 권위이든지 산업계의 권위이든지 가정의 권위이든지 학교의 권위이든지 그 어떤 종류의 권위이든지, 인간이 삶의 모든 국면에서의 권위에 대한 존중을 상실했기 때문에 발생한 것입니다. 권위의 상실 말입니다! 저의 개인적인 견해에 의하면, 그 모든 것은 실제로 가정과 결혼 관계에서 출발했습니다. 바로 그것이 제가 감히 결혼생활에 실패한 국가 관리가 세상의 문제에 대해 말할 권리가 있는지 의심하는 이유입니다. 자기 관할권에 있는 문제를 다루기에 충분한 위치에 있는 사람이 그 일에 실패한다면, 도대체 그가 무슨 면목으로 다른 문제에 대해 말할 수 있겠습니까? 그는 공직에서 은퇴해야 마땅합니다.

Life in the Spirit in Marriage, Home and Work(에베소서 강해 6), p. 111

권징 Discipline

권징

여호와의 징계를 알지 못하는 것은 정말이지 끔찍한 일입니다.

Spiritual Blessing(영적 축복, 요한복음 17장 강해), p. 151

유감스러운 일이지만, 저는 자신의 삶에서 잘못된 일이 전혀 발생하지 않는 사람들에 대해 정말이지 놀라지 않을 수 없습니다. 그것은 아주 끔찍한 일입니다. 과거의 짧은 저의 삶을 회고하면, 나의 계획과 목적들을 좌절시키는 하나님의 방식이 그 어떤 것보다도 감사하게 생각됩니다. "오, 나를 그냥 내버려 두시지 않는 사랑의 하나님이여!" 하늘의 하나님께서는 마치 '사냥개' 처럼 나에게 어려움을 주시고 나를 불쾌하게 하시며, 때로는 때려눕히기까지 하시고 고통 가운데 울부짖게 하십니다. 이 모든 일을 하신 하나님께 감사드립니다. 하나님께서 나의 유익을 위해 이 모든 일을 하시기 때문입니다.

Authentic Christianity(사도행전 강해 4), pp. 251-252

많은 사람들이 기독교가 하늘나라로 향하는 기차의 좌석을 예약하는 것이며, 그

후에는 아무런 고난 없이 그저 수동적으로 그 자리에 앉아 있기만 하면 천국으로 실려 가는 것이라고 생각하는 것 같습니다. 그러나 그것은 잘못된 생각입니다. 그것은 결코 기독교가 아닙니다. 그것은 그저 동화 속의 이야기이며 이교도들의 교훈일 뿐입니다. 하나님의 말씀은 "육체의 행실을 죽이라" "육신을 위해 살지 말라"라고 명령합니다. 씩씩한 복음으로 인해 하나님께 감사합시다. 우리가 그리스도 안에서 책임 있는 존재라는 사실을 알려 주며, 구세주께 영광을 돌리는 삶을 살라고 명령하는 복음으로 인해 하나님을 찬미합시다.

The Sons of God(로마서 강해 5), p.142

저는 감히 이러한 예언을 하고자 합니다. 만일 서구 세계가 타락하고 멸망한다면, 그것은 오직 단 하나의 이유, 즉 내부적인 부패 때문일 것입니다. 그러나 이와 정반대되는 세계에는 독재 권력이 판치고 있기 때문에 권징의 문제가 따로 필요 없을 것입니다. 그들은 독재로 충분히 효과를 보고 있기 때문입니다.

Life in the Spirit in Marriage, Home and Work(에베소서 강해 6), p.259

만일 사람들이 자신의 눈과 언약을 맺어야 할 때가 있다면, 바로 지금입니다.

The Sons of God(로마서 강해 5), p.142

우리가 이 문제를 더 살펴보기 전에 우리 자신에 대해 이렇게 말하는 것은 나쁜 것이 아닙니다. "우리가 하루 동안 말하고 생각하고 행동하고 시도하고 상상하는 모든 것들은 반드시 하나님의 눈앞에서 수행되어야 합니다. 하나님께서 우리와 함께하실 것입니다. 하나님은 모든 것을 보십니다. 하나님은 모든 것을 아십니다. 우리가 하거나 시도하는 일 중에서 하나님께서 완전히 알 수 없는 일은 결코 없습니다. '주께서 나를 아시니'." 우리가 항상 이렇게만 살 수 있다면, 우리의 인생은 혁명적으로 바뀌게 될 것입니다.

Studies in the Sermon on the Mount(산상설교 2), p.15

우리는 모르긴 해도 너무 과도하게 먹고 마시고 있습니다.

Banner of Truth, Issue 275(배너 오브 트루스 정기 간행물)

> 권장

기독교적 삶에서 가장 필요한 것 가운데 하나가 바로 자기절제와 자기 훈련입니다. 이것은 기도회나 각종 모임에서 이루어지는 것이 아닙니다. 이것은 여러분이 스스로 해야만 하는 것입니다.

Banner of Truth, Issue 275(배너 오브 트루스 정기 간행물)

그분을 거부하지 마십시오. 여러 다른 방면에서 말씀으로 가르쳐 주시는 온화한 가르침과 치료약을 거절하지 마십시오. 만일 여러분이 죄로 깊이 얼룩져 있다면, 하나님은 오직 하나님만이 사용하실 수 있는 강력한 치료약으로 여러분의 죄를 제거하실 것입니다.

Life in the Spirit in Marriage, Home and Work(에베소서 강해 6), 178

저는 하나님의 자녀 된 여러분에게 조심하라고 경고하는 바입니다. 만일 여러분이 죄 된 삶을 살기 위해 노력한다면, 다음과 같은 말씀의 적용을 받을 준비를 해야 할 것입니다. "대저 여호와께서 그 사랑하시는 자를 징계하시기를 마치 아비가 그 기뻐하는 아들을 징계함같이 하시느니라"(잠 3:12). 하나님께서는 여러분이 계속 죄를 짓도록 그냥 놔두지 않으실 것입니다. 하나님은 여러분을 제지하실 것입니다. 그분은 여러분에게 질병을 허용하실 것이며, 사랑하는 사람을 데려가기도 하고, 사업을 치기도 하며, 여러분이 품고 있는 밝은 소망과 목적들을 빼앗아 가실 수도 있습니다. 또 하나님께서 여러분을 지극히 낮추실지도 모릅니다. 여하튼 하나님은 여러분을 그냥 내버려 두시지 않습니다. 그분은 여러분에게 흔적을 남기실 것입니다. 여러분은 하나님께 속한 사람이므로 하나님이 여러분을 온전케 하실 것입니다. 그 누구도, 그 어떤 것도 하나님을 막을 수는 없습니다.

The New Man(로마서 강해 3), p. 146

하나님께서는 여러분을 거룩하게 예비하십니다. 하나님은 맛있는 사탕을 마음껏 나누어 주고 우리에게 무슨 일이 생기든지 신경 쓰지 않는 아버지, 우리를 멋대로 하도록 내버려 두는 무관심한 아버지가 아닙니다. 하나님은 거룩하신 분이며, 자신의 영광을 위하여 우리를 예비하시는 분입니다. 우리가 바로 그러한 하나님의 자녀들입니다. 그런데 죄와 세상의 모습이 우리 안에 있기 때문에 우리에게 항상 징계가 필요한 것입니다. 그래서 하나님께서는 우리를 제지시키고 '그의 아들의 형상'을 닮게 하기 위하여 시험과 시련을 주십니다.

Faith on Trial(믿음의 시련), pp.82-83

징계보다 겸손을 고양시키는 일에 유익한 것은 없습니다. 따라서 우리가 겸손하고 온유하며 낮아져야 한다면, 우리에게는 하나님의 징계가 필요합니다.

Spiritual Depression(영적 침체와 치유), p.247

균형 Balance

오, 균형적이지 못한 것만큼 어리석고도 비극적인 것은 없습니다. 사람들이 본래의 궤도에서 이탈하여 어느 한 가지에 완전히 몰두할 때에 성령을 근심시키고 성령의 역사하심을 방해한다는 사실을, 교회의 역사와 부흥의 역사는 너무나도 확실하게 보여 주고 있습니다.

Revival(부흥), p.61

우리는 모두 다 극단적인 피조물입니다. 하나의 극단과 그 반대의 극단을 피하는 것은 가장 어려운 일입니다. 하나의 극단으로 치닫는 것은 언제든지 쉬운 일처럼 보입니다. 그렇지 않습니까?

Great Doctrines of the Bible(교리 강해 2), p.244

어떤 사람들은 제가 오순절주의자 외에 아무것도 아니라고 비난하고, 또 어떤 사람들은 제가 언제나 교리만을 설교하는 지성주의자라고 비판합니다. 이 두 가지가 항상 동시에 존재하는 한 저는 아주 만족합니다. 그러나 만일 이것들 가운데 하나가 멈춘다면, 바로 그때가 조심해야 할 때이며, 그 근본 기초를 점검해야 할 때라고 말하고 싶습니다.

The Love of God(요한일서 강해 4), p.18

그리스도인 Christian

신약의 정의에 따르면, 그리스도인이란 영생을 소유한 자입니다.
Saved in Eternity(성도의 구원, 요한복음 17장 강해), p.125

그리스도인은 선한 사람이 아닙니다. 그는 하나님의 은혜로 구원받은 사악하고도 비열한 사람입니다. *Banner of Truth, Issue 275*(배너 오브 트루스 정기 간행물)

그리스도인에게 적용된 직함이 통용된 적이 있습니다. 그것은 다름 아닌 '하나님을 경외하는 사람'이라는 것입니다. 그리스도인의 의미를 이것보다 더 잘 설명할 수는 없을 것입니다. *Studies in the Sermon on the Mount*(산상설교 1), p.30

정의상 그리스도인은 분명 모든 비그리스도인들이 감당하지 못하는 불가사의한 존재이어야 합니다. *Banner of Truth, Issue 275*(배너 오브 트루스 정기 간행물)

그리스도인은 하나님의 역사의 결과 그 이상도 그 이하도 아닙니다. 그 누구도 사람을 그리스도인으로 만들 수는 없습니다. 오직 하나님만이 그리스도인을 만드실 수 있습니다. *God's Ultimate Purpose*(에베소서 강해 1), p.395

여기 새로운 인류가 있습니다! *Assurance*(로마서 강해 2), p.180

그리스도인은 우주 안에 있는 위대한 사상가입니다.
Banner of Truth, Issue 275(배너 오브 트루스 정기 간행물)

그리스도인이란 하나님의 생명을 공유하게 된 자입니다.
Fellowship with God(요한일서 강해 1), p.80

저는 어떤 의미에서 그리스도인이란 일종의 꼬리표를 지닌 사람이라고 생각합니다. 그들은 목적지가 표시되어 있는 사람들입니다. 그들은 '하나님의 소유'이며, 하나님을 위한 사람들입니다. 그들은 하나님을 향해 가는 사람들입니다. 그들에게는 새로운 이름이 기록되었는데, 그 이름은 다름 아닌 하나님입니다. 그들은 하나님의 소유인 것입니다.

Life in God(요한일서 강해 5), pp. 172-173

그리스도인은 슬픈 사람이지만 침울하지 않으며, 진지하지만 근엄하지 않습니다. 또한 그리스도인은 조용하지만 시무룩하지 않으며, 침착하지만 차갑지 않습니다. 그의 기쁨은 거룩한 기쁨입니다. 그의 행복은 진지한 행복입니다.

Banner of Truth, Issue 275(배너 오브 트루스 정기 간행물)

그리스도인들은 얼마나 행복한 사람들인지요! *Singing to the Lord*(성경적 찬양), p. 67

우리는 그리스도를 제외하고는 우리 존재 자체를 설명할 수 없다는 것을 잘 알고 있습니다. 그 누구도 이것을 알 수 없지만, 그리스도인들은 잘 압니다. 이것은 신자의 삶과 경험에 있어서 가장 신비스러운 국면 가운데 하나입니다. 하나님의 생명을 소유한 사람들은 항상 서로를 알게 되어 있으며, 서로 그 누구도 결코 이해할 수 없는 친화력과 호감을 느낍니다. 그리스도를 믿지 않는 사람들 역시 서로 교제하기도 하고 서로를 잘 알 수도 있겠지만, 그들은 서로가 알 수 없는 무엇인가를 소유하고 있습니다. 그것은 일종의 장벽입니다. 그러나 우리는 생명을 소유하고 있습니다. 물론 이것은 외면적인 모임을 통해서는 잘 드러나지 않습니다. 심지어 삶의 방식이나 모습으로도 잘 표현되지 않습니다. 그러나 그리스도인에게 있어서 이 생명은 서로 인식할 수 있는 위대한 신비입니다.

Children of God(요한일서 강해 3), pp. 18-19

그리스도인은……앞으로 무슨 일이 벌어질지 모르는 가장 불확실한 시간을 살아갈 때조차도 자신의 인생의 궁극적인 목적을 확신할 수 있는 사람입니다.

The Final Perseverance of the Saints(로마서 강해 6), p. 177

그리스도인들은 자신이 왜 그리스도인인지를 반드시 알아야 합니다.

Spiritual Depression(영적 침체와 치유), p.61

차이점 difference

비그리스도인과 그리스도인의 차이점은 선물을 걸어 놓는 크리스마스 트리와 진짜 열매를 맺는 살아 있는 나무와의 차이점과 같습니다. 크리스마스 트리에는 선물들을 걸어 놓을 뿐, 그 나무는 아무것도 생산해 내지 못합니다. 반면 성장하고 있는 나무는 열매를 맺습니다. 열매들을 외부에서 가져올 필요가 없습니다. 그것은 살아 있는 나무의 활력과 능력, 즉 생명을 통하여 생산되는 것입니다.

The Sons of God(로마서 강해 5), p.36

그리스도인은 무엇을 행하기 이전의 어떤 존재와 같습니다. 우리는 그리스도인으로서 행동할 수 있기 이전에 먼저 그리스도인이 되어야 하는 것입니다.

Studies in the Sermon on the Mount(산상설교 1), p.96

여행자나 이방인이나 순례자는 그가 가고자 하는 장소를 항상 머릿속에 그리기 마련입니다. 여러분은 여행 도중에 무엇이든 할 수 있습니다. 그러나 만일 여러분이 일단 길을 떠났다면, 여러분의 목적은 바로 그 목적지에 확실히 도착하는 것입니다. 여러분은 여행 그 자체에 관심을 가지지 않습니다. 여행은 여러분이 도달하고자 하는 목적지로 이동하기 위한 수단에 불과합니다. 바로 이것이 이 세상을 살아가는 그리스도인의 인생에 대한 완벽한 묘사입니다. 그것은 우리가 이 세상에 정착하는 것이 아니라 오히려 유감스럽지만 이 세상을 떠나기를 심히 열망한다는 사실을 나타냅니다. 우리는 목적지에 도달하기를 간절히 열망해야 하며, 따라서 도착하고자 하는 그 목적지를 끊임없이 상기해야 합니다. 만일 우리가 그곳에 도착하기를 열망하지 않는다면, 우리는 절대로 여행을 시작하지 않을 것입니다.

The Christian Soldier(에베소서 강해 8), p.263

그리스도인과 비그리스도인의 가장 큰 차이점 가운데 하나는, 그리스도인은 항상 자극과 반응 사이에 간격을 두고 살아야 한다는 것입니다. 그리스도인은 항상 모든 것을 다른 정황 속에 두어야 합니다. 그는 항상 그것에 대해 생각해야 합니다. 성급히 결론에 도달해서는 안 됩니다. 또한 그것을 해결하기 위해 노력해야 합니다. 달리 말하면, 이것은 정말 치명적으로 중대한 것으로서, 그리스도인의 현저한 특징 가운데 하나가 생각하는 능력, 즉 논리적으로 분명하게 그리고 영적으로 생각하는 사고의 능력에 있는 것입니다. *Faith on Trial*(믿음의 시련), p.80

지역교회 local church
참된 그리스도인은 교회와 결정적인 연합 관계에 있습니다. 그들은 교회와 느슨하게 연결되어 있지 않습니다. 또한 단순히 교인 명부에 이름만 등록되어 있는 사람들이 아닙니다. 그들은 하루에 한 번, 또는 어떤 특별한 주일에만 교회에 가는 일반적인 성실함만을 인식하는 사람도 아닙니다. 전혀 그렇지 않습니다. 그들은 강력한 연합의 끈으로 묶인 사람들입니다. 다른 말로 하면, 그들 안에는 생명이 있습니다. 그들은 강제로 혹은 억지로 자기 자신을 묶을 수 없습니다. 그들은 자신 안에 있는 이 생명을 어쩔 수 없는 사람들입니다. 그것은 가족의 구성원들과 그 가족의 친구들이 다른 것과 같습니다. 그들 안에는 그들 자신에게 말씀하는 무엇인가가 있습니다. "이것은 내 생명이라. 내가 그들을 묶었노라. 그들은 나의 백성이로다." *Walking with God*(요한일서 강해 2), p.112

명목적 nominal
여러분은 선한 사람일 수도 있고 도덕적인 사람일 수도 있으며, 심지어 종교적인 사람일 수도 있지만, 여전히 그리스도인은 아닐 수도 있습니다. *Life in God*(요한일서 강해 5), p.167

미지근한 그리스도인들이 많이 있습니다. 우리는 너무나 허약하며 둔감합니다. 우리 가운데 너무나 많은 사람들이 찰스 람 Charles Lamb이 말한 바와 같이 '홍역에 걸린 사람처럼 부루퉁' 하며 너무나 빈둥거립니다. 우리는 허리를 동이고 정신을 차려야 합니다.
The Christian Soldier(에베소서 강해 8), p.99

사람들이 하나님을 믿음으로써 그리스도인으로 만들어지는 것이 아닙니다. 그리스도인들은 하나님을 믿습니다. 그러나 그것이 그들을 그리스도인으로 만드는 것은 아닙니다.
Authentic Christianity(사도행전 강해 3), p.213

사람들이 그리스도의 특정한 교훈들을 화제로 삼고 그것을 찬미할 수도 있습니다. 마하트마 간디Mahatma Gandhi가 바로 그러했습니다. 그는 그리스도의 가르침을 찬미했고, 사람들에게 그리스도의 가르침을 실천하라고 말하기도 했습니다. 그러나 그는 그리스도인이 아니었습니다. 이와 같이 단순히 그리스도의 교훈을 찬미한다고 해서 그리스도인이 되는 것은 아닙니다.
The Love of God(요한일서 강해 4), p.28

비참한 그리스도인은 불신앙의 죄에 사로잡힌 사람입니다.
Assurance(로마서 강해 2), p.165

하나님께서 창조하신 우주 세계에서 이름만 그리스도인인 사람처럼 쓸모없는 것은 없습니다. 이름은 있으나 그리스도인의 속성이나 특징은 전혀 없는 사람들 말입니다.
Studies in the Sermon on the Mount (산상설교 1), p.173

명목적 그리스도인들은……영적 올챙이와 같습니다.
The Christian Warfare(에베소서 강해 7), p.157

특권 privilege
저는 이것이 모든 기독교회의 가장 큰 약점이라고 생각합니다. 우리가 어떤 존재인지, 또는 우리가 누구인지를 깨닫지 못하는 것 말입니다. 우리는 기독교의 진리가 암시하는 바가 무엇인지, 또한 그것을 어떻게 적용해야 하는지에 대한 논증을 하는 데 많은 시간을 보냅니다. 그러나 가장 중요한 것은 그리스도인이 어떤 존재인지를 깨닫는 것입니다. <i>Children of God</i>(요한일서 강해 3), p. 23

예수 그리스도는 '만왕의 왕'으로 묘사되어 있습니다. 그리스도께서는 어떤 왕들 가운데 왕이십니까? 바로 여러분과 저 같은 왕들을 말합니다.
Assurance(로마서 강해 2), p. 265

오, 그리스도인은 얼마나 큰 특권을 가진 존재인지요! 오, 그리스도인이 되는 것은 얼마나 영예로운 일인지요! 우리 주위에는 명성과 영예로운 직함과 높은 지위를 가지기 위해, 또는 명사가 되기 위해 경쟁하는 대단한 사람들이 있습니다. 그들은 그러한 영예를 차지하기 위해 기꺼이 엄청난 재력을 투자할 준비가 되어 있으며, 그것을 위해 희생하기까지 합니다. 그러나 모든 그리스도인들은 그들이 누구인지를 막론하고, 또한 세상에서 얼마나 하찮아 보이는지에 상관없이, 그들이 모두 '그리스도 안'에 있기 때문에 한 사람도 예외 없이 영광 중에 계신 우리 주님의 높은 직분에 참여하는 자가 됩니다.
God's Ultimate Purpose(에베소서 강해 1), pp. 442-443

친애하는 성도들이여, 만일 여러분이 자신의 존재에 대해 놀라지 않는다면, 여러분은 결코 그리스도인이 아닙니다. 모든 그리스도인들은 그 자체로 기적입니다. 그러므로 그들은 자신의 존재에 대해 놀라야만 합니다.
God's Sovereign Purpose(로마서 강해 9), p. 241

다른 이들이 그리스도인이 되는 것을 기뻐하고 즐거워하지 않는다면, 그를 참된 그리스도인이라고 말할 수 없습니다. <i>God's Ultimate Purpose</i>(에베소서 강해 1), p. 313

오늘날 이 세상에 가장 필요한 것은, 그리스도인의 수, 즉 개개인의 그리스도인

그리스도인

이 더 많아지는 것입니다. 만일 모든 나라들이 그리스도인으로 충만해진다면, 원자 폭탄이나 그 어떤 것들도 두려워할 필요가 없게 될 것입니다.

Studies in the Sermon on the Mount(산상설교 1), p.73

'평범한 그리스도인'은 존재하지 않습니다. Life in God(요한일서 강해 5), p.94

신약성경에 의하면, 누가 그리스도인인지를 말하는 것은 어려운 일이 아니어야 합니다. 왜냐하면 그리스도인들은 단순히 다른 사람들보다 약간 더 나은 사람들이 아니기 때문입니다. 그들은 단순히 자신의 삶에 무엇인가를 조금 더 부가하는 사람들이 아닙니다. 그들은 다른 영역, 다른 조직체에서 살아가는 사람들입니다. 그들은 철저하게 구별된 자들입니다. '우리는 하나님께 속하고 온 세상은 악한 자 안에 처한 것'(요일 5:19)입니다. 우리는 이러한 구별이 얼마나 대단한 것인지 상상조차 할 수 없습니다.

Life in God(요한일서 강해 5), p.156

시험 tests

자신이 그리스도인인지 아닌지를 시험하는 마지막 시금석은, 그가 여호와의 계명을 계속 기쁘게 준수하는지의 여부에 달려 있습니다.

Walking with God(요한일서 강해 2), p.55

그것은 그리스도인으로 하여금 자신의 마음 안에 있는 어둠을 보게 해 줍니다.

Banner of Truth, Issue 275(배너 오브 트루스 정기 간행물)

우리가 그리스도인인지 아닌지를 알기 위한 가장 궁극적인 시험은 이런 질문을 던져 보는 것입니다. '여러분은 이 세상을 위해서 살고 있습니까? 아니면 오는 세상을 위해 살고 있습니까?'

Authentic Christianity(사도행전 강해 4), p.125

사람은, 하나님과 자신의 관계가 자신의 마음과 삶에서 가장 중요하다고 진정으로 말할 수 있는지 아닌지를 스스로에게 질문해 봄으로써 자신이 참된 그리스도인인지 아닌지를 쉽게 시험해 볼 수 있습니다.

Old Testament Evangelistic Sermons(구약을 사용한 복음 설교), p.22

우리는 하나님의 자녀라는 이유로 이 세상에서 안락한 삶을 살 것이라는 약속을 받은 적이 없습니다. 성경은 그것에 대해 말하지 않습니다. 오히려 사이비 종교가 그렇게 말합니다. 사이비 종교는 우리가 어떤 낙원에서 살게 될 것이며, 살아 있는 한 더 이상 그 어떤 고통과 문제도 경험하지 않을 것이라는 헛된 약속을 하는 것입니다.

Assurance(로마서 강해 2), p.350

믿음의 삶은 절대로 한가하거나 쉬운 삶이 아닙니다. 신앙은 항상 실제적인 것입니다.

Studies in the Sermon on the Mount(산상설교 2), p.309

사람은 이 세상에 대한 자신의 견해를 밝힘으로써 자신이 그리스도인인지 아닌지를 드러낼 수 있습니다.

Banner of Truth, Issue 275(배너 오브 트루스 정기 간행물)

자신이 누구인지를 항상 살피는 일을 멈춘다면, 그 어떤 사람도 그리스도인이 될 수 없습니다.

Banner of Truth, Issue 275(배너 오브 트루스 정기 간행물)

우리가 참된 그리스도인인지 아닌지를 구별하는 최고의 시금석 가운데 하나는 단순합니다. 즉, 내가 과연 나의 자연적 자아, 즉 옛사람을 혐오하고 싫어하는가 아닌가를 묻는 것입니다.

Banner of Truth, Issue 275(배너 오브 트루스 정기 간행물)

사람이 회개하고 그리스도인이 되는 바로 그 순간에 자신의 모든 문제들이 해결되고 모든 어려움들이 사라질 것이라고 상상하는 것만큼 잘못된 논리는 없습니다. 그리스도인의 삶은 어려움이 가득한 삶이요, 유혹과 올가미가 가득한 삶입니다. 그러하기에 우리에게 성경이 필요한 것입니다.

Studies in the Sermon on the Mount(산상설교 2), p.10

그리스도인

그리스도인의 시금석은 그가 바쁘게 활동하는 것에 있지 않습니다. 그것은 하나님에 대한 지식과 주 예수 그리스도에 대한 지식에 있습니다. 바쁘게 사는 것은 어렵지 않습니다. 그러나 여러분이 하나님의 임재를 깨닫기 위해 노력한다면, 여러분은 곧 하나님과 그리스도를 아는 지식에 더 많은 시간을 들여야 한다는 것을 깨닫게 될 것입니다.

Revival(부흥), p.86

일주일 정도 병으로 침상에 누워 있어 보십시오. 그러면 이내 여러분은 자신이 참된 그리스도인인지 아닌지를 알게 될 것입니다.

Banner of Truth, Issue 275(배너 오브 트루스 정기 간행물)

기독교가 마술적이라는 생각을 버리십시오. 곡마단처럼 어떤 마술적 원 안에 들어가기만 하면 여러분의 모든 문제들이 사라질 것이라는 잘못된 생각을 버리십시오. 절대로 그런 일은 없을 것입니다. 오히려 그리스도께서는 그리스도인의 삶이 시험과 고난과 유혹의 삶이 될 것이라고 말씀하셨습니다.

The Christian Soldier(에베소서 강해 8), p.315

자신이 그리스도인으로서의 삶을 살 수 있다고 자신하는 사람은 스스로 그리스도인이 아니라는 것을 나타낼 뿐입니다.

Banner of Truth, Issue 275(배너 오브 트루스 정기 간행물)

자신이 그리스도인임을 주장하는 모든 사람들에게 해야 할 가장 중요한 질문은 이것입니다. '당신은 과연 영혼 깊숙이 하나님을 목말라하고 있는가? 당신이 이것을 갈망하는가? 당신이 하나님의 임재를 항상 기다리고 있다는 것을 무엇으로 증명할 수 있는가? 당신의 삶이 하나님 중심으로 고정되어 있는가? 당신은 과연 바울처럼 이전 것은 모두 지나갔다고 말할 수 있는가? 당신은 과연 하나님을 더욱 알기 위하여 앞으로 나아가고 있는가? 과연 당신은 죽음과 무덤을 넘어서 하나님의 얼굴의 영광의 빛 앞에서 영원히 비추임을 당할 때까지 지식 안에

서 자라 가고 있는가?' *God's Ultimate Purpose*(에베소서 강해 1), p.349

사도 바울이 좋아했던 이름을 우리도 좋아하고 있는지 스스로에게 물어야 합니다. 우리도 바울처럼 그 이름 부르기를 좋아하는지 물어보아야 합니다. 그리고 그 이름이 단지 '예수'가 아니라 '우리 주 예수 그리스도'임을 기억해야 합니다. 여러분은 이 이름을 부르는 것을 좋아하십니까? 이것은 그리스도인으로서의 우리의 위치를 구별해 주는 가장 좋은 시금석 가운데 하나입니다. 우리 주 예수 그리스도가 없이는 아무것도 없습니다. 그분은 알파와 오메가이며, 처음과 나중이며, 만유 가운데 만유이십니다. '우리 주 예수 그리스도'께 모든 영광을 돌립시다. *Assurance*(로마서 강해 2), p.8

그리스도인이 되기 가장 어려운 사람들은 바로 언제나 자신이 이미 그리스도인이 되었다고 생각하는 사람들입니다. *Authentic Christianity*(사도행전 강해 4), p.12

가치 Value
중요하지 않은 그리스도인, 중요하지 않은 교회의 회원은 없습니다. 우리 각 개인은 모두 가치 있는 중요한 존재입니다.
The Christian Warfare(에베소서 강해 7), pp.310-311

그리스도인은 하나님의 '예정'과 '하나님의 선택'을 입었기 때문에 소중한 존재입니다. 그리스도인은 하나님의 '친 백성'이며, '하나님께서 값 주고 사신 백성'으로서 하나님을 위해서 구별하여 세우신 존재입니다. 만일 우리 자신을 위에 언급한 대로 생각할 줄 안다면, 그 위엄스러운 직분과 거기에 속한 모든 것들로 인해 그리스도인으로서의 우리의 삶과 사고가 혁명적으로 바뀔 것입니다.
The Final Perseverance of the Saints(로마서 강해 6), p.404

근심 Anxiety

만일 여러분이 무언가를 추구하기를 원한다면, 무언가가 갖고 싶어 근심하고 있다면, 여러분의 영적 상태, 여러분이 하나님과 얼마나 가까이 있는지 하나님과의 관계에 대해 걱정하고 근심하십시오. 여러분이 이런 근심을 우선한다면 모든 걱정과 근심이 사라질 것입니다. 그것이 바로 영적 근심의 결과입니다.

Studies in the Sermon on Mount(산상설교 2), p.145

금식 Fasting

우리가 과연 오늘날 금식을 하고 있는지 의심스럽습니다. 저는 금식의 문제를 고려해야 할 만큼 우리에게 금식이라는 행위가 존재해 왔는지 의심하지 않을 수 없습니다. 사실은 그렇지 않다는 것입니다. 저는 이 모든 주제가 우리의 삶 밖에 버려지고 전체 기독교 사상에서도 제외된 것 같은 느낌을 지울 수 없습니다.

Studies in the Sermon on the Mount(산상설교 2), p.34

무엇인가 직접적이고도 즉각적인 결과를 얻기 위해서 금식하는 사람들이 있습니다. 즉, 그들은 금식에 대하여 기계적인 견해를 지니고 있습니다. 그들은 제가 때때로 즐겨 묘사하듯이 '슬롯머신 동전' 같은 견해를 지니고 있는 것입니다. 저는 이것보다 더 나은 설명을 찾을 수 없습니다. 슬롯머신의 동전 구멍에 동전 한 개를 넣고 손잡이를 잡아당기면 어떤 결과가 발생합니다. 이것이 바로 금식에 관한 그들의 견해입니다. 여러분은 "어떤 이익을 얻기 원한다면 금식하라. 그러면 당신은 바로 결과를 얻게 될 것이다"라고 말합니다 .

Studies in the Sermon on the Mount(산상설교 2), p.39

금식이 축제로 변할 것이며, 불행이 기쁨이 될 것입니다.

Old Testament Evangelistic Sermons(구약을 사용한 복음 설교), p.259

기도 Prayer

접근법 approach

주장하지 마십시오. 요구하지 마십시오. 여러분의 소망을 아뢰십시오. 진심으로 그 소망을 아뢰십시오. 하나님께서 아실 것입니다. 우리에게는 심지어 부흥을 요구할 권리조차도 없습니다. 그러나 오늘날 어떤 그리스도인들은 꼭 그렇게 하고 있습니다. 절박하게 기도하고 탄원하십시오. 모든 논증을 사용하십시오. 주님의 모든 약속을 사용하십시오. 그러나 요구하지 마십시오. 주장하지 마십시오. "만일 우리가 이것을 하기만 하면, 반드시 그렇게 될 것입니다"라고 말하지 마십시오. 하나님께서는 전능한 주님이시며, 이 모든 것들은 우리의 지식을 초월하는 것입니다. 절대로 요구와 주장의 용어들을 사용해서는 안 됩니다.

The Final Perseverance of the Saints(로마서 강해 6), p.155

기도란 우리의 모든 것을 내려놓는 것입니다. 기도는 우리가 의지하는 모든 것을 내려놓고, 오직 하나님만을 대면하는 것입니다.

Children of God(요한일서 강해 3), p.122

우리 신앙의 선조들은 "약속(언약)들에 호소하라"라는 말을 사용하곤 했습니다. 요즘 여러분은 그런 말을 듣기 어렵습니다. 왜 이렇게 되었습니까? 왜냐하면 사람들이 더 이상 기도하지 않고, 단지 하나님께 아주 짧은 전보만을 보내기 때문입니다. 그들은 그렇게 하는 것을 영성의 최고 경지라고 오해합니다. 그러나 그들은 하나님과 '씨름하는 것'과 '약속에 호소하는 것'에 대해 알지 못합니다.

Joy Unspeakable(성령 세례), p.367

기도의 첫째 내용은 어떤 것을 진술하는 것이 되어서는 안 됩니다. 우리 기도의 첫째 내용은 친구들과 친척들을 위한 것이나 다른 나라들을 위한 것이 되어서도 안 됩니다. 첫 번째 기도는 하나님께서 자신의 성전에 임하시어 영광을 나타내시고 우리에게 자신의 능력을 보이시고 그 능력으로 우리를 충만케 하시도록 간구하는 것이어야 합니다. *Spiritual Blessing*(영적 축복, 요한복음 17장 강해), p. 134

저는 언제나 이러한 생각으로 위로를 받았습니다. 내가 개인적으로 기도할 때 미처 간구하지 못했던 모든 것이 주님이 가르쳐 주신 기도를 함으로써 회복된다는 생각을 말입니다. *Studies in the Sermon on the Mount*(산상설교 2), p. 50

은혜의 보좌 앞에서 담대한 것은 위선이 아닙니다. 확신은 건방짐이 아닙니다. *The Unsearchable Riches of Christ*(에베소서 강해 3), p. 113

오, 저로 하여금 이 말을 할 수 있게 해 주십시오. 기도에는 거룩한 담대함이 있습니다. 이것은 응답받았던 모든 위대한 기도들의 공통적인 특징입니다. 물론 이것은 필연적인 요소입니다. *Revival*(부흥), p. 195

저는 하나님을 향한 모든 요구에 대해 전우주적인 응답을 받는 몇몇 그리스도인들을 알고 있습니다. 그들에게는 그 요구가 무엇인지는 아무런 문제가 되지 않습니다. 그들은 언제나 "그것에 대해 기도하십시오. 그러면 이루어질 것입니다"라고 말합니다……그렇지만 우리가 진정으로 기도하기 전에, 우리는 먼저 영적으로 생각해야 합니다. 마치 기도가 여러분이 언제든지 즉시 난입할 수 있는 것인 양 지절거리면서 간구하는 것보다 더 어리석은 일은 없습니다. *Faith on Trial*(믿음의 시련), p. 41

끈질김과 인내가 없이는, 절박함과 하나님을 향하여 격렬할 정도로 열정적인 기도가 없이는, 하나님께서 우리의 기도를 들으시고 그것에 응답하시리라는 기대를 해서는 안 됩니다. *Joy Unspeakable*(성령 세례), p. 382

많은 그리스도인들이 영성의 특징이 주 예수 그리스도께 기도하는 것이라고 생각하는 것 같습니다. 그러나 성경에서는 기도를 영성의 현저한 특징이 아니라 아버지 하나님께 일상적으로 올려드려야 하는 것이라고 말합니다. 주 예수 그리스도는 중보자이지 최종 목적지가 아닙니다. 즉, 그리스도는 우리를 하나님 아버지께로 인도하는 유일한 중보자이신 것입니다.

God's Ultimate Purpose(에베소서 강해 1), p.328

얼마 전에 저는 한 사람이 어떤 지역을 방문하다가 이렇게 말하는 것을 들었습니다. "나는 매우 지쳐 있었습니다. 그래서 성당에 들어가서 기도를 올렸습니다." 그러나 사실 그는 급히 성당에 들어가서 단숨에 기도를 한 다음에 곧장 나왔습니다. 그것이 기도입니까? 결코 그렇지 않습니다. 실제로 우리와 가까운 사람들조차 때때로 저를 놀라게 합니다. 그들은 종종 "우리 모두 함께 그것에 관해 짧게 기도합시다"라고 말하면서 경솔하게 지절거립니다. "그것에 관해 짧게 기도합시다"라니요! 거의 전보를 치는 수준입니다. 그것은 기도가 아닙니다.

Authentic Christianity(사도행전 강해 2), p.133

때때로 성령께서 우리로 하여금 하게 하시는 기도가 있으며, 성령께서 그것이 응답될 것임을 깨닫게 하시는 기도가 있습니다. 그것은 바로 '믿음의 기도' 입니다. 그것은 실험이 아닙니다. 여러분 자신을 '설득하거나 흥분시키거나 부추기는 것' 이 아닙니다. 그것은 성령에 의해 주어진 완전한 확실성입니다. 그렇기 때문에 여러분이 그 소원을 기도하고 간구할 때 그것이 응답될 것임을 아는 것입니다. 그 기도는 반드시 응답되는 기도입니다. 왜냐하면 성령 하나님을 통하여 기도가 올려졌고, 성령님으로부터 그것에 대한 확신이 주어졌기 때문입니다.

The Final Perseverance of the Saints(로마서 강해 6), p.157

그리스도인의 삶에는 그것에 대해 아무것도 실행하지 않은 채 단지 기도만 하는 것으로는 절대로 해결할 수 없는 특별한 문제들이 있습니다. 때때로 여러분은 반드시 기도를 멈추어야만 합니다. 왜냐하면 여러분의 기도가 문제들만 계속해서 상기시키고 그것에 집중하게 만들기 때문입니다. 따라서 여러분은 반드시 기도를 멈추고 교리적으로 생각하고 그것을 해결해야 합니다.

Spiritual Depression(영적 침체와 치유), p.69

유익들 benefits

기도가 하는 일은 마치 영혼의 폐에 성령의 산소와 능력을 채우는 것과 같습니다. 여러분이 두 발로 굳게 서서 쓰러지지 않기를 원한다면, 하나님의 생명으로 자신을 가득 채우십시오.

The Unsearchable Riches of Christ(에베소서 강해 3), p.125

어려움 difficulty

제가 걱정하는 종류의 사람은 기도에 관해 전혀 어려움을 느끼지 않는 사람입니다. 그런 사람은 분명히 무언가 문제가 있는 사람입니다.

Saved in Eternity(성도의 구원, 요한복음 17장 강해), p.14

만일 여러분이 기도에 아무런 어려움을 느끼지 않는다면, 여러분이 전혀 기도한 적이 없는 것이 확실합니다.

Banner of Truth, Issue 275(배너 오브 트루스 정기 간행물)

저는 무엇보다도 가장 어려운 일이 바로 기도하는 것이라고 생각합니다.

Children of God(요한일서 강해 3), p.121

그리스도인의 삶에서 우리가 하는 모든 일은 기도보다 훨씬 쉽습니다.

Banner of Truth, Issue 275(배너 오브 트루스 정기 간행물)

우리 주님께서 이렇게 말씀하십니다. "내가 무엇을 위해 간구하리요? 나를 지금 이 시간에 건져 달라고 하나님 아버지께 기도해야만 하는가?" 그리고는 이렇게 덧붙이십니다. "아니, 나는 그렇게 할 수 없다. 왜냐하면 내가 바로 이 시간을 위하여 세상에 왔기 때문이다." 인자로서의 영원한 하나님의 아들조차 이 난처함이 어떠한 것인지를 겪으셔야 했던 것입니다.

The Final Perseverance of the Saints(로마서 강해 6), p. 129

중요성 importance

사람이 하나님께 말할 때가 바로 인생의 절정입니다. 기도는 인간의 영혼이 할 수 있는 가장 고상한 활동입니다. 그러므로 기도는 인간의 참된 영적 상태에 대한 근본적인 기준이 되기도 합니다. *Studies in the Sermon on the Mount*(산상설교 2), p. 46

끈질김과 인내가 없이는, 절박함과 하나님을 향하여 격렬할 정도로 열정적인 기도가 없이는, 하나님께서 우리의 기도를 들으시고 그것에 응답하시리라는 기대를 해서는 안 됩니다.

Joy Unspeakable(성령 세례), p. 224

저는 많은 그리스도인에게 발생하는 큰 문제 가운데 하나가 바로 그들이 스스로에게 설교하지 않는 것이라고 확신합니다. 우리는 반드시 매일 자기 자신에게 설교해야 합니다. 특히 무릎을 꿇고 기도할 때마다 더욱 그렇게 해야만 합니다.

The Unsearchable Riches of Christ(에베소서 강해 3), p. 102

그리스도인의 삶에 있어서 끊임없이 계속되어야 할 한 가지가 있다면, 그것은 바로 기도입니다. 그것은 하나님과의 교통과 교제입니다. 이것은 전적으로 본질적인 문제입니다. 더 나아가 기도가 없는 그리스도인의 삶은 있을 수 없습니다.

Children of God(요한일서 강해 3), p. 120

신약성경에 도고가 얼마나 많이 강조되어 있는지 주목하십시오. 이것은 참으로 비범하고 놀라운 일입니다. 이것은 특히 사도 바울을 통해 예시되어 있습니다. 사도 바울이 얼마나 다른 사람들의 기도에 의존했는지를 주목해 보십시오.

The Unsearchable Riches of Christ(에베소서 강해 3), p. 111

기도

설교자로서 부르심을 받은 우리 모두가 기도의 사역에 실패하지 않도록 하나님께서 우리에게 자비를 베풀어 주시기를 간절히 기도합니다.

Christian Unity(에베소서 강해 4), p. 207

믿음의 기도 of faith

'믿음의 기도'는 성령에 의해 주어지는 기도입니다. 여러분은 그것을 청구하거나 요구할 수 없습니다. 여러분은 절대로 여러분이 원하는 것에 대해 스스로 확신할 수 없습니다. 그러나 하나님께서는 성령을 통하여 여러분에게 그러한 자각을 주실 것입니다. 우리 주님께서는 언제나 그것을 가지고 있었습니다.

The Christian Soldier(에베소서 강해 8), p. 328

자세 posture

만일 제게 속된 표현을 하는 것이 허용된다면, 저는 여러분에게 이렇게 말씀드리고 싶습니다. 여러분은 절대로 벌떡 일어서서 지껄여서는 안 됩니다. 언제나 무릎을 꿇고 아뢰어야만 합니다.

Banner of Truth, Issue 275(배너 오브 트루스 정기 간행물)

기도할 때 무릎을 꿇는다는 것(그것이 바로 무릎 꿇음의 가치이기도 하지만), 그것은 바로 복종을 의미합니다. 나 자신을 복종시키고 포기하는 것입니다. 보십시오. 만일 내가 말하고 있다면 그것은 내가 지배하고 있음을 의미하며, 내가 토론하고 있다면 그것은 내가 상황을 제어하고 있음을 의미합니다. 누군가가 나를 심문할 때에도 나는 여전히 나 자신을 변증하고 변호할 수 있습니다. 내가 생각하고 묵상한다면, 그것은 여전히 내가 지배하고 있음을 의미합니다. 그러나 내가 무릎을 꿇고 기도하고 있다면, 그것은 어떤 의미에서 내가 아무것도 할 수 없으며 나 자신을 하나님께 복종시키고 하나님 앞에서 나 자신을 포기하는 것을 의미합니다. 하나님이 통치하시며, 하나님이 모든 일을 이루십니다. 바로 이것이 다른 것들은 할 수 없는 특별한 방식으로 우리를 시험하는 것입니다.

Children of God(요한일서 강해 3), p. 124

준비 preparation

위대한 기도는 언제나 위대한 이해와 지식의 결과입니다. *Revival*(부흥), p. 293

그러나 기도는 그렇게 단순한 것이 아닙니다.
Preaching and Preachers(설교와 설교자), p. 169

기도는 어떤 의미에서 단순하지 않습니다. 기도는 어려울 수도 있습니다. 기도는 때때로 생각하지 않은 것에 대한 변명이나, 문제나 상황을 회피하기 위한 구실이 될 수도 있습니다. 우리는 실제로 개인적인 경험을 통해서 이런 위험을 다 알고 있지 않습니까? 우리는 종종 어려움에 처해 있을 때에 우리를 구해 달라고 기도하면서도 정작 우리가 반드시 해야만 하는 옳은 일을 하지는 않습니다. 문제에 직면한 우리는 이미 알고 있고 반드시 해야만 하는 일을 수행하는 대신 기도하기만 합니다. 저는 바로 이런 상황에서는 우리는 기도해야 하는 것이 아니라 진리와 교리를 살펴서 그것을 적용해야 한다고 믿습니다. 그리고 나서야 우리에게 기도할 자격이 주어지며, 그 전까지는 기도해서는 안 되는 것입니다.
Fellowship with God(요한일서 강해 1), p. 13

기도란 왕 되신 분을 청취자로 만드는 엄청난 일입니다. 그러므로 여러분이 이 왕의 궁정에 들어가기를 원한다면, 여러분은 합당한 옷을 입고 합당한 신분을 갖추어야 한다는 것을 반드시 알아야 합니다. *Assurance*(로마서 강해 2), p. 262

성경으로 가서 여러분을 향한 하나님의 약속의 목록을 만들어 보십시오. 그리고 나서 하나님의 존전에 나아가 그것을 사용하여 간구하십시오. 그러면 여러분의 기도가 응답받을 것임을 확신하게 될 것입니다. 여러분은 이미 그것을 소유하고 있습니다. 하나님께서는 여러분에게 자신의 시간과 방식에 따라 그것에 대한 완전한 깨달음과 충만한 기쁨을 선물로 주실 것입니다.
Life in God(요한일서 강해 5), p. 125

기도하기 전에 반드시 예비해야 할 특정한 조건들이 있습니다. 단순히 무릎을 꿇고 단어들을 입 밖으로 내뱉는 것이 기도의 절대적 요소가 아닙니다.

Revival(부흥), p.43

우리는 반드시 기도에 대한 수학적이고도 기계적인 개념에서 벗어나야 합니다.

Studies in the Sermon on the Mount(산상설교 2), p.31

자기 점검은 기도를 향한 고속도로입니다.

Banner of Truth, Issue 275(배너 오브 트루스 정기 간행물)

참된 기도는 하나님을 붙잡는 것이며, 그분을 떠나보내지 않는 것입니다.

Revival(부흥), p.305

지난 세기의 가장 위대한 기도의 사람 가운데 하나는 브리스톨 Bristol의 성스러운 조지 뮬러 George Muller 입니다. 그는 실로 기도에 있어서 전문가였습니다. 그는 항상 기도에서 가장 먼저 해야 할 일은 하나님의 임재를 깨닫는 것이라고 가르쳤습니다. 즉시 급하게 말해서는 안 됩니다……기도에는 바로 이러한 교제와 교통과 대화가 선행되어야 합니다. 여러분이 하나님의 임재 가운데 있다는 깨달음은 여러분이 기도하는 그 어떤 내용보다 훨씬 더 중요한 것입니다.

The Christian Soldier(에베소서 강해 8), p.82

성령이 아니고서는 우리는 결코 기도할 수 없습니다.

The Final Perseverance of the Saints(로마서 강해 6), p.138

만일 하나님의 임재 가운데서 하나님을 능동적으로 예배하려고 할 때에 우리 마음에 해결되지 않고 고백하지 않은 죄가 있다면, 우리의 예배는 무익한 것이 되고 맙니다. 그 예배는 전혀 가치가 없습니다. 만일 여러분이 동료와 의식적인 적대 관계에 있다면, 여러분이 다른 사람들과 서로 대화하지 않는다면, 만일 여러분이 이러한 몰인정한 생각으로 가득 차 있다면, 다른 사람들에게 방해가 되고 장애가 된다면, 하나님의 말씀은 여러분이 드리는 예배가 아무런 가치가 없다는 것을 확인시켜 줄 것입니다. 그 예배는 여러분에게 아무런 소용이 없고, 주님께서도 그러한 예배에 귀를 기울이지 않으실 것입니다.

Studies in the Sermon on the Mount(산상설교 1), p.228

강단에서의 기도 pulpit

저는 회중들에게 기도하거나 연설하는 것이 아닙니다. 저는 그들에게 말하는 것이 아닙니다. 저는 하나님께 말씀드리고 있으며, 회중을 대표해서 하나님께 기도를 올려드리고 있습니다. 그렇기 때문에 저는 회중들을 잊어야 하며 그들을 의식해서도 안 됩니다. 그러고 나서 저는 저 자신도 의식해서는 안 되며 잊어야 합니다.

Studies in the Sermon on the Mount(산상설교 2), p.29

우리는 사람들이 우리의 기도를 칭송하고 우리 기도에 감사해하는 것을 좋아해서는 결코 안 됩니다. 오히려 우리는 사람들이 그렇게 할 때 불편함을 느껴야 합니다. 합심해서 하는 공중기도는, 기도하는 사람들이 조용히 기도하며 서로의 기도를 의식하지 못하는 기도의 형태가 되어야 하며, 반드시 기도의 날개에 얹혀 하나님의 존전으로 올려져야 합니다.

Studies in the Sermon on the Mount(산상설교 2), p.27

설교자는 마치 계시를 받아야 할 사람처럼 강단에 올라가서는 안 됩니다. 그는 하나님의 말씀을 읽고 기도하며, 성령께서 회중들을 위한 메시지를 주실 뿐만 아니라 자신의 지식과 이해도 조명하시고 빛을 비추어 주실 것이라고 믿는 사람이 되어야 합니다.

Christian Unity(에베소서 강해 4), p.191

하나님께서는 강단에서 이런 방식으로 설교하는 것이 기도하는 것보다 더 쉬운 일임을 알고 계십니다. *Studies in the Sermon on the Mount*(산상설교 2), p.46

주권 sovereignty

이해하려고 하지 마십시오. 기도와 하나님의 주권을 조화시키려고 노력하지 마십시오. 성경은 저에게 하나님의 주권을 교훈합니다. 그리고 동일하게 기도의 의무를 교훈합니다. 저는 이러한 교리를 견지하며 또한 기도합니다. 저는 이 두 교리를 조화시키는 데 관심이 없습니다. 저는 실상 그렇게 할 수도 없습니다. 그 누구도 이 두 교리를 조화시킬 수 없습니다. 저는 우리가 영광 중에 거하게 될 그때에 완전히 이해하게 될 것이라고 믿습니다. *Saving Faith*(로마서 강해 10), pp.9-10

본질적이고도 절대적인 의미에서 여러분과 저는 하나님의 전지성과 예지와 주권과, 우리가 성경에서 너무나 명백하게 발견하는 이 기도의 실재를 서로 조화시킬 수 없습니다. *Life in God*(요한일서 강해 5), p.116

범위 scope

현대인들은 "기회는 무제한이다 The sky is the limit"라고 말합니다. 그러나 우리는 하늘 Sky을 초월하시는 분께 기도합니다! 하늘을 드리우게 하십시오! 하늘에는 제한이 없습니다. 그러나 우리는 영원하고도 무한하신 하나님께 기도하고 있습니다. *Revival*(부흥), p.314

누군가가 "무엇을 위해 기도해야 합니까?"라고 묻습니까? 사랑하는 성도들이여, 여러분이 기도해야 할 내용에는 제한이 없습니다. 전혀 한계가 없는 것입니다. *Revival*(부흥), p.313

자극 stimulus

그 무엇보다도 항상 여러분이 만나는 모든 자극에 반응하고 기도하십시오. 저는 이것이 그 어떤 것보다 중요하다고 생각합니다. *Preaching and Preachers*(설교와 설교자), pp.170-171

여러분은 하나님의 사랑에 이끌리고 그것을 조금이라도 느끼는 바로 그 순간에 즉시, 그것이 무엇이든지 간에, 반드시 그 사랑에 반응해야 합니다. 예를 들어, 이 문제에 대해서 특별하게 생각하지 않은 채 책을 읽고 있을 때 갑자기 기도해야겠다는 강권을 느끼게 된다면, 이 문제에 관한 가장 지혜로운 태도는 그 책이 얼마나 흥미롭고 재미있든지 간에 그 책을 즉시 내려놓고 기도하는 것입니다……여러분이 하나님의 사랑을 조금이라도 느끼는 바로 그 순간에 즉시 하나님께 모든 것을 맡겨야 합니다. 하나님께서 무슨 일을 하라고 하시든지 즉시 그 일을 하십시오. 만일 여러분이 그렇게 한다면, 하나님께서는 더욱 여러분을 찾아 주실 것이며, 그분의 임재가 더욱 명백하고도 분명하게 나타날 것입니다.

The Unsearchable Riches of Christ(에베소서 강해 3), pp. 274-275

교회가 받은 사명은 조직하는organize 것이라기보다는 오히려 괴로워하는agonize 것입니다.

Banner of Truth, Issue 275(배너 오브 트루스 정기 간행물)

시금석tests
믿음이 없는 보잘것없는 우리의 기도를 수치스럽게 생각해야 합니다.

Revival(부흥), p. 314

우리 믿음의 고백에 대한 궁극적 시금석은 우리의 기도 생활에 있습니다.

Authentic Christianity(사도행전 강해 2), p. 132

여러분의 삶에는 하나님을 향한 제단이 있습니까?

Old Testament Evangelistic Sermons(구약을 사용한 복음 설교), p. 249

우리가 여러 사람과 함께 있을 때보다 혼자 있을 때 하나님을 향해 더 많이 말하지 않는다는 사실은 어찌 된 것입니까?

Studies in the Sermon on the Mount(산상설교 2), p. 46

기도

여러분의 기도 속에는 '오!' 라는 단어가 존재합니까? 여러분의 기도에 '오!' 라는 감탄사가 있다는 것은 기도의 또 다른 매우 좋은 시금석입니다. '오, 여호와여!'……선지자들이 이렇게 기도했습니다. 바로 이런 기도가 모든 하나님의 사람들이 올린 기도입니다. 어떤 사람은 부흥의 전조에 대한 가장 최고의 표적을 백성들의 기도의 입술에 '오!' 라는 단어가 나타나는 것이라고 말했습니다. "오, 여호와여!"
Revival(부흥), p.301

왜 여러분은 한 시간 동안 계속해서 기도할 수 없습니까?
God's Ultimate Purpose(에베소서 강해 1), p.352

우리는 신뢰함으로 기도합니까? 우리는 보증과 확신 가운데 기도합니까? 우리는 담대함으로 기도하고 있습니까? 우리는 우리의 기도를 확신합니까? 혹은 우리에게 과연 그런 기도를 올릴 수 있는 권리가 있는지, 또는 하나님께서 우리 기도를 들으실지 안 들으실지 의아해하면서 기도의 대부분의 시간을 허비하고 있습니까?
Assurance(로마서 강해 2), p.37

하나님께서는 기도하지 않은 사람들을 비범하게 사용하신 적이 없습니다. 하나님이 사용하신 사람들은 많은 시간을 기도했던 사람들입니다.
Life in God(요한일서 강해 5), p.117

만일 우리가 영생을 소유했다면, 우리가 하나님의 자녀라면, 저는 경외심을 가지고 우리가 하나님의 귀를 가졌다고 말할 수 있습니다. 우리는 하나님께서 항상 우리에게 귀를 기울이시는 분이라고 확신할 수 있습니다.
Life in God(요한일서 강해 5), p.119

하나님을 잘 아는 사람이 하나님께 가장 잘 기도할 수 있습니다.
Saved in Eternity(성도의 구원, 요한복음 17장 강해), p.31

그리스도인의 삶의 본질적 시금석은 우리가 기도에 들이는 시간의 총계에 달려 있습니다.
Banner of Truth, Issue 275(배너 오브 트루스 정기 간행물)

우리는 과연 진실로 하나님과 교제하며 교통하고 있습니까? 이것을 시험해 볼 수 있는 최고의 방법 가운데 하나는, 우리의 기도 생활을 점검하는 것입니다. 우리의 삶 속에는 얼마나 많은 기도의 시간이 있습니까? 우리는 얼마나 자주 기도합니까? 우리는 기도하는 가운데 자유를 누리고 기도를 즐거워합니까? 아니면 기도가 지루한 임무와 같습니까? 우리는 과연 기도 안에 있는 광대함과 자유를 알고 있습니까?
Fellowship with God(요한일서 강해 1), p.84

불신자들 unbelievers

성경 그 어디에도 성령께서 불신자들의 기도를 돕는다는 가르침은 없습니다.
The Final Perseverance of the Saints(로마서 강해 6), p.145

기독교 Christianity

일반적으로 말해서, 세상은 기독교를 경험한 적이 단 한 번도 없습니다. 세상은 기독교에 대해 말만 무성하게 했을 뿐입니다.
Authentic Christianity(사도행전 강해 1), p.1

기독교는 바로 그리스도이십니다.
Saving Faith(로마서 강해 10), p.295

금세기의 가장 엄청난 비극과 재앙 가운데 하나는······기독교가 급격하게 중산계층에게만 적용되고 있다는 사실입니다. 대다수의 사람들은 기독교 밖에 있으며, 기독교에 무관심합니다.
Authentic Christianity(사도행전 강해 1), p.288

만일 기독교가 여러분에게 제공한 것이 아주 사소한 것이라면, 그것은 기독교가 아닙니다. 기독교는 우주에서 가장 큰 어떤 것입니다. 그것은 장대하고도 영광스러운 것입니다.
The Kingdom of God(하나님의 나라), p.75

오늘날 소위 복된 소식이라고는 전혀 털끝만큼도 없는 복음이 유통되고 있습니다! 어떤 이들은 기독교가 부정적인 항변 이외에는 아무것도 아니라는 인상을 줍니다. 신문들이 우리에게 그런 인상을 심어 줍니다. 그렇지 않습니까? 그들이 누구입니까? 그들은 언제나 무언가에 반대하고 항의하는 사람들입니다. 그래서 세상은 그리스도인들이 부정적이고 비참하며 가련한 족속들이라고 생각합니다. 그러나 저는 그들을 비난하지 않습니다. 왜냐하면 그들이 말하는 기독교는 전혀 기독교가 아니기 때문입니다. 참된 기독교는 세상에서 가장 긍정적이고 가장 감동적이며 가장 영광스러운 것입니다. 왜냐하면 그것은 복음이기 때문입니다!
Love so Amazing(골로새서 강해), p.54

도전 challenge

기독교의 메시지는 단호합니다. 그것은 '영혼을 위한 비상식량'과 같습니다. 그것은 "남자답게 강건하라"(고전 16:13), "달리기를 경주하며 자신을 세우라"라고 명령합니다.
The Christian Soldier(에베소서 강해 8), p.86

그리스도인의 삶의 방식은 어렵습니다. 그것은 안일하게 처리하기에는 너무나 영광스럽습니다.
Banner of Truth, Issue 275(배너 오브 트루스 정기 간행물)

소위 그리스도 없는 기독교가 요즘 인기를 끌고 있습니다.   Revival(부흥), p.46

기독교는 믿지 않는 사람에게는 그 어떤 것도 제공하지 않습니다.
I am Not Ashamed(내가 자랑하는 복음), p.73

만일 여러분이 여러분의 종교를 이해할 수 있다면, 그것은 여러분의 종교가 기독교가 아니라는 증거입니다. 만일 여러분이 믿는 종교를 스스로 통제할 수 있다면, 그것은 기독교가 아닙니다. 만일 여러분이 주일날 아침에 교회에 가기 위해 그것을 가방에 집어넣었다가 저녁에 다시 가방에서 꺼내어 내려놓는다면, 그것은 기독교가 아닙니다. 기독교는 기적입니다. 기독교는 경이로움 그 자체입니다.

Authentic Christianity(사도행전 강해 1), p.31

경험 experiential

여러분이 그리스도인임을 느끼지 않는 한, 과연 여러분이 그리스도인인지 그렇지 않은지에 대한 의문은 계속 남아 있을 것입니다. 여러분에게 무엇인가가 경험적으로 일어나지 않는 한, 여러분의 감각과 지각의 영역에 어떤 일이 발생하지 않는 한, 여러분은 그리스도인이 아닙니다.

God's Ultimate Purpose(에베소서 강해 1), p.73

우리는 기독교를 통제할 수 없습니다. 오히려 기독교가 우리를 통제하도록 되어 있습니다.

Banner of Truth, Issue 275(배너 오브 트루스 정기 간행물)

기독교 신앙에는 중요한 주관적 요소가 있습니다. 반복하여 말씀드리지만, 만일 여러분과 저에게 어떤 경험이 없다면, (그것이 얼마나 사소한 것이든지 관계없이) 만일 우리에게 하나님께서 우리를 다루고 계신다는 경험이 없다면, 우리는 그리스도인이 아닙니다. 기독교는 활동입니다. 하나님의 능력의 활동입니다. 우리는 반드시 어느 정도 경험을 소유해야만 합니다. 그것이 비록 불완전할 수도 있고 부분적일 수도 있으며 아주 사소할 수도 있겠지만, 반드시 있어야만 합니다. 그렇지 않으면 우리의 믿음은 무미건조하며 아무런 가치가 없는 지식적 신념에 불과할 것입니다.

Authentic Christianity(사도행전 강해 2), p.191

논리 logic

여러분이 안에 있다면(저는 이 표현을 매우 좋아하고 자주 반복합니다만), 기독교 신앙만큼이나 이상적이고 논리적인 것은 없습니다. 그러나 여러분이 밖에 있다면, 그것을 결코 이해할 수 없습니다. 오히려 그것이 매우 신비적이고도 이상한 것으로 보일 것입니다. 왜 그럴까요? 왜냐하면 그것이 하나님의 역사이기 때문입니다. 그것은 영원하신 하나님의 직접적인 행동입니다. 하나님께서는 결코 자연법을 통하여 역사하시는 분이 아닙니다.

God's Way of Reconciliation(에베소서 강해 2), p.468

불신자의 종교 Non-Christian religions

기독교는 그리스도입니다. 오직 한 분, 주님입니다. 그분이 기독교를 만드셨습니다. 그분이 없다면, 기독교는 없습니다. 그리스도는 기독교의 근본이십니다. 이 점에 있어서 기독교는 다른 모든 종교나 가르침과는 사뭇 다릅니다. 불교가 부처와 분리되듯이 다른 교훈들은 그 주창자와 분리될 수 있습니다. 이런 분리는 별다른 중대한 차이를 만들지 않습니다. 그러나 기독교에 있어서 그리스도는 모든 것이 되십니다. 기독교의 모든 것은 그리스도의 성육신과 그분이 행하신 일이라는 놀랍고도 특별한 사실에 따라 결정됩니다.

Christian Unity(에베소서 강해 4), pp.98-99

기독교는 배타적인 교훈입니다. 그것은 다른 교훈을 허용하지 않습니다. 제가 마음이 편협하기 때문이 아니라 여러분의 영혼을 걱정하기 때문에 이렇게 말씀드리는 것입니다. 만일 여러분이 기독교가 배타적이 아니며 다른 종교에 대하여 포용적이라고 말한다면, 여러분은 반드시 어떤 종교든지 다른 종교만큼이나 선하고 좋은 것이라고 말해야 합니다. 그러나 저는 그것을 부인합니다.

Authentic Christianity(사도행전 강해 3), p.214

독특 uniqueness

기독교의 신앙은 주 예수 그리스도로부터 시작하지 않습니다. 그것은 성부 하나님으로부터 시작합니다.

Authentic Christianity(사도행전 강해 3), p.41

신약성경의 중심 메시지는, 우리 구주 예수 그리스도 안에서, 그리고 그분을 통해서가 아니라면 결코 하나님의 임재에 들어갈 수 없을 뿐더러 기도할 수 있는 가능성도 없다는 것입니다. *The Unsearchable Riches of Christ*(에베소서 강해 3), p.98

기독교 신앙에는 배타적이며 독점적인 국면이 있습니다.
Christian Unity(에베소서 강해 4), p.100

가치 value

성경은, 이 세상을 살아가는 인류가 주 예수 그리스도를 참되게 믿고 그분이 베푸시는 은사를 받으며 그분이 지시하는 삶을 산다면 우리의 다른 문제들은 모두 다 해결될 것이라고 주저 없이 말씀합니다. 만일 지구 상의 모든 사람들이 신약적 의미에서 그리스도인이라면, 전쟁의 가능성에 대해서 전혀 걱정할 필요가 없을 것입니다. 또한 더 이상 술 취함은 없을 것이며, 간통이나 이혼도 없을 것이고, 이 지상의 인류의 삶을 수치스럽게 만드는 다른 모든 끔찍한 것들도 사라질 것입니다. 만일 그들이 참되게 믿는다면 말입니다!
The Heart of the Gospel(복음의 핵심), p.55

기름 부음 : 보증, 성령 세례
Anointing : Assurance, Baptism in the Spirit

우리는 '거룩한 자의 기름 부음'을 받았습니다. 성령의 이 기름 부음은 특별히 전투적인 그리스도인의 삶에서 매우 실제적인 문제입니다……이 '기름 부음'은 항상 능력을 전달합니다. 이것은 성령 사역의 특별한 국면입니다. 성령님은 증인과 같습니다. 그분은 또한 '우리 기업의 보증'이 되십니다. 성령님에게는 그리스도인이 여러 가지 일을 감당할 수 있도록 그에게 기름을 부으시는 사역의 국면이 있는 것입니다.
The Christian Soldier(에베소서 강해 8), p.115

기름부음 : 설교 Unction : Preaching

우리가 현재 다루고 있는 이 문제는 학문의 영역과 지적인 기민함을 초월하는 것이기 때문에 우리 모두 '거룩하신 이'의 '감동'과 '기름 부음'을 위해 기도해야만 합니다.
The Law:Its Functions and Limits(로마서 강해 4), p.188

여러분은 아주 높은 수준의 교육적이고도 문화적인 사역을 할 수 있습니다. 그러나 이 능력이 없으면 아무 쓸모가 없을 것입니다. 여러분은 웅변적으로 말하며 학식 있게 설교하고, 다른 많은 일을 하는 사람을 소유할 수도 있습니다. 그러나 이 능력이 임하지 않는다면, 모두 한낱 오락에 불과할 것입니다. "내가 너희 보기를 간절히 원하는 것은 어떤 신령한 은사를 너희에게 나누어 주어"(롬 1:11). 사도는 그것을 가지고 있었습니다. 사도는 그것을 줄 수 있다는 사실을 알고 있었습니다. 사도는 이 능력을 인지하고 있었던 것입니다. 이 능력이 없이는 변론자가 될 수는 있어도 증인이 될 수는 없습니다. 우리는 증인으로 부르심을 받았습니다.
The Gospel of God(로마서 강해 7), pp.223-224

우리는 참으로 놀라운 경험을 하였습니다! 설교자에게 있어서 설교하는 동안 성령의 부어 주심을 느끼며, 죄의 선고를 받는 영혼들의 외침을 들으며, 거듭남을 경험하는 모습을 보는 것보다 더 훌륭한 것은 없습니다.
Letter to members Westminster Chapel, May 30, 1968(성도들에게 보낸 편지)

저는 성령의 영향과 능력하에서 설교에 관한 사역을 하고 있습니다. 이와 관련하여 우리는 이 점을 중요하게 생각해야 합니다. 왜냐하면 설교자가 설교 원고를 완성했다고 해서 그것이 설교 준비를 끝낸 것은 아니기 때문입니다. 설교자는 종종 자신이 전한 가장 최고의 말이 자신이 미리 묵상하지도 않았고 심지어 설교문을 작성할 때 생각해 본 적도 없는데 실제로 설교하는 동안 주어진 것임을 발견하게 됩니다. 이는 참으로 놀라운 일 가운데 하나입니다.
Preaching and Preachers(설교와 설교자), p.84

이것이 신약시대에 한정되지 않은 것에 대해 하나님께 감사를 드립시다. 지난 수세기, 특히 부흥과 영적 대각성의 시기를 통해 배출된 위대한 설교자들의 전기를 읽어 보십시오. 그러면 여러분은 이런 현상이 계속해서 끝없이 반복되었음을 발견하게 될 것입니다. 설교하던 사람이 갑자기 성령이 자신에게 임하셔서 자신을 붙들고 계심을 깨닫게 됩니다. 그에게 성령에 붙잡혀 확신을 가지고 말할 수 있는 엄청난 광채와 지성과 권세와 능력이 주어집니다. 그러면 정말이지 엄청난 일들이 발생합니다. 설교자 자신이 이것을 매우 잘 의식하게 될 뿐만 아니라 그 설교를 듣는 회중들도 그것을 느끼게 됩니다.

Life in the Spirit in Marriage, Home and Work(에베소서 강해 6) , 44

하나님께서는 이러한 능력을 주기도 하시며 거두어 가기도 하십니다.

Joy Unspeakable(성령 세례), p.139

만일 설교자가 성령으로 충만하다면, 그의 설교를 듣는 사람들이 그것을 느끼게 될 것입니다. 설교자가 말하는 내용을 믿지 않는 사람들조차 능력과 권세가 그에게 있음을 알게 되는 것입니다. 그들은 실재와 힘과 영향력을 느낍니다. 그들은 설교자가 자신들을 다루고 있음을 느끼는 것입니다.

Authentic Christianty(사도행전 강해 2), p.6

기만 Deceit

기만은 인류가 지닌 가장 중심적이고도 본질적인 문제입니다.

The Kingdom of God(하나님의 나라), p.141

기쁨 Joy

저는 어떤 설교자가 '홍수 이후 구름 안에 있는 무지개'라는 제목으로 설교하는 것을 들은 적이 있습니다. 그는 선하고 유능하며 경건한 사람이었습니다. 그는 입심 좋게 지절거리는 천박한 유형의 복음주의자들을 너무나 싫어했으며 잘못된 기쁨을 갖는 것을 경계했습니다. 결국 그는 지나친 걱정으로 인하여 본문이 '구름 안에 있는 무지개'였음에도 불구하고 우리에게 먹구름을 설교하고 말았습니다. 그는 우리가 육적인 기쁨에 빠질 것을 너무나 우려하여 무지개를 감추고 구름만 크게 부각시켰던 것입니다.

Assurance(로마서 강해 2), p. 166

허물없이 다정하고 원기왕성한 것이 기독교의 기쁨이 아닙니다. 기독교의 기쁨은 하나님의 거룩과 죄의 절망과, 그리스도께서 하늘에서 오셔서 타락한 죄인들을 위하여 피 흘림으로써 자신을 주심에 대한 인식입니다. 바로 이것이 거룩한 기쁨과 감사를 낳습니다. 말로 형언할 수 없으며 영광으로 충만한 기쁨을 낳는 것입니다.

The Gospel of God(로마서 강해 7), p. 363

천국의 기쁨은 섞인 것이 없는 순수한 것입니다.

God's Ultimate Purpose(에베소서 강해 1), p. 310

저는 우리에게 심오한 기쁨이 없는 것이 우리가 너무 성급히 서두르는 데서 비롯된다고 생각합니다. 우리는 숫자에 너무 조급해합니다. 우리는 결과에 지나치게 신경을 쓰고 있습니다.

Saving Faith(로마서 강해 10), p. 350

저는 때때로, 만일 우리가 매일 아침마다 우리의 삶 속에서 베드로전서 1장 8절의 말씀을 직시한다면, 그 말씀으로 인하여 우리가 엄청난 유익을 얻게 될 것이라고 생각합니다. "예수를 너희가 보지 못하였으나 사랑하는도다. 이제도 보지 못하나 믿고 말할 수 없는 영광스러운 즐거움으로 기뻐하니."

Joy Unspeakable(성령 세례), pp. 184-185

우리는 모두 너무 바쁘고 너무 활동적입니다. 집회의 연속은 묵상과 교리에 대한 이해로 이끌어 주는 철저한 성경 연구를 대신 해 주지 않습니다. 그러므로 만일 여러분이 단지 영적인 오락만을 추구한다면, 여러분은 결코 '여호와의 기쁨', 즉 하나님 안에서 즐거워하는 것에 대해 알 수 없을 것입니다. 여러분은 단지 다른 사람들의 입을 통해서만 그것이 얼마나 놀라운 것인지를 듣게 될 것입니다. 그러므로 우리는 반드시 이런 것들을 묵상해야만 합니다.

Assurance(로마서 강해 2), p. 161

여러분은 "나의 죄가 용서되었음을 믿습니다"라고 말하는 것이 구원받았다는 의미라고 생각합니까? 아니면 정말로 주 안에서 기뻐하고 있습니까? 여러분은 '그분의 충만하심을 받고' 있습니까? 여러분의 모든 필요를 채우기 위한 주님의 회합을 깨닫고 있습니까? 여러분은 주의 영광과 그분과의 만남을 기대하고 있습니까?

Assurance(로마서 강해 2), p. 238

만일 우리가, 하나님께서 우리가 비참하게 되는 것을 원하신다고 생각한다면, 그래서 우리가 하나님께 순종하며 그분이 원하시는 삶을 사는 것이 오히려 불행으로 가는 지름길이라고 생각한다면, 그것은 하나님의 거룩하신 이름을 최고로 모욕하는 일이 아닐 수 없습니다.

Old Testament Evangelistic Sermons(구약을 사용한 복음 설교), p. 260

비참한 그리스도인은 불신앙의 죄를 범한 사람입니다. 기쁨과 확신이 없는 그리스도인은, 진리를 확실히 이해하지 못하거나 어떤 더 나쁜 죄에 사로잡힌 사람, 즉 자신에게 진리를 계시해 주신 하나님을 신뢰하지 못하는 죄에 사로잡힌 사람인 것입니다. 우리에게 수치가 임하기를 바랍니다! 우리에게는 확신하지 못하거나 기뻐하지 못할 권리가 없습니다. 확신은 추측이 아니며, 기쁨이 없는 것은 겸손이 아닙니다.

Assurance(로마서 강해 2), p. 165

기쁨

그리스도인은 단순히 이전보다 덜 비참한 자가 되어서는 안 됩니다. 그는 진실로 기뻐하는 사람이 되어야 합니다.

Old Testament Evangelistic Sermons(구약을 사용한 복음 설교), p. 260

여러분은 자신과 하나님 사이의 모든 것이 올바로 되는 것을 확신하기 전까지는 여호와의 기쁨을 알 수 없습니다.

Life in God(요한일서 강해 5), p. 95

참된 그리스도인의 기쁨을 알기 전까지 여러분은 반드시 비참하고 가련할 것입니다.

Spiritual Depression(영적 침체와 치유), p. 28

기적들 : 은사적 재능
Miracles : Charismatic Gifts

기적은 계속적이거나 일상적인 것이 아닙니다. 그것은 비범하고도 예외적인 것입니다.

The Christian Soldier(에베소서 강해 8), p. 113

기적은 자연법을 파괴하거나 사라지게 하거나 파기하지 않습니다. 기적은 그런 것들에 능력을 공급하여 그것들을 초월하여 역사합니다. 기적은, 자연 질서를 사용하지만 하나님의 모든 능력을 동원하여 사용하기 때문에 자연 질서가 문제가 되지 않으며, 불가능한 것을 가능하게 하는 것입니다.

God's Sovereign Purpose(로마서 강해 9), p. 112

기적이 하나님의 말씀의 능력보다 더 위대하지는 않습니다. 그것은 말씀에 동반되는 현상입니다. 실제로 어떤 의미에서 기적은 시각적이기 때문에 더 하등한 역사입니다. 그런데 종종 순전한 구어체의 말보다는 시각적인 것이 사람들에게 더 호소력이 있습니다. 그래서 초대교회에 이러한 표적들이 복음 설교와 함께 나타났던 것입니다.

Authentic Christianity(사도행전 강해 2), p. 207

만일 누군가가 "일반 섭리와 특별 섭리의 차이가 무엇입니까?"라고 묻는다면 저는 이렇게 대답하고자 합니다. 일반 섭리에서 하나님은 2차 원인, 즉 하나님께서 자연에 부여하신 법칙들을 통하여 역사하십니다. 그러나 특별 섭리 또는 기적에서는 하나님께서 2차 원인 없이 즉시, 그리고 직접 역사하십니다. 기적이란 자연에 반하는 것이 아니라 하나님께서 초자연적 방식으로 역사하시는 것입니다.

Great Doctrines of the Bible(교리 강해 1), p.148

당연히 기적은 초자연적입니다. 그것은 통상적인 자연법칙이나 2차 원인의 견지에서 설명될 수 없습니다. 그것은 하나님의 직접적이고도 즉각적인 행위입니다.

Great Doctrines of the Bible(교리 강해 1), p.149

기적적인 치유가 가능합니다. 이로 인해 하나님께 감사합시다. 우리는 전심을 다해 이것을 믿습니다. 그러나 여러분과 제가 그런 이적이 반드시 발생할 것이라고 생각할 때마다 오히려 기적적 치유가 불가능해질 것입니다. 그것을 실행할지 하지 않을지는 철저하게 우리 주 예수 그리스도의 섭리 안에 있기 때문입니다.

The Life of Joy(빌립보서 강해), p.230

주님께서는 기적을 베푸실 수도 있습니다. 그분은 모든 종류의 놀라운 일들을 하실 수도 있습니다. 그러나 주님은, 이미 예루살렘 성전 안에서 오직 주님을 알기 원하며 그에게 영광을 돌리려는 사람에게 주님의 시간과 고유한 방법으로 그러한 기적을 베푸신다고 밝히셨습니다.

Spiritual Blessing(영적 축복, 요한복음 17장 강해), pp.173-174

초대교회 교부 가운데 한 사람이 이것을 아주 잘 표현했습니다. "참된 믿음은 기적이 아니라 하나님의 말씀에 기초하는 것이다."

Spiritual Blessing(영적 축복, 요한복음 17장 강해), p.179

기적은 초자연적입니다. 즉, 자연을 초월한다는 말입니다……여러분이 어떤 현상을 설명할 수 있다면 그렇게 하십시오. 저는 그리스도인들이 반드시 그렇게 하기를 원합니다. 그러나 만일 여러분이 순전히 자연적인 의미에서 그것을 설명할 수 있다면, 그것을 기적이라고 주장하지 마십시오.

Authentic Christianity(사도행전 강해 3), p. 232

이러한 기적에 대해 우리가 관찰해야 할 몇 가지 중요한 사항들이 있습니다. 그 중 하나는 사도행전에 기록된 모든 사도적 기적들에는 결코 실패가 없었다는 사실입니다. 또 다른 하나는 사도들이 매일 기적을 베풀지는 않았다는 점입니다. 다시 한 번 말하지만 그들은 절대로 자신들이 기적을 베풀 것이라고 미리 광고하지 않았습니다. 바로 이것이 오늘날 기적을 베풀 수 있다고 주장하는 많은 사람들, 그리고 몇 월 며칠 몇 시에 그런 기적을 베풀 것이라고 미리 광고하는 많은 사람들과 사도들의 차이점입니다. 사도들은 절대로 그렇게 말하지 않았습니다. 왜냐하면 그들은 자신들이 언제 기적을 베풀게 될지를 미리 알 수 없었기 때문입니다.

The Christian Soldier(에베소서 강해 8), p. 134

하나님께서는 자신이 원하면 언제든지 기적을 베풀 수 있는 능력을 가지고 계십니다. 그러나 하나님께서는 인생을 영구한 기적의 연속으로 만들지 않으십니다. 기적은 예외적인 현상입니다. 하나님께서는 통상적으로 자연법인 원인과 결과 법칙을 통해 역사하시지만, 때때로 자연법을 초월하여 역사하시기도 합니다. 바로 이것이 기적입니다. 기적이란 자연법을 파괴하는 것이 아니라 특정한 목적을 위하여 하나님께서 특정한 시간에 자신을 나타내시고, 자신이 창조한 자연에 부여하신 자연법과 관계없이 역사하시는 것입니다. 따라서 기적은 이례적인 활동입니다. 그러나 통상 하나님께서는 존재하게 하신 수단들을 사용하십니다.

Saving Faith(로마서 강해 10), p. 265

우리 주님의 모든 기적들은 단순한 사건 그 이상입니다. 또한 그것들은 어떤 의미에서 수수께끼와 같습니다. 그렇다고 해서 그것이 실제 벌어진 역사적 사건이 아니라는 것은 아닙니다. 저는 단지 기적이 놀라운 전설적인 일임을 강조하려는 것입니다.
Spiritual Depression (영적 침체와 치유), p. 58

현상 phenomena

기적의 현상은 여러분을 그리스도가 누구신지에 대한 지식으로 인도합니다. 만일 여러분이 그 현상만으로 만족한다면, 주님은 더 이상 자신을 나타내시지 않을 것입니다.
Spiritual Blessing (영적 축복, 요한복음 17장 강해), p. 192

기질 Temperament

만일 저에게 이것이나 저것을 선택하라고 한다면, 저는, 낙천적이지만 자신의 본성의 사악함과 불결함, 그리고 자신 안에 있는 죄의 심각함에 대해서는 하나도 알지 못하고 지껄이며 천박한 사람이 아니라, 약간 우울하며 병적이라고 하더라도 자신의 마음의 질병을 알고 있는 사람을 선택하겠습니다.
Assurance (로마서 강해 2), p. 159

그리스도인이 되었다고 해서 그 사람의 기질이 바뀌는 것은 아닙니다. 그러나 그는 자신의 기질을 제어할 수 있으며, 당연히 제어해야 하며, 반드시 제어해야만 합니다.
The Christian Warfare (에베소서 강해 7), p. 213

지금까지 기독교회를 통해 묘사되지 않은 유형의 인물은 하나도 없었으며, 지금도 없습니다. 다혈질인 사람과 점액질인 사람, 감정적인 사람과 논리적인 사람, 감성적인 사람과 지성적인 사람, 심미적인 사람과 현세적인 사람, 예술적인 사람과 과학적인 사람, 쉽사리 믿는 사람과 의심이 많은 사람, 재치 있는 사람과 둔감한 사람 등 오늘날 발견할 수 있는 모든 종류의 사람들이 지난 기독교 교회

| 기질

의 신자들 가운데 다 있었던 것입니다. 그러므로 종교적 기질에 대해 그럴싸하게 지절거리면서 지난 2천 년 동안의 기독교 역사를 통해 증명된 사실을 무시하는 것은 얼마나 몰상식하고도 부정한 짓입니까!

Old Testament Evangelistic Sermons(구약을 사용한 복음 설교), p. 183

우리가 모두 근본적으로 각기 다른 사람이라고 믿게 하는 것이 바로 마귀의 사역 가운데 하나입니다. 기독교 신앙의 본질 가운데 하나는 하나님을 얼굴과 얼굴로 만나는 우리 모두가 다 하나이며 동일하다는 것입니다.

Old Testament Evangelistic Sermons(구약을 사용한 복음 설교), p. 165

구원은 기질과는 아무런 상관이 없습니다.

Banner of Truth, Issue 275(배너 오브 트루스 정기 간행물)

시무룩함이나 우울증은 그리스도인에게 합당하지 않습니다. 우리는 반드시 기운을 내서 그러한 것으로부터 벗어나야 합니다.

Banner of Truth, Issue 275(배너 오브 트루스 정기 간행물)

어떤 사람은 훌륭하게 태어나고 또 어떤 사람은 그렇지 못합니다. 어떤 사람들은 편안하고도 낙천적인 성질과 기질을 갖고 태어나서 모든 사람을 다 좋아합니다. 그들은 그리스도인들을 좋아하는 것같이 보입니다. 또한 기독교 공동체 안에 있는 것을 좋아하는 것같이 보입니다. 그러나 그들은 그리스도인이 아닙니다. 그들은 단지 그러한 기질을 가지고 태어났을 뿐입니다.

Life in God(요한일서 강해 5), p. 29

전 우주를 통틀어서 거듭남이라고 묘사된 변화보다 더 심오한 변화는 없습니다. 그러나 거듭남은 영혼 안에 신성의 영적 생명의 원리를 심어 주시는 하나님의 역사로서, 인간의 기질을 변화시키지는 않습니다. 여러분의 기질은 여전히 그대로 남아 있습니다. 여러분이 그리스도인이 되었다는 사실은 여러분 자신으로 살아가는 것이 중지되었음을 의미하지 않습니다……구원과 회심 이후의 바울은 그 이전과 본질적으로 동일한 사람이었습니다.

Spiritual Depression(영적 침체와 치유), p.95

로이드 존스 앤솔러지
Gems from Martyn Lloyd-Jones

나이 Age

나이

우리는 초대 교회 안에서 나이의 구분을 찾을 수 없습니다. 그들은 모두 다 하나였습니다. 나이가 서로 다른 것은 문제가 되지 않았습니다. 나이를 계산해서는 안 됩니다. 그리스도 안에서는 노인이 오히려 갓난아이일 수도 있으며, 젊은이가 영적으로 성숙할 수도 있습니다.
Chiratian Unity(에베소서 강해 4), p.89

친애하는 여러분! 늙어 가는 것에는 여러 가지 유익이 있음을 기억합시다!
Authentic Christianity(사도행전 강해 2), p.151

많은 그리스도인들은 나이가 들면서 그들의 몸의 기능이 자연적으로 약해질 때에 어려움을 당하곤 합니다. 그들은 말합니다. "내가 이제는 예전 같지 않습니다. 무언가를 자꾸 잃어 가는 것 같고 쇠약해지는 것 같습니다." 이에 대해 제가 말씀드릴 수 있는 것은, 그것이 때때로 순전히 신체적인 작용일 뿐이라는 것입니다. 그러므로 우리는 항상 무지 가운데 부당하게 서로를 비난하거나 정죄하지 않도록 주의해야 합니다. 우리는 오히려 그리스도인으로서 우리가 여전히 몸 안에 있으며, 몸을 가지고 살아가며, 이렇게 몸의 여러 기관들과 반응하면서 사는 것이 매우 심오하고도 중대한 것임을 깨달아야 합니다.
The Christian Warfare(에베소서 강해 7), p.210

노인의 말은 항상 경외하고 존경할 만한 가치가 있습니다. 그 말들은 오랜 삶의 경험에서 나오는 것이기 때문입니다. *Life in God*(요한일서 강해 5), p. 193

늙으면서 우리의 육체의 힘이 약화되기 때문에 우리는 시험을 당합니다. 이 세상을 사는 적지 않은 사람들이 자신의 일에 의지하여 살아갑니다. 그것이 바로 많은 사람들이 회사나 사업에서 은퇴하고 난 후에 갑자기 죽는 이유입니다. 그래서 종종 지혜로운 의사들은 그들에게 일을 한꺼번에 갑자기 다 그만두지 말고 일주일에 두세 번 정도 나가서 일을 하라고 조언합니다……이러한 원리는 기독교 사역에도 동일하게 적용됩니다. 세상 사람들이 자신의 직무에 의지하여 살아가듯이, 우리 역시 그리스도를 의지하며 사는 대신 자신의 전도에 의지하여 사는 경우가 있습니다. 그러나 나이가 들면 더 이상 전도도, 직무도 행할 수 없습니다. 그의 능력이 그를 배반하며 더 이상 세상의 것들에 감사하지도 않게 됩니다. 오직 자기 자신만 남게 되는 것입니다. 바로 그것이 일종의 시금석입니다. 우리가 어떻게 나이 들어 갈 것인가? 우리가 어떻게 죽을 것인가? 바로 그것이 우리 앞에 놓인 시험인 것입니다.

Expository Sermons on 2 Peter(베드로후서 강해), pp. 49-50

오늘날 세상은 젊은이들에게 엄청난 관심을 기울이고 있으며, 노인들에게도 마찬가지로 관심을 기울이고 있습니다. 그러나 저는 인생에서 가장 어려운 시기가 중년의 시기라고 확신합니다. *Spiritual Depression*(영적 침체와 치유), p. 192

낙관주의 Optimism

모든 그리스도인은 반드시 낙관주의자이어야 합니다. 여러분은 하나님께서 언제 다시 오실지를 모릅니다. 여러분은 성령께서 언제 강림하실지도 모릅니다. 여러분은 그리스도께서 언제 다시 오셔서 여러분의 죄 짐을 제거해 주시고 영혼을 평안하게 쉬게 해 주실지 모릅니다. 그러나 밤이 너무 깊어서 아무것도 할 수 없

낙관주의

다고 생각할 그때에 새벽이 올 것입니다. 여러분의 모든 노력과 분투가 아무런 소용이 없다고 느껴질 때, 그래서 아무런 기대도 할 수 없을 바로 그때 여러분은 마침내 승리하게 될 것입니다. *Evangelistic Sermons*(전도 설교), p.17

낙심 Discouragement

낙심

만일 저에게 오늘날의 교회에 가장 만연해 있는 질병이 무엇이냐고 묻는다면, 저는 낙심이라고 대답할 것입니다. *The Christian Warfare*(에베소서 강해 7), p.302

노예 Slavery

노예

기독교가 관심을 갖는 것은, 종 된 그리스도인들이 그들의 주인을 대하는 태도와 주인이 그들을 대하는 태도입니다. 기독교는 노예제도 그 자체를 직접 다루지는 않습니다. *Life in the Spirit in Marriage, Home and Work*(에베소서 강해 6), p.323

그러나 많은 부분에 있어서……기독교는 시초부터 노예 문제를 실제로 해결했습니다. 그것이 바로 빌레몬서의 메시지입니다. 요컨대 사도 바울은 이렇게 말하는 것과 같습니다. "저는 지금 당신의 도망친 종, 오네시모를 돌려보냅니다. 그는 제가 있던 감옥에 같이 있게 되었고, 이제 그리스도인이 되었습니다. 저는 이 오네시모를 단순히 종으로서만이 아니라 형제로서 당신에게 돌려보냅니다. 빌레몬이여, 당신은 그리스도인이며, 오네시모 역시 그러합니다. 그는 과거 자신의 신분으로 되돌아갑니다. 그러나 이제 그는 다른 사람이 되었습니다. 따라서 실제 상황과 외적인 관계가 변하지는 않았다 하더라도 실제로는 모든 것이 변한 것입니다. 오네시모는 이제 사랑받는 형제가 되었습니다. 그러므로 이렇게 변화된 오네시모를 사랑받는 형제로 대해 주십시오." 여기 노예제도에 대한 진정한 해결책이 있습니다. 주인과 종, 이 두 사람이 그리스도인이 된 것입니다. 그러나 여러분이 알다시피, 이것은 노예제도의 본질을 진정으로 해결해 주지만, 현존하는 정치적, 사회적 문제는 해결하지 않고 남겨 둡니다. 이것이 노예제도에 대한 기독교의 방식입니다. *Life in the Spirit in Marriage, Home and Work*(에베소서 강해 6), p. 336

백여 년 전의 미국의 가련한 노예들을 생각해 보십시오. 그들은 완전히 노예 상태로 살았습니다. 그때 미국의 남북전쟁이 발발했고, 그 결과 미국에서 노예제도가 폐지되었습니다. 그러나 실제로는 어떤 일이 발생했습니까? 젊은 노예, 늙은 노예 할 것 없이 모든 노예들에게 자유가 주어졌지만, 노예 상태로 오랜 시간을 보낸 많은 늙은 노예들은 그들의 새로운 신분을 이해하는 데 어려움을 느꼈습니다. 그들은 노예제도가 폐지되었으며 그들이 자유롭게 되었다는 소식을 들었음에도 불구하고 자신들의 삶과 경험을 통해 그것을 실감하지 못했으며, 옛 주인들이 자신에게 가까이 다가오면 다른 곳으로 팔리지 않을까 떨고 불안해했습니다. 그들은 완전히 자유롭게 되었고 더 이상 노예가 아니었습니다. 법이 바뀌었고 그들의 신분과 지위도 전혀 새로워졌습니다. 그러나 그들이 이것을 실감하는 데는 오랜 시간이 걸렸습니다. 여러분도 법적으로는 더 이상 노예가 아님에도 불구하고 경험적으로는 여전히 노예일 수 있습니다. 여러분은 신분과 지위와 실제적으로 모든 부분이 해방되었음에도 불구하고 감정에 있어서 여전히 노예일 수 있습니다. 그것은 죄로부터 해방된 그리스도인도 마찬가지입니다.

The New Man(로마서 강해 3), pp. 25-26

논리 Logic

성경은 논리로 충만합니다. 따라서 우리는 절대로 믿음이 순전히 신비적인 어떤 것이라고 생각해서는 안 됩니다.

Studies in the Sermon on the Mount(산상설교 2), pp. 129-130

저는 종종 그리스도인의 삶의 모든 신비가 '그러므로' 라는 단어를 어떻게 사용하는지를 아는 것에 달려 있다고 생각합니다. 그리스도인의 삶은 많은 국면에

논리

있어서 논리의 문제이며 연역의 문제입니다.　　　　*Assurance*(로마서 강해 2), p. 1

논리적이 되기 위해 이성적으로 논하는 것은 절대 비성경적인 것이 아님을 솔직하게 지적하고자 합니다. 실제로……논리적인 것과 추론하고 논쟁하는 것은 매우 성경적인 것입니다.
　　　　　　　　　　　　　　　Assurance(로마서 강해 2), p. 129

논쟁 Debate

논쟁

로이드 존스 박사는 강단을 토론의 장으로 만드는 사람들에 대해 대단히 비판적이었습니다. 그것은 복음에 함축되어 있는 것을 선포하고 변증해야만 하는 강단의 기능을 남용하는 것이었기 때문입니다.

―――

기독교회는 사람들이 그리스도와 그의 사역의 중대한 문제들에 관해 논쟁하고 싸우고 토론하고 입씨름하는 투계장(鬪鷄場)이 되어서는 절대로 안 됩니다.
　　　　　　　　　God's Way of Reconciliation(에베소서 강해 2), p. 476

우리가 토의와 논쟁과 토론을 시작할 때는 누군가가 일어서서 이렇게 말해야 합니다. "신사 여러분, 우리는 하나님을 볼 수 없지만 하나님은 우리를 보시고, 육신의 귀로는 하나님의 음성을 들을 수 없지만 하나님께서는 우리의 음성을 들으실 수 있음을 기억하십시오. 더욱이 하나님의 눈이 지금 여기에 있는 우리 모두를 보고 계시며, 그분의 귀가 우리의 말을 듣고 계심을 기억하십시오. 그리고 무엇보다도 여러분의 입술과 말을 조심하십시오. 우리는 그분의 재림과, 우리의 심판장이 되시는 하나님 앞에 우리가 서야 할 날이 있을 것이라는 사실을 기억해야만 합니다. 자, 이제 토론을 시작합시다."
　　　　　　Old Testament Evangelistic Sermons(구약을 사용한 복음 설교), p. 73

"이 성전은 건축할 때에 돌을 그 뜨는 곳에서 다듬고 가져다가 건축하였으므로 건축하는 동안에 성전 속에서는 방망이나 도끼나 모든 철 연장 소리가 들리지 아니하였으며"(왕상 6:7). 이 얼마나 중요한 원리입니까! 이 말씀을 해석해서 오늘날의 언어로 바꾸면 다음과 같습니다. "지극히 중요한 결정적인 진리들에 관해서는 교회 안에서 토론이나 논쟁이나 불일치가 있어서는 결코 안 됩니다. 교회 안에서는 깎는 소리나 망치 소리나 다듬는 소리나 무언가를 조정하는 소음이 들려서는 안 됩니다. 이것들은 여러분이 교회에 들어오기 전에 발생하는 소리입니다." 기독교회에서는 주 예수 그리스도의 위격에 대한 그 어떤 논쟁도 있어서는 안 됩니다. 교회 안에서는 인간의 죄 된 신분과 상태에 대한 그 어떤 토론도 있어서는 안 됩니다. 교회 안에서는 대속적 속죄와 거듭남과 성령의 위격과 모든 은혜의 교리들에 대한 그 어떤 심의도 있어서는 안 됩니다. 교회 안에서는 이러한 문제들에 대한 그 어떤 논쟁의 소란이 있어서는 안 되는 것입니다. 그 모든 것들은 교회에 오기 전에 미리 끝내야만 합니다.

God's Way of Reconciliation(에베소서 강해 2), p.474

예수 그리스도의 복음은 그 자체로 토론이나 논쟁의 대상이 아니며, 분명한 인정과 믿음을 요구할 뿐입니다. 복음은 우리의 승인이나 찬성이 아니라 순종을 요구합니다. 또한 복음은 토론을 부추기는 것이 아니라 성실함을 명령합니다.

Evangelistic Sermons(전도 설교), p.24

그러나 기독교의 메시지는 모든 삶의 철학들이나 견해들과는 다릅니다. 그뿐만 아니라 기독교의 메시지는 논쟁이 필요한 이론적 문제도 아니며, 토론을 좋아하는 집단을 위한 매력적인 주제도 아닙니다. "우리 모두 종교에 대해 토론해 봅시다"라는 말은 얼마나 흥미롭습니까! 그러나 이런 것들은 결코 기독교의 메시지가 아닙니다.

Love so Amazing(골로새서 강해), p.93

눈물 Tears

여러분은 하나님과의 관계가 멀어져서 마지막으로 눈물을 흘린 적이 언제입니까? 우리 가운데 몇몇 사람들은 눈물을 흘리는 법을 잊어버렸습니다. 우리가 순수한 기쁨과 하나님의 영광에 대한 의식으로 인해 마지막으로 기쁨에 겨워 눈물을 흘린 적은 언제입니까?
Revival(부흥), p.78

저는 은혜와 구원의 영광에 대한 조지 휫필드의 설교를 읽은 적이 있습니다. 그가 설교할 때에 눈물이 그의 뺨을 타고 흘러내렸고, 그의 설교를 듣던 사람들도 함께 눈물을 흘렸습니다.
Revival(부흥), p.79

로이드존스 앤솔러지
Gems from Martyn Lloyd-Jones

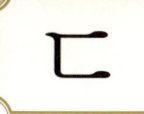

대중성 Popularity

모든 사람으로부터 찬미를 받는 사람이 있다면, 그는 무엇인가 심각한 문제가 있는 사람입니다. 복음주의자들과 자유주의자들 모두에게서 칭송을 받는 설교자들이 있습니다. 모든 사람들이 그들을 칭송합니다. 그러나 저는 항상 이런 철없는 사람들이 걱정스럽습니다. "모든 사람들이 여러분에게 좋은 말만 할 때, 여러분에게는 화가 미칠 것입니다."

Assurance(로마서 강해 2), p.70

도덕성 Morality

오늘날 우리 사회에 도덕적 혼란이 발생하는 이유는, 사람들이 성경에서 떠났기 때문입니다.   *Life in the Spirit in Marriage, Home and Work*(에베소서 강해 6), p.334

우리가 이미 살펴본 바와 같이, 그리스도인이 아닌 세상에게 그리스도인으로서의 삶을 살라고 호소하는 것은 기독교의 가르침에 반하는 것입니다.

The Life of Joy(빌립보서 강해), p.173

그러므로 자신이 실패할 가능성과 잘못될 가능성을 가지고 있다는 것과 그러하기에 훈련과 배움과 교훈이 필요하다는 것을 잘 알고 있다는 사실 바로 그 자체가 우리에게 객관적인 표준이 필요함을 증명합니다. 저는 이러한 논증을 다음과 같은 방식으로 결론짓고자 합니다. 어떤 종류의 종교이든지 간에 잘못된 행위에 대하여 궁극적 제재와 형벌을 규정한 조항을 가지고 있으며, 이것은 세상이 인식해 왔던 것으로서의 법과 질서를 강하게 수호한다는 것을 너무나 풍성하게 증명해 줍니다.

The New Man(로마서 강해 3), p. 235

여러분은 경건 없이 도덕성을 소유할 수 없습니다. 이 나라의 역사 가운데 가장 도덕적이었던 시기는 부흥과 영적 대각성이 발생한 직후에 찾아왔습니다.

Revival(부흥), p. 151

오늘날 사람들은 더 이상 도덕 따위에 관심을 가지지 않습니다. 현대의 남녀는 "우리는 새로운 도덕성을 소유하고 있습니다"라고 말합니다. 그렇지만 이 말은 마귀가 이전에 사용하던 방법을 반복하는 것에 불과합니다. 마귀는 그런 사상을 찬장에 넣어 두었다가 다른 찻잔으로 포장해서 다시 꺼내 옵니다. 그러면 모든 사람들은 옛날의 사상을 잊습니다. 그러다가 한 세기 또는 두 세기가 지나면 그는 또다시 옛날 사상을 끄집어내는 것입니다. 그러면 사람들은 말합니다. "완전히 새로운 상표, 새로운 도덕성이네요!" 그러나 그것은 죄 가운데 있던 아담만큼이나 오래된 것입니다.

Authentic Christianity(사도행전 강해 1), p. 80

동물들 : 소멸 Animals : Consummation

동물은 가장 하등한 유형의 인간과도 본질적으로 다른 존재입니다. 동물은 다른 종족이며, 일반적으로 다른 영역의 존재입니다. 그러나 인간은 독특합니다. 인간은 하나님의 형상대로 지음 받았습니다. 따라서 아무리 동물들이 놀라운 존재라 할지라도 사람의 친구가 될 만한 동물, 즉 사람이 필요로 하는 동물은 단 하나도 없습니다. *Life in the Spirit in Marriage, Home and Work*(에베소서 강해 6), pp. 189-190

인간이 동물과 비교해 볼 때 동일한 본능과 능력을 많이 가졌다고 하더라도, 인간은 이성과 수련과 절제라는 고등한 능력을 소유하고 있기 때문에 동물과는 다른 존재입니다. 오직 인간에게만 생각할 수 있는 능력이 있으며, 자기 자신을 객관적으로 묵상하고 전체 인생과 실존과 생활의 의미를 이해할 수 있는 능력이 있습니다. *Old Testament Evangelistic Sermons*(구약을 사용한 복음 설교), pp. 246-247

동물은 죄를 지을 수 없습니다. *Great Doctrines of the Bible*(교리 강해 1), p. 184

성경은 시작부터(우리는 성경이 교훈하는 바를 구체화하고 확증할 수 있습니다) 이런 것들이 인간과 모든 종류의 동물들, 심지어 가장 고등한 동물들과도 다른 독특한 특징들임을 강조합니다. *Great Doctrines of the Bible*(교리 강해 1), p. 156

아담은 분명히 이해력을 가진 지성적 존재였습니다. 하나님께서는 동물들을 데려와서 아담에게 그들의 이름을 지어 주라고 명령하셨으며, 아담은 모든 생물들의 이름을 지어 주었습니다(창 2:19,20 참고). 아담은 동물들을 분류하고 구별할 줄 알았습니다. 그는 동물들의 종류를 올바로 알았고, 그들에게 어떤 이름을 지어 주어야 하는지를 이해하고 있었습니다. 동물들이 아담에게서 받은 이름은 그들 각각의 특성을 잘 전달해 주었습니다. 아담은 분명히 매우 높은 지성의 소유자였던 것입니다. *Great Doctrines of the Bible*(교리 강해 1), pp. 175-176

하나님의 자녀인 여러분과 제가 알고 있는 것이 한 가지 있습니다. 그것은 바로 이러한 세상에서 서로를 죽이고 잡아먹는 극렬한 적대 관계에 있었던 동물들이 모두 평화롭게 먹고 누워서 어린아이의 인도를 받게 되는 새 하늘과 새 땅에서 살게 될 것이라는 사실입니다. *The Final Perseverance of the Saints*(로마서 강해 6), p. 80

**동물들
:소멸**

동물들과 꽃들과 식물들은 모두 피조된 존재들이지만, 남자와 여자는 하나님의 형상으로 지음 받은 자들입니다. 그들은 하나님을 닮은 자들입니다.

Love so Amazing(골로새서 강해), p. 212

이 모든 자연 세계의 현상들을 살펴보십시오. 여러분이 보는 것은 부패와 타락, 서로를 죽이는 동물들, 광포한 행동, 적자생존, 잔인성 등과 같은 엄청난 혼돈뿐입니다. 모든 곳에서 이런 것을 볼 수 있지 않습니까? 곤충과 벌레들, 거미와 다른 생물들의 엄청난 활동을 보십시오. 바로 이것입니다. '자연은 피 흘리기까지 격렬히 싸우는 곳' 입니다. 여러분은 하나님께서 이렇게 세상을 창조하셨다고 생각합니까? 물론 그렇지 않습니다! 자연의 이러한 폭력성은 어떤 사건의 결과입니다. 그렇기 때문에 화목과 조정이 필요한 것입니다. 남자와 여자만 잘못된 길로 간 것이 아닙니다. 자연 만물이 모두 잘못된 길로 갔습니다. 잔인한 자연 세계에서 볼 수 있듯이, 이것이 바로 타락의 결과입니다. 여러분은 생물 세계이든 무생물 세계이든 온 우주 어디서나 이러한 잔인성을 볼 수 있습니다. 타락이 바로 이러한 파괴와 무시무시한 재앙을 낳은 것입니다.

Love so Amazing(골로새서 강해), p. 272

동성애 Homosexuality

동성애

정말 끔찍한 성적 도착이 출현했습니다.

Love so Amazing(골로새서 강해), p. 217

동정녀 탄생 Virgin Birth

동정녀 탄생

만일 여러분이 베들레헴의 구유에 누인 아기가 삼위일체의 두 번째 위격이심을 믿는다면(그것은 물론 진리입니다), 동정녀 탄생의 교리를 믿는 것에 대해서는 아무런 어려움도 있을 수 없습니다. 사실 저는 동정녀 탄생의 교리를 믿지 않았다면 더 큰 어려움에 직면했을 것이라고 생각합니다.

Great Doctrines of the Bible(교리 강해 1), p. 262

성육신의 문제에 있어서 하나님께서는 남자를 한쪽으로 밀어내시고 여자만 사용하셨습니다. 여러분이 이것을 기억하는 데 도움이 될 만한 훌륭한 문구가 있습니다. "주님의 신성에 어머니가 없었던 것처럼, 주님의 인성에는 아버지가 없었다." 저는 이것이 매우 훌륭한 표현이라고 생각합니다.

Great Doctrines of the Bible(교리 강해 1), p. 262

두려움 Fear

인간의 두려움은, 살아 계신 하나님이 우리 가운데 계시다는 것을 깨닫는 즉시 사라지게 되어 있습니다.

Revival(부흥), p. 126

여러분이 어떤 사람을 존경한다면, 여러분은 그 사람을 두려워하지 않습니다. 여러분이 두려워하는 것은 다만 그를 불쾌하게 하는 어떤 일을 할까 봐 두려워하는 것입니다. 그가 여러분을 벌할지도 모르기 때문에 두려워하는 것이 아니라, 그가 여러분을 벌하지 않는 분이라는 것을 알면서도 그를 두려워하는 것입니다. 경외감은 궁극적으로 사랑에 기초합니다. 그것은 하나님께 가까이 나아가는 것을 허락받은 특권이 얼마나 위대한 것인지를 인식하는 것입니다. 여기에는 절대로 무서워 떠는 일이 없습니다. 그 안에는 고통이나 고뇌도 없으며, 속박이나 굴종도 없습니다.

The Sons of God(로마서 강해 5), p. 224

하나님을 향한 올바른 두려움이 있습니다. 그러나 우리는 그것을 경시하거나 목숨을 걸고 무시합니다. 또한 비겁한 두려움, '고통을 내포한' 두려움도 있습니다.

Spiritual Depression(영적 침체와 치유), p. 168

로이드 존스 앤솔러지
Gems from Martyn Lloyd-Jones

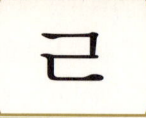

라디오 Radio

라디오

바로 이것이 제가 라디오 방송 설교를 하지 않는 주된 이유입니다. 한번은 종교 담당 국장에게 이렇게 질문하였습니다. "만일 성령께서 갑작스럽게 임하시면 당신의 프로그램이 어떻게 되겠습니까?" 그러자 그는 이러한 질문을 한 번도 생각해 본 적이 없다고 매우 솔직하게 대답했습니다.

Revival(부흥), p.77

로마 가톨릭주의 Roman Catholicism

로마 가톨릭주의

개신교 종교 개혁자들은 성경에서 재발견한 이 사상을 로마 가톨릭 교회와 그의 교훈을 대적하기 위해 다시 강조하였습니다. 이 사상에는 본질적이며 치명적으로 중대한 특징이 있습니다. 그것은 바로 가시적 교회와 비가시적 교회의 차이입니다. 모든 사람들이 가시적 교회에 속할 수 있지만, 모든 사람들이 다 비가시적 교회에 속하는 것은 아닙니다.

God's Sovereign Purpose(로마서 강해 9), p.102

로마 가톨릭 교인들 가운데도 개인적으로는 의심의 여지가 없는 그리스도인들이 있습니다.

Knowing the Times(시대의 표적), p.306

아주 순수한 정통주의 교리적 입장으로 볼 때, 저는 어떤 의미에서 타락한 개신교 계급주의보다 몇몇 로마 가톨릭 구조에 더 가깝다고 할 수 있습니다. 그러나 저는 로마 가톨릭 교회와 반드시 분리되어야만 합니다. 왜냐하면 로마 가톨릭 교회는 그리스도만으로 충분하다고 여기지 않고 모든 다른 종류의 약들을 섞은 이단적 몰약병을 가지고 있기 때문입니다. 그들은 그리스도에 교회를 더하고, 동정녀 마리아를 더하고, 사제들과 신부들을 더하고, 성자들을 더합니다. 이것은 이단적 행위입니다.   *Spiritual Depression*(영적 침체와 치유), p. 187

로마 가톨릭 교회는 구원의 확신이라는 교리를 혐오하고 공공연히 비난합니다. 그들은 우리가 구원에 대해 개인적인 확신을 갖는 것을 싫어합니다. 그들은 우리의 확신이 반드시 우리가 다니고 있는 교회에 있어야 한다고 주장합니다. 뿐만 아니라 그들은 우리가 약속된 안식의 땅에 도달하기 위해서는 반드시 연옥을 통과해야 한다고 말합니다. 모든 것이 불확실합니다. 그 모든 것은 교회와, 우리를 위한 교회의 기도와, 교회에 있는 촛불과 면죄부를 사기 위해 지불한 돈과, 성자들의 공덕에 달려 있다는 것입니다.

God's Ultimate Purpose(에베소서 강해 1), p. 371

저는 성경에서 현대의 로마 가톨릭 교회를 발견할 수 없습니다.

Great Doctrines of the Bible(교리 강해 3), p. 19

로마 가톨릭 교회 체제에서 성령님은 무시됩니다. 성직자들과 사제와 교회와 마리아와 성자들이 성령의 자리를 대신 차지해 버렸습니다.

Great Doctrines of the Bible(교리 강해 2), p. 5

여러분은 우리가 마리아에게 기도할 필요가 있다는 것과 마리아가 예수님께 영향을 끼칠 수 있다는 주장이 얼마나 신성모독적인지 깨닫고 계십니까? 그것은 주님의 사랑의 정수와 불쌍히 여기심과 그분의 전지성과 또 그분이 우리를 가까

> 로마
> 가톨릭주의

이하는 분이시라는 사실을 훼손하는 것입니다.

Spiritual Blessing(영적 축복, 요한복음 17장 강해), p.28

만일 여러분이 저에게 성령 세례로 말미암아 로마 가톨릭 교회를 개혁하고자 시도하고 그 결과 가톨릭 교회에서 쫓겨났거나 떠나기로 결심한 가톨릭 주교들과 추기경들이 있다는 것을 말해 준다면, 저는 그들의 경험의 진정성을 진심으로 받아들일 것입니다.

Christian Conduct(로마서 강해 12), p.247

성경은 하나님께서 주신 구약성경과 신약성경으로 완성되었습니다. 그것이 전부입니다. 더 이상의 성경은 없습니다. 그러므로 소위 계시라 불리는 모든 것들은 바로 이 성경을 통해 검증되어야 합니다. 따라서 우리는 성모 마리아의 무죄설 같은 가톨릭 교회의 개념을 인정하지 않습니다. 마찬가지로 우리는 마리아 무죄수태설을 포함하여 로마 가톨릭 교회가 신적이며 권위적이라고 주장하는 그들의 다른 모든 종류의 교리들을 거부합니다. 그것들은 성경의 교훈을 명백히 위반하는 것들입니다.

The Gospel of God(로마서 강해 7), p.91

로마서 Romans

> 로마서

로마서는 기록된 말씀 가운데 가장 최고의 걸작입니다. 로마서는 기독교 진리에 관한 거대한 진술이자 비길 데 없는 선언입니다.

Christian Conduct(로마서 강해 12), p.3

로이드 존스 앤솔러지
Gems from Martyn Lloyd-Jones

마귀 : 귀신 숭배, 악 Devil : Demonism, Evil

로이드 존스 박사의 사역에서의 두드러진 특징 가운데 하나는 악과 마귀의 존재에 대한 인정이었습니다. 루이스 C.S. Lewis가 심술궂은 영적 세력에 대해 경고했을 때, 로이드 존스는 신실한 성경적 주해를 통해 영적 전쟁의 실재에 대하여 상기시켰습니다. 그는 68명의 걸출한 성직자들이 서신을 통해 문자적 의미로서의 마귀의 존재를 부인했을 때, 이에 관하여 「런던타임즈」*London Times*에 글을 기고했습니다. 이 주제에 대하여 로이드 존스의 가장 광범위한 작품은 에베소서 6장을 설교한 『영적 투쟁』*Christian Warfare*입니다.

공격 attacks

종종 저는 자각하지 못한 상태에서, 마귀의 포로가 되어 공격과 고통을 받는 사람들, 그래서 심리학자들과 정신분석가들 또는 그런 종류의 의사들의 치료를 받은 사람들을 다루어야 했습니다. *Great Doctrines of the Bible*(교리 강해 1), pp. 115-116

마귀는 하나님을 대적하는 것만큼 우리를 심하게 대적하지는 않습니다. 우리가 하나님의 백성이라는 사실을 제외한다면, 우리는 마귀의 눈에 아무것도 아닌 존재입니다. 마귀의 강력한 열정과 야망은 하나님의 역사를 망쳐 놓고 파괴하는 데 있습니다. *The Christian Warfare*(에베소서 강해 7), p. 94

마귀
:귀신 숭배,
악

마귀의 주요 사역은 무엇입니까? 그는 어떤 일을 시도해 왔습니까? 글쎄요, 마귀가 가장 크게 힘쓰는 일은 신자인 남녀를 하나님으로부터 멀리 떼어 놓는 것입니다.

Children of God(요한일서 강해 3), p.63

여러분은 아침에 일어나서 어떤 생각을 하기도 전에 악한 생각, 심지어 신성모독적인 생각이 여러분을 덮치는 것이 무엇인지 아십니까? 여러분은 생각하지도 않고 어떤 일을 하지도 않은 채 그냥 깨어 있기만 합니다. 그런데 바로 그때 갑자기 불화살이 여러분을 공격합니다. 그것이 바로 사도 바울이 말한 '악한 자의 모든 불화살'(엡 6:16)의 의미입니다.

The Christian Soldier(에베소서 강해 8), p.301

거기에는 또 다른 영들이 있습니다. 이 영들은 매우 강력하며, 놀라운 선물을 줄 수도 있습니다. 사탄은 성령님의 모든 은사들을 위조하여 재생산할 수 있습니다. 예를 들면, 병을 고치는 영들처럼 말입니다. 우리가 살고 있는 이 세상의 아주 강력한 현상들 중에서 성령의 은사를 분별해 낼 수 있는 시금석은 다음과 같습니다. '그것들이 예수께서 육신을 입고 오신 하나님이심을 증거하는가? 그것들이 하나님의 아들에게 영광을 돌리는가?' 바로 이것이 성령님의 최상의 사역이기 때문입니다. 따라서 모든 영들은 이러한 특별한 시금석으로 시험해 보아야 합니다.

Saved in Eternity(성도의 구원, 요한복음 17장 강해), pp.87-88

가장 위대한 신자들 가운데 어떤 이들은 임종의 시간에 마귀와 심각한 전투를 벌였습니다……마귀는 위대한 신자들의 과거의 죄악들과, 마땅히 해야 할 일과 봉사를 하지 않았다는 사실을 상기시켰습니다……그들이 육신적으로 연약할 때에 특히 그들의 얼굴을 노려보는 사망을 무기로 하여 마귀는 그들을 뒤흔들려고 노력하는 것입니다. 그러므로 제가 그들에게 줄 수 있는 유일한 대답은 여전히 동일합니다. '의의 호심경'(엡 6:14)을 붙이라는 것입니다.

The Christian Soldier(에베소서 강해 8), p.256

위대한 성인들, 구약의 족장들과 선지자들 모두가 마귀의 궤계에 패배했습니다. 그래서 마귀는 주저하지 않고 우리 주님께 접근하여 자신에게 엎드려 경배하면 세상의 모든 왕국을 주겠다고 제안했던 것입니다. 바로 이것이 마귀가 가진 큰 권세의 표시입니다.

마귀
:귀신 숭배, 악

The Christian Warfare(에베소서 강해 7), p.81

여러분은 어떤 공격이 여러분 자신으로부터가 아니라 마귀로부터 온 것임을 알 수 있습니다. 즉, 만일 그것이 외부적으로 나타나는 것이라면, 만일 여러분이 그 제안을 혐오한다면, 만일 그것이 걱정과 침체를 낳고 자기 자신을 향하여 과도하게 집중하게 한다면, 그것은 마귀로부터 온 공격인 것입니다.

Banner of Truth, Issue 275(배너 오브 트루스 정기 간행물)

상담 counselling

한 가지 분명한 진단법은, 그가 이중적인 존재로 인식된다는 것입니다. 즉, 그에게 또 다른 사람이 있다는 말입니다. 여러분은 그의 얼굴과 그의 목소리에서 그러한 점을 발견할 수 있습니다. 그의 목소리는 매우 부자연스럽고 꽤나 다른 음성이며, 종종 소름 끼치는 얼굴 표정을 동반합니다. 또한 (가장 중요한 요점이기도 한데) 그에게는 우리가 그를 정상적이라고 여겼다가도 비정상적이라고 여기게 될 만큼의 확연한 변화가 존재합니다. 그는 어떤 때는 매우 정상적이며, 한동안 어떤 사안을 쉽게 토론할 수 있기도 합니다. 그런데 그런 사람이 갑자기 변합니다. '다른 사람'이 그 인격을 장악한 것 같아 보입니다. 그는 여러분에게 자신이 어떤 것을 제안할 수 있고 말할 수 있는 사람이라고 말할 것입니다. 저는 목회를 하면서, 스웨덴어를 한 번도 배워 본 적이 없다는 어떤 여인이 한 남자와 스웨덴어로 대화하는 것을 본 적이 있습니다.

Healing and the Scriptures(의학과 치유), pp.165-166

여전히 더욱 중대한 특징은, 우리 주님의 이름에 대한 그들의 반응입니다. 저는 항상 이런 종류의 사람들을 다루어야 하는 목사들에게 "예수 그리스도께서 육신을 입고 오셨습니다"라는 말을 한 다음에 그들이 어떻게 반응하는지를 살펴

마귀
:귀신 숭배,
악

보라고 권고합니다. 그들에게 '그리스도의 피'를 말해 보십시오. 그러면 여러분은 그들이 그리스도의 보혈에 대해 일반적으로 과격하고 난폭하게 반응하는 모습을 보게 될 것입니다.　　　　*Healing and the Scriptures*(의학과 치유), p.166

귀신 들림 demonism
저는 인문주의자들, 소위 '현대인'이 이런 이야기를 들으면 코웃음 친다는 것을 잘 알고 있습니다. 그들은 이렇게 말합니다. "뭐라구요? 당신은 아직도 오늘날과 같은 이 시대에 마귀의 존재를 믿습니까? 당신은 여전히 악령을 믿나요?" 물론입니다. 저는 인간의 비극, 인간이 만난 난제를 마귀의 존재가 아니고서는 설명할 수 없다고 굳게 믿습니다.　　　　*Authentic Christianity*(사도행전 강해 4), p.214

오늘날 귀신 들림이라는 현상은 두 가지로 나뉠 수 있습니다. 첫째는 귀신의 '압제'입니다. 물론 귀신의 압제와 귀신 들림의 차이점은 미세하지만, 이것은 귀신 들림이 아니라 압제입니다. 저는 이러한 경우들을 '사탄의 공격'이라고 부릅니다. 교회 역사를 보면 성인들의 삶 속에서 발생한 사탄의 압제에 대한 확실한 실례들에 관하여 상당한 분량의 작품들이 있습니다. 저는 이러한 실례들이 오늘을 사는 우리에게도 매우 일반적인 것이라 믿습니다.
　　　　Healing and the Scripture(의학과 치유), p.161

최근에 상담으로 인기 있는 한 작가가, 귀신 들림이 사도 시대에 이미 종결되었기 때문에 우리의 목회 사역에서는 귀신 들림에 관한 가능성을 고찰할 필요가 없다고 말한 바 있습니다.　　　*God's Ultimate Purpose*(에베소서 강해 1), p.6

마귀의 활동이 사도 시대에 종결되었다는 주장에는 성경적 증거가 없습니다.
　　　　Healing and the Scripture(의학과 치유), p.159

귀신의 활동은 점차 증가하고 있습니다. 그 이유가 무엇입니까? 글쎄요, 저는 그것이 주로 그 나라의 저급한 영성과 수준 낮은 경건에서 기인한다고 봅니다. 역사를 살펴보면, 위대한 영적 부흥의 시기 이후에는 언제나 그 유물들이 존재해 왔습니다. 그 영향력은 수세기 동안 계속되었습니다. 이 나라 역시 18세기 영적 대각성 운동의 중심지였으며, 그 영향 역시 거의 2세기 동안 계속되었습니다. 그러나 저는 이제 그것이 마지막에 이르렀다고 생각합니다……그 영향력은 이제 사라졌습니다. 불경건이 판을 치고 있으며, 대중들이 품고 있었던 하나님에 대한 생각은 쇠퇴하고 있습니다. 따라서 이제 여러분은 그에 상응하여 악한 세력들의 출현이 증가하는 것을 보게 될 것입니다.

Healing and the Scripture(의학과 치유), pp. 159-160

악한 영들은 그 수가 많습니다. 수천수만 혹은 수백만의 악한 영들이 있습니다.

Christian Unity(에베소서 강해 4), p. 58

특별한 상황에 있는 그리스도인들도 귀신 들릴 수 있습니다……만일 우리가 악한 권세에게 문을 열어 준다면, 그들에게 사로잡힐 수도 있는 것입니다.

Healing and the Scripture(의학과 치유), p. 166

이런 상태가 의심의 여지 없이 악한 영들의 역사라는 사례들이 있습니다. 우리는 또 다른 존재가 이런 일들을 하고 있음을 분명히 확인할 수 있습니다. 우리는, 우리의 대적자인 마귀가 신체적인 약함과 지나치게 걱정하는 천성적 경향과 같은 다양한 방법을 통하여 잠시 점령함으로써 많은 사람들을 압제하며 조종할 수 있다는 사실을 깨달아야만 합니다. 우리는 우리 자신이 이러한 엄청난 세력과 싸워야 한다는 사실을 이해해야만 합니다. 우리는 강력한 대적들과 대치하고 있는 것입니다.

Studies in the Sermon on the Mount (산상설교 2), p. 148

한계 | limitations

그러나 마귀는 그리스도의 통제하에 있습니다. 왜냐하면 그리스도는 절대적 권

마귀
:귀신 숭배, 악

세를 지니셨으므로 마귀조차도 그러한 권세에 지배받아야 하기 때문입니다. 그리스도께서는 마귀를 정복하여 승리하셨으므로, 마귀는 측량할 수 없는 하나님의 뜻과 목적에 따라 하나님의 허용하에서만 역사할 수 있습니다.

Saved in Eternity(성도의 구원, 요한복음 17장 강해), pp. 185-186

마귀는 매우 영리하며 교활하지만, 자신이 생각하는 것만큼 그렇게 영리하지는 않습니다. 마귀가 사람들을 이용하여 주 예수 그리스도를 십자가와 죽음으로 이끌었을 때, 그는 자신이 마지막 최고의 걸작을 성취했다고 생각했습니다. 그러나 그것은 궁극적으로 자기 파멸의 길이었습니다.

The Law: Its Functions and Limits(로마서 강해 4), p. 166

마귀는 무소부재하지 않습니다. The Christian Warfare(에베소서 강해 7), p. 80

마귀는 영원하지 않으며, 본래 하나님에 의해 지음 받은 피조물일 뿐입니다.

Great Doctrines of the Bible(교리 강해 1), p. 119

우리가 분명히 살펴보았듯이, 욥기뿐만 아니라 성경 도처에서 발견되는 것처럼 마귀는 오직 하나님께서 허용하시는 권세만 지니고 있을 뿐입니다. 그에게는 절대적 권세도 없고, 내재된 권위도 없습니다. 오직 하나님께서 그에게 특정한 권세를 허용하셔야만 합니다. 그리고 그 권세 중의 하나가 바로 의심의 여지 없이 이 사망이라는 나라입니다.

Great Doctrines of the Bible(교리 강해 1), p. 343

전략 strategy

저는 오늘날의 교회가 부패한 상태에 빠지게 된 주요 원인 가운데 하나가, 바로 교회 스스로 마귀의 존재를 잊었기 때문이라고 확신합니다. 모든 것이 인간들에게 집중되어 있습니다. 우리의 태도와 사고에 있어서 우리는 너무나 자의식적입니다. 우리는 이 엄청난 객관적 사실에 무지합니다. 이 존재, 마귀의 실존, 이 대적자, 이 고소자, 그리고 그의 '불화살들'을 잊고 있습니다. 그렇기 때문에 우리가 우리에게 다가오는 모든 유혹들의 성격을 올바로 파악하지 못하는 것입니다. 그래서 마귀는 자신의 계략을 훌륭하게 성공시키고 있습니다.

The Christian Warfare(에베소서 강해 7), p.292

우리는 마귀에 대해 절대로 막연하고도 경박하게 말해서는 안 됩니다. 저는 종종 선한 그리스도인들이 마귀에 대해 농담조로 말하는 소리를 들을 때마다 소름이 돋습니다. 성경은 절대로 마귀에 대해 그렇게 가볍고 경박하게 말하지 않습니다. 성경은 마귀의 권세와 지위를 무척 강조합니다.

Great Doctrines of the Bible(교리 강해 1), p.122

우리의 대적자들이 전력을 기울여 그리스도인 개인과 기독교회들과 기독교 단체들, 또는 때때로 전국에 있는 거의 모든 교회를 공격할 때가 있습니다. 마귀는 이러한 악한 방법을 통하여 최대의 '불화살들'을 쏘아 하나님의 사역을 파괴하려는 것입니다.

The Christian Soldier(에베소서 강해 8), p.302

마귀의 가장 교활한 방법은 사람들에게 자신이 존재하지 않는다고 설득하는 것입니다. 은폐는 낚시 가운데 가장 최고의 기술입니다. 낚시의 첫째 원리는 자신을 시야에서 가리거나 위장하는 것입니다. 낚싯줄을 길게 던져서 자신이 가까이 앉아 있든지 서 있든지 눈치 채지 못하게 해야 합니다. 자신을 숨겨야 합니다! 이것이 바로 위장의 첫 번째 규칙입니다. 마귀는 바로 이 은폐와 위장에 있어서 노련한 명수입니다. 그러므로 마귀가 교회를 설득할 때, 특히 마귀나 정세나 권세나 귀신들과 같은 존재 따위는 없다고 속삭일 때, 그의 입장에서는 모든 일이 완벽하게 돌아가는 것입니다. 그때 교회는 마취되고 미혹됩니다. 교회는 잠에 빠지며, 싸워야 할 전투를 완전히 잊어버리고 마는 것입니다.

The Christian Warfare(에베소서 강해 7), p.106

불신자 unbeliever

저는 마귀가 그의 '계략'을 불신자들, 즉 비그리스도인들에게는 사용하지 않는 다는 점을 강조하고자 합니다. 마귀는 그렇게 할 필요가 없습니다. 마귀의 입장에서 볼 때, 죄 가운데 있는 불신자는 그리스도에게 관심이 없고 그를 믿지도 않기에 그런 사람을 다루는 것은 전혀 어려운 일이 아닙니다. 우리 주님께서도 "강한 자가 무장을 하고 자기 집을 지킬 때에는 그 소유가 안전하되"(눅 11:21)라고 하시지 않았습니까!

The Christian Warfare(에베소서 강해 7), p.97

마리아 : 동정녀 탄생, 로마 가톨릭주의
Mary : Virgin Birth, Roman Catholicism

성경이 교훈하는 바는, 마리아가 무죄 가운데 출생했거나 죄 없는 자였다는 것이 아니라, 하나님의 아들의 몸으로 발전해 나갔던 마리아의 한 부분, 즉 마리아로부터 나온 세포가 죄에서 정결하게 되었다는 것입니다. 따라서 마리아는 죄 가운데 남아 있었으며, 그녀의 아들에게 전달해 준 부분이 죄로부터 보호된 것입니다. 그러므로 하나님의 아들이 결합한 것은 바로 죄로부터 보호받은 몸이었던 것입니다. 이것이 바로 주님께서 취하신 인성입니다. 물론 이것은 이적입니다. 성경은 이것이 특별한 이적이라고 말씀합니다. 그래서 마리아는 가브리엘 천사장이 전해 준 소식을 듣고서도 자신에게 발생할 이적을 깨닫지 못하고 고민했습니다. 그런 그녀에게 가브리엘은 이렇게 대답했습니다. "성령이 네게 임하시고 지극히 높으신 이의 능력이 너를 덮으시리니 이러므로 나실 바 거룩한 이는 하나님의 아들이라 일컬어지리라"(눅 1:35). 성령께서는 마리아를 통하여 태어날 하나님의 아들의 인성을 죄로부터 전적으로 자유롭게 하시기 위해 죄를 정결하게 하시는 능력을 소유하신 분입니다. 그러므로 우리는 소위 '성모 마리아의 무죄잉태설'을 인정하지 않습니다. 반면에 하나님의 아들의 인성이 죄로부터 전적으로 자유하다는 교리를 전심을 다하여 주장하는 바입니다.

The Law: Its Functions and Limits(로마서 강해 4), p.324

저는 이것을 강조하고 싶습니다. 우리 주님께서는 여기서 매우 분명하고도 명백하게 교훈하고 있듯이, 우리 주님께서 자기 비하와 낮아짐의 상태에 계셨을 때에 마리아는 그분에게 어떤 직접적인 영향도 끼칠 수 없었습니다. 그런데 그런 마리아가 승귀와 높아짐의 상태에 계신 우리 주님께 도대체 어떤 영향을 끼칠 수 있다는 말입니까? 여러분은 우리가 마리아에게 기도할 필요가 있다는 것과 마리아가 예수님께 어떤 영향을 끼칠 수 있다고 주장하는 것이 얼마나 신성모독적인 것인지 깨닫고 계십니까? 그것은 주님의 사랑의 정수와 불쌍히 여기심과 그분의 전지성과 또 그분이 우리를 가까이하시는 분이라는 사실을 훼손하는 것입니다. 우리에게 다른 중보자나 중간매개물이 필요하다는 사상은, 우리 주님의 완전한 신성과 구주성의 영광을 전적으로 훼손하는 것입니다.

Spiritual Blessing(영적 축복, 요한복음 17장 강해), p. 28

신약성경 그 어디에도 마리아가 속죄 사역에 공헌하는 공동 대속자라는 개념은 없습니다.

Christian Conduct(로마서 강해 12), p. 247

마음 Heart

성경에서 '마음'이라는 단어는 인격의 지성소를 의미합니다. 마음은 감정의 좌소만을 뜻하지 않습니다. 그것은 지성과 감정과 의지를 포함합니다. 그러므로 마음은 영혼의 성채와 같습니다.

The Unsearchable Riches of Christ(에베소서 강해 3), p. 147

우리는 서로의 마음을 읽을 수 없습니다. 우리 마음속에는 그 누구도 알 수 없는 것들이 있습니다.

The Final Perseverance of the Saints(로마서 강해 6), p. 139

만인구원론 Universalism

전 세계에서 가장 저명한 신학자 가운데 한 사람이자, 현(1961년) 교황이 '토마스 아퀴나스 Thomas Aquinas 이후 가장 위대한 신학자'라고 칭했던 칼 바르트 Karl Barth 가 바로 이 '만인구원론'을 가르쳤다는 사실 자체가 이것을 더욱 심각하게 만들고 있습니다. 그러나 이것은 전혀 놀랄 일이 아닙니다. 왜냐하면 그가 성경을 믿는다고 말했지만, 사실 그는 신학자가 아니라 철학자였기 때문입니다.

The Final Perseverance of the Saints(로마서 강해 6), p. 218

성경은 그 어디에서도 모든 사람이 구원받을 것이라고 가르치지 않습니다.

Assurance(로마서 강해 2), p. 246

성경 그 어디에서도 '마지막 날에 세상 도처에 살고 있는 모든 인류가 마침내 다 구원받을 것'이라는, 오늘날 매우 인기 있는 교훈인 소위 '만인구원론'에 대한 암시는 전혀 없습니다.

Final Perseverance of the Saints(로마서 강해 6), p. 217

말씀 Word

여러분이 성령과 하나님의 말씀을 분리하는 순간 곤경에 빠지게 될 것입니다.

The Christian Warfare(에베소서 강해 7), p. 328

성령과 말씀은 항상 함께 가야 합니다. 성령은 우리에게 성경이라는 말씀을 제공하셨지만, 성령이 아니고서는 우리는 결코 그것을 사용할 수 없습니다. 성령이 아니면 성경은 우리에게 죽은 활자가 될 것입니다. "율법 조문은 죽이는 것이요, 영은 살리는 것이니라"(고후 3:6). 우리에게는 성령께서 말씀과 우리의 지성과 마음을 열어 주시는 것이 필요합니다. 여러분이 만약 지금 사도가 여기서 하는 바와 같이 항상 이 두 가지를 함께 유지한다면, 절대로 잘못될 수 없습니다.

그러나 만일 여러분이 이 둘을 분리한다면, 마귀가 이미 '여러분을 정복하기 위해 분리한 것'입니다……마귀는 지난 교회의 장구한 역사를 통하여 매우 자주 이런 짓을 해 왔던 것입니다. *The Christian Soldier*(에베소서 강해 8), p.329

말씀

명성 Publicity

"하나님을 향하는 너희 믿음의 소문이 각처에 퍼졌으므로"(살전 1:8). 그들에게는 신문이 없었습니다. 또한 전보나 전화도 없었고, 라디오나 텔레비전도 없었으며, 신문사나 광고사도 없었습니다. 그럼에도 불구하고 그들의 믿음의 소문이 이런 방식을 통해 온 로마 제국에 퍼져 나간 것입니다. 이 얼마나 교회의 명성에 대한 훌륭한 교훈입니까! 여러분은 어떻게 이 일이 일어났다고 생각하십니까? 왜 이러한 소문이 각처에 퍼져 나갔습니까? 그것이 어떻게 알려졌습니까? 사랑하는 성도 여러분, 이 질문들에 대한 대답은 아주 간단하고도 단순합니다. 부흥이란 광고할 필요가 없는 것입니다. 왜냐하면 부흥은 항상 그 자체로 온 세상에 광고되기 때문입니다. *The Gospel of God*(로마서 강해 7), pp.179-180

명성

모순 Inconsistency

우리의 가장 큰 위험 가운데 하나는 우리의 돌발적인 성향입니다.
Joy Unspeakable(성령 세례), p.222

모순

입술로는 하나님을 믿는다고 고백하면서 삶으로는 하나님을 부인하는 것만큼 그분의 거룩한 이름을 모욕하는 것은 없습니다. *Evangelistic Sermons*(전도 설교), p.145

우리의 인생을 이원론적으로 분리해서 살아가는 것보다 더 잘못되고 치명적인 일은 없습니다. 주일 아침 교회로 향하면서 우리는 이렇게 말합니다. "아, 나는 종교적인 사람입니다. 그래서 신앙의 가방을 메고 교회에 갑니다. 그러고 나서 월요

모순

일 아침이 되면 나 자신에게 '나는 이제 사업가 또는 다른 사람입니다' 라고 말합니다. 그리고는 다른 가방을 메고 나갑니다." 이것은 우리의 인생을 분리해서 사는 것입니다. 그렇게 되면 주일날 예배의 처소인 교회에 갔을 때에는 자신이 그리스도인임을 보여 주지만, 월요일 아침에는 "나는 그리스도인입니다"라고 말할 수 없습니다. *Life in the Spirit in Marriage, Home and Work*(에베소서 강해 6), pp. 88-89

목사 Pastor

목사

목사는 영혼을 책임진 사람입니다. 그는 단순히 사람들을 방문해서 오후에 차 한 잔을 나누거나 한나절을 그들과 함께 소진해 버리는 다정하고도 상냥한 사람이 아닙니다. 그는 감독자이며, 관리자이며, 보호자이며, 조정자이며, 지도자이며, 양무리의 통치자입니다. *Christian Unity*(에베소서 강해 4), p. 193

심방은 목회의 사역의 일부분입니다. 그러나 만일 그가 집에 초대할 만한 좋은 사람이며 차나 한 잔 마실 정도로 단순히 상냥하고도 친절한 목사라면, 그것은 비극이 아닐 수 없습니다. 선지자가 그저 상냥하고 다정한 것으로 끝났다면, 그것은 얼마나 비극적인 일입니까? *The Christian Soldier*(에베소서 강해 8), p. 148

무감각 Insensitivity

무감각

사람이 음악에 있어서 듣지 못할 수도 있듯이 그리스도인이 아닌 모든 사람들은 영적 세계에 있어서 듣지 못하는 자입니다. *The Sons of God*(로마서 강해 5), p. 10

무신론 Atheism

무신론

만일 누구라도 부적절한 증거로 중요한 추론을 한다면, 그것은 어리석은 자의 표식이 됩니다. 그러므로 누구든지 "하나님이 없다"고 말한다면, 그는 죄인입니다. *Enjoying the Presence of God*(하나님 앞에 사는 즐거움), p. 15

무종교 Irreligion

우리는 교리와 마찬가지로 종교에 대해서도 동일하게 말할 수 있습니다. 이 세상에 무종교주의자는 단 한 사람도 없습니다. 만일 여러분이 종교를 궁극적인 철학이나 사람들이 살아가는 삶의 방식과 견해로 정의한다면, 모든 사람이 자신만의 종교를 가지고 있는 것이 됩니다. 오늘날 많은 사람들이 종교를 믿지 않는다고 말합니다. 그러나 종교를 믿지 않는 것 자체가 바로 그들의 종교인 것입니다!

Walking with God(요한일서 강해 2), p.23

묵상 Meditation

묵상은 여러분이 신문 사설에 게재할 수 있는 어떤 것이 아닙니다. 묵상은 너무나 심오합니다. 그것은 구경거리가 될 만한 것이 결코 아닙니다. *Revival*(부흥), pp.81-82

여러분은 이것이 무엇인지 아십니까? 이 세상에서의 남자와 여자로서의 삶이 세상에서 발생하는 온갖 사건 사고의 홍수 앞에 압도당하여 실패하고 의기소침해질 그때, 여러분의 '속사람' 안에 있는 이 묵상과 피난처가 무엇인지 깨닫고 있습니까? 그것은 여러분이 겪을 수 있는 가장 은혜로운 경험 가운데 하나입니다. *The Unsearchable Riches of Christ*(에베소서 강해 3), p.128

오, 우리는 잠시 동안의 큐티 quiet time 와 짧은 성경 구절의 묵상, 급한 기도를 좋아합니다. 그리고는 모든 것을 다 했다고 안심합니다. 그러나 자기 점검이나 반성은 어디에 있습니까? 육체의 소욕을 죽이는 일에 있어서 큐티는 도대체 무엇을 줄 수 있다는 말입니까? *Revival*(부흥), p.82

저는 기도와 관련해서 여러분이 앞으로 하려는 일에 대한 예비적인 묵상과 고찰보다 중요한 일은 없음을 강조합니다. 이것이 바로 우리 신앙의 선배들의 '묵상'

묵상

입니다. 그것은 여러분이 자신에 대해서, 그리고 자신이 무슨 일을 하고 있는지에 대해서 말하는 것을 의미합니다.

The Unsearchable Riches of Christ(에베소서 강해 3), p.269

물질주의 : 부 Materialism : Wealth

물질주의 : 부

모든 물질주의는 무신론적입니다. *Studies in the Sermon on the Mount*(산상설교 2), p.94

남자여! 여자여! 여러분의 내부에는 이 세상보다 훨씬 더 큰 무엇인가가 있습니다……여러분은 영적 존재입니다. 바로 이것이 이 세상에 있는 그 무엇도 여러분을 만족시킬 수 없는 이유입니다. *Authentic Christianity*(사도행전 강해 3), p.256

의복! 오, 옷을 입는 데 들이는 시간과 노력과 열정을 생각해 보십시오. 연설하고 집필하는 모든 일들에 대하여 생각해 보십시오. 여러분은 도처에서 이런 갈채와 환호를 볼 것입니다. 여러분은 또한 동일하게 어떤 사람들이 주택과 집에 들이는 노력과 열정을 보게 될 것입니다. 안목의 정욕! 하나님께서 주신 재능을 그저 과시하며, 그것으로 허세를 부리고, 겉치레와 같은 사고방식으로 살아가는 인간이라는 존재는 얼마나 애처로운지요!

Walking with God(요한일서 강해 2), pp.86-87

우리는 돈을 숭배합니다. 우리는 차를 숭배합니다. 우리는 주택과 쾌락을 숭배하고, 서로가 서로를 숭배합니다. 그러나 이 모든 것들은 육욕적이고도 육감적이며 원시적인 것들입니다. 이 모든 것들은 다 세상적이며, 주로 육체에 속한 것들입니다.

Authentic Christianity(사도행전 강해 4), p.93

미디어 Media

영화와 신문과 텔레비전과 라디오의 표준에 통제를 받는 한 여러분은 오늘날 만연하는 사상과 상태에 지배를 당할 수밖에 없습니다. 어린 소년들이 텔레비전 화면을 통해 사람들이 서로 총을 쏘아 대는 모습을 보면서 그것이 자극적이고도 훌륭하며 즐거운 것이라고 생각한다면, 하물며 그 소년들이 실제로 총을 난사하는 것이 놀라운 일이겠습니까? 만일 여러분이 사람들에게 계속해서 가장 매력적인 사람들이 이혼 법정을 들락날락하는 것에 대해 말한다면, 다른 사람들이 그들의 모습을 따라하고 싶어하는 것에 놀라겠습니까?

Assurance(로마서 강해 2), pp. 308-309

놀라운 사실같이 보이겠지만, 오늘날에도 여전히 신문의 모든 내용을 그대로 믿는 사람들이 있습니다.

Banner of Truth, Issue 275(배너 오브 트루스 정기 간행물)

만일 여러분이 자신에 대한 진실을 정말로 알고 싶다면, 신문을 집어 들어서는 안 됩니다. 신문은 언제나 우리에 대해 좋게 말하며 아첨할 뿐입니다. 그렇게 하지 않으면 신문이 팔리지 않을 것이기 때문입니다. 신문은 인생의 근본적인 문제들에 대해서는 거짓말쟁이입니다. 그것은 인생의 근본적인 문제들을 알지 못할 뿐만 아니라 실제로 그 자체가 바로 오늘날의 혼란의 주범 가운데 하나입니다.

The Kingdom of God(하나님의 나라), pp. 139-140

미성숙 Immaturity

저는 그리스도인들이 전혀 성장하지 않은 채 항상 처음 모습과 똑같이 그대로 남아 있는 것을 보는 것보다 더 비극적인 일은 없다고 생각합니다. 그들은 여전히 처음의 어린아이로 남아 있습니다.

Christian Unity(에베소서 강해 4), p. 224

미움 Hatred

이제 이 단어들을 검토해 봅시다. "기록된 바 내가 야곱은 사랑하고 에서는 미워하였다 하심과 같으니라"(롬 9:13). 이 단어들은 절대적 의미로 해석되어서는 안 됩니다. 그런데도 사람들은 종종 '미워하였다'는 단어에 대해서 실책을 저지릅니다. 누가복음 14장 26절에 기록된 것처럼, 이 단어도 우리 주님께서 하신 말씀에 비추어 해석되어야만 합니다. 예수님께서는 자신을 따라오는 수많은 군중들을 보시고 "무릇 내게 오는 자가 자기 부모와 처자와 형제와 자매와 더욱이 자기 목숨까지 미워하지 아니하면 능히 내 제자가 되지 못하고"라고 말씀하셨습니다. 여기에 나오는 '미워하다'는 단어도 문자적이고도 절대적 의미로 해석되어서는 안 되는 단어입니다. 우리 주님께서 말씀하시고자 하는 요점은 상대적인 태도입니다. 즉, 만일 여러분이 예수님보다 다른 어떤 것을 더 우선시한다면, 결코 그분의 제자가 될 수 없다고 말씀하시는 것입니다. 심지어 여러분이 가장 사랑하는 사람이라 할지라도 그리스도보다 덜 중요한 사람으로 여겨야 합니다. 또한 만일 그들이 여러분과 그리스도 사이에서 여러분의 환심을 사려 한다면, 여러분은 그들을 방해와 장애가 되는 사람이라고 생각하고, 그들의 그런 행동을 미워해야 합니다. 다만 여러분은 오직 그 국면에 있어서만 그들을 미워해야 하며, 절대 인격적으로 그들을 미워해서는 안 됩니다.

God's Sovereign Purpose(로마서 강해 9), p.121

모든 자연인들은 하나님을 미워합니다. *Love so Amazing*(골로새서 강해), pp.196-197

민족주의 Nationalism

우리의 부모와 조부가, 그리고 증조부가 그리스도인이었다고 해서 우리가 당연히 그리스도인인 것은 아닙니다. 우리가 이미 살펴본 바와 같이 바로 이것이 유대인들의 참혹한 비극이었습니다. 출생과 가족과 국가를 모두 제쳐 놓으십시오.

그것들은 하나도 중요하지 않습니다. 오, 그것들이 지난 세기 동안 얼마나 중요한 것으로 간주되어 왔는지요! 우리는 지금도 그것들이 여전히 중요한 시대에 살고 있습니다. 아직도 이 나라가 기독교 국가라고 착각하는 사람들이 있습니다. 이 얼마나 바보 같은 생각입니까! 그런 것은 없습니다. 이 세상에 기독교 국가라는 것은 전혀 존재하지 않았습니다. *God's Sovereign Purpose*(로마서 강해 9), p.318

1. 기독교 국가라는 것이 존재합니까?
   대답은 '아니오' 입니다.
2. 그리스도인인 부모를 둔 자녀들은 필연적으로 신자가 됩니까?
   대답은 '아니오' 입니다.
3. 세례를 받은 어린아이들은 필연적으로 신자가 됩니까?
   대답은 '아니오' 입니다.
4. 세례를 받은 모든 사람들, 어린아이든지 성인이든지 관계없이 교회의 모든 회원은 필연적으로 신자가 됩니까?
   대답은 '아니오' 입니다. *God's Sovereign Purpose*(로마서 강해 9), p.101

사도 바울이 "거기에는 헬라인이나 유대인이나 할례파나 무할례파나 야만인이나 스구디아인이나 종이나 자유인이 차별이 있을 수 없나니"(골 3:11)라고 말했기 때문에, 그리스도인은 그 어떤 나라에도 속하지 않는 초국가적, 초민족적인 사람이라고 주장하는 이들이 있습니다. 그러나 바울은 사람이 한 나라에 속하지 않는다고 말하는 것이 아닙니다. 다만 적어도 구원에 관한 한 그런 것들이 아무런 문제가 되지 않는다는 것입니다. *God's Sovereign Purpose*(로마서 강해 9), p.30

여러 가지 의미로 볼 때, 역사상 가장 놀라운 일은 사도 바울이 이방인의 사도가 되었다는 사실입니다. 갈라디아서 2장에서 바울은, 하나님께서 베드로에게 유대인 선교를 맡기셨듯이, 자신에게는 이방인 선교를 맡기셨다고 말했습니다(갈 2:7,8 참고). 이 맹렬한 유대인이, 이 완전한 유대 민족주의자가 그의 인생의 대부

민족주의

분을 이방인 선교에 헌신했다는 것은, 정말이지 가장 놀랄 만한 일이 아닐 수 없습니다.

God's Sovereign Purpose(로마서 강해 9), p.35

믿음 Belief

믿음

예전에 어떤 사람이 저에게 매우 깊은 영향을 끼치는 말을 했습니다. 그 말은 지금도 여전히 저에게 영향을 끼치고 있습니다. 저는 이것이 제가 지금까지 들은 말 가운데 가장 심중을 파고드는 심오한 진술이라고 생각합니다. 그의 진술은 다음과 같습니다. "우리 많은 그리스도인들의 문제는 우리가 주 예수 그리스도에 관해서 믿을 뿐, 그분 자체를 믿지 않는 것이다."

Studies in the Sermon on the Mount(산상설교 2), p.128

사랑을 낳지 않는 믿음은 의심해 보아야 합니다.   Joy Unspeakable(성령 세례), p.360

거짓을 믿느니 차라리 아무것도 믿지 않는 것이 더 낫습니다.

Old Testament Evangelistic Sermons(구약을 사용한 복음 설교), p.185

어느 누구도 스스로 복음을 믿을 수는 없습니다. 오직 성령의 능력만이 사람을 믿음으로 인도할 수 있습니다. 그것이 없이는 우리는 모두 다 영적으로 죽은 자들이며, 잃어버린 바 되고 멸망당한 자로서 하나님의 진노 아래 처한 자들이 되고 맙니다.

The Unsearchable Riches of Christ(에베소서 강해 3), p.311

믿음 Faith

믿음

주 예수 그리스도를 믿는 믿음은 우리 자신의 의가 아닙니다. 우리 믿음이 우리의 의를 구성하는 것이 아닙니다. 믿음은 단순히 의를 받아들이는 도구일 뿐입니다. 또는 이렇게 생각할 수 있습니다. 우리의 믿음이 우리를 의롭게 만들어 주지 않습니다. 여러분은 아마도 이렇게 말할 것입니다. "아, 나는 내 믿음 때문에 의롭다함을 얻었군요. 그것을 가능하게 한 것이 나의 믿음이었네요." 만일 여러분이 이렇게 말하기 시작한다면, 그것은 믿음을 즉시 공로로 바꾸는 것입니다. 그러면 여러분은 즉시 그것을 자랑하게 될 것입니다. "다른 사람은 믿음이 없지만 제게는 믿음이 있습니다. 나의 믿음이 날 구원했습니다." 이 말은 로마서 1장 17절 말씀과 모순됩니다. 우리 믿음은 우리를 의롭게 해 주지 않습니다. 우리를 의롭게 해 주는 것은 오직 예수 그리스도의 의뿐입니다!

The Gospel of God(로마서 강해 7), p.306

믿음에는 항상 확신의 요소가 있습니다. 그러나 그렇다고 해서 믿음에 언제나 '완전한' 확신이 있다는 의미는 아닙니다.

Assurance(로마서 강해 2), p.24

믿음에는 세 가지 본질적인 요소들, 즉 믿는 일과 설득당함과 행동이 있습니다. 다른 말로 바꾸어 표현하자면, 지성과 마음과 의지와 관계되는 것입니다.

The Gospel of God(로마서 강해 7), p.313

참된 믿음은 감정과 의지와 지성을 모두 수반합니다.

The Sons of God(로마서 강해 5), p.270

믿음은 내게 주어진 계시만으로 만족하는 것입니다. 나는 더 이상 질문할 필요가 없습니다. 나아가 더 이상 알기를 원하지 않을 정도로 만족합니다. 결국 나는 이렇게 말해야 합니다. "나는 이해를 위해 나에게 주신 것만으로 충분히 만족합니다."

The Life of Joy(빌립보서 강해), p.194

믿음은 활동입니다. 그것은 실천으로 옮겨야 할 어떤 것입니다. 그것은 그 자체로 활동하지 않습니다. 여러분과 제가 그것을 실천에 옮겨야 하는 것입니다.

Spiritual Depression(영적 침체와 치유), p.143

참된 믿음은 불신앙을 침묵하게 만듭니다. *Spiritual Depression*(영적 침체와 치유), p. 143

의심들 doubts

다르게 설명해 봅시다. 이 문제에 있어서 믿음이란 항상 자기장의 북쪽을 가리키는 나침반의 바늘과도 같습니다. 그런데 만일 강력한 자석을 나침반 주위에 댄다면, 그 바늘은 앞뒤로 왔다 갔다 하며 불안정하게 흔들릴 것입니다. 그러나 진정한 나침반이라면 언제든지 다시 나침반 바늘이 정북향을 가리킬 것임은 자명한 사실입니다. 그곳에 불안함과 격렬함이 있다 하더라도, 언제든지 바늘은 다시 되돌아와서 정북향을 가리킬 것이며, 반드시 안정을 찾게 될 것입니다. 이것은 참된 믿음에서도 동일합니다. 우리가 흔들린다는 것 자체가 우리에게 믿음이 없다는 것을 의미하지 않습니다. 단순히 우리가 의심의 유혹에 사로잡히거나 고투하고 논쟁하며 다시 모든 문제를 샅샅이 살필 수도 있다는 사실 그 자체가 우리에게 믿음이 없다는 것을 의미하지 않습니다. 우리가 다시 안식의 상태로 돌아오기만 한다면, 오히려 이것은 어떤 의미에서 우리의 믿음을 증명해 줄 것입니다.

Assurance(로마서 강해 2), pp. 23-24

제가 볼 때 믿음을 계속적인 불확실성으로 해석하는 것은, 우리가 하나님의 자녀라는 성경의 교훈을 부인하는 것과 다름없습니다. 실제로 성령께서는 '친히 우리의 영과 더불어 우리가 하나님의 자녀인 것을 증언'(롬 8:16)하십니다. 우리가 하나님의 자녀라는 지식에 대한 믿음이 우리에게 주어진 것입니다. 우리는 영원한 생명을 가지게 되었으며, 하나님을 알고 그리스도를 알 수 있는 상태에 이르게 된 것입니다.

Life in God(요한일서 강해 5), p. 93

노력 effort

저는 여전히 믿음이 때때로 분투해야 하는 것임을 밝히는 바입니다. 그러나 저는 믿음은 분투하는 것이어야 할 뿐만 아니라, 실제로 싸우고 있으며 또 싸울 수 있는 것임을 덧붙여 말하고자 합니다. 믿음은 이 칭의의 문제에 관한 한 항상 승리적으로 분투하는 것입니다.

Assurance(로마서 강해 2), p. 23

믿음은 결코 부족한 무엇인가가 아닙니다. 믿음은 그저 "네, 저는 믿습니다. 저는 그 교훈을 받아들입니다"라고 말하는 것이 아닙니다.

The Sons of God(로마서 강해 5), p.270

우리 주님의 가르침에 의하면, 믿음이란……근본적으로 생각하는 것입니다. 믿음이 적은 사람이 지니는 모든 문제는 그가 전혀 생각하지 않는다는 사실에 있습니다. 그는 상황이나 환경이 자신을 지배하게 만듭니다. 그것이 바로 인생이 만난 진정한 난제입니다. 삶이 그 손에 곤봉을 들고 우리 머리를 후려치게 만듭니다. 그러면 우리는 생각하지 못하고 절망 가운데 패배하게 됩니다. 우리 주님의 교훈에 의하면, 그것을 피하는 방법은 바로 생각하는 것입니다.

Studies in the Sermon on the Mount(산상설교 2), p.129

시험들 tests

참된 믿음이란 단순한 신앙주의believism가 아닙니다. 이것을 깨닫는 것이 중요합니다. 왜냐하면 시험과 환난이 단순한 신앙주의를 시험하기 때문입니다.

Assurance(로마서 강해 2), p.62

신자가 구원에 관한 이 놀라운 믿음을 가지고 있으면서도 일상적인 삶의 시험들에 직면했을 때에 징징거리고 훌쩍거리며 우는 것은 부족한 기독교일 뿐입니다.

Studies in the Sermon on the Mount(산상설교 2), p.134

가장 필요할 때 우리를 돕지 못하는 믿음은 결코 기독교 믿음이 아닙니다. 왜냐하면 참된 믿음은 우리를 돕는 일에 실패하는 법이 없기 때문입니다.

Assurance(로마서 강해 2), p.61

믿음이란 언제나 실제적입니다.

The Christian Soldier(에베소서 강해 8), p.305

로이드 존스 앤솔러지
Gems from Martyn Lloyd-Jones

바리새인 Pharisees

바리새인

오늘날의 바리새인들은 교회 안팎에 있습니다. 그들은 설교 듣는 것을 싫어하고 불쾌하게 생각하며, 그들이 죄인이라는 느낌을 혐오하고, 하나님의 진리와 다투며 그리스도의 십자가와 '보혈'에 대항합니다. 그들은 자신들이 '살았고' 죄가 '죽었다'고 생각하기 때문에 복음 진리를 불쾌하게 생각합니다. 이 얼마나 지독한 무지입니까? 이 얼마나 비극적인 상태입니까?

The Law:Its Functions and Limits(로마서 강해 4), p.145

바울 Paul

바울

사도 바울을 보십시오. 탁월한 천재이며, 가장 학문적인 바리새인이요, 가장 학식 있는 이 사람을 말입니다.

Joy Unspeakable(성령 세례), p.132

오, 기독교회여, 어찌된 일입니까? 교회가 어떻게 이 위대한 사도의 말씀과 모범을 잊을 수 있다는 말입니까?

The Gospel of God(로마서 강해 7), p.236

만일 사도 바울의 서신들을 주해하는 사람들이 바울 서신들을 주해하기 전에 이 서신들이 옥스퍼드나 캠브리지 학생들이나 교수들을 위해 기록된 것이 아니라 종들과 평범한 사람들과 일반인들을 위해 쓰였다는 사실을 상기했다면, 많은 잉크를 절약하고 문제들을 해결했을 것입니다. "형제들아 너희를 부르심을 보라. 육체를 따라 지혜로운 자가 많지 아니하며 능한 자가 많지 아니하며 문벌 좋은 자가 많지 아니하도다"(고전 1:26). *Great Doctrines of the Bible*(교리 강해 1), p.42

병적으로 흥분 상태에 있는 사람이 로마서와 에베소서 같은 서신들을 기록할 수 있었겠습니까? *Authentic Christianity*(사도행전 강해 3), p.157

사도 바울이 사용한 단어는 모두 다 상세하게 살펴보아야 합니다.
Assurance(로마서 강해 2), p.284

우리는 사도 바울이 신적인 영감을 받았으며, 그가 기록한 것에는 우연도 없고 누락도 없다는 사실을 확신합니다. *The New Man*(로마서 강해 3), p.169

우리는 사도 바울로 하여금 우리를 인도하게 하며, 그 인도함을 통해 이 위대한 서신들을 강해해야만 합니다. *Assurance*(로마서 강해 2), p.7

사도 바울이 신체적 연약함과 눈의 질병과 다른 여러 가지 질병으로 인해 끊임없이 고통받았다는 것은 명백합니다. 이런 관점에서 볼 때, 바울은 그 누구도 자신의 사역의 성격과 결과가 결코 자신에 의한 것이라고 말하지 못하게 합니다. 그는 자신 안에서 자신을 통하여 역사하신 그 능력이 자신의 것이 아니라 주 예수 그리스도와 복되신 성령을 통한 하나님의 능력임을 분명히 하기 위해 이런 고난을 당한 것입니다. *Christian Unity*(에베소서 강해 4), p.70

그는 한때 다소의 사울이었습니다. 그런 그가 그리스도의 사도가 되었을 때, 그의 기질이 갑자기 바뀐 것은 아닙니다……그가 사도가 되었을 때……갑자기 조용한 설교자로 변하지는 않았습니다. 그는 자신의 감정의 본질적인 강렬함으로 설교했습니다. 그는 눈물을 흘리며 울었다고 말합니다. 때로는 두려움에 휩싸였고, 낙심하기도 했다고 말합니다. 그의 성품은 과거의 모습과 동일했습니다. 그리스도인들을 핍박했던 그의 열정은 지금 설교하고 있는 열정과 동일한 것입니다. 즉, 기질은 끝까지 남는 것입니다.

The Christian Warfare(에베소서 강해 7), pp. 212-213

사도의 근본적인 목적은 항상 목회적인 것이었음을 기억하십시오. 우리는 사도 바울을 관학적인 신학자로 생각할 수 없습니다. 그는 전도자였고 교사였으나, 그의 주요 특징은 목회적 관심이었습니다.

The Final Perseverance of the Saints(로마서 강해 6), p. 368

사도 바울의 체계를 보십시오. 그의 구조를 살피십시오.

Saving Faith(로마서 강해 10), p. 230

사도 바울의 대적이 할 수 없는 일이 하나 있습니다. 그것은 바로 바울이 기도하는 것을 방해하는 것입니다. 바울은 여전히 기도할 수 있었습니다. 대적자들은 바울을 감옥에 가두고 빗장을 잠그고 사슬에 묶어서 군병들로 하여금 지키게 함으로써 그의 육체를 감금할 수 있었지만, 가장 겸손한 신자가 영원하신 하나님의 마음으로 향하는 그 길을 막을 수는 없었습니다.

The Unsearchable Riches of Christ(에베소서 강해 3), p. 107

만일 우리가 사도 바울이 에베소교회 교인들에게 설교할 수 없었기 때문에 그들을 위하여 기도했다고 생각한다면, 그것은 아주 잘못된 생각이 아닐 수 없습니다.

The Unsearchable Riches of Christ(에베소서 강해 3), p. 109

저는 이 사람 바울과 그가 행한 모든 일에 매혹되었다고 고백하지 않을 수 없습니다. 저는 그의 방법에 감탄하며, 그의 문체를 좋아하고, 그의 방식에 이끌립니다. 특히 무엇보다도 저는 그의 위대한 목회적 마음을 존경합니다. 그에게는 교회들을 돕고자 하는 불타는 소망이 있었습니다. *Assurance*(로마서 강해 2), p.283

물론 이것은[1] 아주 순전한 논리입니다. 그리고 사도 바울은 이러한 논리의 대가입니다. *To God's Glory*(로마서 강해 11), p.114

저는 본문을 반복하여 설명한다는 말을 듣습니다. 물론 저는 그렇게 합니다! 그것은 제가 강단에서 가장 잘하는 일 가운데 하나입니다. 저는 사도 바울을 넘어설 수 없습니다. 제가 이 일을 올바르게 수행한다면 다른 일은 더 필요 없다고 확신합니다. 그래서 저는 그 본문들을 반복하여 설교하는 것입니다. *Assurance*(로마서 강해 2), p.315

같은 말을 가장 많이 반복하는 사람이 있다면, 그는 단연 사도 바울일 것입니다. 복음을 믿는 사람은 누구든지 그것을 반복하게 되어 있습니다. *The Life of Joy*(빌립보서 강해), p.13

제가 알고 있는 최고의 연구 가운데 하나가 바로 사도 바울의 사상을 연구하는 것입니다. 왜냐하면 바울 서신에는 우연히 기록된 것이 하나도 없기 때문입니다. 바울은 항상 결과를 말하기 이전에 원인을 설명합니다. 그는 단순히 급하게 세부 사항을 열거하지 않으며, 항상 원리에 관심을 둡니다. 만일 우리가 기독교 교리에 대한 참된 이해와 기독교 신앙에 대한 참된 메시지를 소유하기 원한다면, 우리는 원인과 원리를 연구해야 합니다. 우리는 반드시 인간이 처한 상태의 현상을 고찰하기 이전에 먼저 인간의 상태를 살펴보아야 합니다. *The Righteous Judgement of God*(로마서 강해 8), p.97

---

1) 역자주 – 이 구절의 앞뒤 문맥을 살펴보면 이 논리의 방식이 어떤 것인지를 알 수 있습니다. "그 논리는 중요한 사실에서 시작하여 덜 중요한 사실로 이어가는 것입니다……그는 하나님께서 감람나무로부터 유대인을 제하셨다는 더 중요한 사실에서 시작합니다……그다음에 사도는 덜 중요한 사실을 제시합니다. 하나님께서 본래 자신의 백성도 아닌 특별한 방법으로 들어온 이방인을 버리는 것은 놀랄 일이 아니라는 것입니다." _ *To God's Glory*(로마서 강해 11), p.114

바울

사도 바울은 많은 부분에 있어서 시인인 것 같지는 않습니다. 그러나 그는 훌륭한 논법가이며, 논쟁의 대가이며, 명민한 판단자입니다.

Assurance(로마서 강해 2), pp. 129-130

사도 바울은 복음 설교를 매우 중대하고도 심각한 사안으로 간주했습니다. 언제라도 강단에 뛰어 올라갈 준비가 되어 있는 사람들이 있습니다. 그러나 사도 바울은 그렇지 않았습니다. 만일 그리스도의 사랑이 그를 강권하지 않았다면, 그리고 그가 "복음을 전하지 아니하면 내게 화가 있을 것이로다"(고전 9:16)라고 말할 수 없었다면, 그는 결코 설교하지 않았을 것입니다.

Life in the Spirit in Marriage, Home and Work(에베소서 강해 6), p. 347

그는 실제적이고도 경험적인 방법을 사용하였습니다. 그는 무미건조한 교리와는 거리가 먼 사람이었고 그것에 관심도 없었습니다. 그는 항상 우리의 상태 그대로를 적나라하게 보여 주는 사람이었습니다.   *Christian Unity*(에베소서 강해 4), p. 50

이 두 사람의 차이점은 다음과 같습니다. 사도 바울은 항상 어떤 일을 하기 전에 자신이 무엇을 하고 있는지 우리에게 말해 줍니다. 반면에 사도 요한은 자신이 무엇을 하고 있는지 말해 주지 않은 채 어떤 일을 하며, 우리로 하여금 자신이 무엇을 하고 있는지를 찾게 만듭니다.   *Life in God*(요한일서 강해 5), p. 23

배교 Apostasy

배교

교회가 배교한다고 해도 우리는 놀라지 말아야 합니다……이스라엘 민족도 배교했다면, 그 누구라도 배교의 길로 빠질 수 있지 않겠습니까! 사실 교회가 항상 옳다는 것을 증명할 수는 없습니다. 하나님의 가시적인 백성(교회)은 모두 잘못된 길을 갈 수 있습니다……따라서 교회는 언제나 반드시 하나님의 말씀의 판단 아래 머물러 있어야 합니다.   *God's Sovereign Purpose*(로마서 강해 9), p. 325

변론 Contentiousness

변론은 마귀로부터 난 것입니다.

Revival(부흥), p. 66

변증 Apologetics

저는 지난 2, 30년 동안 변증학이 복음적 기독교에 있어서 저주스러운 것이 아니었다고 확신할 수 없습니다.

Authority(권위), p. 14

변화 Change

변화를 두려워하는 것은 좁고도 옹색한 마음입니다. 자신의 실수를 인정하고 자신의 입장을 바꿀 준비가 되어 있는 것은 위대한 모습입니다.

The Law:Its Functions and Limit(로마서 강해 4), p. 177

병 Sickness

우리의 허약함이 우리를 죄에 빠지게 할 수 있습니다. 그러나 우리의 연약함 그 자체가 죄악 된 것은 아닙니다. 물론 본래 하나님께서 사람을 만드셨을 때에는 사람에게 연약함이 전혀 없었기 때문에, 그것은 의심의 여지 없이 인간의 원죄의 결과이자 부산물입니다. 하나님께서는 사람을 완전하게 만드셨습니다. 그러므로 인간의 원죄 이후에 세상에 태어나는 모든 사람들이 '연약에 둘러싸여' 태어난다는 것은 타락의 비참 가운데 하나입니다. 타락의 결과, 인간에게 특정한 연약함과 능력의 결핍, 그리고 일정한 무능력이 발생하게 된 것입니다.

The Final Perseverance of the Saints(로마서 강해 6), p. 124

하나님께서 여러분에게 '연약'이라는 쓴맛, 또는 '질병'이라는 아픔을 주실 수도 있습니다. 그러나 이 말을 오해하지 마십시오. 우리가 걸리는 모든 병이 항상 우리가 받아야 할 징계를 의미하는 것은 아닙니다. 성경은 그렇게 말씀하지 않습니다. 다만 성경은 그럴 수도 있다고 말씀합니다. 종종 그런 일이 발생했습니다. 성경에는 이런 실례가 많습니다. 사도 바울은 자신에게 육체의 가시가 주어진 것은 자신을 너무 자만하지 않게 하고 겸손케 하기 위한 것임을 깨달았습니다(고후 12:7-10 참고). 사람이 병에 걸리는 것은 절대 주님의 뜻이 아니라고 말하는 어리석은 사람들이 있습니다. 그러나 성경은 '주께서 그 사랑하시는 자를 징계'(히 12:6)하신다고 가르칩니다. "너희 중에 약한 자와 병든 자가 많고 잠자는 자도 적지 아니하니"(고전 11:30). 육체의 연약함이나 질병은 주님이 사용하시는 여러 가지 방식 가운데 하나인 것입니다.

Life in the Spirit in Marriage, Home and Work(에베소서 강해 6), p.180

보증 : 성령 세례 Assurance : Baptism in the Spirit

로이드 존스 박사는 성령의 보증에는 세 가지 정도가 있다고 가르쳤습니다. 그는 자신의 견해가 일반적인 개혁주의의 입장에서 벗어나 있다는 것을 알고 있었습니다. 그는 이 교리를 『성령 세례』Joy Unspeakable와 그의 『요한일서 강해』 시리즈에서 상세하게 다루고 있습니다.

―――――

저는 바울의 논증에 설복당했습니다. 여러분도 그러하십니까?

The Final Perseverance of the Saints(로마서 강해 6), p.457

자, 이제 이 문제에 대해 명확히 합시다. 하나님 앞에 나아가면서 하나님께서 여러분을 용서해 주셨는지 아닌지를 의심하는 것은, 전혀 겸손의 표현도 아니며 성도다운 모습도 아닙니다.

Great Doctrines of the Bible(교리 강해 1), p.355

저는 종종 하나님에 관한 지식과 하나님의 사랑에 대한 지식을 증명함에 있어서 이것보다 더 나은 것은 없다고 생각합니다. 만일 여러분이 죄를 혐오한다면, 여러분은 하나님을 닮아 가는 것입니다. 왜냐하면 하나님께서 죄를 혐오하고 미워하시기 때문입니다.
The Love of God(요한일서 강해 4), p.152

사람들이 무슨 음성을 들었다고 주장할 때 우리에게는 그것을 의심할 수 있는 권리가 있습니다. 성령께서 그렇게 역사하시지는 않습니다. 그러나 성령의 보증은 음성을 통해서는 아니지만 음성만큼이나 명확하고도 틀림없는 것입니다. 그래서 많은 사람들이 "그것은 실제로 내 귀로 음성을 듣는 것과 같은 것이었어요"라고 증언합니다. 성령께서 영적인 귀를 향해 속사람에게 말씀하시는 것입니다.
The Sons of God(로마서 강해 5), p.306

우리는 놀랍고도 신비스러운 방식으로 우리가 신적 성품에 참여하는 자임을 알게 됩니다. 하나님의 존재가 놀라운 방식으로 우리 안에 들어오시는 것입니다. 그것이 어떻게 이루어지는지는 설명할 수 없습니다. 우리는 그것을 해부할 수 없습니다. 여러분이 자신의 몸을 해부해 본다고 해도 그 몸에서 영혼을 찾을 수 없는 것과 마찬가지로 하나님의 존재를 찾을 수는 없습니다. 그러나 그것은 여기, 바로 우리 안에 있습니다. 그리고 우리는 그것을 압니다. 우리 안에 한 존재가 계시는 것입니다. "이제는 내가 사는 것이 아니요, 오직 내 안에 그리스도께서 사시는 것이라"(갈 2:20). 그렇다면 우리가 그것을 어떻게 알 수 있을까요? 우리는 오직 영광의 나라에서만 그것을 이해하게 될 것입니다.
Fellowship with God(요한일서 강해 1), p.81

성령에 의해 직감적으로 주어지는 궁극적인 보증을 제외하고는 보증은 추론을 통해 얻어지는 문제입니다.
Assurance(로마서 강해 2), p.314

만일 천국의 우체국 소인이 여러분에게 찍혀 있다면, 그것이 성경에서 여러분이 발견하는 표본들과 또는 수세기에 걸친 교회사의 작품들과 비교해 볼 때 희

미하다 할지라도, 그것에 감사하십시오.　　　*The Sons of God*(로마서 강해 5), p.330

바르트주의 Barthianism

바르트 신학에는 구원의 확실성도, 확신도, 보증도 없습니다. 따라서 참된 개신교의 개혁주의적 입장에서 볼 때, 바르트주의를 전혀 복음적인 것으로 간주할 수 없다는 것은 자명합니다.　　　*The Sons of God*(로마서 강해 5), p.286

옛 자유주의를 배격하는 데에 있어서 바르트 신학의 유파는 복음주의의 입장과 유사한 형태로 나타납니다. 그럼에도 불구하고 그것은 완전히 다른 신학입니다. 특히 그것이 성령의 보증을 혐오하기 때문에 더욱 그러합니다. 바르트주의는 그리스도인이 절대로 구원을 확신할 수 없다고 가르칩니다.

God's Ultimate Purpose(에베소서 강해 1), p.372

필요성 need

우리는 모두 다 우리의 구원의 보증에 관심을 가져야 합니다. 왜냐하면 우리에게 보증이 없다면, 기쁨 역시 없을 것이기 때문입니다. 만일 우리에게 기쁨이 없다면, 우리의 삶은 매우 가련한 삶이 되고 말 것입니다.

The Sons of God(로마서 강해 5), p.16

우리는 보증을 소유하기로 되어 있습니다. 우리는 구원의 확실성을 소유하기로 되어 있는 것입니다.　　　*The Christian Warfare*(에베소서 강해 7), p.222

오늘날 그리스도인에게 가장 필요한 것은, 자신의 구원을 확신하는 것입니다.

Joy Unspeakable(성령 세례), p.41

수용 reception

만일 여러분이 구원의 확신을 소유하기를 원한다면, 여러분은 감정이 아니라 지성에서 시작해야 합니다. 먼저 이해하고 나면 감정이 뒤따를 것입니다. 구원의 보증을 얻는 방법은 무언가를 느끼는 것이 아니라 객관적이고도 사실적인 진리를 깨닫는 것입니다. *Assurance*(로마서 강해 2), p. 274

구원의 보증에 관한 일반적인 교훈은, 성도들에게 보증을 제공하기 위해서 그들을 성경으로 인도하여 "당신은 이 말씀이 하나님의 말씀임을 믿습니까?"라고 질문합니다. 만일 그들이 그렇게 믿는다고 대답하면, 그들에게 다른 모든 성경 구절과 함께 "믿는 자는 영생을 가졌거늘"이라는 말씀으로 인도하십시오. 또한 "하나님이 세상을 이처럼 사랑하사 독생자를 주셨으니 이는 그를 믿는 자마다 멸망하지 않고 영생을 얻게 하려 하심이라"(요 3:16)라는 말씀을 들려주십시오. 그러고 나서 또다시 물으십시오. "당신은 하나님을 믿습니까?" 만일 그들이 그렇다고 대답하면, 또다시 하나님의 말씀을 들려주십시오. "진실로 진실로 너희에게 이르노니 믿는 자는 영생을 가졌나니"(요 6:47). 그러므로 만일 그들이 믿는다면, 그들은 반드시 영생을 가지게 될 것이며, 그 영생이 그들의 구원의 보증이 될 것입니다. 구원의 보증은 바로 이런 방식으로 성경을 통하여 추론되는 것입니다. 그러나 이 구원의 보증이 전적으로 옳은 것이기는 하지만, 그것이 성령의 인침은 아닙니다.

God's Ultimate Purpose(에베소서 강해 1), pp. 262-263

구원 salvation

구원의 보증과 완전한 확신 사이에는 차이가 있습니다. 제가 확정하고도 확신할 수 있는 것은, 여기에는 항상 어느 정도의 보증이 있다는 사실입니다. 여러분은, 바울이 "성령이 친히 우리의 영과 더불어 우리가 하나님의 자녀인 것을 증언하시나니"(롬 8:16)라고 말했을 때에 그가 무엇을 염두에 두고 이런 말을 했는지를 모른다 하더라도 그리스도인이 될 수 있으며, 믿음으로 의롭다함을 받을 수도 있고, 칭의의 보증을 소유할 수도 있습니다. 완전한 확신을 가지고 있지 않으면서도 그리스도인이 될 수 있는 것입니다. 그러나 여러분이 믿음으로 말미암아 의롭다함을 받지 않고서는 그리스도인이 될 수 없습니다. 바로 이것이 언제나 보증의 요소이며 안식의 능력인 것입니다. *Assurance*(로마서 강해 2), p. 24

보증
:성령 세례

인침 sealing

여러분은 성령의 '인침'을 받았습니까? 저는 지금 여러분이 주 예수 그리스도를 믿는 신자인지를 묻는 것이 아닙니다. 또한 저는 첫 번째와 두 번째 기초에 근거한 확신을 가지고 있는지를 질문하는 것도 아닙니다. 저는 여러분의 영혼이 성령의 직접적인 증거로 말미암아 압도당하는 경험에 대해 알고 있는지를 묻는 것입니다.

God's Ultimate Purpose(에베소서 강해 1), p.275

성령의 인침은 주로 구원을 확신시키는 것입니다. 그것은 우리가 하나님의 자녀요 하나님의 후사이며, 유업이 궁극적으로 우리의 것이 된다는 사실에 대한 직접적이고도 즉각적인 보증과 확신을 우리에게 주시는 것입니다.

The Unsearchable Riches of Christ(에베소서 강해 3), p.157

만일 여러분이 성령 세례와 주 예수 그리스도를 믿는 믿음을 동일한 것으로 간주한다면, 여러분은 자동적으로 구원의 믿음과 보증의 믿음 사이에 아무런 차이가 없다고 말하는 것이 됩니다. 이것은 매우 심각한 문제입니다.

Joy Unspeakable(성령 세례), p.41

제가 예전에 한 연로한 설교자로부터 들었던 예화를 들려드리겠습니다. 두 남자가 여행을 떠났는데 모두 다 비에 옷이 완전히 젖은 채로 목적지에 도착했습니다. 이 두 사람에게 어떻게 비에 젖게 되었는지를 물어보았고, 곧 그들이 각기 다른 방식으로 비에 젖었음을 알게 되었습니다. 한 사람은 여행을 떠날 때에 해가 찬란하게 빛나는 것을 보고서 비가 올 것 같지 않아 우산이나 우비를 챙기지 않았다고 합니다. 그런데 여행을 절반 정도 했을 때 갑자기 먹구름이 일더니 폭우가 쏟아져서 순식간에 완전히 젖어 버렸다는 것입니다. 다른 한 사람의 이야기는 전혀 달랐습니다. 그는 여행을 시작할 때부터 마칠 때까지 계속해서 이슬비가 내렸기 때문에 언제 완전히 젖었는지를 설명하기 어렵다고 말했습니다. 첫 번째 사람은 언제 젖었는지를 말할 수 있었지만, 두 번째 사람은 그럴 수 없었습니다. 그러나 진짜 문제는 그들이 언제 어떻게 비에 젖었는지가 아니라 그들 모두가 실제로 완전히 비에 젖었다는 사실 자체에 있습니다. 그것이 갑작스럽게 발생했는지, 인식하지 못할 정도로 조금씩 발생했는지 하는 것은 아무런 관계가 없는 것입니다.

Life in God(요한일서 강해 5), p.106

궁극적 보증 ultimate

구원의 보증에는 다른 두 가지 유형과 구별되는 가장 절대적이고도 영광스러우며 최상의 것으로서의 세 번째 유형이 있습니다. 그러면 그것은 어떻게 발생합니까? 여러분이 알다시피, 처음 두 가지 유형의 경우에는 성경을 읽어 가면서 발생하는 도출의 요소가 있습니다. 그것은 성경을 읽고 이해하며 자기를 검증하고 스스로 분석해 가는 과정을 통한 구원의 보증입니다……그러나 영광스럽고도 최상의 모습을 띠는 이 세 번째 유형의 보증은 우리의 행위나 성경으로부터 도출해 내는 것이 아닙니다. 그것은 전적으로 지극히 높으신 성령을 통하여 우리에게 주어지는 보증입니다.

Joy Unspeakable(성령 세례), p.101

이것은 믿음과 신뢰, 그 이상의 것이며, 심지어 성령의 인침 그 이상의 무엇입니다. 우리가 받은 성령의 인침은 우리가 그분의 것임을 알게 합니다. 성령께서 '친히 우리의 영과 더불어 우리가 하나님의 자녀인 것을 증언'(롬 8:16)하십니다. 그것은 하나님께서 우리에게 '너희는 내 아들이요, 나의 자녀'라고 말씀하시는 것입니다. 그렇다면 이것 이상의 어떤 것이 더 있습니까? 네, 그렇습니다. 여러분이 알다시피 하나님 그분 자신입니다. 바로 이것이 최절정, 즉 '최고선'입니다. 우리가 하나님께 속했다는 사실을 아는 것은 실로 놀라운 일입니다. 하나님을 아는 것은 영원토록 어마어마한 특권이며 축복인 것입니다.

God's Ultimate Purpose(에베소서 강해 1), p.347

이것은 우리의 지성이나 논리나 이해를 초월합니다. 그럼에도 불구하고 이것은 확실하며, 빛과 지식과 진리 그 자체가 됩니다. 왜냐하면 그것이 바로 하나님 자

보증
:성령 세례

신이기 때문입니다. 그것이 바로 성부와 성자와 성령 하나님이기 때문입니다. 바로 이것이 하나님의 성령으로 세례를 받은 사람에게 주어지는 빛이요 지식이요 이해입니다.
Joy Unspeakable(성령 세례), p. 121

바로 이것이 우리 주님께서 요한복음 14장에서 말씀하시는 내용입니다. 주님은 여기서 너희에게 "나를 나타내리라"(요 14:21)라고 말씀하십니다. 이 말씀은 성령께서 오실 때 성취될 주님의 약속입니다. 주님은 아직 그런 방식으로 오시지 않았습니다. 그러나 낙담하고 있는 제자들에게 자신이 보낼 이, 즉 '또 다른 보혜사'로서 다시 오실 것을 말씀하십니다. 바로 이것을 사도 바울은 다른 곳에서 '성령의 인치심'이라고 부릅니다. 이것에 관한 또 다른 표현은 '성령의 보증'입니다. 성령을 통하여 우리가 하나님의 자녀이며 다가올 영광의 후사가 된다는 절대적이고도 확실한 지식을 우리에게 주시는 분은, 다름 아닌 하나님이십니다. 그분은 이것을 '보증'의 형태로 주십니다. 하나님께서는 우리로 그것이 실제이며 사실인 것을 알게 하시기 위해 그 영광을, 그 견본을 '미리 맛보게' 하시는 것입니다.
Assurance(로마서 강해 2), pp. 83-84

여기에는 여러분의 지적인 이해와 지성적이고도 지능적인 영역을 초월한 것으로서의 보증, 즉 하나님의 사랑을 여러분의 마음에 쏟아 붓는 성령께서 역사하시는 직접적이고도 즉각적인 보증이 있습니다. 그것이 여러분의 마음에 부어지면 여러분은 그것에 압도당할 것이며, 더 이상 불확실이나 의심은 없을 것입니다.
Assurance(로마서 강해 2), p. 80

보혜사 Advocacy

보혜사

우리가 그리스도인이기 때문에 얻는 유익으로서의 두 보혜사가 있습니다. 우리는 하나님 아버지와 함께 우리의 보혜사가 되시는 주 예수 그리스도를 알고 있습니다. 그분은 우리를 위해 위격 안에서 탄원하십니다. 우리가 주님이 계시는 그곳에 있지 않지만, 그분이 우리를 위해 탄원하시는 것입니다. 반면 우리 안에는 영의 보혜사가 계십니다. 그분은 '우리 대신 탄원하시는 것'이 아니라 우리가 무슨 말을 해야 할지를 알려 주십니다. 두 분 모두 보혜사이지만, 각기 다른 방식으로 일하십니다. 적절한 비유를 들어서 이것을 설명해 보겠습니다. 변호사는 두 가지 일을 합니다. 그는 내가 무슨 말을 해야 할지 가르쳐 줄 뿐만 아니라 법정에서 친히 나를 위하여 변론하기도 합니다. 변호사가 법정에서 변론을 하는 것은 우리를 위한 주님의 변호를 묘사합니다. 한편 변호사가 그의 사무실에서 변론을 준비하고 우리가 무슨 말을 해야 할지를 알려 준다면, 그는 기도를 통하여 역사하시는 성령과 동일한 일을 하는 것입니다.

The Final Perseverance of the Saints(로마서 강해 6), p. 137

복음 : 사회, 비복음화
Gospel: Society, Unevangelised

기독교 복음의 근본적인 목적은 우리에게 복을 주려는 것이 아닙니다. 그것의 일차적인 목적은 하나님과 우리를 화목시키는 것입니다.

Assurance(로마서 강해 2), p. 10

결과들 affects

복음은, 우리로 하여금 하나님과 그리스도를 떠나서 살아가는 우리의 삶이 모조품 같은 인생이며, 그로 말미암아 하나님을 모욕하는 삶을 살아간다는 것을 깨닫게 해 줍니다. 인간은 하나님과 교제하며 살아가야 하는 존재입니다. 복음은 우리로 하여금 그것을 보게 해 줍니다.

Old Testament Evangelistic Sermons(구약을 사용한 복음 설교), p. 29

만일 복음이 여러분 안에서 열매를 맺지 않는다면, 여러분은 그리스도 밖에 있는 사람이며, 죽어서 하나님의 심판대 앞에 설 준비가 되어 있지 못한 사람입니다.

Love so Amazing(골로새서 강해), p. 96

복음:사회, 비복음화

복음은 언제나 복잡과 혼란을 제거합니다. *Authentic Christianity*(사도행전 강해 1), p. 202

복음의 역설적 성격이 그 옛날 아기 예수님을 품에 안았던 시므온의 말에서 처음으로 드러났습니다. 그는 이렇게 말했습니다. "보라. 이는 이스라엘 중 많은 사람을 패하거나 흥하게 하며 비방을 받는 표적이 되기 위하여 세움을 받았고"(눅 2:34). 예수님은 동시에 패하거나 흥하게 하기 위해 세움을 입은 것입니다. 복음은 언제나 이 두 가지 일을 수행합니다. 그러므로 우리의 견해가 이 두 가지 요소를 포함하지 않는다면, 그것은 참된 견해가 아닙니다.

Studies in the Sermon on the Mount(산상설교 1), p. 310

여러분이 어떤 특정한 과정을 거치는 것이 질병을 치료하는 유일한 방법임을 안다면, 즉 그것이 정말 확실히 질병을 치료해 주는 특별한 방법이며, 그 외에 다른 어떤 방법으로도 자신의 질병을 치료할 수 없다는 것을 안다면, 여러분은 그 치료법을 사용하는 것을 편협한 것으로 여기지 않을 것이며, 다른 치료법들을 사용함으로써 시간을 낭비하지도 않을 것입니다. 그것은 전혀 편협한 것이 아니며, 오히려 사려 깊고도 분별력 있으며 온당한 것입니다.

The Christian Soldier(에베소서 강해 8), p. 25

사람들로 하여금 노래 부르게 만드는 복음은 먼저 그들을 슬프게 합니다. 그러므로 만일 우리가 한 번도 복음으로 말미암아 슬퍼한 적이 없다면, 바로 그것이 우리가 한 번도 복음으로 인해 기쁜 노래를 부르지 못하는 이유입니다. 이것을 좀 더 신학적 언어로 바꾸어 말하면 다음과 같습니다. 즉, 복음은 우리를 회심시키기 이전에 우리의 유죄를 입증하는 데 관여한다는 것입니다.

Westminster Record, Dec 1947(웨스트민스터 리코드, 1947년 12월), p. 91

복음이 진실로 여러분을 괴롭게 합니까? 복음이 여러분에 대해 진실을 말해 줄 때, 여러분의 마음속에 숨어 있는 것을 폭로할 때, 여러분의 영혼의 가장 깊은 곳에 있는 모든 것을 밝히 드러낼 때, 복음은 진정 여러분을 괴롭게 합니까?

Old Testament Evangelistic Sermons(구약을 사용한 복음 설교), p. 154

복음:사회,
비복음화

복음은 처음부터 모든 사람들에게, 그들이 아무리 유능하다 할지라도 그 자체로는 절대로 그리스도인이 될 수 없다는 것을 말해 줍니다. 복음은 가장 뛰어난 사람도 가장 무지한 사람과 똑같이 취급합니다. 우리가 이미 살펴본 바와 같이, 복음은 모든 사람을 일반화하며 동등하게 취급합니다. 복음은 의도적으로 성령께서 인간의 영혼을 다룰 때에 가장 마지막으로 무너질 것이 바로 지적인 교만이라고 말합니다. 복음은 지성을 득의양양하게 자랑하지 않습니다. 도덕적 노력과 분투를 높이지도 않습니다. 복음은 처음부터 여러분이 모든 것을 할 수 있다고 할지라도 그것이 아무런 소용이 없다고 말합니다. 여러분의 모든 의는 '더러운 넝마'일 뿐이며, 여러분의 모든 놀라운 업적들도 다 '거름이며 쓰레기'일 뿐입니다. 그것들은 여러분에게 아무런 소용이 없는 것들입니다.

The Gospel of God(로마서 강해 7), p. 263

무엇이든 만들 수 있을 만큼의 찰흙 한 덩어리를 취하십시오. 그리고 그것을 타는 듯한 태양 빛 아래 놓아두십시오. 그러면 그것은 금방 벽돌처럼 단단하게 굳어 버릴 것입니다. 저는 바로 여기에 다음과 같은 사상이 있다고 믿으며, 그것을 이렇게 해석합니다. 하나님의 선하심과 인자하심과 오래 참으심이 태양처럼 인간에게 비취고 있습니다. 이 하나님의 빛은 우리를 부드럽게 녹여 줍니다. 그렇지만 동시에 이 빛이 사람들을 완고하게 만드는 역할을 합니다. 태양이 두 가지 일을 수행하는 것입니다. 태양은 버터를 녹여 버릴 뿐만 아니라 동시에 찰흙을 딱딱하게 만들어 버립니다. 사도 바울의 말에 따르면, 인간을 향한 하나님의 빛은 항상 이 두 가지 중 하나의 결과를 낳을 뿐입니다. 그리고 바로 이것 때문에 복음을 설교하는 것과 그 복음을 청종하는 것이 놀라운 책임을 지니고 있는 것입니다. 그것은 인간의 마음을 부드럽게 하거나 강퍅하게 합니다. 복음 설교와 청종은 필연적으로 두 가지 가운데 하나의 결과를 낳게 되어 있습니다. 지금 여

복음:사회, 비복음화

기서 사도 바울이 설명하는 것이 바로 이것입니다. 전적으로 잘못된 그들의 태도 때문에, 이 사람들은 자신들의 마음을 녹이고 부드럽게 하기 위해 존재하는 복음 설교와 청종으로 인해 오히려 그들의 마음이 강퍅케 된다는 것입니다.

The Righteous Judgement of God(로마서 강해 8), p.68

그러므로 저는 여러분과 제가 복음을 들을 때마다 우리의 책임이 증가한다는 것을 말씀드립니다. 우리가 복음을 들으면 들을수록 복음에 대한 우리의 이해가 더 풍성해지고, 그 결과 그에 대한 우리의 책임도 더욱 증가하는 것입니다.

The Righteous Judgement of God(로마서 강해 8), p.109

정의 definition

기독교 복음은 독특합니다. 복음은 우리에게 이렇게 말합니다. "너의 존재를 직시하라. 네 자신이 누구인지를 분명히 인식하라. 그리고 계속 네 자신의 존재 그대로를 나타내라." 이 세상 그 어디에서도 우리는 이러한 메시지를 발견할 수 없습니다.

Christian Conduct(로마서 강해 12), p.113

복음은 그 정의상 초자연적이며 이적적이고 신적입니다.

Authentic Christianity(사도행전 강해 4), p.224

여러분은 복음을 논리적 결론으로서 이해한 적이 있습니까? 만일 그렇지 않다면, 지금 당장 그렇게 하십시오. 여기에 우리의 논증이 있습니다. 이 얼마나 단순하고도 논리적입니까? 거기에 영원하신 하나님이 계시며, 심판자가 계십니다. 하나님께서는 제게 특정한 것들을 요구하시고, 저의 양심을 통해 증거되는 것들을 계명을 통해 분명하고도 명백하게 나타내셨습니다. 저는 바로 그 하나님 앞에 서야만 하는 것입니다.

Evangelistic Sermons(전도 설교), p.157

저는 경외심을 가지고 말씀드립니다. 복음의 엄밀성은 하나님 안에 있는 엄밀성입니다.
Evangelistic Sermons(전도 설교), p. 275

복음은 우리를 어떤 위대한 연구와 탐험으로 초대하는 것이 아닙니다. 그것은 일종의 선언이며 계시입니다. 그것은 무엇인가가 펼쳐지고 밝혀지는 것입니다. 그것은 '나타내는 것' 또는 '분명하고도 명확하게 드러내는 것'을 의미합니다.
The Gospel of God(로마서 강해 7), p. 295

현대성 modernity
저는 '현대인'에게 유감스러울 뿐입니다. 여러분의 위대한 두뇌가 이적을 이해하지 못한다 할지라도 조만간 더 나은 것을 깨닫게 될 것입니다. 만일 복음이 여러분과 제가 이해할 수 있는 어떤 것이라면, 그것은 거룩하신 '하나님의 영광스러운 복음'이 될 수 없습니다. 다만 그것은 우리가 해부하고 비평하며 이해할 수 있는 어떤 철학이 될 뿐입니다. 그러나 복음은 결코 그렇지 않습니다.
Authentic Christianity(사도행전 강해 2), p. 193

구약성경과 신약성경 Old and New Testament
하나님의 복음의 위대한 메시지는 본질적으로 구약성경과 신약성경 안에서 동일합니다. 다만 구약성경과 신약성경의 진정한 차이점은 그 표현 방식에 있습니다. 구약성경은 어렴풋하고 희미하지만, 신약성경은 분명하고 강한 것입니다.
Old Testament Evangelistic Sermons(구약을 사용한 복음 설교), p. 257

기원 origin
만일 우리가 복음과 복음이 선언하는 모든 것들이 근본적으로 사람의 행위가 아니라 하나님의 활동이라는 사실을 깨닫지 못한다면, 우리는 절대 복음을 이해할 수 없을 것입니다.
Old Testament Evangelistic Sermons(구약을 사용한 복음 설교), p. 243

복음은 순전히 하나님이 사도들에게 주신 계시입니다. 그러므로 우리는 절대로 복음에 무엇을 더하거나 뺄 수 없습니다. 따라서 세상에 그 어떤 일이 일어난다고 해도 신약성경은 조금도 달라지지 않습니다. 우리는 지금 여기 계시된 하나님과 영원에 대한 것 이외에는 아무것도 알 수 없습니다. 지난 2천년 동안 이 주제에 대해서 그 어떤 부가적인 지식도 주어진 적이 없습니다. 단 하나도 주어지지 않았습니다.

Love so Amazing(골로새서 강해), p.64

사회적 결과 social consequences

사람들은 기독교의 메시지를 이해하지 못합니다. 그들은 기독교가 세상의 개혁에 대해 가르치고 이 세상을 좀 더 나은 곳으로 만들어야 한다고 생각합니다. 그들은 기독교가 의회의 결정을 통과시키고, 사회적이고도 정치적인 선을 행하며, 온 세상이 변화될 때까지 점진적으로 사회를 변혁시켜야 한다고 생각합니다……그러나 복음은 쾌활한 초록의 나라 영국에 새 예루살렘을 세우겠다고 약속한 적이 없습니다. 여러분이 군대와 창칼을 동원하고 정신적 전투에 대해 말한다고 할지라도, 여러분은 완전히 실패하고 죽고 말 것입니다.

Authentic Christianity(사도행전 강해 4), p.98

인류가 제공받은 가장 위대한 유익들이 바로 이 복음을 통해 왔습니다. 수많은 선행들이 어디서 왔습니까? 병원들은 어디에서 유래했습니까? 바로 기독교회로부터 왔습니다. 교육은 어디서부터 왔습니까? 가난하고 고통받는 사람들을 위한 구제는 어디서부터 왔습니까? 선교사들의 사역을 주의해서 보십시오. 이 세상의 어두운 곳을 비추어 왔던 빛을 주의해서 보십시오. 영국에 존재하는 자유의 기초는 무엇이었습니까? 마그나 카르타 Magna Carta 대헌장입니다. 맞습니다. 그러나 그것이 별로 많은 성과를 일궈 내지 못했다는 것이 오늘날 최고의 역사학자들의 공통된 주장입니다. 오늘날 우리가 누리고 있는 이 근대의 자유가 정말 어디에서 유래했는지 알고 싶습니까? 저는 말할 수 있습니다. 그것은 17세기 청교도들로부터 왔습니다……여러분은 오늘날의 무역 기구와 연합이 2백 년 전의 영적 대부흥 운동의 직접적인 결과였다는 사실을 알고 있습니까?

Authentic Christianity(사도행전 강해 2), p.17

비복음화 unevangelised

복음을 한 번도 들어보지 못한 사람과 그것을 들을 기회가 없었던 사람은 복음을 들었던 사람과 동일하게 심판받지는 않을 것입니다.

The Righteous Judgement of God(로마서 강해 8), p. 105

그렇다면 복음을 전혀 들어 본 적이 없는 이교도들은 어떻게 되는 것입니까? 그들은 어떻게 구원을 받습니까? 그들은 무엇으로 구원을 받습니까? 우리는 이 질문에 대답할 수가 없습니다. 제가 답할 수 있는 말은 이것뿐입니다. 즉, 그들이 모두 자신들의 도덕적 의식으로 말미암아 정죄를 당한다는 것과, 동시에 주 예수 그리스도 밖에서 구원받을 수 있는 사람은 아무도 없다는 것입니다. 그 이상은 알 수가 없습니다. 더 이상 알려고 해서도 안 됩니다. 성경에는 우리가 더 이상 알 필요가 없는 어떤 것들이 있으며, 그것에 대해 한 마디도 언급되어 있지 않습니다. 여러분은 그런 것들에 대해 성경의 근거를 제시할 수 없습니다. 왜냐하면 성경은 그러한 질문을 전혀 다루지 않기 때문입니다. 따라서 우리는 그 이상 나아갈 수 없습니다. 여러분이 그런 질문을 하기 시작한다면, 이내 여러분은 사변적이 될 것이며, 여러분이 사변적이 되는 그 순간 바로 여러분은 무언가 매우 위험한 일을 하게 되는 것입니다……우리가 해야 할 일은 오직 한 가지뿐입니다. 우리가 하나님 앞에 머리를 숙이고 절하는 것입니다. 우리는 분명하고도 명백한 교훈이 없다는 것, 즉 이러한 문제에 대한 계시가 없다는 것으로 만족해야만 합니다. 성경의 계시에 복종해야 하는 것입니다.

The Righteous Judgement of God(로마서 강해 8), pp. 134-136

긴급성 urgency

오늘 밤 이 세상에 가장 긴급하게 필요한 일은 이 유일한 복음을 권위 있게 선포하는 것입니다.

To God's Glory(로마서 강해 11), p. 270

아! 그리스도를 거절하는 것은 언제든지 바보 같은 짓입니다.

Evangelistic Sermons(전도 설교), p. 112

우리는 반드시 이 중차대한 시대에 믿음을 위해 싸워야 합니다.

Knowing the Times(시대의 표적), p.59

여러분이 회개하지 않았다면, 또는 회개하지 않는 한 결코 여러분을 향한 '하나님의 사랑'은 없습니다. 이 문제에 대해서 실수하지 않기를 바랍니다. 하나님의 사랑을 의지하거나 과도하게 몸을 기대지 마십시오. 하나님의 사랑은 오직 회개하는 사람들을 위한 것입니다. 회개하지 않고서 하나님의 나라에 들어갈 수 있는 다른 길은 없습니다.

Evangelistic Sermons(전도 설교), p.122

저는 하나님 앞에서 기도하는 마음으로 간청합니다. 여러분 자신의 불멸하는 영혼과 그 영원한 운명을 소중히 여기는 만큼 이것을 상고하십시오.

Studies in the Sermon on the Mount(산상설교 2), p.250

아마도 여러분은 이렇게 말할지도 모릅니다. "뭐라고요? 사람들에게 두려워하고 무서워하라고 말하는 것이 그리스도의 복음의 일부분이란 말입니까?" 예, 바로 그렇습니다.

To God's Glory(로마서 강해 11), p.122

복음전도 Evangelism

로이드 존스 박사는 복음전도와 캠페인에 대해 확고한 견해를 가지고 있었습니다. 때로는 이 견해가 오해를 받기도 했습니다. 초대교회의 사도들과 같은 전도자의 직무가 오늘날 종결되었다는 것을 확증함에도 불구하고(*Christian Unity*(에베소서 강해 4), p.192), 복음전도적 사역은 계속되는 것입니다. 자주 인용되는 것처럼, 로이드 존스 박사의 부인은, 자신의 남편인 로이드 존스가 무엇보다 먼저 기도의 사람이며 복음전도자라는 것을 인식하지 않고서는, 사람들이 그를 절대로 이해할 수 없을 것이라고 말했습니다.

교리 | doctrine

저는 참된 복음전도는 반드시 교리적이어야 한다고 단언하는 바입니다.

Knowing the Times(시대의 표적), p. 58

선택과 예정에 대해서 불신자들과 논쟁하지 마십시오. 왜 그들이 복음을 믿지 않는지에 대해서 그들과 논쟁하십시오. 그것이 바로 그들의 문제점입니다. 왜 그들은 계속 죄를 범하고 있습니까? 그들의 죄가 용서받을 수 있다는 것을 왜 모릅니까? 왜 그들은 거듭나지 않습니까? 왜 그렇습니까? 여기에 해답이 있습니다. 그들의 얼굴을 똑바로 보고, 그 누구도 이 질문에 대해 변명하지 못하게 하십시오.

God's Sovereign Purpose(로마서 강해 9), p. 218

복음전도는, 사람들에게 이야기들을 들려주고 그들의 감정을 자극함으로써 결국 그들로 하여금 자신들이 무슨 일을 하고 있는지에 대한 아무런 참된 지식도 없이 단지 결심만 하게 만드는 것이 아닙니다. 결코 그렇지 않습니다. 복음전도는 '교리의 내용', 이 메시지, 즉 이 진리를 요약해 주어야 합니다. 그러고 나서 스스로는 절대 해결할 수 없는 이 철저한 절망과 비참으로부터 피할 수 있는 구원의 길을 하나님께서 준비해 놓으셨다고 말해 주어야 합니다.

The New Man(로마서 강해 3), p. 214

'하나님의 아들'의 복음은 전도적인 메시지로 시작하여 거기에서 끝나는 것이 아닙니다. 더 나아가 복음을 가르쳐야 합니다. 실제로 그 가르침은 참된 복음전도를 위해서 반드시 필요한 부분입니다. 이것을 다음과 같이 표현하고 싶습니다. 로마서의 모든 심오한 교리들이 사실 '하나님의 아들의 복음'이라는 제목 밑에 쓰여야 하는 것입니다. 처음부터 마지막까지의 모든 것이 복된 소식입니다. 그러므로 그 어떤 것도 제외시켜서는 안 됩니다.

The Gospel of God(로마서 강해 7), pp. 219-220

복음전도

개인적인 증거 personal witness

만일 여러분과 저와 다른 모든 그리스도인들이 '은혜의 충만'을 경험하고 더욱 충만히 경험하면서 이 세상을 살아가고 있다면, 사람들이 우리의 일터와 사업장과 직장과 거리에서 우리를 붙잡고 이렇게 말할 것입니다. "이것이 도대체 무엇인지 말해 주십시오. 이것에 대해 알고 싶습니다. 나를 위해 이것을 설명해 주십시오".

Assurance(로마서 강해 2), p.239

불신자를 향한 우리의 가장 첫 번째 의무는 그 자신에 대해 직시하게 만드는 것입니다.

The Final Perseverance of the Saints(로마서 강해 6), p.199

우리는 성경이 그렇게 하는 것처럼 무엇보다도 먼저 거룩으로 시작해야 합니다. 따라서 거룩에 대한 설교는 복음전도의 본질적 부분이라고 할 수 있습니다.

God's Ultimate Purpose(에베소서 강해 1), p.102

전도에 대한 열정, 즉 잃어버린 영혼을 향한 걱정과 근심보다 우리의 영적 상태와 형편을 드러내 주기에 더 나은 시금석은 없습니다.

God's Sovereign Purpose(로마서 강해 9), p.31

만일 여러분이 기독교 신앙에 대하여 전반적으로 의심하는 사람들과 대화를 나눈다면, 여러분은 가장 먼저 그들로 하여금 말하게 해야 합니다. 그들이 생각하는 그리스도인에 대하여 말하게 하십시오. 만일 그들이 자신을 그리스도인으로 생각한다면, 왜 그렇게 생각하는지 설명하게 하십시오. 그리고 그들이 이런 것들에 대해 말할 때 주 예수 그리스도의 이름을 언급하는지 그렇지 않은지, 한다면 얼마나 많이 언급하는지에 집중하십시오. 아마도 여러분은 사람들이 그리스도의 이름을 전혀 언급하지 않은 채 장황하게 말하는 모습을 보게 될 것입니다. 이런 사람들을 보면서 제가 발견한 가장 중요한 질문은 다음과 같습니다. "만일 당신이 오늘 밤에 죽어서 하나님 앞에 선다면, 뭐라고 말하겠습니까? 당신은 누구를 의지하겠습니까? 당신은 뭐라고 주장할 것입니까?"
>
> The Law: Its Functions and Limits(로마서 강해 4), p.35

만일 기독교회의 모든 회원들이 강하고도 질긴 고기를 먹을 수 있고 성숙하며 다른 사람을 가르칠 수 있다면, 세상은 우리가 전혀 알지 못하는 방식으로 전도될 것입니다.
>
> The Christian Soldier(에베소서 강해 8), p.89

기독교는 공산주의처럼 세포 조직에 침투하여 확장되었습니다. 사람들은 이웃과 친구와 동료들에게 복음을 전합니다. 이것이 바로 오늘날 복음전도가 일어나는 가장 주요한 방법 가운데 하나입니다. 우리는 어디에 있든지 전도할 기회를 가지고 있는 것입니다. 어디에 있든지 말입니다.
>
> Life in the Spirit in Marriage, Home and Work(에베소서 강해 6), p.356

마음에 그리스도의 사랑을 받은 사람이라면, 여러분은 그를 증인으로 훈련시킬 필요가 없습니다. 스스로 증인이 될 것이기 때문입니다.
>
> The Unsearchable Riches of Christ(에베소서 강해 3), p.253

긴급성 urgency

우리가 인류가 처한 상태와 형편을 온전히 이해한다면, 저는 절대로 잠을 이룰 수 없을 것이라고 생각합니다. 여러분은 죄 가운데서 불신자로 죽는 사람이 지옥에 간다는 사실을 알고 믿고 있습니까? 글쎄요, 우리가 그것을 진정으로 믿는다면, 우리는 일종의 압박감을 인식하며 삶을 살 것입니다. 여러분은 사람들이 여러분을 어떻게 생각하는지에 신경 쓰지 않을 것입니다. 이런 문제에 꼼꼼하게 격식을 차리는 사람이 될 수 없을 것입니다. 여러분은 그들이 누구이며 어떤 사람이든 관계없이 그들에게 죄 가운데 죽어 가고 있다고 말할 것입니다. 또한 그들이 비참한 사람이며, 더욱 심각한 일이 닥칠 것이라고 그들에게 말할 것입니다. 저는 반드시 이것을 말해야 한다고 믿습니다. The Gospel of God(로마서 강해 7), p.254

복음전도

복음전도 사업은 단순히 사람들의 문제를 해결해 주는 것이 아닙니다. 그 일은 심리학이나 이교도들이나 다른 사람들이 하는 일입니다. 복음이 다른 모든 교훈과 구별되는 것은, 그것이 주로 하나님과 우리의 관계에 대한 하나님의 선포라는 사실에 있습니다. 복음전도는 우리의 어떤 특별하고도 개인적인 문제가 아니라, 모든 인류의 문제, 즉 우리가 거룩하신 하나님과 계명 앞에서 정죄당한 죄인이라는 문제에 관한 것입니다.

The Gospel of God(로마서 강해 7), p.95

부 Wealth

구약시대의 사람은 복을 받았습니다. 구약시대에는 자신이 소유한 소와 양과 낙타의 숫자로 자신이 얼마나 복 받은 사람인지를 알 수 있었습니다. 그러나 신약성경에서는 이런 모습을 찾을 수 없습니다. 오히려 여러분은 거의 정반대의 모습을 발견합니다. 구약시대에는 진리가 외적이고도 물리적이며 물질적인 방식으로 전달됩니다. 그러나 신약시대에는 그것이 영적인 방식으로 전달됩니다. 마찬가지로 어떤 사람은 그 육체적 혈통을 통해 이 땅에서의 이스라엘 나라에 소속됩니다. 그러나 여러분은 육체적 혈통을 통해 하나님의 왕국에 소속되는 것이 아니라 영적인 거듭남을 통해 그렇게 되는 것입니다.

Assurance(로마서 강해 2), pp.227-228

최후의 심판의 날에 그리스도인으로서의 우리에게 임할 침통한 비난은, 우리가 너무나 무관심했다는 것이 될 것입니다.

Banner of Truth, Issue 275(배너 오브 트루스 정기 간행물)

요한은, 긍휼함이 조금도 없고 동정심의 문을 닫아 버린 어떤 사람에 대해 충분히 설명합니다. 이 세상에 재물을 풍성하게 쌓아 둔 한 사람이 있었습니다. 이 부자는 그리스도 안에서 형제 된 사람이 궁핍에 처해 있는 것을 보고도 불쌍히 여기지 않았습니다. 그는 이 형제에게 아무런 도움을 주지 않았으며, 마치 그를 보지 못한 것처럼 행동했습니다. 이것은 논쟁할 가치도 없습니다. 그는 오직 자기 자신만 생각하기 때문에 그 안에 하나님의 사랑이 없는 것입니다.

Children of God(요한일서 강해 3), p.116

어떤 사람이 그리스도인이 되면 그 사람의 삶은 더욱 검소해질 것입니다.

Banner of Truth, Issue 275(배너 오브 트루스 정기 간행물)

이 젊은 관원의 문제는 재물의 위력에 있었습니다. 그것으로 할 수 있는 일, 그리고 그것을 통해 실현시킬 수 있는 능력 말입니다. 돈은 능력이자 권세라는 것을 그는 잘 알고 있었습니다. 바로 이것이 부자가 위험한 상태에 처하게 되는 이유입니다. 우리 모두의 문제는 궁극적으로 우리가 권세와 능력을 추구한다는 점에 있습니다.

The Kingdom of God(하나님의 나라), p.164

재물 그 자체나 그것을 소유하는 일에는 아무런 문제가 없습니다. 문제는 재물에 대한 인간의 태도입니다. 그리고 재물로 얻을 수 있는 모든 것에 대해서도 마찬가지입니다.

Studies in the Sermon on the Mount(산상설교 2), p.81

17세기의 청교도들이 부자가 된 것, 특별히 퀘이커 교도들이 그렇게 된 것은 우연이 아닙니다. 그것은 그들이 재물을 축적해서도 아니고 탐욕의 신(맘몬)을 숭배해서도 아닙니다. 그것은 단지 그들이 하나님과 하나님의 의를 위해서 살았기 때문입니다. 그래서 그들은 재물을 헛된 것에 투자하거나 낭비하지 않았던 것입니다. 그래서 어떤 의미에서 그들은 부자가 될 수밖에 없었습니다. 그들은 하나님의 약속을 믿었고, 그에 따라 부수적으로 부자가 되었던 것입니다.

Studies in the Sermon on the Mount(산상설교 2), p.145

그리스도인이 되려는 사람에게 있어서 가장 큰 시험 가운데 하나는 존경받을 만한 사람이 되는 것입니다. 특히 그가 재물을 좋아하거나 그 재물을 다른 사람과 나눠야 한다는 제안을 싫어할 때 말입니다.

Puritan Conference Papers, 1975; The French Revolution and After
(1975년 퓨리탄 컨퍼런스 자료), p. 103

부모 Parents

후일에 자녀들이 다음과 같이 말할 수 있도록 그들에게 하나님의 말씀을 부지런히 가르치는 것은, 그리스도인 된 부모들에게 맡겨진 책임입니다. "저에게 예수님을 믿는 아버지와 어머니를 주신 것을 감사드립니다. 제가 그분들에게 얼마나 많은 빚을 졌는지는 이루 말할 수 없습니다. 저는 우리 어머니의 무릎 위에 서서 또는 앉아서 그분이 가르쳐 주신 교훈을 통해 신자의 삶에 대해 눈떴습니다. 또한 우리 아버지께서 들려주신 하나님의 말씀을 듣고서 신자의 삶에 대해 눈을 떴습니다."

The Righteous Judgement of God(로마서 강해 8), p. 173

부활 : 사후의 생명, 천국
Resurrection : After Life, Heaven

여러분이 부활을 목격할 때 승리를 목격하게 될 것입니다.

Great Doctrines of the Bible(교리 강해 1), p. 340

여러분이 과거의 모든 위대한 신자의 시신들을 한 무덤에 모은다 할지라도 그들을 부활시킬 수는 없습니다.   *Banner of Truth, Issue 275*(배너 오브 트루스 정기 간행물)

신체적 부활bodily

주 예수 그리스도께서 무덤에서 부활하신 것처럼 우리 역시 무덤에서 부활할 것입니다. 우리는 썩지 않고 다시 살아날 것입니다. 그리하여 흠도 없고 점도 없는 거룩한 자가 될 것입니다. 머리 되시는 분이 부활하셨다는 사실은 몸도 부활할 것임을 보장합니다. 우리는 이미 영적으로 다시 살았습니다. 그리고 이제 머지 않아 신체적, 물질적, 육체적으로 다시 살아날 것입니다. 그 무엇도 이것을 방해할 수는 없습니다. *God's Ultimate Purpose*(에베소서 강해 1), p. 445

저의 몸은 부활할 것입니다. 저는 여전히 주체를 가지게 될 것입니다. 저의 몸은 인식 가능한 몸으로 변화될 것입니다……저의 몸은 특별한 분자 구성물로 되어 있는데, 바로 그 몸이 부활하게 될 것입니다. 만일 그리스도께서 재림하실 때 우리가 여전히 지상에 있다면, 우리 살과 피에 엄청난 기적이 일어나 영화로운 몸으로 변화될 것입니다. *The Sons of God*(로마서 강해 5), p. 88

지금과 마찬가지로 그 당시에도, 죄는 육체적인 것이며 오직 몸에만 적용되기 때문에 구원이란 타락한 몸으로부터 벗어나는 것을 의미한다고 가르치는 이단들이 있었습니다. 이것이 바로 힌두교와 불교의 가르침입니다. 그들은 몸을 벗어나고 제거하는 것이 중요하며, 여러분이 그렇게 하는 순간 죄는 뒤에 남겨진다고 주장합니다. 이것은 기독교의 구원에 정확히 배치되는 것입니다. 기독교의 구원은 몸으로부터 벗어나는 것이 아니라 몸이 구속되는 것입니다. 아담과 하와가 범죄했을 때, 죄의 결과는 그들의 영과 혼과 몸에 어떤 영향을 끼쳤습니다. 전인이 고통을 받은 것입니다. 그들이 타락했을 때, 몸을 포함한 모든 부분이 타락했습니다. 따라서 그들이 온전해지기 위해서는 영과 혼뿐만 아니라 몸까지도 포함하는 구원이 필요한 것입니다. 만일 그렇지 않다면, 마귀의 역사를 멸할 수 없을 것입니다. 사도 요한의 말에 따르면, 그리스도께서 나타나신 것은 '마귀의 일을 멸하려 하심(요일 3:8)'이었습니다. *Great Doctrines of the Bible*(교리 강해 3), p. 233

만일 하나님의 나라에서 우리 몸이 구속을 받고 영화롭게 되지 않는다면, 그리스도께서는 그 점에 있어서 실패하신 것이 됩니다. 즉, 우리의 몸은 여전히 지상의 몸처럼 죄와 타락으로 말미암아 질병에 걸리기 쉽고 죽기 쉬우며, 우리가 죄와 여전히 함께 거하고, 마귀가 여전히 계속해서 우리를 시험하는 것입니다. 이렇게 우리가 이러한 악들이 더 이상 우리의 몸에 미치지 못하는 시점과 장소에 도달하지 않는다면, 저는 구세주의 구원 사역이 불완전한 것이라고 말해야 할 것입니다.

The Sons of God(로마서 강해 5), p.87

여러분은 봄이 오면, 종종 어떻게 이 꽃들이 다시 피어나고 나무들과 생명이 새롭게 존재하게 되는지에 대한 '부활의 원리'로 인해 사람들이 하나님께 감사하는 소리를 듣습니다. 그러나 이런 것들은 성경의 복된 부활의 메시지와 아무런 상관이 없습니다. 우리는 지금 자연의 원리가 아닌 사실에 관심을 집중하고 있습니다. 바로 우리 주님의 부활의 때에 주님께서 궁극적으로 마귀를 정복하시고 승리하셨다는 사실 말입니다.

Children of God(요한일서 강해 3), p.61

부활의 확실성 certainty

우리가 무슨 경험을 하든지, 세상과 그 어둠이 어떠하든지, 우리 몸 안에 있는 부패와 질병과 죽음의 씨앗이 무엇이든지, 마지막 대적자가 얼마나 강대하든지에 관계없이, 우리는 우리를 향한 하나님의 목적 수행을 방해할 만한 것이 전혀 없다는 사실을 확신하고 자신할 수 있습니다. 하나님과 대적할 만한 능력자는 없습니다. 하나님과 겨룰 만한 힘이나 영향력은 없습니다. 하나님을 필적할 만한 대적자는 없습니다. 가장 강력한 대적자들인 마귀와 사망과 지옥은 이미 정복을 당했습니다. 그리스도의 부활이 바로 그 증거입니다.

God's Ultimate Purpose(에베소서 강해 1), p.400

몸의 부활 교리를 견지하십시오. 우리는 몸이 없는 영만으로 영원이라는 시간을 사는 것이 아닙니다.

The Sons of God(로마서 강해 5), p.89

반드시 실제적이고도 신체적인 부활을 믿는 일이 별로 대수롭지 않으며 중요하지 않다고 말하는 사람들은, 언제든지 부활의 확신이나 보증이 없는 사람입니다. 실제로 그들은 복음이 없는 사람들, 복음을 믿지 않는 사람들입니다.

The Final Perseverance of the Saints(로마서 강해 6), p.419

부활이란 무엇에 대한 선포입니까?……그것은 세상이 의로 심판받을 것이며, 모든 경건치 아니한 자와 불의한 자들을 향해 하나님의 진노가 나타날 것이며, 그리스도께서 심판주가 되실 것이라는 사실에 대한 선포입니다. 따라서 부활은 하나님의 엄청난 진노의 교리에 대한 선언입니다.

The Gospel of God(로마서 강해 7), p.350

부흥 Revival

광고 advertising

확신하건데, 부흥이 일어날 때에는 여러분이 아무 노력을 하지 않아도 사람들이 교회로 몰려들 것입니다. 저는 지금 교회 밖에 있는 사람들을 끌어당기기 위해 수천 파운드의 광고비를 소비하는 교회들을 향하여 말하고 있습니다: 부흥이 일어나면 신문들이 그것을 보도할 것입니다. 물론 그들은 아주 잘못된 동기를 가지고 그 일을 할 것입니다. 왜냐하면 그들은 부흥을 싫어하기 때문입니다. 그들은 그것이 어리석은 것이며 사람들이 미쳤거나 술 취했을 것이라고 생각할 것입니다. 그러나 그것은 중요하지 않습니다. 어쨌든 그들이 무료로 부흥의 사건을 광고해 줄 것입니다. 그러면 예루살렘에서의 오순절 사건 당시 그러했듯이, 많은 사람들이 도대체 무슨 일이 벌어지고 있는지 와서 보게 될 것입니다. 교회가 사람들을 끌어 모으기 위해 광고비를 지출하다니요! 이 얼마나 어리석은 일입니까!

Revival(부흥), p.208

여러분이 살아 계신 하나님을 부르고 그분의 비길 데 없는 권세를 구한다면, 여러분에게는 인간의 후원이나 보증이 필요 없을 것입니다. 여러분이 관심을 가져야 할 후원과 보증은 오직 성령님뿐입니다.

Revival(부흥), p.168

여러분의 교회에 부흥이 일어난다면, 거리에 있는 사람들과 그들의 모든 친구들이 교회로 몰려올 것입니다……그들은 무언가 놀랍고도 기이한 일이 여러분의

교회에서 일어나고 있다는 소식을 들었기 때문입니다. *Revival*(부흥), p.51

결과들 affects

이백 년 전에 일어났던 위대한 복음적 각성이, 죽을 때까지 회개하지 않고 불신 상태로 살았던 수백만의 사람들에게 엄청난 복들을 가져다주는 수단이 되었다는 것은 의심의 여지가 없습니다. 18세기에 일어난 그와 같은 각성의 결과, 수천 명의 사람이 회심했을 뿐만 아니라 이 나라의 전체적인 삶의 수준이 향상되었기 때문입니다. 이 부흥으로 인하여 공장법이 통과되었으며, 많은 다른 유익들이 실현되었습니다. *Great Doctrines of the Bible*(교리 강해 1), p.363

아직 부흥이 임하지 않았습니다만, 부흥의 시기에는 결코 참된 신자가 되지도 않고 교회에 나오지도 않던 많은 사람들이 해변까지 밀려 올라옵니다. 마치 성령의 조수간만이 그들을 교회로 실어 나르는 것 같습니다.
Spiritual Blessing(영적 축복, 요한복음 17장 강해), p.184

18세기의 부흥과 영적 대각성 운동의 시기만큼 "내 영혼의 사랑 예수여, 나를 당신의 품으로 인도하소서"라는 말이 더 잘 어울리는 때는 없습니다. 17세기 말엽과 18세기 초반을 특징짓던 이신론 deism 과 철학적 설교의 한가운데서, 주 예수 그리스도와 그리스도에 대한 개인적 지식을 구하던 사람들을 향하여 뜨겁고 경건하며 생명력 있고도 영적인 설교가 일어난 것입니다. *Revival*(부흥), p.45

부흥의 첫 번째 징후는 항상 교회의 생활에 무엇인가가 새롭게 시작되는 것입니다. 교회에 새로운 생기와 소생이 넘쳐흐릅니다. 교회의 예배가 더욱 활발해지고, 사라졌던 열정과 부드러움과 새로운 관심과 고민이 회복됩니다. 저는 노인들이 교회의 기도회에서 늘 고대하고 기다리던 것이 바로 갈망과 신음과 기다림으로서의 '오!'라는 감탄사라고 말했던 것을 기억합니다. 이 '오!'라는 감탄사가 다시 나타날 때, 그것은 부흥의 구름 기둥이 다시 돌아온다는 징조인 것입니다.
Revival(부흥), p.171

만일 부흥이 발생하지 않았다면, 기독교회는 이미 수세기 전에 종말을 고했을 것입니다.
Joy Unspeakable(성령 세례), p.436

복음전도 운동에는 경솔한 웃음과 명랑함과 신중하지 못한 조직이 있을 수도 있습니다. 그러나 부흥의 시기에는 절대로 그런 것이 나타나지 않습니다. 오히려 거기에는 경외심과 거룩한 두려움과 그분의 위대하심과 영광과 거룩과 정결함 가운데 계신 하나님에 대한 자각이 있을 뿐입니다.
Revival(부흥), p.101

정의 definition

저는 부흥을 많은 사람들, 그리고 많은 무리들이 동시에 성령 세례를 받는 것이라고 정의하고 싶습니다. 또는 성령께서 함께 모여 있는 많은 사람들에게 동시에 임하는 것이라고 정의하고 싶습니다.
Joy Unspeakable(성령 세례), p.55

일반적으로 부흥에 대한 최고의 정의는 '교회가 사도행전 시절의 초대교회로 돌아가는 것'입니다. 그것은 어떤 의미에서 오순절의 반복과 같은 것이라고 할 수 있습니다. 성령께서 또다시 교회에 부어지시는 것입니다.
Joy Unspeakable(성령 세례), p.36

우리는 부흥을 기독교회에 임한 비범한 복과 활동의 기간으로 정의할 수 있습니다.
Revival(부흥), p.99

부흥은 사도행전 2장에 기록된 대로 그 정도와 분량에 있어서 오순절에 예루살렘에서 발생한 사건의 반복이라고 정의할 수 있습니다.
Christian Unity(에베소서 강해 4), p.71

부흥이란 단지 하나님의 영광과 하나님의 지나가심을 흘긋 보는 것입니다. 그것이 바로 부흥의 본질입니다……말하자면, 영광 가운데 계신 하나님께서 내려오셔서 자신의 영광을 부어 주시고 다시 올라가시는 것입니다. 그러면 우리는 하나님의 영광이 우리 가운데 임재하고 지나가셨음을 보고 느끼고 아는 것입니다. 그것은 주님의 옷자락을 만지는 것이며, 하나님의 뒷모습을 보는 것입니다.

Revival(부흥), p. 220

부흥이란 그 무엇보다도 하나님의 아들이신 주 예수 그리스도를 영화롭게 하는 것입니다. 그것은 교회의 삶의 중앙에 그리스도를 회복하는 것입니다.

Revival(부흥), p. 47

어떤 의미에서, 교회의 전체 역사는 오순절 사건의 연속이라고 할 수 있습니다. 여기서 오순절 사건의 연속이란 바로 부흥의 연속을 의미합니다.

Spiritual Blessing(영적 축복, 요한복음 17장 강해), p. 67

부흥은 무엇입니까? 그것은 하나님께서 자신의 영을 우리에게 부어 주시는 것입니다. 이 엄청난 충만이 많은 사람들에게 동시에 임하는 것입니다. 성령 충만을 얻기 위해 부흥을 기다릴 필요는 없습니다. 우리 각자는 성령 충만을 구하고 소유하고 그것이 실제로 존재한다는 것을 확증하라는 사명을 받았습니다. 그러나 부흥의 때에는 하나님께서 많은 사람을 충만케 하십니다. 그들은 성령께서 그들에게 거의 쏟아졌다고 묘사합니다. 바로 이것이 부흥입니다. 오늘날 교회에 가장 필요한 것이 바로 이러한 부흥입니다.

Great Doctrines of the Bible(교리 강해 2), p. 243

'모든 참된 신앙의 부흥은 1세기의 신앙으로 돌아가는 것'이라는 말은 아주 옳은 말입니다. 모든 대각성 운동들은 사도행전에 묘사된 교회의 모습으로 돌아가는 것을 의미합니다. 이것은 정말이지 심오하고도 참된 것입니다. 만일 부흥의 역사를 읽어 본다면, 여러분은 이것이 가장 비범한 방식으로 발생했다는 사실을 발견하게 될 것입니다. 부흥이란 동일한 부흥의 반복입니다. 다른 세기에 일어난 각 부흥들의 비범한 특징들을 살펴보는 것보다 더 매혹적인 일은 없습니다. 그러면 여러분은 이 부흥들이 항상 동일한 것임을 발견하게 될 것입니다.

Fellowship with God(요한일서 강해 1), p.61

부흥은 성령께서 교회나 공동체 또는 한 나라에 강력하게 임하시는 것을 의미합니다. 이것은 사람을 완전히 압도하고 심지어 신체를 바닥에 쓰러뜨리기까지 합니다. 이런 부흥은 회개의 고통과 평강과 구원에의 갈망으로 인도합니다.

Authority(권위), p.90

부흥을 위한 기도의 시간 interim

여러분이 원한다면 일상적 활동을 계속하십시오. 여러분이 해야 할 일을 하십시오. 저는 여러분에게 모든 일과 노력을 멈추고 그저 기다리라고 말하지 않습니다. 결코 아닙니다. 여러분이 지금 하고 있는 일이 좋다면, 그 일을 계속하십시오. 다만 저는 여러분이 부흥을 위한 기도 시간을 확실히 따로 구분해 놓으라고 권면하는 바입니다. 우리는 그 무엇보다 부흥을 위해 더 많이 기도해야만 합니다.

Revival(부흥), p.210

장애물 obstacle

그것은 우리의 오만이요 교만이며, 하나님 앞에 엎드려 복종하는 대신 우리 자신을 높이려는 경향으로서, 우리와 엄청난 복들 사이에 서 계시는 하나님을 우리 자신의 형상으로 정의하려는 것입니다.

Revival(부흥), p.42

지금까지의 교회 역사를 볼 때, 특정한 본질적 진리들을 부정하거나 무시한 교회에는 결코 부흥이 임하지 않았습니다. 오히려 이러한 교회들은 항상 부흥의 한가운데 있는 사람들을 반대하고 핍박했습니다. 예를 들어 북아일랜드의 역사를 보십시오. 지금부터 1백여 년 전에 로마 가톨릭 교회가 부흥이라 불리는 것을 피하고 삼가기 위해서 소위 거룩한 생수라 불리는 물을 판매하기 시작했고,

사람들에게 그 물을 뿌리라고 강요했으며 그것을 마시라고 재촉하기까지 했다는 사실을 알 수 있습니다.
Revival(부흥), p.35

현상 phenomena

부흥은 언제나 사람들을 겸손하고 낮아지게 하며, 바닥에 엎드리게 하고, 자신은 아무것도 할 수 없다고 느끼게 하며, 경외심과 경건한 두려움으로 충만하게 만듭니다. 오, 이런 것들이 우리에게는 얼마나 많이 부족한지요!
Revival(부흥), p.125

고통과 엄청난 죄의 확신, 여러분은 부흥의 때에 이런 것들을 경험하게 됩니다. 사람들은 영혼의 고통과 신음 가운데 떨어집니다. 그들은 들을 수 있을 만큼 소리 내어 울고 흐느끼며 고통스러워합니다. 그러나 부흥은 거기서 멈추지 않습니다. 사람들은 종종 자신의 죄책 때문에 너무나 괴로워하기도 하고, 성령의 권세를 느끼고서 기절하기도 하며 바닥에 쓰러지기도 합니다. 또 때로는 육체적인 경련을 일으키기도 하고, 의식을 잃어버린 듯한 상태에 빠지기도 하며, 일종의 황홀경에 빠지기도 하는데, 그 상태가 몇 시간 동안 계속되기도 합니다.
Revival(부흥), p.111

우리는 절대로 이러한 현상 자체에 관심을 가지거나 놀라서는 안 됩니다. 저는 여러분에게, 하나님께서 친히 자신의 영광이 너무나 커서 인간의 육체가 그것을 감당하기에는 부적절하다는 사실을 말씀하고 계시다는 것을 지적하고 있습니다. 그러므로 사람들이 기절하고 마치 죽은 자처럼 쓰러져 있다는 보고를 듣더라도 놀라지 마십시오. 그것은 하나님의 영광의 분량입니다. 그것은 우리를 초월하는 것입니다. 그러하기에 때때로 이런 모습이 나타난다고 하더라도 놀랄 필요가 없는 것입니다.
Revival(부흥), p.219

오순절에 여러분은 기적과 방언과 여러 종류의 사건들을 봅니다. 그것은 일정하지 않으며, 항상 발생하는 것도 아닙니다. 그러나 그것은 실로 엄청난 일입니다. 인간의 설명과 지혜를 초월하는 이적적인 현상이 발생하는 것입니다.

Revival(부흥), p.116

근원 source

여러분은 부흥을 일으킬 수 없는 것과 마찬가지로 부흥을 멈추게 할 수도 없습니다. 그것은 모두 다 하나님의 손안에 있는 것입니다. *Revival*(부흥), p.236

하나님을 구하십시오. 힘써 그분의 이름을 부르십시오. 여러분의 아버지이며 여러분을 만드신 분이요 여러분의 토기장이이며 인도자가 되시는 하나님을 굳게 붙잡으십시오. 그분의 약속에 호소하십시오. 하나님을 찾고 그분께 외치십시오. "주여 하늘을 가르고 강림하시옵소서!"(사 64:1 참고) *Revival*(부흥), p.316

우리의 교리는 성령의 부어 주심, 즉 우리 개인과 공동체에 임하시는 성령의 '강풍'을 인정합니까? *The Puritans*(청교도 신앙, 그 기원과 계승자들), p.302

교회 역사를 통틀어 부흥이 교회 안에서 일종의 공식적인 운동이나 조직을 통해 일어난 적은 단 한 번도 없습니다. *Revival*(부흥), p.166

교회는 절대로 부흥을 만들 수 없습니다. 절대로 말입니다!

Christian Conduct(로마서 강해 12), p.200

이제 1857-1859년에 발생한 일련의 부흥들을 살펴보겠습니다. 저는 이 부흥의 사건들과 관련해서 '신적 유머'라는 표현을 사용하고자 합니다. 이 부흥들이 어디서 일어났습니까? 그곳은 북아일랜드의 수도인 벨파스트가 아니었습니다. 그곳은 여러분이 듣지도 보지도 못한 코노르Connor라는 작은 마을이었습니다. 바로 이것이 하나님께서 하시는 일입니다……이런 일들은 2백 년 전에도 매우 흡사하게 발생했습니다. 그때에도 부흥은 뉴잉글랜드 노스햄튼Northampton의 한 작은 마을에서 발생했습니다. 하웰 해리스Howell Harris가 하나님께 사로잡혔던 곳은 웨일즈의 트리페카Trefecca라고 불리는 작은 마을이었고, 다니엘 로우란즈Daniel Rowlands가 하나님께 붙잡혔던 곳도 어느 작은 마을이었습니다. 이 마을들은 여러분이 한 번도 들어 본 적이 없는 장소들입니다. 바로 이것이 하나님께서 하시는 일입니다. 이것은 정말이지 놀라운 일입니다. 앞으로 임할 부흥도 여러분과 제가 한 번도 들어 본 적이 없는 작은 마을에서 시작될 것입니다. *Revival*(부흥), p. 115

주권sovereignty

부흥은 하나님의 시간에 임하는 것이며, 다른 시간에는 절대로 임하지 않습니다. 제가 이미 말씀드린 바와 같이, 바로 이것이 부흥 강좌에 관한 찰스 피니Charles Finney의 비극적인 실수였습니다. 피니는 "여러분이 특정한 일을 수행하고 특정한 조건을 충족시키기만 하면, 언제든지 원하는 시간에 부흥을 일으킬 수 있다"고 가르쳤습니다. 이것은 하나님의 주권을 철저하게 부인하는 것일 뿐만 아니라 역사를 통해서도 잘못된 것으로 판명되었습니다. 저는 목회 사역을 하면서 피니의 부흥 강의를 접하고는 그것을 자신의 설교에 적용한 몇몇 목사들을 알고 있습니다. 그들은 교회에서 그렇게 설교했고 교인들에게도 그렇게 하라고 권유했습니다. 그러나 그들은 부흥을 맛보지 못했습니다. 이 얼마나 하나님께 감사할 일입니까! 여러분은 결코 부흥을 만들 수 없습니다. 부흥은 오직 하나님께서 주시는 것입니다.
Revival(부흥), p. 235

실제로 우리는 반드시 하나님의 이러한 계획으로 인한 놀랄 만한 일에 대하여 대비를 해야 합니다. 아마도 우리가 때때로 모든 것이 잘못되고 있다고 생각할지도 모릅니다. 교회들은 텅 비어 있고, 사람들은 "당신들이 믿는 하나님의 계획은 어디에 있는가?"라고 물어볼지도 모릅니다. 그러나 교회들은 과거에도 자주 비어 있었습니다. 때가 되면 하나님께서 부흥을 일으키실 것입니다. 하나님의 뜻이라면, 우리에게 부흥을 보내 주실 것입니다.
The Unsearchable Riches of Christ(에베소서 강해 3), p. 78

하나님께서는 항상 엄청난 시련과 낙담의 시기 이후에 이러한 부흥으로 역사하시는 것 같습니다.

Revival(부흥), p. 128

긴급성urgency
우리는 정말이지 필사적이어야 합니다. *Authentic Christianity*(사도행전 강해 1), p. 238

저의 입장에서 말하자면, 저는 전체 교회가 부흥을 위한 기도라는 이 한 가지 일에 집중하기 전까지는 용기를 얻거나 행복을 느끼지 못할 것입니다.

Revival(부흥), p. 197

불경건 Ungodliness

"그리스도께서 경건치 아니한 자를 위해 돌아가셨도다." 주님은 성전에 서서 "나는 다른 사람들 곧 토색, 불의, 간음을 하는 자들과 같지 아니하고, 이 세리와도 같지 아니함을 감사하나이다"(눅 18:11)라고 말한 바리새인을 위해 돌아가신 것이 아닙니다. *Assurance*(로마서 강해 2), p. 119

자연적으로 경건한 사람이란 존재하지 않습니다. *Assurance*(로마서 강해 2), p. 120

불경건한 삶을 산 사람에게는 어떤 말을 해야겠습니까? 모든 장식과 화려함을 다 떼어 내고 그를 엄밀히 조사해 보십시오. 그가 영혼을 위해 할 수 있는 것이 무엇이겠습니까? *Old Testament Evangelistic Sermons*(구약을 사용한 복음 설교), p. 108

불경건이란, 하나님을 영화롭게 하고 그분을 경배하며 우리와 다른 사람들의 삶에서 하나님을 하나님 되시게 하는 일에 실패하게 만드는 우리 안에 있는 모든 것을 의미합니다. *The Righteous Judgement of God*(로마서 강해 8), p. 18

불멸성Immortality

우리는 우리 인생이 끝나는 것을 상상할 수 없습니다.
God's Way Not Ours(우리의 방법이 아닌 하나님의 방법), p. 28

불신앙Unbelief

불신앙은 매우 명확한 정신 구조와 함께 지독하게 단정적이며 능동적인 영혼의 상태를 말합니다. 실로 성경은 일반적으로 불신앙에 대해 조금도 주저하지 않고 이렇게 정의합니다. "불신앙이란 죄의 현시 가운데 하나이다. 그것은 치명적이며 불결한 질병의 증상 가운데 하나이다." *The Heart of the Gospel*(복음의 핵심), p. 84

불신앙에는 전혀 새로울 것이 없습니다. *Authentic Christianity*(사도행전 강해 2), p. 3

불신앙은 사려 깊은 생각의 정반대입니다. *Authentic Christianity*(사도행전 강해 2), p. 121

불신앙은 순전히 허튼소리에 불과합니다. *Authentic Christianity*(사도행전 강해 2), p. 199

불신앙의 문제는 오늘날이나 1세기 때나 그 이전이나 별 차이가 없습니다. 불신앙은 타락 이후에 전 우주적인 문제가 되었습니다. 불신앙은 현대 지식의 산물이나 결과가 아니며, 이성이나 지성이나 이해에 기초한 것은 더더욱 아닙니다.
Authentic Christianity(사도행전 강해 3), p. 182

'맹목적 불신앙', 그것은 우리의 원수입니다. 불신앙은 언제나 맹목적입니다. 그래서 결코 보지 못하며, 특히 멀리 내다보지 못합니다.
To God's Glory(로마서 강해 11), p. 74

불신자 Unbelievers

그리스도인이 되는 것과 그렇지 않는 것의 차이는 단순히 정도의 차이가 아닙니다. 그것은 본질과 속성의 차이입니다. 그렇기 때문에 그리스도인 가운데 가장 하찮은 사람이 기독교 밖의 최고의 사람보다 더 나은 위치에 있는 것입니다.

Saved in Eternity(성도의 구원, 요한복음 17장 강해), p.135

여러분은 종종 죄에 빠지거나 "내가 이룬 업적은 정말 하찮은 것뿐입니다"라고 말할 수도 있습니다. 그렇다고 마귀로 하여금 여러분을 낙담하게 하거나 낙심하게 허용해서는 절대로 안 됩니다. 신약성경은 영적 의미에서 여러분에게 이러한 갈등과 투쟁이 있다면 그것 자체가 바로 여러분이 영생을 소유했다는 증거가 된다고 말합니다.

Life in God(요한일서 강해 5), p.108

비복음화 : 유아들 Unevangelised : Infants

원론적이고도 본질적으로 볼 때, 복음을 전혀 들어 보지 못한 미개인들의 상태는 태어나자마자 죽은 유아들의 상태와 전혀 다르지 않습니다.

Saving Faith(로마서 강해 10), p.261

심지어 죽음 앞에서 고통을 겪는 순간에라도 사람의 마음을 조명하시고 그리스도와 복음을 계시하시는 전능하신 하나님을 막을 자가 누구이겠습니까? …… 하나님께서는 복음을 한 번도 들어 보지 못한 이방인들에게 그렇게 하실 수 있습니다. 하나님께서는 성령의 역사하심을 통한 자신의 신비한 방식으로 그 사람을 구원할 수 있는 그리스도에 대한 지식을 부여하실 수 있습니다.

Saving Faith(로마서 강해 10), p.263

비평 Criticism

"사랑 안에서 참된 것을 말하라"(엡 4:15 참고)라는 말은 모든 것에 대해 다소간 칭찬을 해야하며, 무엇보다도 강경하게 비판해서는 안 된다는 뜻입니다. 왜냐하면 그 어떤 견해에도 어느 정도 진리가 내포되어 있기 때문입니다.

Christian Unity(에베소서 강해 4), p. 243

진정한 의미에서의 비평이란 결코 파괴적이기만 한 것이 아닙니다. 그것은 건설적이며, 진가를 인정하는 것입니다.

Studies in the Sermon on the Mount(산상설교 2), p. 167

빈곤 : 부 Poverty : Wealth

오, 빈곤 가운데 오신 그분을 보십시오. 그들은 그분에게 가장 값비싼 제물을 드릴 수 없었습니다. 그들은 암수 비둘기 한 쌍을 드렸을 뿐, 더 이상은 드릴 수 없었습니다. 그분은 매우 가난한 가정에서 나셨기에 비참한 사람들의 빈곤과 궁핍이 어떤 것인지를 아셨습니다.

The Love of God(요한일서 강해 4), p. 58

성경은 그 어디에서도 빈곤과 궁핍이 좋은 것이라고 말하지 않습니다. 가난한 사람이 부자인 사람보다 천국에 더 잘 들어갈 수 있는 것은 아닙니다. 가난해지는 것에 덕이나 유익은 없습니다. 빈곤과 가난이 영성을 보장하는 것은 아닙니다.

Studies in the Sermon on the Mount(산상설교 1), p. 143

가난한 사람은 종종 부자만큼이나 탐욕스럽습니다. 이 점에 대하여 우리는 얼마나 어리석은 생각을 하는지요!

The Kingdom of God(하나님의 나라), p. 165

빌립보서 | Philippians

빌립보서는 사도 바울이 기록한 편지 가운데 가장 서정적이고도 즐거운 편지입니다.

The Life of Joy(빌립보서 강해), p.9

빌립보서보다 더 즐거운 서신이 있다면 한 번 가져와 보십시오. 빌립보서에 나타난 사도 바울의 기쁨은 주체하지 못할 정도로 강렬합니다.

Authentic Christianity(사도행전 강해 1), p.188

로이드 존스 앤솔러지
Gems from Martyn Lloyd-Jones

사도들 Apostles

사도들

사도란 보내신 분의 권위를 지닌 대표자로서 특별한 사명을 수행하기 위해 선택되고 보냄 받은 사람입니다. *The Gospel of God*(로마서 강해 7), p.38

여러분이 신약성경, 즉 신약이라는 정경을 소유하고 있다면, 여러분은 권위 있는 가르침을 가지고 있는 것이며, 따라서 이후부터 사도는 더 이상 필요 없어질 것입니다. *The Gospel of God*(로마서 강해 7), p.48

더 이상 사도들의 계승자가 없기 때문에 그것(성경)을 가감할 수는 없습니다. 사도들에게 더 이상 계승자가 없다는 것은 자명한 일입니다. 위조된 '사도적 계승' 교리를 가르치는 로마 가톨릭주의와 영국의 가톨릭주의를 반대하기 위해 우리는 이러한 사실을 주장하는 바입니다. 만일 사도가 부활하신 주님을 목격했던 사람이 분명하며, 따라서 부활의 역사적 사실에 관해 증언할 수 있는 사람이라면, 사도적 계승자란 절대로 없습니다. *Authority*(권위), p.59

사도의 직접적인 계통에 있는 자는 사도들의 교리를 설교하는 자이며 그 안에 사도적 정신을 소유한 자입니다. *God's Sovereign Purpose*(로마서 강해 9), p.324

요한은 종종 사랑의 사도라고 불립니다. 사람들은 바울을 믿음의 사도, 요한을 사랑의 사도, 베드로를 소망의 사도라고 부릅니다. 그러나 저는 이러한 비유를 좋아하지 않습니다. 왜냐하면 사랑이라는 주제에 대해 사도 바울이 쓴 고린도전서 13장과 필적할 만한 다른 글은 없기 때문입니다.

The Love of God(요한일서 강해 4), p.38

사도들과 선지자들은 우리와 다른 사람들입니다. 따라서 사람들이 누군가가 사도들과 선지자들이 성령의 감동을 받은 것처럼 독특하고도 직접적으로 신적 감동을 받았다고 말하는 것은, 성경의 명백한 가르침과 전적으로 모순되는 것입니다.

Walking with God(요한일서 강해 2), p.124

사도들의 행적 Acts of Apostles

여러분은 가장 서정적인 성경인 사도행전을 읽을 때 성령의 임재를 통한 뜨거움을 느끼지 않습니까? 저는 여러분에게 권고하는 바입니다. 이 성경과 함께 생활하십시오. 사도행전은 영적 세계에 있어서 제가 알고 있는 가장 강력한 강장제입니다.

The Christian Warfare(에베소서 강해 7), p.274

사도행전보다 더 흥분되는 책은 없습니다. 저는 언제나 사도행전이 우리의 영적 회복을 위한 병원이라고 생각합니다. 피곤하고 지친 그리스도인이 언제나 새로운 활력을 얻고 성장하는 병원 말입니다. 여러분이 많이 지쳐 있다면, 영적 영양제가 필요하다면, 사도행전으로 가십시오. 그러면 여러분은 사도들이 여호와 하나님의 약속을 확증받았던 거부할 수 없는 기쁨을 발견하게 될 것입니다.

Fellowship with God(요한일서 강해 1), p.24

무신론적 프랑스 소설가인 아나톨레 프랑스Anatole France는, 줄곧 계절이 절정에 이를 때나 파리에서 무척이나 피곤하고 녹초가 되었을 때에는 휴식을 취하기 위해서 시골을 찾는 대신 18세기로 갔다고 말했습니다. 저는 그것이 무엇인지 잘 이해합니다. 저 역시 종종 하나님의 부흥의 복이 임했던 복음적 각성의 18세기로 가곤 했습니다. 그러나 진정으로 가야 할 장소는 사도들의 행적이 기록되어 있는 사도행전입니다. 여기에 영양제가 있습니다. 여기에 초대교회에 고동치던 하나님의 생명을 느낄 수 있는 휴식과 원기 회복이 있습니다.

Authentic Christianity(사도행전 강해 1), p. 225

사람 : 아담 Man : Adam

인간의 존재에 대한 유일한 설명은 바로 하나님이십니다.

Enjoying the Presence of God(하나님 앞에 사는 즐거움), p. 19

불신앙의 사람은 변명의 여지가 없는 자가 될 것입니다.

Great Doctrines of the Bible(교리 강해 1), p. 49

성경은, 우리가 하나님의 앞에서, 그리고 하나님에 대한 가르침 안에서 사람을 보지 않는 한 결코 사람이라는 존재에 대해 알 수가 없다고 가르칩니다.

Fellowship with God(요한일서 강해 1), p. 101

우리는 분명히 전체 성경 교리 가운데 인간론보다 더 놀라운 교리는 없다고 말하게 될 것입니다. 인간의 이 위대함과 존엄함에 대한 강조를 보십시오.

Studies in the Sermon on the Mount(산상설교 2), p. 120

창조 creation

금세기에 접어들어서 사람들은 이 세상에 단지 네 종류의 혈통만 존재한다는 것을 발견했습니다. 따라서 모든 인류는 이 네 가지로 분류될 수 있으며, 이 네 그룹은 두 사람에서부터 연원됩니다. 그다음에 여러분은 사도 바울이 아덴에 사는 사람들에게 한 말을 기억하십시오. "하나님께서는……인류의 모든 족속을 한 혈통으로 만드사 온 땅에 살게 하시고"(행 17:24,26).

사람:아담

Great Doctrines of the Bible(교리 강해 1), p.134

사람에게는 세 가지 요소가 있습니다. 하나님께서는 사람을 몸과 마음과 영으로, 또는 여러분이 선호하는 대로 몸과 혼과 영으로 지으셨습니다. 이 가운데 가장 고상한 것은 영이며, 그다음은 혼이며, 그다음은 몸입니다.

Studies in the Sermon on the Mount(산상설교 2), pp.97-98

우리는 성경이 영과 혼 사이에 차이가 있다고 말하지 않았음에도 불구하고 영과 혼을 구분하여 설명할 수 있습니다. 영과 혼의 차이는 없지만, 구분은 할 수 있는 것입니다. 이렇게 설명해 봅시다. 성경은 확실히 성령께서 우리 각자의 심령 안에 존재하시는 영적이고도 비물질적인 요소로서, 하나님과 관계하게 하고 그의 말씀을 통한 성령의 작용을 받게 하는 요소라고 가르칩니다. 우리의 영은 우리를 하나님과 교제하게 하며, 하나님의 영이 우리에게 역사하는 일을 가능하게 하는 요소입니다.

Great Doctrines of the Bible(교리 강해 1), p.161

수수께끼 enigma

인간이라는 존재는 지구상에서 가장 모순적인 피조물입니다. 인간은 한편으로는 그 성취에 있어서 가장 훌륭한 존재이며, 다른 한편으로는 그 삶에 있어서 가장 야비한 존재입니다. 그들은 자신들의 환경을 지배하면서도 정작 자기 자신은 지배하지 못합니다. 그들은 저 멀리 있는 하늘의 엄청난 신비에 대한 지식을 이해하면서도 종종 세상에서 짐승보다 못한 삶을 삽니다. 도대체 무엇이 문제입니까? 인간 안에는 서로 대적하는 요소들이 있는 것입니다.

Authentic Christianity(사도행전 강해 1), p.203

자연이 괴물이 되었을 뿐만 아니라 인류도 늑대인간 같은 괴물이 되어 버렸습니다.

Studies in the Sermon on the Mount(산상설교 1), p.271

우리 안에 우리가 전에 경험해 보지 못했던 진기한 감정이 있지 않습니까? 무언가 더 크고 광대하며 신적인 외침 같은 것 말입니다.

Old Testament Evangelistic Sermons(구약을 사용한 복음 설교), p.6

성경적 인간관이 희미해짐에 따라 인간의 참된 위대함이 사라져 버리고 말았습니다. 왜냐하면 인간에 대한 가장 높고도 고상하며 세속적이고도 자연적인 견해 조차도 인간을 올바르게 설명하지 못하는 무가치한 것이기 때문입니다.

Studies in the Sermon on the Mount(산상설교 2), p.120

여러분은 소위 역사를 통틀어 가장 능수능란한 장군, 가장 위대하고 강력한 전사인 알렉산더 대왕에 대해 읽어 보았을 것입니다. 그는 알려진 모든 나라를 거의 정복하다시피 했습니다. 그런데 여러분은 성경이 이 알렉산더 대왕에 대해 어떤 말씀을 하고 있는지 아십니까? 성경을 펴서 처음부터 끝까지 읽어 보십시오. 여러분은 결코 그의 이름을 발견할 수 없을 것입니다. 성경에는 알렉산더 대왕의 이름이 기록되어 있지 않습니다. 그러나 그는 성경에 표현되어 있습니다. 여러분은 다니엘서 8장에서 하나님께서 그에 대해 어떻게 언급하시는지를 발견할 수 있습니다. 월터 루씨Walter Luthi가 잘 지적했듯이, 세상은 알렉산더를 대왕으로 칭하지만, 하나님께서는 그를 하나의 '숫염소'로 칭하십니다.

Faith on Trial(믿음의 시련), p.63

도대체 인간은 왜 그들이 그토록 갈망한다고 말하는 것을 성경이 제공하는데도 오히려 그것을 거절하는 것입니까?

Old Testament Evangelistic Sermons(구약을 사용한 복음 설교), p.146

모든 사람 안에는, 심지어 가장 강퍅하고 잔인한 사람에게도, 귀중한 영이 있습니다.

Old Testament Evangelistic Sermons(구약을 사용한 복음 설교), p.101

인간을 진정으로 도울 수 있는 유일하신 분을 거부하는 인간의 곤핍과 불행과 수치의 심연의 고통, 바로 그것이 인간의 궁극적 비극입니다.
Old Testament Evangelistic Sermons(구약을 사용한 복음 설교), p.9

인간은……창조 사역에 나타난 하나님의 위대한 작품 가운데 최고의 작품입니다. 인간은 하나님의 통치하에서 지상의 최고의 주권자로, 즉 '만물의 영장'으로 지음을 받았습니다. 그래서 인간이 명백하게도 마귀의 공격과 습격의 가장 특별한 대상이 되는 것입니다.
The Christian Warfare(에베소서 강해 7), p.80

우리는 인간이 비록 교육을 받고 교양을 배운다고 할지라도 여전히 짐승같이 살아간다는 사실을 깨달아야만 합니다.
Banner of Truth, Issue 275(배너 오브 트루스 정기 간행물)

자연인은 언제나 그럴듯하게 자신을 꾸미고 가장합니다. 그는 항상 자기 자신을 높이고 칭찬합니다.
Banner of Truth, Issue 275(배너 오브 트루스 정기 간행물)

인간은 단지 지성인만은 아닙니다. 인간 내부에는 지성보다 훨씬 더 강력한 어떤 것이 있습니다. 그것이 바로 마음이라 불리는 것입니다. 얼마나 훌륭한 두뇌를 가지고 있는지 또는 얼마나 고귀한 교육을 받았는지에 관계없이 인간은 자신의 고등한 분별력보다 마음 안에 있는 본능에 의해 더욱 지배를 받습니다. 만일 그렇지 않다면, 교육받은 교양 있는 사람들은 절대로 이혼 법정 같은 곳에 가지 않을 것이며, 절대로 악당처럼 행동하지 않을 것이고, 따라서 배신이나 간통이나 음란 같은 것은 존재하지 않을 것입니다.
The Righteous Judgement of God(로마서 강해 8), p.67

타락 fall

무엇이 그들로 하여금 이렇게 타락하도록 만들었습니까? 물론 우리는 이 질문

사람:아담

에 대한 완전한 답을 할 수는 없습니다. 어느 누구도 이 질문에 답변하지 못했습니다. 우리는 다만 인간의 도덕적 본질로서의 존재가 하나님의 형상으로 지음을 받았으며, 그가 소유한 자유의지가 어느 정도 불순종의 가능성을 지니고 있었다고 말할 수 있을 뿐입니다. 우리는 그 이상 나아갈 수 없습니다. 그것은 사탄이 처음에 어떻게 타락했는지에 대한 근본적인 설명을 할 수 없는 것과 마찬가지입니다. 우리는 다만 일종의 교만과 야심이 그들 안에 들어왔고, 그 야망이 특별한 형태를 취하게 된 것이라고 알 뿐입니다. 신적 지식에 이르는 지름길에 대한 욕망 같은 것 말입니다.

Great Doctrines of the Bible(교리 강해 1), p. 183

인간에게 주어진 하나님의 형상, 하나님의 존재에 대한 이 흔적은, 부분적으로 지성과 이해와 논증하는 능력과 자신을 객관적으로 바라보는 능력, 그리고 하나님과 교제하고 교통하는 능력으로 구성되어 있습니다. 그런데 그 하나님의 형상이 손상된 것입니다. 인간은 만물의 영장으로 피조되었지만, 타락으로 말미암아 이 형상의 대부분을 상실했고, 그 죄로 말미암아 더 이상 하나님을 닮지 않은 존재가 되어 버렸습니다. 하나님의 형상이 완전히 파괴된 것은 아니지만, 아주 심각하게 손상된 것입니다. 인간은 더 이상 하나님의 형상대로 지음 받은 존재로 인식되지 못합니다. 그래서 그는 불경한 자가 되고 말았습니다.

Assurance(로마서 강해 2), p. 117

자유의지 free will

대단히 특별한 방식으로 인간의 존재가 하나님의 형상으로 지음 받았습니다. 그리고 그의 자유로운 인격과 자유의지 때문에 그가 죄를 지을 수 있게 되었습니다.

Great Doctrines of the Bible(교리 강해 1), pp. 184-185

인간은 절대로 자유롭지 않습니다. 인간은 죄와 사탄의 종이든지 아니면 하나님과 주 예수 그리스도의 종이든지 할 뿐입니다.

The New Man(로마서 강해 3), p. 211

자아 self

인간의 문제는 환경이 아니라 자기 자신입니다.
Old Testament Evangelistic Sermons (구약을 사용한 복음 설교), p.4

인간이 진정으로 자신을 바라볼 때, 그는 그 누구도 자신에게 말해 줄 수 없을 만큼 자신이 얼마나 나쁜지 잘 알게 됩니다.
Banner of Truth, Issue 275 (배너 오브 트루스 정기 간행물)

확실히 성경의 시작과 끝에서 가장 확연히 두드러지는 한 가지가 있다면, 그것은 인류가 최종적으로 중대한 두 그룹, 즉 구원받은 자와 버림받은 자로 구분된다는 것입니다.
Assurance (로마서 강해 2), p.244

죄 sin

우리는 모두 거룩하신 하나님 앞에서 정죄받은 중죄인입니다.
God's Way of Reconciliation (에베소서 강해 2), p.210

이 세상의 모든 인간은 둘 중 하나의 위치에 있습니다. '죄 아래' 있든지 아니면 '은혜 아래' 있습니다. 그들은 죄의 지배와 통치를 받든지 아니면 은혜의 통치와 지배를 받든지 둘 중 하나입니다. 반복하지만, 이 두 가지만이 인간이 처할 수 있는 위치입니다.
Assurance (로마서 강해 2), p.304

인간의 오만은 겸손해질 필요가 있습니다.
To God's Glory (로마서 강해 11), p.280

죄 가운데 있는 인간은 아무리 최선을 다해 노력한다 할지라도 여전히 더러운 죄인일 뿐입니다.
The New Man (로마서 강해 3), p.267

죄 가운데 있는 인간에 대해 할 수 있는 유일한 말은, 그들이 어리석은 자들이라는 것입니다.
To God's Glory(로마서 강해 11), p. 388

죄 가운데 있는 죄인은 말하자면 완전히 전복된 인간입니다. 물질적이고도 동물적인 부분이 그를 통제하고 있습니다. 그의 육체가 최고가 되며, 그는 바로 그 육체에 의해 지배를 당하게 됩니다.
The New Man(로마서 강해 3), p. 73

주권 sovereignty

'지음을 받은 물건', 이것이 바로 여러분입니다. "지음을 받은 물건이 지은 자에게 어찌 나를 이같이 만들었느냐 말하겠느냐"(롬 9:20). 여기 또다시 사람과 하나님의 대조가 있습니다. '지음을 받은 물건'은 매우 흥미로운 단어입니다. 이 단어는 오늘날 '형성력이 있는 플라스틱' 이라는 단어를 연상시킵니다. '지음을 받은 물건', 즉 플라스마 plasma 입니다. 바로 이것이 여러분의 모습이라고 사도 바울은 말하고 있습니다. 여러분 자신과 여러분의 불복종 말입니다. 여러분은 단지 지음을 받은 물건, 즉 플라스틱과 같은 육체일 뿐이며, 하나님께서는 여러분을 사용하고 만들며 모형을 뜨는 분이십니다. "토기장이가 진흙 한 덩이로 하나는 귀히 쓸 그릇을, 하나는 천히 쓸 그릇을 만들 권한이 없느냐?"(롬 9:21) 여기 사람과 하나님 사이의 엄청난 대조가 있습니다. 지음을 받은 물건과 지은 자, 진흙 한 덩이와 토기장이 말입니다.
God's Sovereign Purpose(로마서 강해 9), p. 191

인간, 유한하고도 하찮은 이 보잘것없는 피조물이 영원하며 전능하신 하나님께 공공연히 도전합니다. 그 인생이 그저 수증기와 같고 지나가는 구름과 같은 사람들이 그들의 창조주이자 위대한 조물주를 힐문하는 것입니다. 진흙과 먼지를 통해 창조주의 손에 의해 지음을 받은 인간들이 그 만드신 분에게 도전하고 있습니다. 진흙이 토기장이를 향해 대항하려는 것입니다.
Old Testament Evangelistic Sermons(구약을 사용한 복음 설교), p. 190

사랑 Love

사랑을 인식하는 것은 오직 사랑뿐입니다.

The Unsearchable Riches of Christ(에베소서 강해 3), p.214

여러분은 다른 사람의 행동을 통해 그가 우리를 사랑하는지를 알 수 있습니다. 그렇지만 사랑은 언제나 개인적으로 고백하는 것을 갈망합니다.

The Unsearchable Riches of Christ(에베소서 강해 3), p.235

사랑은 모든 것을 포괄합니다. 여러분이 사랑에 빠질 때, 여러분의 모든 인격이 다 동원됩니다. 여러분은 자신의 인격의 어느 한 부분으로만 사랑할 수 없습니다. 사랑은 그 요구와 반응에 있어서 언제나 전체적입니다.

The Final Perseverance of the Saints(로마서 강해 6), p.185

확신하건대, 오늘날 우리가 살고 있는 이 세대의 가장 크고도 실제적인 비극 가운데 하나는, 위대한 사랑이라는 단어의 숭고한 의미가 남용되고 왜곡된다는 것입니다.

Children of God(요한일서 강해 3), p.109

동물적 관점에서 볼 때 사람이 동물적 요소를 가지고 있으며, 따라서 우리가 어떤 특정한 그리스도인을 좋아하지 않을 수도 있다는 사실을 기억하십시오. 어떤 사람들에게는 자연적이고도 본능적인 매력이 하나도 없을 수 있습니다. 우리가 자연스럽게 그들을 좋아할 만한 요소가 없다는 말입니다. 그러나 그럼에도 불구하고 그들을 사랑하라는 말씀은 마치 그들을 좋아하는 것처럼 그들을 대하라는 것을 의미합니다.

Children of God(요한일서 강해 3), p.110

진정으로 사랑하는 대신에 단지 애정 어린 행동과 사랑에 빠지는 것은 얼마나 쉬운 일인지요!

Children of God(요한일서 강해 3), p.111

| 사랑

세상을 향하여 "서로 사랑하라"라고 말하는 것은 아무런 소용이 없습니다. 그것은 불가능한 일입니다. 그들에게는 그렇게 할 능력이 없습니다. 우리가 진정으로 서로를 사랑하기 위해서는 우리 안에 신의 성품이 필요합니다. 교회 안에서 성도들도 서로 사랑하지 못한다면, 어떻게 세상이 서로 사랑할 수 있기를 바라겠습니까? 그것은 절대 불가능한 일입니다. *The Love of God*(요한일서 강해 4), p.45

사랑은 단순한 감정이나 감상이 아닙니다. 사랑은 이 세상에서 가장 적극적이고도 활력이 넘치는 어떤 것입니다. *Life in God*(요한일서 강해 5), p.30

어떤 사람을 진정으로 사랑한 경험이 있는 사람들은 그것을 쉽게 표현하지 않습니다. 모든 사람들에게 '친애하는 이여' 또는 '사랑하는 이여' 라고 부르는 사람들은 분명히 참된 사랑의 감정에 대해 알지 못하는 사람들입니다. 그렇지 않고서는 그런 용어들을 그렇게 쉽사리 가볍게 사용할 수 없는 것입니다.
The Sons of God(로마서 강해 5), p.368

물론 우리가 죄 가운데 있고 우리의 모든 생각이 잘못되었다는 것은 진리입니다. 특히 사랑에 대한 우리의 개념은 더욱 잘못되어 있습니다. 우리의 행동과 생각대로 하나님의 사랑을 생각하기 시작한다면, 저는 경외심을 가지고 이렇게 말할 수밖에 없습니다. "하나님이여, 우리를 도와주소서!" 사랑에 대한 우리의 감상적이고도 엉성하며 부조리하고 불의한 개념을 영원하신 하나님의 사랑으로 간주한다면, 그것은 우리 자신을 가장 불확실하고도 불안정한 위치에 두는 것이 되고 말 것입니다. *Great Doctrines of the Bible*(교리 강해 1), p.333

사랑은 눈을 돌리지 않습니다. 사랑은 그 대상에 열중하며 그를 흡수합니다. 사랑은 그 대상을 견고하게 사랑함으로써 자신의 사랑을 표현합니다.
The Love of God(요한일서 강해 4), p.77

당연히 사랑에는 불가해성과 수고로움의 요소가 있습니다. 실제로 사랑에는 반드시 그런 것이 내포되어 있어야 합니다. 여러분이 향기를 분석할 수 없듯이, 사랑도 분석할 수 없습니다. 바로 이것이 여기서 우리가 그리스도와 하나님의 사랑을 다루는 이유입니다. *The Unsearchable Riches of Christ*(에베소서 강해 3), p. 155

하나님께서 여러분을 사랑하신다는 사실보다 더 놀라운 일은 없습니다. 그리고 예수 그리스도와 그분의 십자가 죽으심을 제외한 채 하나님이 자신을 사랑하신다는 것을 완전히 알 수 있는 사람은 하나도 없습니다. *Assurance*(로마서 강해 2), p. 19

이것은 바울 서신에서 가장 빈번하게 발생합니다. 바울은 무엇인가를 거의 완벽하게 설명한 것처럼 보입니다. 그럼에도 불구하고 바울은 그것을 더 놀라운 방식으로 또 반복해서 설명합니다. 이것은 바울이 비범한 사람임에도 불구하고, 바울이 위대해서가 아니라 바울이 설명하고 있는 그 주제가 대단히 위대한 것이기 때문입니다. 그러므로 우리가 그리스도 예수 안에 있는 하나님의 사랑에 대해서 무엇을 말하든지 간에, 여기에는 항상 무엇인가 더 설명해야 할 풍성한 어떤 것이 있는 것입니다. *Assurance*(로마서 강해 2), p. 140

하나님의 사랑은 너무나 크고도 위대하며 강력하기 때문에 인간의 육체적 구성 요소가 무너지고 맥을 못 추는 경우가 종종 있습니다. 그래서 갑자기 하나님의 사랑을 인식하게 될 때, 적지 않은 그리스도인들이 정신을 잃고 의식이 없는 상태가 되는 것입니다. *The Unsearchable Riches of Christ*(에베소서 강해 3), p. 213

"보라, 아버지께서 어떠한 사랑을 우리에게 베푸사"(요일 3:1). 여러분은 그것을 이해할 수 없습니다. 여러분은 그것을 설명할 수도 없습니다. 우리가 할 수 있는 유일한 말은 그것이 영원한 사랑이며, 하나님의 사랑이며, 먼저 사랑하신 사랑이며, 스스로 발생한 사랑이라는 것뿐입니다. 그리고 우리 자신의 비참함에도 불구하고 그리스도께서 오시고 죽으시고 많은 고난을 당하신 사랑이라는 것뿐입니다. *Children of God*(요한일서 강해 3), p. 19

사실들 Facts

사실들만으로는 충분하지 않습니다.

Love so Amazing(골로새서 강해), p.134

사탄 : 마귀, 귀신 들림 Satan: Devil, Demonism

사탄은 이미 심판받았습니다. 그는 십자가에서 성취된 사역으로 말미암아 심판을 받은 것입니다. 이것은 성령을 보내겠다고 하신 그 약속을 통해 선포된 것입니다. 이것은 사실입니다. 제자들을 향한 우리 주님의 마지막 지상 대 명령은 바로 "하늘과 땅의 모든 권세를 내게 주셨으니 그러므로 너희는 가서 모든 민족을 제자로 삼아 아버지와 아들과 성령의 이름으로 세례를 베풀고"(마 28:18,19)라는 것이었습니다. 주님은 그런 권세를 소유하신 분입니다.

Great Doctrines of the Bible(교리 강해 2), p.48

사탄의 거짓말은 처음부터 하나님을 속일 수 있다는 거짓말입니다.

Children of God(요한일서 강해 3), p.64

마귀는 항상 우리를 혼동하게 만들고 혼란스럽게 할 기회를 찾고 있습니다. 그는 하나님의 일이 망쳐지기를 원합니다. 그는 자신을 빛의 천사로 가장할 수도 있습니다. 그는 위조품을 생산해 냅니다. 마귀는 매우 교묘한 방식으로 자신만의 생각을 심어 줌으로써, 올바르게 시작했던 일을 끝에는 완전히 잘못되게 만드는 거짓말쟁이입니다.

Spiritual Blessing(영적 축복, 요한복음 17장 강해), p.158

사회 Society

교회는 사회를 변화시킬 수 없습니다. 교회는 그렇게 해서는 안 됩니다. 만일 교회가 그렇게 하기 시작하면, 많은 부분에 있어서 복음전도의 기회의 문을 닫아

버리는 꼴이 되고 말 것입니다.

Life in the Spirit in Marriage, Home and Work(에베소서 강해 6), p.329

오늘날의 문제는 기독교회의 지도자들이 이런 문제들을 직접적으로 다루는 데 너무나 많은 시간을 보내고 있다는 것입니다. 그들은 항상 사회적인 문제들에 대해 설교하고 메시지를 던지고 정부에 대해 항거하고 데모 행렬에 참석합니다. 노골적이고도 직접적으로 행동하는 것입니다! 그러나 성경은 절대로 그렇게 하라고 가르치지 않습니다.

Life in the Spirit in Marriage, Home and Work(에베소서 강해 6), p.323

사회 : 복음 Society : Gospel

로이드 존스 박사는 어떤 특정한 사회적 이슈나 구호 활동을 거의 다루지 않았습니다. 그렇다고 해서 그가 이런 문제에 관심이 없었던 것은 아닙니다. 그는 오히려 사회에 대한 엄청난 선행은, 역사가 웅변적으로 증거하고 있듯이, 사회적 관심과 개혁을 불러오는 그리스도인의 수가 증가함으로써 이루어진다고 믿었습니다. 어떤 사람들은 그가 사회적 복음에 대해 과격하게 반응했으며 전체론적 복음을 설교하는 일에 실패했다고 느낄지도 모릅니다.

세상에 대하여 낙관적으로 조망하는 견지에서 볼 때, 신약성경은 엄청나게 비관적인 책입니다. 신약성경은 인간과 그 상태에 대해 사실적인 견해를 지니고 있으며, 그에 대한 그 어떤 해결책도 인간이 직면하고 있는 상태에 있어서는 미봉책일 뿐임을 지적하고 있습니다.

The Life of Joy(빌립보서 강해), p.139

부유한 국가들에는 곡식이 넘쳐 납니다. 그들은 그것을 바다에 내다 버리거나 불태워 버리기까지 합니다. 다른 나라들이 굶주리고 있는데도 그들이 이렇게 하는 이유는 무엇입니까? 여기에는 오직 한 가지 대답만이 있습니다. 그들이 하나님의 통치 아래 살지 않기 때문입니다. *Authentic Christianity*(사도행전 강해 3), p.254

오늘날 우리가 살고 있는 이 사회에 가장 큰 희망이 있다면, 그것은 그리스도를 믿는 사람들이 점점 늘어나는 것입니다. 하나님의 교회는 바로 이 사명에 집중해야만 합니다. 교회가 관여하지 말아야 할 일들로 시간과 활력을 소모해서는 안 됩니다. 신자들은 세상의 소금 됨이라는 본질적인 품성이 그들 안에 있음을 확신해야 합니다. 뿐만 아니라 그들은 세상의 소금이기 때문에, 말로 표현할 수 없는 더러움과 어두운 세대로의 타락을 막는 세상의 기준이자 표준이며 보증수표임을 확신해야 합니다. *Studies in the Sermon on the Mount*(산상설교 1), p.158

의심의 여지 없이 현재 우리는 사회 전체적으로 악한 세력이 강력하게 역사하고 있는 시대에 살고 있습니다. 더 나아가서 많은 부분에 있어서, 소위 우리가 '문명'이라고 부르는 이 사회가 와해되고 몰락하고 있음을 우리 눈으로 목격하고 있다고 말할 수 있습니다. 인생에 대한 모든 관찰자들이, 그들이 그리스도인이든 그렇지 않든, 이 문제에 대해 동의하고 있습니다.
Life in the Spirit in Marriage, Home and Work(에베소서 강해 6), p.238

우리가 그리스도인이 되었다는 사실이 우리의 사회적, 정치적, 경제적 지위를 박탈하는 것은 아닙니다.
Life in the Spirit in Marriage, Home and Work(에베소서 강해 6), p.321

교회는 언제나 과부들과 가난한 사람들과 어린이들과 고난받는 사람들과 상처받은 사람들, 그리고 세상에서 가혹한 대접을 받는 사람들에게 박애주의적인 자비를 베풀어 왔습니다. *Authentic Christianity*(사도행전 강해 3), p.250

사후의 생명 : 죽음, 천국 After Life : Death, Heaven

하나님께서 자신이 아브라함과 이삭과 야곱의 하나님이 되신다고 선포하실 때, 그것은 아브라함과 이삭과 야곱이 부활의 몸을 입고 살게 될 것을 선언하는 것과 같습니다. 그것 자체가 부활의 증거가 되는 것입니다.

Great Doctrines of the Bible(교리 강해 3), p. 230

그러므로 저는 감히 다음과 같은 사실을 덧붙여 말하고자 합니다. 그것은 우리가 이 교리로 인하여 서로를 알게 될 것이라는 사실입니다. 여러분은 놀라운 기적을 통하여 완전히 새롭게 변화되면서도 여러분 각자의 정체성을 상실하지는 않을 것입니다. 여러분의 정체성이 보존될 것인데, 그 정체성은 바로 여러분 자신입니다. 여러분의 구원이 완성되고 여러분의 영혼이 구원받을 것입니다. 뿐만 아니라 여러분의 몸이 완전히 구속받게 될 것이며, 전 인격이 죄와 악으로부터 완전히 구원 얻게 될 것입니다. 오, 얼마나 복되고 영광스러운 날입니까! 이 얼마나 놀라운 구속입니까! 이 얼마나 형언할 수 없는 구속자이십니까!

Great Doctrines of the Bible(교리 강해 3), p. 238

우리가 확신할 수 있는 몇 가지 사실이 있습니다. 그 가운데 하나는 성경이 매우 분명하게 우리의 정체성이 보존될 것임을 가르치고 있다는 것입니다. 저의 몸은 항상 저 자신의 몸으로서 인식될 것입니다.

Great Doctrines of the Bible(교리 강해 3), p. 235

몸은 결코 정적이지 않습니다. 몸은 끊임없이 그 요소와 구성을 변화시킵니다. 그런데도 여전히 몸으로 남아 있는 것입니다. 성경이 부활의 몸에 대해 언급할 때, 그것은 성경이 주장하고 있는 계속될 몸입니다……제가 이 부활의 몸을 받는다면, 저는 더 이상 질병에 걸리지 않을 것입니다. 더 이상 늙지도 않을 것이며, 죽지도 않을 것입니다. 부활의 몸은 절대로 썩지 않으며, 어떤 방법으로든

사후의 생명, :죽음, 천국

변형되지 않을 것입니다. 지금 우리의 몸은 썩겠지만 그날의 그 몸은 썩지 않을 것입니다. 이 얼마나 영광스러운 소망입니까!

Great Doctrines of the Bible(교리 강해 3), p. 236

산상수훈 Sermon on the Mount

산상수훈

거듭나지 않고서는 그 누구도 산상수훈에 걸맞게 살 수 없습니다. 산상수훈은 거듭나지 못한 자연인에게는 불가능한 가르침입니다.

Children of God(요한일서 강해 3), p. 12

차라리 지푸라기 없이 벽돌을 만드는 것이 인간 스스로의 힘으로 산상수훈을 지키면서 사는 것보다 더 쉬울 것입니다.

Banner of Truth, Issue 275(배너 오브 트루스 정기 간행물)

산상수훈만큼 우리를 철저하게 정죄하는 말씀은 없습니다. 산상수훈만큼 철저하게 실천 불가능하고 우리를 두렵게 하며 교리로 가득 찬 말씀은 없습니다. 산상수훈의 설교는 우리 모든 사람들을 완전히 벌거벗게 만들고 절망할 수밖에 없게 만듭니다. 만약 제가 오직 믿음으로 말미암는 칭의 교리를 알지 못했다면, 저는 산상수훈의 말씀을 절대로 읽고 싶어하지 않았을 것입니다. 산상수훈은 실제로 취하거나 실천에 옮기기는커녕, 가장 실천하기 어려운 말씀입니다. 그러나 교리로 가득 차 있는 이 위대한 설교는 우리를 교리로 인도합니다. 이것은 모든 신약성경 교리의 일종의 서막과 같습니다.

Studies in the Sermon on the Mount(산상설교 2), p. 160

산상수훈보다 우리를 더 낙담시키는 말씀도 없습니다. 산상수훈은 마치 우리를 내쫓는 것 같고, 우리가 시작하기도 전에 모든 노력을 헛되게 만드는 것 같습니다. 이 말씀은 철저하게 실천 불가능한 말씀처럼 보입니다. 그렇지만 이와 동시에 여러분은 산상수훈보다 우리를 더 격려하는 말씀도 없다는 것을 알고 있습니까? 산상수훈이 우리에게 탁월한 선물을 주는 말씀이라는 사실을 알고 있습니까? 이 말씀을 실천에 옮기라는 명령에는 이 말씀을 실천할 수 있다는 함축적인 주장이 담겨 있습니다. 이 말씀은 우리가 실천해야만 하는 말씀입니다. 그래서 여기에는 산상수훈이 우리가 실천할 수 있는 말씀이라는 암시가 있는 것입니다. 그러므로 산상수훈은 낙담적인 동시에 고무적인 말씀입니다. 산상수훈은 추락과 상승의 집합입니다. 항상 이 두 국면을 우리 마음에 확고히 새겨 넣는 것보다 더 중요한 일은 없을 것입니다. *Studies in the Sermon on the Mount*(산상설교), p.311

산상수훈은 그리스도인들이 틀림없이 하나님으로부터 기대하는 것입니다. 모든 그리스도인들이 반드시 그렇게 살아야 합니다. 만일 온 세상이 산상수훈대로 살았다면, 우리는 다시 한 번 낙원을 맛보았을 것입니다.

The Sons of God(로마서 강해 5), p.45

만일 오늘날 지상의 모든 사람이 산상수훈을 따르는 삶을 산다면, 오늘날 우리가 직면하게 된 산업상의 문제나 도덕적인 문제나 사회적 문제는 생기지 않을 것입니다. 이 세상 그 어디에도 전쟁이 없을 것입니다. 오직 모든 사람들이 산상수훈대로만 산다면 말입니다! *Authentic Christianity*(사도행전 강해 3), p.185

여러분의 인생에서 능력을 맛보고 복을 받고자 한다면, 곧장 산상수훈의 말씀으로 가십시오. 산상수훈대로 살고 그 말씀을 실천하며 헌신하십시오. 그러면 약속된 복들이 임할 것입니다. "의에 주리고 목마른 자는 복이 있나니 그들이 배부를 것임이요"(마 5:6). *Studies in the Sermon on the Mount*(산상설교 1), p.18

삼위일체

삼위일체 Trinity

우리가 과연 삼위일체 교리가 어떤 의미에서 기독교 신앙의 본질인 것을 깨닫고 있는지 궁금합니다. 우리는 정말 그것을 깨달아야만 합니다. 삼위일체 교리는 다른 모든 교리들과 마찬가지로, 기독교 신앙을 다른 모든 종교들과 구별시키는 중대한 교리입니다.
God's Way of Reconciliation(에베소서 강해 2), p. 311

어떤 의미에서 기독교의 전체 입장은 거룩한 삼위일체 교리에 의해 좌우된다고 할 수 있습니다. 우리가 삼위일체 교리를 믿지 않는다면, 우리는 절대 그리스도인이 될 수 없습니다. 그것은 아주 불가능한 것입니다.
Great Doctrines of the Bible(교리 강해 1), p. 256

저는 우리가 할 수 있는 일이 오직 한 가지뿐이라고 생각합니다. 즉, 우리가 성경에 계시된 신비 앞에 서 있음을 인정하는 것입니다. 우리가 그 신비를 이해할 수 있을 것이라고 기대할 수는 없습니다. 우리의 마음으로 그것을 파악하리라고 바랄 수도 없습니다. 그것은 우리의 능력을 완전히 초월하기 때문입니다. 우리는 그저 경이로움과 경외감과 예배함으로 그것을 바라보고 놀랄 뿐입니다.
Great Doctrines of the Bible(교리 강해 1), p. 84

성경의 진리, 기독교의 진리는 우리로 하여금 세 위격이 존재하신다고 말하게 합니다. 그럼에도 불구하고 세 분의 하나님이 계신다고 말해서는 절대 안 됩니다. 이것은 위대하고도 영원한 신비입니다.
Great Doctrines of the Bible(교리 강해 1), p. 90

이것을 이해하려고 애쓰지 마십시오. 그 누구도 이 근본적인 신비를 이해할 수 없습니다. 그럼에도 불구하고 이것은 성경에서 발견되는 진리입니다. 하나님은 오직 한 분이시며, 한 신성만 계십니다. 그런데 한 분 하나님 안에 세 위격이 계십니다. 이것은 세 분의 하나님, 즉 삼신론을 암시하는 것이 아니라 단일신론을 암시합니다. 오직 한 분이며 영원하신 하나님의 신성 안에 세 위격이 존재하는 것입니다. 이 진리는 분명히 지금 사도가 마음에 품고 있는 진리입니다. 우리는 성령 하나님을 압니다. 우리는 성자 하나님을 인식합니다. 우리는 성부 하나님을 인지할 수 있습니다. 그렇지만 세 위격의 성부 성자 성령께서 한 분 하나님이시라고 말하는 것입니다.

Christian Unity(에베소서 강해 4), p.134

이것을 이해하려고 애쓰지 마십시오. 그 누구도 이것을 이해할 수 없습니다. 삼위일체 교리는 우리의 이해를 초월하는 것입니다. 우리는 단지 그것을 인식할 뿐이며, 경이로움 가운데 경배할 뿐입니다. 바로 이것이 우리가 왜 '여호와의 증인'이나 '유니테리언 교도'가 아니라 삼위일체 교리를 믿는 그리스도인인지의 이유가 됩니다. 우리를 삼위일체주의자가 되게 하는 것은 바로 성경입니다. 우리는 당연히 이 교리를 자랑하고 즐거워해야 합니다. 왜냐하면, 우리가 이 교리로부터 거룩하신 삼위일체 안에서의 거룩하신 세 위격들이 우리 자신과 우리의 구원에 관심을 가지고 계시다는 것을 추론할 수 있기 때문입니다.

성부께서는 그것을 계획하셨습니다. 성자께서는 그것을 완성하셨습니다. 그리고 성령께서는 그것을 적용하십니다. 이 얼마나 놀라운 구원의 계획입니까! 우리는 분리되지 않는 세 위격이 관계되어 있기 때문에 성부와 성자와 성령의 사역에 각기 다른 국면들이 있다는 것을 깨닫게 됩니다. 따라서 모든 역사에 대한 모든 영광은 반드시 거룩하신 삼위일체 하나님께 돌려져야 합니다.

The Sons of God(로마서 강해 5), p.84

거룩한 삼위일체 교리보다 더 숭고한 교리는 없습니다.

God's Way of Reconciliation(에베소서 강해 2), p.323

어떤 의미에서 하나님이 그리스도의 머리가 되십니까? 그 대답은 우리가 종종 경륜적 삼위일체라 부르는 것에서 나타납니다. 성부와 성자와 성령 하나님은 동등하시며, 영원하십니다. 그렇다면 성부 하나님께서 어떻게 그리스도의 머리가 되십니까? 구원의 목적 때문에 성자께서 자신을 성부에게 종속시키셨으며, 성령께서는 성부와 성자 하나님께 자신을 종속시키신 것입니다. 이것은 구원 사역을 성취하기 위한 자원적 복종입니다. *The Christian Warfare*(에베소서 강해 7), p.109

삼위일체 하나님의 세 위격은 모두 동등합니다. 그러나 지금 사도 바울이 말하고 있는 바와 같이 여러분과 저의 구원을 위하여 성자께서 스스로 자신을 성부께 복종시키셨습니다. 그분은 "여기 내가 있나이다. 나를 보내소서"라고 말씀하셨습니다. 그래서 성자께서 종의 형태로 오셨고 그의 아버지 하나님을 의존하게 되신 것입니다. 한편 성령께서는 자신을 성자와 성부께 복종시키셨습니다. 성령께서는 '스스로 말하지 않고 그리스도를 영화롭게 하실 것'(요 16:13,14 참고)이며, '그리스도께서 제자들에게 말한 모든 것을 생각나게 하실 것'(요 14:26 참고)입니다. 성자와 성부와 동등하신 성령께서 이 사명을 위해 자신을 스스로 낮추신 것입니다. *God's Sovereign Purpose*(로마서 강해 9), p.230

성자 하나님을 부인하는 것은 성부 하나님을 부인하는 것입니다. 만일 내가 성자의 교리를 부인한다면, 모든 것을 잃게 될 것입니다. 구원을 계획하신 분은 바로 영원한 하나님 아버지이십니다. 그리고 그 구원의 계획을 이 땅에 오시어 수행한 분이 바로 성자 하나님이십니다. 그리고 그 계획에 대한 우리의 눈을 여시고 그것을 실제적이고도 참되게 만들어 주신 분이 바로 성령 하나님이십니다. *Walking with God*(요한일서 강해 2), p.139

삼위일체 교리는 기독교 신앙에서 가장 독특한 교리입니다. *Great Doctrines of the Bible*(교리 강해 1), p.84

여러분은 종종 우리의 구원을 위한 경륜적 삼위일체라는 말을 들어 본 적이 있을 것입니다. 많은 면에서 이것은 삼위일체 교리의 가장 영광스러운 측면입니다. 세 위격 간에 구분이 이루어지는데, 우리의 구원 사역을 위해 세 위격 사이에 일종의 주종 관계subjugation가 발생합니다. 성부께서는 창조하고 선택하며 구원을 계획하십니다. 성부께 보내심을 받은 성자께서는 이 구원을 성취하십니다. 그리고 성부와 성자에 의해 보내심을 받은 성령께서는 이 구원을 적용하십니다.

Great Doctrines of the Bible(교리 강해 1), p.90

우리는 종종 성부 하나님과 성자 하나님과 성령 하나님께서 영원 가운데서 함께 모이셔서 구원의 사역을 서로 분배하신 이 위대한 회합을 언급해야만 합니다. 성자께서는 스스로 인성을 취하시고 율법에 완전한 순종을 보이셨으며, 인간의 죄의 형벌과 죄책을 대신하여 돌아가시기 위해 자원하셨습니다. 또한 성령께서는 이 구속을 성취하시기 위한 사역에 자원하셨습니다.

Great Doctrines of the Bible(교리 강해 2), p.43

기독교는 철저하게 삼위일체적입니다. 이상하게 들릴지도 모르지만, 이것은 모든 다른 종교, 또는 이교나 그리스도인으로 가장하는 자들과 기독교를 구별시켜 주는 우리만의 방식입니다. 우리는 이렇게 묻습니다. "당신은 삼위일체 교리를 믿습니까? 그렇지 않습니까?"

Authentic Christianity(사도행전 강해 2), p.193

상급 Reward

사람에게서 상급을 구하고자 하는 자들은 하나님이 주시는 상급을 받지 못할 것입니다.

Studies in the Sermon on the Mount(산상설교 2), p.17

상담 Counselling

"상담자에게 있어서 가장 중요한 요소는 무엇입니까?" 저는 그것이 평온한 마음이며, 스스로 안식하는 것이라고 말하고 싶습니다. 여러분은 우리 주님께서

상담

이렇게 말씀하신 것을 기억하실 것입니다. "맹인이 맹인을 인도할 수 있느냐? 둘이 다 구덩이에 빠지지 아니하겠느냐?"(눅 6:39) 다른 말로 하면, 상담자가 마음에 평정을 찾지 못하고 들떠 있다면, 오히려 상담자 자신에게 상담이 필요할 것입니다. 그러한 사람이 어떻게 다른 사람에게 유익한 조언을 해 줄 수 있겠습니까?

Healing and the Scriptures(의학과 치유), p.71

누군가가 여러분에게 자신의 모든 비밀을 말한다고 할 때, 그들이 절대로 모든 비밀을 다 말하는 것이 아님을 확신할 수 있을 것입니다. 그들이 얼마나 솔직하고 개방적인지는 모르겠지만, 사람에게는 누구에게도 숨기고 싶은 은밀한 비밀이 항상 있는 법입니다.

Old Testament Evangelistic Sermons(구약을 사용한 복음 설교), p.238

전체 원리를 방해할 만한 특별한 예외를 허용하지 마십시오. 또는 의학적으로 유추해 보자면, 만일 환자의 전반적인 상태가 호전되고 있음을 확신한다면, 특수한 증상이 나타나더라도 지나치게 당황하지 마십시오. 특별한 예외 상황에 놀라고 당황하며 흥분하는 의사는 결코 좋은 의사가 아닙니다. 의사는 반드시 환자의 모든 것에 주목하고 있어야 합니다.

The Final Perseverance of the Saints(로마서 강해 6), p.178

"정신을 차리고 기운을 내세요." 그렇지만 두려움의 영에 사로잡힌 가련하고도 무기력한 사람에게 "정신을 차리고 기운을 내세요"라고 말하는 것은 바보 같은 발상입니다. 이것은 그가 할 수 없는 한 가지 일입니다. 그에게 그렇게 할 능력이 있다면 당연히 그렇게 하지 않겠습니까? 그럼에도 불구하고 인간의 삶에 대해 낙관적인 견해만 지니고 있을 뿐 영리하지 못한 바보 같은 세상은 늘상 이렇게 말합니다. "정신을 차리고 기운을 내세요!"

I am Not Ashamed(내가 자랑하는 복음), p.173

만일 그가 그리스도인이라면, 저는 그를 어떻게 다루고 어떤 방법으로 도와야 할지 즉시 알 수 있습니다. 그러나 그가 그리스도인이 아니라면, 그가 그리스도인이 되기 전까지 저는 그를 전혀 도울 수 없을 것입니다. 그의 질병을 먼저 진찰하지 않고서는 그것을 치료하기 위한 약을 처방할 수 없습니다. 그가 복음이 제시하는 인생과 죽음과 영원에 대한 온전한 견해를 수용하기 전까지 저는 그의 특수한 질문에 대답해 줄 수 없습니다. *I am Not Ashamed*(내가 자랑하는 복음), p.56

설교 preaching

참된 설교의 기능 가운데 하나는 개인적인 문제들을 다룬다는 점에 있습니다. 참된 설교는 목사의 시간을 많이 절약해 줍니다. 저는 40여 년 동안의 목회 경험을 통해 이렇게 말씀드립니다. 무슨 말입니까? 자, 이렇게 설명드리겠습니다. 청교도들은 목회적 설교로 유명합니다. 그들은 설교를 통해 '양심의 실상'이라고 불리는 주제를 다루었습니다. 그리고 그런 문제들을 다루는 동안 그 설교를 듣는 사람들의 개인적이고도 사적인 문제들을 해결했습니다. 이것이 바로 제가 목회를 통해 항상 경험했던 것입니다. 복음 설교를 듣는 청중들을 향하여 성령의 적용이 일어났고, 교인들은 예배를 마친 후에 저에게 와서 이렇게 말했습니다. "당신이 내가 거기 있다는 것과 나의 문제의 정확한 본질을 알고 그 설교를 했다면, 나의 여러 가지 문제들을 그렇게 정확하게 대답해 주지 못했을 것입니다. 그래서 당신의 설교에 진심으로 감사드립니다. 저는 종종 그 문제들을 당신께 말씀드리고 싶었지만, 제가 그렇게 하기도 전에 먼저 답변해 주었습니다." 이처럼 강단에서의 복음 설교는 이 말을 듣기 전에는 전혀 알지 못했던 많은 개인적이고도 사적인 문제들을 다루는 효과적인 수단이 되었습니다. 설교 이미 그들의 개인적인 문제를 해결해 주었던 것입니다. 이 말을 오해하지는 마십시오. 저는 설교자에게 개인적이고도 사적인 사역을 전혀 하지 말라고 말하는 것이 아닙니다. 결코 그렇지 않습니다. 다만 저는 설교자에게는 설교가 언제나 가장 우선되어야 하며 그 어떤 것으로도 대체되어서는 안 된다고 주장하는 것입니다. *Preaching and Preachers*(설교와 설교자), p.37

상담 | 설교가 침체기를 맞이하면 반드시 상담이 호황을 누리기 마련입니다.
Preaching and Preachers(설교와 설교자), p.17

저는 궁극적으로 인격적인 사역의 참되고도 유일한 기초가(순전히 심리적인 요법으로 변질되지 않는다면) 진실하고도 옳은 복음 설교에 있다고 단언하는 바입니다.
Preaching and Preachers(설교와 설교자), p.40

생각(사고) Thinking

생각(사고) | 일반적으로, 진실로 위대한 사상가는 겸손합니다. '정말 위험한 사람들'은 바로 '조금 배운 사람들' 입니다.　*Studies in the Sermon on the Mount*(산상설교 1), p.49

제가 지금 이성적 사고와 영적 사고의 차이점을 제시하고 있지만, 그렇다고 해서 영적 사고가 비이성적이라는 말은 전혀 아닙니다. 이 둘의 차이점은 다음과 같습니다. 우선 이성적 사고는 물리적인 사고입니다. 반면에 영적 사고는 동일하게 물리적이지만 더 고등한 단계까지 올라갑니다. 영적 사고는 단지 몇 가지만이 아니라 모든 사실들을 다 취하는 사고입니다.　*Faith on Trial*(믿음의 시련), p.34

현대인들의 세상의 비극 가운데 하나는, 절대다수의 경우 학식이 생각을 대치해 버린 것입니다.
God's Way of Reconciliation(에베소서 강해 2), p.65

하나님께서 우리로 하여금 그리스도인답게 생각하도록 조명하고 가르쳐 주시며, 하나님의 말씀에 선언된 이 위대한 진리들에 기초해서 세상의 모든 것을 바라볼 수 있게 하시기를 간절히 소원합니다.
Life in the Spirit in Marriage, Home and Work(에베소서 강해 6), p.342

일반적으로 말하자면, 인간은 생각하기 때문에 잘못된 것이 아니라 생각하지 않

기 때문에 잘못된 것입니다.   *Faith on Trial*(믿음의 시련), p. 73   생각(사고)

성공의 비밀은 생각하고 이해하는 데 있습니다.
Life in the Spirit in Marriage, Home and Work(에베소서 강해 6), p. 208

생명 Life

인생의 무력감과 피곤함은 매우 심각한 문제입니다. 인류 가운데 어느 누구도 인생의 이러한 심각성을 가볍게 해 줄 수는 없습니다.   생명
The Life of Joy(빌립보서 강해), p. 19

우리는 하나님께서 우리의 삶을 위한 계획과 목적을 가지고 계시며 그것이 반드시 실행될 것임을 확신할 수 있습니다.
Studies in the Sermon on the Mount(산상설교 2), p. 115

여러분은 어제나 내일을 짊어지고 살지 마십시오. 오늘을 살아가십시오. 깨어 있는 12시간을 위하여 살아가십시오.
Studies in the Sermon on the Mount(산상설교 2), p. 150

우리는 궁극적으로 자신이 무슨 말을 하는지가 아니라 어떤 일을 행하는지에 따라 자신이 누구인지를 선포하는 것입니다.   *The New Man*(로마서 강해 3), p. 202

우리 인생에서 진정한 어려움 가운데 하나는, 우리가 그 인생 자체의 노예가 되지 않는 것이 쉽지 않다는 점입니다.   *Walking with God*(요한일서 강해 2), p. 10

가장 위대한 질문 가운데 하나는 다음과 같습니다. "반드시 살아가야 할 이 세상에서 내가 정말 알아야 할 것은 무엇입니까?"
God's Ultimate Purpose(에베소서 강해 1), p. 356

생명

우리 모두를 위해 이 세상과 이 세상에서의 삶에서 최고의 문제는, 하나님과 우리와의 관계를 깨닫는 것입니다. *Studies in the Sermon on the Mount*(산상설교 2), p.14

상태와 증상이 비슷한 두 환자가 동일한 진단과 치료를 받았습니다. 그런데 한 사람은 곧 회복되었지만, 다른 사람은 죽었습니다. 그렇다면 결론은 무엇입니까? 결론은 "그 누구도 자신의 생명을 단 한 자라도 늘릴 수 없다"는 것입니다. 이것은 아무도 피할 수 없는 엄청난 신비입니다. 우리의 생명과 시간은 하나님의 손안에 있습니다. 우리가 음식과 음료와 의학과 인간의 모든 학식과 과학과 기술들을 다 동원하여 모든 일을 할지라도, 인간의 생명을 아주 조금이라도 연장할 수는 없습니다. *Studies in the Sermon on the Mount*(산상설교 2), p.122

선교사 Missionary

선교사

선교 사업의 가장 위대한 동기는, 항상 하나님께서 그들의 목적뿐만 아니라 수단도 되신다는 사실을 알고 있었다는 점에 있습니다. 그들은 하나님께서 복음 전파를 위해 자신들을 부르신 것을 압니다. 그리고 바로 그것 때문에 그들은 모든 것을 다 희생했으며, 심지어 그들의 생명까지도 불사하고 선교지로 떠나 복음을 설교했습니다. 복음을 위하여 자신의 생명을 아끼지 않을 준비가 되어 있는 선교사는, 심지어 죽음조차도 그를 하나님의 사랑에서 끊을 수 없다는 사실과 자신 안에 하나님의 생명이 있다는 사실을 아는 사람입니다.
Saved in Eternity(성도의 구원, 요한복음 17장 강해), p.183

수년 전 방송을 통해서 아주 잘 알려진 어떤 설교자가 매우 의도적으로 "선교사들은 자신들의 과업이 사람들에게 복음을 설교하는 것이라는 생각을 반드시 버려야만 한다"라고 말한 적이 있습니다. 그는 계속해서 이렇게 말했습니다. "그것은 선교사들이 해서는 안 되는 일입니다." 그는 특별히 아프리카 선교에 대해서 그렇게 말했습니다. 그는 계속 말을 이어 갔습니다. "선교사 여러분, 여러분이 반드시 해야 할 일이 있습니다. 여러분은 그 사람들 곁에서 그들과 함께 살아야 합니다. 여러분은 반드시 그들의 정치에 관여하고 그들의 문제를 공유해야 하며, 그들의 정치적, 사회적 환경 속에서 그들과 함께 살되, 그리스도인으로서의 삶을 살아야 합니다." 마지막으로 그는 이렇게 말했습니다. "만일 여러분이 그렇게 한다면, 여러분과 함께 살았던 사람들의 손자 손녀들이 그리스도인이 되리라는 희망을 가져 볼 수도 있을 것입니다." 이것이 바로 수년 전 스코틀랜드 교회 총회장이 한 말입니다. 이 말은 기독교의 메시지를 전파하는 방법으로 간주되는 말이 되고 말았습니다. 물론 오늘날 우리는 이것과 유사한 것을 가르치는 사람들을 잘 알고 있습니다. 단순히 정치적이고도 사회적인 행동에 불과할 뿐 아무것도 아닌 교훈을 가르치는 사람들 말입니다. 저는 그들에게 그저 한 가지 질문을 하고 싶습니다. 복음은 도대체 어디로 갔습니까? 그곳에는 복음이 없습니다. 그곳에는 복음이 전혀 없습니다. *Saving Faith*(로마서 강해 10), p. 301

여러분은 중앙아프리카의 심장부에 갈 수도 있고, 전혀 배우지 못해서 읽지도 쓰지도 못하는 부족을 방문할 수도 있습니다. 여러분은 그들에게 서구 사회에서 복음을 전할 때와 마찬가지로 동일한 확신을 가지고 복음을 설교할 수도 있습니다. 왜냐하면 성령을 통하여 그들을 조명하시는 분이 바로 전능하신 하나님이기 때문입니다. *God's Ultimate Purpose*(에베소서 강해 1), p. 195

우리는 과연 이 나라의 시민들을 향하여 선교적인 마음을 품고 있습니까? 이 나라의 미개한 대중들의 상태가 우리의 마음을 짓누르지는 않습니까? 우리는 과연 선교 사업에 관심을 가지고 있습니까? 우리는 정말 이런 것들을 생각하고 있습니까? 그들이 우리의 부담이며, 그들을 위해 하나님께 기도하고 있습니까? 우리는 "무엇을 해야 합니까? 어떻게 도와야 합니까? 어떤 헌신을 해야 합니까?"라고 진심으로 간구하고 있습니까? *God's Way of Reconciliation*(에베소서 강해 2), p. 23

우리는 매일 얼마나 많은 시간을 다른 나라의 그리스도인들을 위하여 기도하는 일에 사용하고 있습니까? *The Unsearchable Riches of Christ*(에베소서 강해 3), p. 109

선입견 Prejudice

여러분이 선입견을 갖는 것이 아닙니다. 선입견이 여러분을 취하고 통제하는 것입니다.
Banner of Truth, Issue 275(배너 오브 트루스 정기 간행물)

여러분의 두뇌가 뛰어나면 뛰어날수록 선입견 역시 더욱 강렬해집니다.
Banner of Truth, Issue 275(배너 오브 트루스 정기 간행물)

우리는 모두 선입견의 피조물입니다. 죄의 결과로 우리가 그렇게 출생하며, 비뚤어진 마음의 경향을 가지고 인생을 시작하기 때문입니다. 우리의 삶에 있어서 가장 어려운 것 가운데 하나가 바로 이러한 선입견을 제거하는 일입니다.
Children of God(요한일서 강해 3), p.72

다른 모든 사회와 마찬가지로, 과학계에도 빈정댐과 선입견과 편견이 가득합니다. 선입견과 박해는 일종의 영적 상태입니다. 그것들은 가장 열등한 사회뿐만 아니라 가장 고상한 사회에서도, 또한 비지성인들뿐만 아니라 지성인들 사이에서도 발견됩니다.
Authentic Christianity(사도행전 강해 2), p.118

선택 : 칼빈주의 Election : Calvinism

저는 이 진리가 구원 문제에서 가장 본질적인 문제라고 말하는 것이 아닙니다.
God's Sovereign Purpose(로마서 강해 9), p.153

조지 휫필드와 같은 청년이 글로스터Gloucester의 벨Bell이라는 여관에서 자랐다고 생각이나 할 수 있겠습니까? 이것은 모든 세대와 시대에 있어서 진리입니다. 바로 이것이 하나님께서 자신의 일을 수행하는 방법입니다. 그것은 놀라움과 경악으로 가득 차 있습니다. 따라서 우리는 하나님의 이런 방법을 받아들일 준비를 해야 할 것입니다.
God's Sovereign Purpose(로마서 강해 9), p.327

하나님은 모든 사람이 회개에 이르기를 원하십니다. 그분은 복음이 모든 사람에게 전파되고, 모든 사람이 회개하고 복음을 믿으라는 명령을 들을 것을 명하셨습니다. 구원의 무조건적인 선포는 모든 사람에게 해당되는 것입니다. 이것이 바로 하나님의 '소망'의 표현입니다……사람이 반드시 구원받아야 한다는 하나님의 소망이 모든 사람을 구원하지는 않습니다. 구원하는 것은 하나님의 뜻이며, 하나님의 결정입니다. 우리가 아는 것은 오직 누구를 구원하실 것인지를 뜻하시고 결정하신 분이 바로 하나님이라는 사실입니다.

God's Sovereign Purpose(로마서 강해 9), p.216

모든 사람에게 제공된 복음의 초청은 오직 얼마의 사람들에게만 효과적으로 적용됩니다.
Great Doctrines of the Bible(교리 강해 2), p.65

사람들은 종종, 이 신적 선택의 교리가 사람들에게 회개하고 예수님을 믿으라고 촉구하는 복음전도와 설교의 여지와, 그렇게 함에 있어서 논증과 설득을 사용할 여지를 남기지 않는다고 항의합니다. 그러나 여기에는 아무런 모순도 없습니다. 이런 주장은 가을에 곡식의 열매를 주시는 분이 하나님이기 때문에 농부가 쟁기를 갈고 써레질을 하며 씨를 뿌릴 필요가 없다고 말하는 것과 같습니다. 이에 대한 대답은 하나님께서 두 가지 모두를 명령하셨다는 것입니다.

God's Ultimate Purpose(에베소서 강해 1), p.90

선택은 오직 구원받은 사람에게만 해당됩니다. 그러나 구원받지 못한 사람에 대한 책임을 하나님이 선택하지 않으신 데 돌리는 것은 옳지 않습니다. 이것은 반복해서 강조할 만한 가치가 있습니다! *God's Sovereign Purpose*(로마서 강해 9), p.285

선택 교리가 사람들에게 책임이 없다고 가르친다고 추측하게 해서는 절대 안 됩니다.
To God's Glory(로마서 강해 11), p.163

선택
: 칼빈주의

구원받은 모든 사람들은 하나님께서 미리 알고 선택하고 예정하고 부르셨기 때문에 구원받는 것입니다. 그렇습니다! 그러나 복음을 듣고도 믿지 않는 사람들은 마땅히 자신들의 불신앙에 대해 책임져야 할 것입니다.

Saving Faith(로마서 강해 10), p. 341

죄 가운데 있는 인간은 언제든지 알 필요가 없는 것을 알려고 노력해 왔습니다. 그들은 이렇게 질문합니다. "도대체 왜 어떤 사람들만 구원을 받는 거죠? 하나님께서는 어떤 원리와 근거로 그런 일을 하시는 겁니까?" 우리 모두 이 문제를 분명히 짚고 넘어갑시다. 중요한 것은 제가 이 문제에 대해 모른다는 것입니다! 더 나아가 저는 이것을 알아서는 안 되는 것이라고 생각합니다! 심지어 저는 그것을 알려고 하지도 않을 것입니다! 누군가가 구원을 받았다면 그것으로 충분합니다. 우리가 오직 그 일을 하실 수 있는 하나님의 영광의 풍성하심을 알고 있다면, 그보다 더 충분한 이유는 없습니다.

God's Sovereign Purpose(로마서 강해 9), pp. 244-245

진정한 신비는 모든 사람이 구원을 받지 못한다는 사실에 있는 것이 아니라 누군가가 구원을 받는다는 사실에 있습니다. 바로 그것이 신비입니다. 하나님은 누구에게도 빚을 지지 않으셨습니다. 하나님께서 무엇인가를 하기로 선택하셨는데, 단지 그분이 선하시다는 이유 때문에 우리가 그것을 의심의 눈으로 보아서야 되겠습니까? 하나님은 자비를 베풀고자 하는 이에게 자비를 베푸실 권리를 소유하신 분입니다. 하나님은 불쌍히 여길 자에게 불쌍히 여김을 베푸실 권리를 가지고 계십니다. 그러므로 그 누구도 불평할 근거가 없는 것입니다.

God's Sovereign Purpose(로마서 강해 9), p. 164

여러분은 "그렇다면 왜 약간의 사람들만 구원을 받는 것입니까?"라고 질문하겠습니까? 그 질문에 대해서는 대답할 가치가 없습니다. 모든 사람은 지옥에 가야만 했습니다. 그러므로 하나님께서는 자비를 베풀고자 하실 때 자비를 베푸실 자유가 있는 것입니다. 하나님은 언제 어디서 누구를 기뻐하시고 선택하실지에 대한 완전한 자유를 소유하신 분이기 때문입니다.

God's Sovereign Purpose(로마서 강해 9), p. 244

선택
: 칼빈주의

일반적인 부르심을 받은 사람들 가운데 많은 이들이 결국은 지옥에 있는 자신의 모습을 발견하게 될 것입니다. 그들은 죄 가운데서 즐기며 살면서도 복음이 무엇인지 잘 말할 수 있으며 정확히 알고 있습니다. 그들은 회개하라는 부르심이 무엇을 의미하는지도 잘 묘사할 수 있으며, 복음의 부르심이 무엇을 의미하는지도 설명할 수 있습니다. 그들은 이것들에 대한 일반적인 지식을 소유하고 있는 것입니다. 그들은 일반적인 부르심을 들었습니다. 그러나 그들은 그것에 반응하지 않았습니다. 그들에게는 일반적인 부르심이 '유효한 부르심'이 되지 못했던 것입니다.

God's Ultimate Purpose(에베소서 강해 1), p. 370

선함 Goodness

만일 여러분이 선한 삶을 살아가는 모든 사람들이 다 그리스도인이라고 말한다면, 반드시 신약성경을 찢어 폐기 처분 해야 하며, 기독교회 역시 필요 없기 때문에 없애야만 할 것입니다.

Christian Conduct(로마서 강해 12), p. 19

선함

선행 Good Works

여러분은 아마도 평생 선한 행위를 하면서 살아왔을지도 모릅니다. 그러나 그렇다고 해서 이 세상의 가장 방탕한 부랑자보다 더 영생을 얻을 권리를 가지는 것은 아닙니다.

Saved in Eternity(성도의 구원, 요한복음 17장 강해), pp. 131-132

선행

금세기는 그 누구보다도 더 '선한 이교도들'의 교훈으로 말미암아 고통을 받았습니다. 이 선한 이교도들은 그들의 장점과 탁월함과 자연적 능력으로 인해 모

선행

든 불신자들을 확신시켰고, 기독교 신앙의 가장 열렬한 적대자들이 되었습니다.

Authentic Christianity(사도행전 강해 3), p. 199

설교 Preaching

설교

우리가 설교자로서 다른 사람들에게 말할 때에는 절대로 감정을 직접적으로 자극해서는 안 됩니다. 뿐만 아니라 의지 역시 직접적으로 자극해서는 안 됩니다. 이것은 사적인 관계나 설교에 있어서 동일하게 중요한 원리 가운데 하나입니다. 감정은 항상 지식과 이해의 영향을 받아야 합니다. 지성과 감정과 의지의 순서로 나아가야 합니다.

Spiritual Depression(영적 침체와 치유), p. 62

"……또 다른 경우에 저는 마치 설교하면서 저 혼자 강단에 남겨진 것 같은 느낌을 받은 적이 있습니다. 그날 저의 설교는 정말이지 볼품없고 약했으며, 설상가상으로 마귀가 '다음 주일에는 아무도 교회에 오지 않을 것이다'라고 속삭였습니다. 그러나 감사하게도 다음 주일날 하나님께서는 더 많은 회중을 보내 주셨습니다." 바로 이것이 하나님의 계산 방식입니다. 여러분은 그것을 절대로 알 수 없습니다. 저는 유약함 가운데서 강단에 올라가지만 능력으로 설교를 마칩니다. 반면에 자신감을 가지고 강단에 올라가지만 바보가 된 것 같은 느낌을 받기도 합니다. 그것이 바로 하나님의 계산법입니다. 하나님께서는 우리가 우리 자신을 아는 것보다 우리를 더 잘 아십니다……하나님의 계산법은 제가 알고 있는 한 온 세상에서 가장 신비한 방식입니다.

Spiritual Depression(영적 침체와 치유), p. 131

설교 : 기름 부음 Preaching : Unction

설교
:기름 부음

설교가 무엇입니까? 불붙은 논리입니다! 웅변적인 이성입니다!……설교는 불붙은 사람을 통해 전달되는 신학입니다……설교의 가장 큰 목적이 무엇입니까? 그것은 남녀노소 모든 이들에게 하나님과 그분의 실재를 의식하게 하는 것입

니다. *Preaching and Preachers*(설교와 설교자), p.97

설교는, 이 세상에서 전적으로 가망이 없고도 완전히 절망적인 상태를 치료할 수 있는 유일한 것입니다. *Spiritual Blessing*(영적 축복, 요한복음 17장 강해), p.81

감동 affect

우리는 치료하기 위해 상처를 입히고 다시 살리기 위해 굴복시키는 사람입니다.
The Kingdom of God(하나님의 나라), p.152

설교자는 단순히 사람들에게 지식이나 정보를 제공하기 위해 강단에 올라가는 사람이 아닙니다. 그는 회중들을 고무시키고 감동시키며 다시 소생시키고, 성령 안에서 영광을 돌리게 만드는 사람입니다.
The Puritans:Their Origins and Successors(청교도 신앙, 그 기원과 계승자들), p.376,377

만일 여러분이 설교가 이 시간 세계에서나 영원을 통해 여러분이 들을 수 있는 가장 위대한 것이라는 사실에 동의하지 않는다면, 글쎄요, 저는 여러분에게 절망할 수밖에 없을 것입니다. *God's Way of Reconciliation*(에베소서 강해 2), p.316

제가 저의 사역에 대해 사람들에게서 들어 보았던 말 가운데 가장 큰 즐거움과 위로를 준 말은 바로 이것입니다. 한 여인이 항의하듯이 이렇게 말했습니다. "이 사람은 마치 우리가 죄인인 것처럼 설교하는군요!" *Revival*(부흥), p.71

불가사의한 옛 복음만이 이렇게 선포합니다. 즉, 현대의 남녀가 지금까지 존재해 왔던 모든 인류와 여전히 동일한 인류이며 마귀에게 지배를 당하는 죄인이기에, 그들은 거듭나야만 하며, 오직 그리스도의 보혈로만 구원을 받을 수 있는 존재라는 것입니다. 여전히 사람들의 마음을 변화시키는 설교가 바로 이런 설교입니다. 왜냐하면 이것이야말로 유일한 진리이기 때문입니다.
Christian Conduct(로마서 강해 12), p.80

설교
:기름 부음

> 설교는 사람들에게 무엇인가를 행하는 어떤 것입니다.
>
> Preaching and Preachers(설교와 설교자), p.85

저는 전에 신문에서 너무나 감동적인 어떤 이야기를 읽은 적이 있습니다. 그것은 수년 전 스코틀랜드 글래스고에 위치한 성 앤드류 홀에서 벌어진 어떤 모임에 대한 설명이었습니다. 종종 정치 집회에도 참석하는 알렉산더 가미Alexander Gammie라는 종교 작가가 그 모임에 대한 보고서를 작성하였습니다. 그는 이 모임에서 두 사람이 동일한 주제에 대해 연설하는 것을 듣고서 후에 이에 대해 다음과 같이 기록했습니다. "그들은 둘 다 훌륭한 연사였으며 매우 웅변적이었고 능력이 출중했습니다. 특히 그들은 그들의 논점을 훌륭하게 배치했고 사건의 진상을 매우 잘 진술했습니다. 다만 두 연사 사이에 엄청난 차이점이 있었는데…… 첫째 연사는 변호사처럼 말했으며, 둘째 연사는 증인처럼 말했다는 것입니다." 바로 이것이 차이점입니다! 첫째 연사는 소송 의뢰인과 함께 앉아 있는 변호사였습니다. 그는 사건의 진상을 진술했고, 그것을 믿었기 때문에 매우 훌륭하게 진술했습니다. 그러나 둘째 연사는 그 이외에 다른 무엇인가가 있었습니다. 그는 바로 그 사건의 증인이었던 것입니다.

Joy Unspeakable(성령 세례), p.98

기독교 설교의 임무는, 상황이 어떠하든지, 또는 우리 앞에 어떤 미래가 놓여 있든지 간에 만일 우리가 하나님과 올바른 관계를 유지하고 있다면 그런 상황이나 미래가 궁극적으로 아무런 문제가 되지 않으며 그것들이 우리를 유린하거나 파괴하지 못할 것이라고 말해 주는 것입니다.

Walking with God(요한일서 강해 2), p.12

다시 한 번 말씀드립니다. 복음 설교가 여러분으로 하여금 생각하게 만들지 않는다면, 과거 여러분의 삶 가운데 한 번도 생각해 보지 않았던 것을 생각하게 만들지 않는다면, 그것은 아주 나쁜 설교입니다.

Authentic Christianity(사도행전 강해 3), p.74

접근법 approach

저는 설교 본문 없이는 결코 설교할 수 없습니다.

Knowing the Times(시대의 표적), p. 198

베드로가 일어서서 설교했습니다. 그는 설교 문구를 어떻게 다듬을지, 아주 계산된 멋진 예화를 어떻게 설교에 배치할지를 연구하기 위해 시간을 허비하지 않았습니다. 이런 것들은 신약성경의 가르침과 맞지 않습니다. 베드로는 살아 있었으며, 다른 사람들도 살아 있기를 소망했습니다. 그는 영혼의 짐을 느꼈고, 그래서 복음의 위대한 진술을 여기에 맞추고 적용했습니다. 바로 이것이 설교의 목적이 되어야 합니다……여러분은 동일한 것을 말하는 저의 설교에 질렸습니까? 글쎄요, 저는 사도 베드로가 한 설교의 모범을 따를 뿐입니다(벧후 1:12,13 참고). 저는 베드로가 옳으며, 저 역시 옳다고 확신합니다! 우리의 가장 큰 난제는 바로 이것을 잊는 것입니다……저는 이것이 그 어느 때보다도 오늘날의 우리 목회에 가장 필요한 중대한 신호라고 생각합니다. 그리스도인 된 백성들은 그들이 알고 있었던 것들을 잊고 있습니다. 그리고 그것이 바로 지금 우리가 이런 혼란과 혼동 가운데 있는 이유입니다. 따라서 설교의 임무는 바로 이것들을 다시 상기시키는 것입니다.

Christian Conduct(로마서 강해 12), p. 117

저는 종종 우리가 성경과 대화하고 성경에 질문하지 않기 때문에 성경을 올바르게 해석하는 일에 실패하며, 잘못 이해한다고 생각합니다. 성경과 대화하고 질문하는 것은 참으로 훌륭한 일이며, 매우 가치 있는 일입니다.

The Love of God(요한일서 강해 4), p. 76

설교자가 빠질 수 있는 가장 치명적인 습관 가운데 하나는, 단순히 설교할 본문을 찾기 위해 성경을 읽는 것입니다. 이것은 참으로 무섭고도 위험한 습관입니다. 여러분은 이것을 반드시 깨달아 전력을 다해 싸우고 물리쳐야 합니다.

Preaching and Preachers(설교와 설교자), p. 172

설교
:기름 부음

여러분의 설교가 신학에 의해 통제받는 것과 신학 자체를 설교하는 일에는 엄청난 차이가 있습니다. 우리의 설교는 언제나 신학의 지배를 받아야 합니다. 우리는 진리를 제시함에 있어서 반드시 성경적이어야 합니다. 그것은 신학을 설교하는 것과는 사뭇 다른 것입니다.

Saving Faith(로마서 강해 10), p.140

저는 유약함 가운데서 강단에 올라가지만 능력으로 설교를 마칩니다. 반면에 자신감을 가지고 강단에 올라가지만 바보가 된 것 같은 느낌을 받기도 합니다.

Spiritual Depression(영적 침체와 치유), p.131

회중 congregation

만일 성령께서 설교자에게만 임하신다면, 회심은 발생하지 않을 것입니다. 성령께서는 회중에게도 역사하십니다. 이것은 특히 사도행전에 아주 풍성하게 나타나 있습니다……이것은 성령의 이중적 사역입니다. 그분은 강단에 있든지 개인적이든지 설교자를 붙드시고 그를 능하게 하십니다. 그리고 또한 그 설교를 듣는 회중들을 붙드시고 그들의 마음에 역사하시며, 그들의 감정과 의지를 움직이십니다. 이 두 가지 일은 동시에 발생하는 것입니다.

Authentic Christianity(사도행전 강해 2), p.208

정의 definition

설교란 그 설교를 듣는 사람을 이전과는 전혀 다른 사람으로 만드는 어떤 것입니다. 다른 말로 설교는 설교자와 청중 사이에 존재하는 일종의 업무 집행과 같습니다. 그것은 인간의 영혼과 그의 전 인격에 어떤 일을 수행합니다. 설교는 회중을 매우 생생하고도 철저한 방식으로 다루는 것입니다.

Preaching and Preachers(설교와 설교자), p.53

목표 goal

만일 설교자가 저에게 하나님을 의식하게 해 준다면, 그가 저의 영혼에 무엇인가를 해 준다면, 그 자신이 부적합한 자라고 할지라도 위대하고도 영광스러운 어떤 것을 다루고 있다는 의식을 전달해 준다면, 만일 그가 희미하게나마 하나님의 위엄과 영광의 빛을, 우리 구세주 그리스도의 사랑을, 그리고 복음의 장엄함을 비추어 주기만 한다면, 저는 그의 모든 것을 용서할 수 있습니다.

Preaching and Preachers(설교와 설교자), p. 98

여러분 가운데 어떤 분들은 마틴 루터가 그의 친구 필립 멜랑톤이 막 사역을 시작했을 때 그에게 해 준 조언을 기억할 것입니다. "만일 그들이 자신의 죄를 혐오하지 않는다면, 대신 당신을 혐오하게 될 때까지 계속 설교하십시오."

Expository Sermons on 2 Peter(베드로후서 강해), p. 43

오늘날의 설교는 사람들을 괴롭히지도 않으며, 오히려 단 한 번의 불안이나 최소한의 혼란도 없이 그들이 원래 있던 대로 그냥 그렇게 방치할 뿐입니다.

Evangelistic Sermons(전도 설교), pp. 52-53

여러분이 성경을 더 많이 알면 알수록 설교는 더욱 쉬워질 것입니다.

The Cross(십자가와 구원), p. 65

저는 저와 같은 가련한 죄인을 공공연히 비난하고자 여기 있는 것이 아닙니다! 저는 그가 저의 설교를 들을 수만 있다면, 그리고 하나님께서 그렇게 해 주시기를 소원하며, 만일 그렇다면 그가 구원받을 수 있고 용서받을 수 있으며, 새롭게 될 수 있고 예수 그리스도 안에서 새로운 삶을 시작할 수 있다는 것을 설교하고자 여기 있는 것입니다.

The Kingdom of God(하나님의 나라), p. 152

이런 주제를 다루는 설교자가 어떻게 따분할 수 있다는 말입니까? 저는 '지루한 설교자'는 그 용어 자체가 모순적이라고 생각합니다. 만일 그가 따분하다면, 그는 결코 설교자가 아닙니다. 그가 강단에 서서 말한다 하더라도 분명히 설교자는 아닙니다. 성경의 위대한 주제와 메시지에 대하여 지루함이란 있을 수 없습니다.

Preaching and Preachers(설교와 설교자), p. 87

설교
:기름 부음

성령 Holy Spirit

성령께서는 설교자에게 신선한 진리의 계시를 베푸십니다. 그것들은 항상 있었습니다. 그러나 설교자는 '계시의 영'을 통하여 그러한 계시를 새로운 방식으로 보게 됩니다. 이 계시의 영이 아니면 설교자는 실패할 것이며, 더 이상 설교에 대한 생각을 할 수 없게 될 것입니다. 저는 이전보다 더욱더 성령을 의존합니다. 진리는 너무 위대하며, 저의 지식은 너무나 미약합니다. 그러나 계시의 성령께서 우리에게 이해와 지식을 주십니다. *God's Ultimate Purpose*(에베소서 강해 1), p. 362

효과적인 사역이 발생하는 것은 성령을 통한 하나님의 능력의 '역사하심', 즉 이 '강력한 역사하심' 때문입니다. 사도 바울이 고린도전서 2장에서 밝히고 있듯이, 그의 설교는 '설득력 있는 지혜의 말이나 사람의 지혜'가 아니었습니다. 그는 어떤 인간적 재능이나 방법이나 계략을 의지하지 않았습니다. 그의 설교는 '성령의 나타나심과 능력'이었습니다(고전 2:4,5 참고). *The Unsearchable Riches of Christ*(에베소서 강해 3), p. 56

저는 집회의 마지막 순간에 '집회의 평가' 로서 사람들에게 앞으로 나아오라고 요청하지 않습니다. 왜 그렇게 하지 않는지 아십니까? 저는 회중들로 하여금 "형제들아 우리가 어찌할꼬?"(행 2:37)라고 외치게 만드는 설교에 성령의 사역이 있음을 믿습니다. 저는 사람들에게 억지로 무엇인가를 결단하도록 하고 예배에 참석하도록 강요하는 것을 이해할 수 없습니다. *Authentic Christianity*(사도행전 강해 1), p. 100

우리는 절대로 성령과 성경을 분리시켜서는 안 됩니다. 성령께서는 성경을 통하여 우리에게 말씀하십니다. 따라서 우리는 하나님의 말씀과 완전히 부합하지 않는 계시는 의심하고 믿지 말아야 합니다. 실제로 지혜의 본질은 인간에 관한 한 '계시' 라는 용어를 사절하고 대신 '조명' 이라는 용어를 사용하는 것입니다. *Christian Unity*(에베소서 강해 4), p. 191

길이 length

저는 어떤 교회들이 설교하러 오는 설교자들에게 오전 11시 정각에 묵상 기도를 시작하여 12시 정각에 축도로 모든 예배를 마쳐야 한다는 시간표를 준다는 말을 들었습니다. 여러분도 아시겠지만, 설교자에게 그 어떤 자유도 주어지지 않습니다. 예배가 절대로 길어서도 안 됩니다. 좋습니다. 그런데 여러분은 사도행전에서 이런 종류의 시간표를 찾을 수 있습니까?

Authentic Christianity(사도행전 강해 1), p.100

방법 method

저는 설교할 때, 결코 저 자신의 이야기나 다른 사람의 이야기를 하지 않습니다. 사람들로 하여금 합창하게 하거나 그들을 부추기거나 흥분시키려는 어떤 시도도 하지 않습니다. 저는 그들을 설복할 뿐입니다.

I Am Not Ashamed(내가 자랑하는 복음), p.42

참으로 탁월한 이정표는 단순합니다. 알기 어렵고 복잡한 것은 힘없는 지성일 뿐입니다.

Banner of Truth, Issue 275(배너 오브 트루스 정기 간행물)

우리가 지금 하고 있는 바와 같이, 성경 한 권을 차례대로 설교하는 일은 모든 구절을 만나게 만든다는 유익을 가지고 있습니다. 우리는 그 앞에 서서 그 말씀들을 살펴보고, 그 말씀들이 우리에게 말씀하도록 합니다. 그런데 흥미롭게도 실제로 아주 저명한 성경 강사들은 특정한 서신들을 전혀 강해하지 않습니다. 그들이 설명하기에는 힘든, 그래서 회피하기로 작정한 몇몇 어려움들이 그 서신에 있기 때문입니다.

God's Ultimate Purpose(에베소서 강해 1), p.84

책임 responsibility

기독교의 강단에 서서 설교하는 사람은, "저는 여러분께 제안합니다"라든가 "제가 이렇게 말씀드려도 될까요?"라든가 "전체적으로 볼 때 저는 이렇게 생각합

설교
:기름 부음

니다" 라든가 "저는 거의 그렇게 생각합니다", 또는 "모든 연구와 지식과 사상의 결론에 비추어 볼 때 모든 것이 이렇게 귀결되는 것 같습니다"라고 말해서는 절대 안 됩니다. 결코 그래서는 안 됩니다. 우리는 오히려 "우리는 여러분에게 이것을 선포하는 바입니다"라고 외쳐야 합니다. 저는 오래전부터 교회와 교회의 설교자들을 향해 너무나 교조적이라는 비난이 자주 제기되었음을 잘 알고 있습니다. 그러나 신약성경의 의미로 미루어 볼 때, 교리적이지 않은 설교자는 결코 설교자가 아닙니다. 우리는 자신의 견해에 있어서 아주 겸손해야 하며, 우리의 사상을 입 밖에 낼 때에 매우 주의를 기울여야 합니다. 그렇지만 설교하는 일에 관한 한 우리는 그러한 영역에 속해 있지 않습니다. 우리는 그러한 것에 관심을 기울이지 않습니다.
The Love of God(요한일서 강해 4), p.6

우리 모두는 반드시 실제적이어야 합니다. 실제적이 되지 않고서는 성경을 강해할 수 없기 때문입니다. 저는 강사가 아니라 설교자입니다. 저는 설교자의 성경 강의를 믿지 않습니다.
Assurance(로마서 강해 2), p.301

설교에 대한 저의 책임은 대단히 심각하고도 중대한 것입니다. 저는 제가 복음을 어떻게 설교하고 선포하느냐에 따라서 그 결과에 대한 책임을 지게 될 것입니다.
Love so Amazing(골로새서 강해), p.107

우리는 하나님의 말씀을 설교하는 것과 하나님의 말씀에 관하여 설교하는 것 사이에 엄청난 차이점이 있음을 기억해야만 합니다. 사람을 구원하는 설교는 오직 하나님의 말씀을 설교하는 것뿐입니다.
Knowing the Times(시대의 표적), p.24

그 어떤 설교자든지 기도하는 것보다 설교하는 것이 훨씬 더 쉽다고 말할 것입니다.
Authentic Christianity(사도행전 강해 1), p.173

성경은 항상 선포되어야 합니다.
God's Sovereign Purpose(로마서 강해 9), p.25

진리의 적용 없이 단순히 그것을 진술하는 사역은 실패하고 말 것입니다. 참된 의의 설교는 그 설교의 말씀을 실천에 옮기도록 촉구합니다.

Christian Unity(에베소서 강해 4), pp. 205-206

만일 제가 여러분에게 저 자신이 이해할 만하고 여러분 또한 이해할 만한 설교를 한다면, 그것은 복음이 아닐 것입니다. 저는 영원불멸하신 하나님을 설교해야 합니다.

Authentic Christianity(사도행전 강해 4), p. 235

그렇지 않습니다. 이 메시지는 사도 요한과 그의 동료 사도들에게 계시된 메시지입니다. 저는 이 사도들과의 교제에 빠졌습니다. 그래서 이 메시지를 반복하여 설교하는 것입니다. 그렇지만 신비주의자들은 자신이 새롭고도 신선한 메시지를 받았다고 말하며, 그 자신이 직접적인 감동의 상태에 있다고 주장합니다.

Fellowship with God(요한일서 강해 1), p. 94

금세기 가장 최고의 발견, 특히 2차 세계 대전 기간의 발견 가운데 하나는 바로 균형 잡힌 식단의 중요성입니다. 사람들은 종종 충분한 음식을 섭취하지 못했기 때문만이 아니라 식단의 균형이 무너졌기 때문에 병에 걸립니다. 이것은 영적 음식에 있어서도 동일하게 대단히 중요합니다. 인용문이 밝히 말하고 있듯이, 우리의 식생활은 반드시 교훈과 교리로 구성된 균형 잡힌 식단으로 이루어져야 합니다.

Christian Unity(에베소서 강해 4), pp. 204-205

영적 영양분에는 젖과 질긴 고기가 있습니다. 설교자는 이 둘의 차이점을 알아야 합니다. 그리고 양 떼들의 필요에 따라 다양한 식단을 준비해야 합니다. 젖도 준비하고 고기도 준비해야 합니다. 그렇지 않으면 그의 설교는 훈육에 이르지 못할 것입니다. 뿐만 아니라 목양에는 다양한 상황이 존재합니다. 그리고 하나님의 말씀은 가능한 한 많은 다양한 상황 속에서 적용되어야 합니다. 어떤 회중들은 기뻐하겠지만, 또 다른 회중들은 슬퍼할지도 모릅니다. 교회 안에는 핍박과 환난을 인내하고 참는 회중들도 있으며, 승리를 기리는 회중들도 있을 것입니다. 여기 모든 이들을 위한 하나님의 말씀이 있습니다. 그리고 하나님의 완전한 말씀에 대한 충만한 사역만이 모든 조건과 상상할 수 있는 모든 상황에 대처할 수 있을 것입니다. *Christian Unity*(에베소서 강해 4), p. 204

저는 그리스도의 비밀의 청지기로 부르심을 받은 사람들, 하나님의 말씀을 맡은 사람들이 스스로 그 말씀을 공격하고 평가절하하며, 그것을 믿는 다른 사람들의 믿음을 흔드는 것을 볼 때마다 전율하지 않을 수 없습니다. 이것보다 더 무시무시한 일은 없습니다. *The Righteous Judgement of God*(로마서 강해 8), pp. 171-172

기름 부음unction

설교는 성령의 나타나심과 능력입니다. 설교자는 자신이 아무리 완전한 설교문을 준비했다 할지라도 성령의 능력이 그 설교와 설교자 자신에게 임하지 않으면 아무 소용 없으며 쓸모없는 것이 된다는 사실을 깨달아야만 합니다. 그리고 그는 반드시 이것을 위하여 기도해야만 합니다. *Revival*(부흥), p. 124

지금 사도 베드로가 말하고자 하는 요점은 '이 일이', 즉 복음이 '하늘로부터 강림하신 성령으로 말미암아' 우리에게 알려진 것이라는 점입니다. 성령께서 설교자를 붙잡고 사용하시는 것입니다. 이것이 바로 제가 말하는 '기름 부음'이며 '능력의 나타남'입니다. *Authentic Christianity*(사도행전 강해 2), p. 207

여기에 두 가지가 있습니다. 즉, '성령 하나님' 과 '하나님의 말씀' 입니다. 우리는 이 두 가지를 절대로 분리해서는 안 됩니다. 만일 우리가 그렇게 한다면, 우리는 곁길로 빠지고 말 것입니다. 어떤 사람들은 오직 말씀만을 강조합니다. 그들은 지성주의자들로서, 이렇게 말합니다. "오, 하나님의 말씀 외에 중요한 것은 하나도 없습니다." 그들은 성경을 읽고 연구하며, 신학과 교리의 권위자가 됩니다. 그리하여 그들은 자신의 위대한 지식을 자랑하고, 자신과 함께하는 사람들을 칭찬합니다. 그러나 이것은 세속 사회의 하찮은 상호주의에 지나지 않습니다. 아무도 회심하지 않습니다. 아무도 죄를 회개하지 않습니다. 지식과 이해로만 가득 찬 머리는 정말이지 얼마나 무익한 것입니까! 여러분이 알다시피, 이것이 '오직 말씀만'을 외치는 사람들의 모습입니다.

Authentic Christianity(사도행전 강해 2), p. 209

설교자는 종종 자신이 전한 가장 최고의 말이 자신이 미리 묵상하지도 않았고 심지어 설교문을 작성할 때 생각해 본 적도 없는데 실제로 설교하는 동안 주어진 것임을 발견하게 됩니다. 이는 참으로 놀라운 일 가운데 하나입니다.

Preaching and Preachers(설교와 설교자), p. 84

하나님의 미소가 우리 위에 임하는 것과 그렇지 않은 것의 차이를 알고 있습니까? 이것은 설교자의 시금석입니다. 단순히 인간적인 이해와 능력으로 설교하는 것과 하나님의 은총을 의식하고 설교하는 것 사이에는 어마어마한 차이가 있습니다……저에게 있어서 설교자가 하나님의 미소와 은총의 자각 없이 강단에 홀로 있는 것보다 더 무시무시한 일은 없습니다.

Revival(부흥), p. 295

저는 모든 겸손 가운데 하늘 아래 성령의 능력을 아는 것보다 더 복된 일은 없다고 말씀드리는 바입니다. 저는 이것에 대해서 전혀 알지 못한 채로 설교하고 성경을 강해하는 설교자들을 매우 유감스럽게 생각합니다. 설교자 자신의 능력으로 설교하는 것과 성령의 능력으로 설교하는 것 사이에는 말로 전혀 설명할 수 없는 엄청난 차이가 있습니다. 이것은 그리스도인의 모든 대화와 활동과 노력에서도 동일하게 발생할 수 있습니다.

The Unsearchable Riches of Christ(에베소서 강해 3), p. 298

간급성 urgency

여러분의 귀를 크게 여십시오! 제가 여러분에게 드리는 말씀이 여러분이 감당하

**설교
:기름 부음**

기 매우 어려울 것입니다. 그러나 청종하십시오! 여러분 자신을 위해서 들으십시오. 전력을 다해 청종하십시오. *Authentic Christianity*(사도행전 강해 4), p.14

어떻게 설교자를 침묵하게 만들 수 있다는 말입니까?
Authentic Christianity(사도행전 강해 3), p.146

저는 여러분을 배심원단 앞에 세우는 것입니다.
God's Way Not Ours(우리의 방법이 아닌 하나님의 방법), p.89

시각적 자료 visual aid

저는 이 시점에서 잠시 화제를 돌려, 우리가 살아가는 이 시대의 사람들이 그들이 받은 엄청난 교육과 그들이 자랑하는 문화에도 불구하고, 단순히 듣는 것만으로는 진리를 받아들이는 데 어려움을 느끼면서 점점 더 시각적인 도움에 의존하게 된다는 사실을 지적하고자 합니다. 이것은 매우 슬픈 일이 아닐 수 없습니다.
Great Doctrines of the Bible(교리 강해 3), p.28

설교 : 설교자, 설교하기
Sermon : Preachers, Preaching

**설교:
설교자,
설교하기**

사람들은 예배 시간의 설교 대신 '연설'에 대해서 논하기 시작했습니다. 이것은 그 자체로 교묘한 변화의 징조입니다. 설교가 아닌 '연설', 심지어 강연 같은 것 말입니다. 저는 이 문제에 대하여 나중에 더 자세히 다룰 것입니다. 최근 미국에 있는 어떤 사람이 『조용한 이야기』*Quiet Talks*라는 제목의 시리즈를 출판했습니다. 이 제목은 중대한 의미를 함축하고 있습니다. 여러분이 알다시피, 조용한 이야기란 설교자들의 외침과 대비되는 말입니다. 기도에 대한 조용한 이야기, 능력에 대한 조용한 이야기 등등 말입니다. 달리 말하면, 이 제목은 그들이 더 이상 설교하지 않겠다는 것을 선언하는 것과 같습니다. 그들은 설교를 영성이 결핍되어 있는 어떤 육적인 것으로 여기면서, 그들에게 필요한 것은 부담 없는 세상 한 담이나 조용한 강연 등과 같은 것이라고 말합니다.

Preaching and Preachers(설교와 설교자), p.16

설교란 한 구절 또는 한 문단의 연속적인 주석이나 단순한 해설, 또는 의미의 나열이 아닙니다. 오늘날 많은 사람들이 스스로 소위 강해 설교라고 간주하는 설교에 큰 관심을 기울이고 있습니다. 그러나 실상 강해적 설교가 무엇인지를 전혀 모르고 있다는 것을 그들 스스로 보여 주고 있습니다. 그렇기 때문에 이것을 매우 강조하는 것입니다.

Preaching and Preachers(설교와 설교자), p.72

저는, 1년 중 어떤 특정한 시기에 매우 유명하고도 고귀한 인사들이 대거 예배에 참석할 때에는 설교자의 설교가 7분을 넘어서는 안 된다는 지침을 받는 교회가 있다는 것을 고위 당국자에게서 들은 적이 있습니다.

Christian Unity(에베소서 강해 4), pp.201-202

추천 recommendation

스펄전과 휫필드와 에드워즈와 모든 영적 거인들의 설교를 읽으십시오. 그들도 청교도들의 설교를 읽었으며 거기서 큰 도움을 받았습니다. 그들은 마치 청교도들을 의지하여 살았던 사람처럼 보입니다. 젊은 설교자들로 하여금 그들을 의지하게 하십시오. 청교도들의 도움을 받게 하십시오.

Preaching and Preachers(설교와 설교자), p.120

테이프 tape

제가 볼 때, 오늘날의 테이프 녹음은 기괴하고도 유별나게 혐오스러운 것입니다.

Preaching and Preachers(설교와 설교자), p.18

설교술
:설교

설교술 : 설교 Homiletics : Preaching

설교에 있어서 로이드 존스는 과장법을 사용했습니다. 그러나 그는 설교가 반드시 기계적인 구조, 즉 운율을 갖추는 것이나 그와 같은 수사법을 사용하는 것을 지독하게 나쁘게 생각했습니다. 그렇다고 해서 그가 설교 준비 자체와 설교 안에 있어야 할 질서를 반대한 것은 아닙니다. 이것은 그의 설교가 증거하는 바이기도 합니다. 그는 이런 의미에서 자신의 교회와 가까운 곳에 있는 교회에서 목회하던 생스터W.E. Sangster의 책들을 언급했습니다. 메소디스트 웨스트민스터 센트럴 홀은 아마 런던에서 가장 큰 규모의 회중이 모인 예배당이었을 것입니다.

마지막으로, 정말 마지막으로 설교술에 관한 것입니다. 이것은 제게 있어서 거의 혐오스럽기까지 한 일입니다. 시중에는 『설교 구조의 기술』The Craft of Sermon Construction 또는 『설교 예화의 기술』The Craft of Sermon Illustration과 같은 제목의 책들이 있습니다. 저는 이런 책들을 설교의 매춘과 똑같이 여깁니다.

Preaching and Preachers(설교와 설교자), p.118

설교자 Preacher

설교자

부르심 call

제가 설교 강단에 서는 것은 나의 선택 때문만이 아니라는 것을 하나님은 잘 아십니다. 하나님의 부르심이 아니었다면 저는 설교 사역을 하고 있지 않았을 것입니다. 제가 하는 모든 일은 그분의 부르심에 응하는 것뿐입니다. 그것은 하나님의 방법입니다. 하나님께서 사람들을 부르시고 구별하시며 메시지를 주시고, 성령께서 조명하시기 위해 임하는 것입니다.

Life in the Spirit in Marriage, Home and Work(에베소서 강해 6), p.172

만일 하나님의 부르심이 아니었다면 저는 설교자가 되지 않았을 것입니다. 저에게 이것은 직업이 아닙니다. 저는 직업으로 강단 사역을 선택한 것이 아닙니다.

I am Not Ashamed(내가 자랑하는 복음), p.39

사람이 스스로 설교자가 되겠다고 자기 자신을 세우는 것은 전적으로 비성경적인 것입니다.

Saving Faith(로마서 강해 10), p.284

부르심은 일반적으로 사람의 영 안에서 자각의 형태로 시작합니다. 그것은 일종의 압박에 대한 깨달음……영적 영역에서의 혼란……그래서 여러분의 마음은 이 설교라는 문제에 집중하게 됩니다. 여러분이 의도적으로 생각해 보지 않았거나 냉담하게 그러한 가능성조차 생각하지 않았던 것을 몇 번 고찰해 보고 나서 본격적으로 생각하게 되는 것이 아닙니다. 부르심은 결코 그렇지 않습니다. 부르심은 여러분에게 발생하는 것입니다. 그것은 하나님께서 여러분을 다루시는 것이며 성령을 통하여 여러분에게 역사하시는 것입니다. 부르심이란 여러분이 무엇을 하는 것이 아니라 깨닫게 되는 어떤 것입니다. 그것은 여러분을 향한 일종의 공격입니다. 부르심이란 여러분에게 나타나는 것이며, 계속해서 이런 방식으로 여러분에게 압력을 가하는 것입니다.

Preaching and Preachers(설교와 설교자), p.104

저는 설교자로 부르심을 받은 사람은 다른 일을 전혀 할 수 없다고 말하고 싶습니다. 어떤 의미에서 그는 다른 일로는 전혀 만족할 수 없습니다. 설교를 위한 이 부르심이 그에게 저항할 수 없을 만큼 강하게 임하기 때문에 "나는 다른 일은 전혀 할 수 없습니다. 나는 반드시 설교해야만 합니다"라고 말하게 만드는 것입니다.

Preaching and Preachers(설교와 설교자), p.105

자신이 유능하다고 생각하는 사람, 설교를 쉽게 할 수 있다고 생각해서 그 어떤 두려움이나 떨림의 의식 없이 또는 전혀 주저함 없이 부리나케 설교하려는 사람은, 자신이 '절대로 설교자로 부르심을 받은 적이 없는' 사람이라는 것을 증명할 뿐입니다.

Preaching and Preachers(설교와 설교자), p.107

설교자

우리가 다 설교자로 부르심을 받은 것은 아닙니다. 그러나 오늘날의 어떤 교훈은 우리가 모두 다 거의 그렇게 부르심을 받았다고 가르치는 것 같습니다. 사람이 회심하는 순간에 그 회심을 간증하고 설교합니다. 그러나 우리는 결코 그런 방식으로 설교해서는 안 됩니다. 우리가 다 선교사로 부르심을 받은 것은 아닙니다. 우리가 다 하나님의 전임 사역자로 부르심을 받은 것은 아닙니다.

God's Way of Reconciliation(에베소서 강해 2), p. 459

저는 사역자로서의 부르심, 즉 목사로서의 부르심이 이 세상에서 가장 최고의 부르심이라고 생각합니다. 저는 여러분이 양 떼들의 성장과 발전을 위해 애쓰는 동안 성령께서 그들을 다루시고 감찰하시며 살피시고 그들에게 진리를 계시하시는 것과 비견할 만한 다른 일은 없다고 생각합니다.

The Gospel of God(로마서 강해 7), p. 240

설교자는 태어나는 것이지 만들어지는 것이 아닙니다. 이것은 절대적입니다. 어떤 사람이 설교자로 태어나지 않았다면, 여러분은 절대로 그를 설교자로 만들 수 없습니다.

Preaching and Preachers(설교와 설교자), p. 119

신약성경은 매우 분명하게 이것을 구분합니다. 즉, 어떤 특정한 사람들만이 공적으로 교회를 대표하여 메시지를 전파하도록 부르심을 받고 구별되는 것입니다. 이러한 일은 장로들, 특히 가르치는 은사를 받은 목사와 교사로서 가르치는 장로들에게 제한되어 있습니다.

Preaching and Preachers(설교와 설교자), pp. 102-103

준비 preparation

설교자의 가장 중요한 사역은 그의 설교가 아니라 자기 자신을 준비하는 것입니다.

Preaching and Preachers(설교와 설교자), p. 166

설교자가 복음을 설교하기 원한다면, 그는 열심히, 더 열심히 연구해야만 합니다. 기독교 목회 사역 초창기에 저는 설교에 빠졌습니다. 그러나 지금 저는 더 열심히 연구해야만 합니다. 이것은 그리스도인의 삶에서도 동일합니다. 설교자가 자기 자신의 공상이나 취미가 아니라 분명히 그리스도의 복음을 설교하고 있다는 사실을 확인할 수 있는 최고의 증상이 있습니다. 즉, 어떤 사람들이 그의 말을 극렬하게 반대하고 그가 그렇게 말했기 때문에 그 설교에 대하여 불쾌감과 적의의 감정을 드러내는 것을 보는 것입니다. *Evangelistic Sermons*(전도 설교), p.52

책임 responsibility

하나님의 책의 주해자, 곧 설교자가 된다는 것은 이 세상에서 가장 위험한 일 가운데 하나입니다. *The Christian Warfare*(에베소서 강해 7), p.180

제가 이해하는 바, 저는 곤란과 걱정 가운데 빠진 인간에게 성령 하나님의 능력을 통해 하나님과 주 예수 그리스도의 이름으로 말하는 부르심을 받았습니다.
Love so Amazing(골로새서 강해), pp.30-31

우리의 목적은 하나님을 아는 것이며, 하나님을 안다는 것은 그분을 경배하는 것입니다. 여기 아주 보잘것없는 제가, 시간 세계 안에 존재하는 설교자인 제가 영원하신 하나님의 본질과 존재를 논하고 있는 것입니다.
Great Doctrines of the Bible(교리 강해 1), p.52

설교자의 특권이 위대한 만큼 그의 책임 또한 막중합니다.
Assurance(로마서 강해 2), p.235

참된 설교자는 강단에서 진리를 구하지 않습니다. 그는 그 진리를 찾았고 맛보았기에 강단에 서 있는 것입니다. *The Sons of God*(로마서 강해 5), p.47

설교자가 다른 사람들에게 설교하기 이전에 먼저 자기 자신에게 설교하지 않는다면, 그것은 자신이 위선자임을 증명할 뿐입니다. 그렇게 되면 그는 매우 위험한 상태에 처하게 되고 맙니다. *The Righteous Judgement of God*(로마서 강해 8), p.146

반복해서 말하지만, 만일 제가 모든 사람을 향하여 설교할 수 없다면, 저는 누구에게도 설교할 수 없습니다. *The Gospel of God*(로마서 강해 7), p.253

구원의 복음을 전하는 설교자의 첫째 직무는 사람들에게 회개를 촉구하는 것입니다. *The Righteous Judgement of God*(로마서 강해 8), p.57

설교자의 직무는 회중들에게 지적인 위안이나 경험을 나누어 주는 것이 아닙니다. 그의 직무는 사람들에게 영적 진리를 영적인 방식으로 제시하는 것입니다. *The Righteous Judgement of God*(로마서 강해 8), p.145

설교자에게 권위를 부여하는 것은 단 한 가지뿐입니다. 그것은 바로 설교자가 '성령으로 충만'해지는 것입니다. *Preaching and Preachers*(설교와 설교자), pp.159-160

숙녀분 먼저! 오직 강단과 기도 모임을 제외하고 말입니다! *Banner of Truth, Issue 275*(배너 오브 트루스 정기 간행물)

설교자가 자신의 설교뿐만 아니라 다른 목사의 설교에 은혜를 받을 수 있다는 것은 정말 훌륭한 일입니다. 설교자에게 그런 일을 할 수 있는 분은 오직 성령뿐입니다. *Authority*(권위), p.88

'자유주의 설교자들'은 학식과 학문을 즐겨 논합니다. 그러나 그들의 사역을 통해 한 영혼도 구원받았다는 소식을 들은 적이 없습니다. 그러한 가르침은 교회를 텅 비게 만들었을 뿐입니다. 따라서 이제 우리는 우리 자신의 지식과 이성을 궁극적인 권위와 법령으로 내세울 때 그로 말미암아 발생하는 결과를 깨닫기 위해서라도 이런 것들을 분명하고 명백하게 폭로해야 합니다.

Assurance(로마서 강해 2), p. 222

진리를 적용하는 일은 언제나 설교자의 사역의 일부분입니다. 이런 이유 때문에 저는 한 번도 제 자신을 성경 강사로 칭한 적이 없습니다. 성경은 선포되는 동시에 적용되어야만 하는 진리입니다.

To God's Glory(로마서 강해 11), p. 148

평신도가 설교자가 되는 것은 대단히 위험한 일이 아닐 수 없습니다.

Saving Faith(로마서 강해 10), p. 289

섭리 Providence

"너희에게는 머리털까지 다 세신 바 되었나니"(마 10:30). 이 세상에는 정말 우연히 발생하는 것같이 보이는 사건들이 있습니다. 그러나 실상 그것들은 모두 다 하나님의 통제를 받고 있는 것입니다.

Great Doctrines of the Bible(교리 강해 1), p. 97

창조는 사물을 존재하게 하는 것이고, 섭리는 그것들을 보존하고 계속 존재하게 하며 하나님의 목적을 성취하도록 보장하는 사역입니다. 그러므로 하나님의 섭리의 교리는, 하나님께서 단지 어떤 일이 발생할지 미리 아신다는 것을 의미하는 것이 아니라 하나님의 계속적인 활동의 묘사, 즉 하나님께서 태초에 세상을 창조하신 이래 계속 수행해 오셨고 또한 지금도 이 세상에서 수행하고 계신 일에 대한 묘사를 의미하는 것입니다.

Great Doctrines of the Bible(교리 강해 1), p. 140

저는 여러 가지 이유로 볼 때, 우리가 살고 있는 이 20세기에 가장 중요한 교리가 바로 섭리의 교리라고 단언하는 바입니다.

Great Doctrines of the Bible(교리 강해 1), p. 141

성 Sex

하나님께서는 우리에게 성적 본능을 비롯한 여러 다른 본능들을 부여하셨습니다. 그리고 그 모든 것들은 하나님의 방식대로 사용되어야 합니다. 그릇된 금욕주의는 성경적 교훈을 부정하는 것이므로 성경을 통해 정죄를 받을 것입니다.

Great Doctrines of the Bible(교리 강해 3), p.238

성 자체에는 아무런 문제가 없습니다. 그러나 다시 말하지만 성에 무절제의 요소가 더해지면 그것은 아주 추해집니다. 오늘날의 세상은 성을 위해 사는 세상이 되어 버렸습니다. 이것보다 더 나쁜 것은 없습니다. 심지어 몸을 숭배하기까지 하는 것은 더 나쁜 일입니다……좀 더 솔직하고 분명하게 말하면, 성은 하나님께서 여러분에게 주신 것입니다. 그러나 여러분이 자신과 자신의 욕정만을 만족시키기 위해서 몸과 성을 사용한다면, 그것은 여러분의 몸을 더럽힐 뿐만 아니라 인격까지도 더럽히고 말 것입니다.

Christian Conduct(로마서 강해 12), p.67

여러분이 하나님의 영광을 위해서 먹고 마시고 살아가듯이, 성은 하나님의 영광을 위해 사용될 수 있습니다. 성이 하나님의 영광을 위해서 사용될 수 없다고 생각하는 것은 이 모든 교훈을 오해한 데서 나온 것이며, 기독교적 입장에 서 있는 것이 아닙니다.

Christian Conduct(로마서 강해 12), p.68

하나님께서는 우리에게 성을 포함한 여러 가지 선물을 주셨습니다. 성 자체와 그 안에 있는 에로틱한 요소에는 아무런 문제가 없습니다. 실제로 저는 좀 더 나아가서 성에는 반드시 그런 요소가 있어야 한다고 믿습니다. 제가 이것을 언급하는 이유는 이런 것들에 대해서 매우 자주 질문받기 때문입니다. 저는 매우 자연스러운 이 성에 대해 잘못된 생각을 갖고 있는 어떤 그리스도인들이, 그리스도인 남자는 그리스도인 여자라면 아무하고나 결혼할 수 있다고 결론을 내리는 것을 보았습니다. 그들은 결혼을 생각할 때 오직 그리스도인이라는 것만 중요하다고 말합니다. 그들은 성의 자연적 요소와 함께 모든 것을 다 폐기해 버리는 것입니다.
Life in the Spirit in Marriage, Home and Work(에베소서 강해 6), p.135

성교육 sex education

저는 도덕 수업이라고 불리는 것을 믿지 않습니다. 요즘 학교에 소개되고 있는 성교육 말입니다. 죄로 말미암아 어린이들의 마음과 지성은 더 이상 순수하지 않습니다. 그렇기 때문에 그러한 성교육은 오히려 그들에게 성에 대해 알고 싶은 더 큰 욕망과 그것을 경험해 보고 싶은 욕정을 불러 일으킬 것입니다. 그들은 이미 이러한 문제들에 대하여 은밀하게 다 알아 두었습니다. 그러므로 성에 대한 수업은 단지 그러한 관심을 더욱 강력하게 만들고 죄를 짓도록 그들을 더욱 자극하게 될 것입니다.
Assurance(로마서 강해 2), pp.293-294

저는 매우 강하게 진술했습니다. 언제든지 저는 실제로 성에 대한 빅토리아 시대의 태도는 오늘날보다 훨씬 더 성공적이었다고 주장합니다. 저는 빅토리아 왕조 시대의 풍조를 변호하는 데 관심이 있는 것이 아니라, 성경을 주해하는 데 관심이 있습니다. 성경은 성에 대한 도덕 수업이 매우 위험해질 수 있음을 교훈합니다.
The Law:Its Functions and Limits(로마서 강해 4), p.81

그 누구도 성을 통제하고 제어할 목적으로 책을 읽음으로써 부도덕성을 치유한 적이 없습니다. 절대로 그런 적이 없었고, 앞으로도 없을 것입니다.
God's Way Not Ours(우리의 방법이 아닌 하나님의 방법), p.68

과거에 자연적 본능들 가운데 어떤 것들이 죄악적이라고 말했던 거짓 교사들이 있었습니다. 예를 들어, 성적인 본능을 선천적으로나 본질적으로 죄악 된 것이라고 간주했던 사람들이 있었습니다. 그러나 그것을 우리 몸에 절대로 필요한 중대한 부분으로 부여하신 분은 하나님이십니다. 성 그 자체에는 아무런 문제도 없습니다. 문제는 성이 올바른 위치에서 통제되고 사용되지 않고, 반대로 그것

이 전 인격을 지배하게 될 때 발생합니다. *The New Man*(로마서 강해 3), p. 75

만일 여러분이 순수하지 않다면, 여러분 안에 있는 그 자체로 선한 것들이 오히려 해가 될 수도 있습니다. 바로 이것이 제가 어린이들을 위한 성교육이나 성윤리 수업을 절대로 신뢰하지 않는 이유입니다. 여러분은 성교육을 통해 그들로 하여금 죄를 짓게 만들 수도 있습니다.

Studies in the Sermon on the Mount(산상설교), p. 240

모든 사람들이 성적 타락과 도착을 비난하고 정죄하는 일에 동의했던 시대가 있었습니다. 그러나 오늘날은 더 이상 그렇지 않습니다. 오늘날 성은 가장 영광을 받고 있습니다. 바로 이것이 윤리와 도덕에 대한 오늘날의 견해입니다. 여러분은 확신할 수 없습니다. 오늘은 옳았던 태도가 내일에는 그렇지 않을 수도 있는 것입니다.

Authentic Christianity(사도행전 강해 1), p. 130

성격 Character

우리의 피는 그 자체를 보여 줍니다. 피는 속일 수 없습니다.

Children of God(요한일서 강해 3), p. 97

성경 Bible

물론 세상에는 다른 위대한 책들이 많이 있습니다. 예를 들면, 셰익스피어의 작품 같은 것 말입니다. 그러나 그 모든 책들을 옆으로 제쳐 두십시오. 셰익스피어의 언어와 묘사가 아무리 훌륭하다고 할지라도, 또한 그의 극적인 열정과 강도가 간혹 압도적이라 할지라도, 그의 희곡은 절대로 성경 사상의 숭고함과 하나님을 알게 하고 높이는 방식과 비교될 수조차 없습니다.

God's Way Not Ours(우리의 방법이 아닌 하나님의 방법), p. 10

『스크루테이프의 편지』The Screwtape Letters에서 C. S. 루이스가 하나님의 말씀을 읽지 않는 것에 대한 문제를 다루지 않는다는 사실을 발견하는 것은 매우 흥미로운 점입니다. 이것은 그의 교훈의 가장 실제적인 결점을 드러내는 중요한 부분입니다. 루이스가 다루고 있는 악한 영의 총책임자는 그의 졸개들에게 신자들로 하여금 성경을 읽지 못하도록 하는 그 어떤 지시도 하지 않습니다. 그러나 이것(성경)이야말로 우리의 주된 무기 가운데 하나가 아닙니까!

The Christian Warfare(에베소서 강해 7), p.152

저는 종종 거의 성경 그 자체가 하나님의 자녀들과 교회만을 위한 책이라고 말하고자 하는 유혹을 받습니다. 불신자들은 거듭나기 전에는 성경을 이해하려 하지도 않으며, 이해할 수도 없습니다. 우리는 산상수훈 중에서 "진주를 개에게 던진다"(마 7:6 참고)라는 주님의 말씀을 기억해야 합니다.

The Final Perseverance of the Saints(로마서 강해 6), p.202

만일 여러분이 사실주의를 원한다면, 성경으로 오십시오.

Love so Amazing(골로새서 강해), p.81

우리는 정말 우리가 신약성경과 구약성경 모두를 가지고 있는 것이 얼마나 놀라운 특권인지 깨닫고 있습니까? 우리는 정말 공개된 성경을 소유하고 있는 유익을 알고 있습니까? 우리는 정말 살아 계신 하나님의 입에서 나오는 이러한 말씀을 가지고 있는 특권과 유익을 실감하고 있습니까?

The Righteous Judgement of God(로마서 강해 8), p.171

예수 그리스도께서는 제자들을 향하여 성령께서 오시면 그들을 모든 진리 가운데로 인도하실 것이라고 약속하셨습니다. 이 약속은 신약성경의 기록을 통해 성취되었습니다. 성경의 정경을 보전하기 위해 교회에게 주어진 지혜는 사도들까지 거슬러 올라가며, 따라서 하나님의 말씀으로 간주될 수 있는 것입니다.

The Love of God(요한일서 강해 4), p.123

성경

하나님의 말씀은 우리에게 비단 일반적인 위로만 제공하는 것이 아닙니다. 저는 성경을 감상적인 수단과 방식으로 읽는 것보다 더 혐오스러운 일은 없다고 생각합니다……많은 사람들이 성경을 순전히 감상적인 방식으로 읽습니다. 그러나 그들은 곤경에 처하게 되며, 실제로 무엇을 어떻게 해야 할지 모릅니다. 그들은 말합니다. "저는 시편을 읽었어요. 시편은 정말 마음을 진정시켜 주는 말씀이네요." 이것은 성경을 읽는 옳은 방식이 절대 아닙니다. 우리는 성경을 읽을 때 모든 지성적인 수단을 다 동원해야 합니다. 성경은 단순히 일반적인 위로를 주고 마음을 진정시켜 주는 것이 아니라 논증을 제공합니다. 그러므로 성경으로 하여금 여러분에게 논증하게 하십시오. *Spiritual Depression*(영적 침체와 치유), p.253

접근법 approach

어떤 주제에 대해 성경이 말씀하고 있는 모든 것을 한꺼번에 모으는 것은 아주 선하고도 지혜로운 일입니다. 우리는 절대로 한 가지 진술만을 토대로 우리의 교리를 세워서는 안 됩니다. 달리 말하면, 우리의 교리가 절대로 성경의 다른 진술과 상충되거나 성경의 분명하고도 명백한 가르침과 모순된 상태로 공식화되어서는 안 된다는 것입니다. *Life in God*(요한일서 강해 5), p.116

우리가 성경을 읽을 때, 모든 것을 당연하게 인정해서는 안 된다는 것을 상기해야만 합니다. 우리는 항상 정신을 차리고 민첩해야 하며, 질문할 준비가 되어 있어야 합니다. 우리는 얼마나 자주 서신서의 서론에 나와 있는 위대한 축복의 말씀들을 간과하는지요!……단순히 그것이 전혀 중요하지 않다는 듯이 이 위대한 단어들을 훑고 지나갑니다. *God's Ultimate Purpose*(에베소서 강해 1), p.138

여러분이 만일 어려운 구절들을 만나게 된다면, 그 말씀에 빛을 비추어 주는 그와 유사한 말씀을 찾기 위해 노력해야만 합니다. *Great Doctrines of the Bible*(교리 강해 3), p.220

따라서 우리는 결코 하나님의 말씀을 피상적으로 읽어서는 안 됩니다. 여기에 항상 적용해야 하는 훌륭한 원리가 있습니다. 만일 외견상의 의미, 즉 말씀 자체가 제시하는 첫 번째 의미가, 다른 명백한 성경의 가르침과 분명히 모순되게 보인다면, 그 의미는 보편적인 진리가 아니므로 그것에 대한 또 다른 설명을 찾아야 합니다.

The Law:Its Functions and Limits(로마서 강해 4), p.148

우리가 성경을 읽을 때마다 우리 지성의 모든 부분이 필요합니다. 우리의 모든 재능과 성향이 총동원되어야 합니다. 심지어는 이것만으로도 충분하지 않습니다. 우리는 반드시 성령의 조명과 영감을 위해 기도해야 합니다.

The Unsearchable Riches of Christ(에베소서 강해 3), p.266

사람이 성경을 읽을 때 어떻게 전율이나 공포를 전혀 느끼지 않고 읽을 수 있는지, 저는 정말이지 놀라지 않을 수 없습니다. 왜냐하면 성경은 완전하신 하나님을 표현하는 동시에 가장 최악의 인간의 모습을 분명하게 드러내 보이기 때문입니다.

Old Testament Evangelistic Sermons(구약을 사용한 복음 설교), p.236

설교나 강연을 들을 때나 성경을 읽을 때 우리가 좋아하는 것만 골라내고 나머지는 모두 버리는 것은 얼마나 쉬운 일인지요? 어떤 사람들은 심지어 혼자 성경을 읽을 때조차 그렇게 합니다. 그들은 단지 성경의 특정 부분들만 읽고 나서 위로를 얻고 기분이 좋아졌다고 말합니다. 물론 이것은 아주 성가신 일이 아닙니다. 왜냐하면 그들은 단지 약간의 위로와 위안을 원하기 때문입니다. 그것이 바로 그들이 성경을 읽는 이유이며, 그 결과 다른 것은 아무것도 얻지 못합니다. 그들은 성경의 일부분만 취하고 나머지를 모두 버리는 사람들과 같습니다.

The Righteous Judgement of God(로마서 강해 8), pp.8-9

저의 최우선적인 조언은 다음과 같습니다. 성경을 체계적으로 읽으십시오. 성경을 이따금씩 여기저기 읽는 것은 대단히 위험한 일입니다. 성경을 그렇게 읽는

> 성경

사람은 자기가 좋아하는 구절들만 읽게 될 것입니다. 즉, 그는 성경 전체를 읽는 일에 실패하고 말 것입니다. *Preaching and Preachers*(설교와 설교자), p.171

만일 여러분이 성경 읽는 것과 공부하는 것을 정말 열망한다면, 항상 질문하십시오. 예를 들어, 사도 바울이 '그러므로'라고 말했다면 여러분은 "바울이 왜 '그러므로'라고 말했을까? 그의 목적은 무엇이며 바로 여기서 그렇게 말하는 이유는 무엇인가?"라고 질문해야 합니다. 그리고 나서 그 질문에 대해 답하려고 노력해야 합니다. *Assurance*(로마서 강해 2), p.171

우리의 성경 읽기는 종종 너무나 피상적입니다. *Assurance*(로마서 강해 2), p.160

여러분은 성경을 셰익스피어나 역사책이나 정치서처럼 연구해서는 안 됩니다. 성경은 여러 교과서 가운데 하나가 아니라 하나님의 말씀입니다. 그것은 매우 특별한 말씀인 것입니다. *Love so Amazing*(골로새서 강해), p.94

여기 나 자신에 대하여 진실을 말하는 유일한 책이 있습니다. *Love so Amazing*(골로새서 강해), p.129

저는 이 세상의 시간을 살아가는 아주 작은 피조물과 같은 나의 배후에 하나님의 영원하신 작정의 교리가 있다는 사실을 아는 것보다 더 크고도 위대한 위로는 없음을 주저 없이 말할 수 있습니다. *Great Doctrines of the Bible*(교리 강해 1), p.94

하나님의 음성을 담고 있는 또 다른 책은 전혀 없습니다. *Evangelistic Sermons*(전도 설교), p.25

이 책 안에는 인류의 모든 문제들을 해결해 주는 메시지가 담겨 있습니다. *Old Testament Evangelistic Sermons*(구약을 사용한 복음 설교), p.130

저는 종종 본관에 들어가기 전에 현관에 잠시 머물러 있는 것의 중요성을 말한 바 있습니다. 사도 바울의 현관은 항상 놀랍습니다.

Saving Faith(로마서 강해 10), p. 223

권위 Authority

우리는 전적으로 성경의 범위 안에 있어야 하며, 그 어떤 것도 더할 수 없습니다. 뿐만 아니라 성경에서 결코 어떤 것을 제하여서도 안 됩니다. 우리는 성경을 고르거나 선택할 수 있는 위치에 있지 않습니다. 우리는 "나는 이것을 믿고 저것을 믿지 않습니다"라고 말할 수 없습니다. "예수님의 가르침은 좋지만, 그분의 기적이나 이적은 믿지 않습니다"라고도 말할 수 없습니다. "나는 예수께서 돌아가신 것은 존경하지만, 그분이 동정녀에게서 탄생하고 무덤에서 육체로 부활하셨다는 것은 믿지 않습니다"라고 말할 수도 없습니다. 여러분이 그렇게 말하는 바로 그 순간부터 여러분은 계시를 부인하는 것이 됩니다. 그것은 여러분이 자신의 독립적인 지성으로 충분히 계시를 판단하고 그것을 면밀히 조사하여 무엇이 참이고 무엇이 거짓인지를 구별할 수 있다고 말하는 것과 같습니다. 결국 그것은 계시의 전체 원리, 즉 사도들과 성령의 독특한 역사를 모두 부정하는 것입니다.

The Unsearchable Riches of Christ(에베소서 강해 3), p. 37

여기에 있는 모든 단어를 다 살피십시오. 그 어떤 것도 양보해서는 안 됩니다. 단어 하나라도 그냥 지나쳐서는 안 됩니다.

The Final Perseverance of the Saints(로마서 강해 6), p. 388

성경에는 모순되는 말씀이 하나도 없습니다.

The Final Perseverance of the Saints(로마서 강해 6), p. 362

모든 단어들이 다 중요하며, 모든 단어들이 가치가 있습니다. 따라서 우리는 그 모든 단어들을 살펴야 하며, 면밀하고도 세심하게 조사해야 합니다.

Assurance(로마서 강해 2), p. 230

성경

항상 '그 책(성경)'에 대해 말해 왔던 우리 신앙의 선조들을 본받읍시다.

Great Doctrines of the Bible(교리 강해 1), p. 242

유익들 benefits

그 고상하고도 높은 특징을 생각해 보십시오. 여러분이 그것을 읽을 때 느끼는 감정을 생각해 보십시오. 마치 참으로 영적 목욕을 한 것 같지 않습니까? 여러분이 얼마나 철저하게 조사당하고 얼마나 수치를 느꼈는지 돌아보십시오. 그리고 여러분 안에서 얼마나 선하고도 고상한 욕망이 솟구치는지, 얼마나 더 나은 생명을 갈망하는지 생각해 보십시오.

I am Not Ashamed(내가 자랑하는 복음), p. 47

만일 '주님과 그의 능력 안에서 강건'하기를 원한다면, 우리는 가장 먼저 이 책을 읽고 묵상하며 철저하게 그것을 씹어 먹어야 합니다.

The Christian Soldier(에베소서 강해 8), pp. 77-78

저에게는 성경이 말해 주는 것이 아닌 한 하나님에 대한 또 다른 지식은 없습니다.

Great Doctrines of the Bible(교리 강해 1), p. 36

이 책 안에는 인류의 모든 문제들을 해결해 주는 메시지가 담겨 있습니다.

Old Testament Evangelistic Sermons(구약을 사용한 복음 설교), p. 130

어려움들 difficulties

궁극적으로 저는 우리가 하나님의 영광에 들어갈 때, 지금 우리를 좌절시키는 이러한 것들에 대한 참 이해를 얻게 될 것이라 믿습니다.

Assurance(로마서 강해 2), p. 251

성경에는 특정한 이율배반적 표현들이 있는데, 믿음의 사람들은 반드시 그것을 수용할 준비가 되어 있어야 합니다. 누군가가 "오, 당신은 이 두 가지를 조화시키지 못하는군요"라고 말할 때, 여러분은 반드시 "오, 저는 그것들을 조화시킬 수 없습니다. 또한 저는 그것을 할 수 있는 척하고 싶지도 않습니다. 그것에 대해 제가 아는 바는 없습니다. 저는 오직 성경이 말씀하시는 것만 믿을 뿐입니다"라고 말할 준비가 되어 있어야 합니다. *Great Doctrines of the Bible*(교리 강해 1), p. 95

저는 권위를 내세울 만큼 대단하지 않습니다. 권위를 내세우기에는 저의 오류가 너무 많습니다. 그 어떤 사람에게도 그러한 권위를 내세울 능력이 없습니다. 저는 다만 성경의 권위에 복종할 뿐입니다. 만일 그렇지 않다면, 저는 결코 서 있을 수 없는 수렁에 빠지고 말 것입니다. *Assurance*(로마서 강해 2), pp. 221-222

여러분이 이해하지 못한다고 해서 그것을 거절하지 마십시오. 대신 여러분의 영혼을 다시 말씀 앞에 두십시오. 다시 그 말씀을 묵상하고, 하나님께서 여러분에게 이해력과 빛을 주시기를 기도하십시오. 여러분이 하나님의 말씀인 성경 앞에 나올 때, 여러분의 영혼보다 더 중요한 것은 아무것도 없습니다. 그것은 여러분의 지성이나 여러분이 받은 훈련보다 더욱 중요한 것입니다. *God's Sovereign Purpose*(로마서 강해 9), p. 147

성경에서 어려운 부분들을 만났을 때, 조금 뒤로 물러서는 것, 말하자면 그것을 다시 전체적으로 조망하는 것은 언제든지 좋은 일입니다. 그 본문의 상세한 내용들에 즉시 빠져 들지 마십시오. 그러면 여러분은 혼란에 빠질 것입니다. 뒤로 물러서십시오. 주요 원리들을 먼저 파악한 다음에 그것을 이해한다면, 여러분은 여러 특별한 진술들을 더 쉽게 다룰 수 있게 될 것입니다. *Assurance*(로마서 강해 2), p. 189

만일 여러분이 매우 높은 장애물을 뛰어넘어야 하는 경기를 한다면, 여러분은 아마도 멀리에서 달려와야 할 것입니다. 여러분이 도약해서 그 장애물을 뛰어넘기를 원한다면, 여러분은 더욱 뒤로 가서 뛰어야 합니다. 장애물 근처에서 그 장애물을 바로 뛰어넘으려고 시도하지는 않을 것입니다. 가능한 한 뒤로 멀리 가서 도움닫기를 더 많이 하면, 여러분은 그 힘으로 장애물을 뛰어넘게 될 것입니다. 이것은 성경 강해에 있어서도 매우 유용한 원리이며, 특히 난해한 구절을 명료하게 해석하는 일에 도움이 되는 원리입니다. <u>Saving Faith</u>(로마서 강해 10), p.253

성경의 어려운 구절들을 연구할 때 인내하며 절대 포기하지 마십시오. 계속해서 그것을 붙잡아 읽고 귀를 기울이십시오. 그러면 돌연 여러분이 안다고 생각했던 것보다 훨씬 더 풍성한 것을 알게 될 뿐만 아니라 그것을 온전히 이해하게 될 것입니다. 우리는 반드시 자주 그렇게 해야 합니다. 왜냐하면, 마귀가 항상 우리 곁에 와서 "이것이나 저것은 너에게 아무런 필요가 없고 소용도 없다. 너는 그것을 이해하지 못할 것이다. 그것을 그냥 신학자들에게 맡겨 두어라"라고 말하기 때문입니다. 절대로 마귀의 말에 귀를 기울이지 마십시오. 오히려 이렇게 말하십시오. "나는 그리스도인이라는 가족에 속해 있다. 나는 이해될 때까지 계속해서 그 말씀을 듣고 읽을 것이다." 반드시 그렇게 하십시오. 그러면 여러분은 대적을 물리쳐 승리할 뿐만 아니라 곧 그 말씀을 이해할 수 있게 될 것입니다.

<u>The Law:Its Functions and Limits</u>(로마서 강해 4), p.189

제가 이해하기에 '믿음'이라는 단어의 의미는, 이 세상에서 어떤 특정한 것을 이해하는 것으로 만족하지 않는다는 것입니다. <u>Assurance</u>(로마서 강해 2), p.250

참된 이해는……우리가 증명할 수 없는 바로 그것을 기쁘게 믿고, 우리가 이해하지 못하는 것을 받아들여야 하며, 궁극적인 결론이 오직 하나님의 거룩한 존재와 성품 안에 존재한다는 것을 가르쳐 줍니다. <u>Assurance</u>(로마서 강해 2), p.252

저는 신약성경이 매우 분명하게 우리의 신앙으로부터 지식이 수반된다는 것을 가르쳐 준다고 믿습니다. 그것은 마치 말이 마차를 끄는 것과 같은 이치입니다. 그것은 서로 묶여 있으며, 결코 분리되지 않습니다. 그러나 항상 앞에 있는 것은 말입니다. 그리고 마차는 말에 의해서 끌림을 당합니다. 즉, 믿음이 먼저요, 지식이 나중입니다. 이것이 올바른 순서입니다. *The Love of God*(요한일서 강해 4), p.147

영감 inspiration

완전축자영감의 교리는 단지 기계적인 구술을 의미하지 않습니다. 진리가 보증됨에도 불구하고 기록하는 사람의 개성은 그대로 남아 있으며, 문체의 개인적 특징과 사상의 양식도 고스란히 남아 있는 것입니다.
Life in God(요한일서 강해 5), p.130

저에게 있어서 성경의 독특한 영감 교리를 위한 가장 심오한 논증은, 예언의 진리, 즉 예언의 성취입니다. *Knowing the Times*(시대의 표적), p.342

어떤 사실들을 믿는 저의 믿음을 흔들어 보십시오. 그렇게 하면 그것에 대한 가르침을 믿는 제 믿음도 흔들릴 것입니다.
Old Testament Evangelistic Sermons(구약을 사용한 복음 설교), pp.255-256

여러분이 신약성경에서 찾게 되는 것은 언제나 하나님의 말씀입니다. 그것은 항상 교차적으로 사용되었습니다. '하나님이 가라사대', '하나님의 영이 말씀하시되', '성경이 일렀으되', '성령께서 말씀하시되'가 바로 그것입니다.
God's Sovereign Purpose(로마서 강해 9), p.166

구약성경은 근본적으로 하나님의 거룩하심과 그 거룩하신 하나님께서 행하신 것에 관한 계시의 말씀입니다. *Great Doctrines of the Bible*(교리 강해 1), p.70

강단 pulpit

저는 강단에 성경 두기를 좋아하는 사람 가운데 한 사람입니다. 성경은 설교자가 바로 성경으로부터 설교해야 한다는 것을 강조하기 위해서 항상 그곳에 있어야 하며, 항상 펼쳐져 있어야 합니다. 저는 단지 성경 본문을 읽기 위해서 성경을 펼치는 사람들을 알고 있습니다. 그들은 곧 성경을 덮어 옆에 제쳐 두고 계속해서 말하기 시작합니다. 저는 이것이 참된 설교의 관점에서 볼 때 매우 잘못된 것이라고 믿습니다. 우리는 언제나 우리가 말하는 것이 성경으로부터 나오며 반드시 성경으로부터 나와야 한다는 인상을 주어야 합니다. 이것은 그 무엇보다도 중대한 것입니다. 바로 이것이 우리 메시지의 기원입니다. 우리가 성경으로부터 그 메시지를 받았기 때문입니다. *Preaching and Preachers*(설교와 설교자), p.75

목적 purpose

성경의 모든 기사들은, 인간 스스로는 하나님을 찾을 수 없기 때문에 하나님께서 인간을 감찰하시며 인간에게 하나님을 계시하셨음에 대한 내용입니다.

Revival(부흥), p.39

성경이 첫 번째로 하는 일은, 사람으로 하여금 인생에 대한 심각하고도 진지한 견해를 갖게 하는 것입니다. *Banner of Truth, Issue 275*(배너 오브 트루스 정기 간행물)

성경은 먼저 죄의 결과에 대한 끔찍한 강해와 생생한 묘사로 시작합니다. 그것이 구약성경의 모든 역사에 묘사되어 있습니다. 예를 들면, 성경은 왜 가장 위대한 영웅 가운데 한 사람인 다윗이 엄청난 죄에 빠져 간음과 살인을 저질렀음을 기록하고 있습니까? 성경이 왜 이런 사건을 묘사합니까? 그것은 우리에게 죄의 결과를 각인시키고, 우리 모든 사람들 안에 그런 죄에 끌려 다니는 무엇인가가 있음을 가르치기 위해서입니다. 우리는 본질상 더럽고도 지독한 죄인인 것입니다.

Studies in the Sermon on the Mount(산상설교 2), pp.307-308

읽기 reading

이 세상에서 가장 어려운 일은 마음을 열고 성경을 읽는 것입니다.

The Heart of the Gospel(복음의 핵심), p.86

저는 참으로 오늘날 복음주의자들의 주요 문제점 가운데 하나가 바로 성경을 너무 경건하게, 즉 주관적으로 읽는 것이라고 생각합니다. *Revival*(부흥), p.96

여러분은 아침마다 정해 놓은 큐티 시간을 채우기 위하여 급하게 처리해야 하는 다른 일들에 앞서 마치 습관이나 관례처럼 성경을 읽습니까? 그것이 여러분이 성경을 대하는 태도입니까? 그것이 아니라면 여러분은 이렇게 말해야 합니다. "여기 저를 향한 하나님의 말씀, 사람들을 향한 하나님의 말씀이 있습니다. 저는 그것이 하나님의 직접적인 말씀이기 때문에 성경을 읽습니다." *The Righteous Judgement of God*(로마서 강해 8), p.171

저는 모든 설교자들이 반드시 적어도 일 년에 한 차례 성경 전체를 체계적으로 읽어야 한다고 믿습니다. *Preaching and Preachers*(설교와 설교자), p.172

저는 성경과 성경 안에 있는 모든 위대한 진술들이 벽마다 아주 유명한 그림이 걸려 있는 탁월한 미술관과 같다고 생각합니다. 그런 장소를 방문하는 어떤 사람들은 정문에서 안내 책자를 구입해 그것을 손에 들고 화랑을 돌며 관람합니다. 1번 항목이 반 다이크의 작품이라고 해 봅시다. 그들은 말합니다. "오, 이것이 반 다이크의 작품이군요." 그리고 나서 그들은 서둘러 아마도 램브란트 작품의 초상화로 추측되는 2번 항목으로 옮겨 갑니다. 그들은 또 말합니다. "아, 이것이 그 유명한 램브란트의 그림이네요." 그리고 나서 그들은 계속해서 이런 방식으로 다른 작품들을 구경합니다. 저는 미술관의 소장품들을 이런 방식으로 관람하는 것이 가능하다고 생각합니다. 그러나 미술관의 모든 전시실을 다 둘러보고는 "아, 이제 국립미술관National Gallery을 모두 '섭렵' 했네요. 이제 테이트 미술관Tate Gallery으로 갑시다"라고 말한다면, 그는 진정한 의미에서 미술관도, 그 미술관에 전시되어 있는 모든 보물들도 제대로 보지 못한 사람입니다. 성경에 대한 접근도 마찬가지입니다. 제가 위에 묘사한 대로 어떤 사람들은 에베소서 1장을 그런 식으로 읽어 나갑니다. 그리고 나서 에베소서를 '섭렵' 했다고 느낍니다. 그러나 저는 필요하다면, 에베소서 1장 앞에 멈추어 서서 많은 시간을 들여 하나님께서 성령을 통하여 우리에게 주신 이 말씀을 묵상하고, 그 풍성한 의미를 찾기 위해 노력하는 편이 훨씬 낫다고 확신합니다.

God's Ultimate Purpose(에베소서 강해 1), p.171

저는 이 책 앞에서 입을 닫습니다. 제가 성경에서 믿는 것 이외에 어떤 것을 말한다면, 그것은 순전히 사상에 불과할 것입니다. 그래서 신약성경에 의하면 '성경의 언급이 없이' 그리스도를 직접적으로 언급하는, 바로 이것이 우리가 취할 수 있는 가장 위험한 입장이 되는 것입니다. The Love of God(요한일서 강해 4), p.123

본문 비평 textual criticism

가능한 한 가장 정확한 본문을 구하는 것이 번역에 있어서 중요합니다. 그리고 의심의 여지 없이 지난 150여 년 동안 바로 이런 점에서 아주 훌륭한 작업들이 이루어져 왔습니다. 한편, 고등 비평은 성경이 다른 모든 책들과 다를 바가 없다고 말하는 성경 접근법입니다. 이 고등 비평은 성경의 독특한 영감을 부정하며, 성경의 무오성 역시 부인합니다. 고등 비평은 성경 역시 반드시 그 역사적 배경 하에서 접근해야 하며, 문법적 관점에서 바라보아야 한다고 말합니다. 여러분은 바로 이런 방식을 통해 흠정역 the Authorized Version을 번역한 사람들과 다른 결론에 도달하며, 장구한 교회 역사에서 교회가 가르쳐 왔던 것과 다른 결론에 도달하게 되는 것입니다. God's Sovereign Purpose(로마서 강해 9), p.80

그리스도인으로서 우리는 반드시 고등 비평과는 매우 다른 본문 비평을 인정해야 합니다. 우리는 고등 비평을 인정할 수 없습니다. 왜냐하면 고등 비평은 단순히 인간의 지성과 견해와 철학을 우리에게 소개하기 때문입니다. 즉, 인간이 그것에 동의하는지 동의하지 않는지에 따라서 어떤 성경이 그곳에 있어야 하는지 없어야 하는지를 결정하기 때문입니다. Liberty and Conscience(로마서 강해 14), p.95

"당신은 갑자기 고등 비평가가 되지 않았습니까!" 아닙니다. 저는 본문 비평가입니다. 이 둘 사이에는 커다란 차이가 있습니다. 여러분이 적절한 문서와 그것의 상대적인 가치를 아는 것은 옳은 일이라고 생각합니다.

Saving Faith(로마서 강해 10), p. 292

통일성 unity

성경의 진정한 구분은 이것입니다. 첫 번째 부분은, 창세기 1장 1절부터 3장 14절입니다. 그리고 두 번째는 창세기 3장 15절부터 성경의 마지막 장까지입니다.

Great Doctrines of the Bible(교리 강해 1), p. 228

진리의 빛은 자연적 빛과 유사합니다. 그 빛은 프리즘에 의해 완전한 빛을 형성하는 여러 가지 다양한 색깔의 빛들로 나뉠 수 있습니다. 하나님의 말씀인 성경도 이와 같습니다. 성경은 모두 하나님의 말씀이며, 성령의 감동을 받았고 완전히 영감되었습니다. 그리고 그럼에도 불구하고 차이가 있으며, 하나의 영광스러운 근본적 진리의 여러 다양한 국면들을 반영하고 있습니다. 성경에는 통일성과 완전성이 있는 것입니다.

Fellowship with God(요한일서 강해 1), p. 10

구약성경과 신약성경의 위대한 메시지가 사실은 하나라는 것은 아무리 자주 강조해도 지나치지 않습니다.

Old Testament Evangelistic Sermons(구약을 사용한 복음 설교), p. 33

이 책은 하나입니다. 우리는 그것을 구약과 신약이라고 부르지만, 그것은 한 권의 책입니다. 어떤 사람들은 이것이 출판사의 총서와 같다고 말합니다. 그러나 그것은 지독한 궤변입니다. 성경은 총서나 전집이 아니라 66개의 부분을 가진 한 권의 책입니다. 하나의 주제와 하나의 메시지를 담고 있는, 오직 한 권의 책인 것입니다.

Old Testament Evangelistic Sermons(구약을 사용한 복음 설교), p. 128

바로 이것이 우리가 가진 성경의 영광입니다. 우리는 구약과 신약을 가지고 있습니다. 저는 이 둘을 모두 다 취하는 것이 정말 얼마나 중요한 것인지를 다시 한 번 강조하고자 합니다. 구약성경만 취하는 것은 매우 잘못된 일입니다. 마찬가지로 신약성경만 취하는 것 역시 잘못된 일입니다. 초대교회로 하여금 이 두 성경을 한꺼번에 해석하도록 지도하신 분이 바로 성령이십니다.

Saved in Eternity(성도의 구원, 요한복음 17장 강해), p.143

저는 신약성경만 인쇄하여 출판된 점에 대하여 유감스러운 마음을 금할 길이 없습니다. 왜냐하면 우리가 그리스도인임에도 불구하고 구약성경이 필요하지 않다고 생각하는 심각한 오류에 빠지는 경향을 가지고 있기 때문입니다.

Studies in the Sermon on the Mount(산상설교 1), p.191

제 말은 신약성경과 구약성경 사이에 아무런 모순이 없다는 것을 의미합니다. 오늘날 구약성경에 대한 일반적인 태도를 보건대, 이것은 매우 강조될 필요가 있습니다. 사람들은 피상적으로 "글쎄요, 물론 우리는 구약성경이 무엇을 말하는지에 관심이 없습니다. 우리는 신약시대의 사람입니다"라고 당연하다는 듯이 말합니다. 게다가 어떤 사람들은 어리석게도 구약의 하나님을 믿지 않습니다.

Life in the Spirit in Marriage, Home and Work(에베소서 강해 6), p.89

신약시대에 역사하신 분이 구약시대에도 역사하셨습니다. 구약시대의 가장 위대한 기능 가운데 하나가 바로 예언하는 것이며, 신약성경의 예표가 되는 것입니다.

God's Sovereign Purpose(로마서 강해 9), p.255

역본 versions

보수주의자라고 불리는 사람들은 단지 그들의 학파와 조직의 주장만을 믿고 다른 것을 검토해 보지 않습니다. 흠정역 성경의 모든 말씀, 즉 '쉼표를 포함한 앞표지부터 뒤표지까지 전부'를 믿는다고 말하는 유형의 사람은, 번역자의 문제에 부주의한 사람이며, 아마도 초기 문서에 나타난 그들의 저작의 성격과 생략된 구두점에 대해 무지한 사람일 것입니다.　　Knowing the Times(시대의 표적), p. 40

우리는 기록한 사람의 지성과 사고와 문체와 모든 것을 주장하시는 성령의 절대적인 통제를 믿습니다. 성령께서는 성경 기록자들을 오류로부터 철저하게 보호하셨습니다. 그러나 그들이 기계적으로 성령이 불러 주는 말씀을 기록한 것은 아닙니다. 만일 그렇다면 성경에는 문체적 다양성이 존재하지 않았을 것입니다. 이 문제와 관련해서 성경의 그 어떤 번역본이든지 성경 기록자의 문체와 그 다양성을 제거하는 것은 아주 나쁜 번역입니다. 오늘날 몇 가지 이런 종류의 번역본이 있습니다.　　The Final Perseverance of the Saints(로마서 강해 6), p. 159

덧붙여 말하면, 개정역 성경the Revised Version은 좋지 않은 번역입니다. 반면에 흠정역 성경the Authorized Version은 대체적으로 더욱 뛰어난 번역입니다.
　　Great Doctrines of the Bible(교리 강해 1), p. 285

우리는 하나님의 말씀이 분명히 영감되었음을 믿습니다. 그렇다고 이 말이 모든 역본들이 전부 다 영감되었음을 의미하지는 않습니다.
　　Children of God(요한일서 강해 3), p. 74

저는 매우 널리 퍼져 있는 표준새번역 성경Revised Standard Version에 대해 말하고자 합니다. 실제로 많은 사람들이 표준새번역 성경이 완벽하다고 생각합니다. 그러나 이 성경의 번역 책임을 맡고 있는 모든 사람들이 자유주의 신학을 견지하고 있음을 절대로 잊어서는 안 됩니다. 이러한 점이 그들의 번역 성경에 있는 이 본문(로마서 1장 10절)에 고스란히 나타나 있음을 발견하는 것은 매우 흥미로운 일입니다.
　　The Gospel of God(로마서 강해 7), p. 196

저는 새영어 성경New English Bible이라는 이름이 정말 매우 그럴듯한 이름이라고

생각합니다.					Banner of Truth, Issue 275(배너 오브 트루스 정기 간행물)

성도(성인) Saints

저는 스스로를 성도로 만들지 않습니다. 저는 다만 성도로 만들어지는 것입니다. 저는 구별되었습니다. 저는 제 자신이 성도라는 사실을 깨닫기 때문에 반드시 성도로 살아야만 합니다. 여러분이 보시다시피 성도가 되는 전체 과정은 로마 가톨릭의 성인이 되는 과정과 정확히 반대됩니다. 우리가 추구하는 성도의 모습은 바로 사도들이 정의한 성도의 모습, 즉 그리스도인의 모습인 것입니다.
					The Gospel of God(로마서 강해 7), p.166

그들은 모두 기진맥진한 상태에 빠지고 심지어 육체적 고통까지 당하는 것처럼 보입니다.
					Spiritual Blessing(영적 축복, 요한복음 17장 강해), p.84

우리가 개신교인이 되었으며 지난 4백 년 동안 종교개혁을 기뻐하고 즐거워했음에도 불구하고 여전히 신자와 불신자에 대한 로마 가톨릭 교회의 잘못된 구별을 받아들이는 것같이 보입니다. 이것은 아주 터무니없는 이유로 우리 대부분의 사람들을 대적하는 교묘한 위험입니다. 우리는 로마 가톨릭주의자들이 성자들과 그냥 평범한 그리스도인들 사이의 본질적 차이점들을 어떻게 도출해 내는지를 살펴보았습니다. 그들은 성자란 특별한 사람, 또는 '세속적 그리스도인'과 대조되는 의미에서의 '영적 그리스도인'이라고 주장합니다. 그리고 그것이 세속적 그리스도인들이 영적 그리스도인들인 성자들에게 기도해야 하는 이유라고 주장합니다. 그러나 신약성경은 이러한 잘못된 구분을 인정한 적이 전혀 없습니다. 오히려 신약성경은 이러한 구분을 비판합니다.
					The Life of Joy(빌립보서 강해), p.87

여러분이 성자의 삶을 살펴본다면, 그들이 어떻게 자신을 부인하고 자신의 모든 것을 다른 사람들에게 주었는지에 대해 놀라게 될 것입니다. 이러한 사람들은 세상에 은혜를 베푸는 위대한 사람입니다. 그리고 그들의 삶은 이기심이 없으며 이 세상에서 가장 아름다운 삶입니다.
Old Testament Evangelistic Sermons(구약을 사용한 복음 설교), p.51

그런데 위대한 성자에 관해 지적해야 할 중요한 점은 그가 기도에 많은 시간을 들이지 않았다는 것입니다. 그는 시간에 마음을 두지 않았습니다. 그는 자신이 하나님의 임재 앞에서 살고 있다는 것을 알았습니다. 말하자면 그는 영원이라는 시간에 진입한 것입니다. 그의 삶 자체가 바로 기도였습니다. 그는 기도 없이는 살 수 없었던 것입니다.
Studies in the Sermon on the Mount(산상설교 2), p.28

'완전한 성자'는 존재하지 않습니다.
Assurance(로마서 강해 2), p.190

구약시대의 성도들이 거듭나지 않았다고 생각하는 사람들이 있습니다. 그러나 그들이 거듭나지 않았다고 말하는 것은 대단히 비성경적인 것입니다. 그리스도인으로서 우리는 아브라함의 후손들, 즉 아브라함의 자녀들이며, 믿음의 자녀들입니다. 그리고 우리가 들어가는 왕국은 아브라함과 이삭과 야곱이 오랫동안 들어가 있던 옛 왕국입니다.
The Gospel of God(로마서 강해 7), p.95

로마 가톨릭 교회에서는 성자로 추대되지 않는 한 그리스도인들은 성자가 될 수 없습니다. 그들은 매우 예외적이고도 특별한 사람들로서, '성자 아무개'라고 불립니다.
The Unsearchable Riches of Christ(에베소서 강해 3), p.211

성도는 그 무엇보다도 자신의 영혼과 하나님 사이의 모든 것이 평안하다는 것을 가장 알고 싶어합니다. 성도에게 있어서 하나님을 자신의 아버지로 아는 것보다 더 기쁜 일은 없습니다. 그는 하나님과의 교제와 교통을 잘 유지하고, 그의 마음이 하나님과 하나님의 실재 앞에 있다는 것을 확신하기를 원합니다. 성

성도(성인)

도는 어려운 세상에서 살고 있으며, 외부의 유혹들을 만나고, 모든 세상이 성도를 대적합니다. 그래서 때때로 지치고, 거의 절망에 이르기도 합니다. 그러면 그는 즉시 이것저것을 구하기 위해서가 아니라 모든 것이 평안한지를 확인하기 위해 하나님께로 갑니다. 성도는 하나님과의 교제와 교통이 중단되지 않고 완전하며 모든 것이 평안한지를 알고 마음의 확신을 얻기 위해 하나님께로 나아가는 것입니다.
Saved in Eternity(성도의 구원, 요한복음 17장 강해), p.32

오늘날 대부분의 사람들이 생각하는 성도다움은 사근사근함과 상냥함입니다. 오늘날 이상적으로 여겨지는 사람은 반대를 통합하는 사람입니다. 오늘날 위대함을 구성하는 요소에는 높은 사회적 지위가 포함되어 있지 않습니다. 현대인들은 더 이상 진정한 탁월성을 믿지 않습니다. 그들은 더 이상 탁월함이나 남자다움, 진리 그 자체를 신뢰하지 않습니다. 오늘날 인기를 끄는 사람은 그저 모든 사람들에게 부드럽고 상냥하며 친절한 사람입니다.
Banner of Truth, Issue 275(배너 오브 트루스 정기 간행물)

오늘날에는 오히려 교회에 의해 성인으로 추앙된 사람들을 사실은 괴물 같은 존재라고 생각합니다.
Fellowship with God(요한일서 강해 1), p.13

성도의 견인 : 영원한 안전, 선택
Perseverance of the Saints : Eternal Security, Election

성도의 견인
:영원한 안전,
선택

그리스도 안에 있다면 우리는 버려진 자가 아닙니다. 따라서 우리가 은혜에서 떨어질 가능성은 전혀 없습니다.
Assurance(로마서 강해 2), p.236

종교개혁을 통하여 이 성도의 견인 교리보다 하나님의 백성들에게 더 큰 기쁨과 위안과 위로를 준 교리는 없습니다. 이 교리는 신약시대의 성도들에게 힘과 용기를 주었습니다……신약시대 이후 이 교리만큼 하나님의 백성들을 유지시키고 고양시킨 교리는 없었습니다. 이 교리는 기독교 역사 가운데 몇몇 위대한 업적들을 양산한 원인이 되었습니다. 여러분은 성도의 견인 교리를 이해하지 않고서는 기쁨과 영광 가운데 자신의 생명을 기꺼이 포기했던 스코틀랜드의 언약도들이나 청교도들을 이해하지 못할 것입니다. 성도의 견인 교리가 아니고서는 지난 세계 대전 때 발생했던 가장 놀라운 몇몇 사건들을 설명할 수도 없습니다. 성도의 견인 교리만이 어떻게 독일의 몇몇 그리스도인들이 히틀러에게 도전할 수 있었는지를 설명해 줄 수 있습니다. *Faith on Trial*(믿음의 시련), pp.97-98

그리스도의 백성 가운데 단 한 사람도 놓치지 않을 것입니다. 단 한 명도 잃어버리지 않을 것입니다. 우리는 아담의 상태를 회복할 뿐만 아니라 그 이상으로 나아갑니다. 하나님의 아들께서 그것을 보증하십니다. 종말은 태초만큼이나 확실한 일이 될 것입니다. *Assurance*(로마서 강해 2), p.237

여러분은 성도의 견인, 즉 성도의 궁극적 견인 교리를 수용하는 불신자를 결코 발견할 수 없을 것입니다. 불신자들은 이 교리를 믿기는커녕 오히려 그것을 조롱하고 비웃을 것입니다. *The Final Perseverance of the Saints*(로마서 강해 6), p.364

만일 (사람이) 하나의 죄로 인해 자신이 하나님과의 바른 관계에서 벗어나게 된다고 믿는다면, 그는 그 올바른 관계가 자신 안에 있는 어떤 공로 때문이 아니라 오직 주 예수 그리스도와 그분의 완전하신 공로 때문임을 확실히 알지 못하는 사람입니다. 만일 그가 "내가 범죄했기 때문에 나는 구원을 상실했습니다"라고 말한다면, 다른 한편으로 "내가 착한 일을 행한 선한 사람이기 때문에 구원을 받은 것입니다"라고 말하는 것과 같습니다. 그 두 가지 모두 잘못되었습니다. *Assurance*(로마서 강해 2), p.22

성령 : 세례, 은사주의
Holy Spirit : Baptism, Charismatic Gifts

성령은 인격이십니다. 성령은 주권자이십니다. 성령의 은사에 대한 질문을 다루고 있는 고린도전서 12장에서는 이것을 강조하고 있습니다. 성령께서는 그 뜻대로 각 사람에게 은사를 나누어 주시는 분입니다(11절 참고). 그분은 거룩하신 삼위일체 가운데 제3위 하나님이십니다. 그러므로 우리는 절대로 성령께서 인격이 아닌 것처럼 말해서는 안 됩니다. 성령을 우리가 원할 때마다 언제든지 들이마실 수 있는 대기 중의 공기처럼 여겨서는 안 됩니다. 성령께서는 성부와 성자와 동일한 주권자이십니다. *The Sons of God*(로마서 강해 5), p. 269

성부 하나님은 그리스도를 우리의 칭의로서 인정하신다는 궁극적인 증거로 성령을 보내 주셨습니다. *Great Doctrines of the Bible*(교리 강해 2), p. 47

성경 bible

철을 녹여 주형틀에 부어 넣듯이, 성령께서 오셔서 우리를 녹이시어 하나님의 진리라는 주형틀에 우리를 넣으십니다. 그러면 우리는 하나님의 영광스러운 진리의 주형틀에서 하나님을 닮은 자로 만들어지며, 새로운 사람이 됩니다. 우리 하나님께 감사드립시다! 말씀을 통하여 이 일을 행하시는 분이 바로 성령이십니다. *Love so Amazing*(골로새서 강해), p. 96

제가 지금 하고 있는 말의 진정한 의미는 '영을 좇아 행하는' 사람은 바로 성령의 일을 생각한다는 것입니다. 다시 말하면, 그는 성경이 하나님의 말씀임을 유념한다는 것입니다. 이것이 그의 관심사입니다. 이것이 그의 생명입니다. 그는 이것을 알고 싶어하며, 이해하고 싶어합니다. *The Sons of God*(로마서 강해 5), p. 27

성령께서는 언제나 하나님의 말씀을 통하여 역사하십니다. 오늘날 많은 사람들이 하나님께서 직접 역사하신다고 주장합니다. 바로 이것 때문에 퀘이커 교도들이 주류 청교도들로부터 탈선한 것입니다. 그들은 성령께서 각 개인에게 '내적인 빛'을 통해 비밀스럽고도 신비적인 방식으로 직접 말씀하시기 때문에 성경이 필요 없다고 말했습니다. 그러나 결코 그렇지 않습니다. 성령께서는 언제나 말씀을 사용하십니다. *Great Doctrines of the Bible*(교리 강해 2), p.51

성령께서는 말씀을 적용하십니다. 그분은 마음을 조명하십니다. 우리 마음이 죄로 말미암아 어두워졌기 때문에 이러한 성령의 비추어 주심이 필요한 것입니다. 사도 바울은 이에 대해 골로새서에서 아주 상세하게 설명하고 있습니다. 우리 마음은 소생되어야 하며, 새로운 눈과 보이지 않는 영적 진리를 볼 수 있는 능력을 받아야 합니다. 이 일은 오직 성령만이 하실 수 있으며, 바로 말씀을 통하여 그렇게 하시는 것입니다. *Love so Amazing*(골로새서 강해), p.94

신자 believer

성령께서는 사람들에게 이러한 강력한 방식으로 임하셔서 무엇보다 먼저 그들로 하여금 생각하게 하십니다. *Authentic Christianity*(사도행전 강해 1), p.52

여러분에게 지금 가장 필요한 것이 바로 이 천국의 산소호흡기와 같은 성령이심을 깨닫지 못하십니까? *Authentic Christianity*(사도행전 강해 1), p.312

성령께서 우리 몸에 내주하신다는 사실을 이해할 수 있는 사람이 누가 있겠습니까? 성령께서 성부와 함께 오셔서 우리 안에 내주하실 것이라는 우리 주님의 말씀을 누가 이해할 수 있겠습니까? 도대체 누가 요한계시록 3장 20절 말씀의 진정한 의미를 이해할 수 있겠습니까? "볼지어다. 내가 문 밖에 서서 두드리노니 누구든지 내 음성을 듣고 문을 열면 내가 그에게로 들어가 그와 더불어 먹고 그는 나와 더불어 먹으리라." 이것은 가능합니다. 바로 이것이 우리에게 주는 교훈입니다. 성령께서 우리 안에, 우리 몸 안에 내주하시는 것입니다. 우리 몸은

성령:세례, 은사주의

우리 가운데 계시는 성령의 전인 것입니다. *Assurance*(로마서 강해 2), pp. 91-92

성령을 받지 않고서도 그리스도인이 될 수 있다고 하는 모든 가르침은 비성경적입니다. 일단 먼저 그리스도인이 되고 나서 그 후에 성령을 받는 것은 불가능한 일입니다. 그리스도 안에 있다는 것은 여러분이 성령을 받았다는 것을 의미합니다. 어떤 방법으로든지 성령의 선물, 즉 이 부어 주심과 기름 부으심을 받지 않고서 그리스도인이 될 수 있는 사람은 단 한 사람도 없습니다.
Walking with God(요한일서 강해 2), p. 120

실제적이고도 경험적인 관점에서 볼 때, 성령에 관한 근원적인 교리는 나의 몸이 성령의 전이라는 사실에 있습니다. 따라서 내가 무엇을 하든지, 어디를 가든지 성령께서 늘 내 안에 계시는 것입니다. *Great Doctrines of the Bible*(교리 강해 2), p. 11

성령께서는 무수한 방식으로 우리에게 영향을 끼치십니다. 그분은 우리의 의지 가운데 계시며, 선을 행하도록 격려하십니다. *Assurance*(로마서 강해 2), p. 94

경험 experience

구약시대에 성령께서 충만히 임하신 것은 아니지만, 그분은 특정한 사람들에게 임하셔서 그들이 자신에게 주어진 사명을 감당케 하셨습니다. 의심의 여지 없이 하나님의 백성들은 그들 위에, 그리고 그들 안에서 역사하신 성령의 역사하심을 통하여 천국의 백성들이 되었습니다. 그러나 성령은 신약의 오순절 때 임하신 것처럼 구약시대에 임하시지는 않았습니다. 따라서 결론적으로 볼 때, 신약시대의 성령의 역사는 그 범위에 있어서 더 위대한 것입니다.
Great Doctrines of the Bible(교리 강해 1), pp. 241-242

구약시대에 나타난 성령의 부어 주심은 매우 이례적인 일이었습니다. 그리고 성령이 임한 사람들은 매우 비범한 사람들이 되었습니다. 그러나 여기서 강조되는 것은 일반성입니다(행 2:17 참고). 그들 모두가 성령의 부어 주심, 광대함, 자유, 은사의 충만함 등을 받은 것입니다. *Great Doctrines of the Bible*(교리 강해 2), pp. 33-34

열매 fruit

어떤 사람이 갈라디아서 5장 22,23절을 묘사하면서, 이 구절은 그리스도에 관한 '역사상 가장 짧은 전기'라고 말했습니다. 저는 그 사람이 한 말이 정말 심오한 말이라고 생각합니다. *Saved in Eternity*(성도의 구원, 요한복음 17장 강해), p. 169

성령 충만을 받았다는 것은 내가 황홀경에 빠지거나 비범한 현상들을 나타내는 것으로 드러나는 것이 아닙니다. 그것은 내가 집에 있을 때 아내를 대하는 나의 태도와 행동에서 나타납니다. 그것은 바로 '성령의 열매'인 사랑을 실천하는 것입니다. *Life in the Spirit in Marriage, Home and Work*(에베소서 강해 6), p. 135

은사들 gifts

만일 여러분이 예수 그리스도보다 체험이나 은사에 대해서 더 많이 말한다면, 여러분은 이미 곁길로 간 것입니다. 성령께서 오셔서 선물로 주시는 모든 은사들은 다 우리의 감정과 말과 모든 것을 통하여 그리스도께 영광을 돌리기 위해 존재하는 것입니다. 만일 우리와 그리스도 사이에 무엇인가 다른 것이 끼어들었다면, 우리는 이미 곁길로 간 것입니다. *Spiritual Blessing*(영적 축복, 요한복음 17장 강해), p. 171

여러분은 하나님의 영의 은사를 받았습니까? 그것을 분별하는 시금석을 알려 드리겠습니다. 만일 여러분이 그 은사를 받았다면, 하나님께서 여러분에게 복 주실 것입니다. 더 나은 은사들을 더 많이 열망하십시오. 성령의 열매가 가득하기를 바라십시오. 그리고 하나님께서 여러분 안에서 더 많이 역사하시기를 간구하십시오. *The Love of God*(요한일서 강해 4), p. 101

사람 person

"어떤 사람도 보지 못하였고 또 볼 수 없는 이시니"(딤전 6:16). 바로 이분이 성부 하나님 아버지이십니다. 성자 예수님은 보이지 아니하시는 모든 신성의 충만이 가시적으로 나타난 것을 의미합니다. "그 안에는 신성의 모든 충만이 육체로 거하시고"(골 2:9). 이분이 바로 성자 예수님이십니다. 이것은 정말이지 얼마나 놀라운 진술입니까! 그리고 성령께서는 피조물에게 즉각적이고도 직접적으로 역사하시는 신성의 충만이십니다. 여러분은 그 차이를 아시겠습니까? 비가시적인 (보이지 아니하시는) 신성의 충만, 가시적인(보이는) 신성의 충만, 그리고 우리를 향해 즉각적이고도 직접적으로 역사하시는 신성의 충만! 그러므로 성령께서 그 권세와 능력으로 말미암아 성자의 형상 안에 계신 성부 하나님을 우리에게 나타내 보이신다고 말할 수 있을 것입니다.

Great Doctrines of the Bible(교리 강해 2), p. 20

성경은 도처에서 성령을 인격자로 선포합니다. 실제로 성령은 거룩하신 삼위일체 하나님 가운데 제3위 하나님이십니다.

The Sons of God(로마서 강해 5), p. 287

성령은 세상을 평평하게 만드시는 분입니다. 그분은 신적 불도저와 같습니다. 그분은 모든 것을 압도합니다.

Enjoying the Presence of God(하나님 앞에 사는 즐거움), p. 65

권능 power

성령님은 전혀 지치시는 법이 없습니다. 그분은 우리에게 능력을 부어 주십니다……인간을 쉽게 흥분시키는 알코올이나 그 어떤 인공적인 흥분제라도 결국은 항상 우리를 고갈시켜 버리고 지치게 만듭니다. 그러나 성령은 그렇지 않습니다! 술 취함은 우리를 완전히 녹초로 만들지만, 성령께서는 우리를 더욱 활기차게 하십니다.

Life in the Spirit in Marriage, Home and Work(에베소서 강해 6), p. 17

만일 성령님을 약리학 용어로 설명할 수 있다면, 저는 그분을 흥분제의 범주로 분류해야 한다고 생각합니다. 왜냐하면 성령께서는 정말 그런 일을 하시기 때문입니다. 그분은 우리를 자극시키십니다. 성령께서는 단지 알코올이 우리에게 작용하는 것처럼 우리를 놀리거나 기만하지 않으십니다. 성령님은 능동적이며 긍정적이고 실재하는 격려요 자극이십니다.

Life in the Spirit in Marriage, Home and Work(에베소서 강해 6), p.20

받음 reception

사도들은 분명히 이러한 능력을 받았습니다. 그들이 사람들에게 '안수' 하자 사람들이 성령의 선물을 받았습니다. 이 점과 관련해서 마술사 시몬의 사건은 매우 흥미롭습니다. 그는 어떻게 하면 이 선물을 돈 주고 살 수 있을까를 궁구했습니다(행 8:18,19 참고). 그러나 이것은 특별한 목표와 목적을 위해 사도들에게만 제한적으로 주어진 권능이었습니다. 심지어 전도자 빌립조차도 이러한 권능을 소유하지 못했습니다.

The Sons of God(로마서 강해 5), p.390

이 얼마나 놀라운 변화입니까! 물이 변하여 포도주가 되다니요! 스펄전은 이것을 다음과 같이 표현했습니다. "충만을 받는다는 것이 무엇인지 아는 그리스도인과 그것을 모르는 그리스도인의 차이는 수준이 조금 낮은 그리스도인과 전혀 그리스도인이 아닌 사람 사이에 존재하는 차이보다 훨씬 더 크다." 저는 이것이 정말 무시무시하고도 엄청난 진술이기는 하지만 사실이라고 믿습니다. 물론 불신자와 기독교 신자 사이에는 엄청난 차이가 있습니다. 그러나 그것이 구원받은 사람, 즉 그리스도를 믿고 죄 사함을 받았지만 그 이상의 것은 모르는 사람과, 계속해서 천국의 만나를 먹고 사는 사람과의 차이보다 더 크고 중대하지는 않습니다.

Spiritual Blessing(영적 축복, 요한복음 17장 강해), p.88

다시 한 번 말하지만, 저는 주저 없이 이렇게 질문하겠습니다. 여러분은 성령을 받았다는 것을 알고 있습니까? 저는 성령이 여러분 안에 계시다는 것을 믿음으로 아는지에 대해 묻고 있는 것이 아닙니다. 저는 성경을 근거로 해서 성령께서

성령:세례,
은사주의

우리 안에 계실 때 우리가 그분을 자동적으로 알 수밖에 없음을 주장하는 것입니다. 우리는 그분의 존재를 느끼게 될 것이고, 그의 임재를 감지하게 될 것입니다. 성령께서 우리 안에서 경고하고 앞으로 나아가게 하며 빛을 비추면서 역사하시는 동안, 우리는 이런 성령의 역사들을 알아차리게 되어 있습니다. 뿐만 아니라 성령께서 우리에게 때마다 시마다 필요한 복을 부어 주실 때, 우리의 마음을 움직이고 우리 주님을 보게 해 주실 때, 우리는 그것을 알게 되고 기뻐하게 되어 있습니다. 우리 마음이 움직일 것입니다. 그것은 경험적인 것이며, 반드시 정서뿐만 아니라 지식과 마음과 의지의 전인격이 관계하는 것입니다. 이것은 터무니없는 무아경이 아닙니다. 결코 그렇지 않습니다! 성령의 참된 체험은 우리를 도덕과 행동과 행실, 즉 의지와 지성과 마음으로 인도합니다. 따라서 이것들 중 어느 하나라도 무시하거나 방치해서는 안 됩니다. 이제 "나는 아무것도 느낄 수 없어요. 그러나 저는 믿음으로 살아갈 겁니다"라고 말함으로써 우리가 매우 이상한 영적인 존재라고 생각하지 않도록 합시다. 사랑하는 성도들이여, 여러분은 반드시 성령의 임재를 느끼고 지각해야만 합니다.

Great Doctrines of the Bible(교리 강해 2), p. 260

우리가 이 선물을 받는 것이 하나님의 뜻입니다. 그러므로 만일 우리에게 지각과 능력이 부족하다면, 우리에게 기쁨과 즐거움과 평강이 부족하고 성령께서 공급해 주시는 풍성한 삶이 부족하다고 느낀다면, 우리는 아주 단순하게 하나님 앞에 나아가야 합니다. 그리고 하나님께 우리의 필요와 궁핍을 아뢰고 그러한 성령의 선물을 달라고 기도해야 합니다. 그러면 하나님께서는 반드시 응답하실 것이며, 우리에게 선물을 주실 것입니다. 그리고 이제 만일 우리가 성령을 받았다면, 우리는 성령의 선물에 대한 지각을 얻게 될 것이며, 매일의 삶 속에서 성령의 열매를 맺어야만 할 것입니다.

Life in God(요한일서 강해 5), p. 191

하나님께서는 언제 우리에게 은사를 주실지를 아십니다. 그러므로 우리는 절대로 기도회에 참석하거나 어떤 특정한 과정과 절차를 밟기만 하면 그러한 선물을 자동적으로 받게 될 것이라고 상상해서는 안 됩니다. 결코 그렇지 않습니다. 성령은 주권자이십니다. 그분은 자신의 방식대로 은사를 부어 주십니다. 그것은 극적일 수도 있고 갑작스러울 수도 있으며, 아주 조용할 수도 있습니다. 이런 방식에 대해 관심을 가지는 것은 부적절합니다. 왜냐하면 정말 중요한 것은 우리가 은사를 받는다는 사실이기 때문입니다. *The Love of God*(요한일서 강해 4), p.115

중요한 질문은 이것입니다. 지금 우리는 성령님께 기회를 드리고 있습니까? 순서와 계획에 너무 얽매인 나머지 성령님을 제외시키고 있지는 않습니까? 도대체 이 형식과 격식은 다 무엇입니까? 도대체 왜 모든 것을 속박하고 제한하는 것입니까? 성령께서 갑자기 임하시면 어떻게 할 것입니까? 저는 여러분에게 이 문제를 매우 심각하게 권고하는 바입니다. *Revival*(부흥), p.77

여러분의 성령론을 다시 한 번 점검하십시오. 그리고 하나님의 이름으로 권합니다만, 지금 여러분의 그 말끔하고도 솜씨 좋은 교리로 인해, 하나님께서 성령을 통하여 주기적으로 역사하시는 이 위대한 일들, 즉 우리에게 성령을 보내시고 우리를 불러 주시고 세례를 베푸시며, 이적적이고도 놀라운 방식으로 전 교회를 새롭게 하시는 역사를 제한하고 있지는 않은지 조심하시기 바랍니다. *Revival*(부흥), p.54

소멸 quenching

성령의 소멸은 오늘날 발생하는 문제들의 일반적인 원인입니다. 저는 오늘날의 많은 기독교회가 이러한 상태에 처해 있다는 것을 주저 없이 말할 수 있습니다. 그리고 비복음주의권뿐만 아니라 복음주의권 내의 교회 역시 그 책임에서 자유로울 수 없습니다. *The Christian Warfare*(에베소서 강해 7), p.269

1906년, 조나단 고폴스 Jonathan Goforth가 영국을 지나갈 때, 잘 알려진 케직 사경회 Keswick Convention의 책임자가 그에게 설교를 부탁해야 할지 주저하고 있었습니다.

성령: 세례,
은사주의

왜냐하면 그들은 한국의 집회에서와 같이 예배와 설교가 몇 시간 동안 계속되거나 심지어 하룻밤을 지새우는 것을 원치 않았기 때문입니다. 이 일화는 고폴스 여사가 집필한 『조나단 고폴스의 생애』The Life of Jonathan Goforth라는 전기에 언급되어 있습니다. 어쨌든 고폴스는 그 집회의 설교를 부탁받았습니다. 그러나 그는 지금 자신이 한국이 아닌 다른 곳에서 설교한다는 사실을 의식해야만 했습니다. 바로 이것이 성령을 소멸하는 것이 아닙니까? 도대체 왜 프로그램과 시간표에 맞추어야 한다는 말입니까? 왜 우리는 반드시 품위와 예법을 어겨서는 안 된다고 말해야 합니까? 하나님께서 우리에게 자비를 베푸시기를 소원합니다!

The Christian Warfare(에베소서 강해 7), pp. 286-287

저는 성령 세례와 거듭남을 동일한 것으로 가르치는 교훈만큼이나 성령을 '소멸'시키는 것은 없다고 확신합니다. 그러나 이런 가르침은 오늘날 매우 일반적으로 견지되고 있습니다. 실제로 이러한 견해는 지난 수년 동안 유행하던 견해이기도 합니다. 그들은 성령 세례가 '비경험적'이며, 거듭난 모든 사람들에게 발생하는 것이라고 말합니다.

The Christian Warfare(에베소서 강해 7), p. 280

열정을 싫어하는 것은 성령을 소멸하는 것입니다.

Revival(부흥), p. 72

우리가 오류를 너무 두려워하다가 하나님의 영을 소멸치 않게 해 주시기를, 우리가 유사 지성주의에 빠져 지나치게 점잔을 빼면서 하나님의 영을 억제하며 냉담하고도 무미건조한 상태에 머물러 있지 않도록 해 주시기를 기도합니다. 상대적으로 무익하고 무력하여 쓸데없는 상태에 빠지지 않도록 하나님께서 불쌍히 여겨 주시기를 소원합니다.

Revival(부흥), p. 79

거듭나지 않은 사람 unregenerate

성령께서는 사람이 어떤 특정한 상태에 이르도록 역사하시되, 여전히 거듭남에는 모자란 상태로 남아 있게 하실 수도 있습니다.

The Final Perseverance of the Saints(로마서 강해 6), p. 327

불신자는 절대 성령의 감동을 받을 수 없다고 생각하는 것은 전적으로 궤변에 불과합니다. 이러한 성령의 일반적인 작용은 종종 복음주의 운동을 통해 나타나곤 합니다. *The Final Perseverance of the Saints*(로마서 강해 6), pp.327-328

자연인에게 성령의 임재가 거하실 장소는 없습니다. 성령의 임재와 내주는 오직 새사람만 받을 수 있습니다. *Assurance*(로마서 강해 2), p.92

성령 세례 : 보증 Baptism in the Spirit : Assurance

로이드 존스 박사는 성령 세례가 회심과는 다른 독특한 경험이라고 믿었습니다. 그는 사람이 성령 세례를 받지 않은 채 성령 충만할 수도 있다고 믿었습니다. 실제로 구원에서 성령 충만은 절대로 필요한 것입니다. 그는 '인침'과 '보증'과 '기름 부음'을 동의어로 간주했습니다. 저의 저서 『위대한 설교자 로이드 존스』 *The Sacred Anointing*에서 살펴보았듯이, 그는 설교 행위에 임하는 기름 부음을 성령 세례로 보았습니다. 이것은 보증 문제에서도 역시 중요합니다.

여러분이 훨씬 더 나은 사람이라고요? 글쎄요, 하나님의 이름으로 묻고 싶습니다. 만일 여러분이 훨씬 더 나은 사람이라면, 여러분의 현재 모습이 왜 그렇습니까? 만일 여러분이 훨씬 나은 사람이라면, 여러분의 모습이 신약시대의 그리스도인의 모습과 왜 그렇게 차이가 나는 것입니까? 훨씬 낫다고요? 여러분이 회심한 사람이라고요? 글쎄요, 제가 묻겠습니다. 여러분의 회심이 어디 있습니까? *Westminster Record, September 1964*(웨스트민스터 리코드, 1964년 9월)

성령의 보증은 우리가 받을 유업의 일부분을 미리 맛보게 합니다. 그것은 우리가 마지막 날에 받을 완전한 기업의 첫 할부금을 지불하는 것과 같습니다. 예를 들어, 집을 산다고 가정해 봅시다. 그 집값을 한꺼번에 지불할 만한 충분한 돈이 없을 때, 여러분은 매도인과 합의하에 "이 금액은 후일 내가 남은 모든 금액을

성령 세례
: 보증

지불하겠다는 보증금입니다"라고 하면서 일정 금액을 지불합니다. 말하자면 여러분이 매도인에게 보증금을 지불하는 것입니다. 또한 그것은 미리 맛보는 것, 또는 장차 올 완전한 것의 일부분으로서 추수의 첫 열매와 같은 것으로 간주될 수 있습니다. '인침'과 '보증'은 모두 아들 됨과 특별히 '상속인'과 관계됩니다. "이는 우리 기업의 보증이 되사 그 얻으신 것을 속량하시고 그의 영광을 찬송하게 하려 하심이라"(엡 1:14).

The Sons of God(로마서 강해 5), p. 301

신적인 것이 전례 없이 현실적으로 분명히 보일 때, 그리고 어떤 의미에서 다시 반복되지 않을 때, 사람들은 그것을 돌아보고 회상합니다. 이것은 모든 영광 위에 뛰어납니다. 그렇기 때문에 우리가 반드시 이것을 구해야만 하는 것입니다. 그러나 너무나 많은 사람들이 극단으로 갈지도 모른다는 것을 두려워한 나머지 이것을 추구하지도 않고, 도리어 이것을 추구하는 것을 위험한 것으로 간주합니다. 그래서 그들은 우리가 방금 살펴보았던 이런 것들을 경험한 위대한 하나님의 사람들을 연구 범위에서 제외시키는 것입니다.

Great Doctrines of the Bible(교리 강해 2), p. 251

경험을 추구하지 말고 그리스도를 추구하십시오. 그분을 알기를 소원하십시오. 여러분과 세상은 죽고, 오직 그분의 임재를 깨닫고 그분을 사랑하기를 추구하십시오. 그러면 여러분은 그 안에서 살고 그를 위하여 살며, 그분께 전적으로 모든 것을 드리게 될 것입니다. 그분이 중심에 계시면, 여러분은 안전할 것입니다. 그러나 만일 여러분이 단순히 경험만을 추구하고 스릴과 흥분만을 기대한다면, 여러분은 거짓된 것에게 문을 열어 두는 꼴이 될 것이며, 아마도 그것을 받게 될 것입니다.

Great Doctrines of the Bible(교리 강해 2), p. 253

우리가 아는 바와 같이 하나님께서는 우리를 천국으로 인도하시고, 약속하신 대로 그리스도의 나타나심으로서의 하나님의 아들의 실재에 대한 영광스러운 경험을 주시기 위하여 이 놀라운 마차를 준비하셨습니다. 이것은 우리 존재의 깊은 곳에서 우리를 움직이고 사로잡습니다. 어떤 의미에서 우리는 경이로움과 사랑과 찬미 가운데 완전히 잠기는 것입니다.

Great Doctrines of the Bible(교리 강해 2), p. 254

여러분이 하나님을 믿는 믿음의 행위 때문에 성령의 세례를 받는 것이 아닙니다. 여러분은 믿음으로 성화를 이룰 수 없습니다. 그것은 이 근본적인 인격적 관계 때문에 전적으로 불가능한 것입니다……여러분이 집 앞에서 문을 두드릴 수는 있겠지만, 그 문을 열어 주시는 분은 오직 하나님뿐입니다.

Spiritual Blessing(영적 축복, 요한복음 17장 강해), p. 200

감정 affects

'성령의 인치심'(엡 1:13 참고)이라는 경험에 관하여 글을 쓴 모든 이들은 이것을 말이나 글로 묘사하고 설명하는 것이 정말 어렵다는 점에 만장일치로 동의할 것입니다……그가 전에 받아들이고 믿고 의지했던 진리의 말씀이 갑자기 천상적이고도 신적인 분명함으로 빛나고 확실해집니다. 예를 들어, 사랑을 설명해 봅시다. 인간의 사랑 안에는 정말 설명될 수 없는 무엇인가가 항상 존재합니다. 그러나 우리에게 분명한 확신으로 다가오는 이것은 인간의 사랑보다 훨씬 더한 어떤 것입니다. 왜냐하면 이 사랑은 하나님의 사랑에 대한 우리의 경험이며, 우리의 사랑이 하나님의 사랑의 품 안으로 들어가는 것이기 때문입니다. 하나님께서 먼저 우리를 사랑하셨기 때문에 우리가 하나님을 사랑하게 된 것입니다. 그러하기에 여기 이 경험에는 말로 형용할 수 없는 무엇인가가 있습니다. 이것은 실재하는 참된 것이며, 언제든지 우리에게 발생할 수 있는 어떤 것입니다.

God's Ultimate Purpose(에베소서 강해 1), p. 289

이것은 사람이 성령 세례를 받을 때에 발생합니다. 이 즉각적이고도 직접적인 현상은 논리가 아니며, 믿음이나 신앙도 아닙니다. 이것은 우리 위에, 그리고 우리를 향하여 발생하는 것입니다. 이것은 하나님의 현현이며, 성부와 성자와 성

성령 세례
: 보증

령 하나님께서 우리에게 참되게 나타나시는 것으로 우리의 경험에 살아 역사하는 것입니다.
Joy Unspeakable(성령 세례), p. 97

성령의 역사하심 없이도 이런 것들의 옹호자가 될 수 있습니다. 즉, 그들도 교리를 이해할 수 있다는 말입니다. 그들은 진리를 받고 그것을 설명할 수 있으며, 그것을 변증하고 변호할 수도 있습니다. 그렇습니다. 그들은 교리의 옹호자와 지지자처럼 행동합니다. 그렇지만 그리스도인으로서 우리는 근본적으로 증인이 되라는 부르심을 받았습니다. 그 부르심은 주 예수 그리스도가 하나님의 아들이며 세상의 구주이시며 우리 자신의 구주가 되시며, 그를 믿고 신뢰하는 모든 이들의 구주가 되신다는 사실에 대한 증인이 되라는 부르심입니다. 우리로 하여금 이런 일을 할 수 있게 하시는 분은 오직 성령님뿐입니다. 여러분이 사람들에게 진리를 가르치고 그것을 변증할 수 있다 하더라도 그 누구도 확신시킬 수는 없습니다. 그러나 여러분이 성령의 충만을 받고 성령의 능력으로 여러분의 삶에 참된 진리를 증거한다면, 그 증거는 효력을 발휘할 것입니다. 따라서 성령 충만은 기독교 사역에서 정말 본질적인 것이 아닐 수 없습니다.
Great Doctrines of the Bible(교리 강해 2), p. 242

이것은 저에게 정말이지 가장 놀라운 일입니다. 여러분은 진정으로 기독교의 진리를 알기 원하십니까? 기독교의 교리를 알고 싶습니까? 하나님의 위대하고 영광스러운 목적을 확실히 이해하고 붙잡기를 원하십니까? 그곳으로 가는 고속도로가 바로 성령 세례입니다.
Joy Unspeakable(성령 세례), p. 119

구분 distinction

'성령 충만'을 받지 않고서는 '성령 세례'를 받을 수 없습니다. 그러나 성령 세례를 경험하지 않고서도 성령 충만을 받을 수는 있습니다. 세례는 독특하며 실제적이고도 특별한 경험입니다. 그런 까닭에, 제가 계속해서 설명하겠지만, 이것은 계속적인 상태, 즉 우리가 항상 추구해야 할 상태입니다.
Life in the Spirit in Marriage, Home and Work(에베소서 강해 6), p. 42

저는 이것('성령 충만의 상태)이 우리를 향하여 발생하는 것이 아니라고 추론합니다. 이것은 우리가 통제하고 결정하는 것입니다. 술에 취할 것인가 절제할 것인가를 자기 자신이 결정하고 통제하듯이, 성령의 지배를 받을 것인가 그렇지 않을 것인가를 통제하고 결정하는 것 역시 그 자신입니다. 그래서 성령 충만을 받으라고 명령하고 지시하며 권고하는 것입니다. 우리는 '성령 충만'의 상태를 어떤 것을 경험하거나 체험하는 것으로 생각하는 습성을 버려야 합니다.

Life in the Spirit in Marriage, Home and Work(에베소서 강해 6), p.49

성령 세례
: 보증

여러분이 성령 세례를 받을 때에 '성령 충만'을 받습니다. 그러나 에베소서 5장 18절의 의미로 보아 여러분은 성령 세례 없이도 성령 충만을 받을 수 있습니다. 우리에게는 모두 성령 충만을 받아야 할 책임이 있습니다. 사도는 에베소서에서 그것을 어떻게 받을 수 있는지에 대해 말하고 있습니다. 그러나 우리에게 성령 세례를 받을 책임은 없습니다. 왜냐하면 그것은 수동적인 방식으로만 받을 수 있는 것이기 때문입니다. 그것은 우리가 능동적으로 취하는 것이 아니라 하나님으로부터 주어지는 것입니다.

The Sons of God(로마서 강해 5), p.273

우리가 '양자의 영'을 받는 것이 우리의 구원의 본질이 아님을 기억하는 것은 대단히 중요한 일입니다.

The Sons of God(로마서 강해 5), p.246

"성령이 친히 우리의 영과 더불어 우리가 하나님의 자녀인 것을 증언하시나니"(롬 8:16). '인치심'의 방식 또는 성령이 친히 우리의 영과 더불어 증언하시는 방식으로 성령이 오시는 것은 부가적이고도 특별한 어떤 것입니다. 이러한 성령의 사역의 주된 기능은, 우리 직무에 대하여 절대적인 확신과 확실성을 수여하는 것이며, 우리 주님과 주님을 통해서 임하는 은혜의 왕국에 대한 증인이 되게 하는 능력을 주시는 것입니다. 따라서 여러분의 표준과 기준으로 볼 때, 우리 주님께서 성령의 '인치심'이라고 묘사되는 세례를 받으실 때 무슨 일이 일어났는지를 고찰한다면, 여기에는 오직 한 가지 결론만 존재할 뿐입니다. 그것은 거듭난

**성령 세례
: 보증**

신자로서 이미 성령의 내주하심을 소유한 자에게 주어지고 행해진 것입니다. 만일 이러한 범주로 해석하지 않는다면, 오직 혼동만 있을 것입니다.

The Sons of God(로마서 강해 5), p.326

어떤 사람은 그리스도인이 될 수도 있고 주님의 은혜와 지식 안에서 자라나는 훌륭한 신자일 수도 있으며 성화에 있어서 진보를 나타낼 수도 있지만, 여전히 성령 세례를 알지 못할 수도 있습니다.

Joy Unspeakable(성령 세례), p.140

인침이란 믿을 때 즉각적이고도 자동적으로 발생하는 것이 아닙니다. 물론 저는 이 둘 사이에 아주 긴 간격이 있다는 말에는 전혀 동의하지 않습니다. 여기에는 아주 짧은 간격이 있을 뿐입니다. 그것이 너무 짧아서 믿음과 인침이 마치 동시에 발생하는 것처럼 보입니다. 그러나 여기에는 항상 시간적인 간격이 있습니다. 믿음이 먼저이고 인침이 나중에 발생하는 것입니다. 오직 믿는 신자만이 인침을 받을 수 있습니다. 따라서 인침이 없이도 신자가 될 수 있습니다. 이 두 가지는 같은 것이 아닙니다. 우리를 하나님의 자녀로 만드는 것과 우리를 그리스도와 연합시키는 것은 믿음입니다. 그리고 그러한 사실을 성령께서 보증하시는 것이 바로 인침입니다. 인침은 우리를 그리스도인으로 만드는 것이 아니라, 도장이 하는 일이 항상 그렇듯이 그 일이 사실임을 보증하는 것입니다.

God's Ultimate Purpose(에베소서 강해 1), pp.253-254

초대교회 early church

그렇다면 이제 질문해 보겠습니다. 이것이(오순절 사건) 단 한 번만 발생하는 사건입니까? 그렇습니다. 오순절 사건은 그것이 처음 발생했다는 의미에서는 단회적인 사건입니다. 그러나 또 다른 의미에서 오순절 사건은 단회적이지 않습니다. 어떤 사건이 처음 발생했을 때, 여러분은 그 사건 자체를 결코 반복해서 재생시킬 수 없습니다. 그렇지만 그 처음 사건에서 나타났던 현상들은 반복될 수 있는 것입니다.

Joy Unspeakable(성령 세례), p.433

제가 보기에 초대교회의 대다수의 그리스도인들은 성령 세례를 받은 것 같습니다. 따라서 사도들이 그들에게 편지를 보낼 때, 바로 이러한 가정하에 편지를 쓸 수 있었던 것입니다.
Joy Unspeakable(성령 세례), p.341

전부는 아니더라도 대다수의 초대교회 성도들은 온전한 구원의 확신과 보증을 받았습니다. 왜냐하면 신약시대에는 성령님께서 대단히 특별하고도 풍부한 방식으로 부어졌기 때문입니다. 물론 이것은 사도행전 2장에서도 분명하게 드러나는 사실이며, 이런 역사가 계속해서 반복되었던 것처럼 보입니다. 복음이 선포되는 곳마다 진리의 진정성이 강력하게 나타났던 것입니다.
The Sons of God(로마서 강해 5), p.248

경험 experience

성령의 '세례'나 성령의 '충만'을 모르고서는 그것을 받을 수 없습니다. 그것은 사람이 알 수 있는 최고의 경험입니다.
The Sons of God(로마서 강해 5), p.271

의식이 없었다니요! 사도들은 새 술에 취한 사람들입니다. 그들은 일종의 환희의 상태에 있었습니다. 그들은 하나님을 기뻐했고 찬미했습니다. 그들은 감동을 받았으며, 그들의 혼은 황홀에 빠졌습니다. 그들은 이전에는 결코 느끼거나 알지 못했던 것을 경험했습니다. 그들은 변화되었습니다. 베드로와 야고보와 요한과 다른 사도들은 그들의 과거 모습을 알고 있었던 사람들이 알아보지 못할 정도로 달라졌습니다. 경험적이 아니라니요! 그 어떤 것도 이것보다 더 경험적일 수는 없습니다. 이것은 그리스도인이 맛볼 수 있는 최고의 경험입니다.
God's Ultimate Purpose(에베소서 강해 1), pp.269-270

비록 그 정도와 강도에 있어서는 상당히 다를 수 있지만, 경험 그 자체는 의심의 여지가 없습니다. 그것은 언제나 분명하고, 우리가 알고 있는 그 모든 것들과는 확실히 다릅니다.
The Sons of God(로마서 강해 5), p.328

**성령 세례
: 보증**

존 플라벨John Flavel은 하루 중 가장 위대한 시간에는 자신이 어디 있는지도 모를 정도였다고 말했습니다. 그 시간에 그는 무아경 가운데 하나님의 방문을 너무나 즐긴 나머지 그의 아내와 자녀들도 잊어버릴 정도였습니다. 따라서 우리가 이런 종류의 압도적인 경험을 하기 전에는 성령의 인침을 받은 것이 아니라고 말하는 것은 옳지 않습니까?

God's Ultimate Purpose(에베소서 강해 1), p. 286

여러분이 사랑하는 사람에게 '내가 당신을 사랑한다'라고 말하는 것은 실로 굉장한 일입니다. 그렇지만 다른 사람에게서 사랑한다는 말을 듣는 일은 더욱 굉장한 일입니다. 이것은 모든 사랑하는 사람들의 가장 큰 욕구이자 열망입니다. 그 차이는 정확히 이와 같습니다. 로마서 8장 15절에서 우리는 우리가 하나님을 사랑한다고 말합니다. 우리는 '하나님을 아빠 아버지라고 부르는 양자의 영'을 받았습니다. 이것은 아버지를 향한 자녀의 사랑 표현입니다. 오, 그러나 여기 성령을 통하여 우리를 사랑하시며, 한 치의 오차도 없이 그렇게 사랑한다고 말씀하시는 하나님이 계십니다. 이것은 지극히 개인적이며 비밀스러운 것입니다.

The Sons of God(로마서 강해 5), p. 302

구약성경 Old Testament

때때로 구약시대 성도들이 누렸던 영적 경험의 종류에 대해 그리스도인들이 잘못 말하는 경우가 있습니다. 그들은 우리가 누리는 영적 경험을 구약시대 성도들은 누리지 못했다고 말합니다. 그러나 시편 기자들이 여러분보다 훨씬 더 영적이었다는 사실을 알면 놀라지 않을 수 없을 것입니다. 복의 유형과 종류는 구약시대나 신약시대나 모두 동일합니다. 제가 복의 유형과 종류라고 언급한 것에 주목하십시오. 여기에는 차이가 있습니다……그러나 그 복은 구약시대에도 동일한 영적인 복입니다. 이것은 시편 51편만으로 증명할 수 있습니다.

Great Doctrines of the Bible(교리 강해 1), p. 236

수용 reception

우리가 교리적으로 그것에 만족하지 않는 한 그것을 경험하려 하지 않을 것 같습니다.
God's Ultimate Purpose(에베소서 강해 1), p.255

하나님의 성령의 인침을 받을 때, 우리는 그것을 알게 될 것입니다. 그것은 감정과 동떨어진 믿음으로 수용되는 것이 아닙니다. 여러분은 그것을 얻을 때까지 그것을 추구해야 합니다. 여러분이 그것을 소유했다는 것을 알게 될 때까지 말입니다…… 하나님께서 영혼에게 복을 주실 때 그 영혼은 그것을 알게 됩니다.
God's Ultimate Purpose(에베소서 강해 1), p.295

사람들로 하여금 그들 마음대로 생각하게 만드는 것은 거짓 교훈입니다. 만일 여러분이 그러하다면 여러분은 스스로를 난폭한 상상과 감정으로 내모는 것입니다. 그것은 여러분을 에워싸고 있는 악한 영과 권세자들이 여러분을 소유하고 사용하며 어리석게 만들도록 그들에게 여러분 자신을 맡기는 것과 다름없습니다.
Authentic Christianity(사도행전 강해 2), p.209

겁쟁이는 결코 미인을 얻을 수 없습니다. 물론 그럴 수 없습니다! 마찬가지로 겁쟁이는 성령 세례의 복을 받은 적이 없습니다. 여러분이 정말로 원하고 끊임없이 간구한다면, 그 복은 더 이상 지체하지 않고 임할 것입니다. 그것을 구하고, 계속해서 구하십시오. 눈총을 받을 정도로 구하십시오. 여러분께 겸손히 말씀드립니다. 우리가 이것을 진정으로 이해하고 참으로 추구한다면, 우리는 하나님의 임재 안에 있게 될 것입니다. 계속 구하십시오! 끊임없이 간절히 구하십시오. 계속 귀찮게 구하십시오. "당신이 내게 축복하지 아니하면 가게 하지 아니하겠나이다"(창 32:26).
Joy Unspeakable(성령 세례), p.383

성령께서 여러분에게 역사하신다면, 여러분이 그것을 불러 일으킬 필요도 없고 무엇인가를 만들 필요도 없습니다. 성령께서 모든 것을 하십니다. 그것이 성령의

성령 세례
: 보증

직접적인 비전이며, 지식입니다. 따라서 우리가 그분을 볼 수 없다고 하더라도 말로 형용할 수 없는 기쁨과 영광의 충만이 필연적인 결과로 뒤따를 것입니다.

Joy Unspeakable(성령 세례), p.116

만일 여러분이 진심으로 복 받기를 원한다면, 순종의 삶을 살아감으로 그것을 증명하십시오.

The Sons of God(로마서 강해 5), p.282

성령은 인격이십니다. 그분은 거룩하신 삼위일체 하나님 가운데 세 번째 위격을 지닌 하나님이십니다. 그리스도인으로서 우리는 대기 중에 있는 공기를 마시듯이 아무 때나 마음대로 성령을 대해서는 안 됩니다. 우리는 성령께 복종하는 것과 그분께 항복하는 것과 그분을 '근심'시키거나 '꺼뜨려'서는 안 된다는 것을 배워야 합니다. 성경 그 어디에서도 우리가 성령을 이렇게 간단하고도 가볍게 대해도 된다는 암시를 전혀 찾을 수 없습니다.

The Sons of God(로마서 강해 5), p.253

저는 우리가 다른 사람에게 은사를 나누어 줄 수 있는 은사를 지닐 수 없다고 말하는 것은 아닙니다. 저는 그러한 가능성을 배제하지 않습니다. 단지 저는 우리가 이 일에 대해 대단히 신중해야 한다는 것을 말씀드립니다.

Joy Unspeakable(성령 세례), p.349

성화 sanctification

농부나 정원사가 씨를 뿌리는 장면을 상상해 보십시오. 그는 땅을 파고 쟁기로 갈고 써레질을 한 후 거기에 씨를 뿌립니다. 그는 그 씨를 다시 흙으로 덥고 땅을 평평하게 만듭니다. 그러고 나서 그 씨가 자랄 때까지 어느 정도 기다립니다. 그런데 몇 주가 지났는데도 아무 일도 벌어지지 않습니다. 아마 한동안 메마른 날씨가 계속되었는지도 모릅니다. 그러다가 드디어 새싹이 땅을 비집고 살짝 솟아오릅니다. 그런데 그 상태에서 성장이 멈춘 것처럼 더 이상 자랄 기미가 보이지 않자 농부는 그 새싹에 도무지 생명이 있는지 없는지를 의심하면서 집으로 돌아갑니다. 그러다가 갑자기 맑은 햇빛과 충분한 소나기가 쏟아집니다. 다시 그곳으로 돌아온 그는 아침에는 죽은 것만 같아 보이던 그 땅이 저녁에는 온통 싱싱한 초록으로 바뀐 모습을 봅니다. 이제 그는 모든 새싹들이 자라고 있는 모습을 봅니다. 도대체 어떻게 된 것입니까? 글쎄요, 생명은 항상 그 안에 있었습니다. 연약한 상태였을 뿐입니다. 씨앗에는 생명의 증거가 잘 보이지 않는다 할지라도 분명히 생명이 자리하고 있었습니다. 그런데 햇빛이 비취고 소나기가 내리자, 그 생명이 즉시 솟아오른 것입니다. 지난 수주 동안보다도 단 하루의 오후 동안에 더 많은 일이 발생한 것입니다. 이것이 바로 우리의 관계에 대한 설명입니다. 맑은 날씨와 충분한 비는 친히 '우리의 영과 더불어 증언'(롬 8:16 참고)하시는 성령이며, '우리 마음에 부은 바 된 하나님의 사랑'(롬 5:5 참고)입니다. 어떤 이들은 자신이 50년 동안 연구하고 공부해서 배운 것보다 이 한 시간의 경험을 통해 더 많은 것을 받았다고 증거했습니다. 땅속에 있는 씨앗에 영향을 끼친 비와 햇빛이 아주 큰 자극제가 되어서 씨앗 안에 있는 생명을 밖으로 나오게 만든 것입니다. 그리스도인의 생명도 이와 동일합니다. 우리가 거듭나는 그 순간에 성화의 과정이 시작된 것이며, 생명과 거룩의 씨앗이 우리 안에 심긴 것입니다. 따라서 '성령 세례' 또는 '인침', 즉 '성령이 우리의 영과 더불어 친히 증언하시는 것' 만큼 생명의 씨앗을 솟아오르게 하고 자라게 하며 성장시키는 것은 없습니다. 그리하여 이것은 모든 사람을 놀라게 하면서 나타날 것입니다. 바로 이것이 성령의 증거와 우리의 성화 사이의 관계입니다. 그것은 직접적이거나 즉각적이지 않습니다. 그것은 성화를 위한 위대한 격려이지만, 성화 그 자체는 아닙니다.

The Sons of God(로마서 강해 5), p.383

이 '성령의 인침' 또는 '성령 세례' 또는 '우리의 영과 함께하시는 성령'이라는 용어와 성화의 경험 사이의 참된 관계는 무엇입니까? 이 둘 사이에는 직접적인 관련이나 관계가 없다는 것이 저의 대답입니다. 그러나 이 둘 사이에는 매우 중요한 간접적인 관계가 있습니다.

The Sons of God(로마서 강해 5), p.381

성령 세례
: 보증

전문 용법 terminology

'세례'라는 단어에는 다른 특별한 용법이 많이 있습니다. 고린도전서 12장 13절에서의 '세례'는 그중 하나일 뿐입니다. 우리는 모두 성령에 의하여 그리스도의 왕국에 들어갔으며, 교회라고 불리는 그의 몸의 지체가 되었습니다. 모든 그리스도인들은 이러한 방식으로 그리스도의 특별한 몸의 구성원이 된 것입니다. 그러나 그렇다고 해서 이것이 '성령으로 세례를 받는 것'의 유일한 의미는 아닙니다.

God's Ultimate Purpose(에베소서 강해 1), p. 268

저는 성령의 '인침' 또는 성령의 '세례'에 관한 전문 용법에 대해 그다지 큰 관심이 없습니다. 많은 이들이 전문 용어에 대해, 특별히 '세례'라는 용어에 너무 과도한 관심을 기울인 나머지 정말 중요한 질문을 간과하는 것은 저로서는 대단히 유감스러운 일이 아닐 수 없습니다. 정말 중요한 질문은 이것입니다. "우리는 우리가 성령의 인침을 받았는지 알고 있는가?"……전문 용법은 그것이 필요한 자리가 있습니다. 물론 우리가 어떤 사상을 분명하게 알고 있는 것은 중요한 일입니다. 그러나 그것보다 더욱 중요한 것은 경험 그 자체입니다.

God's Ultimate Purpose(에베소서 강해 1), p. 280

저는 성령 세례를 거듭남이라고 가르치는 것만큼 성령을 소멸하는 일은 없다고 확신합니다. 그럼에도 이런 교훈이 오늘날 매우 일반적으로 유행하고 있으며, 실제로 지난 수년 동안 대단히 인기 있는 견해이기도 했습니다.

The Christian Warfare(에베소서 강해 7), p. 280

저는 '성령 세례'와 '성령의 인침'이 동일한 것이라고 주장하는 바입니다

God's Ultimate Purpose(에베소서 강해 1), p. 264

성례 Sacrament

성례 그 자체에 어떤 전달적인 은혜가 있는 것이 아닙니다.
The Righteous Judgement of God(로마서 강해 8), p. 164

'성례'라는 단어는 지난 수세기 동안 기독교회가 사용해 온 용어입니다. 그럼에도 저는 이 단어가 이렇게 계속 사용되어 온 것은 유감스러운 일이라고 가르치는 사람들과 견해가 같습니다.
Great Doctrines of the Bible(교리 강해 3), p. 26

가장 최고의 성례(여러분이 그렇게 칭하기를 좋아한다면), 가장 최고의 은혜의 방편은 바로 하나님의 말씀입니다. 선포되고 교훈되는 하나님의 말씀 말입니다.
Great Doctrines of the Bible(교리 강해 3), p. 57

하나님의 말씀을 우리에게 전달하는 것은 설교입니다. 성례는 우리에게 그것을 인치고 확증합니다. 성례는 그것을 보증하는 것입니다. 그러므로 우리는 성례보다 설교에 우선을 두어야 합니다.
The Puritans(청교도 신앙, 그 기원과 계승자들), p. 380

성례는 반드시 말씀 설교와 함께 시행되어야만 합니다. 성찬식만을 위한, 또는 오직 세례식만을 위한 예배는 있을 수 없습니다. 성례 자체를 대단한 것으로 여길 뿐 아니라 은혜를 받는 최고의 수단으로 여기는 모든 가톨릭주의의 위험에서 스스로를 지키기 위해서는 반드시 모든 요소가 갖추어진 예배가 있어야 하며, 말씀이 선포되어야만 합니다. 저는 전혀 주저 없이 말씀 선포가 가장 우선이라고 주장한 우리 위대한 개신교 신앙의 선배들과 같은 입장에 서고자 합니다.
Great Doctrines of the Bible(교리 강해 3), p. 32

성마름 Impatience

아주 훌륭한 사람들이 종종 가장 참지 못하는 사람들이기도 합니다.

Banner of Truth, Issue 275(배너 오브 트루스 정기 간행물)

성미 Temper

그리스도인은 절대로 평정을 잃어서는 안 됩니다. 특히 그는 절대로 하나님의 진리에 대해서 평정을 잃어서는 안 됩니다. 만일 지금 우리 앞에 놓여 있는 이 위대한 문제에 대해서 격앙되거나 흥분하지 않은 상태에서 논할 수 없다면, 우리가 가장 먼저 논해야 할 것은 우리 자신이며, 우리의 성미일 것입니다. 그렇다면 우리는 결코 진리를 다루기에 합당하지 못할 것입니다! 만일 우리가 진리를 조심스럽고도 균형 있게 고찰할 수 없다면, 우리는 참으로 심각한 상태에 있는 것입니다.

God's Sovereign Purpose(로마서 강해 9), p. 145

사랑하는 성도 여러분, 그리스도인 된 여러분은 절대로 울화통을 터뜨려서는 안 됩니다. 신약의 서신서들은 그렇게 해서는 안 된다고 가르칩니다. 여러분을 제어하십시오. "분을 내어도 죄를 짓지 말며 해가 지도록 분을 품지 말고"(엡 4:26).

The Christian Warfare(에베소서 강해 7), p. 217

성숙 Maturity

제가 가까이하고 싶고 또 좋아하는 사람은, 하나님을 찾으며 살아 계신 하나님을 갈망하는 사람입니다. 저는 이런 사람들을 그 누구보다 높이 평가합니다.

God's Way of Reconciliation(에베소서 강해 2), p. 346

섞인 것이 없는 순수한 하나님의 말씀만이 우리를 성숙하게 세워 줍니다.

Christian Unity(에베소서 강해 4), pp. 203-204

어떤 부분에서만 성장하고 다른 부분에서는 성장하지 않는 것은 괴물 같은 일입니다. 어떤 부분에서는 너무 과도한 진보를 보이고 다른 부분에서는 전혀 진보를 보이지 못하는 사람이 있다면, 그는 균형을 이루지 못하여 추한 모습을 보일 것입니다. 그리스도인은 '모든 일과 모든 국면에서' 균형 있게 성장해야 합니다. 우리 마음과 지성뿐만 아니라 우리 가슴과 감정과 감성까지도 성장하고 진보해야 하는 것입니다.
Christian Unity(에베소서 강해 4), pp. 254-255

성실함 Integrity

결혼 언약을 지키지 않거나 상호간의 약정을 위반한 사람들을 다루면서, 국제적 조약의 신성함을 들어 열변을 토하는 것은 별로 의미가 없습니다. 왜냐하면 국가가 개인으로 구성되어 있기 때문입니다. 국가는 추상적인 존재가 아닙니다. 우리는 각 개인에게서 찾을 수 없는 어떤 도덕을 국가로부터 기대해서는 안 됩니다.
God's Way of Reconciliation(에베소서 강해 2), p. 85

성취 Achievement

이 세상에서 위대한 일을 성취한 인물들은 거의 언제나 신학적 마음을 가진 사람들이었습니다.
The Unsearchable Riches of Christ(에베소서 강해 3), p. 222

성화 Sanctification

제가 보기에, 우리가 수동적인 방식으로 거룩하게 된다고 가르치며, 아무것도 하지 않고 다만 하나님께서 우리를 위해 모든 것을 할 때까지 기다리라고 가르치는 것은 사도들의 교리에 전적으로 배치되는 것입니다.
The Life of Joy(빌립보서 강해), p. 167

만일 '완전한 성화' 라는 개념이 사실이라면……이 신약의 편지들은 절대 필요 없을 것입니다.
The Sons of God(로마서 강해 5), p.380

"그러므로 형제들아 내가 하나님의 모든 자비하심으로 너희를 권하노니 너희 몸을 하나님이 기뻐하시는 거룩한 산 제물로 드리라 이는 너희가 드릴 영적 예배니라"(롬 12:1). 여기에는 이 땅에서의 삶을 살아가는 동기가 되는 교리가 있습니다. 그것은 사람들의 삶을 비추어 볼 때 필연적인 것입니다. 여기서 '그러므로' 라는 단어에 주의하지 않는다면, 우리는 교리를 올바로 살핀 것이 아닙니다. 이 교리에 대해 이해하는 것은 저에게 그리스도 예수 안에서 거룩해진 자로서의 삶을 살아가는 동기를 부여하고 자신의 삶을 통제하는 힘이 됩니다.
Christian Conduct(로마서 강해 12), p.29

우리는, 단지 거듭난 상태에 머물러 있으면서 아무 활동 없이 그저 우리가 가지고 있는 것을 붙잡고만 있으면 안 됩니다. 오히려 우리는 마치 무엇인가 놀라운 것을 잃어버렸으며, 우리가 가장 중요하게 여겼던 위대한 흥분과 갈망을 상실했다는 사실을 깨달아야만 합니다. 그렇지 않고 단지 거듭남에만 머물러 있는 것은 진정한 생명이 아닙니다. 우리의 생명은 우리를 '영광에서 영광으로' 변화시키는 것이며, 끝없이 영원한 것입니다.
Spiritual Blessing(영적 축복, 요한복음 17장 강해), p.112

이 세상을 살다 간 가장 위대한 성인들의 삶을 돌이켜 보십시오. 그러면 여러분은, 성화 교리에 있어서 무죄한 상태의 완전주의를 추구할 수 있다고 주장하는 교훈이 결코 사실이 아님을 깨닫게 될 것입니다. 그것은 성경이 가르치는 교훈에도 부합되지 않는 것입니다.
Children of God(요한일서 강해 3), p.80

타락하기 이전의 아담의 모습에 대하여 설교하는 것은 성화에 있어서 최선의 설교 방법입니다. 바로 그것이 인간의 참모습이어야 합니다.
Life in the Spirit in Marriage, Home and Work(에베소서 강해 6), p.166

성화는 성령의 인치심이 아닙니다. 사람이 '거듭나는' 순간에 성화가 시작된다는 것이 성경의 교훈입니다. 그를 거룩하게 하고 하나님을 향하여 구별시키는 과정이 이미 시작된 것입니다. *God's Ultimate Purpose*(에베소서 강해 1), p. 261

여러분은 절대로 어느 한 단계에서 그리스도를 여러분의 칭의 또는 의로 영접했으며 그다음 단계에서 또다시 그리스도를 여러분의 성화로서 영접한다고 말해서는 안 됩니다. 그것은 그리스도를 나누는 것입니다. 그리스도는 결코 나뉠 수 없는 분이십니다. *The New Man*(로마서 강해 3), p. 40

만일 선택받은 자, 부르심을 받은 자, 구속받은 자 가운데 단 한 사람이라도 점도 없고 흠도 없이 천국에 이르지 않는다면, 하나님의 성품은(이렇게 표현할 수 있다면) 마귀와 모든 지옥의 조롱거리가 될 것입니다. *The New Man*(로마서 강해 3), p. 143

성경 그 어디에서도 여러분의 옛사람을 십자가에 못 박으라고 명령하지 않습니다. 성경 어디에서도 여러분의 옛사람을 제거하라고 말하지 않습니다. 왜냐하면 그 옛사람은 이미 사라졌기 때문입니다. 이것을 깨닫지 못하는 것은, 마귀로 하여금 여러분을 어리석게 만들며 기만하도록 허용하는 것이 됩니다. 여러분과 저는 여전히 아담 안에 있는 것처럼 살아가는 삶을 멈추어야만 합니다. 더 이상 '옛사람'이 거기에 없음을 기억하십시오. 옛사람이 거기 있다고 생각하는 삶을 멈추는 유일한 방법은, 그가 거기 없다는 사실을 깨닫는 것입니다. 바로 그것이 성화에 대한 신약성경의 가르침입니다. *The New Man*(로마서 강해 3), p. 65

성화는 받아야 할 일종의 경험이 아닙니다. 그것은 거듭난 순간부터 시작하여 영혼 안에서 하나님의 생명을 살아가는 것입니다. *God's Ultimate Purpose*(에베소서 강해 1), p. 285

만일 여러분이 그리스도를 흉내만 내는 삶을 산다면, 온 세상이 여러분을 찬미할 것입니다. 그러나 여러분이 그리스도를 닮아 가는 사람이라면, 온 세상이 여러분을 미워할 것입니다. *Banner of Truth, Issue 275*(배너 오브 트루스 정기 간행물)

하나님께서 죄 가운데 있는 사람들을 보시고 그들에게 그리스도의 의를 적용시키시며 그들을 의롭다고 선포하시는 것, 이것이 바로 전가된 의입니다. 그러나 성화의 경우에 우리는 분배된 의를 수여받습니다. 그것은 나의 것으로 간주된 의가 아니라 내 안에서 창조되고 발생한 의입니다. 이것은 중대한 구분입니다.
Great Doctrines of the Bible(교리 강해 2), p. 195

그러므로 세상이 내세울 수 있는 가장 도덕적인 사람과 주의 은혜로 거룩하게 된 그리스도인 사이에는 질적인 차이가 있는 것입니다.
Great Doctrines of the Bible(교리 강해 2), p. 196

성화는 하나님이 시작하고 지속시키며 완성하시는 것입니다. 그러므로 우리가 거듭나서 주 예수 그리스도와 연합하는 순간 성화의 과정은 이미 시작된 것입니다. 내가 신적인 성품을 받는 바로 그 순간, 내가 거듭나는 바로 그 순간에 나를 죄로부터 분리시키는 무엇인가가 들어오는 것입니다.
Great Doctrines of the Bible(교리 강해 2), p. 204

성화는 경험이 아니라 상태입니다. *Great Doctrines of the Bible*(교리 강해 2), p. 218

이미 우리가 살펴본 바와 같이 성화는 우리가 거듭날 때 시작됩니다. 그것은 실제로 우리가 의롭게 되는 바로 그 순간에 시작됩니다. 그러므로 여러분은 성화의 과정이 시작되지 않고서는 의롭게 될 수 없습니다.
Great Doctrines of the Bible(교리 강해 2), p. 247

성화는 대단히 중요합니다. 그것은 다음과 같은 모습으로 나타납니다. 빛 가운데 행하는 삶은 성화의 일부분입니다. 또한 죄를 고백하는 것과 그것을 인정하는 것 역시 성화의 일부분입니다. *Fellowship with God*(요한일서 강해 1), p.41

우리는 절대로 성화와 칭의를 분리해서는 안 됩니다. 우리는 절대로 거룩과 용서를 분리해서는 안 됩니다. 우리는 절대로 분리된 복의 종류에 대해 논해서는 안 됩니다. 모든 것은 하나입니다. 그것은 모두 다 동시에 속해 있는 것입니다.
Children of God(요한일서 강해 3), p.57

우리의 죄가 용서를 받고 그 죄와 죄책이 제거된 이후에도 죄의 원리는 우리 안에 남아 있을 것입니다. 신약성경이 의미하는 이 성화의 교리는 우리 안에 있는 죄의 원리와 그 활동이 계속해서 우리 밖으로 나가고 제거되는 과정을 의미합니다.
Fellowship with God(요한일서 강해 1), p.138

사람이 거듭나고 이 하나님의 씨앗 또는 원리가 그에게 들어가는 바로 그 순간에 생명이 시작되고 알아차릴 수 없을 만큼의 미세한 성장이 시작됩니다. 그러나 성령으로 세례를 받고, 성령의 햇빛과 비가 내리고, 그의 마음에 하나님의 사랑이 부은 바 되면, 여러분은 그가 생명과 활력과 활동으로 크게 움트는 것을 보게 될 것입니다. 그의 성화가 가장 놀랍고도 신비한 방식으로 활력을 얻는 것입니다. 그러나 이 둘은 우회적인 관계에 있습니다. 이것은 직접적이지 않으며 동일하지도 않습니다. 거듭남과 성화는 필연적이고도 친밀한 관계에 있지만, 서로 분리해서 생각해야 합니다. 그렇지 않으면 혼란만 남게 될 것입니다. 이런 혼란은 지난 오랜 기독교회의 역사를 통해 종종 발생해 왔습니다.
Joy Unspeakable(성령 세례), p.298

만일 하나님께서 여러분의 아버지이시라면, 어떤 부분이든 어떤 형태로든 가족 간의 닮음이 있을 것이고, 필연적으로 여러분의 부모 됨의 흔적이 나타날 것입니다.
Studies in the Sermon on the Mount(산상설교), p.320

세례(물세례) Baptism in Water

로이드 존스 박사는 실제로 침례교도도 아니었고 유아세례론자도 아니었습니다. 그는 신자들이 구원의 확신을 고백한 이후에 물을 뿌려서 세례를 주었습니다. 그런데 놀랍게도 이러한 성례가 그의 사역에 두드러지게 나타나지 않았습니다.

우리는 그 어떤 결론에도 도달하지 않았습니다. 따라서 제가 보기에 이 문제에 있어서 유일하게 정당한 견해는 두 가지 방법 모두 허용해야 한다는 것입니다. 세례의 방식은 절대적인 것이 아닙니다. 중요한 것은 그것이 상징하는 내용입니다. 중요한 것은 인침입니다. 저는 신자를 침례할 준비도, 물 뿌림으로 세례를 베풀 준비도 되어 있습니다. 최선의 방법은 충분한 물이 공급되는 강물에 서서 세례를 베푸는 것입니다. 저는 심지어 완전히 침수하는 것도 거절하지 않을 것입니다. 그러나 완전한 침수만이 절대적으로 본질적인 것이라고 말하는 것은 성경을 넘어서는 것일 뿐만 아니라 실제로 이단은 아니라 할지라도 이단에 가까운 것이라고 저는 확신합니다. 이것은 세례의 방식에 중요성을 부여하는 것으로서, 성경에서 입증하지 않는 것이요 구약성경 전체의 일반적인 관습에도 벗어나는 것입니다.
Great Doctrines of the Bible(교리 강해 3), p.45

명백하게도 그것(물세례)은 우리의 존재가 죄로부터 깨끗해졌음을 표시합니다. 우리는 죄 가운데 있던 죄인으로서 하나님의 진노 아래 있었습니다. 그런데 우리를 위해 그분이 행하신 구속에 의하여 우리 주 예수 그리스도를 믿는 믿음으로 말미암아 그것으로부터 해방된 것입니다. 따라서 세례는 우리에게 바로 그 구원을 상기시켜 줍니다. 또한 그것은 우리가 죄의 권세와 오염으로부터 깨끗함을 입었다는 사실을 상기시킵니다. 그것은 일종의 정결하게 하는 과정을 상징적으로 표현하는 '씻음'입니다. 세례는 이러한 사상을 포함합니다. 또한 그것은 우리 존재가 성령으로 말미암아 그리스도와 함께 세례를 받았다는 사실을 상징합니다.
Life in the Spirit in Marriage, Home and Work(에베소서 강해 6), p.159

세상 World

만일 하나님께서 세상에 미치는 자신의 능력을 거두어 가신다면, 이 세상은 즉시 와해되고 말 것입니다. 모든 만물에 생명과 존재와 자양분을 공급하시는 분이 성령이시기 때문입니다.
God's Ultimate Purpose(에베소서 강해 1), p. 421

'세상'이라는 단어는 '타락의 결과 마귀에 의해 제어되는 삶과 활동'으로 정의될 수 있을 것입니다.
Christian Conduct(로마서 강해 12), p. 73

인간과 전 우주의 최후는 서로 완전히 뒤엉켜 있습니다. 하나가 끝나면 다른 하나도 그 뒤를 이을 것입니다.
The Final Perseverance of the Saints(로마서 강해 6), p. 50

인간은 우리를 대적하지 않습니다. '세상'이 우리를 대적합니다. '세상'이라는 단어는, 말하자면 우리가 지금 살고 있는 도처에 존재하는 사고방식과 조직과 엄청난 악의 세력을 의미합니다. 우리의 사명은 '세상 안'에 있는 것이지 세상의 것이 되는 것이 결코 아닙니다. 이 '권세들'은 우리가 '세상'이라고 부르는 우리 마음과 사고방식의 통치자이자 지배자이며 조종자입니다.
The Christian Warfare(에베소서 강해 7), p. 59

세상이 이렇게 오늘날과 같아진 것은 아담이 범죄함으로써 모든 사람이 죄를 범했으며, 그 이후 죄와 사망이 모든 사람들에게 왕 노릇 했기 때문입니다. 이것은 신비한 일이며, 깜짝 놀랄 만한 현실입니다.
Assurance(로마서 강해 2), p. 212

오늘날 세상은 노래하는 일에 미쳐 버렸습니다. 세상이 더 많이 노래하면 할수록 생각하지 않게 될 것입니다.
Spiritual Blessing(영적 축복, 요한복음 17장 강해), p. 229

온 세상이 악한 자의 권세 아래 놓여 있습니다. 세상이 그의 가슴에 놓여 있습니

세상

다. 그가 세상을 옥죄고 통제하며, 모든 사고방식과 모든 활동들과 모든 발생하는 일들을 제어하고 있는 것입니다. Life in God(요한일서 강해 5), p.161

우리 모두 세상에 대하여 올바른 견해를 갖도록 합시다. 우리 모두 세상의 역사에 대하여 옳은 견해를 갖도록 합시다. 지금 세상에서 어떤 일이 벌어지고 있는지 이해하도록 합시다. 그리고 앞으로 어떻게 될지를 내다보고 예측합시다. 절대로 세상에 마음을 주어서는 안 됩니다. 또한 우리가 그렇게 하는 동안 세상의 교묘한 환심을 기억하고, 그 더러움과 죄를 인식하도록 합시다.
Life in God(요한일서 강해 5), p.177

그리스도인은 이 세상의 시민입니다. 그러나 세상이 우리 안에 들락날락하지 않도록 조심해야 합니다. Life in God(요한일서 강해 5), p.176

세상은 근본적인 의미에서 개선될 수 없습니다. 그렇다고 해서 악과 그 현상과 영향을 제어하기 위해 최선을 다하지 말라는 것은 아닙니다.
Life in God(요한일서 강해 5), p.175

우리가 알고 있는 바, 하나님과 그리스도가 없는 세상은 반드시 다가오는 종말을 맞이할 뿐입니다. 만일 개혁이 가능했다면, 개혁이 일어났을 것입니다. 그러나 세상에 있어서 근본적인 개혁이란 존재하지 않습니다. 세상은 멸망할 것입니다.
Life in God(요한일서 강해 5), p.175

세속 worldliness

다시 한 번 강조하겠습니다. 세상은 우리가 오직 전적으로 완전하게 하나님만을 영화롭게 하는 것을 방해하는 모든 것입니다. Life in God(요한일서 강해 5), p.37

여러분이 아주 멀리 가서 산꼭대기에 올라간다고 하더라도 세속을 벗어날 수는 없습니다. 왜냐하면 세속이 바로 여러분 자신 안에 있기 때문입니다.
Life in God(요한일서 강해 5), p.48

세속은 우리의 생명이 시작되는 그 순간부터 우리 안에 있습니다. 그러므로 즉시 세속과 싸우는 것은 아무런 의미가 없습니다. 수도원 제도가 바로 이것을 웅변적으로 증거하면서 "세속을 멀리하라"라고 말하는 것입니다. 그렇다면 우리에게 필요한 것은 무엇입니까? 우리에게는 해방이 필요합니다.

Life in God(요한일서 강해 5), p.53

특히 20세기의 비극은 매우 어리석게도 교회가 세상에 어떠한 영향을 끼칠 수 있다고 생각하면서 세상의 유행을 따라갔다는 데 있습니다. 그러나 세상은 오히려 그리스도인들이 자신들과 다르기를 기대했습니다. 그것은 매우 옳은 것입니다. 그것이 바로 신약성경이 강조하는 것이기도 합니다. 교회가 세상에 영합하려고 시도하는 것은 신약의 교리에서부터 이탈하는 것일 뿐입니다. 교회는 세상과 다르되, 반드시 본질적으로 달라야만 합니다.

Life in God(요한일서 강해 5), p.157

속죄 : 십자가, 구원
Atonement : Cross, Salvation

저는 지금까지 속죄 교리에 대한 전통적인 개신교적 해석, 즉 대속적이고도 형벌적인 속죄 교리를 강해했습니다. 그것은 우리의 죄가 십자가에 달리신 우리 주님의 몸을 통해 실제로 형벌당했음을 의미합니다.

Great Doctrines of the Bible(교리 강해 1), p.338

만일 여러분이 죄를 대적하시는 하나님의 진노의 교리를 모두 믿는다면, 죄는 반드시 응징을 받아야만 합니다. 바로 이것이 우리에게 대속이 필요한 이유입니다.

Great Doctrines of the Bible(교리 강해 1), p.332

오! 여러분은 예수 그리스도의 삶을 존경하며 그분의 말씀과 사역이 기이하고도 놀랍다고 느낄 수도 있습니다. 여러분은 말구유에 탄생하신 아기 예수의 모습이나 종국에 가서 배신당하고 십자가에 못 박히신 그분의 모습을 보고 눈물을 흘릴 수도 있습니다. 여러분은 그분을 따라가고 그분과 그분의 삶을 닮아 가기를 소원할 수도 있습니다. 그러나 여러분은 예수 그리스도께서 여러분을 위해 돌아가셨다는 사실을 깨닫기 전에는, 또한 물밀듯 몰려와서는 여러분을 변화시키고 능력을 부여해서 패배를 승리로 바꾸고 죄의 권세로부터 여러분을 해방시키는 그분의 생명과 능력을 경험하기 전에는, 결코 여러분의 온 영혼과 전존재를 다 동원해도 하나님을 향한 감사와 경이와 경배를 느끼지 못할 것입니다.

Evangelistic Sermons(전도 설교), p.201

여러분과 저는 반드시 이것을 깨달아야 합니다. 즉, 우리가 십자가 안에서 사랑의 하나님을 보기 이전에 먼저 그분의 진노를 보아야 하는 것입니다. 이 두 가지는 항상 같이 가는 것이며, 여러분은 이 둘을 분리할 수 없습니다. 여러분은 하나님의 진노의 깊이에 대해 이해할 수 있어야만 하나님의 사랑의 깊이를 이해하게 될 것입니다. 죄를 대적하시는 하나님의 진노가 나타나도록 하실 뿐만 아니라 동시에 자신의 아들이 그 형벌을 당함으로써 죄인들이 멸망당하지 않고 오히려 의롭다함을 얻을 수 있는 길을 열어 놓으신 분은 바로 하나님입니다.

The Gospel of God(로마서 강해 7), p.349

예수 그리스도는 자기 자신을 주셨습니다. 그리고 하나님께서는 그를 자신의 어린양으로 취하시어 우리 죄를 그에게 담당시키셨으며, 그를 통하여 형벌하셨습니다.

Authentic Christianity(사도행전 강해 2), p.182

하나님이 예수 그리스도를 죄로 삼으셨습니다. 하나님께서 우리의 죄를 그리스도에게 전가하셨습니다. 하나님께서 그것을 그에게 담당시키신 것입니다. 그러고 나서 하나님께서는 우리에게 그리스도 안에서 그 죄들을 모두 벌하셨다고 말씀하십니다. 속죄에 관한 사상이나 이론은, 그것이 무엇이든지 간에 반드시 성부 하나님의 활동에 충분한 중요성과 강조점을 두어야 합니다.

Great Doctrines of the Bible(교리 강해 1), pp.326-327

하나님께서는 우리의 죄와 허물을 자신의 아들에게 부과하셨습니다. 그것을 장부라고 생각해 보십시오. 여기 나의 빚, 하나님을 대적하여 범죄한 나의 허물과 죄악이 기록되어 있습니다. 그런데 그것들이 모두 나의 기록에서 삭제되고 그 아들의 기록으로 남게 되었습니다. 나의 범죄가 그분에게 전가되었고, 그분이 이것을 갚도록 되어 있습니다. 그분이 형벌을 당하신 것입니다.

Authentic Christianity(사도행전 강해 3), p.86

만일 제가 신약성경을 올바로 이해하고 있다면, 갈보리 언덕 위의 십자가보다 더욱더 조심스럽게 우리의 지성을 온전히 동원해야 할 곳은 없다고 생각합니다.

Great Doctrines of the Bible(교리 강해 1), p.308

존 칼빈은 이렇게 말했습니다. "사람의 아들을 하나님의 아들로 만들기 위하여 하나님의 아들이 사람의 아들이 되셨다."

God's Ultimate Purpose(에베소서 강해 1), p.45

우리 주님께서는 하나님에게 버림당하시는 것을 지각하고 계셨습니다. 영원하신 하나님 아버지와의 교통이 한시적으로 중단되었습니다. 영원한 하나님의 품에서 태초부터 하나님과 함께 계셨던 그분이 모든 영원 속에서 잠시 하나님의 얼굴을 볼 수 없게 된 것입니다.

Great Doctrines of the Bible(교리 강해 1), p.329

그리스도의 죽음을 설명할 수 있는 유일한 길은 그것이 절대적으로 필요했다는 것입니다. 그리스도의 죽음은 전 인류뿐만 아니라 공중 권세 잡은 정세와 권세자들 앞에서, 심지어 마귀와 모든 지옥의 백성들 앞에서 영원하신 하나님의 속성이 화목될 수 있고 변호될 수 있는 유일한 방법이었습니다. 그 일을 통하여 하나님께서 자신의 영원하신 공의를 선포하는 동시에 예수를 믿는 사람들의 죄를 용서하실 수 있게 되는 것입니다. 이것은 실로 가장 놀랍고도 심오한 진술이 아닐 수 없습니다.
　　　　　　　　　　　　Great Doctrines of the Bible(교리 강해 1), p.331

그리스도께서 죽으신 이유에 대한 유일한 해답은 하나님의 거룩입니다. 하나님의 거룩은, 죄를 처리하기 이전에는 죄인들의 구원을 다룰 수 없게 합니다. 하나님의 아들의 죽음만이 이 의로우신 하나님의 거룩한 요구를 만족시킬 수 있습니다. 그래서 하나님께서는 십자가에 달리신 그리스도를 통해 '화목제물로서의 자신의 의를 선포'하시는 것입니다.　　God's Ultimate Purpose(에베소서 강해 1), p.134

하나님께서 하나님이시기에 죄를 그냥 용서하실 수는 없습니다.
　　　　　　　　　　　Saved in Eternity(성도의 구원, 요한복음 17장 강해), p.99

성경에서뿐만 아니라 하나님의 성품에 관한 성경적 계시에 있어서도 오직 하나의 속죄 교리만이 있습니다. 하나님의 사랑이 거룩한 사랑이라는 사실을 절대로 잊지 마십시오. 저는 그것을 하나님의 영광이라고 부릅니다. 하나님은 그저 "내가 용서할 것이다"라고 말씀하심으로써 인간을 용서하실 수는 없습니다. 하나님은 결코 그렇게 하실 수 없습니다. 하나님께서 죄인을 용서하실 수 있는 유일한 방법은, 오직 우리의 죄를 하나님의 아들에게 전가시키고 그를 형벌하시는 것입니다. 하나님께서 자신의 아들을 향하여 죄에 대한 자신의 진노를 쏟아 부으신 것입니다. 하나님은 '그를 화목제물'로 만드셨습니다. 하나님께서 그렇게 하셨습니다. 바로 이것이 하나님의 선하심과 함께하는 공의로우심입니다. 이 둘은 함께 가는 것입니다. 그것은 거룩한 사랑이며 의로우신 용서입니다.
　　　　　　　　　　　　　　To God's Glory(로마서 강해 11), p.135

십자가는 하나님의 사랑에 영향을 끼치는 어떤 것이 아닙니다. 그렇지 않습니다. 하나님의 사랑이 바로 그 십자가를 만들어 낸 것입니다. 하나님의 사랑이 아니었다면, 하나님께서는 우리 죄를 형벌하셨을 것이고, 우리는 영원한 사망 가운데서 고통받았을 것입니다. 심지어 저는, 성경 그 어디에서도 속죄의 대속적이고도 형벌적인 국면을 하나님의 사랑으로 해석하고 설명한 곳은 없다고도 말할 수 있습니다. 하나님께서 여러분과 저의 죄를 용서하시기 위하여 우리의 죄를 자신의 아들에게 전가시키고 그 아들을 아끼지 아니하고 형벌하시며, 그로 하여금 모든 고난을 받게 하신 것보다 더 위대한 일이 또 있을까요?

Great Doctrines of the Bible(교리 강해 1), p.335

자신(예수님)도 사람이 되지 않고서는 인간의 형벌을 담당할 수 없습니다. 그것이 인간을 구속할 수 있는 유일한 방법입니다.

Great Doctrines of the Bible(교리 강해 1), p.282

전가 교리imputation를 주신 하나님께 감사드립니다! <i>Assurance</i>(로마서 강해 2), p.212

우리는 속죄의 대속적 국면과 형벌적이고도 속죄적인 요소를 매우 특별하게 강조해야만 합니다.

Knowing the Times(시대의 표적), p.349

수 Numbers

하나님께서는 언제나 남은 자를 통해 자신의 위대한 사역을 수행하셨습니다. 수에 대한 여러분의 강박관념을 몰아내십시오.

The Christian Soldier(에베소서 강해 8), p.278

수도원 생활 Monasticism

여러분이 세상을 떠나서 수도원의 수도사나 속세를 떠난 수행자로 산다고 해도, 아니 이미 세상을 떠났다고 해도 여러분 자신을 떠난 것은 아닙니다. 물속에 잠

수도원 생활

긴 3분의 2의 빙하가 여전히 여러분과 함께 있습니다. 여러분은 여러분의 죄성을 수도원 밖에 버릴 수 없습니다. 악한 상상과 생각이 여전히 여러분을 지배할 것입니다. 여러분은 그것들을 완전히 제거할 수 없습니다. 수도원의 돌벽이 그것을 막아 주지 못하며, 철문이 그것을 잠그지 못하며, 잠긴 문이 그것을 막을 수 없습니다. 여러분이 어디에 있든지 그것들은 여러분과 함께할 것입니다. 그것들은 영적이며, 보이지 않으며, 어디든 통과할 수 있으며, 수도원에 있는 여러분과도 함께 있을 것이기 때문입니다. 여러분은 그것들을 제거할 수 없습니다. 바로 이러한 이유들 때문에 위대한 수도원의 생활 체계가 궁극적으로는 완전히 무너지고 마는 것입니다.

The Christian Warfare(에베소서 강해 7), p. 36

순교자들 Martyrs

순교자들

순교자들은 그들이 믿는 것이 무엇인지를 잘 알고 있는 사람들입니다.

The Gospel of God(로마서 강해 7), p. 21

숫자 Numerics

숫자

우리가 숫자에 너무 지나치게 빠지면 위험해질 수도 있지만, 만일 성경에 나타난 숫자에 대하여 관심을 갖는 것이 허락된다면, 우리는 주님이 가르쳐 주신 기도에 나오는 세 가지 탄원은 하나님을 지칭하며, '3'이라는 숫자가 항상 삼위일체 하나님을 암시하는 하나님의 신성을 의미한다는 사실을 관찰할 수 있습니다. 동일한 방식으로 '4'라는 숫자는 항상 땅의 숫자이며, 인간에게 속한 모든 것을 지칭하는 숫자입니다. 요한계시록에 등장하는 네 마리 짐승과 같은 이치입니다. 그리고 '3'과 '4'의 조합인 '7'이라는 숫자는 항상 하나님과 땅의 관계와 인간을 다루시는 하나님을 상징하는 의미에서 완전수를 뜻합니다.

Studies in the Sermon on the Mount(산상설교 2), p. 58

스토아 학파 Stoicism

기독교는 단순히 체념하거나 인생을 감수하는 스토아 학파가 아닙니다. 스토아 학파는 인생을 묻어 두고 견디며, 밖으로 꺼내지 않습니다. 스토아 학파는 엄청난 용기와 대단한 의지의 노력으로 그저 그것을 지니고 통과합니다. 즉, 인내하는 것, 참는 것, 실패하지 않고 무너지지 않는 것이 바로 스토아 학파입니다. 그것은 기독교적인 작용이 아닙니다.

Assurance(로마서 강해 2), p.63

습관 Habit

모든 악한 습관들은 어느 날 갑자기 여러분의 삶 속에서 떨어져 나가지 않습니다. 하나님께서는 종종 자신의 은혜를 통해 어떤 악한 습관들을 제거하기도 하시지만 다른 것들은 그냥 놔두십니다. 습관이라는 세력은 너무나 강력한 권세입니다. 그것은 너무나 강해서 하나님의 능력 이외에는 그것들을 대적할 수 없고 그것들로부터 우리를 보호할 수도 없습니다. 우리에게 주의 은혜로 새로운 마음과 새로운 가치관과 새로운 삶을 살고 싶은 욕망이 생겼다 하더라도 어떤 습관들은 여전히 우리를 방해하고 괴롭힙니다. 오직 하나님의 권세만이 우리로 하여금 그 죄악 된 습관을 정복할 수 있게 해 줍니다.

God's Ultimate Purpose(에베소서 강해 1), p.419

몸에 차는 쇠 띠와 창문 사이의 철봉과 놋쇠 문에 상응하는 물리력만큼이나, 독재적이고도 노예적인 악한 생각과 습관들의 권세와 나쁜 친구들의 영향력을 더 분명히 설명해 주는 실례는 없습니다. 이런 설명을 부인할 만큼 어리석은 사람이 누가 있겠습니까? 나쁜 친구와 결별하는 것이 쉬운 일입니까? 오랫동안 계속된 악한 습관과 행실을 충분한 노력 없이도 끊을 수 있다고 생각하십니까? 그 무엇보다도 여러분의 마음을 통제하고 불결한 모든 생각들과 모든 더러운 상상들을 제거하며, 몰인정하고도 독한 판단과 시기심과 질투를 없애는 것이 가능하

> 습관

다고 생각하십니까? 제게 말해 보십시오. 여러분은 자유롭습니까? 친구들과 동료들의 간섭과 그것이 잘못인 줄 알면서도 따라가는 다른 모든 사람의 영향으로부터 자유롭습니까? 여러분은 모든 악한 습관과 행실의 통제로부터 자유롭습니까? 우리를 절망과 수치로 몰아넣는 마음의 모든 죄로부터 자유롭습니까? 여러분은 진정으로 자유롭습니까? 여러분은 자유롭기 위해 노력해 본 적이 있습니까? 여러분은 도덕적이고도 영적인 자유를 성취한 적이 있습니까? 여러분은 장벽과 놋쇠 차꼬와 문을 무너뜨릴 수 있습니다. 그러나 혼자의 힘으로 이런 일들을 해낸 사람이 단 한 사람이라도 있을까요? 예수 그리스도 우리 주님 안에서, 그리고 오직 그분만이 주실 수 있는 새 생명과 능력을 제외하고서 이 일을 성취할 수 있는 사람은 아무도 없습니다.

Old Testament Evangelistic Sermons(구약을 사용한 복음 설교), p. 187

시간 Time

> 시간

만일 우리가 도표를 만들어서 일주일 동안 하나님의 말씀을 읽고 하나님의 말씀을 이해하는 것에 도움을 주는 책을 읽는 데 들이는 시간과, 신문과 소설을 읽고 영화를 보는 데 소비한 시간을 비교, 대조해 보면, 어떤 결과가 나올지 자못 궁금합니다.

The Life of Joy(빌립보서 강해), p. 178

부흥이 임하면, 우리는 부흥의 시기에 항상 경험했던 것들을 경험하게 될 것입니다. 우리는 시간을 초월할 것이며, 시간을 잊게 될 것입니다. 항상 그래 왔던 것처럼 정시에 예배를 시작하겠지만, 그 예배가 언제 끝날지는 오직 하나님만이 아십니다.

Revival(부흥), p. 78

그리스도인이 아닌 사람, 즉 세속적인 사람의 모든 문제는 현재의 삶과 세상이 그의 유일한 삶과 세상이라는 점에 있습니다. 그는 연대기적 시간이라고 불리는 것, 즉 시계나 달력에 의해 측정되는 시간 이외에는 아무것도 알지 못합니다. 그의 모든 사고방식은 전적으로 일시적이고 세속적이며, 보이는 것에 의해서만 제한될 뿐입니다. 그에게 시간의 구분이란 전혀 존재하지 않습니다. 그의 견해는 이 세상에 태어나서 살고 이 세상을 떠나는 것에 한정됩니다. 이것이 바로 그가 시간에 대해 아는 모든 것입니다. 이것은 전혀 기독교적 견해가 아닙니다. 그리스도인은 바로 기독교적 사고방식 때문에 그 누구도 감당할 수 없는 고난을 견디는 것입니다. *The Final Perseverance of the Saints*(로마서 강해 6), p.29

저는 다시 한 번 이것(구속에 있어서의 성령의 사역)이 가장 매력적인 주제 가운데 하나라는 것을 솔직하게 인정해야만 합니다. 저는 이 강의를 준비하기 위해서 엄청난 시간을 보냈습니다. 그렇게 함에 있어서 저는 매혹적인 배열과 순서를 찾기 위해 십자말 풀이와 같은 것들을 참고하는 사람들을 이해할 수 없습니다. 다음과 같은 주제들을 고찰해 보십시오. '우리를 구속하시는 성령의 사역에는 어떤 단계와 시기들이 있을까요? 성령께서는 어떤 순서로 이런 사역을 하실까요?' 이런 주제들에 대한 답변은 과거의 역사를 통해 거의 끝없이 계속 존재해 왔습니다. 그러나 성경 그 자체는 특정하고도 세세한 순서를 제공하지 않습니다. *Great Doctrines of the Bible*(교리 강해 2), p.59

시민권 Citizenship

여러분이 저에게 편지를 쓴다면, 이렇게 쓰시기 바랍니다. '임시 주소 : 런던의 웨스트민스터, 영구 주소 : 그리스도 안에 있는 천국.' 이 세상에서 저는 나그네일 뿐입니다. 천국이 저의 고향입니다. *Love so Amazing*(골로새서 강해), p.139

시편 Psalms

저는 시편을 설교할 때마다 항상 시편은 하나의 노래이므로 각각의 시편이 전체 안에서 다루어져야 한다는 점을 강조해 왔습니다. 물론 각 시편에는 분명히 독립적으로 주의를 기울여야 할 구절들이 있습니다. 그렇지만 시편은 일반적으로 하나의 거대한 사상과 분위기를 전달하기 위해 구성된 것입니다.

Old Testament Evangelistic Sermons(구약을 사용한 복음 설교), p.181

시편들은 일반적으로 결론과 함께 시작합니다. Faith on Trial(믿음의 시련), p.13

본문(롬 11:7-10)을 통하여 우리가 배워야 할 세 번째 원리는, 시편 69편에 대한 바울의 인용에 나와 있습니다. 이 시편 69편은 저주의 시 가운데 하나입니다. 저주의 시Imprecatory는 죄인들에게 재앙이 임하게 해 달라는 소원을 하나님께 올리는 것입니다.

To God's Glory(로마서 강해 11), p.45

하나님께서는 자신의 무한하신 지혜를 통하여 자신의 계시를 사상이라는 형식으로 부여해 주십니다. 하나님께서 베푸시는 이러한 계시는 그 특정한 시대와 세대에 항상 시의 적절한 것입니다.

To God's Glory(로마서 강해 11), p.51

시험과 신학 교육
Examinations and Theological Training

로이드 존스 박사는 신학 교육에 대한 확고한 견해를 지니고 있었습니다. 그는 지성적 훈련과 학문적 유익은 아주 엄격한 조사를 거쳐야 한다고 생각했습니다. 그럼에도 그는 세속 대학들과 대학 안에 있는 신학부에 대해 회의적인 입장을 견지하고 있었습니다. 여기서 신학이란 아주 다른 종류의 훈련이며, 성경 역시 다른 교과서와 사뭇 다른 책임을 강조하고 있습니다. 그는 성경이 하나밖에 없는 유일한 책이라는 것을 믿었습니다. 성경은 성령 하나님의 조명을 통해 구도하는 영혼에게 비밀을 계시해 줍니다. 시험을 위한 벼락치기 공부와 순전히 지적인 수준의 집중적인 연구는 성경의 남용으로 오용될 수도 있습니다. 영성은 종종 학문 세계에서 고통을 당합니다. 그러므로 대학은 목회 사역의 훈련을 위한 최상의 장소가 아닌 것입니다.

단순히 헬라어와 히브리어를 안다고 해서 성경을 이해하는 것은 아닙니다. 어떤 사람이 성경을 알 수 있는 것은 그에게 하나님의 영이 있기 때문입니다.

Knowing the Times(시대의 표적), p.369

우리 가운데 어떤 이들은 항상 성경의 지식을 심사하는 일에 일종의 위험이 따른다는 것을 의식해 왔습니다. 특별히 마틴 루터를 비롯한 몇몇 종교개혁자들이 이런 견해를 지지했으며, 몇몇 청교도들도 동일한 견해를 지지했습니다. '성경 지식에 대한 학위'라는 말은 절대로 써서는 안 됩니다. 이것은 그 자체로 잘못되었을 뿐만 아니라 이러한 경향이 진리를 방해하고 인격을 놓치게 하기 때문입니다. 우리는 절대로 우리가 그분의 임재 안에 있으며 성경이 바로 그분에 관한 진리라는 사실을 인식하지 못한 채, 성경이나 성경적 진리를 연구해서는 안 됩니다.

The Unsearchable Riches of Christ(에베소서 강해 3), p.208

저는 개인적으로 성경 지식에 관련해서 시험을 치르는 것을 절대로 인정한 적이 없습니다. 저는 그것이 그 자체로 잘못된 것이라고 생각합니다. 성경 지식에 대한 시험은 성경이 우리의 믿음을 고양시켜 주고 우리의 영성을 높여 주기 위해 주어졌다는 사실을 놓치게 만들기 쉽습니다. 우리 머릿속이 성경의 내용과 지식만으로 가득 차 있는 것보다 더 위험한 것은 없습니다. 만일 그 지식들이 머릿속에만 멈춘 채로 우리의 가슴과 마음을 움직이지 않고 우리의 의지에 영향을 끼치지 않는다면 말입니다.

God's Sovereign Purpose(로마서 강해 9), p.26

여러분이 성경을 학교에서 배우는 일종의 '과목'으로 접근하기 시작하면 곤경에 빠지게 됩니다. 여러분은 절대로 성경에 대하여 학문적이고도 이론적으로만 접근해서는 안 됩니다. 성경은 우리에게 단순히 선포되어야 합니다. 이것 이외에 다른 방식을 허용해서는 안 됩니다. 전문가나 직업 설교자의 관점에서 성경에 접근하는 것보다 더 해악적이고 위험한 것은 없습니다.

Studies in the Sermon on the Mount(산상설교 2), p.290

저는 신학 교육이 절대로 성경과 분리되어서는 안 된다고 주장하는 바입니다. 더 강력히 말한다면, 저는 신학이 오직 설교만을 통하여 교육되어야 한다고 생각합니다! 신학을 추상적이고 이론적이며 학문적인 과목으로 바꾸는 것은 엄청나게 위험합니다. 신학은 하나님에 대한 지식이기 때문에 이런 일이 절대 일어나서는 안 됩니다.

Knowing the Times(시대의 표적), p.371

우리가 지금 관심을 가지고 있는 이 지식과 관련해서 시험을 치러야 한다는 것은 거의 불경스러운 것이라고까지 말할 수 있습니다.

Knowing the Times(시대의 표적), p.366

신경 Creed

기독교는 애매모호하게 느끼는 것이 아닙니다. 기독교는 매우 명확한 것입니다. 여러분은 자신에게 신앙이 있는지 그렇지 않은지 분명히 알 수 있습니다. 여러분이 이것들을 믿지 않으면 대혼란에 빠지기 때문에 신조와 신앙고백들이 생겨나게 된 것입니다. 여러분이 일종의 교리체계를 믿지 않는다면, 여러분은 도대체 무엇을 가지고 있습니까? 그리고 여러분은 무슨 메시지를 전달하겠습니까?

Love so Amazing(골로새서 강해), p.62

신비 Mystery

그리스도인에게 구원의 진리는 더 이상 신비가 아닙니다. 그것은 단지 불신자들에게나 신비적일 뿐입니다. 하나님께서는 자신의 은혜와 자비를 통해 그것을 공개하며 계시하기를 기뻐하셨습니다. 그러하기에 그리스도인에게 있어서 그것은

공개된 비밀입니다.   *God's Ultimate Purpose*(에베소서 강해 1), p.191

신약성경이 의미하는 '신비'는 그 성격상 인간적 지식 또는 단순한 인간적 능력이나 재능으로는 절대로 성취하거나 도달할 수 없는 진리에 속하는 전문적 용어입니다. 신비 그 자체는 아주 명백하고 분명하지만, 인간이 유한하며 죄 가운데 있기 때문에 혼자 힘으로는 그 지식에 도달할 수 없고 그것을 이해할 수도 없는 것입니다.   *The Unsearchable Riches of Christ*(에베소서 강해 3), p.33

신비주의 Mysticism

여러 가지 의미로 보건대 현재 가장 위험한 올가미 가운데 하나는 바로 '신비주의'라고 불리는 것입니다. 신비주의를 정의하면 대략 다음과 같습니다. 그것은 '여러분 안에 있는 하나님을 추구하는 것'입니다. 신비주의는 "하나님의 영이 모든 사람들 안에 있기 때문에 우리는 반드시 우리의 내부를 추구해야 하며, 우리 안에 있는 하나님의 영에 항복해야 한다"라고 말합니다.

Spiritual Blessing(영적 축복, 요한복음 17장 강해), p.57

신비주의는 지성과 이성과 이해가 아니라 '감정'을 하나님에 대한 지식의 근원으로 삼는 것입니다.   *Fellowship with God*(요한일서 강해 1), p.90

신비주의에 대한 복음주의자들의 주요 비평은 다음과 같은 형태로 제시될 수 있습니다. 복음주의자들은 신비주의가 계속적인 영감을 주장한다고 말합니다. 즉, 신비주의적인 사람들은 어떤 의미에서 하나님께서 구약의 선지자들과 신약시대의 사도들에게 그렇게 하셨던 것처럼 그들을 직접 다루신다고 주장합니다. 글쎄요, 복음주의적 입장에서 우리는 하나님께서 신구약시대의 선지자들과 사도들에게는 직접 메시지를 주셨다고 믿습니다. 그러나 오늘날의 경우에 있어서는 하나님께서 신구약시대에 이미 그렇게 하셨기 때문에 또다시 우리에게 직접 메시

신비주의

지를 주실 필요는 없다고 말합니다.   *Fellowship with God*(요한일서 강해 1), p. 94

신비주의는 필연적으로 성경을 한쪽 구석에 제쳐 두고 그것을 다소 불필요한 것으로 만들어 버립니다. 여러분은 신비적인 경향을 지닌 사람들이 성경을 별로 언급하지 않는다는 사실을 항상 발견할 것입니다. 그들은 성경을 많이 읽지 않습니다. 실제로 저는 여러분이 거의 모든 신비주의적인 사람들에게서 이런 모습을 발견하게 될 것이라고 확신합니다……신비주의의 위험은 우리 안에서 일어나는 주님의 역사에 너무나 과도하게 관심을 둔 나머지, 우리를 위한 주님의 사역을 잊어버린다는 데 있습니다.   *Fellowship with God*(요한일서 강해 1), p. 94

신비주의자들은 정신적인 면을 강조하는 경향이 있습니다. 그들은 하나님께서 그들 안에 임재해 계신다고 믿습니다. 그래서 하나님의 복을 받고 영적으로 충만한 삶을 살아가는 비결은, 자신의 내부를 바라보며 심령 내부에 머무르며 그들 자신에게 말하는 환상과 빛과 인도와 지도에 민감히 반응하는 것이라고 믿습니다. 이것이 바로 하나님께서 인간의 존재 깊은 곳에 계신다는 믿음으로 자기의 비밀스러운 내적 자아를 밝히는 내적 과정인 것입니다.
    Walking with God(요한일서 강해 2), p. 122

기독교는 신비적인 감정이나 경험만은 아닙니다. 제가 이렇게 말하는 이유는 오늘날에는 그런 종류의 경험에 대단히 많은 관심을 두기 때문입니다. 저는 여러분이 세상 역사의 위기나 어려운 시대를 직면할 때마다 신비주의에 빠지려는 경향이 나타난다고 생각합니다. 인류가 그들이 가지고 있는 모든 권세와 능력을 상실했을 때, 모든 낙관적인 예언자들과 교사들과 정치가들과 시인들이 완전히 실패했을 때, 그들이 근심하고 당황하며 난감해할 때, 인간의 내부에는 언제든지 신비주의로 향하려는 내적 경향이 발동하게 되어 있습니다.
    The Love of God(요한일서 강해 4), p. 26

복음적 신비주의 evangelical

물론 참된 기독교 복음의 신비주의도 있습니다.

God's Way of Reconciliation(에베소서 강해 2), p. 242

참된 신비주의는 기독교 신앙과 기독교적 입장에 대한 살아 있고도 실제적이며 경험적인 국면을 강조합니다. 우리의 믿음이 우리를 어떤 경험으로도 이끌지 않는다면, 저는 그것이 정말 기독교적 믿음인지를 의심할 수밖에 없습니다! 우리의 믿음은 반드시 살아 있고 실재하며 경험적인 것이어야 합니다.

The Christian Warfare(에베소서 강해 7), p. 122

기독교의 참된 신비는 다음과 같은 말씀들을 통해 빛납니다. "그런즉 이제는 내가 사는 것이 아니요 오직 내 안에 그리스도께서 사시는 것이라"(갈 2:20). "내게 능력 주시는 자 안에서 내가 모든 것을 할 수 있느니라"(빌 4:13). 바울은 이런 말씀들을 통하여 기독교의 참된 신비에 대해 말하고 있습니다.

The Unsearchable Riches of Christ(에베소서 강해 3), p. 248

주님께서 제자들을 떠나 멀리 가시는 것이 어떻게 제자들을 위한 일이겠습니까? 만일 그리스도인들이 주님을 즉각적이고도 직접 보고 알지 못한다면 어떻게 그분을 알 수 있겠습니까? 명백하게도 최고의 복은 주님과 함께 거하며 그의 임재를 맛보고 그와 동행하는 것입니다. 그러나 우리 주님께서는 자신이 세상을 떠난 후에 제자들이 성령을 받게 될 것인데, 그때가 되면 지금보다 자신이 더욱 살아 실재하게 될 것이라고 말씀하셨습니다. 그리고 바로 이 일이 제자들에게 실제로 발생했습니다. 제자들은 오순절 사건 이후에 주님을 더욱 잘 알게 되었습니다. 주님은 육체로 계실 때보다 그들에게 더욱 실재의 대상이 되었고, 더욱 살아 계시며 생생한 분이 되셨습니다. 주님의 약속이 문자적으로 성취되고 증명된 것입니다.

The Unsearchable Riches of Christ(에베소서 강해 3), p. 249

신학 Theology

기독교 신앙의 과업은 우리에게 신학에 관한 지식을 제공하는 것이 아닙니다. 기독교 신앙의 위대한 지식을 가지고 있으면서도 여전히 하나님을 모를 수도 있습니다. 저는 신학을 비난할 마음은 조금도 없습니다. 또한 오늘날 우리가 만난 난제 가운데 하나가 바로 신학적 지식의 부재라는 것도 사실입니다. 그럼에도 저는 여러분이 신학적 지식을 많이 가지고 있으면서도 여전히 하나님의 사랑에 대해서는 문외한일 수 있다는 것을 말씀드립니다.

Old Testament Evangelistic Sermons(구약을 사용한 복음 설교), p. 40

참된 신학은 언제나 마음을 움직입니다. *Christian Conduct*(로마서 강해 12), p. 31

이 모든 것 외에도 저는 '성경적 교훈에 대해서는 대중적인 견해가 결정적인 요인이 될 수 없다'는 근본적인 명제로 시작하는 중대한 원리를 반복하여 말씀드리고자 합니다.

Christian Conduct(로마서 강해 12), p. 82

오, 여러분이 자신의 신학적 지식을 자랑할 수도 있고 자신을 자랑스러워할 수도 있습니다. 그러나 그렇다면 여러분이 공부하고 연구하는 실제 이유는 여러분의 위대한 지식을 과시하기 위한 것입니다. 저는 성경에 대해서 순전히 기술적인 관심만 기울였던 사람들을 알고 있습니다. 그들은 이런저런 구절들을 연구하고 조사하며 그것들을 서로 비교하는 데 매우 뛰어납니다. 그들에게는 주제와 단어들이 완전히 다 분류되어 있습니다. 그들은 아주 짧은 시간에 여러분에게 성경 전체를 분석하여 제시할 것입니다. 그러나 그것은 성경에 대한 참된 지식이 아닙니다.

Spiritual Blessing(영적 축복, 요한복음 17장 강해), p. 188

실패 Failure

과거로 돌아가서 이스라엘 백성들의 이야기를 읽으십시오. 그러면 여러분은 그들이 패배했을 때, 그 이유가 대적들이 강해서가 아니라 항상 그들 자신의 내적인 부패와 결점 때문이었음을 발견하게 될 것입니다.
Old Testament Evangelistic Sermons(구약을 사용한 복음 설교), p.63

만일 여러분이 공허한 느낌이 들고 아무것도 아닌 것같이 생각되며 가련하고도 비참하며 무지몽매하다는 생각이 든다면, 만일 여러분이 죄에 이끌리는 성향을 혐오하고 자기혐오와 증오를 느낀다면, 저는 여러분에게 영생이 있다고 단언할 수 있습니다. 왜냐하면 사람의 영혼 속에 하나님의 생명이 있기 전에는 그 누구도 그러한 경험을 할 수 없기 때문입니다.
Life in God(요한일서 강해 5), p.109

심리학 Psychology

여러분에게 심리학이 필요하다면, 성경으로 가십시오.
God's Way of Reconciliation(에베소서 강해 2), p.48

여러분은 이 위대하고도 심오한 영혼의 의사들이 소위 '거짓된 평화'라고 불리는 것에 대해 상당한 분량의 글을 썼다는 것을 아십니까? 하나님과 거짓된 평화를 누리는 것보다 더 두려운 일은 없습니다.
Fellowship with God(요한일서 강해 1), p.109

그렇게 불리는 경우는 거의 없지만, 아주 가끔 영적이고도 성경적인 심리학이라 부를 수 있는 것이 있습니다.
Faith on Trial(믿음의 시련), p.38

성경과 그 기록들을 단순히 현대 사상과 심리학적 관점에서 바라본다면, 그것들은 서로 조화되지 않으며, 설명하고 정리하려는 모든 시도를 좌절시키는 뒤죽박죽인 사실들만 남게 될 것입니다. 그러나 죄라고 불리는 열쇠의 빛으로 성경에 접근한다면, 모든 문이 열리고 엉킨 실타래가 저절로 풀리는 것을 보게 될 것입니다. 여러분이 어떤 성경, 어떤 사건을 선택한다 할지라도 이 열쇠는 들어맞을 것입니다. 이 열쇠는 모든 성경에 정확히 동일한 방식으로 작용할 것입니다.

Old Testament Evangelistic Sermons(구약을 사용한 복음 설교), p.89

프로이드 학파에 속하는 몇몇 심리학자들은 광범위한 임상 심리학을 발전시켰습니다. 심지어 오늘날 선교회들은 선교사 후보생들을 심리학자나 심리 치료사에게 보내 인터뷰를 하게 하여 그들이 과연 선교지에 적합한 인물인지를 확인한다고 합니다. 저는 그 사실을 듣고 경악하지 않을 수 없었습니다. 이런 일들이 복음주의권에 밀어닥치기 시작했다는 사실에 참으로 놀라지 않을 수 없는 것입니다.

Healing and the Scriptures(의학과 치유), p.146

정신분석학자를 찾는 많은 사람들은 복음서에 등장하는 여인들과 같습니다. 그들의 병은 전혀 낫지 않으며, 오히려 점점 더 악화될 뿐입니다!

Banner of Truth, Issue 275(배너 오브 트루스 정기 간행물)

심리학은 순전히 추측과 가정에 근거합니다. 통속적인 심리학은 실제로 정신이상과 편집증 연구에 기초하고 있습니다. 프로이드의 전체 가설은 바로 이러한 연구, 즉 비정상에서 정상으로의 전이에 근거해 있으며, 이것으로부터 막대한 추론이 생성되는 것입니다.

Enjoying the Presence of God(하나님 앞에 사는 즐거움), p.17

저는 심리학은 철학과 같아서 기독교의 가장 엄청난 대적 가운데 하나라는 것을 여러분에게 말씀드리는 바입니다.

Authentic Christianity(사도행전 강해 1), p.246

심판 : 지옥 Judgement : Hell

만일 여러분이 성경에서 심판의 사상을 제외한다면, 남는 것이 별로 없을 것입니다.
The Heart of the Gospel(복음의 핵심), p. 98

만일 죽음 이후에 아무것도 없다면, 아마도 저는 결코 설교하지 않을 것입니다. 그렇지만 저는 죽음 이후에 분명히 무엇인가가 있으며, 그것이 바로 심판이라는 것을 압니다. 하나님은 심판자이십니다. 세상을 이처럼 사랑하사 자신의 독생자를 보내시고 그에게 우리 죄를 전가하셨으며, 우리를 위하여 그 아들을 내치신 그 하나님께서 바로 심판주가 되십니다.
Authentic Christianity(사도행전 강해 2), p. 126

우리는 하나님의 심판의 법정에서 군중들과 함께 단체로 심판을 받는 것이 아니라 혼자 개인적으로 심판받게 될 것입니다.
Old Testament Evangelistic Sermons(구약을 사용한 복음 설교), p. 16

우리가 할 수 있는 모든 것은, 성경을 읽고서 성경이 가르치는 것에 주목하며, 전적으로 성경에 우리를 맡기고 복종하는 것입니다.
Assurance(로마서 강해 2), p. 250

심판의 날은 계시의 날, 경악의 날이 될 것입니다. 이 땅에서 우리에게 위대한 것처럼 보였던 모든 것이 전혀 아무것도 아닌 것이 될 것입니다. 반면 사소하고도 하찮은 것으로 보였던 것은 하나님의 위대하신 사랑의 강력한 불빛으로 인해 위대한 가치를 지니게 될 것입니다. 우리가 발견하게 되는 이 심판과 그것에 대한 이해는 얼마나 놀라운 반전이겠습니까?
The Unsearchable Riches of Christ(에베소서 강해 3), pp. 190-191

심판:지옥

우리 모두는 한 사람도 예외 없이 죽어서 하나님을 대면하게 될 것입니다. 그때에는 천국 아니면 지옥만 남게 될 것입니다. 기쁨과 복은 형언할 수 없을 것이며, 반대로 비참과 불행은 생각하기조차 두려운 것이 될 것입니다.

Love so Amazing(골로새서 강해), p. 21

만일 이 세상의 모든 인류가 심판의 날에 하나님 앞에 서게 된다는 사실을 깨닫고 산다면, 이 세상은 사뭇 다른 세상이 될 것입니다.

Authentic Christianity(사도행전 강해 3), p. 258

그 어떤 사람도 마지막 심판의 법정에서 자신에게 선고된 형벌이 부당하다거나 자신을 형벌하는 그 율법이 불의하고 불공평하다고 말할 수 없을 것입니다.

The Law:Its Functions and Limits(로마서 강해 4), p. 163

이 심판은 최종 심판입니다. 성경은 두 번째 기회나 또 다른 기회가 있다고 가르치지 않습니다.

Studies in the Sermon on the Mount(산상설교 2), p. 323

마지막 심판은, 사람들이 별로 좋아하지 않지만 모든 사람들이 반드시 이해해야만 하는 교리입니다.

Great Doctrines of the Bible(교리 강해 3), p. 239

우리가 이 세상에서 다음 세상으로 옮겨 가는 것은, 우리의 운명이 봉인된 것이기 때문에 매우 중대한 사건이 아닐 수 없습니다. 그렇지만 그것이 최종 심판은 아닙니다. 마지막 심판의 날, 재림의 날에 죽은 자들이 일어날 것이며, 우리의 몸이 부활할 것입니다. 공개적인 위대한 사건으로서의 이 마지막 심판의 날에 온 세상이 모두 다 한 곳으로 소집될 것이며, 각 개인의 운명이 선포될 것입니다.

Great Doctrines of the Bible(교리 강해 3), p. 241

여러분과 제가 심판의 법정에 서게 될 때에는 오직 한 가지 실제적인 질문만 받게 될 것입니다. "네가 주 예수 그리스도를 위하여 무엇을 하였느냐?"
The Heart of the Gospel(복음의 핵심), p.101

우리가 구원을 받을지라도, 또한 하나님의 자녀라 할지라도, 그리스도의 심판의 보좌 앞에 서서 육체로 거할 때 행한 선악 간의 일에 대해 책임을 져야 할 것입니다. 그때 우리는 구원을 받겠지만, 불 가운데서 받는 구원처럼 손해와 수치를 당할 수도 있을 것입니다.
Liberty and Conscience(로마서 강해 14), p.142

수많은 사람들이 단지 믿고 구원을 받는 것으로 끝이라고 생각하는 것 같습니다. 그들은 정말이지 상급의 문제를 완전히 잊고 있습니다. 그들은 하나님의 왕국과 하나님의 교회 안에서 가장 최소한의 일만 하고 있으며, 하나님과 그들과의 참된 관계를 이해하지 못하는 것같이 보입니다. 여러분이 하는 모든 일들과 하지 않는 모든 일들을 우리 하나님께서 알고 계신다는 사실을 잊지 마십시오. 그리고 여러분이 행한 모든 기록을 보게 될 것이며, '육체로 거할 때 행한 선악 간의 모든 일들에 대한 책임'을 져야 한다는 사실을 잊지 마십시오.
Life in the Spirit in Marriage, Home and Work(에베소서 강해 6), p.370

십자가 : 속죄, 그리스도의 보혈
The Cross : Atonement, Blood of Christ

우리는 십자가 죽음의 의미에 대하여 희미하고도 불분명한 입장을 취할 수 없습니다.
The Final Perseverance of the Saints(로마서 강해 6), p.383

성육신은 일종의 쇼가 아닙니다. 십자가의 죽음은 결코 극적인 예술이 아닙니다. 절대로 아닙니다!
Assurance(로마서 강해 2), p.238

십자가는 하나님의 거룩의 최상의 선언이며 탁월한 계시입니다.
Great Doctrines of the Bible(교리 강해 1), p.71

나의 친구여, 십자가를 살펴보십시오. 여러분은 진정으로 십자가를 살펴보았습니까?

The Cross(십자가와 구원), p.29

십자가는 영원하신 하나님의 성품에 대한 최고의 표현이며 해설입니다……여러분은 십자가에서 그 영광스러운 분만 보는 것이 아닙니다. 십자가를 다시 살펴보십시오. 그러면 여러분은 이 십자가에 관계하신 분이 오직 성자 하나님만이 아님을 알게 될 것입니다. 성부 하나님께서 관계하시고 그분이 거기 계십니다. 여러분은 십자가에서 성부 하나님을 본 적이 있습니까?

The Cross(십자가와 구원), p.72

필요 necessity

십자가 사건이 일어난 시간은 역사에 있어서 가장 중요하고도 중추적인 시간입니다. 하나님께서는 항상 이것을 아시며, 주님은 바로 이때를 위해 오셨습니다.

Saved in Eternity(성도의 구원, 요한복음 17장 강해), p.111

'때가 차매', 이때는 주님의 시간입니다. 이 얼마나 놀라운 시간입니까!

Saved in Eternity(성도의 구원, 요한복음 17장 강해), p.117

만일 우리 구원을 이루는 데 있어서 십자가 사건이 절대적으로 필요한 것이 아니었다면, 하나님께서 그의 사랑하는 독생자를 수치와 고난과 십자가의 치욕으로 보내신다는 것을 과연 상상이나 할 수 있겠습니까? 만일 어떤 가르침이 우리를 구원할 수 있었다면, 그 가르침이 우리에게 주어졌을 것입니다.

Assurance(로마서 강해 2), p.148

형벌적 대속 penal substitution

하나님은 십자가에서 여러분의 죄를 자신의 아들에게 부과하셨습니다. 하나님께서 여러분의 죄를 그리스도에게 전가하시고 형벌하신 것입니다. 그래서 여러분의 죄를 가리기 위해 그리스도께서 피를 흘리신 것입니다. 오직 그것만이 그리스도의 십자가 죽음을 설명하고 대답해 줍니다.

Authentic Christianity(사도행전 강해 2), p.267

죽음이 가져오는 모든 신랄함과 공포를 경험한 유일한 분이 주 예수 그리스도이십니다. 그래서 주님께서는 겟세마네 동산에서 피가 땀이 되도록 기도하셨습니다. 그래서 주님께서는 십자가에게 외치셨습니다. 그래서 주님께서는 당국자들이 놀랄 만큼 그토록 빨리 돌아가셨던 것입니다. 그분의 심장이 완전히 멈추었습니다. 그의 심장이 실제로 파열된 것입니다. 왜냐하면 그리스도께서 그 죽음을 맛보셨기 때문입니다. 제가 주장하는 바가 바로 이것입니다. 만일 이것이 정말 절대적으로 중요하고도 필요한 일이 아니었다면, 하나님께서 자신의 사랑하는 독생자로 하여금 그런 죽음을 견디게 하셨겠습니까? 동일한 주장을 하는 다른 진술을 살펴봅시다. "자기 아들을 아끼지 아니하시고 우리 모든 사람을 위하여 내주신 이가 어찌 그 아들과 함께 모든 것을 우리에게 주시지 아니하시겠느냐?"(롬 8:32) 특히 첫 번째 구절에 주목하십시오. 죄를 향한 하나님의 강력한 진노와 폭발이 그분에게 떨어진 것입니다.

Great Doctrines of the Bible(교리 강해 1), p.331

아브라함이 이삭을 바친 것은 하나님께서 갈보리 언덕에서 행하신 일의 예표입니다.

The Final Perseverance of the Saints(로마서 강해 6), p.389

반응 reaction

십자가는 우리를 자유케 하기 전에 먼저 정죄합니다.

God's Ultimate Purpose(에베소서 강해 1), p.167

십자가의 불쾌감은 바로 이것입니다. 그것은 만일 예수 그리스도께서 나를 위해서 돌아가시지 않았다면, 나는 정죄를 당하고 잃어버린 바 되며 전혀 소망이 없는 자가 되었을 것입니다. 그렇다면 하나님을 알지도 못했을 것이며, 죄를 용서 받지도 못했을 것입니다. 그것은 상처를 주고 화나게 합니다. 십자가의 불쾌감은 내가 소망이 없으며 사악하고 아무짝에도 쓸모없는 존재라는 것을 알려 줍니다. 자연인으로서 그것은 매우 불쾌한 것입니다.

The Gospel of God (로마서 강해 7), p. 266

나를 위하여 십자가에서 나의 누더기를 입으시고 나 대신 저주가 되신 주 예수 그리스도를 볼 때에, 나의 넝마와 누더기가 완전히 사라졌음을 압니다. 성부께서 그리스도에게 나의 더러운 옷을 벗기라고 말씀하시자 그리스도께서 그렇게 하셨습니다. 그분이 내 죄악을 담당하신 것입니다. 그분이 스스로 나의 죄를 입으셨습니다. 그리스도께서 그것을 취하시어 하나님의 사죄의 은총의 바다에 그것을 던져 버리셨습니다. 그리스도 안에서 하나님께서 나의 죄를 용서하셨을 뿐만 아니라 과거의 나의 모든 죄를 기억하지도 않으신다는 사실을 내가 보고 믿는다면, 그것을 다시금 찾고 발견하려는 나는 누구입니까? 나의 과거의 죄악을 생각할 때, 나의 유일한 위로는 하나님께서 그것을 없애 버리셨다는 것입니다. 이 일을 할 수 있는 사람은 그 누구도 없습니다. 오직 하나님께서 그렇게 하셨습니다. 이것은 새로운 시작의 본질적인 첫 단계입니다. 이전 것은 지나갔으며, 그리스도와 그의 대속적 죽음 안에서 사라진 것입니다.

Evangelistic Sermons (전도 설교), p. 238

여러분이 십자가의 의미를 경험했다면, 여러분은 남은 생애와 영광 안에서 영원토록 그리스도께 감사하게 될 것입니다. 여러분은 십자가의 의미를 경험했습니까?

Love so Amazing (골로새서 강해), p. 244

갑자기 그들은 그 옛날 야곱처럼 자신들 앞에 사닥다리가 내려져 있다는 사실을 인식하게 되었습니다. 그것은 땅에서 세운 것이 아니라 그들이 알지도 못할 때 그들을 위하여 하늘에서 내려온 사닥다리입니다. 그것은 바로 예수 그리스도의 십자가입니다. 그래서 그들은 이렇게 노래했습니다.
"거룩한 족장과 같이,
놀라운 꿈을 꾸었다네!
내 구세주의 십자가,
하늘에서 내려온 사닥다리여!" *Evangelistic Sermons*(전도 설교), p.198

십자가
:속죄,
그리스도의
보혈

로이드 존스 앤솔러지
Gems from Martyn Lloyd-Jones

아담 Adam

아담을 이해한다면, 그것은 어떤 의미에서 그리스도를 이해하는 것이 됩니다. 아담과 인류와의 관계는 주 예수 그리스도와 구속받은 백성들의 관계를 묘사합니다.

Assurance(로마서 강해 2), p.179

타락 이전의 아담 before the fall

아담은 완전했고 무죄했으며, 전적으로 순전했습니다. 아담은 더 이상 완전하게 만들어질 수 없습니다. 왜냐하면 아담은 '하나님의 형상'으로 지어졌기 때문입니다.

The Final Perseverance of the Saints(로마서 강해 6), p.360

창조시의 아담은 죽지 않는 상태로 지어졌으며, 그러한 상태로 영원까지 갈 수 있었습니다. 그는 완전했습니다. 그러나 영화된 상태는 아니었습니다. 아담은 여전히 불멸성을 이루어야 했지만, 그에게 죽음의 원리는 없었습니다. 만일 아담이 범죄하지 않았다면, 죽지도 않았을 것입니다. 영화롭게 되고 불멸하기 위해서는 그의 몸이 주 예수 그리스도의 영화로우신 몸과 상응하도록 변화되어야만 합니다. 그러나 그가 범죄하지 않았다면, 죽을 필요는 없었을 것입니다.

Assurance(로마서 강해 2), p.195

타락 이전의 아담은 의로웠지만, 그것은 창조된 상태로서 자기 자신의 의, 즉 인간의 의였습니다. 당시 아담은 예수 그리스도의 의를 소유하지 못했습니다. 그가 잃어버린 의는 자기 자신의 의였습니다. 그렇지만 여러분과 저는 아담이 타락하기 이전에 가지고 있던 의인으로서의 의를 회복했을 뿐만 아니라 예수 그리스도의 의까지 덧입었습니다.

Assurance(로마서 강해 2), p. 262

타락 이후의 아담 after the fall

전 인류가 그(아담) 안에 내재하고 있었습니다.

Great Doctrines of the Bible(교리 강해 1), p. 194

그리스도의 의가 우리에게 전가되는 것과 똑같은 방식으로 아담의 죄가 우리에게 전가됩니다. 물론 우리는 아담으로부터 죄성을 유전받습니다. 이것은 전혀 의심의 여지가 없는 사실입니다. 그러나 그것이 우리를 정죄하는 것은 아닙니다. 우리가 정죄받고 사망에 이르게 되는 것은 우리가 아담 안에서 범죄했고 죄의 선고를 받았기 때문입니다.

Assurance(로마서 강해 2), p. 210

우리가 겪는 모든 고통의 이유는 아담과의 연합 때문입니다. 그리고 우리가 구원받는 것은 그리스도와 우리의 연합을 통해서입니다.

Assurance(로마서 강해 2), p. 210

우리는 모두 다 아담의 '허리 안'에 있었으며, 따라서 아담 안에서 행동했습니다.

Assurance(로마서 강해 2), p. 216

아담과 그리스도 Adam and Christ

한 인류가 아담 안에서 시작되었습니다. 그리고 또 다른 인류가 그리스도 안에서 시작되었습니다.

The Final Perseverance of the Saints(로마서 강해 6), p. 227

아담

아이삭 왓츠 Issac Watts가 올바르게 말한 바와 같이, 우리는 아담보다 훨씬 더 좋은 위치에 있습니다. 우리는 아담에게 결핍되어 있는 것을 소유하고 있습니다. 왜냐하면 우리는 '그리스도 안'에 있기 때문입니다. 아담은 그리스도 안에 있지 않았습니다. 아담은 하나님의 형상대로 지음을 받았지만, 말하자면 하나님의 생명 밖에 있었던 것입니다. 그러나 우리는 '그리스도 안'에 있습니다. 아들이신 하나님께서 세상에 오셨고 그분께서 스스로 사람의 모양을 취하셨습니다. 그리고 우리는 '그 안'에 있습니다. 아담은 전혀 그런 위치에 있지 못했습니다. 반면 우리는 그리스도 안에 연합되었습니다. 우리는 하나님의 권속의 구성원이 되었지만, 처음의 아담은 그러하지 못했습니다. *Assurance*(로마서 강해 2), pp. 235-236

우리는 신적 성품에 참여한 자들입니다. 아담은 그렇지 못했습니다. 아담은 적극적인 의의 상태에 있었지만 신적 성품에 참여하지는 못했습니다. 그는 하나님의 형상과 모양을 따라 지음을 받았지만 그 이상은 아니었습니다. 그러나 그리스도 안에 있는 사람은, 그리스도인이 된 사람은, 거듭난 사람은 '신적 성품'에 참여한 자가 됩니다. 그리스도께서 그 안에 계시고 그가 그리스도 안에 있는 것입니다. *Faith on Trial*(믿음의 시련), p. 103

모든 자연적인 인간이 아담과 관계되듯이, 모든 진실한 그리스도인들은 그리스도와 관계됩니다. 만일 우리가 그리스도인이라면, 주 예수 그리스도를 믿는다면, 그리스도 안으로 연합되며 그분의 일부분이 되며 그의 생명을 공유하고 거듭난다는 것입니다. 말하자면, 우리가 아담 안에 있었던 것과 마찬가지로 동일하게 그리스도 안에 있게 되는 것입니다. *Saved in Eternity*(성도의 구원, 요한복음 17장 강해), p. 146

바로 이것이 그리스도인에 대한 단순하고도 주요한 진리입니다. 그는 '그리스도 안에' 있으며 '아담 안에' 있지 않습니다. 나의 옛사람은 영원히 사라졌습니다. 여러분은 제가 '옛사람'이라고 말하는 것을 눈치 챘을 것입니다. 몸과 육체 안에 있는 죄가 사라졌다고 말하는 것이 아닙니다. 단순히 아담 안에 있던 실존에 더 이상 머무르지 않는다고 말하는 것입니다. 저는 지금 그리스도 안에 있는 새로운 실재가 된 것입니다.   *God's Way of Reconciliation* (에베소서 강해 2), p. 119

> 아담

악 : 마귀 Evil : Devil

성경은 악의 근본적인 기원에 대해 아무런 설명도 하지 않습니다. 그러므로 저는 여러분이 그것을 추측하고 사색하는 일에 시간을 낭비하는 것은 믿음이 없는 죄를 짓는 것이라고 단언하는 바입니다. 왜냐하면 믿음은 주어진 계시로 만족하는 것이기 때문입니다.   *Great Doctrines of the Bible* (교리 강해 1), p. 121

> 악:마귀

우리가 아는 모든 것은 하나님께서 악을 허용하셨으며, 비록 악이 매우 강하고 파괴적이라 할지라도 여전히 전능하신 하나님의 손안에 있다는 것입니다. 그렇다고 해서 하나님께서 악을 조성하셨다는 것은 아닙니다. 다만 하나님께서는 그것을 허용하고 지배하시는 것입니다.   *To God's Glory* (로마서 강해 11), p. 239

그렇다면 오늘날 세상이 왜 이렇게 되었습니까? 오직 성경만이 그 해답을 제시합니다. 성경은 천상의 장소에서 일종의 반역이 있었다고 말씀합니다. 특별하게 영리했던 천사의 영이 교만해져서 하나님을 대적하여 반역한 것입니다. 성경은 그러한 영을 '마귀'라고 부르며, 그 영이 타락했을 때 다수의 천사가 함께 타락했다고 밝히고 있습니다. 그 천사의 영이 하나님의 가장 큰 대적이 된 것입니다. 그는 전 존재를 동원해 하나님을 혐오합니다. 그는 하나님의 완전한 피조 세계에 다가와 그곳에서 가장 고상한 존재를 유혹했습니다. 마귀에게 첫 번째로 유혹을 당한 인물이 하와였고, 그녀가 아담을 끌어들였습니다. 그 유혹은 바로 하나님을 대적하는 것이었습니다. 그리고 아담과 하와는 마귀의 말을 들었고, 하나님을 대적하여 범죄했으며, 타락하고 말았습니다.

Authentic Christianity (사도행전 강해 4), p. 42

악:마귀

교훈은 이것입니다. 하나님은 악을 조성하지 않았고, 그것을 세상에 두시지도 않았습니다. 그러나 하나님께서는 자신의 선한 목적을 위하여 악을 더욱 악하게 하시기도 합니다. 하나님은 바로를 불신자로 만들지 않았습니다. 그러나 그가 불신자였기 때문에 하나님께서는 자신의 권세와 영광을 나타내기 위한 선한 목적으로 바로의 그 불신앙을 더욱 강퍅케 하셨습니다. 하나님께서 바로 안에 있는 악한 성품을 조성하신 것이 아닙니다. 성경은 우리에게 그렇게 말씀하지 않습니다. 우리가 알고 있는 모든 것은 하나님께서 자신의 선한 목적을 위하여 그를 사용하셨다는 것입니다. 하나님께서는 그를 통하여 하나님의 일을 하시기 위해 바로가 그 특별한 순간과 때에 그곳에 있었음을 알고 계셨던 것입니다.

God's Sovereign Purpose(로마서 강해 9), p.175

하나님은 영원히 악을 대적하십니다.   To God's Glory(로마서 강해 11), p.215

악함 Wickedness

악함

선지자는 계속해서 이렇게 말씀합니다. "그러나 악인은 평온함을 얻지 못하고 그 물이 진흙과 더러운 것을 늘 솟구쳐 내는 요동하는 바다와 같으니라"(사 57:20). '요동하는 바다'에 대한 묘사와 설명이 있습니다. 바다는 왜 그렇게 항상 끊임없이 쉬지 않고 요동합니까? 바다에는 왜 그렇게 파도가 넘실거리며 썰물과 밀물이 계속 진행되는 것입니까? 과학자들은 바다가 서로 다른 두 가지 힘에 의해 움직인다고 설명합니다. 우선, 무엇보다도 먼저 달이 있습니다. 달은 부분적으로 바다의 움직임과 활동을 지배합니다. 또한 지구의 중심에는 엄청나게 끌어당기는 자성의 힘이 있습니다. 한편에서는 달이 끌어당기고 있으며, 다른 한편에서는 역으로 지구의 중심이 자성의 힘으로 끌어당기고 있는 것입니다. 그 결과 바다는 끊임없이 활동합니다. 그래서 여러분은 바다에서 파도와 큰 물결과 조수간만을 보게 되는 것입니다. 때때로 폭풍이 몰려오기도 하고, 바람이 일어나 바다에 큰 물결을 일으키기도 하며, 엄청난 폭풍이 생성되기도 합니다. "그러나 악인은 평온함을 얻지 못하고 그 물이 진흙과 더러운 것을 늘 솟구쳐 내는 요동하는 바다와 같으니라." 여러분은 폭풍우가 휩쓸고 간 해변을 거닐면서 진흙과 더러운 것과 나뭇조각들과 여러 가지 다른 것들이 쌓여 있는 것을 본 적이 있습니까? 그것은 폭풍이 그친 후 표류하다가 바닷가에 남겨진 잡동사니로서 오물과 더러운 것입니다. 이 얼마나 완벽한 묘사입니까!

God's Way of Reconciliation(에베소서 강해 2), p. 300

악행 Depravity

우리가 인정하기를 꺼려하는 진리는, 꽤나 평범한 사람들의 재능을 넘어서는 악행이나 잔인함은 없다는 사실입니다. 다시 말하면, 인간의 악행이나 잔인함은 모두 평범한 사람들의 소행이라는 말입니다. *Love so Amazing*(골로새서 강해), p. 169

안식일 Sabbath

안식일은 하나님께 가능한 한 많은 것을 드려야 하는 날입니다. 우리는 이날에 할 수 있는 한 하나님을 영화롭게 하며 하나님께 영광을 돌리고, 하나님의 뜻이 왕성하게 성취되게 하기 위하여 그 외에 다른 모든 일은 제쳐 두어야만 합니다.

Studies in the Sermon on the Mount(산상설교), p. 205

우리는 도덕법을 준수하는 것에 대해 절대로 토론해서는 안 됩니다. 그것은 토론의 대상이 아니라 지켜야 할 대상입니다. 따라서 다시 한 번 말씀드리지만, 안식일을 지키는 것은 도덕법의 일부분입니다.

Liberty and Conscience(로마서 강해 14), p. 81

분명한 사실은 초대교회의 그리스도인들이 안식일을 이레 중 첫째 날로 바꾸었다는 것입니다. 왜냐하면 그들은 무엇인가 초자연적인 조명과 인도를 받았기 때

안식일

문입니다. 그것이 무엇이든지 간에 이 변화는 아주 당연한 것입니다. 그들이 즐거워해야 할 이 위대한 날이 우리 주님이 죽은 자 가운데서 부활하신 날인 이레 중 첫째 날인 것보다 더 자연스러운 것이 무엇이겠습니까?

Liberty and Conscience(로마서 강해 14), p.84

저는 주일 오후에 복음주의자들이 그들의 가족들에게 사적인 안부 편지를 쓰는 것이 일종의 관례라고 들었습니다. 그러나 이것은 안식일을 위반하는 행위입니다. 여러분은 그 편지를 다른 날에 쓸 수 있습니다.

Liberty and Conscience(로마서 강해 14), p.87

알미니안주의 Arminianism

알미니안주의

만일 하나님의 영에 의해 쓰임을 받기 위해서는 본질적으로 올바른 교리를 이해해야만 한다고 주장한다면, 우리 역시 알미니안주의의 교묘한 죄에 빠지는 실제적인 위험에 처하는 것이 아닙니까?……저는 존 웨슬리의 존재 자체가 칼빈주의를 웅변적으로 증거해 준다고 말한 바 있습니다. 왜 그렇습니까? 왜냐하면 그것은 그의 생각과 사상에 결함이 있었음에도 불구하고 하나님께서 그를 사용하셔서 복음을 설교하게 하시고 많은 영혼을 구원하셨기 때문입니다! 바로 이것이 칼빈주의의 궁극적 증거이며, 예정과 선택의 근본적인 증거가 되는 것입니다.

The Puritans(청교도 신앙, 그 기원과 계승자들), p.297

야망 Ambition

야망

저의 소망은 원론적으로 행복해지는 것이 아니라 거룩해지는 것입니다.

The Christian Soldier(에베소서 강해 8), p.52

여러분은 여기(타락)에 야망이 기어 들어왔으며, 그 야망이 특별한 형태, 즉 신적 지식으로 향하는 가까운 길을 찾아보려는 욕망의 형태를 띠고 있음을 알게 될 것입니다.
Great Doctrines of the Bible(교리 강해 1), p. 183

약속들 Promises

하나님의 약속들에는 언제나 조건이 첨부되어 있습니다. 인간이 복을 받지 못하는 이유는 이 조건들을 무시하기 때문입니다.
Old Testament Evangelistic Sermons(구약을 사용한 복음 설교), p. 261

하나님의 약속들은 언제나 조건적입니다. *Life in God*(요한일서 강해 5), p. 22

양심 Conscience

우리의 양심이 우리를 고소할 때마다 그것은 인간이 본래 무죄했었다는 증거가 됩니다.
Great Doctrines of the Bible(교리 강해 1), p. 176

우리가 의롭게 되었다는 사실을 어떻게 알 수 있는지에 대한 저의 세 번째 답변은 가장 실제적인 시금석입니다. 오직 믿음으로 말미암아 의롭다함을 받고 하나님과 화평을 누리는 사람은, 그 자신의 양심의 고소에 대답하고 해결할 수 있다는 것입니다······진정으로 의롭다함을 받은 사람은 그것에 답변할 수 있으며, 따라서 화평을 누릴 수 있는 것입니다.
Assurance(로마서 강해 2), p. 19

어떤 사람은 이렇게 질문할지도 모릅니다. "거듭나지 못한 사람에게도 양심이 작용하며 그를 괴롭히지 않습니까?" 예, 맞습니다. 그러나 양심으로 인하여 고통을 받기만 할 뿐 거듭나지 못한 사람과, "그것을 행하는 자가 내가 아니요 내 속에 거하는 죄니라"(롬 7:17)라고 말할 수 있는 사람 사이에는 엄청난 차이가 있습니다. 거듭나지 못한 사람의 경우, 물론 그의 전 인격이 양심의 소리를 '인지'

할 수는 있습니다만, 또한 그 전 인격이 연합해서 양심을 거스릅니다. 그는 죄를 사랑하고 죄를 추구하며 죄를 지을 것입니다. 뿐만 아니라 자신을 정죄하는 양심이 사라지기를 소망할 것입니다. 그는 결코 자신이 하는 일을 정죄하지 않습니다. 단지 자기의 양심이 그것을 정죄하고 있음을 인지할 뿐입니다. 그는 자신 밖에 있는 어떤 것을 걱정합니다. 그래서 심리학과 같이 자신이 동원할 수 있는 다른 모든 수단을 다 사용해서라도 이 양심의 소리를 제거하기 위해 노력합니다. 결국 전 인격이 양심을 대적하는 것입니다. 그러나 지금 여기서 사도가 묘사하고 있는 사람은 자기 자신을 죄와 분리시키는 사람입니다. "그것을 행하는 자가 내가 아니요 내 속에 거하는 죄니라"라고 말할 수 있는 사람 말입니다.

The Law:Its Functions and Limits(로마서 강해 4), pp. 204-205

어떤 의미에서 양심은 인간과 분리될 수 있습니다. 양심은 하나님께서 인간에게 부여하신 것으로서, 자신 안에 있는 하나님의 음성을 생각나게 하는 내적인 권고자와 같습니다. 그러므로 인간은 실제로 양심을 조종할 수 없습니다. 양심을 대적할 수는 있지만, 그것이 양심을 조종하는 것은 아닙니다. 사도 바울이 디모데에게 쓴 편지에도 나와 있듯이, 양심이 '화인 맞는' 경우가 있을 수도 있습니다(딤전 4:2 참고). 그럼에도 불구하고 그것이 독자적인 증인이라고 말하는 것은 옳은 것입니다.

God's Sovereign Purpose(로마서 강해 9), p. 15

양심은 일종의 음성, 또는 모든 인간의 내부에 위치한 일종의 기능과 같다고 말할 수도 있습니다. 그것은 우리에게 어떤 특정한 것이 잘못되었으며 절대로 그 일을 해서는 안 된다고 말해 주는 내적인 권고자와 같습니다. 우리가 양심을 좋아하든 그렇지 않든 양심은 항상 그곳에 있으며, 우리가 잘못된 일을 행할 때 그것에 대해 판결을 내리고 정죄합니다……양심은 주로 부정적인 역할을 수행합니다. 즉, 양심은 무엇이 잘못된 것인지를 말해 주기는 하지만, 우리가 그것을 행할 때에 우리를 정죄하는 것만큼 무엇이 옳은지를 더 많이 말해 주지는 않는 것입니다. 또한 양심은 모든 경우에 있어서 완전한 방편이 되지는 않으며, 인생을 사는 동안 상당 부분 변화될 수도 있습니다. 예를 들면 사도 바울은 자신이 그리스도의 교회를 핍박한 것에 대해 '모든 선한 양심'으로 그렇게 했다고 말합니다. 실제로 그는 그 순간까지 '모든 선한 양심'으로 살아왔던 것입니다. 그러나 예수 그리스도를 만나고 난 이후에 그동안 자신이 옳다고 생각했던 것이 잘못되었다는 것을 알게 되었다고 말했습니다. 따라서 우리는 양심을 완전한 방편이라고 간주해서는 안 됩니다. 그럼에도 불구하고 우리는 항상 양심의 소리에 순종할 줄 알아야 합니다. 아마 여러분은 이렇게 말할지도 모릅니다. "아, 맞습니다. 그러나 당신의 양심이 교화된 양심이 아닐 수도 있지 않습니까?" 만일 그렇다면, 계속되는 가르침에 순종하는 것이 나의 직무가 될 것입니다. 양심은 나약하거나 교화되지 않은 상태에 머무를 수 있을 뿐만 아니라 그것을 훈련할 수도 있습니다. 내가 양심을 가르치고 훈련할 수 있는 것입니다. 그러나 나의 양심이 어떤 상태에 있든지 간에 양심을 거스르는 어떤 행위도 옳은 것이 아님을 명심해야 합니다. *The Righteous Judgement of God* (로마서 강해 8), pp. 118-119

어리석음 Stupidity

무지한 것과 어리석음이 서로 같은 것은 아니지만, 어리석음은 대개 무지로 인도합니다. *Faith on Trial* (믿음의 시련), p. 83

어린이들 : 유아들 Children : Infants

우리가 진정 하나님의 자녀가 되는 것은, 하나님께서 친히 자신의 생명을 우리에게 부어 주시기 때문에 가능한 것입니다. 하나님의 본질은 사랑이며, 우리에게 자신의 본질을 심어 주셔서 우리가 하나님의 사랑을 소유할 수 있게 만드셨습니다. 우리가 하나님을 닮지 않는다면, 우리는 결코 하나님의 자녀가 될 수 없습니다. 자녀는 부모를 닮게 되어 있으며, 후손은 부모의 혈통을 나타내기 마련입니다. 하나님 역시 바로 이런 방식으로 우리를 자신의 자녀로 만드셨습니다.
Children of God (요한일서 강해 3), p. 17

어린이들
: 유아들

우리 안에 있는 깊은 죄를 인식할 때, 우리가 하나님의 자녀임을 알게 됩니다. 저는 이것을 매우 의도적으로 강조하는 바입니다. 자신이 죄악의 본성을 소유하고 있음을 깨닫는 자만이 바로 하나님의 자녀이기 때문입니다.

Children of God (요한일서 강해 3), p. 28

여러분은 하나님의 우주적 부성과 인간의 우주적 형제성을 믿지 않습니까? 그것이 성경이 교훈하고 있는 내용이 아닙니까? 물론 이 질문에 대한 대답은, 모든 인류가 하나님으로부터 출생했다는 의미에서 하나님의 자녀가 된다는 것입니다. 말하자면, 그들이 하나님에 의해 창조되었고 하나님으로부터 출생했다는 것입니다. 그러나 그와 동시에 성경은 매우 세심하게 우리 주 예수 그리스도의 구속 사역의 결과로서 하나님의 아들 됨의 이 특별한 관계를, 일반적 아들 됨의 관계와 구분하고 있습니다.

Children of God (요한일서 강해 3), p. 14

탕자는 첫째 아들과 똑같이 아버지의 아들이었습니다. 행동과 행실, 또는 우리의 외적인 모습이 부자 관계를 결정짓지 못합니다. 이 얼마나 감사한 일입니까!

Children of God (요한일서 강해 3), p. 27

언약 Covenant

언약

성경에 나타나는 언약은 항상 오로지 전적으로 하나님에 의해 결정됩니다. 우리 안에 있는 그 어떤 것에도 좌우되지 않는 하나님께서는, 오직 자신의 은혜와 우리를 향한 영원한 사랑 안에서 "내가 이것을 행할 것이며, 반드시 내가 이것을 행하리로다"라고 말씀하십니다.

God's Sovereign Purpose (로마서 강해 9), p. 54

항상 주 예수 그리스도를 중심으로 하는 오직 하나의 은혜 언약만 있습니다. 구약시대는 그리스도를 향해 나아가고, 신약시대는 그리스도를 계시하며 우리에게 사람이신 그리스도를 나타냅니다. 오직 그리스도만이 창세기 3장 15절 이하의 모든 것의 성취가 되십니다. 만유가 그리스도 안에 있습니다. 최초의 구속 언약은 분명하고도 완전하게 그리스도와 맺은 언약입니다.

Great Doctrines of the Bible(교리 강해 1), p. 242

은혜 언약은, 자신의 사랑을 약속하심으로써 영원한 목적과 구속의 경륜을 수행하시는 삼위일체 하나님과 그의 백성 간의 협정입니다. 이 약속은 언약의 중보자가 되시는 우리 주 예수 그리스도께서 죄인을 대신하여 감당하신 속죄에 기초한, 자신의 백성을 향한 완전하고도 무조건적인 구원입니다. 그리고 그분의 백성들은 이 약속을 믿음으로 받습니다. 이것은 하나님의 사귐의 약속이며, 하나님께서 우리의 하나님이 되신다는 약속이며, 하나님을 아는 지식과 그분과의 친밀한 교제에 진입하는 약속입니다. 이 모든 약속은 예수 그리스도에 의해 가능해진 것입니다.

Great Doctrines of the Bible(교리 강해 1), pp. 227-228

에큐메니즘 Ecumenism

저는 자기가 단지 어린아이였을 때 유아세례를 받았기 때문에 그리스도인이라고 말하는 사람과는 신앙의 교제를 나눌 수 없다고 생각합니다.

Christian Unity(에베소서 강해 4), p. 269

만일 우리가 모든 교파들을 다 통합해서 모든 권력을 함께 모은다고 할지라도, 그것이 영적 생명을 생산하지는 못할 것입니다. 같은 공동묘지에 장사되었다고 해서 모든 시신이 다 부활하는 것은 아닙니다. 그렇기 때문에 생명은 연합이나 일치보다 훨씬 더 중요한 문제입니다.

Knowing the Times(시대의 표적), p. 24

여권주의 Feminism

여권신장(女權伸張)의 주창자들은 그들이 여성들의 지위를 높인다고 생각합니

여권주의

다, 그러나 실제로 그들은 그렇게 하지 않습니다. 남성과 여성은 서로 다르며, 또한 달라야만 합니다. 진정한 여성 그리스도인이라면 언제나 이것을 인식할 것입니다.
The Law:Its Functions and Limits(로마서 강해 4), p.19

역사 History

역사

로이드 존스는 성경 다음으로 우리가 열심히 읽어야 할 것이 교회사라고 주장했습니다. 역사의 배후에는 하나님의 손길이 있습니다. 로이드 존스 박사는 역사에 대한 두 가지 접근법을 말했습니다. 하나는 '세속적인 역사'요, 다른 하나는 '영적인 역사' 입니다. 분별력 있는 그리스도인이라면 하나님의 목적을 이루는 놀라운 작업으로서의 역사적 사건들을 볼 수 있을 것입니다. 또한 이것은 하나님의 손안에 있는 역사의 미래에 대해 희망과 확신을 제공할 것입니다.

저는, 항상 교회 역사를 읽고 지나간 과거를 연구하는 것에 엄청난 유익이 있으며, 현재 우리에게 역사를 읽고 그 메시지를 파악하는 것보다 더 중요한 일은 없다는 것을 하나의 원리로 주장해 왔습니다. 이삭이 그의 조부 아브라함의 시대에 팠던 우물을 계속해서 팠던 것처럼, 우리도 반드시 역사를 연구해야 한다고 생각합니다. 과거를 망각하거나 무시하는 것은 매우 어리석은 일입니다. 역사를 무시하고 우리가 현재 직면한 문제들이 전혀 새로운 것이라고 추측하면서 역사가 우리에게 아무것도 가르치지 않는다고 주장하는 사람은, 성경에 대해서 지독하게 무지할 뿐만 아니라 심지어 세속 역사가 줄 수 있는 위대한 교훈들에 대해서도 무지한 사람입니다.
Revival(부흥), p.21

역사를 통해 우리에게 말하고, 고대의 기록들을 통하여 우리에게 속삭이는 목소리의 주인공들은 누구입니까? 그들을 주목하십시오! 아벨, 아브라함, 야곱, 모세, 다윗, 선지자들, 사도들, 어거스틴, 루터, 그리고 그 중심에 계시는 하나님의 아들이신 나사렛 예수 그리스도! 이 모든 역사들이 여러분에게 아무런 의미도 없다는 말입니까? 여러분은 그들의 증언을 무시할 수 있습니까? 지난 수세기 동안 인류가 끊임없이 직면해야 했던 제안을 가볍게 거절할 수 있다고 생각합니까? 모든 인류 가운데 우뚝 솟아 계시며 모든 역사의 중심이 되시는 그리스도 예수께 칭찬을 받고, 세상에서 가장 훌륭하고도 숭고한 그리스도인들을 만들었던 그 제안을 말입니다! *Old Testament Evangelistic Sermons*(구약을 사용한 복음 설교), p.153

지난 수세기 동안, 특히 부흥의 시기에 하나님께서 사용하셨던 인물들의 전기를 읽으라고 권하는 바입니다. 그러면 여러분은 지금까지 우리가 말해 왔던 동일한 종류의 거룩한 담대함을 발견하게 될 것입니다. *Revival*(부흥), p.197

저는 낙심하고 지치고 피곤할 때마다 항상 18세기로 돌아갑니다. 조지 횟필드는 한 번도 저를 낙심시키지 않았습니다. 18세기로 가십시오! 18세기가 경험한 성령 하나님의 위대한 부어 주심과 역사하심에 대한 이야기를 읽으라는 말입니다. 그것은 가장 유쾌한 경험이며, 여러분이 맛볼 수 있는 최고의 강장제입니다. 특히 설교자에게 있어서 그것은 값을 매길 수 없을 만큼 절대적인 것입니다. 이것과 비길 수 있는 것은 없습니다. 이런 방식으로 교회 역사를 더 많이 배울수록 그는 더 훌륭한 설교자가 될 것입니다. *Preaching and Preachers*(설교와 설교자), p.118

인류의 전체 역사는 아담 때문에 어떤 일이 발생했으며 그리스도로 인해 무슨 일이 발생했는지, 그리고 그로 인해 앞으로 어떤 일이 발생할지로 요약할 수 있습니다. *Assurance*(로마서 강해 2), p.178

최종 분석을 해 보면, 역사에는 두 가지 관점이 있음을 알 수 있습니다. 더할 나위 없이 이상적으로 묘사된 헤겔의 관점과 신약성경의 관점이 바로 그것입니다. *Evangelistic Sermons*(전도 설교), p.282

역사에 두 가지 유형이 있다는 것을 이해하는 것은 아주 중요합니다. 첫째로 하

|역사|

나님이 허용하시는 역사가 있습니다. 하나님은 인류로 하여금 많은 일을 하도록 허용하십니다. 둘째로, 하나님께서 친히 만드시고 주도하시는 역사가 있습니다. 오늘 성탄을 맞이하여 우리가 다루고자 하는 역사가 바로 이 두 번째 역사입니다.
Authentic Christianity(사도행전 강해 4), p. 175, 176

우리는 역사를 하루나 일 년이나 십 년의 관점에서 바라보아서는 안 되며, 적어도 수세기의 역사를 살펴야 합니다. 사람들이 얼마나 자주 기독교가 대패했다고 생각해 왔습니까! 여러분이 역사를 되돌아볼 때, 사람들이 "이것이 교회의 종말입니다"라고 말했던 것을 발견하게 될 것입니다. 그러나 그때마다 부흥이 임했습니다. 하나님께서는 역사를 통치하십니다. 신약성경은 바로 그 하나님께서 세상의 역사와 모든 사건들을 완전히 끝내실 때까지 세상을 장악하고 통치하신다고 약속합니다.
The Life of Joy(빌립보서 강해), p. 157

가시적인 역사의 배후에 존재하는 보이지 않는 역사가 있습니다. 이 역사가 훨씬 더 중요합니다. 이것은 모든 세속 역사의 배후에 있는 영적인 역사, 즉 구속 역사입니다. 이 영적인 역사에 비하면, 세속 역사는 훨씬 덜 중요한 역사입니다.
God's Way of Reconciliation(에베소서 강해 2), p. 13

연합 Unity

|연합|

'연합'이란, 예수 그리스도 안에서 하나로 완전히 녹아지는 것입니다.
Authentic Christianity(사도행전 강해 1), p. 200

사랑하는 성도 여러분, 우리는 아주 어려운 시대를 살아가고 있습니다. 사람들은 오늘날 우리가 모두 다 하나가 되어 함께 모여야 한다고 말합니다. 우리가 반드시 모든 교파적 꼬리표를 떼어 버려야 한다고 말합니다. 글쎄요, 여러분은 어떻게 하시겠습니까? 저는 반드시 이 말을 해야겠습니다. 저는 단순히 자신을 그리스도인이라고 말하는 사람과는 교제하지 않습니다. 그가 영원한 하나님의 아들이 육신을 입고 이 세상에 오셨음을 믿기 전에는, 그리고 하나님께서 그의 독생자를 보내시고 그 독생자를 여자에게서 나게 하셨으며 영원한 아들인 그분께서 스스로 인간의 본성을 취하셨음을 그가 믿기 전까지는 말입니다. 저는, 기독교가 이런 문제에 대해 의심하거나 주저한다면, 그것은 결코 기독교가 아니라고 말씀드릴 수 있습니다. 제가 크게 실수하지 않는 것이라면, 만일 우리가 이런 문제와 싸우지 않으며 진리 편에 서지 않는다면, 우리는 기독교의 메시지와 영광스러운 기독교의 구원을 배반하게 될 것입니다.

The Gospel of God(로마서 강해 7), p. 111

요즘 사람들은 성령을 충만하게 받고도 여전히 화체설과 주술적인 미사들을 믿으며, 로마 가톨릭 교회의 성례관을 믿을 수 있다고 말합니다. 사람들이 무엇을 믿는지는 중요하지 않다고 말합니다. 중요한 것은 그들 안에 성령을 모시고 있다는 사실입니다. 이런 이야기와 담론이 지금 아주 유행하고 있습니다. 오늘날 사람들은 본질적인 교리들이 치명적이고도 심각하게 불일치함에도 불구하고 참된 연합을 이룰 수 있다고 말합니다. 그러나 저는 이런 주장이 멀리 갈 것도 없이 로마서 12장 5절[1]의 단 한 절이 가르치고 있는 교훈에 대해 완전히 부정하고 있음을 다시 한 번 강조하는 바입니다. 여러분은 마음과 지성의 연합을 포함하지 않고서는 결코 참된 연합을 이룰 수 없습니다.

Christian Conduct(로마서 강해 12), p. 192

여러분은 교제로 시작해서는 안 됩니다. 반드시 교리로 시작해야 합니다. 교리 없는 교제는 있을 수 없습니다. 이 순서는 절대적으로 중요한 것입니다.

Christian Conduct(로마서 강해 12), p. 193

---

[1] 롬 12:5 이와 같이 우리 많은 사람이 그리스도 안에서 한 몸이 되어 서로 지체가 되었느니라.

연합

우리는 단지 사랑스럽게 또는 친절하고도 우호적으로만 말해서는 안 됩니다. 우리는 사랑 안에서 진리를 말해야 합니다. 진리가 항상 먼저입니다. 결과적으로 그리스도의 신성을 부인하는 사람과 연합을 논하는 것은 전혀 불가능합니다. 그가 자신을 그리스도인이라 칭한다 할지라도 저는 그 사람과 아무런 상관이 없습니다. 만일 그가 동정녀에게서 태어나고 이적을 행하셨으며 대속적 죽음을 죽으시고 문자적으로 무덤에서 육체로 부활하신 이 한 분 주님을 인정하지 않는다면, 저는 그와 교회의 연합을 논의할 수 없습니다. 우리 사이에는 연합을 논할 공통적인 토대가 없기 때문입니다.

Christian Unity(에베소서 강해 4), p. 268

우리는 절대로 눈에 보이는 교회, 또는 눈에 보이는 기관으로 연합을 시작해서는 안 되며, 오직 진리와 함께 만들고 시작해야 합니다.

Knowing the Times(시대의 표적), p. 159

그리스도인 사이의 연합은 그리스도인 각 개인에게 있는 진리로 인해 필연적으로 이루어지는 연합입니다. 저는 때때로 이것이 모든 것 가운데서 가장 중요한 원리라고 생각합니다. 제가 볼 때, 연합에 대한 모든 논의에 있어서 우리는 가장 중요한 점을 잊고 있습니다. 그것은 바로 그 연합이 사람이 만들어 내거나 조정할 수 있는 어떤 것이 아니라는 점입니다. 그리스도인들 간의 참된 연합은 필연적이며 피할 수 없는 것입니다. 그것은 인간의 창작물이 아닙니다. 우리가 분명히 살펴보았듯이, 그것은 성령님의 작품입니다. 저의 논점은 참된 그리스도인들 사이에는 분명히 그런 연합이 존재한다는 것입니다. 저는 그들이 어떤 교파를 표방하고 어디 출신인지에는 관심이 없습니다. 연합은 필연적인 것이기 때문입니다. 그들은 그리스도인 각자에게 있는 진리로 인하여 연합을 피할 수 없게 됩니다.

God's Way of Reconciliation(에베소서 강해 2), p. 354

거룩이 주요 특징이 될 때, 연합은 그것을 보살피고 감독합니다.

God's Way of Reconciliation(에베소서 강해 2), p. 432

특히 교회의 영역에 있어서 제가 생각하는 현재의 비극 가운데 하나는, 오늘날의 설교자들이 대부분의 시간을 연합을 만들 수 있는 유일한 길인 복음을 설교하는 대신 연합 자체에 대해 설교하고 있다는 사실입니다.

Banner of Truth, Issue 275(배너 오브 트루스 정기 간행물)

연합

열심 Zeal

자기 자신이 누군지도 모른 채, 자신의 활동이나 분주함에 의해서, 혹은 자신이 속한 단체나 누군가가 정해 준 판에 박힌 일에 의해서 살아가는 그리스도인들이 많습니다.

The Christian Warfare(에베소서 강해 7), p.357

열심

여러분은 분명히 잘못된 열심을 가질 수도 있습니다. 열심은 잘못될 수도 있고 심지어 위험할 수도 있습니다.

Saving Faith(로마서 강해 10), p.16

열정 Passion

저의 열정의 대상은 오직 한 분뿐입니다. 그분은 바로 하나님입니다.

The Life of Joy(빌립보서 강해), p.96

열정

열정주의 Enthusiasm

존 웨슬리는 동일하게 그의 모친인 수잔나 웨슬리에게 끊임없이 책망을 받았습니다. 그는 왜 다른 사람들처럼 설교할 수 없었을까요? 그는 도대체 무엇 때문에 그렇게 열광적이었습니까? 이 모든 요란함은 무엇 때문입니까? 수잔나 웨슬리는 매우 경건한 여인이었습니다만, 갑자기 열광주의자가 된 자신의 아들을 이해할 수 없었습니다.

Revival(부흥), p.73

열정주의

「ㅇ」 345

열정주의

무덤에서는 훈련이나 권징이 필요 없습니다. 격식에 치우친 교회에서는 아무런 문제가 없습니다. 문제는 그곳에 생명이 존재할 때에 발생합니다. 가련하고 병약한 어린아이는 다루기 쉽습니다. 그러나 그 아이가 건강하고 생명력과 생기가 넘칠 때에 여러분은 문제를 만나게 될 것입니다. 문제라는 것은 생명과 생기에 의해 만들어지는 것입니다. 초대교회의 문제들은 모두 영적인 것들이었습니다. 영적인 범주 내에서 무절제의 위험으로 인해 발생한 문제였던 것입니다.

Joy Unspeakable(성령 세례), p. 19

영광 Glory

영광

앞으로 다가올 가시적인 하나님의 왕국에 대한 생각 때문에 주 예수 그리스도께서 지금 통치하신다는 사실에 대한 깨달음을 잃어버리지 마십시오. 그리스도는 영화롭게 되셨으며, 영화의 왕관을 쓰셨습니다. 그분은 지금 통치하고 있는 왕이십니다. 그리스도는 장차 가시적인 방법으로 오실 왕이지만 특히 현재의 왕이심을 기억해야 합니다.

God's Ultimate Purpose(에베소서 강해 1), p. 440

"또 미리 정하신 그들을 또한 부르시고 부르신 그들을 또한 의롭다하시고 의롭다하신 그들을 또한 영화롭게 하셨느니라"(롬 8:30). 이것은 이미 발생한 일입니다. 우리가 한 번 의롭다함을 받은 후에 그 신분을 다시 상실할 수도 있다고 말하는 어리석은 사람들이 있습니다. 그러나 그것은 불가능합니다. 이것들은 끊어질 수 없는 사슬과 같습니다. 만일 여러분이 의롭다함을 받았다면 영화롭게 된 것입니다. 여러분의 궁극적 영화가 하나님의 목적 안에서 이미 시작된 것입니다. 이 모든 단어들은 우리에게 절대적인 확실성을 제공하기 위해 과거 시제로 사용되었습니다. 특별한 의미에서 성경 전체 가운데 가장 대담무쌍한 진술은 바로 우리가 이미 영화롭게 되었다는 이 진술입니다.

The Final Perseverance of the Saints(로마서 강해 6), p. 212

저는 이것을 반복하는 것을 좋아합니다. 저는 우리 앞에 있는 이 영광에 관해 이야기하는 것을 좋아합니다. 여러분은 그렇지 않습니까? 여러분은 언제나 이것에 대해 듣고 있지 않습니까? 여러분과 제가 실제 이 몸을 기초로 영화롭게 될 것이라는 사실 말입니다. 우리는 그리스도를 볼 것이며, 그와 같이 될 것이며, 그리스도와 함께 통치할 것입니다. 우리는 천사를 다스릴 것이며, 세상을 통치할 것입니다. 우리는 그리스도와 함께 유업에 참여할 자가 될 것입니다. 우리는 그리스도와 함께 공동 상속자가 될 것이며, 그와 함께 유업을 누릴 자가 될 것입니다. 바로 이것이 영광입니다. 악이나 죄의 흔적이 전혀 없는, 점이나 주름 잡힌 것이나 흠이 없는 완전히 구속받은 몸과 마음과 영, 그리스도께서 그렇게 영화롭게 되신 것처럼 전적으로 완전히 영화롭게 된 몸이 영광인 것입니다.

God's Sovereign Purpose(로마서 강해 9), p. 243

명백한 대조를 하자면, 그것은 마치 여러분이 극장에 앉아서 커튼만 보고 있는 것과 같습니다. 여러분은 그 커튼 뒤에 무엇이 있는지 전혀 알지 못합니다. 그렇지만 그 뒤에는 무엇인가가 있습니다. 그러다가 갑자기 커튼이 올라가면 여러분은 정말 엄청난 광경을 보고 있는 자신을 발견하게 될 것입니다. 바로 이것입니다. 이것은 아직 완성되지 않았습니다. 이것은 아직 연출되지 않았습니다. 그러나 영광이 바로 여기에 있습니다. 이 영광이 앞으로 '계시'될 것입니다. 그것은 앞으로 나타나고 드러나게 될 것입니다.

The Final Perseverance of the Saints(로마서 강해 6), pp. 37-38

우리의 몸은 약하고 질병에 걸리기 쉽습니다. 또 쉽게 감염되고, 기침과 감기와 고통과 아픔을 느낍니다. 이것은 모두 타락의 결과입니다. 여기에 인간의 참된 아름다움은 없습니다. 지상에 사는 인간의 아름다움, 가장 준수한 남녀의 모든 아름다움은 다 상대적인 아름다움이며, 그 안에는 부패의 씨앗이 있습니다. 그러나 우리가 영화롭게 될 때에는 우리의 그 몸이 완전해질 것이며, 모든 죄의 흔적들이 사라지고 죄의 모든 결과와 영향력이 완전히 제거될 것입니다. 더 이상

영광

죄의 흔적이 없이 우리 모두는 아름다움 가운데 영화롭게 변화할 것입니다.
Assurance(로마서 강해 2), p.51

교회는 그 청춘의 모습으로 새롭게 될 것입니다. 제가 감히 이렇게 말해도 될까요? 화장 전문가들이 마지막으로 교회를 멋지게 치장해 줄 것입니다. 너무나 완벽한 마사지로 교회는 단 하나의 주름도 잡히지 않게 될 것입니다. 교회는 젊어 보일 것이며, 전성기를 맞이할 것입니다. 교회의 볼은 빛날 것이고, 피부는 주름 잡힌 것이나 점 하나 없이 완전할 것입니다. 교회는 바로 그러한 모습으로 영원토록 남아 있게 될 것입니다. 수치의 몸은 사라졌습니다. 교회는 영화의 몸으로 변화되고 변형된 것입니다.
Life in the Spirit in Marriage, Home and Work(에베소서 강해 6), pp.175-176

우리가 절대 신인God-man이 되지는 않을 것입니다. 우리는 여전히 인간으로 남아 있게 되겠지만 영화된 인간, 완전한 인간이 될 것입니다. 우리가 하나님과 같이 변화되거나 변형되는 것은 아닙니다.
Saved in Eternity(성도의 구원, 요한복음 17장 강해), p.152

우리는 교회 밖에서 머뭇거리면서 서 있는 사람들을 걱정합니다. 그러나 만일 여러분과 제가 하나님의 영광에 대해 어떤 것을 알게 될 때에 그렇게 우리가 영광 가운데 영광으로 변화되는 모습을 다른 사람들이 본다면, 그들은 자발적으로 우리에게 다가올 것입니다.
Assurance(로마서 강해 2), p.57

영생 Eternal Life

영생

영생이란 궁극적으로 하나님을 아는 것입니다.
Saved in Eternity(성도의 구원, 요한복음 17장 강해), p.138

영생은 단순히 양적으로, 즉 어떤 기간만으로가 아니라 질적인 것으로 이해되어야 합니다. 길이와 기간의 요소가 없다는 말은 아닙니다. 다만 성경은 질적인 문제를 계속 반복해서 강조하고 있습니다. 우리 주님께서는 이것을 다음과 같이 표현하셨습니다. "도둑이 오는 것은 도둑질하고 죽이고 멸망시키려는 것뿐이요, 내가 온 것은 양으로 생명을 얻게 하고 더 풍성히 얻게 하려는 것이라"(요 10:10).

Saved in Eternity(성도의 구원, 요한복음 17장 강해), p.148

'영원'은 단순히 기간과 관련된 것만은 아닙니다. 물론 그것은 기간과 상관이 있습니다. 그러나 여기에는 무언가가 더 있습니다. 영원한 생명은 어떤 특정한 성질을 가진 삶을 의미합니다. 이 세상에서의 생명은 임시적이고도 유한한 삶입니다. 뿐만 아니라 그것은 죽음과 관련되어 있는 한, 어떤 의미에서는 언제나 살아있는 죽음입니다. 하나님 밖에 있는 생명은 생명이 아닙니다. 그것은 일종의 존재에 불과합니다. 이 둘 사이에는 어떤 차이가 있습니다. 여러분은 우리 주님께서 요한복음 17장 3절의 위대한 대제사장적 기도에서 이것을 어떻게 표현하셨는지 기억하실 것입니다. 영생은 항상 이러한 의미를 내포합니다. "영생은 곧 유일하신 참 하나님과 그가 보내신 자 예수 그리스도를 아는 것이니이다." 하나님이 없는 생명은 실제로는 죽음일 뿐입니다.

Saved in Eternity(성도의 구원, 요한복음 17장 강해), p.148

영성 Spirituality

"너희는 성령을 따라 행하라. 그리하면 육체의 욕심을 이루지 아니하리라"(갈 5:16). 바울은 이 두 가지가 서로 대적하는 것이라고 말합니다. 하나가 상승하면 다른 하나는 하락하게 되어 있습니다. 이것은 날씨를 알아보기 위해 사람들이 가지고 있는 작은 도구에 빗대어 잘 설명할 수 있습니다. 이 도구는 나무로 된 작은 남자와 작은 여자가 각각 나무로 된 한 집에 붙어 있는 모습입니다. 날씨가 축축하고 추우면 이 나무 집에서 남자가 나오고, 반면에 날씨가 화창하면 여자가 나옵니다. 그들은 동시에 밖으로 나올 수 없습니다. 그리스도인의 삶도 이와 같습니다. "육체의 소욕이 성령을 거스르고 성령의 소욕이 육체를 거스릅니다." 그렇기 때문에 바울이 "성령을 따라 행하라. 그리하면 육체의 욕심을 이루지 아니하리라"라고 말하는 것입니다. 여러분 안에 있는 영의 사람을 세우십시오. '성령 안에서' 행하고 살아가십시오.
The Sons of God(로마서 강해 5), pp.144-145

저는 은혜 안에서의 우리의 성장과 참된 영성에 대해 시험해 보는 데 이 질문보다 더 섬세하고도 예리한 시금석은 없다고 생각합니다. '여러분 자신을 위해서 얼마나 오랫동안 기도합니까? 그리고 다른 사람들을 위해서 얼마나 많이 기도합니까?'
The Gospel of God(로마서 강해 7), p.192

여러분은 성경에서 위대한 인물들이 낙담하다가 즐거워하고 또 즐거워하다가 낙담하는 모습을 발견하게 됩니다. 그 이유가 무엇입니까? 그것은 언제나 하나님과 그들과의 관계의 문제입니다. 다윗을 생각해 보십시오……다윗이 하나님께 순종했을 때, 그는 시편 23편을 노래했습니다. 그러나 하나님께 불순종하고 대적했을 때, 그는 시편 51편의 낙망의 노래를 불러야 했습니다.
Authentic Christianity(사도행전 강해 2), p.224

여러분은 영적 생활에 있어서 지름길을 만들 수 없습니다.
Fellowship with God(요한일서 강해 1), p.41

영속성 Persistence

그리스도인의 삶은 그 시작부터 마지막까지 좁은 길입니다. 영적 왕국에는 휴일이 없습니다. 우리는 일상의 업무와 사역으로부터는 휴가를 얻을 수 있습니다. 그러나 영적 생활에서 휴가라는 것은 결코 존재하지 않습니다.
Studies in the Sermon on the Mount(산상설교 2), pp.226-227

영원 Eternity

우리 주님의 재림과 마지막 심판, 죄와 악에 속한 모든 것들의 궁극적 파멸과 '의가 있는 곳인 새 하늘과 새 땅'(벧후 3:13)이 도래할 것입니다. 모든 피조물이 잠시가 아닌 영원히 해방될 것이며, 부패의 사슬에서 '하나님의 자녀들의 영광의 자유'(롬 8:21)로 구속을 얻을 것입니다.

The Final Perseverance of the Saints(로마서 강해 6), p.85

여러분은 이 세상에서 살았던 시간과 동일한 개념으로서의 영원이라는 시간을 살게 될 것입니다. Old Testament Evangelistic Sermons(구약을 사용한 복음 설교), p.239

오, 거룩한 날이여! 하나님께서 우리로 하여금 우리가 그 빛 가운데 영원히 살 것이므로 결국 멸망하고 말 이 덧없이 지나가는 세상에 소망을 두지 말아야 함을 깨닫게 하시기를 소원합니다. 우리로 하여금 하나님을 만날 날을 소망하며, 하나님과 함께하며 그분과 함께 영원한 영광을 향유하고 살게 될 빛의 자녀로, 낮의 자녀로, 하나님의 자녀로 살게 하시기를 소원합니다.

Great Doctrines of the Bible(교리 강해 3), p.248

우리는 시간의 제약을 받으면서 살아갑니다. 우리의 지성과 개념은 한계가 있으며, 영원이라는 시간을 이해할 수 없습니다. 이러한 시간의 제약 때문에 영원이라는 시간을 묘사할 때, 우리는 다만 '태초에'라고 말할 수밖에 없는 것입니다. 태초라는 말은 시작이 없었다는 말입니다. 이 말이 모순적으로 들릴 수도 있겠지만, 이것보다 더 나은 표현은 없습니다. Fellowship with God(요한일서 강해 1), p.50

영원한 안전 Eternal Security

측량할 수 없는 영원한 것을 말도 안 되는 철학으로 이해하고 그 교리를 부인하

영원한 안전

려는 인간의 어리석음이여! 어떤 이들은 거룩하신 하나님의 아들을 통하여 영생을 얻었다가도 잃어버릴 수 있고, 또다시 그 영생을 얻었다가도 상실할 수 있다고 믿습니다. 결국 여러분은 이 세상에서 죽을 때까지 불확실성 속에서 살게 될 것입니다. 나의 친구들이여, 그것은 하나님을 모욕하는 것입니다! 그것은 하나님의 영광스러운 구속 계획을 모욕하는 것입니다. 그것은 하나님의 영원한 역사의 방식을 모욕하는 것입니다. "아버지께서 아들에게 주신 모든 사람에게 영생을 주게 하시려고 만민을 다스리는 권세를 아들에게 주셨음이로소이다"(요 17:2).

Saved in Eternity(성도의 구원, 요한복음 17장 강해), pp. 179-180

우리가 '그리스도 안'에 있기 때문에 얼마나 중요한 보증을 소유하고 있습니까! 그리스도인은 오늘 구속을 받아 구원을 얻고, 내일은 다시 구원에서 떨어져 그 구원을 상실할지도 모르는 사람이 아닙니다. 구원은 '들어갔다가 다시 나오는 것'이 아닙니다. 여러분은 '아담 안'에 있든지 '그리스도 안'에 있든지 둘 중 하나입니다. 만일 여러분이 그리스도 안에 있다면, 여러분은 영원한 보증을 소유한 것이며, 그리스도 안에 영원토록 거할 것입니다.

Assurance(로마서 강해 2), p. 182

'영원한 안전과 보증'은 오직 신자들에게만 적용되는 교리입니다.

The Final Perseverance of the Saints(로마서 강해 6), p. 199

여러분은 웰스 H.G.Wells 의 소설에 나오는 영원을 맞이하시겠습니까?

Old Testament Evangelistic Sermons(구약을 사용한 복음 설교), p. 97

우리는 이제 그리스도의 생명 안에 있습니다. 그러므로 우리는 영원토록 안전할 것입니다.

Assurance(로마서 강해 2), p. 153

저는 오늘 거듭난 사람이 내일은 거듭나는 것을 멈출 수 있다고 말하는 사람들을 도무지 이해할 수 없습니다. 그것은 절대 불가능한 일입니다. 그런 말은 어처

구니없을 뿐만 아니라 더 나아가 참담한 말입니다. 여러분은 감정이 변하는 것을 경험합니다. 때로는 어떤 일을 결정하고 나서 그것을 후회할 수도 있습니다. 그러나 성경은 하나님의 활동과 행위에 대해 말씀하기를, 하나님께서 일하실 때에 그것은 아주 효과적으로 수행된다고 가르칩니다. 그래서 여러분이 그리스도 안에 있다면, 여러분은 그리스도 안에 있는 것입니다. 여러분이 신의 성품에 참여하는 자가 되었으며 그리스도와 영적으로 연합되어 있다면, 또다시 분리되는 일은 결코 없는 것입니다.

Faith on Trial(믿음의 시련), p.103

영원한 형벌 : 지옥, 진노
Eternal Punishment : Hell, Wrath

죄에 대한 하나님의 심판은 영원합니다. 만일 여러분이 하나님의 진노를 믿는다면 그에 따른 영원한 멸망도 믿어야 할 것입니다. 이러한 병행은 성경 곳곳에서 사용됩니다. 성경은 죽음 너머에 다른 가능성이나 다른 소망이나 다른 기회가 있다고 전혀 언급하지 않습니다. 소위 '조건부 죽음'이라는 것은 없습니다. 그것은 여호와의 임재로부터 떠나는 영원한 멸망입니다. 사람들은 다양한 변화를 통해 이 멸망으로부터 헤어 나올 수 있다고 말합니다. 그러나 그런 방법은 전혀 없습니다! 진노와 멸망은 성경 곳곳에서 병행되어 있으며, 성경의 전체 의미와 뜻은 이 문제에 대해 의심의 여지 없이 명백하게 말합니다. 그것은 영원한 것입니다. 그리고 죄에 대한 하나님의 진노는 그 자체로 사망, 즉 육체적 사망뿐만 아니라 훨씬 더 무시무시한 영적 사망까지 드러내고 있는 것입니다.

The Gospel of God(로마서 강해 7), p.351

영적 전투 Spiritual Warfare

이 세상에서의 우리의 삶은 우리가 원하든지 원하지 않든지 간에 영적 전투의 삶입니다. 그것은 사탄 때문에 어쩔 수 없는 것입니다. 여러분은 이것을 하나님

영적 전투

의 아들의 삶을 통해 분명히 볼 수 있습니다. 그분은 얼마나 자주 사탄의 공격을 받으셨는지요! 사탄은 광야에서 예수님을 시험한 이후에 잠시 예수님을 떠났다가 다시 돌아왔습니다. 왜냐하면 사탄은 이 세상의 신이며, 세상을 지배하기 때문입니다. 따라서 그리스도인의 삶 전체는 필연적으로 영적 전투의 삶인 것입니다.

Life in God(요한일서 강해 5), p.179

인생을 사는 데 있어서 어떠한 갈등도 느끼지 않는 사람은 분명히 그리스도인이 아닙니다. 그들은 영적으로 사망의 잠에 빠져 있는 사람입니다.

Life in God(요한일서 강해 5), p.45

수도원식 또는 가톨릭식의 견해에 관해 우리가 무엇을 반대하든지 간에, 그것을 비판하기에 앞서 우선 그것 자체가 명백히 세상이 우리가 싸워야 할 대상이라는 사실을 암시한다는 것을 분명히 할 필요가 있습니다. 저는 심지어 믿음의 싸움을 싸우는 사람임을 깨닫고서 속세를 떠나 동굴이나 산꼭대기에 거하는 수사나 수도사들이, 싸워야 할 전투가 있음을 전혀 깨닫지 못한 채 멋지고도 거침없이 스스로 만족하는 사람보다 훨씬 나은 사람이라고까지 말하게 될지도 모르겠습니다.

Life in God(요한일서 강해 5), p.45

우리는 그리스도인으로서의 삶을 시작하자마자 하나님의 권세와 지옥의 권세 간의 엄청난 충돌이라는 전투에 참여하는 사람이 됩니다. 우리는 좋든 싫든 그 전투와 관계해야만 합니다. 지금 여기서 사도 바울은 바로 이 사실을 가르치고 있습니다. 그는 그들을 경계시키며, 이 전투에서 싸울 수 있도록 훈련시키는 것입니다.

Walking with God(요한일서 강해 2), p.105

우리가 깨달아야 할 가장 첫 번째 일은 그리스도인의 삶이 전투라는 것입니다. 우리는 남의 나라에 살고 있는 이방인이며, 적군의 영역에 있는 사람입니다. 그래서 이것은 여러분과 제가 수행해야 할 전투입니다

The Christian Warfare(에베소서 강해 7), p.20

우리는 신자가 지상에서 단지 '혈과 육'과 싸우는 사람이라는 개념을 반드시 제거해야만 합니다. 우리의 씨름은 본질적으로 영적 영역, 즉 천상적 영역에 속한 것입니다. 이것은 우리를 대적하는 우리의 적들, 즉 인격적인 대리인들을 동원한 인간적 존재뿐만 아니라 영적 영역을 살아가는 대적자를 항상 생각해야 한다는 것에 대한 또 다른 강조입니다. *The Christian Warfare*(에베소서 강해 7), p.64

영적 전투

영적 타락 Backslider

그리스도인에게도 놀랄 만한 일이 발생할 수 있으며, 그리스도인도 놀랄 만한 일을 할 수 있습니다. 영적 침체에 관한 교리는 성도가 타락할 수는 있어도 완전히 버림당하지는 않는다는 것을 교훈합니다. 즉, 그 성도는 언제나 돌아온다는 것입니다. 그는 죄에 빠져 거기에 남아 있지 않습니다. 소위 '일시적인 타락'이라고 불리는 시기에 있을 뿐입니다……따라서 영적 침체라는 용어는 오직 참된 그리스도인에게만 사용될 수 있습니다. *Faith on Trial*(믿음의 시련), p.91

영적 타락

우리가 범죄할 때 우리가 하나님의 진노 아래로 떨어지는 것이 아니라 오히려 우리가 사랑의 하나님을 아프게 한다고 생각해야 합니다. 이것은 얼마나 다른 생각인지요! '그리스도 예수 안에 있는 자에게는 결코 정죄함이 없지만'(롬 8:1 참고) 우리의 타락으로 말미암아 사랑의 하나님이 상처를 입으시는 것입니다. 따라서 우리는 돌아온 탕자처럼 다시 하나님께로 돌아가 모든 것을 올바르게 해야 할 것입니다. *The Final Perseverance of the Saints*(로마서 강해 6), p.100

나는 감히 신자가 죄에 빠져 타락한다고 할지라도 하나님과 우리와의 관계로 인하여 하나님께서 우리의 궁극적 선을 위하여 역사하시고 우리의 마지막 영화를 도우실 것이라고 말할 수 있습니다. *The Final Perseverance of the Saints*(로마서 강해 6), p.171

영적 타락

그리스도인은 하나님의 왕국에 들락날락하면서 살지 않습니다. 우리는 모두 본질상 어둠의 나라에 속했다가 그리스도인이 됨으로써 하나님의 나라로 옮겨졌습니다. 이 말은 어떻게 보면 매우 대담한 말이지만 또한 대단히 성경적인 진술입니다. 그것은 만일 내가 죄를 범한다 해도 나는 여전히 하나님의 나라에 있다는 말입니다. 우리가 죄를 지었기 때문에 어둠 가운데 행하는 것이 아닙니다. 우리가 죄를 범했음에도 불구하고 우리는 여전히 빛의 영역에 있으며, 하나님의 나라 안에 있는 것입니다. 예수 그리스도께서 흘린 보혈이 우리를 그곳에 두었습니다. 또한 그 보혈이 하나님의 나라에서 우리가 범죄할 때에도 우리를 구원할 것입니다.

Fellowship with God(요한일서 강해 1), p.142

'우리'는 주 예수 그리스도와 혼인했습니다. 그러면 혼인 기간은 언제까지입니까? 우리가 다시 죄에 빠져 타락할 때까지인가요? 우리가 죄에 빠져 타락하는 것이 혼인 관계가 종료되고 우리가 그리스도와 다시 혼인해야 함을 의미합니까? 그렇다면 우리는 그분과 혼인하고 이혼하고 다시 또 혼인하고 이혼하는 일을 계속 반복해야 합니까? 이것은 얼마나 몰상식한 생각입니까? 결코 그럴 수 없습니다. 그리스도와 우리의 관계는 법적이며 영속적임을 기억합시다. 우리는 그리스도와 혼인했습니다. 둘 중 하나가 죽을 때까지 혼인한 것입니다. 그러나 둘 중 그 누구도 영원히 죽지 않습니다. 사도 바울은 로마서 6장 9절에서 "이는 그리스도께서 죽은 자 가운데서 살아나셨으매 다시 죽지 아니하시고 사망이 다시 그를 주장하지 못할 줄을 앎이로라"라고 말합니다. 그분은 다시 죽지 않으십니다. 여기 죽을 수 없는 우리 남편이 있습니다. 우리는 그분과 연합되어 있습니다.

The Law:Its Functions and Limits(로마서 강해 4), p.53

영혼 Soul

영혼

여러분은 사람의 영혼을 볼 수 없지만, 각각의 사람들은 영혼을 가지고 있습니다. 그리고 몸과 행실과 삶을 통해서, 즉 가시적인 것을 통해 그것을 표현하고 있습니다. 말하자면, 비가시적인 영혼이 가시적인 몸을 통해서 표현되고 있는 것입니다.
Great Doctrines of the Bible(교리 강해 3), p. 7

우리 모두에게는 영혼이라 불리는 것이 있습니다. 그렇다면 영혼은 무엇입니까? 어떤 유명한 의사는 많은 인간의 신체를 절개하고 해부해 보았지만 한 번도 '영혼'이라고 묘사되는 기관을 발견할 수 없었다고 말했습니다. 물론 그것은 영혼의 영적 정의에 대한 무지를 드러내는 애처로운 말입니다. 영혼은 물질이 아닙니다. 그것은 어떤 재료나 기관은 더욱 아닙니다. 그 어떤 사람도 인간의 신체를 해부해서 영혼을 찾을 수는 없습니다. 영혼은 영적인 속성을 지니고 있는 영적 실재입니다. 그러나 저는 내 영혼이 내 안에 있으며, 이 몸을 떠날 날이 있을 것임을 말씀드립니다.
The Love of God(요한일서 강해 4), p. 86

여러분이 죽을 때 어떤 일이 일어납니까? 여러분의 영혼은 계속 존재하며 하나님을 만나게 될 것입니다.
The Heart of the Gospel(복음의 핵심), p. 80

잠 sleep

바울은 '영혼의 잠'을 기다리고 있는 것이 아니라 '그리스도와 함께 거하는 것이 더욱 좋음'을 고대하고 있습니다. 이것은 성경의 다른 곳에서도 증거됩니다.
The Final Perseverance of the Saints(로마서 강해 6), p. 88

사람들이 그리스도인이 되는 것은 그들이 어떤 일을 해서가 아니라 하나님께서 그들을 향해 어떤 일을 하시기 때문입니다.
Life in God(요한일서 강해 5), p. 12

예배 Worship

결국 질서와 위엄이 아무리 훌륭하다 할지라도 그 무엇보다도 더욱 필요한 것은 바로 생명력입니다.
Knowing the Times(시대의 표적), p. 24

예배

하나님을 섬기는 것은 하나님을 예배함을 의미합니다.

Christian Conduct(로마서 강해 12), p. 57

예배와 섬김이라는 용어는 서로 바꿀 수 있습니다. 우리는 하나님을 예배하러 하나님의 집에 간다고 말하거나 하나님을 섬기기 위해 하나님의 집으로 간다고 말합니다.

Christian Conduct(로마서 강해 12), p. 57

우리 인생 전부가 하나님을 향한 예배이어야 합니다.

Christian Conduct(로마서 강해 12), p. 57

공중 예배를 위해 우리가 함께 모이는 것은 천국을 미리 맛보는 것과 같습니다. 공중 예배는 천국에서의 첫 열매의 모임이며, 우리가 받을 몫의 견본이어야 합니다.

God's Ultimate Purpose(에베소서 강해 1), p. 308

찬미는 모든 공적 예배 행위의 주요한 대상입니다. 우리 모두는 스스로 이 점을 점검해야 합니다. 우리는 예배의 주요 목적이 하나님께 찬미와 감사를 드리는 것임을 기억해야만 합니다. 그래서 우리는 반드시 마음과 진정을 다하여 예배를 드려야 합니다. 찬미는 단순히 찬송가 몇 구절을 기계적으로 반복해서 부르는 것이 아닙니다. 그것은 우리의 마음과 감정이 하나님을 찬미하기 위해 불붙는 것을 의미합니다. 우리는 단순히 우리 자신을 위해 복을 구하고 여러 가지 필요한 것을 구하며 심지어 단순히 설교를 듣기 위해 하나님의 집에 모여서는 안 됩니다. 우리는 반드시 하나님을 경배하고 찬미해야 합니다. "거룩하신 하나님 아버지여, 찬미를 받으소서." 이것이 항상 우리의 최고의 시작점이 되어야 합니다.

God's Ultimate Purpose(에베소서 강해 1), p. 50

어떻게 경배해야 하는지를 결정하고 계시하신 분은 사람이 아니라 바로 하나님이십니다. 따라서 인간은 자신의 고안품들에 눈을 돌리는 것이 아니라 하나님의

방법을 준수해야만 했습니다. *God's Sovereign Purpose*(로마서 강해 9), p. 68

성령으로 말미암아 생겨난 참된 감정은 항상 우리를 겸손과 경외와 하나님을 향한 거룩한 사랑으로 이끕니다. 우리는 잠시 동안 노래할 수 있고 춤을 출 수도 있습니다. 그러나 그것이 끝까지 지속되지는 않습니다. 그것은 육체의 연약함으로 인해 한시적으로 존재할 뿐입니다. 영원하고도 참된 것은 사람이 하나님을 경외하는 감정으로 충만해지는 것입니다.

God's Ultimate Purpose(에베소서 강해 1), pp. 287-288

거의 흥분 상태에 이를 때까지 계속해서 특정한 찬송을 부르는 것이 하나님의 집에서 해야 할 올바른 일이라고 생각하는 사람들이 있습니다. 실제로 전체 예배가 바로 이러한 '상태'를 노리고 드려지는 경우도 있습니다. 그렇게 되면 여러분은 일종의 감정의 영향을 받게 되고, 자신이 좀 더 나은 사람이 되었다고 느낄 수도 있습니다.

Faith on Trial(믿음의 시련), p. 44

악기 가운데는 세상에 속한 감각적인 악기들이 있습니다. 색소폰이나 그와 유사한 종류의 악기들은 절대로 예배에 사용되어서는 안 됩니다. 그것들의 음향은 원색적이며, 기독교 음악의 사려 깊음과 지혜가 담겨 있지 않습니다.

Singing to the Lord(성경적 찬양), p. 38

아주 흥미롭게도 우리가 삶에서의 영적 체험에 무지하면 무지할수록 우리의 예배가 더욱 형식적이어집니다. 이것은 특히 금세기에 아주 현저하게 발생한 현상입니다. 비국교도들은 예배에 전례적 요소들을 점점 더 많이 도입했습니다. 그들의 영성이 아주 수준 낮기 때문입니다. 이와 반대로 사람들이 하나님에 대해 살아 있는 체험을 하게 되었을 때는 점점 더 형식을 의지하지 않게 되었습니다. 심지어 로마 가톨릭 교회에서도 이런 현상이 발견되었습니다.

The Sons of God(로마서 강해 5), p. 242

이 세상에서 우리가 노래하는 것은 단순히 예행연습에 불과합니다. 우리는 모두 천국에서 시작될 위대한 음악과 찬미의 축제를 미리 준비하는 것입니다.

Singing to the Lord(성경적 찬양), p.60

예수 그리스도 : 속죄 Jesus Christ : Atonement

예수 그리스도와 분리된 기독교는 결코 존재하지 않습니다.

Life in God(요한일서 강해 5), p.67

이 세상에는 예수 그리스도를 설명하는 오직 한 가지 방법만이 있을 뿐입니다. 그것은 바로 예수 그리스도가 하나님이라는 사실입니다.

Enjoying the Presence of God(하나님 앞에 사는 즐거움), p.20

선지자들은 우리를 구원할 수 없습니다. 시편 기자들도 우리를 구원할 수 없습니다. 철학자들이나 정치가들도 우리를 구원할 수 없습니다. 교육조차도 우리를 구원하지 못합니다. 그 무엇도 그 누구도 우리를 구원하지 못합니다. 우리를 구원하실 수 있는 분은 오직 한 분, 하나님의 아들이신 예수님뿐입니다.

Authentic Christianity(사도행전 강해 2), p.93

속죄 atonement

저는 경외심을 가지고, 감히 전능하고 영원한 하나님께서 갈보리 십자가 언덕에서 우리를 위하여 자신의 독생자를 아끼지 않고 내주셨던 방식보다 더 위대한 방식으로 하나님의 사랑을 보여 주실 수 없다고 말할 수 있습니다.

The Final Perseverance of the Saints(로마서 강해 6), p.397

그리스도 이전과 이후에 있어서 죄를 사함받는 유일한 방법은, 오직 그리스도와 그분의 십자가의 돌아가심을 통해서만 가능합니다. 그리스도 안에 있는 구원의 길은 '세상의 기초가 서기도 전'에 이미 작정된 것입니다. 이 사실은 이 본문과 이와 유사한 다른 많은 성경 말씀들에 함축되어 있습니다.

Studies in the Sermon on the Mount(산상설교 2), p. 75

동일한 방식으로 여러분은 성경적 교리가 확실히 우리 주가 되시는 구세주 예수 그리스도께 집중되어 있음을 발견하게 될 것입니다. 사도 바울은 고린도교회 성도들에게 이렇게 말합니다. "이 지혜는 이 세대의 통치자들이 한 사람도 알지 못하였나니 만일 알았더라면 영광의 주를 십자가에 못 박지 아니하였으리라"(고전 2:8). 영광의 주! 사실 어떤 의미에서 여러분은 하나님을 십자가에 못 박을 수 없습니다. 그래서 하나님께서 십자가에 못 박히시기 위하여 인간의 몸을 입고 오셔야만 했습니다. 그럼에도 바울은 그의 육체가 십자가에 못 박힌 것이라고 말하지 않고 '영광의 주'께서 십자가에 못 박히셨다고 말했습니다. 달리 말하면, 그리스도의 신성과 인성에 일어난 일은 한 분 그리스도 예수에게 일어난 일인 것입니다.

Great Doctrines of the Bible(교리 강해 1), p. 284

이렇게 고상하고도 거룩한 문제를 논하면서 저는 다시 한 번 경외심으로 말씀드립니다. 그리스도께서 거기 계셔서 마치 하나님께 다음과 같이 말씀하고 계신다고 할 수 있습니다. "하나님 아버지께서 이 백성들의 죄를 용서하시는 것은 옳고 정당한 일입니다. 왜냐하면 제가 그들의 죄를 짊어졌고 그들이 받아야 할 형벌을 대신 받았기 때문입니다." 또한 우리를 위한 보혜사는 성부 하나님께 이렇게 말씀하신다고 할 수 있습니다. "저는 성부 하나님께서 율법을 옆으로 제쳐 놓으시기를 요청합니다. 율법이 모두 성취되었으며, 죄의 삯인 사망이 지불되었고 형벌이 실행되었음을 상기시켜 드립니다. 제가 그들을 위해 대신 죽었기 때문에 그들은 모두 자유케 되었습니다."

Walking with God(요한일서 강해 2), p. 41

바울은 "그리스도께서 죽으셨다"라고 말합니다. 이것이 가장 중요합니다……이것은 삶의 모범도 아니고 교훈도 아니며 기적도 아닙니다. '그리스도께서 죽으신 것'입니다. 바로 이것이 우리를 향한 하나님의 사랑을 증명하기 위해 바울이 강조하고 있는 것입니다.

Assurance(로마서 강해 2), p.109

저는 십자가에 달려 돌아가신 우리 주님의 죽음의 의미를 완전히 이해할 수 있다고 말할 만큼 어리석지 않습니다. 저는 그렇게 할 수 없습니다.

Great Doctrines of the Bible(교리 강해 1), p.312

우리의 대제사장인 주님께서 죄악 된 백성들과 하나님과의 화목을 확실히 이루기 위해 수행해야만 하는 본질적인 사역은 세 가지로 구성되어 있습니다. 첫째, 하나님의 진노에 대한 만족이 반드시 제공되어야 합니다(위무:慰撫, propitiation). 둘째, 사람 편에서 죄의 형벌을 마땅히 감당해야 할 무죄한 자의 고난과 죽음으로서의 대속이 있어야 합니다(속죄:expiation). 셋째, 모욕을 당한 자와 모욕을 준 자 사이의 생활공동체가 회복되어야 합니다(보상:atonement). 이에 대해 성경은 바로 우리 주 예수 그리스도께서 이 모든 것을 처리하셨다고 주장합니다.

Great Doctrines of the Bible(교리 강해 1), p.302

여러분은 복음서들이 우리 주님의 죽음을 상세하게 설명하기 위해 얼마나 많은 분량을 할애하고 있는지 생각해 본 적이 있습니까? 여러분은 거의 못 박는 소리를 들을 수 있을 정도입니다.

Love so Amazing(골로새서 강해), p.236

그리스도의 보혈 blood of Christ

그리스도의 보혈이 필요하다는 것을 깨닫지 못하는 사람보다 더 큰 죄인은 없습니다.

Assurance(로마서 강해 2), p.291

이 세상이 제공하는 모든 해결책은 우리의 죄의 얼룩을 제거하기에 불충분합니다. 그러나 여기 점 없고 흠 없는 하나님의 아들의 보혈이 있습니다. 이 보혈은 강력한 권세를 지니고 있습니다.

> "어린양의 귀중한 보혈에는
> 능력, 능력, 경이로운 능력이 있네.
> 가장 사악한 죄도 깨끗케 하시는 그의 보혈은
> 진정 나를 위한 보혈이라네."
> — 찰스 웨슬리 Charles Wesley

바로 이 보혈이 우리의 위로와 위안입니다.

Fellowship with God(요한일서 강해 1), p.144

우리의 복음은 보혈의 복음입니다. 보혈이 기초입니다. 보혈이 없이는 아무것도 없습니다.

God's Way of Reconciliation(에베소서 강해 2), p.240

스펄전은, 사람이 진정으로 복음을 설교하는지 아닌지를 시험하는 궁극적 시금석이 그가 '그리스도의 보혈'을 강조하는지에 달려 있다고 말했습니다. 저는 스펄전의 이 말이 정말 명언이라고 생각합니다. 십자가와 죽음에 대해서 말하는 것만으로는 충분하지 않습니다. 진짜 시금석은 '그리스도의 보혈'입니다.

God's Way of Reconciliation(에베소서 강해 2), p.331

여러분은 신약성경에서 이 보혈을 제거할 수 없습니다. 이것은 중추적인 요소입니다. 그리스도의 보혈이 없이는 구원도 없습니다. 하나님의 율법이 요구하는 죄의 형벌은 사망입니다. 그래서 우리 주님께서 그와 같은 요구에 정면으로 맞서기 위해 오신 것입니다. 그리스도께서 '세상의 구주'가 되시기 이전에 율법이 하나님 앞에서 범죄한 죄인에게 부과하는 요구를 만족시키셔야 했습니다. 중심 메시지는 그리스도께서 십자가에 달리셨다는 것입니다. 그분은 예루살렘을 향하여 올라가셨습니다. 그분은 십자가의 죽음을 피하실 수 없었습니다. 그분은 제자들에게 사실상 이렇게 말씀하시는 것입니다. "내가 열두 군단 더 되는 천사를 불러올 수 있음을 알지 못하느냐? 그러나 그렇게 하면 어떻게 의를 이룰 수 있겠느냐? 나는 율법의 요구를 만족시켜야 하느니라"(마 26:53,54 참고). 그리스도께서는 자기 자신을 제물과 희생 제사로 드리셨습니다. 그리스도께서는 순종하심으로 십자가에서 돌아가셨고, 하나님께서는 그분에게 인간의 죄에 대한 자신의 진노를 쏟아 부으셨습니다. 그분은 완전하고 점 없고 죄 없는 순종의 삶으로서뿐만 아니라 속죄적 죽음으로서 우리의 구세주가 되십니다.

The Love of God(요한일서 강해 4), pp. 137-138

사람들은 그들이 '피의 신학'이라고 부르는 이것을 혐오합니다. 그렇지만 그리스도의 흘리신 보혈과 관계없는 신학은 가치가 없습니다.

Assurance(로마서 강해 2), p. 148

신성 divinity

예수 그리스도는 창조되신 분이 아닙니다. 그분은 피조물이 아니라 하나님 아버지의 독생하신 아들입니다. 그분은 사람으로 나셨지만, 또한 성령으로 동정녀 마리아의 몸에서 잉태되셨지만, 피조되시지는 않았습니다. 그분은 피조된 존재가 아닙니다. 그분이 피조되었다고 말하는 것은 이단입니다. 천사들은 하나님의 피조물입니다……그러나 그리스도 예수는 하나님의 영원한 아들이십니다. 그분은 태초부터 계셨을 뿐만 아니라 영원토록 성부 하나님의 품 안에 계십니다. 그와 아버지는 하나입니다. "태초에 말씀이 계시니라"(요 1:1). '독생하신 것' 이지 '창조되신 것' 이 아닙니다.

Assurance(로마서 강해 2), p. 237

영화 glorification

영원부터 그는 하나님의 아들이요 신성한 하나님이며 성부의 영광을 공유하시지만, 이제 신인이 되셨습니다. 신인으로서, 그리고 우리의 대표자로서 성부의 요청으로 잠시 내려놓았던 자신의 영광을 다시 회복하시고, 신인으로서, 그리고 중보자로서 다시 이 형언할 수 없는 영원한 하나님의 영광을 함께 누리시는 것입니다.

Saved in Eternity(성도의 구원, 요한복음 17장 강해), p. 77

어떤 의미에서 주 예수 그리스도의 마지막 영화는 성령의 오심이었습니다.
Saved in Eternity(성도의 구원, 요한복음 17장 강해), p. 87

역사성 historicity

주전 55년 경 줄리어스 시저 대왕이 대영제국을 정복한 것은 너무나도 분명한 역사입니다. 마찬가지로 노르망디의 윌리엄이 1066년에 영국을 침략한 것 역시 다른 모든 역사적 사건들과 마찬가지로 분명한 역사입니다. 이 모든 것과 마찬가지로 그에 대해 우리가 알고 있는 모든 것, 즉 인간이신 예수님과, 그분께서 겟세마네 동산과 십자에서 당하신 고난과 죽음, 장사 지냄과 부활과 승천, 이 모든 것들은 다 역사적 사실입니다.
Fellowship with God(요한일서 강해 1), p. 150

우리는 예수께서 사람이 되셔서 역사 안으로 들어오셨다는 것에 대해 하나님께 감사드립니다. 우리에게 주신 역사적 믿음과 복음이 사실들 위에 기초해 있다는 것을 하나님께 감사드립니다.
Fellowship with God(요한일서 강해 1), p. 51

예수님에 대한 사상을 재구성하려는 자유주의자들의 이 모든 시도들을 보십시오. 그들의 예수는 제가 신약성경을 통해 알게 된 분이 아닙니다. 그들의 예수는 제 영혼의 구세주가 아닙니다. 그들이 제시한 예수는 실재하지 않습니다. 그것은 사실과 일치하지 않는 예수입니다.
Walking with God(요한일서 강해 2), p. 135

만일 우리 선조와 조부들이 독일에서 온, 예수를 재구성하려는 이 교묘한 시도, 이 거짓된 교훈에 정면 도전 했다면, 지금의 기독교회뿐만 아니라 세상을 위해서도 더 좋은 결과가 나왔을 것이라는 예측에 대해 우리 모두 반대하지 않을 것이라고 생각합니다. 만일 그들이 이런 거짓된 교훈에 타협하고 조화하는 대신 우리가 한 것처럼 그것에 맞서서 거짓말이라는 소인을 찍었다면 더 좋은 결과가 나왔을 것입니다.
Walking with God(요한일서 강해 2), p. 136

그는 역사 밖에 계신 분이 아닙니다. 역사는 예수님 없이 스스로 움직이지 않습니다. 예수님께서 매 순간 통치하고 계십니다. 역사는 그분의 손안에 있고 그분이 역사를 전개하십니다.

God's Ultimate Purpose(에베소서 강해 1), p.440

성령 Holy Spirit

예수님이 세례를 받으실 때 성령께서 비둘기의 형태로 강림하셨습니다. 이것은 예수께서 강하게 되셨을 뿐만 아니라 사명을 위하여 기름 부음을 받으셨음을 의미합니다. 예수께서는 메시야이시며 기름 부음 받으신 분으로서, 구원하기로 작정된 백성들을 구속하려는 특별한 사명을 위하여 구별되셨습니다. 즉, 예수께서 성직을 받으신 것이며 성령의 기름이 부어졌고 메시야로서 선포되신 것입니다. 그러므로 세례는 매우 중대하고도 본질적인 요소입니다. 그것은 우리 인성을 취하셨을 뿐만 아니라 죄 가운데 우리와 같이 되신 예수님께서 오셔서 수행하셔야 할 사역의 일부분이었습니다.

Saved in Eternity(성도의 구원, 요한복음 17장 강해), pp. 103-104

웨스콧 Wescott 감독은 '성부의 보증을 받으신 성자'의 의미를 '사명을 성취하기 위해 엄숙하게 구별되고 이해할 수 있는 표식으로 보증된 것'이라고 아주 훌륭하게 요약했습니다. 성부께서는 이적들, 사역들, 말씀들, 그리고 그에 대한 모든 것을 통하여 성자를 보증하신 것입니다.

God's Ultimate Purpose(에베소서 강해 1), p.247

주 예수 그리스도께서 이 세상에 오신 마지막 목적은 자신의 백성들에게 성령을 선물로 보내시기 위함이었습니다. 우리에게는 이 사실을 소홀히 여기려는 경향이 있지 않습니까? 예수님의 삶과 모범과 가르침에만 만족하고 그분의 십자가 사건에서 멈추며, 마치 하나님의 아들이 오신 목적이 우리의 죄 사함과 용서를 획득하시려는 것 외에 아무것도 아니라고 말하려는 경향이 우리에게 있지 않습니까? 물론 우리가 이런 사실들을 강조한다는 것에 대해 하나님께 감사드립니다. 이런 사실들도 매우 중심적인 주제들이며 반드시 강조해야만 하는 것들이기도 합니다. 그러나 주 예수 그리스도의 사역은 거기서 끝나지 않습니다. 부활에 나타난 그분의 사역 역시 치명적으로 중대합니다. 그분의 승천 역시 동일하게 중대합니다. 그리고 무엇보다도 예루살렘에서 일어난 위대한 오순절 사건 역시 중요하게 강조해야만 하는 사실입니다. *Life in God*(요한일서 강해 5), p. 182

인성 humanity

그는 진실로 인류 가운데 속하셨으며 우리와 같이 되신 분입니다.
Great Doctrines of the Bible(교리 강해 1), p. 259

예수님에게도 기도가 필요했다는 것은 그분이 참된 인성을 지니셨다는 것을 완벽하게 증명합니다. *Great Doctrines of the Bible*(교리 강해 1), p. 274

우리는 우리 주님을 오직 평강의 왕으로만 여길 뿐 그분이 여전히 동일하게 의의 왕이시라는 사실을 잊어버렸습니다. 그러나 예수께서는 이 두 가지 모두를 주장하십니다. *Spiritual Blessing*(영적 축복, 요한복음 17장 강해), p. 120

아주 많은 사람들이, 하나님의 아들이 이 땅에 계실 때 하나님 아버지께 기도하셨다는 것을 이해하지 못합니다. 대답하자면, 사람으로서의 그리스도의 삶은 하나님께 의존적이었습니다. 그분은 자신이 수행하셔야 할 사역을 위해 하나님을 바라보았으며, 성령을 받으심으로써 그 일을 수행할 수 있는 권세를 받으셨습니다. 그는 한량없이 부어진 성령으로 끊임없이 충만해지셨고, 바로 이 권세와 능력을 통하여 십자가에서 자기 자신을 드리실 수 있었습니다. 그는 성령 충만을 통하여 자기 자신을 하나님께 드리셨으며 '성결의 영으로는 죽은 자들 가운데서 부활하사 하나님의 아들로 선포'(롬 1:4) 되셨습니다.
Saved in Eternity(성도의 구원, 요한복음 17장 강해), p. 166

나사렛 예수를 보십시오. 그분은 분명히 다른 모든 사람들과 마찬가지로 육체를 지닌 인간이셨습니다. 그분은 참으로 몸을 입고 오셨습니다. 그는 몸을 빌린 유령이 아닙니다. 그분은 진실로 우리와 성정이 같은 사람이며, 그분의 몸은 여러분과 저의 몸과 같이 참된 것이었습니다. 그럼에도 불구하고 그분은 '신성의 모든 충만이 그의 육체 가운데'(골 2:9 참고) 거하셨습니다. 그 안에 완전하신 하나님이 계신 것입니다.

The Unsearchable Riches of Christ(에베소서 강해 3), p. 284

성육신 incarnation

인류 역사상 성육신 교리를 이해할 수 있는 사람은 단 한 사람도 없었습니다. 성육신 교리를 대할 때 저는 "크도다 경건의 비밀이여"(딤전 3:16)라고 말했던 사도 바울과 같은 입장입니다. 그것을 이해하기에 우리의 지성은 너무나 초라합니다. 우리의 이성은 무한성과 광대함과 영원성에 미치지 못합니다. 우리의 보잘것없는 이성과 논리로는 하나님의 아들의 자기 비하와 수치의 개념을 온전히 깨닫거나 이해할 수 없습니다. 우리는 그것을 이해할 수 있다고 자신할 수 없습니다. 그 누가 동정녀 마리아의 잉태와 같은 사건을 이해할 수 있겠습니까? 그것은 이해를 초월하는 것이며, 이성 너머에 있는 것입니다. 그 누가 혼합되지 않고 동시에 분리되며, 섞이지 않으면서도 여전히 한 분 안에 존재하는 신성과 인성을 이해할 수 있겠습니까? 우리는 성부, 성자, 성령의 삼위일체 교리를 이해하지 못합니다. 우리는 그것을 이해하지 못하며, 절대로 그것을 이해하려 해서도 안 될 것입니다.

The Heart of the Gospel(복음의 핵심), p. 19

그분은 '하나님의 영광의 광채시요 그 본체의 형상'(히 1:3)이십니다. 여러분은 그 이상 넘어갈 수 없습니다. 언어는 바로 이 지점에서 끝납니다! 그러나 성경은 베들레헴 말구유에서 태어나신 이 아기 예수님이 보이지 아니하시는 하나님의 형상이라고 말씀합니다. 이것은 이 세상에서 발생한 가장 위대한 일입니다.

Love so Amazing(골로새서 강해), p. 251

그분은 하나님이기를 멈추지 않으십니다. 그러나 하나님의 영광을 드러내기를 멈추셨습니다. 이것을 가장 잘 이해할 수 있는 최고의 방법은, 예수님께서 베드로와 야고보와 요한 앞에서 영광의 광채로 변화하신 변화산에서 어떤 일이 일어났는지를 고찰하는 것입니다. 그분에게는 제자들이 한 번도 경험해 보지 못했던 영광의 광채가 임하였습니다. 이제 이 영광의 광채를 평상시 그리스도의 모습과 비교해 보십시오. *Saved in Eternity*(성도의 구원, 요한복음 17장 강해), pp. 71-72

주 예수 그리스도, 영광의 주께서는 완전한 대제사장이 되십니다. 그분은 우리를 하나님의 존전에 제시하기 전에 특정한 일들을 하셔야 했습니다. 그분은 우리 구원의 선장과 대장이 되시기 위하여 이 세상에 오셨고, 그 사명을 위해 준비하셔야 했습니다. 이런 과정을 거치셔야 했던 것입니다. *Saved in Eternity*(성도의 구원, 요한복음 17장 강해), p. 75

이것을 꼭 생각해 보십시오! 하나님의 아들, 예수, 모든 것을 지으신 하나님, 성부의 품 안에 계신 말씀, 태초부터 하나님과 함께 계셨던 말씀, 영원부터 영원까지 모든 신성의 대권을 완전히 누리시는 영원토록 절대자이신 성자 하나님께서 스스로 어찌할 수 없는 아기의 모습으로 말구유에 누워 계신 것을 생각해 보십시오. 그리고 여러분과 제가 구원을 받고 하나님과 화목되는 모든 것을 생각해 보십시오. *Fellowship with God*(요한일서 강해 1), p. 155

그분은 자신의 신성에 인성을 취하셨습니다. 이것이 성육신의 모든 것입니다. 바로 이것이 정확히 베들레헴에서 발생한 일입니다. *Saved in Eternity*(성도의 구원, 요한복음 17장 강해), p. 103

그는 스스로 자신을 낮추고 제한하셨습니다. *Great Doctrines of the Bible*(교리 강해 1), p. 287

저는 여러분에게 한 구절을 더 말씀드리고자 합니다. "예수 그리스도께서 오셨습니다." 이것은 정말 얼마나 중대한 진술인지요! 여러분은 여기에 함축된 의미를 이해하시겠습니까? 이 말씀은 그분이 전에도 계셨다는 것을 암시합니다. 그분은 어딘가에서 오신 분입니다. 예수 그리스도 이외에 이 세상에 오시고 이 삶을 사신 분은 아무도 없다고 말할 수 있습니다. 여러분과 저는 출생했지만, 그분은 '오신 분'입니다.
The Love of God(요한일서 강해 4), p. 32

심판 judge

심판은 모든 것을 경험하신 분의 손안에 있습니다. 그분은 모든 것을 아십니다. 그분은 이 세상에서 하나님으로서뿐만 아니라 사람으로서도 사셨고, 율법과 죄 아래서 고난을 당하셨습니다. *The Righteous Judgement of God*(로마서 강해 8), p. 111

신약 New Testament

저는 신약성경에서 찾을 수 있는 그리스도 이외에 다른 그리스도는 알지 못합니다. 저는 직접성과 직통성의 교제와 접근을 모릅니다. 저는 환상을 믿지 않으며 그리스도를 직접 찾을 수 없습니다. 저는 성경에서 그리스도를 만납니다.
The Love of God(요한일서 강해 4), p. 124

인격 person

그분은 항상 성부 하나님의 눈을 바라보고 계십니다.
Walking with God(요한일서 강해 2), p. 39

그분은 상당 부분 사람이며 또 상당 부분 하나님인 분이 아니십니다. 그는 신인이십니다. 신성과 인성이 혼합되지 않은 채로 한 분 '예수 그리스도' 안에 계시는 것입니다. *Life in God*(요한일서 강해 5), p. 73

예수 그리스도 한 분 안에 두 본성이 있습니다. 그러므로 우리가 복음서에서 읽고 묵상하는 분은 비범한 분이십니다. 기묘하고도 놀라운 일은, 아무것도 할 수 없는 아기가 바로 하나님의 아들이시라는 사실입니다. 신의 지식을 지닌 이 소년이 바로 하나님의 아들이십니다. 그 목수가 바로 하나님의 아들이십니다. 그분은 항상 예수와 하나님의 아들로서의 두 본성을 지니셨습니다.

Fellowship with God(요한일서 강해 1), p.153

주 예수 그리스도를 그리기 위해 여러분의 시간을 낭비하지 마십시오. 전적으로 상상적이고도 가상적인 예수님의 초상화를 보기 위해 박물관에 가지 마십시오. 제가 믿기로 그 누구도 예수님을 그림으로 그려서는 안 된다는 견해가 있습니다. 왜냐하면 그것이 잘못된 일이기 때문입니다. 저는 예수님에 대한 모든 그림들을 좋아하지 않습니다. 그것들은 자연인의 마음의 노력일 뿐입니다.

Saved in Eternity(성도의 구원, 요한복음 17장 강해), pp.92-93

죄 sin

그리스도께서는 악이 저지르는 왜곡과 뒤틀림, 즉 죄의 불결함과 사악함을 폭로하십니다. 그리스도는 자신의 교훈을 통해 사탄의 주요 사역인 거짓말을 폐하시는 것입니다. 그리스도께서 행하시는 이적과 전능하신 일들을 더욱더 상고해 보십시오. 그리스도께서는 지금 어떤 일을 행하고 계십니까? 그분께서는 사탄의 일을 멸하시는 위대한 일을 수행하고 계신 것입니다.

Children of God(요한일서 강해 3), p.67

무죄하심 sinlessness

첫째 아담은 완전했습니다. 그는 범죄하지 않았지만 죄를 지을 수 있는 상태였습니다. 아담이 실제로 죄를 범하지 않을 수도 있었지만 죄를 지을 가능성 자체가 없었다고 말할 수는 없습니다. 왜냐하면 아담은 범죄했기 때문입니다. 그러나 하나님의 아들에 대해서 우리는 그분이 죄를 범하지 않을 가능성 posse non peccare을 가지고 있었을 뿐만 아니라 죄를 범하는 일 자체가 불가능하다고 non posse peccare 말할 수 있습니다. 왜냐하면 그분은 하나님의 아들이시기 때문입니다.

Great Doctrines of the Bible(교리 강해 1), p.276

주님은 이 땅에 계실 때 마귀를 물리치셨습니다. 그분은 세상의 영향을 받지 않았으며, 세상으로부터 구별된 삶을 사셨습니다. 그분은 육체의 죄를 알지 못하셨습니다. 그분은 우리 모든 인간들처럼 외적으로 시험을 당하셨지만 죄는 없는 분이셨습니다. 또한 그분은 내재하는 죄의 유혹을 받지도 않았습니다.

Authentic Christianity (사도행전 강해 2), p. 184

하나님의 아들 Son of God

성경에는 '하나님의 아들들'이라고 묘사되는 이들이 있습니다. 천사도 '하나님의 아들들'로 불리지만, 본문에서 말하는 이 아들은 천사들이 아닙니다. 천사들을 가리키는 '하나님의 아들들'이라는 말은 본문의 의미와 동일하지 않습니다……하나님의 아들이라는 말은 출생, 하나님 아버지로부터 나오는 것, 즉 성부의 생산을 의미합니다. 또한 성경에는 '아들들'이라고 불리는 또 다른 이들이 있습니다……그리스도인 된 우리도 종종 '하나님의 아들들' 또는 '하나님의 자녀들'이라 불립니다. 그러나 그리스도는 '하나님의 독생자'이십니다. 그러므로 지금 이 구절에서 바울이 말하고 있는 아들은 여러분과 제가 하나님의 아들들이 된 의미와 동일한 아들이 아닙니다. 여러분과 저는 하나님의 독생자가 아닙니다. 우리는 '양자'를 통한 아들들입니다. 우리에게는 아들이 아니었던 때가 있습니다. 그러나 이분은 그런 때가 없었습니다. 그분은 '하나님의 독생하신 아들'이십니다. 그분은 항상 하나님의 아들이셨으며, 또한 양자되지 아니하고 영원토록 언제나 하나님의 아들이십니다.

The Law: Its Functions and Limits (로마서 강해 4), p. 314

여기서 우리가 들은 바, '그 아들의 형상을 본받게'(롬 8:29) 될 것이라는 말은 우리가 신이 될 것을 의미하지 않습니다. 즉, 우리가 영원한 하나님의 아들, 독생자라는 의미의 아들이 될 것을 의미하지 않는다는 말입니다. 우리가 이미 살펴본 바와 같이, 우리의 아들 됨과 하나님과의 관계는 양자의 방식을 통해서 이루어진 것입니다. 그러므로 이것은 아주 다른 방식입니다. 우리 주님께서 '내 아버지', 그리고 '너희 아버지'라는 표현을 사용하신 것도 바로 이런 이유 때문입니다. 그는 한 번도 '우리 아버지'라고 말씀하시지 않았습니다. 그분은 자기 자신과 우리를 같은 범주에 넣으신 적이 없습니다. 그분은 우리에게 이렇게 기도하라고 가르치셨습니다. "하늘에 계신 우리 아버지여"(마 6:9). 그러나 이 표현에는 그리스도 자신이 포함되어 있지 않습니다. 그분은 '내 아버지'와 '너희 아버지', 그리고 '나의 하나님'과 '너희 하나님'을 구분하셨습니다.

The Final Perseverance of the Saints(로마서 강해 6), pp. 225-226

가르침 teaching

우리 주님의 가르침의 총체는 우리에게 불가능성을 보여 주시려는 것이었습니다. 여러분은 이것을 생각해 본 적이 있습니까? 그분의 가르침은 우리가 그것을 절대로 할 수 없다는 것을 나타내 보이시는 것이었습니다.

Love so Amazing(골로새서 강해), p. 234

학식 있는 이분은 전혀 배운 적이 없었던 분입니다.

Authentic Christianity(사도행전 강해 3), p. 136

그리스도는 한 번도 우연히 말씀하신 적이 없습니다. 그분은 자신의 마음의 결정을 따라 말씀하셨습니다.

Evangelistic Sermons(전도 설교), p. 271

예언 Prophecy

예언이 무엇인지를 알 수 있는 가장 좋은 방법은 바로 다음과 같은 질문을 던지는 것입니다. "예언과 설교가 어떻게 다릅니까? 예언과 가르침 사이에 차이를 만드는 것은 무엇입니까?" 왜냐하면 그것들은 단순히 서로 다르기 때문입니다. 저는 그 차이점을 다음과 같은 한 단어로 요약할 수 있다고 봅니다. 그것은 바로 직접성의 차이입니다. 즉, 예언의 말씀은 사람들에게 주어지거나 임한 것인 반

예언

면, 설교와 가르침은 그렇지 않습니다. 설교자와 교사는 시간을 들여서 열심히 연구하는 사람들입니다. 그들은 생각하고 준비하는 데 시간을 보냅니다. 그리고 자신의 설교와 가르침의 재료를 배열하고 순서를 갖춥니다. 설교자와 교사는 절대로 아무런 준비 없이 그저 순간적인 영감에 의지한 채 강단에 올라가서는 안 됩니다.

Christian Conduct(로마서 강해 12), p.236

그러나 이런 방식에는 난제가 하나 있습니다. 그것은 설교자와 교사 또한 예언자라는 사실입니다. 저는 이 문제에 대해서 추호도 의심하지 않습니다. 다시 말씀드리지만, 저는 하나님의 영광을 위하여 이것을 주장합니다. 저는 이 문제에 대해서 약간 알고 있습니다. 설교와 교훈이 무엇이며, 갑자기 예언하는 제 자신을 발견하는 것이 무엇을 의미하는지 안다고 생각합니다. 저는 때때로 설교 시간에 실제로 제가 하는 말이 제가 사전에 설교문을 작성하면서 준비한 말이 아니라, 설교하는 순간에 분명하고도 직접적이며 능력 있게 제게 임하는 것임을 깨닫습니다. 저는 설교하는 동시에 저의 설교를 듣습니다. 왜냐하면 그것을 말하는 주체가 제가 아니기 때문입니다. 설교나 교훈의 중간에 임하는 이러한 예언은 하나님께서 저에게 메시지를 직접 계시해 주신다는 의미에서 설교나 교훈과는 전혀 다른 것입니다. 저는 이러한 예언이 어떻게 남용되지 않고 합당하게 사용될 수 있는지에 관한 문제를 다음 시간에 살펴보고자 합니다. 제가 사용하는 '계시' 라는 단어는 사도 바울의 "만일 곁에 앉아 있는 다른 이에게 계시가 있으면 먼저 하던 자는 잠잠할지니라"(고전 14:30)라는 말씀에서 사용된 계시입니다. 그러나 이것이 성경이 계시로 주어졌다고 할 때의 계시를 의미한다고 생각해서는 안 됩니다. 제가 말하고 있는 계시는 그것을 의미하지 않습니다.

Christian Conduct(로마서 강해 12), p.237

여자도 예언할 수 있습니다. 그러나 성경은 여자가 설교하거나 가르치는 것을 허용하지 않습니다.

Christian Conduct(로마서 강해 12), p.237

예언은 본질적으로 성경과 동등한 의미의 계시가 아닙니다. 그것은 단지 교회의 성도들과 함께 교통하기 위해 성령의 역사하심으로 말미암아 특정한 진리가 신자의 마음에 임한다는 의미에서의 계시입니다.

Christian Conduct(로마서 강해 12), p. 239

여러분은 신약성경에서 예언에 관한 내용을 많이 발견할 수 있습니다. 사도 바울은 고린도전서에서 교회 안에서 나타나는 여러 가지 다양한 은사와 관련해서 이 예언에 대하여 상당 부분 논의하고 있습니다. 고린도전서의 시대는 신약성경이 기록되기 이전의 시대이며, 교회의 특정 회원들이 성령에 의해서 예언의 메시지를 받고 그것을 말할 수 있었던 시대였습니다. 바로 이것이 예언의 의미인 것입니다.

Studies in the Sermon on the Mount(산상설교 2), p. 267

어떻게 이 신적 영감이 인간에게 주어질 수 있습니까? 사랑하는 성도 여러분, 여러분의 그 지성주의로 인해 우리가 구약성경에서 보아 왔던 선지자들과 모든 예언의 현상을 무시하지 않도록 조심하십시오. 그들은 확실히 사로잡혔습니다. 그들은 황홀경의 상태가 무엇인지 알았습니다.

Revival(부흥), p. 143

저는 1904년과 1905년의 부흥의 시기에 이러한 은사를 소유했던 한 성도를 알고 있습니다. 그런 은사는 그 이후에 완전히 사라졌지만, 부흥이 일어나는 동안 그는 자신의 교회에 어떤 일이 발생할지를 한 번도 아니고 아침마다 미리 알게 되었습니다. 그는 새벽 두시 반에 잠에서 깨어 그날 무슨 일이 발생할지를 정확히 알게 되었고, 그 일은 틀림없이 발생했습니다. 이것은 정신적 현상의 또 다른 부분입니다.

Revival(부흥), p. 135

선지자에 관한 모든 질문은 매우 어려운 주제입니다. 우리는 이것에 대해 너무 교조적으로 말해서는 안 됩니다.

Christian Unity(에베소서 강해 4), p. 188

제사장은 하나님 앞에서 우리를 대표합니다. 선지자는 우리에게 하나님을 대표하는 존재입니다. 선지자는 하나님의 메시지를 사람에게 선포합니다. 반면에 제사장은 사람을 대신하여 하나님께 나아갑니다.

Great Doctrines of the Bible (교리 강해 1), p. 297

예정 Predestination

여러분은 개인의 구원과 관련된 일련의 과정을 살펴본 적이 있습니까? 여러분은 이렇게 말할지도 모릅니다. "아, 그 안에는 별 것도 없습니다. 개인은 다음과 같은 방식으로 구원받습니다. 그는 친구의 초대로 집회에 참석해서 복음 설교를 듣습니다. 그리고는 '나는 이 복음을 받아들이겠어. 이 복음을 믿을 거야'라고 말합니다. 그리하여 그는 구원을 받습니다. 바로 이것입니다. 이것이 구원의 과정입니다." 이것은 얼마나 불충분한 구원의 개념인지요! 여러분은 모든 개인의 구원을 위한 계획이 하나도 예외 없이 예정되고 결정되었다는 사실을 알지 못하십니까?

Assurance (로마서 강해 2), pp. 333-334

사랑하는 성도 여러분! 제가 이것을 이해하기 때문에 여러분에게 말하는 것이 아닙니다. 성경은 이것에 대해 말씀하지 않으며, 저는 성경에서 말씀한 것 이외에는 알지 못합니다. 더 나아가 저는 그런 것을 알기를 원하지도 않습니다. 이것은 신비입니다. 이것은 위대한 신비입니다. 이것은 측량할 수 없는 하나님의 마음입니다.

God's Sovereign Purpose (로마서 강해 9), p. 295

오순절 Pentecost

오순절은 기독교 설교에 있어서 매우 중대합니다. 그것은 하나님의 위대하신 행위 가운데 하나입니다. 오순절은 그리스도의 성육신과 죽음과 부활, 그리고 그의 승천만큼이나 중요합니다. 오순절은 이렇게 놀라운 하나님의 모든 기이한 사역

들 가운데 하나입니다.   *Authentic Christianity*(사도행전 강해 2), p. 198

그러므로 이날이 단회적 사건에 불과합니까? 어떤 의미에서 그것이 발생한 최초의 사건이라는 점에서는 단회적 사건이라고 볼 수 있습니다. 그러나, 이제 제가 증명해 보이겠지만, 또 다른 의미에서 보면 단회적 사건이 아닙니다. 어떤 일이 최초로 발생했을 때, 여러분은 절대로 그 최초를 다시 반복할 수 없습니다. 그렇지만 최초로 발생한 그 일이 반복될 수는 있는 것입니다.

Joy Unspeakable(성령 세례), p. 433

온유함 Meekness

온유한 사람은 절대로 자기 자신의 만족이나 기쁨을 추구하지 않습니다.
Studies in the Sermon on the Mount(산상설교 2), p. 310

헬라의 이방 철학에서는 온유함이라는 단어를 찾을 수 없습니다.
God's Way of Reconciliation(에베소서 강해 2), p. 88

온유함은 본질적으로 다른 사람을 향한 태도와 행동을 통해서 표현되는 것으로서, 자기 자신이 어떤 사람인지를 드러내 줍니다.
Studies in the Sermon on the Mount(산상설교 1), p. 68

용서 Forgiveness

하나님께서는 공의로우시기에, 단순히 "내가 너를 용서하노라"라고 말씀하시는 것만으로는 우리를 용서하실 수 없습니다. 이것을 말하는 것이 설교자로서의 저의 의무이자 사명입니다. 저는 이렇게 말해야만 하는 엄청난 근거를 가지고 있습니다. 만일 하나님께서 그렇게 쉽게 사람들을 용서하실 수 있었다면, 하나님께서는 그 방법을 선택하셨을 것입니다.　　Authentic Christianity(사도행전 강해 3), p.62

만일 하나님께서 단순히 "내가 용서하노라"라고 말씀하시는 것만으로도 우리의 죄를 용서하실 수 있었다면, 그리스도께서는 결코 이 세상에 보냄을 받지 않으셨을 것입니다. 그러나 그리스도께 이 사명, 이 사역, 이 임무, 이 과업이 주어졌습니다. 제가 다시 말하지만 예수 그리스도께 이런 사명이 주어졌습니다. 왜냐하면 하나님께서는 이것이 아니고서는 죄를 용서하실 수 없기 때문입니다. 하나님은 불경건한 자를 의롭다고 하셔야 할 뿐만 아니라 하나님 자신 역시 의로운 분으로 남아 계셔야 하기 때문입니다. 구원의 방법은 하나님의 성품과 일치되어야만 합니다. 하나님은 자신을 부인할 수 없는 분이시며, 변할 수 없는 분이십니다. 하나님은 불변의 하나님이십니다.

Saved in Eternity(성도의 구원, 요한복음 17장 강해), p.99

실제로 용서는 어떤 의미에서 저를 더욱 절망스럽게 만듭니다. 하나님께서 은혜와 사랑 가운데 나를 대신하여 그의 독생자를 십자가에서 벌하심으로써 나의 모든 죄를 용서해 주셨다는 사실은, 나로 하여금 나 자신을 이전에는 결코 느끼지 못했던 벌레만도 못한 존재로 느끼게 만들 것이기 때문입니다.

Authentic Christianity(사도행전 강해 3), p.83

우리 가운데 많은 사람들의 공통적인 문제 가운데 하나는, 우리가 너무나 빨리 스스로 상처를 치료한다는 것입니다.　　*Faith on Trial*(믿음의 시련), p.85

여러분은 용서를 받을 만하다고 생각하십니까? 만일 그렇다면 여러분은 그리스도인이 아닙니다.　　*Banner of Truth, Issue 275*(배너 오브 트루스 정기 간행물)

그리스도인은 그리스도의 얼굴을 뵈오러 간다는 사실을 믿는 사람입니다. 그 위대하고도 영광스러운 날의 아침이 밝아 올 때, 자신의 비열한 죄에도 불구하고 그 참혹한 십자가의 고통을 견디셨던 거룩하신 분을 얼굴과 얼굴로 맞대어 뵐 때, 그는 결코 기억하고 싶지 않을 것입니다. 그는 이 땅에 살 동안 용서하기를 거절했던 사람들의 눈을, 다른 사람을 사랑하지 않고 오히려 경멸하고 혐오하며 대적했던 일들을 결코 기억하고 싶어하지 않을 것입니다. 그는 결코 이런 일들을 떠올리고 싶어하지 않을 것입니다.

Studies in the Sermon on the Mount(산상설교 1), p. 318

용서

도무지 용서할 줄 모르는 사람은 스스로를 용서하지 않은 사람입니다. 용서할 줄 아는 사람은 다른 사람을 용서할 수밖에 없을 만큼 엄청나게 큰 용서를 받은 사람입니다.

Children of God(요한일서 강해 3), p. 115

운동 Movements

여러분이 성결 집회Holiness Convention에서 그리스도의 재림에 관한 설교를 마지막으로 들은 때가 언제입니까? 그러면 그들은 말합니다. "그것은 잘못된 것입니다. 그런 설교를 들으려면 재림 교리 집회에 가야 합니다. 그리스도의 재림을 기대하는 사람은 성결 집회에 오지 않지요!" 이런 방식으로 여러분은 우리가 어떻게 성경에서 이탈했는지를 깨닫게 될 것입니다. 우리는 교회 생활을 하는 데 있어 몇 가지 특별한 부서를 새롭게 끌어들였습니다.

Life in the Spirit in Marriage, Home and Work(에베소서 강해 6), pp. 167-168

운동

우리는 어떤 특정한 교리에 관한 운동을 조직해서는 안 됩니다. 그런 일을 시도하는 것은 균형을 잃은 행위입니다. The Christian Warfare(에베소서 강해 7), p. 184

웅변술 Eloquence

청중에게 큰 영향을 끼치는 연설의 재능과 어떤 사안을 분명하고도 명확하게 말

웅변술

웅변술

하는 재능보다 더 위험한 재능은 없습니다. 얼마나 많은 목사와 설교자들이 재빠르고도 신속한 연설의 재능 때문에 몰락했는지 모릅니다.

The Christian Warfare(에베소서 강해 7), p.334

원죄 Original Sin

원죄

하나님께서는 모든 것을 선하게 창조하셨습니다. 그 누구도, 그 무엇도 죄를 짓도록 강요받은 적이 없습니다.

God's Sovereign Purpose(로마서 강해 9), p.202

만일 우리나라 사람이 다른 나라에서 중대한 범죄를 저질렀다면, 그 나라가 우리나라에 전쟁을 선포할 수도 있을 것입니다. 그렇게 되면 비록 여러분과 제가 그러한 죄를 범하지 않았다고 하더라도 결과적으로 우리 모두가 고통을 받게 되어 있습니다. 그 나라가 우리에게 전쟁을 선포하면, 우리가 아무 짓도 하지 않았음에도 불구하고 국제법상 우리나라는 그 나라의 적대국이 되는 것입니다. 이것은 사법적 절차입니다. 사도 바울은 바로 그와 같은 일이 우리에게 발생했다고 말합니다. 하나님 앞에서 우리가 법적으로 죄인이 된 것입니다.

Assurance(로마서 강해 2), p.272

우리는 중성으로 태어나지 않습니다. 완전히 순수하게 태어나서 어느 길로 갈지를 결정할 수 있는 소설 속의 피터 팬Peter Pan처럼 태어나는 사람은 아무도 없습니다.

Assurance(로마서 강해 2), pp.317-318

남자와 여자의 내부에는 묘한 타락의 성품이 있습니다.

Authentic Christianity(사도행전 강해 1), p.90

위로 Comfort

우리는 여호와를 경외할 뿐만 아니라 하나님의 위로와 지식을 받으면서 산다는 사실을 기억해야 합니다. 하나님은 여러분이 병들었을 때의 마음과 사별이나 슬픔의 고난을 아실 뿐만 아니라 마음의 모든 고통과 상심까지도 다 아십니다. 그분은 모든 것을 아십니다. 이 세상에 하나님의 전지성을 벗어날 수 있는 것은 아무것도 없습니다. 하나님께서는 우리의 모든 것을 다 아시기 때문에 우리의 모든 필요를 알고 계십니다. 바로 이런 우리 주님이 모든 것을 결정하십니다. 여러분은 걱정하거나 불안해할 필요가 없습니다. 하나님께서 여러분과 함께하시기 때문에 여러분은 혼자가 아닙니다. 하나님은 여러분의 아버지이십니다. 물론 이 땅의 아버지도 어느 정도 이런 일을 합니다. 아버지는 그의 자녀와 함께하며 그들을 보호하고, 그들을 위한 것이라면 무엇이든지 합니다. 그러므로 그 무한하심 안에서 자라가야 합니다. 여러분이 처한 상황이 어떠하든지 하나님께서 언제나 여러분을 위해 일을 행하십니다. *Studies in the Sermon on the Mount*(산상설교 2), p.142

예수께서 우리 죄를 속량하시기 위하여 돌아가시고 장사되었으며, 문자적으로 무덤을 이기고 승리하셨으며, 최후의 적을 정복하고 하늘로 승천하신 하나님의 아들이심을 믿지 않는 사람들에게는 결코 참된 위로가 없습니다. *The Final Perseverance of the Saints*(로마서 강해 6), p.26

유대인 Jews

로이드 존스 박사는 천년왕국론자였습니다. 그러나 유대인과 이스라엘이 교회에 가깝기는 하지만 그들을 서로 동일시하지는 않았습니다. 그는 영적 의미에서 그리스도인들이 유대인이요 이스라엘이며 교회라고 믿었습니다. 그렇지만 그는 여전히 하나님께서 유대인을 위한 특별한 장소와 계획을 가지고 계시며, 그들을 그리스도의 교회로 불러 모아들이실 것을 믿었습니다. 다음에 나오는 인용구들

유대인

은 모두 로이드 존스 박사의 문맥적 정황 속에서 이해되어야 합니다.

누가 유대인입니까? 그들은 하나님의 특별한 백성들과 소유가 되기 위하여 다른 모든 이들로부터 선택되고 구별된 백성입니다. 그 반대는 이방인, 외부인, 이스라엘 민족 밖에 있는 외국인입니다. 이 얼마나 놀라운 특권입니까! 그들은 유대인이라 불리는 자들로서, 인간이 얻을 수 있는 가장 최고의 특권을 받은 사람들입니다.

The Righteous Judgement of God (로마서 강해 8), p. 139

우리는 이제 로마서 3장의 두 번째 부분을 다루고 있습니다. 바울은 로마서 3장의 첫 여덟 절에서 유대인이 지닌 특권과 하나님의 말씀을 받은 유익에 대해 설명했습니다. 유대인처럼 하나님의 백성이 되는 것에는 특권이 있습니다. 그러나 그것이 하나님의 진노나 구원이라는 전 주제에 있어서 좀 더 나은 위치에 있다는 것을 의미하지는 않습니다. 유대인들은 그래야만 했지만, 결과적으로 그들은 그렇지 못했습니다. 그리스도인을 부모로 둔 아이가 되는 것과 마찬가지로, 유대인이 되는 것이나 하나님의 말씀을 맡는 것에는 특권과 유익이 있습니다. 그러나 그렇다고 해서 그리스도인 부모를 둔 자녀가 그렇지 않은 자녀보다 더 구원을 잘 받을 수 있는 것은 아닙니다. 바로 이것이 정확히 사도 바울이 로마서 3장 9절에서 말하고 있는 내용입니다. 제가 이미 여러분에게 입증한 바와 같이, 바울은 이렇게 말했습니다. "그러면 어떠하냐? 우리는 나으냐? 결코 아니라. 유대인이나 헬라인이나 다 죄 아래에 있다고 우리가 이미 선언하였느니라."

The Righteous Judgement of God (로마서 강해 8), p. 188

이스라엘은 조국 없이 수세기를 살아왔고, 제국들이 그들을 멸절시키려고 최선의 노력을 기울여 왔습니다. 그럼에도 불구하고 이스라엘이 생존한 것은 정말 놀라운 일이 아닐 수 없습니다. 이것은 하나님께서 아직 그들을 위해 하실 일이 남아 있다는 것을 의미하며, 구원을 위한 '이스라엘의 충만'이 일어나고 기독교회가 회복되어 아브라함을 향한 하나님의 근본적인 약속이 놀랍게 성취될 것임을

의미합니다. *To God's Glory*(로마서 강해 11), p.70

유대인들의 이 모든 태도, 특히 우리 주님을 향한 종교 지도자들의 태도에 대한 이해의 열쇠는 다음 구절에서 찾을 수 있습니다. "이스라엘에게서 난 그들이 다 이스라엘이 아니요"(롬 9:6). *God's Sovereign Purpose*(로마서 강해 9), p.98

저를 비롯한 몇몇 사람들은, 바울이 본 장에서 종말이 이르기 전에 유대인들의 거대한 회심이 있을 것이라고 가르치고 있다고 믿습니다. 이 놀라운 회심은 신자들의 마음을 기쁘게 하고 부흥하게 할 것입니다. 그것은 마치 죽음 가운데서의 부활과 같을 것입니다. 그러나 유대인들은 더 이상 특별한 지위에 있지 않을 것이며, 이스라엘 나라 역시 더 이상 이방인과 구분되지 않을 것입니다.
Great Doctrines of the Bible(교리 강해 3), p.113

유대인들은 그들이 단지 유대인이기 때문에, 또는 할례를 받았기 때문에 구원받는 것이 아닙니다. 그렇다고 해서 유대인과 이방인 사이에 아무런 차이가 없다거나 유대인들이 누리는 특권이 없다는 것은 아닙니다. 유대인이 되는 것에는 엄청난 이익이 있습니다. 그것이 무엇입니까? 바울은 많은 것을 열거하는 대신 다음과 같이 말합니다. "범사에 많으니 우선은 그들이 하나님의 말씀을 맡았음이니라"(롬 3:2). *The Righteous Judgement of God*(로마서 강해 8), p.165

이제 유대인이 하나님의 특별한 백성이 되는 것은 중단되었습니다. 새로운 백성, 새로운 나라가 출현한 것입니다. *God's Way of Reconciliation*(에베소서 강해 2), p.277

유대인과 이방인 사이에 영구한 구분은 더 이상 없습니다. 그것은 즉시, 그리고 영원히 사라졌습니다. *Great Doctrines of the Bible*(교리 강해 3), p.207

이스라엘 안에 이스라엘이 있습니다. 이스라엘에는 문자적이고도 국가적인 이스라엘이 있는 반면, 더 큰 '영적 이스라엘'이 있습니다.

To God's Glory(로마서 강해 11), p.3

유대인들이 교회 안에 들어오는 것을 보고 교회 안에 있는 이방인들이 천국의 영광과 기쁨과 경이 가운데 즐거워할 것입니다. To God's Glory(로마서 강해 11), p.92

하나님께서는 이스라엘 민족의 각 개인을 모두 다 구원하겠다고 약속하신 적이 없습니다.

To God's Glory(로마서 강해 11), p.226

유아들 : 복음화되지 않은 유아들
Infants : Unevangelised

아이들은 죄 없이 태어나지 않습니다. 그들은 죄 가운데 태어나며 그들 안에는 죄가 가득합니다. 그들은 아담의 원죄가 유전된 상태로 태어납니다. 그들은 아담으로 말미암은 죄에 오염된 것입니다. 즉, 우리 모두는 죄인으로 태어납니다. 모든 사람이 '죄 아래' 있는 것입니다.

The Righteous Judgement of God(로마서 강해 8), p.190

유아 때 죽는 모든 아이들이 구원을 받아 천국에 가게 된다는 취지의 교훈이 있습니다. 찰스 핫지(Charles Hodge) 같은 학자가 이런 교훈을 가르쳤다는 것은 정말이지 불가사의한 일이 아닐 수 없습니다. 이 문제에 대해서 제가 할 수 있는 모든 말은, 성경 그 어디에서도 이런 주장을 지지하는 구절을 단 하나도 발견하지 못했다는 것입니다.

Saving Faith(로마서 강해 10), p.261

하나님께서는 자각하지 못하는 유아들에게도 동일한 지식(그리스도에 관한 지식)을 주실 수 있습니다. 그리고 바로 그 점 때문에 저는 자각하지 못하는 유아들과, 우리가 보통 정신 착란이라고 부르는 상태에서 죽는 성인들도 구원받을 가능성

이 있다고 보는 것입니다.   *Saving Faith* (로마서 강해 10), p. 261

과연 가장 고통스러운 죽음의 순간에서조차도 그에게 그리스도와 복음을 계시하시며 마음을 조명하시는 전능하신 하나님을 막을 수 있는 것이 무엇이겠습니까?……여러분은 지금 저에게 하나님께서 그러한 일을 하실 수 없다고 말하는 것입니까? 저는 하나님께서 그렇게 하실 수 있다고 믿습니다……저는 하나님께서는 자각 없는 유아를 구원하는 것이 설교를 통해 성인을 구원하는 것만큼이나 쉬운 일이라고 믿습니다. 이 두 가지 모두를 수행하시는 분이 바로 하나님이십니다.
Saving Faith (로마서 강해 10), p. 263

설교는 수세기에 걸쳐서 죄인을 구원하시는 하나님의 통상적인 방법이었습니다. 그것은 항상 그러할 것입니다. 그렇지만 하나님은 그러한 방법에 제약을 받는 분이 아니십니다. 하나님은 유아들과 미개인들과 이성을 잃어버린 바보 같은 사람들을 위해서 통상적인 방법 이외에 예외적인 방법을 이적적으로 사용하실 수 있는 분입니다.
Saving Faith (로마서 강해 10), p. 272

유전 Heredity

사람은 절대로 유전으로 구원받지 못합니다. 절대로 말입니다! 여러분의 부모가 그리스도인이기 때문에, 또는 유대인이나 다른 어떤 나라에 소속된 사람이기 때문에 여러분이 구원받는 것이 아닙니다. 유전은 여러분에게 그 무엇도 가져다줄 수 없습니다.
God's Sovereign Purpose (로마서 강해 9), p. 246

유한성 Impermanence

여러분이 가장 아름답다고 생각하는 꽃도 그것을 뽑는 순간 죽습니다. 여러분은 그 꽃을 조만간 내다 버려야 할 것입니다. 그것이 우리 인생과 이 세상의 진리입

유한성

니다. 그것이 무엇이든 상관없습니다. 모든 것은 왔다가 사라질 뿐입니다. 생명을 가지고 있는 모든 것은 죄의 결과로 말미암아 '좀과 동록이 해하는'(마 6:19 참고) 과정의 지배를 받게 되어 있습니다. 모든 것에 결함이 생기고 점점 쓸데없는 것으로 변하고 맙니다. 그리하여 결국 그것들은 사라지고 완전히 부패하게 됩니다. 가장 건장하고 아름다운 외모도 결국 무너지게 되어 있으며 죽기 마련입니다. 이 부패 과정이 시작되면 가장 아름다운 얼굴도 곧 추하게 될 것입니다. 가장 빛나는 재능들도 사라져 버립니다. 이 질병으로 말미암아 여러분의 비상한 재주와 말이 알아들을 수 없는 헛소리처럼 보일 것입니다……선행과 선함과 아름다움과 진리를 경배하는 이 세상의 철학자들의 실패가 인생의 가장 슬픈 실패입니다. 왜냐하면 이 세상에는 완전한 선함이 없기 때문입니다. 이 세상에 불순물이 없는 순수한 아름다움은 없습니다. 세상에는 부정과 죄의 요소가 있으며, 가장 고상한 사람들의 진리 안에도 거짓이 있기 마련입니다. '좀과 동록'이 해하는(부패시키는) 것입니다.

Studies in the Sermon on the Mount(산상설교 2), p.89

유혹 Temptation

유혹

우리 안에서 반응하고 응답하는 무엇인가가 있어야만 시험당하고 유혹받을 수 있다고 말하는 것은 전적으로 궤변입니다. 아담이 유혹을 당했을 때, 그의 인성은 악하지 않았습니다. 아담이 유혹당했을 때 그는 완전한 인성을 소유하고 있었습니다. 아담과 하와는 완전한 상태에서 유혹을 받은 것입니다. 따라서 유혹은 유혹받는 자의 본성이 악하지 않더라도 그를 유혹할 수 있는 힘과 권세를 소유하고 있는 것입니다.

Revival(부흥), p.324

명백하게도 여러분이 더 높은 영적 경험을 한다면, 또는 더 높은 영적 영역에 있으면 있을수록, 여러분은 더욱더 자주 마귀의 공격을 받게 될 것입니다. 이 세상에서 우리의 거룩하신 구세주, 주 예수 그리스도께서 받은 시험을 당한 사람은 단 한 사람도 없습니다. 그들이 하나님께 더 가까이 행하면 행할수록 그들을 향한 사탄의 공격이 더욱 맹렬해진다는 것은 지난 수세기 동안 모든 성도들의 전 우주적인 증언이기도 합니다.
The Sons of God(로마서 강해 5), p.370

여러분이 유혹을 당할 때, 여러분의 몸이 '성령이 거하시는 성전'임을 기억하십시오. 우리는 이 문제에 대해 너무나 부정적으로 접근하는 경향이 있습니다. 그래서 너무 자주 실패하는 것입니다. 사람들은 저에게 이렇게 말합니다. "저는 하나님께서 죄로부터 저를 구원해 주시기를 기도하고 있습니다." 그러나 그들에게 정말 필요한 것은 성령께서 그들의 마음에 내주하심을 깨닫는 것입니다. 이것이 바로 마귀를 상대하는 방법입니다. 우리는 절대로 부정적이 되어서는 안 됩니다. 우리는 단순히 죄로부터 구원받기 위해 기도해서는 안 됩니다. 여러분의 몸에 누가 내주하고 계신지를 깨달으십시오. 그러면 여러분은 자신의 몸을 남용하거나 오용하지 못하게 될 것입니다.
The Sons of God(로마서 강해 5), p.61

'악한 날'은 사탄의 공격을 의미합니다. 그리스도인 된 백성들의 삶에는 지옥이 마치 현실이 된 것 같으며, 마귀가 사방에서 우리를 대적하기 위해 그의 모든 권세를 불러 모으는 것 같은 날들이 있습니다. 이것은 여느 때와 다른 매우 예외적인 날들입니다. 물론 모든 공격에 대한 만반의 준비가 되어 있기 때문에 이것에 놀랄 필요는 없습니다. 그러나 잊지 말아야 할 것이 있습니다. 과거 위대한 성도들이 묘사하기를, 마귀가 통상적인 수단으로 그들을 공격하는 일에 실패하면 매우 비범한 방법을 동원해서 잠시도 평화를 누리지 못하게 한다고 하였습니다. 이 악한 날은 잠시도 쉬지 않고 몇 주 동안 계속되기도 합니다. 이것이 바로 악한 날입니다.
The Christian Warfare(에베소서 강해 7), p.370

위대한 성도들 가운데 몇몇은 임종 직전에 마귀와 엄청난 전투를 벌였습니다……마귀는 그들의 과거의 모든 죄들과 반드시 해야 했던 일을 하지 않은 것들을 기억나게 하고, 그들의 사역과 봉사가 전혀 보잘것없는 것임을 상기시켰습니다! 육체적으로 아주 연약한 시기에 그들을 쏘아보는 사망을 통하여 성도들을

유혹

흔들려는 것입니다. 그런 성도에게 줄 수 있는 유일한 해결책은 여전히 동일합니다. 바로 '의의 흉배'를 붙이는 것입니다.

The Christian Soldier(에베소서 강해 8), p. 256

주 예수 그리스도께서 친히 시험을 당하였습니다. 마귀는 주님의 마음에 제안을 했습니다. 그러나 주님은 그것을 거절하셨으며 죄를 범하지 않으셨습니다. 마찬가지로 그런 제안이 여러분에게 올 것입니다. 그리고 마귀는 그런 착상이 여러분의 마음에 들어간 것으로 여러분이 죄를 범한 것이라고 생각하게 만들 것입니다. 그러나 그 제안은 여러분의 생각이 아닙니다. 그것은 마귀의 것입니다. 마귀가 그것을 여러분의 마음에 던진 것입니다. 콘월 출신의 기묘한 사람인 빌리 브레이Billy Bray는 자신만의 독창적인 방식으로 이렇게 말했습니다. "여러분의 머리 위로 까마귀가 날아가는 것을 어쩔 수는 없습니다. 그러나 까마귀가 여러분의 머리에 보금자리를 만드는 것은 막을 수 있습니다." 저도 이렇게 말하고 싶습니다. 우리는 제안이나 착상이 우리 마음에 들어오는 것 자체를 막을 수는 없습니다. 문제는 우리가 그것에 대해 어떻게 하느냐입니다. 우리는 생각이 마음에 '스쳐 지나감'에 대해 논하고 있습니다. 그저 생각이 스쳐 지나가는 것 자체는 죄가 아닙니다. 그러나 만일 우리가 그런 생각을 환영하고 그 제안에 동의한다면, 그것들은 죄가 될 것입니다. 저는 이런 부끄러운 생각들이 들어와서 고통을 당하는 사람들을 많이 다루어야 했기 때문에 이것을 강조하고자 합니다. 제가 그들에게 해 주는 말은 다음과 같습니다. "여러분이 지금 하는 말을 잘 생각해 보십시오. 여러분은 지금 생각이 여러분에게 '들어왔다'고 말했습니다. 그 말이 사실이라면 여러분은 죄를 범한 것이 아닙니다. 여러분은 '내가 이런 생각을 했습니다'라고 말하지 않았습니다. 여러분은 '생각이 들어왔습니다'라고 말했습니다." 바로 그렇습니다. 생각이 여러분을 찾아온 것입니다. 그것은 마귀로부터 온 것이며, 그런 생각이 마귀로부터 왔다는 사실은 여러분이 필연적으로 죄를 범한 것이 아님을 의미합니다. 시험 그 자체는 죄가 아닙니다. 모든 망상과 공상은 사탄이 우리의 생각을 제어하는 것을 뜻합니다.

Banner of Truth, Issue 275(배너 오브 트루스 정기 간행물)

윤리 Ethics

세상을 향하여 기독교의 윤리를 실천하라고 권고하는 것은 기독교회의 사명이 아닙니다. 왜냐하면 세상은 결코 그렇게 할 수 없기 때문입니다. 그것은 그리스도인에게도 어려운 일이며, 세상에게는 전혀 불가능한 일입니다. 그러하기에 성경에는 그리스도인으로서의 믿음을 소유하지 않은 사람을 향한 교훈이 단 하나도 없는 것입니다.
Walking with God(요한일서 강해 2), p.71

율법 Law

율법은 절대로 구원을 위한 방법으로 제시되지 않았습니다.
Assurance(로마서 강해 2), p.188

이것이 그리스도인이 율법을 준수하지 않아도 된다는 것을 의미하지는 않습니다. 그러나 그리스도인은 '율법 아래' 있지 않습니다. 우리는 이 문제를 분명히 해야 합니다. 우리는 의로운 사람으로 지명되었습니다. 하나님께서 우리를 그렇게 간주하신 것입니다. 우리는 이제 그분의 가족이 되었으며, 그분의 자녀가 되었습니다. 우리가 죄를 짓는 것은 율법을 거슬러 죄를 범하는 것이 아니라 사랑을 거슬러 죄를 짓는 것입니다. 그것은 더 이상 범죄자의 범죄 행위가 아닙니다. 그것은 하나님의 자녀의 행위입니다.
Assurance(로마서 강해 2), p.278

실제로 하나님의 계명은 은혜로 충만합니다.
Studies in the Sermon on the Mount(산상설교 2), p.51

가장 훌륭한 사람, 가장 고상한 사람, 가장 학식 있는 사람, 가장 사랑이 넘치는 사람, 가장 이상적인 사람, 가장 위대한 사상가 등 인간에 대해 여러분이 할 수 있는 모든 수식어를 다 동원한다 해도 율법의 시험 앞에 설 수 있는 사람은 단

율법

한 사람도 없었습니다. 여러분의 순진한 생각을 내려놓으십시오. 그러면 인간은 더 이상 진실하지 않고 정직하지 않으며, 불의하고 불결하며 비난 덩어리가 될 것입니다. "의인은 없나니 하나도 없으며"(롬 3:10).

The Righteous Judgement of God(로마서 강해 8), p. 198

율법 파괴자들은 결국 심판을 받을 것입니다. 이 부분에 대해서 실수하지 않도록 합시다. 끝까지 회개하지 않고 죽는 자들과 주 예수 그리스도를 믿지 않는 자들은 율법의 정죄를 선고받습니다. 마지막 날에 그들에게 선고될 형벌은 다음과 같을 것입니다. "저주를 받은 자들아, 나를 떠나 마귀와 그 사자들을 위하여 예비된 영원한 불에 들어가라"(마 25:41).

Studies in the Sermon on the Mount(산상설교 1), p. 196

그 어떤 사람도 마지막 심판의 법정에서 자신에게 선고된 형벌이 부당한 것이라고 말하거나, 또는 자신을 벌하는 그 율법이 불의하고 불공평한 것이라고 말할 수 없을 것입니다.

The Law:Its Functions and Limits(로마서 강해 4), p. 163

그리스도의 죽음에 대한 그 어떤 견해라도 근본적으로 하나님의 계명의 관점을 기초로 설명하지 않는다면 그리스도의 죽음을 잘못 설명하는 것입니다.

The Law:Its Functions and Limits(로마서 강해 4), pp. 37-38

'오직 율법' 또는 '오직 은혜'만을 주장하는 것은 둘 다 잘못된 입장입니다. 왜냐하면 성경은 여러분이 '율법'과 '은혜' 모두를 소유하고 있다고 말씀하기 때문입니다.

Life in the Spirit in Marriage, Home and Work(에베소서 강해 6), p. 268

우리는 절대로 구원 문제에 있어서 율법이 폐기되었고 하나님께서 마치 "내가 너희들에게 쉬운 구원의 길을 제공할 것이다"라고 말하는 듯한 인상을 주어서는 안 됩니다. 그것은 기독교에 대하여 잘못되고도 비성경적으로 설명하는 것입니다. 참된 교리는 율법이 하나님의 것, 즉 영원한 하나님의 거룩한 성품의 표현이기 때문에 율법을 존중하게 만듭니다.

The Law:Its Functions and Limits(로마서 강해 4), pp. 49-50

하나님의 율법을 준수하며 사는 것보다 더 나은 삶은 없습니다. 누구든지 그러한 삶을 살았다면, 그는 가장 최고라고 생각할 수 있는 삶을 산 것입니다. 우리 주님이 바로 그러한 삶을 살았습니다. 우리는 시편 기자들이 하나님의 계명을 찬미하는 모습을 자주 발견합니다. 그는 하나님의 계명 때문에 자신의 선생보다 더 많이 알게 되었다고 말합니다. 그가 이해와 통찰력을 소유하게 된 것도 바로 하나님의 율법 때문입니다. 그의 삶에서 누리는 가장 최고의 기쁨과 행복이 바로 하나님의 율법을 알고 배우며, 그것을 준수하기 위해 노력하기 때문에 주어지는 것입니다.

The Law:Its Functions and Limits(로마서 강해 4), p. 164

율법에 대한 영적이지 못한 견해는 율법을 단지 외적인 행위와 관련된 것으로만 간주합니다. 그러나 율법에 대한 영적 견해는 외적인 행위뿐만 아니라 그 동기와 욕구와 상상과 감정까지 관련짓습니다.

The Law:Its Functions and Limits(로마서 강해 4), p. 185

단순히 죄를 용서받는 것만으로는 충분하지 않습니다. 우리는 하나님의 계명을 지켜야만 합니다.

Children of God(요한일서 강해 3), p. 54

이 거룩한 율법은 하나님의 존재와 성품에 대한 표현입니다.

Children of God(요한일서 강해 3), p. 56

율법은 우리를 구원하지 않습니다. 율법은 우리를 구주께로 인도할 뿐입니다. 율법은 구원의 방법이 아닙니다. 율법의 목적은 우리에게 구원이 필요하다는 것을 보여 주고, 그것이 어떻게 실현될지를 암시하는 것입니다.

The Law:Its Functions and Limits(로마서 강해 4), p. 169

율법폐기론 Antinomianism

참된 복음을 온전하게 설교하면 거기에는 율법폐기론이라는 비난과 고소가 뒤따르기 마련입니다. *The Sons of God*(로마서 강해 5), p.228

여러분이 그리스도인이며 그리스도 안에서 하나님을 아는 한 여러분이 하는 일은 영적입니다. 왜냐하면 여러분이 죄를 짓는 것이 아니라 육욕이 죄를 짓게 하기 때문입니다. *Fellowship with God*(요한일서 강해 1), p.118

은사적 선물 : 치유, 이적, 예언
Charismatic Gifts: Healing, Miracles, Prophecy

성경 그 어디에서도 이러한 것들이 오직 일시적으로 주어진 것이라고 말씀하지 않습니다. 절대로 그렇게 말하지 않습니다. *Joy Unspeakable*(성령 세례), p.159

오늘날 성령 세례가 항상 어떤 특정한 은사들과 함께 주어진다고 말하는 사람들이 있습니다. 제가 보기에 그것은 성경적 근거가 없는 주장입니다. 여러분은 그 어떤 은사, 즉 방언이나 이적이나 다양한 다른 은사들을 동반하지 않아도 엄청난 성령 세례를 받을 수 있습니다. 존 웨슬리나 조지 휫필드나 다른 많은 사람들이 성령 세례를 받았다는 것에 의문을 제기할 사람은 하나도 없을 것입니다. 그러나 그들 중에 누구도 이러한 은사를 받지는 않았습니다. *Joy Unspeakable*(성령 세례), p.180

이 모든 문제들은 다음과 같은 규칙에 의해 통제됩니다. 즉, 성령의 모든 은사는 성령의 주권과 주인 되심하에 행사됩니다. 그러므로 어떤 사람이 "나는 어느 특정한 시간에 기적적으로 치유를 받을 것입니다"라고 말한다면, 그는 성경적 교리를 부정하는 것입니다. 그에게는 그런 말을 할 자격이 없습니다. 은사들을 베푸시는 분은 성령님입니다. 성령께서는 어떤 사람을 이적적으로 고쳐 주시기도 하고 또 어떤 사람에게는 그렇게 하시지 않기도 합니다. 심지어 어떤 사람은 그냥 죽게 내버려 두시기도 합니다. 하나님께서는 이적적으로 치유를 받지 않은 사람은 믿음이 부족한 사람이라고 말하거나, 병 때문에 죽는 것은 그의 믿음이 부족하기 때문이라고 말하는 것을 금하십니다. 그것은 모두 주 예수 그리스도의 주권에 속한 일입니다. 그분이 결정하셔야만 그 일이 발생하는 것입니다.

The Life of Joy(빌립보서 강해), p.231

기독교회의 역사를 볼 때, 특히 성령의 인침 교리를 볼 때, 흥미롭게도 초대교회에 주어졌던 많은 은사들이 이후의 기독교회에는 주어지지 않았음을 관찰할 수 있습니다. 이것은 우리가 언급했던 위대한 인물들의 경험을 상기해 볼 때, 다른 세기들과 다른 장소에 살았던 사람들, 그리고 그들이 받은 자연적 은사들이 매우 다양했음을 상기해 볼 때, 아주 분명해집니다. 그들 가운데 그 누구도 '방언'을 말하지 않았습니다. 그러나 그들은 다른 놀라운 은사들을 소유했습니다. 어떤 이들은 분별의 은사를, 어떤 이들은 가르치는 은사를 받았습니다. 존 웨슬리는 위대한 행정과 조직의 은사를 받았습니다. 그들 가운데 그 누구도 이적의 은사를 가졌던 것으로 보이지는 않습니다. 그러나 그들 모두는 분명히 성령의 인침을 소유한 사람들이었습니다.

God's Ultimate Purpose(에베소서 강해 1), p.281

저는 성령께서 우리에게 직접 말씀하실 수 있는 분이심을 부인하지는 않습니다. 그러나 저는 그것이 매우 예외적임을 말씀드립니다. 더 나아가 우리가 생각하는 모든 것이 우리 안에 계신 성령의 역사라는 주장은 반드시 하나님의 말씀을 통해 시험해 보아야 하는 주장입니다. 성령은 절대로 하나님의 말씀과 모순되는 일을 하시지 않기 때문입니다.

Life in the Spirit in Marriage, Home and Work(에베소서 강해 6), p.161

사실 여러분과 저는 환상에 대해서 많이 알지 못합니다. 저는 환상이라는 것이 존재하지만 우리가 반드시 환상을 추구해야 되는 것은 아니라고 생각합니다. 우리가 살고 있는 이 오래된 세상은 가시적이고도 물질적인 세상입니다. 그런데 또 다른 세상, 즉 영적 세상이 있습니다. 여러분이 소위 '신령주의자'라는 사람들을 싫어하듯이 저 역시 그들이 잘못되었다고 생각하지만 바로 이점에 있어서는 그들이 옳습니다. 그들 역시 이 세상에 또 다른 세계가 있음을 알고 있는 것입니다.

God's Way Not Ours(우리의 방법이 아닌 하나님의 방법), p.8

에베소서 5장 19절을 보십시오. '신령한 노래들'이 무엇입니까? 저는 이것이 고린도전서 14장 15절[1]에 잘 나타나 있듯이 성령의 직접적인 감동을 입은 노래를 의미한다고 확신합니다.

Christian Conduct(로마서 강해 12), p.88

은혜 Grace

은혜는 무엇입니까? 은혜라는 단어를 정의하기 어렵다는 것은 이미 알고 있는 사실입니다. 은혜란 본질적으로 공로 없이 얻은 과분한 은총, 즉 어떤 형태로든 받을 자격과 권리가, 정말이지 받을 만한 가치가 없는 자에게 베풀어지는 은총을 의미합니다. 우리는 이것을 하나님께서 자신을 낮추시는 사랑, 즉 위에서 아래로 내려오는 사랑이라고 부를 수도 있을 것입니다.

God's Ultimate Purpose(에베소서 강해 1), p.37

풍요 abundant

은혜는 언제나 넘칩니다. 은혜는 절대로 멈추어 있거나 기계적인 것으로 이해되어서는 안 됩니다. 절대로 말입니다! 은혜는 측량할 수 없습니다. 그것은 제한이 없습니다. 그것은 광대합니다.

Assurance(로마서 강해 2), p.234

---

1) 고전 14:15 내가 영으로 찬송하고 또 마음으로 찬송하리라.

'은혜의 선물'은 언제나 넘치는 것입니다.　　　*Assurance*(로마서 강해 2), p. 248

우리는 아무렇게나 은혜를 입지 않습니다. 우리는 은혜 앞으로 인도되고 나타나며, 그 위에 서게 됩니다. 여러분이 이렇게 말할 수도 있습니다. "그러나 저는 지독한 죄인이었습니다. 저는 아주 나쁜 죄인이었습니다. 저 같은 사람이 어떻게 하나님의 존전에 담대하게 나갈 수 있다는 말입니까?" 그 말에 대한 저의 대답은 이렇습니다. 만일 여러분이 담대함을 가지고 은혜로 나아가지 않는다면 믿음으로 가는 것이 아닙니다. 여러분은 그리스도의 손안에 있으며, 그리스도의 의가 여러분 위에 있고 그리스도께서 여러분을 인도하신다는 사실을 깨달으십시오.

Assurance(로마서 강해 2), p. 41

오, 그리스도인 친구들이여, 하나님과 흥정하지 마십시오. 만일 그렇게 한다면 오직 여러분만 싸구려 흥정의 결과를 얻게 될 것입니다. 그러나 만일 여러분이 그것을 하나님의 은혜에 맡기면, 여러분이 기대하고 생각한 것 이상으로 복을 받게 될 것입니다······여러분의 일이나 업적을 기록하거나 칭찬하지 마십시오. 장부계원처럼 매사에 기록하는 것을 멈추십시오.

Spiritual Depression(영적 침체와 치유), p. 130

일반 은혜 | common

이 세상에는 복음 이외의 빛이 있습니다. 모든 인류의 도덕과 지적 계몽의 희미한 빛들을 다 모으고, 이 세상에서 사탄의 어둠을 막는 모든 빛을 다 취해 보십시오. 그 모든 것들이 어디서 왔습니까? 성경은 불신자이든지 거듭난 신자이든지 관계없이 모든 사람들 안에 있는 빛이 하나님과 그리스도로부터 왔다고 말씀합니다. 존재하는 모든 빛은 다 거기에서부터 온 것입니다.

Great Doctrine of the Bible (교리 강해 1), p. 294

은혜

불가항력적 은혜 irresistible

이 점에 있어서는 어려움이나 문제가 없어야 할 것입니다. 은혜는 불가항력적일 뿐만 아니라 반드시 불가항력적이어야만 합니다. 만일 은혜가 불가항력적이지 않다면, 단 한 사람도 구원받지 못했을 것입니다. 이것은 우리가 영적으로 죽었으며 하나님과 원수가 되었고 하나님의 진리를 혐오한다는 사실에서 추론할 수 있습니다. 그러므로 우리가 어떻게 구원을 얻을 수 있겠습니까? 오직 한 가지 해답만 있을 뿐입니다. 그것은 은혜의 권세가 불가항력적이어야 하는 것입니다.

Assurance(로마서 강해 2), p.344

은혜가 우리에게 제시되기는 하지만 그 은혜를 취할 것인지 아닌지 그 마지막 결정과 선택은 우리에게 있다는 사상은, 구원의 방법에 관한 성경의 모든 교훈과 모순됩니다. 만일 이런 견해가 사실이라면, 구원받을 수 있는 사람은 한 사람도 없을 것입니다.

Assurance(로마서 강해 2), p.344

은혜는 우리를 평강의 바다로 인도하는 샘물의 원천이며 수원지입니다.

The Gospel of God(로마서 강해 7), p.172

동기부여 motivating

그(바울)를 설교자로 만들었던 '은혜'는 그로 하여금 대륙을 횡단하고 바다를 건너게 했습니다. 은혜는 바울로 하여금 밤낮으로 눈물과 권면으로 설교하게 했습니다. 이것이야말로 그의 삶에 있어서 가장 강력한 힘이었습니다. 이것이 바로 바울을 '강권' 했던 힘이며, 그로 하여금 "복음을 전하지 아니하면 내게 화가 있을 것이로다"(고전 9:16)라고 말하게 만들었던 힘입니다. 바울은 바로 이 '하나님의 은혜의 풍성함' 때문에, 그리고 스스로에 대한 인류의 무지 때문에 움직였던 것입니다. 바로 이것이 바울이 에베소서를 기록한 가장 중대한 이유였습니다.

God's Ultimate Purpose(에베소서 강해 1), p.174

구원의 은혜 saving

무엇보다도 먼저 '구원의 은혜' 입니다. 이것은 죄를 용서하는 은혜가 우리에게 부어지는 근본적인 방법입니다. 그다음은 '제지하는 은혜' 입니다. 우리는 시편 73편의 시편 기자를 붙잡고 계셨던 분이 바로 하나님이심을 깨닫게 됩니다. 그의 발은 '거의 넘어질 뻔'(2절)했습니다. 그렇다면 그가 왜 미끄러지지 않았습니까? 그것은 자신의 행동이 약한 형제들에게 해악을 끼치는 추억이 될 것이라고 생각했기 때문입니다. 그렇다면 누가 그의 마음에 그런 생각을 주셨습니까? 바로 하나님이십니다. 하나님께서 우리를 제지하시는 것입니다. 하나님께서는 우리가 아주 멀리까지 방황하는 것, 즉 어떤 사람들이 때때로 "저 사람은 절대로 하나님의 자녀가 아닐거야"라고 말하는 데까지 방황하는 것을 허용하십니다. 그러나 우리가 이미 살펴본 대로 그것은 영적 타락의 교리를 올바로 이해하지 못하는 것입니다. 하나님은 우리가 먼 길을 떠나는 것을 허용하시는 것처럼 보이지만, 우리를 완전히 떠나게 하시지는 않습니다. 그분은 우리의 오른손을 붙잡고 우리를 제지하십니다. 바로 거기서 우리는 하나님의 '제지하시는 은혜'의 역사를 목도합니다. 하나님께서 이 시편 기자를 되돌리셨고 하나님의 성소로 이끄셨던 것처럼 말입니다.

Faith on Trial(믿음의 시련), p.96

여러분은 성자 같았던 존 브래드포드 John Bradford를 기억하실 겁니다. 그는 메리 시대의 순교자 가운데 한 사람으로서, 4백여 년 전에 스미스필드 시장터 Smithfield Market에서 사형당했습니다. 여러분은 그가 친구와 함께 걸어가면서 어떤 죄를 범하여 사형에 처해지던 한 가련한 사람을 보고 한 말을 기억할 것입니다. 성자 같은 존 브래드포드는 그를 보고 이렇게 말했습니다. "하나님의 은혜가 아니었다면, 저 자리에 내가 있었을 것이다!" 바로 이것이 모든 그리스도인의 심정이 되어야 합니다. 우리가 우리 된 것은 모두 다 하나님의 은혜입니다. 그것은 우리의 선함이나 우리의 삶이나 우리 안에 있는 어떤 것 때문이 아닙니다. 그것은 모두 영원하고도 측량할 수 없는 하나님의 사랑에서 나오는 것입니다.

The Gospel of God(로마서 강해 7), p.167

우리 영성의 궁극적인 시금석은 하나님의 은혜에 대한 우리의 놀라운 경험에 의해 측정됩니다.　　　　Banner of Truth, Issue 275(배너 오브 트루스 정기 간행물)

주권적 은혜 sovereign

은혜는 주권적이며, 다른 어떤 사람과도 또는 그 어떤 것과도 그 왕좌를 공유하지 않습니다. 여러분은 절대로 은혜 안에 선행이나 교회나 사제들이나 성자들이나 동정녀 마리아나 그 어떤 것들도 포함시켜서는 안 됩니다. 오직 은혜만이 그 보좌를 점령할 뿐입니다. 만일 여러분이 어떤 것을 은혜 곁에 함께 놓아둔다면, 그것은 여러분이 '주권적 은혜'를 이해하지 못했음을 의미합니다.
　　　　Assurance(로마서 강해 2), p.319

은혜는 죄를 대적하기에 충분하고도 유일한 권세입니다.
　　　　Assurance(로마서 강해 2), p.316

은혜는 감상적인 것이 아닙니다. 거룩은 체험이 아닙니다.
　　　　Studies on the Sermon on the Mount (산상설교 1), p.197

우리가 우리 된 것은 오직 하나님의 은혜 때문입니다. 그것은 지금은 물론 우리가 임종하는 순간에도 사실이 될 것입니다. 하나님의 목적 이외에 우리가 의지할 만한 것은 아무것도 없습니다. 우리는 하나님의 은혜로 말미암아 하나님의 은혜 안에 들어가게 될 것입니다.　　God's Sovereign Purpose(로마서 강해 9), p.319

은혜는 죄의 대안입니다. 그것은 죄에 대한 유일한 대안입니다. 다른 말로 하면, 은혜란 죄의 유일한 적수, 죄의 유일한 대적인 것입니다.
　　　　Assurance(로마서 강해 2), p.316

은혜는 단순히 우리에게 제공되는 것이 아닙니다. 은혜는 역사합니다……은혜

는 마치 왕처럼 역사합니다.   *Assurance*(로마서 강해 2), p.318

주권적 은혜에 대항할 만한 것은 하나도 없습니다.   *Assurance*(로마서 강해 2), p.339

불변하는 은혜 unchanging
여러분은 은혜 안으로 들어왔다가 다시 은혜 밖으로 나갈 수 없습니다. 오늘 구원을 받았다가 내일은 구원받지 못할 수 없으며, 앞뒤로 왔다 갔다 할 수 없습니다. 여러분은 죄와 사탄의 지배 아래 있든지, 은혜와 하나님의 지배 아래 있든지 둘 중 하나에 속해 있을 뿐입니다.   *The New Man*(로마서 강해 3), p.143

만일 여러분의 입장이 성경적이라면, 여러분은 반드시 사도 바울과 동일한 근거를 취해야 합니다. 바울은 우리가 반드시 이것을 자랑하며, 그 안에서 기뻐하고 영광을 돌려야 한다고 말합니다. 그러나 만일 여러분이 이것에 대해 불분명한 입장을 가지고 있다면 어떻게 그것을 기뻐할 수 있겠습니까? 그렇기 때문에 은혜로부터 떨어져 나갈 수도 있다고 가르치는 모든 교리는 전혀 성경적이지 않은 것입니다. 만일 여러분이 갑자기 은혜를 모두 잃어버린다면, 여러분은 결코 궁극적인 구원을 자랑할 수도, 기뻐할 수도 없을 것이며, 영광을 돌릴 수도 없을 것입니다.   *Assurance*(로마서 강해 2), p.55

공로 없는 은혜 unmerited
우리에게는 우리를 하나님 앞에 세울 만한 것이 아무것도 없습니다. 인간의 본성도, 우리 가운데 그 누구라도, 그 어떤 방법으로도 우리를 하나님과 하나님의 사랑 앞에 전혀 세울 수 없는 것입니다. 우리 안에 있는 모든 것은 하나도 예외 없이 잘못되었으며, 불결하고 더럽고 혐오스러우며, 하나님으로 하여금 우리를 대적하게 만드는 것들뿐입니다. 이것이 우리에 관한 진실입니다. 우리는 하나님의 원수이며, 혐오스럽고 더럽고 불경건한 죄인입니다. 우리는 우리의 구원이 전적으로 은혜로 주어진 것이며, 하나님의 무한한 은혜를 통해 하나님의 사랑으

로부터 발원되는 것임을 반드시 깨달아야 합니다. *Assurance*(로마서 강해 2), p.124

만일 어떤 사람이 무조건적인 은혜와 '조건 없는 하나님의 선물'을 기뻐한다면, 의심의 여지 없이 이 사람은 분명히 자신의 철저한 죄성과 소망 없음과 절망을 처절하게 깨달은 사람일 것입니다. *Assurance*(로마서 강해 2), p.256

우리는 '무조건적인 은혜'와 '무조건적인 선물'에 대해 이야기하는 것을 즐거워합니까? 바리새인들은 절대로 그렇게 하지 않습니다. 왜냐하면 이 말들은 그들을 다른 모든 이들처럼 구호품이 필요한 난민 취급 하기 때문입니다. 그들은 스스로 구원을 얻었다는 느낌, 아니 적어도 구원에 일정 부분 공헌했다는 느낌을 좋아합니다. 그래서 그들은 구원의 '무조건성'을 강조하는 일을 죽도록 싫어합니다. *Assurance*(로마서 강해 2), p.256

음악 Music

종교개혁 이전에 그들이 습관적으로 사용하던 음악을 들어 본 적이 있습니까? 어떤 사람들은 그것을 위대한 음악으로 간주합니다. 그럴 수도 있겠지만, 그런 음악은 활기가 없고 부정적인 음악입니다. 저는 그런 음악 안에 비탄과 통탄이 있기 때문에 이교도적이라고 봅니다. 그런 음악에는 승리가 없습니다. 그것은 '평범한 노래'이며, 승리가 없는, 문자 그대로 평범한 소리입니다. 그런 음악에는 영광과 환희와 승리의 충만과 감각이 없습니다. 그런 요소들이 완전히 결여되어 있는 것입니다. 그런 음악이 흐르면 여러분은 수도사들이 고개를 푹 숙이고 행진하며 들어오는 모습을 볼 수 있습니다. 그들은 구슬픈 소리를 내면서 중얼거립니다. 왜 그렇습니까? 왜냐하면 그들은 죄의 속박 가운데 있기 때문입니다. 루터의 영안이 열려 오직 믿음으로 말미암는 칭의 교리를 보게 됨으로써 종교개혁이 일어났을 때, 루터 자신부터 노래하기 시작했습니다. 그리고 진리를 보기 시작한 다른 모든 사람들도 동일한 노래를 부르기 시작했습니다. 오, 그리

스도 안에서 하나님께서 행하신 역사의 영광이여! 그 노래는 모든 것을 완전히
삼켜 버리고, 하나님의 위대한 전 피조 세계에 충만히 울려 퍼졌습니다.

Assurance(로마서 강해 2), p. 302

의 Righteousness

의는 하나님께서 받으시기에 합당한 것이며, 하나님을 기쁘시게 하는 것입니다.
따라서 사람 안에 있는 의는 반드시 하나님의 요구를 충족시키는 것이어야 합니
다. 그것은 사람을 하나님 면전에서 받으실 만한 자로 만듭니다. 그것은 사람이
하나님의 승인을 충족시키는 것을 의미합니다. 그가 이제 하나님과 같이 되었기
때문에 하나님께서 받으실 만한 자가 된 것입니다.

The Gospel of God(로마서 강해 7), pp. 299-300

우리가 '의인의 죽음'을 맞이하고 싶다면, 의인의 삶을 살아야 합니다.

The Life of Joy(빌립보서 강해), p. 30

여러분은 '경험의 흉배'가 아니라 '의의 흉배'를 취해야 합니다.

The Christian Soldier(에베소서 강해 8), p. 238

복음의 직무는, 우리를 하나님의 면전에서 의롭고 받으실 만하게 만들며, 하나
님 앞에 설 수 있게 만드는 것입니다. 글쎄요, 여러분이 편안함을 느낄 수도 있
고 놀라운 일을 경험했을 수도 있으며, 삶을 통해 엄청난 변화를 겪었을 수도 있
고, 몇 가지 잘못된 일이 여러분의 인생에 발생했을 수도 있습니다. 그러나 지금
여러분을 하나님 앞에 서게 만드는 무엇인가를 가지고 있지 않다면, 바로 지금
이 순간은 물론 마지막 심판의 날에도 여러분은 신자가 아닐 뿐더러 복음을 전
혀 이해하지 못한 사람이 되고 말 것입니다. 그러므로 복음의 주요 목적은 우리
를 하나님 앞에서 의롭게 만들며, 하나님의 임재 앞에서 우리를 의 가운데 서도

록 만들어 주는 것입니다. *The Gospel of God*(로마서 강해 7), pp. 300-301

의복 Vestments

사람들은 각종 모임과 행진과 행렬을 위해 멋지게 옷을 차려입고 나타납니다. 이것은 '안목의 정욕'(요일 2:16)입니다. 밖으로 드러내려는 외면적인 쇼입니다.

Walking with God(요한일서 강해 2), p. 87

왜 사람들이 성직자의 옷을 입으려 합니까? 어떻게 이런 것이 생겨났습니까? 성직자들의 옷을 입고 가슴에 배지 같은 것을 다는 형식적이고도 외적인 경험을 통해, 도대체 어느 정도의 범위에서 우리가 그리스도인, 또는 복음의 목회자들이라는 것을 알려야 한다는 말입니까?

Saving Faith(로마서 강해 10), p. 195

의심 Doubt

여러분이 의심의 공격을 받기 때문에 그리스도인이 아닐 것이라고 결론짓지 마십시오. 그렇게 생각하게 만드는 자는 마귀입니다. 그는 여러분에게 의심을 퍼부을 것입니다. 사도는 이런 공격을 '악한 자의 불화살'(엡 6:16 참고)이라고 묘사합니다. 이런 불화살이 사방에서 날아옵니다. 마귀는 사람들이 하나님을 믿는 일을 막을 수만 있다면, 모든 종류의 어려움과 의심들을 제시할 것입니다. 우리가 의심하게 만드는 유혹과 의심하는 행위 자체를 구분하는 것보다 더 중요한 일은 없습니다.

The Christian Warfare(에베소서 강해 7), p. 86

의지 Will

한 사람은 그렇게 되기 위해 태어났기 때문에 믿으며, 다른 한 사람은 그렇게 되기 위해 태어났기 때문에 믿지 않는 것입니다. 사람의 의지로 그것을 통제하거나 제어할 수 없습니다. 그렇다면 중요한 질문은 이것입니다. "인간의 의지를 결정하는 것은 무엇입니까?" 이 질문에 대한 대답은 두 가지 중 하나가 될 것입니다. 그것은 하나님의 목적이거나, 아니면 순전히 가정교육이나 우리의 통제와 제어를 벗어난 수천 가지 요인으로서의 우연의 결과인 것입니다. 여러분에게는 자유의지가 없습니다. 인간이 타락한 이후에 그러한 자유의지는 존재한 적이 없습니다. 자유의지를 가지고 있었던 유일한 인간이 바로 아담이며, 우리는 아담이 그것으로 무엇을 했는지 잘 알고 있습니다. 그때부터 지금까지 모든 인류는 '죄악 중에 출생'한 것입니다. 따라서 우리를 그리스도인으로 만드는 요인은 하나님의 목적과 뜻과 선택뿐입니다. *God's Sovereign Purpose*(로마서 강해 9), p. 208

우리는 하나님께서 성령을 통하여 우리에게 역사하실 때에 기계적으로 역사하거나 행동하시지 않는다는 것을 분명히 이해해야 합니다. 하나님께서는 우리의 의지를 강압하시지 않습니다. 하나님께서는 사람의 의지에 반해서 복음을 믿도록 강요하시지 않습니다. 그것은 하나님께서 일하시는 방식이 아닙니다. 하나님은 우리를 자동장치처럼 취급하지 않으십니다. 하나님께서는 우리의 의지를 설득하십니다. 우리에게 진리의 말씀이 매력적으로 다가오도록 만드십니다. 따라서 그 누구도 자신의 의지에 반해서 복음을 믿는 것이 아닙니다. 그는 복음을 보고 깨닫고 믿고 싶어하며, 감탄하며 좋아하는 것입니다. *God's Sovereign Purpose*(로마서 강해 9), p. 239

이교 : 크리스천 사이언스, 경험
Cults : Christian Science, Experience

이교는 일반적으로 참으로 멋진 것들을 너무나 많이 약속합니다. 그리하여 처음부터 그들의 거짓된 특징을 무심코 드러내는 것입니다. *Assurance*(로마서 강해 2), p. 61

이교
:크리스천
사이언스,
경험

인간의 본질적인 인격을 공격하려는 것이 이교의 여러 가지 특징들 가운데 하나입니다.
The New Man(로마서 강해 3), p. 257

기도의 문제로 이교도를 시험해 보는 것은 항상 지혜로운 일입니다. 왜냐하면 그들은 기도를 정말 믿지 않기 때문입니다. 이것은 그들이 죄와 구원, 삼위일체 하나님의 복된 위격과 삼위일체와 관련된 우리의 전체 관계에 대하여 잘못된 견해를 가지고 있음에 비추어 볼 때 전혀 놀라운 것이 아닙니다. 그들은 기도에 대해 아무것도 모릅니다. 그들이 아는 것은 기껏해야 판에 박힌 주문뿐입니다. 그들은 하나님 앞에서 기도하면서 고투하는 영혼을 알지 못합니다. 뿐만 아니라 기도를 터무니없는 것으로 여깁니다. 그들은 기도 가운데 하나님을 기다리고 분투하고, 하나님을 붙들기 위해 노력하는 것에 대해서 아는 것이 하나도 없습니다.
The Christian Warfare(에베소서 강해 7), p. 131

이교들은 기독교회에 대한 현저한 비판인 셈입니다. 왜냐하면 만일 기독교회가 사명과 기능을 올바로 수행하고 있다면, 이교들이 절대로 존재할 수 없을 것이기 때문입니다. 따라서 이교의 출현은 기독교회를 정죄하는 것이며, 교회가 쇠퇴하고 있다는 표징입니다.
The Christian Warfare(에베소서 강해 7), p. 133

이기심 Selfishness

이기심

이기심이 항상 욕심의 형태를 취하거나 남의 것을 빼앗는 것은 아닙니다. 이기심에는 또 다른 종류가 있습니다. 그것은 다른 사람의 몫에 대하여 무관심한 유형입니다.
Old Testament Evangelistic Sermons(구약을 사용한 복음 설교), pp. 49-50

이단, 이단적 Heresy, Heretics

이단,
이단적

이단들이 얼마나 서로를 말살하고 소멸시키는지를 살펴보는 것은 매우 흥미로운 일입니다.　　　　　　　*Studies in the Sermon on the Mount*(산상설교 1), p.184

사도 바울은 이렇게 말합니다. "속지 말라. 악한 동무들은 선한 행실을 더럽히나니"(고전 15:33). 여기서 바울은 잘못된 교훈이 특히 지독하게 위험하다고 말합니다.
　　　　　　　　　　　　　The Christian Warfare(에베소서 강해 7), p.113

우리가 상상할 수 있는 모든 종류의 이단이 거의 1세기가 끝나기 전에 존재했다는 것을 기억하는 것은 좋은 일입니다. 이 세상에 현대적인 이단이나 최신식의 이단은 없습니다. 이단은 그 자체로 복음만큼이나 오래된 것입니다. 이렇게 분명하고도 중대한 기독교 교리들을 부인하는 그 어떤 이단도 실제로는 굉장한 것도, 최신식도 아닌 것입니다.　　　*Fellowship with God*(요한일서 강해 1), p.54

이단들은 종종 매우 신실하고 선하기도 합니다.　*Christian Unity*(에베소서 강해 4), p.190

무엇이든지 원하는 모든 것을 성경을 통하여 증명할 수 있다는 의식이 있습니다. 바로 이것 때문에 이단들이 발생한 것입니다. 이단들은 어떤 의미에서 불성실한 사람들이 아닙니다. 다만, 그들은 실수하는 사람들입니다. 그들을 의도적으로 잘못되기 위하여, 그리고 잘못된 것을 가르치기 위해 노력하는 자들로 생각해서는 안 됩니다. 그들은 교회 역사상 가장 신실한 사람들에 속합니다. 그렇다면 그들의 문제는 무엇이었습니까? 그들의 문제는 바로 그들이 이론을 만들어 내고 그것을 기뻐하고 즐거워했다는 것입니다. 그리고는 그 이론을 가지고 성경으로 되돌아가서, 성경에서 그 이론을 뒷받침하는 모든 구절들을 찾아내려 했던 것입니다.　　　　　　　　　　　*Studies in the Sermon on the Mount*(산상설교 1), p.11

이사야 Isaiah

어떤 사람들은 이사야를 가리켜 '복음적 선지자'라고 부릅니다. 이것은 이사야

이사야

선지자를 묘사하기에 아주 합당한 호칭입니다. 왜냐하면 그의 긴 책 곳곳에서 그는 복음을 가장 영광스럽게 표현하고 있기 때문입니다.

Saving Faith(로마서 강해 10), p. 214

이성 Reason

이성

여러분은 지성mind으로 생각합니다. 그리고 나서 마음으로 그것을 느낍니다. 마음이 아니라 머리와 지성과 이해로 시작하는 것입니다.

God's Way of Reconciliation(에베소서 강해 2), p. 163

만일 여러분과 제가 하나님을 영화롭게 하는 길로 인도하는 강력한 계시로부터 생각하고 추론하지 않는다면, 그것은 우리가 그 진리를 전혀 이해하지 못했거나, 아니면 그것을 전혀 인식하지도 못했음을 의미할 것입니다. 만일 그것도 아니라면, 이미 살펴본 바와 같이 우리가 하나님을 믿지도 않으며 신뢰하지도 않는다는 것을 의미할 것입니다.

Assurance(로마서 강해 2), p. 164

저는 감히 주제넘게 하나님의 영원한 마음mind과 그것이 어떻게 역사하는지를 이해하려고 하지 않습니다. 아니, 저는 그렇게 해서는 안 됩니다. 이것이 바로 철학자들의 난제입니다. 그들은 하나님께서 어떻게 이런저런 일을 하실 수 있는지 이해할 수 없다고 말합니다. 그들은 자신들의 보잘것없는 하찮은 지성으로 전능한 하나님의 마음을 설명하기를 원하지만, 결코 그렇게 할 수 없습니다. 바로 이것 때문에 철학자들이 그리스도인이 되기가 무척이나 힘든 것입니다.

Saved in Eternity(성도의 구원, 요한복음 17장 강해), p. 177

사실 성경의 명백한 진술 앞에서 인간의 지성적 어려움을 탓하는 것은 대단히 비성경적인 처사입니다.

Saved in Eternity(성도의 구원, 요한복음 17장 강해), p. 178

그것을 이해하기에 저의 지성mind은 너무나 초라합니다. 저의 지식intellect은 무한성과 광대함과 영원성에 미치지 못합니다. 저의 보잘것없는 이성과 논리는 하나님의 아들의 자기 비하와 수치의 개념을 온전히 깨닫거나 이해할 수 없습니다. 저는 그것을 이해할 수 있다고 자신할 수 없습니다. 그 누가 동정녀 마리아의 잉태와 같은 사건을 이해할 수 있겠습니까? 그것은 이해를 초월하는 것이며, 이성 너머에 있는 것입니다. 그 누가 혼합되지 않고 동시에 분리되며, 섞이지 않으면서도 여전히 한 분 안에 존재하는 신성과 인성을 이해할 수 있겠습니까? 저는 성부 성자 성령의 삼위일체 교리를 이해하지 못합니다. 우리는 절대로 그것을 이해하려고 시도해서는 안 될 것입니다.

The Heart of the Gospel(복음의 핵심), pp. 19-20

복음의 주장은 인간의 이성과 이해를 초월하는 영역에 있습니다. 그것은 계시이며, 일종의 진술로서 우리를 향한 선포입니다. 그것은 하나님의 선물입니다. 바로 이것이 제가 무한하고도 영원한 것을 파악하기 위해 노력하는 대신 단순히 그분께 나아가라고 여러분에게 외치는 이유입니다!

The Heart of the Gospel(복음의 핵심), p. 20

만일 제가 인간의 이성을 의지한다면, 저는 이미 실패한 것입니다. 여러분은 여러분의 이성을 의지할 수 없습니다. 그것은 너무나 작고 부적절합니다. 그럼에도 불구하고 이 보잘것없는 이성을 의지하는 일이 바로 오늘날의 현대인들이 주로 하는 일입니다. 그들은 자신들의 이성을 의지하면서 성경을 비판합니다. 그들은 심지어 주 예수 그리스도를 비판하는 일까지 서슴지 않습니다. 그들은 말합니다. "예수는 그 시대의 사람일 뿐입니다." "그는 오늘날 우리가 소유한 지식을 전혀 알지 못했습니다." 이것이 바로 현대인들의 마음에 최고의 자리를 차지하고 있는 인간의 이성이요 지식입니다. 만일 그렇다면, 여러분은 더 높은 권위를 소유할 수 없습니다. 우리의 최고의 권위는 결코 인간의 이성이 될 수 없습니다.

The Christian Soldier(에베소서 강해 8), p. 202

이성

우리에게는 이유나 답변을 청구할 권리가 없습니다.

God's Sovereign Purpose(로마서 강해 9), p.210

지성은 우리를 특정한 지점으로 인도합니다. 그 지점까지 지성을 사용하는 것은 옳습니다. 그러나 그것 자체가 우리를 하나님의 참된 지식으로 인도할 수는 없습니다.

Fellowship with God(요한일서 강해 1), p.104

이해 Understanding

이해

만일 여러분이 복음을 이해하는 일에 어려움을 느낀다면, 하나님의 영을 충만하게 부어 달라고 기도하십시오. 그러면 여러분은 이내 복음을 이해하기 시작할 것입니다.

Saved in Eternity(성도의 구원, 요한복음 17장 강해), p.90

여러분의 눈이 열려서 이 귀중하고도 영광스러운 진리를 깨달을 수 있도록 성령을 달라고 그분에게 간구하십시오. 이것들이 여러분에게 실재하도록 하기 위해 성령께서 오셨습니다. 우리가 이것을 깨닫기만 하면, 우리는 평생을 전인격적으로 하나님을 찬미하게 될 것입니다. 성령께서는 우리를 능하게 하사 이 영광스러운 진리의 말씀들을 깨닫게 하실 것입니다.

Saved in Eternity(성도의 구원, 요한복음 17장 강해), p.80

주 예수 그리스도께서는 지적인 대상이 아닙니다. 왜냐하면 인간의 위대한 두뇌는 절대로 주님을 보고 믿지 않을 것이기 때문입니다. 그는 영적 진리이시기에 영적으로만 분별할 수 있는 분입니다.

Saved in Eternity(성도의 구원, 요한복음 17장 강해), p.88

그 누가 삼위일체 교리를 이해할 수 있겠습니까? 우리 주 예수 그리스도의 위격에 두 본성이 있으며 동시에 한 분이라는 교리를 그 누가 이해할 수 있겠습니까? '이해하라!' 모든 문제의 뿌리는 바로 이해하려는 욕망에 있으며, "나는 이해하기 전에는 절대로 믿지도 받아들일 수도 없습니다"라고 말하는 것에 있습니다. 여러분은 이것을 절대로 이해할 수 없을 것입니다.

Assurance(로마서 강해 2), p.211

여러분은 아마도 에든버러에 있는 유명한 교회에서 아주 위대하고도 학식 있는 교수가 설교하는 예배를 마치고 떠나던 한 가련한 여인의 이야기를 기억하실 것입니다. 예배당을 나오면서 누군가 이 여인에게 설교의 어떤 부분이 좋았느냐고 물으면서 이렇게 질문했습니다. "당신은 그의 설교를 이해할 수 있었나요?" 이 질문에 그 가련한 여인은 다음과 같이 대답했습니다. "제가 감히 어떻게 그런 위대한 교수님의 설교를 이해한다고 상상이나 할 수 있겠어요."

Preaching and Preachers(설교와 설교자), p.122

광야에서의 만나와 마찬가지로, 영적 깨달음은 매일 새롭게 공급되어야 합니다. 만일 우리가 성령께 의존하고 있는 존재라는 사실을 깨닫지 못한다면, 하나님의 말씀으로서의 성경은 우리에게 말씀하지 않을 것입니다. 우리가 조명을 위해 기도하지 않은 채 하나님의 말씀을 읽는다면, 우리는 아마도 말씀을 거의 이해하지 못할 것입니다. 우리는 절대로 성령의 권세와 조명에 대해 우리가 전적으로 의존적인 존재임을 인식하지 않으면 안 됩니다.

God's Ultimate Purpose(에베소서 강해 1), p.367

우리의 영적 지식이 1년 전보다 훨씬 더 나아졌습니까? 지난 10년 동안의 신자로서의 삶을 되돌아본다고 가정해 봅시다. 여러분은 여러분의 영적 지식이 10년 전보다 훨씬 더 탁월해졌다고 말할 수 있습니까? 저는 여러분이 셰익스피어에 대한 지식이 증가하듯이 성경에 대한 문자적 지식이 더 증가했는지를 묻는 것이 아닙니다. 저는 여러분이 많은 성경 구절을 암송하고 있는지를 묻는 것도 아닙니다. 저는 여러분의 영적 지식과 이해가 성장했는지를 묻는 것입니다. 진리에

이해

대한 여러분의 이해가 더욱 심오해졌습니까? 여러분은 정말 마치 엄청난 저택의 여러 방들을 하나씩 순례하면서 지혜와 지식의 새로운 보물들을 발견하는 것처럼 계속해서 앞으로 나아가는 것을 느끼고 있습니까?

God's Ultimate Purpose(에베소서 강해 1), p.368

이혼 : 결혼 Divorce : Marriage

이혼:결혼

우리는 삶 속에서 절대로 발생해서는 안 되는 일들에 대한 특정한 목록들을 만들어 놓아야 합니다. 우리는 절대로 그런 것들을 생각조차 해서는 안 됩니다. 오늘날 이혼율이 섬뜩하게 증가하고 있는 것은 단지 이 원리를 깨닫지 못한 데서 기인한다는 것을 주저 없이 말할 수 있습니다. 제가 의미하는 바는 다음과 같습니다. 두 사람이 결혼을 하고 하나님과 사람들 앞에서 엄숙한 서약을 할 때, 그것은 그들이 다시는 절대로 뒤돌아보지 않도록 뒷문을 잠그는 것을 의미합니다. 그러나 이것이 오늘날에는 전혀 시행되지 않고 있습니다. 사람들은 결혼하면서 동시에 이미 서로 갈라서는 삶을 위한 뒷문을 열어 두는 것같이 보입니다. 그들은 어깨너머로 뒷문을 바라보며, 심지어 엄숙한 결혼 서약을 하기도 전에 그 결혼을 깨뜨릴 가능성을 생각하고 있는 것처럼 보입니다. 바로 그것이 오늘을 살아가는 사람들의 삶의 모습입니다. 사람들은 더 이상 절대불변의 원리를 가지고 있지 않습니다.

Faith on Trial(믿음의 시련), p.29

인격 Personality

인격

진리는 거룩하고 신성합니다. 그러나 사람의 인격은 더욱더 신성합니다. 진리는 비인격적이며 상처를 받을 수 없지만, 인격은 민감하며 아주 깊이 상처받을 수 있습니다. 몸을 웅크려서 자신의 이기적인 목적을 위해 다른 사람의 인격을 이용하는 비열하고 악한 사람을 묘사할 만한 단어를 찾는 것은 불가능합니다.

Old Testament Evangelistic Sermons(구약을 사용한 복음 설교), pp.104-105

세상에는 자기 자신을 과시하고 언제든지 자신이 최고의 위치에 있으며 자기 자신에게 모든 관심을 집중시키려는 종류의 사람이 있습니다.

Studies in the Sermon on the Mount(산상설교 2), p. 25

여러분은 복음 전도에 있어서 하나님의 몇몇 영광스러운 종들이 정말이지 볼품없고 추한 사람이었다는 사실을 알고 계십니까? 저는 여러분이 이 사실을 연구해 보기를 권합니다. 복음 전도자들은 어떤 결과를 양산하기 위해 자신의 인격과 개성과 매력에 의지하는 일이 대단히 위험하다는 것을 깨달아야만 합니다.

Knowing the Times(시대의 표적), p. 7

인도 Guidance

저는 '인도'라는 문제에 있어서 언제나 이것을 하나의 원칙처럼 강조해 왔습니다. 저는 사람들에게 주저하지 않고 이렇게 말해 왔습니다. "만일 당신이 어떤 특정한 과정을 결정하고 모든 것을 완벽하게 준비했으며, 다른 사람들과 상의했을 때 그들이 당신의 생각에 동의하며 모든 사람들이 동일하게 생각한다 하더라도, 당신에게 완전한 영적 확신이 생기지 않는다면, 그것을 수행하지 말고 기다리십시오."

God's Sovereign Purpose(로마서 강해 9), p. 38

사람이 이 세상에서 하나님의 뜻을 수행하기 위해 하나님의 인도를 구하는 일은 패딩턴 기차역이나 런던의 다른 기차역에 있는 기차에 비유할 수 있습니다. 모든 것이 준비되었고 승객들이 자기 자리에 앉아 있으며 여행을 시작하기 위한 동력도 충분하지만, 기차는 움직이지 않습니다. 왜 움직이지 않는 것입니까? 출발신호가 떨어지지 않았기 때문입니다! 모든 것이 준비되었다 할지라도 최종 신호가 떨어지기 전까지 기차는 움직이지 않습니다. 저에게 있어서 그 최종 신호는 깊은 마음속에 있는 의식입니다. 절대로 그것을 거슬러 움직이지 마십시오.

The Christian Warfare(에베소서 강해 7), p. 330

인도

다른 모든 문제들과 마찬가지로 하나님께서는 일상적인 수단을 통해서 우리를 통상적으로 인도하시고 치유하십니다. 우리는 성경을 통하여, 성령의 조명을 받은 영적인 마음과 이해와 지성을 통하여, 계몽된 양심을 통하여 하나님의 인도를 추구해야 합니다. 이런 것들이 하나님께서 우리를 일반적으로 인도하시는 수단입니다. 하나님께서 그렇게 하심으로 인하여 감사드립니다. 하나님께서는 이러한 방법을 통하여 우리에게 확신을 주십니다. 성경을 읽고 그 가르침을 이해하고 그것을 여러분에게 적용하십시오. 여러분이 문제에 봉착했다면, 목회자들과 교사들과 연륜 있는 그리스도인들에게 자문을 구하십시오. 그것과 관련된 모든 원인을 찾아서 믿음이 훌륭한 신자들에게 조언을 구하십시오. 그렇게 하면 하나님께서 그러한 상황을 통하여 자신의 뜻을 여러분에게 보여 주실 것입니다.

The Christian Warfare(에베소서 강해 7), p. 329

인류 Humanity

인류

인류가 만난 모든 난제는 인류가 참된 지성을 상실하고 미쳐 버렸다는 것에 있습니다. 인류는 본래 소유하고 있던 지성을 회복해야 합니다. 인류는 잃어버리기 전의 본래 지성을 회복해야만 합니다. Christian Conduct(로마서 강해 12), p. 106

인류는 지상의 피조물 가운데 가장 모순된 존재입니다. 한편으로 그들은 그 성취와 업적에 있어서 가장 찬란하게 빛나는 존재인 동시에, 다른 한편으로는 그들의 삶에 있어서 종종 매우 비열하고도 야비한 존재인 것입니다. 그들은 환경을 지배하지만, 자기 자신의 주인은 되지 못합니다. 그들은 하늘의 위대한 신비까지도 이해하는 지식에 도달했지만, 종종 짐승과 벌레처럼 살아갑니다. 도대체 무엇이 문제입니까? 그들 안에는 서로 적대적인 요소들과 파편들이 자리하고 있습니다. Authentic Christianity(사도행전 강해 1), p. 203

오늘날 인류는 비정상적입니다. 현재 그들의 상태는 풍경화 안의 오점과 같습니다. 그들은 창조세계의 모순입니다. 그들은 잘못된 위치에 서 있습니다. 그들은 본래의 기능을 수행하고 있지 않는 것입니다.

God's Way Not Ours(우리의 방법이 아닌 하나님의 방법), p.14

인간 본성의 수학적인 분류가 있다는 주장을 인정할 수 없습니다. 그리고 모든 각 개인의 인간 본성이 단지 본래 아담 안에 있었던 전체성의 한 파편이라는 견해도 인정할 수 없습니다. 저에게 그것은 철학이요 사변일 뿐입니다. 그것은 너무 지나치게 과장된 표현입니다.

Assurance(로마서 강해 2), p.214

저는 여러분이 이제까지 들여다보았던 거울 가운데 가장 소름 끼치는 거울을 들어 보이겠습니다. 더 이상 여러분의 모습이 거울에 예쁘게 비춰지를 바라지 말라고 경고하는 바입니다. 여기 그 거울이 있습니다. 그것은 성경이 밝히 보여 주는 바와 같이 무엇보다도 바로 죄의 거울입니다. 이 얼마나 생생한 묘사인지요! 그는 이렇게 시작합니다. "그들의 목구멍은 열린 무덤 같고"(롬 3:13;시 5:9). 이 말씀은 지금 이 시점에서 필요한 구약의 인용구입니다. 이 말씀이 무엇을 의미합니까? 사실 이 말씀에 대해 언급하는 것이 너무 공격적이긴 하지만, 우리는 성경을 강해해야만 합니다. 이 말씀은 여러분이 2,3주 전에 장사를 치른 무덤을 파서 열어 헤치는 것을 의미합니다. 이미 부패가 최고조에 이르렀고 악취는 설명할 수 없을 정도로 불쾌하고 더럽습니다. 바로 이것이 주 예수 그리스도의 은혜가 없는 자연인, 즉 죄 가운데 있는 인간의 목구멍의 상태입니다. "독사의 자식들아, 너희는 악하니 어떻게 선한 말을 할 수 있느냐? 이는 마음에 가득한 것을 입으로 말함이라"(마 12:34). 우리의 마음이 이렇게 부패했기 때문에 거기서 나오는 것 역시 부패한 것입니다.

The Righteous Judgement of God(로마서 강해 8), p.210

본성상 인간은 전적으로 영적 이해가 결핍되어 있습니다.

Authentic Christianity(사도행전 강해 3), p.59

인문주의 Humanism

교회가 맞서 싸워야 했던 모든 종류의 대적들은 죄와 부절제와 부도덕과 색욕이었습니다. 그중에서 가장 치명적으로 위험한 대적은 일반적으로 인문주의라 불리는 것입니다. 우리가 서로를 더 많이 배려하고 더 존중할수록, 우리가 더욱 서로를 위하여 살고 더욱 세상을 위하여 살수록, 하나님에 대해서는 덜 생각하고 하나님을 덜 기쁘시게 하며, 점점 더 하나님의 영광을 위해서 살지 않게 될 것입니다.

Evangelistic Sermons(전도 설교), p.42

여기 인문주의에 대한 저의 비판이 있습니다. 인문주의자들은 사람이 자기 자신을 구원할 수 있으며, 그에게는 단지 지식과 이해만이 필요하다고 말합니다. 그러나 저는 가장 최고의 대학을 졸업하고 또 높은 교육을 받은 지적인 사람들이 어떤 특정한 죄의 노예가 되어 있다는 사실을 잘 알고 있습니다. 그들은 그 죄를 멈출 수만 있다면 무슨 짓이라도 할 것입니다. 그러나 그들은 자신의 죄악을 멈출 수 없습니다.

Authentic Christianity(사도행전 강해 4), p.217

일관성 Consistency

초대교회의 그리스도인들은 그리스도인이 된 것 그 자체로 고대의 세상을 정복했습니다. 서로를 향한 사랑과 삶의 모범이 이방 세상에 영향을 끼쳤던 것입니다. 그리고 의심의 여지 없이 바로 이것이 우리 시대에도 절실하게 필요합니다. 사람들 사이에 증명되는 그리스도인다운 삶의 질이 필요한 것입니다. 바로 그것이 우리가 부르심을 받은 이유이며, 우리 모두가 할 수 있는 일이기도 합니다.

The Life of Joy(빌립보서 강해), p.22

히틀러의 군대가 오스트리아의 별궁을 짓밟는 모습을 보면서 우리는 혐오감을 느낍니다. 그렇습니다. 사람들은 자신의 삶에서 이와 유사한 일을 하면서도 이러한 일에는 혐오감을 느낍니다. 그들은 놀랍게도 다른 사람의 아내나 다른 사람의 직위나 사업에 대해서도 똑같이 행합니다. 그것은 히틀러의 군대와 정확히 똑같은 만행입니다. *God's Way of Reconciliation*(에베소서 강해 2), pp.85-86

만일 여러분이 그리스도를 사랑한다고 말하면서도 불결한 삶을 살고 있다면, 여러분에 대해서는 오직 이 말밖에 할 수 없습니다. 여러분은 뻔뻔스러운 거짓말쟁이입니다! *Banner of Truth, Issue 275*(배너 오브 트루스 정기 간행물)

죄의 용서를 그리스도인으로서의 실제적인 삶과 분리시키는 것은 지독한 이단일 뿐입니다. *Banner of Truth, Issue 275*(배너 오브 트루스 정기 간행물)

로이드 존스 앤솔러지
Gems from Martyn Lloyd-Jones

자비 : 불쌍히 여김 Mercy : Compassion

자비
:불쌍히
여김

'불쌍히 여김(또는 은혜를 베풂)'이 고난 가운데서 경험하는 감정을 의미한다면, '자비'는 고난을 경감시켜 주려는 소원을 의미합니다. 불쌍히 여김은 일반적으로 자비는 선행합니다. 불쌍히 여김은 여러분이 고난당하는 것을 보면서 마음속에 즉각적으로 떠오르는 특별한 감정, 즉 슬픔과 연민의 상태를 의미합니다. 그리고 자비는 바로 그것을 실천에 옮기는 것을 의미합니다. 따라서 자비는 불쌍히 여김보다 더욱 실제적입니다. 그것은 고난을 경감시켜 주려는 소원을 의미하며, 그것에 대해 실제로 무엇인가를 행하여 제거해 주는 것을 의미합니다.

God's Sovereign Purpose(로마서 강해 9), p.156

매서운 자비severe – "여러분은 일이나 상황들이 적대적인 방향으로 흘러가는 것이 어떻게 여러분의 유익을 위한 것이라고 말할 수 있겠습니까?" 한 노년의 설교자가 시계를 예화로 들어서 이것을 설명하였습니다. "여러분의 시계를 손에 들고 그것을 열어 보십시오. 그 안에 무엇이 있습니까? 여러분은 하나의 톱니바퀴가 시계 반대 방향으로 돌아가고 있는 것을 보게 될 것입니다. 그렇지만 그 톱니바퀴는 시계 방향으로 돌고 있는 다른 톱니바퀴와 맞물려 있습니다. 여러분이 이 시계를 보면서 '이것은 미친 짓이야. 어리석은 일이지. 톱니바퀴가 반대 방향으로 돌고 있네? 아마도 이 시계를 만든 사람은 분명히 미친 사람일 거야' 라고 말할지도 모릅니다. 그러나 그는 미친 사람이 아니었습니다. 그는 이 톱니바퀴들을 아주 정교하게 배치했고, 모든 톱니바퀴들을 제대로 작동시키기 위해 큰 태엽을 설치했습니다. 따라서 태엽을 감으면 한 톱니바퀴는 시계 방향으로 돌고 다른 톱니바퀴는 반대 방향으로 돌지만 모든 톱니바퀴들이 합력하여 시계 바늘들을 움직이게 하는 것입니다. 즉, 모든 톱니바퀴가 동일한 목적을 위하여 돌아가는 것입니다. 이것들은 모순처럼 보일지도 모르지만 동일한 목적을 위하여 합력하고 있는 것입니다."

The Final Perseverance of the Saints(로마서 강해 6), pp.169-170

자비
:불쌍히
여김

자아 Self

자아는 우리의 가장 최후의, 그리고 가장 항구적인 적입니다. 또한 그것은 우리의 모든 불행의 가장 강력한 원인입니다.   *Faith on Trial*(믿음의 시련), p.71

자아

자아에 대한 민감성, 그것은 우리 인생의 가장 거대한 저주가 아닙니까? 그것은 타락의 결과입니다. 우리는 평생 자기 자신을 바라보면서 살아갑니다.

Banner of Truth, Issue 275(배너 오브 트루스 정기 간행물)

인생의 저주는 우리가 모두 다 자아 중심적이라는 데 있습니다. 우리는 하나님을 위해서가 아니라 자아를 위해 삽니다.

Great Doctrines of the Bible(교리 강해 1), p.207

여러분은 자신에 대한 진리를 알기 전까지는 절대로 여러분의 이웃을 여러분의 몸같이 사랑할 수 없을 것입니다. 여러분은 하나님 앞에서 자기 자신을 볼 때까지는 절대로 여러분 자신에 대한 진실을 알 수 없을 것입니다.

Authentic Christianity(사도행전 강해 4), p.28

자아

'뮬러의 고아원' 창설자인 브리스톨의 조지 뮬러의 전기를 읽어 보십시오. 그는 매우 엄숙한 어조로 이렇게 말하고 있습니다. "내가 죽는 날이 다가왔습니다. 나 조지 뮬러를 완전히 철저하게 버리는 날이 왔습니다. 그의 전 존재, 그가 소유한 모든 것, 그가 소망한 모든 것을 버렸습니다. 나는 조지 뮬러를 철저하고도 완전하게 버렸습니다." 그것은 신비한 것이며, 완전한 자아의 죽음이요 최후입니다! 우리가 오직 이 상태에 도달할 때야 비로소 참된 자유를 알게 될 것이며, 이 특별한 국면의 마귀의 궤계를 정복할 수 있게 될 것입니다.

The Christian Warfare(에베소서 강해 7), p.343

여러분이 여러분 자신이 아닌 다른 사람이 되기를 소망하는 것보다 어리석은 일은 없습니다. 예를 들면, 키가 작아지기를 또는 커지기를 소망하는 것, 이런저런 개성을 가진 사람이 되는 것, 이런저런 권세를 소유하기를 원하는 것 등 말입니다. 이것은 얼마나 어리석은 일입니까! 여러분이 스스로를 바꿀 수 없기 때문에 이것은 무익한 소망입니다. 더 나아가 여러분은 왜 변화를 원하십니까? 여러분이 자신의 있는 모습 그대로를 지니는 것은 굉장히 훌륭한 일입니다. 여러분은 하나님께서 만드신 개인입니다. 여러분의 모습은 우연한 것이 아닙니다. 여러분 각자에게는 위대한 가치가 있는 것입니다.

The Christian Warfare(에베소서 강해 7), p.310

우리에게는 세상이 알 수 없는 동기와 흥미가 있습니다. 우리 안에는 우리만 아는 타락의 심원이 있고, 우리 자신과 열망과의 싸움이 있으며, 우리 영혼의 감추어진 어두운 구석에서 솟아 나오는 욕정과 생각이 있습니다.

Old Testament Evangelistic Sermons(구약을 사용한 복음 설교), p.239

자기의 가장 큰 문제가 바로 자기 자신이라는 사실을 깨닫지 못하는 사람은 아무것도 모르는 사람입니다!

Banner of Truth, Issue 275(배너 오브 트루스 정기 간행물)

여러분 자신과 여러분의 경험을 살펴보십시오. 잠시라도 여러분 자신의 마음속에서 계속되는 투쟁을 바라보십시오. 수시로 여러분의 마음을 쥐고 흔드는 헛된 생각과 욕망들을 떠올려 보십시오. 여러분은 그것을 사람들에게 공개할 수 있습니까? 여러분은 자신의 모습을 세상에 공개할 수 있습니까?

Old Testament Evangelistic Sermons(구약을 사용한 복음 설교), p.76

이제 여러분 자신에 대해서 다시 한 번 생각할 때가 아닙니까? 여러분은 정말 만족하고 있습니까? 여러분은 정말 평안합니까? 여러분 인생의 결산서를 작성하는 것이 좋지 않겠습니까? 여러분이 가진 자산은 무엇입니까? 여러분이 소유한 도덕성의 가치는 무엇입니까? 여러분의 지식의 가치는 얼마나 됩니까? 하나님 앞에서 여러분의 선함의 가치는 얼마나 되겠습니까? 사랑하는 성도 여러분, 다시 한 번 생각하십시오. 여러분의 인생은 무엇으로 이루어져 있습니까?

Authentic Christianity(사도행전 강해 1), p.323

자기 자신을 시험해 보는 것은 이런 무시무시한 자기기만의 가능성 때문에 중대하고도 시급한 문제가 됩니다.

Life in God(요한일서 강해 5), p.28

우리 중 어느 누구도 다른 사람의 본질적 자아를 볼 수 없을 뿐만 아니라 자신의 본질적 자아도 볼 수 없습니다. 여러분이 정말로 자기 자신을 본 적은 단 한 번도 없습니다. 이런 생각을 한 번이라도 해 보신 적이 있습니까? 자신에 대해 생각해 보고 자신이 어떤 사람인지를 생각하려 노력해 보십시오. 그러나 여러분은 정말 그렇게 할 수 없습니다. 왜냐하면 우리의 본질적 존재와 개성과 인격이 눈에 보이지 않기 때문입니다. 여러분이 누군가를 볼 때 그것은 단지 그 사람의 겉모습만을 보는 것이지 그 사람 자체를 보고 있는 것은 아닙니다.

Great Doctrines of the Bible(교리 강해 1), p.172

저는 이 세상에서 가장 큰 죄인은 자신이 하나님 앞에 서기에 합당하다고 믿는 사람이라고 생각합니다. 그들은 자기 자신에 대해 만족하며, 스스로 알아서 모든 것을 할 수 있을 뿐만 아니라 자신이 아주 선하고 도덕적인 사람이라고 생각합니다. 더욱이 그들은 실제로 하나님께 자신들을 위해 하나님의 아들을 세상에 보내실 필요가 없었으며, 하나님의 아들이 십자가에서 죽으실 필요도 없었다고 말하는 사람들입니다. 이것보다 더 하나님을 모욕하는 말은 없을 것입니다. 이것이 바로 그들의 죄입니다. 그리스도의 보혈이 필요 없다고 생각하는 사람보다 더 큰 죄인은 온 우주에 없습니다. 이 세상에서 이것보다 더 큰 죄는 없습니다. 이 죄는 살인이나 간음이나 간통과는 비교도 할 수 없을 만큼 엄청나게 큰 죄입니다.

Assurance(로마서 강해 2), p. 291

점검 examination

자기 점검은 매우 중대하며 필수 불가결한 것입니다. 자신의 마음속 질병에 대해 무지한 사람은 매우 부족한 그리스도인입니다. *Assurance*(로마서 강해 2), p. 159

어느 교회 묘지 마당에 이런 글귀가 기록된 비석이 있습니다. "여기 남자로 태어났다가 식료품 상인으로 죽은 자가 누워 있도다." 남자는 식료품 상인으로 죽어서는 안 됩니다. 그는 남자로 죽어야 합니다. 우리 모두는 하나님 앞에서 귀중한 영혼입니다.

The Christian Warfare(에베소서 강해 7), p. 320

참된 자기 점검은 우리를 반드시 그리스도께로 이끕니다. 거기서 우리는 하나님께서 그리스도에게 맡기신 사역이 완성된 것을 보며, 그것으로 인해 즐거워합니다. 만일 여러분의 자기 점검이 감사와 즐거워함으로 끝나지 않는다면, 그것은 잘못된 것입니다.

Assurance(로마서 강해 2), p. 166

부상당한 사람을 치료하기 위해서는 그것을 그냥 무시하거나 매우 피상적으로만 치료해서는 안 됩니다. 면밀히 검사하고 진찰하는 것이 올바른 치료법입니다. 그것은 고통스럽지만 반드시 거쳐야 하는 일입니다. 만일 여러분이 치유를 받고 서 깨끗하게 되고 건강해지기를 바란다면, 이 검사를 거쳐야 합니다. 그러므로 깨끗하게 치유받기 위해서 우리 모두의 영혼 안에 있는 이 상처, 썩어 버린 이 상처를 진단합시다. *Studies in the Sermon on the Mount*(산상설교 2), p.166

만일 여러분이 스스로에게 설교하고 교훈하지 않는다면 여러분은 매우 부족한 그리스도인일 것입니다. *Banner of Truth, Issue 275*(배너 오브 트루스 정기 간행물)

오늘날 자기 점검은 매우 이상하게도 특히 복음주의적 그리스도인들 사이에서 별로 인기가 없는 주제입니다. 실제로 복음주의적 그리스도인은 자기 점검을 싫어할 뿐만 아니라 때로는 그것을 거의 죄악적인 것으로 간주하기까지 합니다. 그들은 그리스도인은 오직 주 예수 그리스도만 바라보아야 한다고 말합니다.
Studies in the Sermon on the Mount(산상설교 2), p.276

바로 그것이 언제나 영적 생활이 낳은 걸작입니다. 교회를 아름답게 장식한 성자들의 책과 그들의 일기를 읽어 보십시오. 그러면 여러분은 그들이 언제나 그것을 행했음을 발견하게 될 것입니다. 존 플레처 John Fletcher를 기억해 보십시오. 그는 매일 밤 잠자리에 들기 전에 스스로에게 열두 가지 질문을 던졌으며, 그의 회중들에게도 그렇게 하도록 가르쳤습니다. 그는 일반적이고도 엉성한 자기 점검으로 만족하지 않았습니다. 그는 다음과 같은 질문으로 철저하게 자기 자신을 점검했습니다. '내가 화를 참지 못하고 성질을 부린 적이 있는가? 다른 사람에게 함부로 대한 적은 없는가? 마귀가 내 마음에 은근슬쩍 집어넣은 나쁜 유혹에 귀를 기울인 적이 있는가? 내가 그것을 받아들였는가, 아니면 즉시 거절했는가?' 하루 동안 여러분에게 발생한 모든 것을 돌아보고 그것에 대해 스스로에게 물어보아야 합니다. 바로 그것이 참된 자기 점검입니다. *Faith on Trial*(믿음의 시련), p.70

자기 자신의 마음을 아는 사람은 결코 경박하거나 걱정이 없고 무사태평할 수 없습니다. *The Life of Joy*(빌립보서 강해), p.180

자아 | 그리스도인으로서 우리는 절대로 자기 자신에 대해 낙심해서는 안 됩니다. 우리가 그렇게 하는 순간 우리는 힘을 잃어버리며, 전투할 의지와 살아갈 의지를 잃어버리고, 또 마비될 것입니다. *Banner of Truth, Issue 275*(배너 오브 트루스 정기 간행물)

자연 Nature

자연

오늘날 수많은 사람들이 마치 자연이 독립된 피조물인 양 자연의 위대함에 대해 말합니다. 그러나 실상은 그렇지 않습니다. 물론 자연에는 힘과 법칙이 있지만, 결코 하나님으로부터 독립해서 존재할 수 없습니다. 하나님께서는 자연에 직접적으로 관계하시고 그것들을 사용하며 명령하고 조종하시는 분입니다.

Great Doctrines of the Bible(교리 강해 1), p.145

기독교는 훼손하거나 고갈시키지 않습니다.

Life in the Spirit in Marriage, Home and Work(에베소서 강해 6), p.247

기독교가 하는 일은 자연을 향상시키고 신성하게 하는 것입니다.

Life in the Spirit in Marriage, Home and Work(에베소서 강해 6), p.248

하나님 없이는 가장 보잘것없는 꽃 한 송이조차 설명할 수 없습니다. 저는 런던에 살면서 9월에 시골로 휴가를 떠났던 한 남자의 이야기를 들은 적이 있습니다. 그는 우연히 이제 막 추수를 앞둔 거대한 밀밭을 바라보았습니다. 밀밭은 황금빛 영광으로 출렁이고 있었으며, 그 위에는 부드러운 산들바람이 불어왔습니다. 그 사람이 이 황금 밀밭을 보면서 한 유일한 말은 "하나님 정말 잘하셨습니다!"였습니다. 이 말은 실로 그런 광경을 보는 모든 사람이 해야 할 말이기도 합니다.

The Unsearchable Riches of Christ(에베소서 강해 3), p.85

자유의지 Free Will

자유의지를 가지고 있었던 유일한 인간이 바로 아담이며, 우리는 아담이 그것을 가지고 무엇을 했는지 잘 알고 있습니다.

God's Sovereign Purpose(로마서 강해 9), p. 208

저에게 '자유의지'에 대해 말하지 마십시오. 그런 것은 존재하지 않습니다. 타락한 죄인에게 자유의지란 존재하지 않습니다.

God's Sovereign Purpose(로마서 강해 9), p. 207

인간의 의지는 아담의 타락 이후 제한되었습니다. 본성적으로 인간은 하나님을 선택할 자유가 없습니다. '이 세상의 신'이 인간으로 하여금 그렇게 할 수 없도록 만들었습니다. 우리는 허물과 죄로 '죽은 것'입니다.

Assurance(로마서 강해 2), p. 310

세상에는 다음과 같이 말하는 많은 사람들이 있습니다. "만일 하나님이 진정 하나님이시라면, 만일 하나님이 권세를 지니고 있으며 자비롭고 은혜로우시다면, 왜 히틀러와 같은 인간을 그 통치의 초기에 멸하지 않으셨습니까? 왜 하나님께서는 그와 그의 모든 군대를 제거하지도 않고 고난을 감하지도 않으셨습니까? 왜 하나님께서는 좀 더 일찍 간섭하지 않으셨습니까? 왜 하나님께서는 자신의 권리를 행사하지 않으시는 겁니까?" 이렇게 말하는 사람들은 하나님께서 다른 사람들을 제어하시기를 바라면서도 정작 자기 자신에 대해서는 이렇게 말합니다. "하나님께서 나를 제어하시는 것은 부당합니다. 나는 자유인입니다. 나는 원하는 것은 무엇이든지 할 자유가 있습니다. 나는 자유로운 인격자이며, 반드시 나만의 자유를 보장받아야 합니다." 맞습니다. 자신은 반드시 자유를 보장받아야 하지만, 다른 사람들은 자유를 보장받지 않아야 한다는 것이 그들의 생각입니다.

Faith on Trial(믿음의 시련), pp. 59-60

재림 Second Coming

재림은 사건들 중의 사건이 될 것입니다.　　*To God's Glory*(로마서 강해 11), p.234

그리스도인들은, 지금 천국에 좌정하신 그리스도께서 하늘구름을 타시고 이미 그리스도와 함께 거하는 거룩한 천사들과 성도들에 둘러싸여 이 세상에 가시적인 모습으로 다시 오실 것임을 아는 사람들입니다. 그리스도께서 재림하실 때, 아직 지상에 남아 있는 사람들은 홀연히 변화하여 공중으로 들어 올려져 그분을 만날 것이며, '주와 함께 영원히 거하게 될 것'입니다. 그분이 대적들을 패배시키실 것이며, 죄와 악을 몰아내실 것입니다. 그의 나라가 해변에 가득할 것이며, '하늘에 있는 자들과 땅에 있는 자들과 땅 아래에 있는 자들로 모든 무릎을 예수의 이름에 꿇게'(빌 2:10) 하시는 주가 될 것입니다. 바로 이것이 기독교의 낙관주의입니다. 그것은 우리가 오직 그리스도만이 승리하실 수 있으며, 실제로 그분이 승리할 분이심을 아는 것을 의미합니다.

God's Ultimate Purpose(에베소서 강해 1), p.80

이것은 거룩한 소망입니다. 재림은 교회가 고대하는 것이며, 동시에 거룩한 삶을 촉진시키는 위대한 자극이 될 것입니다.

Great Doctrines of the Bible(교리 강해 3), p.85

저는 신약성경의 권위로 그리스도인 된 사람들이 그리스도를 다시 뵙게 될 때에 일종의 부끄러움을 느끼는 것이 가능하다고 말씀드릴 수 있습니다. 사도 요한은 요한일서에서 초대교회 교인들에게 이런 국면에서 '그가 강림하실 때에 부끄럼을 당하지 않기 위해' 노력하라고 권면하고 있습니다(요일 2:28 참고). 성경은 분명히 심판이 그리스도인의 상급과 관계되어 있다고 가르칩니다. 용서를 받고 구원을 얻으며, 마침내 천국에 갈 것을 알며 모든 것이 평안하다고 생각하는 한, 그러한 태도를 견지하는 사람은 자신이 바로 주님의 이러한 교훈을 부인하는 사람임을 발견하게 될 것입니다. 주님은 그리스도인들이 아주 많이 기뻐하고 즐거워하며, 다른 사람들을 돕는 삶을 살고 세상의 모범이 되기를 바라십니다.

The Unsearchable Riches of Christ(에베소서 강해 3), p.254

재림

교조주의가 완전히 배제되어야 할 한 가지 주제가 있다면, 그것은 바로 이 재림에 대한 것입니다.

Great Doctrines of the Bible(교리 강해 3), p.97

적그리스도 Antichrist

궁극적으로 적그리스도는 무시무시한 권세를 가지고 택한 자들을 거의 유혹할 수 있을 만한 이적과 기사를 행하는 한 사람에게 집중될 것임을 저는 확신합니다.

Great Doctrines of the Bible(교리 강해 3), p.118

적그리스도

사도 요한은, 많은 적그리스도가 출현하겠지만, 궁극적으로는 무시무시한 권세를 가지고 택한 자들을 유혹할 수 있는 이적과 기사를 행하는 한 사람이 출현할 것임을 교훈하고 있습니다.

Walking with God(요한일서 강해 2), p.101

전도서 Ecclesiastes

여러분은 전도서를 읽어 본 적이 있습니까? 전도서는 인류가 그들의 지식과 깨달음을 교만하게 자랑하는 오늘날과 같은 시대에 반드시 읽어야 할 필독서입니다.

Authentic Christianity(사도행전 강해 1), p.230

전도서

전쟁 War

제가 줄곧 말해 왔던 것을 다시 한 번 반복하여 말하지만, 우리가 금세기에 경험했던 두 번의 세계대전은 지난 세기의 배교에 대한 하나님의 심판입니다. 저는

전쟁

이것 이외에 더 적합한 다른 설명을 찾을 수 없습니다.
Revival(부흥), p.151

개인과 마찬가지로 국가 역시 일반 상식에 의해 지배되지 않습니다. 다시 한 번 말하지만, 전쟁은 순전히 미친 짓입니다. 이것에는 이견이 있을 수 없습니다. 그렇다면 나라들은 왜 그렇게 싸우며 전쟁을 준비합니까? 그들이 자신들의 마음과 지성에 지배를 당하는 것이 아니라, 전체의 3분의 2가 숨어 있는 빙하의 아랫부분처럼 여러분이 보이지 않는 탐욕과 욕심과 국가적 교만과 남의 것을 소유하려는 욕망과 다른 사람들보다 더 높아지기 원하는 교만에 지배당하기 때문입니다.
The Christian Warfare(에베소서 강해 7), p.30

저는 지난 두 번의 세계대전을 통해 하나님께서 인간과 세상을 향하여 이렇게 말씀하신다고 생각합니다. "너희들은 나 없이도 완전한 세상을 만들 수 있다고 주장했다. 너희들은 버릇없이 내가 없어도 계속 살 수 있다고 말했다. 너희들은 내가 필요 없다고 말하면서 나를 하늘로 내몰았다. 그래서 나는 너희들의 모습이 어떠한지, 그리고 나 없이 살아가는 너희의 노력의 결과가 무엇인지 보는 것을 허용했다. 너희들로 하여금 죄의 결과를 수확하도록 허용한 것이다. 나는 죄가 항상 멸망을 가져온다는 것을 너희들에게 보여 주고 있는 것이다. 인류 역사에서 발발한 이 두 번의 세계대전은 나의 독생자 주 예수 그리스도로 말미암은 인간에 대한 궁극적인 심판의 그림이며 설명인 것이다."
Old Testament Evangelistic Sermons(구약을 사용한 복음 설교), p.69

저는 사람들이 여전히 낙관적이던 1920년대부터 설교를 시작했습니다. 사람들은 1차세계대전을 맛보았지만, "괜찮아, 우리는 또다시 그런 전쟁을 하지는 않을 거야"라고 말했습니다. 그들은 낙관주의를 설교했습니다. 그러나 저는 무질서와 죄와 인간의 인간된 모습을 설교했으며 전쟁이 찾아올지도 모른다고 예언했습니다. 저는 당연히 그렇게 설교했습니다. 제가 영리하거나 재기 넘쳐서가 아닙니다. 저는 단지 성경을 믿었을 뿐입니다……인간이 죄인인 한 전쟁은 여전히 계속

될 것입니다. 자기중심적이고 이기적인 인간이 어떤 형태로든 다른 모든 일을 하더라도 서로 싸우지는 않을 것이라고 생각하는 것은 망상이며 터무니없는 생각일 뿐입니다.

Enjoying the Presence of God(하나님 앞에 사는 즐거움), p.67

전쟁

전통-Tradition

과거를 전적으로 무시하고, 단순히 그것이 과거로부터 온 것이라는 이유로 전통에 의해 수립된 모든 것을 다 내버리는 것보다 더 무지몽매하고 어리석으며 반지성적인 일은 없습니다. 물론 지난 수세기 동안 지켜져 왔던 것이 다 진리는 아니지만, 그것은 분명히 우리가 진지하게 생각해 보아야 할 것이며, 경솔하게 밖으로 내던져 버리기 전에 오랫동안 심사숙고해야만 하는 것입니다.

Old Testament Evangelistic Sermons(구약을 사용한 복음 설교), p.152

전통

정욕-Lust

'정욕'은 무절제한 감정과 욕망입니다. 정욕이란, 그것 자체로는 자연스럽고 완전히 옳으며 합법적인 어떤 것을 남용하는 것을 의미합니다.

Walking with God(요한일서 강해 2), p.85

정욕

현대인들은 이성의 지배를 받는 것이 아니라 정욕과 격정의 지배를 받습니다.

Banner of Truth, Issue 275(배너 오브 트루스 정기 간행물)

우리 내부에는 전적으로 합법적인 특정한 욕구들이 있습니다. 그것들은 하나님께서 주신 것입니다. 그렇습니다. 그러나 만일 우리가 그 욕구들에 의해 지배되고 통제되며, 우리의 모든 사고방식이 이것들에 의해 결정되는 것은 정욕의 죄를 짓는 것입니다.

Walking with God(요한일서 강해 2), p.85

정죄 Condemnation

정죄의 반대는 절대로 성화가 아닙니다. 그것은 항상 칭의입니다.

The Law : Its Functions and Limit(로마서 강해 4), p.283

정치 Politics

저의 요점은……하늘 아래 어떤 정치 체계나 조직도 완전하지 않다는 것입니다. 그러므로 이런 일에 정신을 빼앗긴 채 열중해서는 안 되며, 하나의 체계가 완벽하다는 것을 옹호하기 위해 전 생애를 낭비해서도 안 되며, 그것이 모든 문제들을 해결해 줄 것이라고 주장해서도 안 됩니다. 왜냐하면 그것은 절대 진리가 아니기 때문입니다. 모든 가능한 조직과 체계하에서도 문제와 분쟁은 여전히 존재할 것입니다. 그리고 이것이 바로 우리 그리스도인들이 사회 문제를 바라보는 관점이 되어야 합니다. 그러므로 그리스도인들은 하늘 아래 완전한 조직이나 체계는 없다는 것을 인식하면서 최선의 조직을 위해서 최선을 다해야 합니다. 우리는 많은 선조들이 이 일에 흥분하고 넋을 잃고 열중했던 것처럼, 그렇게 흥분해서는 안 됩니다. 지난 백 년 동안 우리 비국교도 선조들이 진정한 복음을 상실했으며, 지상의 하나님의 나라인 이 세상에 자유주의 정당이 사회법으로 제정될 수 있다고 믿었습니다. 그러나 우리 그리스도인들은 이런 엄청난 오류와 실책을 반복해서는 안 됩니다. 우리는 다만 최선의 조직을 위해서 최선을 다해야 합니다. 우리는 그 목적을 위해서만 일해야 합니다. 그것이 바로 성경의 가르침이기 때문입니다.

Life in the Spirit in Marriage, Home and Work(에베소서 강해 6), p.340

이 세상에는 여러분에게 절대로 의회 선거에 참여해서는 안 되며 그 어떤 세상사에도 관심을 가져서는 안 된다고 말하는 그리스도인들이 있습니다. 그러나 이런 생각은 성경의 가르침에 기초해 볼 때 전혀 온당하지 않습니다. 왜냐하면 그리스도인은 여전히 이 세상의 시민이며, 세속적인 영역에 속해 있기 때문입니다. 물론 그리스도인은 이 세상이 하나님의 세상이며, 하나님께서 이 세상의 우리를 향하여 어떤 목적을 갖고 계신 분임을 알고 있습니다. 그는 자신이 속해 있는 나라의 시민이며, 그에 따른 책임을 가지고 있습니다. 실제로 그가 그리스도인이기 때문에 그는 그 나라의 다른 어떤 사람보다 더 훌륭한 시민이어야 합니다. 그러나 그리스도인은 여기서 멈추지 않습니다. 그는 자신이 또 다른 나라, 이 세상에 속하지 않은 보이지 않는 왕국의 시민임을 잘 알고 있습니다.

God's Ultimate Purpose(에베소서 강해 1), p.75

저는 최근에 제가 말하고자 하는 요점을 잘 설명해 주는 두 가지 진술을 들었습니다. 한 사람은 그리스도인이 도대체 어떻게 보수주의자가 될 수 있는지 이해할 수 없다고 말했습니다. 반면에 다른 한 사람은 도대체 그리스도인이 어떻게 사회주의자가 될 수 있는지 전혀 이해할 수 없다고 했습니다. 저는 실상 이 두 가지 입장이 모두 다 잘못된 것이라고 생각합니다. 신약성경의 교훈을 그 어떤 정치 정당이나 다른 당파와 동일시하려는 시도는, 그것이 어떠한 것이든지 간에 그리스도의 가르침을 위반하는 행위일 뿐입니다.

God's Ultimate Purpose(에베소서 강해 1), p.65

그리스도인으로서 우리는 모두 한 나라의 시민입니다. 또한 한 사람의 시민으로서 책임을 다하는 것 역시 우리의 의무입니다. 따라서 그리스도인은 여러 가지 경우에 있어서 소금처럼 간접적으로 활동해야 합니다.

Studies in the Sermon on the Mount(산상설교 1), p.155

우리는 지난 백 년 동안 의회가 통과시킨 조례와 법령들이 잘못된 일들을 많이 바로잡았음을 알고 있습니다. 그러나 저는 여러분이 이 모든 것들이 하나도 예외 없이 기독교적 활동을 통해 직접적으로 양산된 결과라는 것을 기억하기를 소원합니다. 이 모든 것들은 결코 그냥 자동적으로 이루어진 것이 아닙니다. 더 나은 교육을 위한 운동을 보십시오. 병원들을 보십시오. 건강과 노인들의 복지에

정치

대한 관심을 보십시오. 노예제도 폐지운동을 보십시오. 공장법 통과를 보십시오. 이 모든 것들은 하나도 예외 없이 전부 기독교적 관점을 기초로 하여 파생된 것입니다.

Life in God(요한일서 강해 5), p.162

저는 자기 자신의 개인적 문제도 해결하지 못하는 사람이 말하는 세상의 문제들에 대한 해결책에는 절대 귀를 기울이지 않을 것입니다. 분열과 분리로 가득 찬 정신을 가진 사람이 나라의 상태나 세상의 상태에 대해 말하는 것은 순전히 사색적일 뿐입니다.

Life in the Spirit in Marriage, Home and Work(에베소서 강해 6), p.233

이 모든 세상의 혼란은 인간이 모든 삶의 국면에서, 즉 국가 간의 관계와 사업상의 관계, 그리고 가정과 학교 등 모든 곳에서 권위에 대한 존중과 존경을 상실했기 때문에 생깁니다. 권위의 상실 말입니다! 저는 이 모든 증상이 가정과 결혼 생활에서부터 시작되었다고 생각합니다. 바로 이것이 제가 왜 감히 결혼 생활에 실패한 국가 관리들이 과연 세상의 문제들에 대해 논할 자격을 가지고 있는지 의심하는 이유입니다. 가장 자신 있는 영역에서 실패한 국가 관리가 다른 영역에 대해 말할 자격이 있겠습니까? 그는 마땅히 공적인 생활에서 은퇴해야만 합니다.

Life in the Spirit in Marriage, Home and Work(에베소서 강해 6), p.111

어떤 특정한 저명한 전도자들이 백만장자들의 후원을 받는 것과 그들 가운데 몇몇이 최근의 대통령 선거에서 한 전도자를 대통령 후보자로 세운 일은 정말이지 놀라운 일이 아닐 수 없습니다. 그들은 순전히 정치적이고도 경제적인 관심에서 이런 일들을 행한 것입니다.

Puritan Conference Papers 1975; The French Revolution and After
(웨스트민스터 청교도 컨퍼런스 1975; 프랑스 혁명과 그 이후), p.103

정통주의 Orthodoxy

너무 소름 끼치는 생각입니다만, 죽은 정통이 있다는 것은 사실입니다.

Revival(부흥), p.68

여러분은 죽은 정통을 소유할 수도 있습니다. 정통주의는 중대하고도 본질적인 것이지만, 그것만으로는 그 어떤 부흥도 가져올 수 없으며, 절대로 그렇게 할 수 없을 것입니다.

The Puritans(청교도 신앙, 그 기원과 계승자들), p.126

진리를 선포하는 것만으로는 충분하지 않습니다. 진리는 반드시 '성령의 나타나심과 능력'으로 선포되어야 합니다. 바로 이것이 조지 휫필드가 영광스럽게 설명한 것입니다. 그는 정통주의자였습니다. 그러나 그가 경험한 현상은 자신의 정통주의가 아니라 그에게 임한 성령 하나님의 역사하심의 결과였습니다. 그는 자신이 무엇인가를 느꼈으며, 심지어 목사 안수를 받을 때에도 마치 자신이 성령으로부터 직접 사명을 받은 것처럼 느꼈다고 말했습니다. 그는 항상 이것을 의식했습니다. 물결치는 파도처럼 성령께서 그에게 계속해서 임하셨던 것입니다. 이 성령의 능력은 매우 중대합니다. 우리는 반드시 정통주의자이어야 합니다. 그러나 하나님께서 우리가 단지 정통주의자로 머물지 않게 하시기를 소원합니다.

The Puritans(청교도 신앙, 그 기원과 계승자들), pp.126-127

여러분은 정통주의자면서도 생명이 없는 죽은 자일 수도 있습니다. 왜냐하면 여러분이 바로 그 교리 자체에만 머물러 있기 때문입니다. 여러분이 교리의 정의와 해설에만 머물러 있을 뿐, 그 교리의 모든 목적이 교리 자체가 아니라 하나님에 대한 지식과 이해와 교제로 나아가게 하는 것이라는 사실을 깨닫지 못하기 때문입니다.

Revival(부흥), p.58

언제나 분명히 정통주의자들, 믿음의 투사들이 있었습니다. 그러나 어떤 이들은

| 정통주의 | 그들이 그토록 변증하고 변호했던 그 믿음을 부인했습니다. 다시 말하지만, 이것이 정통주의의 시금석입니다. 정통은 치명적으로 중대하고도 본질적인 것이지만, 그것만으로는 충분하지 않다는 것입니다. *The Love of God*(요한일서 강해 4), p.39

제자 : 열두 제자 Disciples : the Twelve

| 제자
:열두 제자 | 저는 이 열두 제자들에게 감사하지 않은 적이 없습니다. 저는 그들이 저지른 모든 실수와 그들이 범한 모든 잘못들을 기록한 것으로 인해 감사합니다. 왜냐하면 저는 그들을 통해 나 자신의 모습을 보기 때문입니다

Spiritual Depression(영적 침체와 치유), p.137

제자도 Discipleship

| 제자도 | 로이드 존스 박사는 자신이 설교자가 되기 위하여 의학 박사로서의 성공과 출세를 포기하고 희생했다는 사람들의 생각이 잘못되었다고 여겼습니다. 그래서 그는 일관성 있게 개인적으로 그러한 잘못된 생각을 깨우치기 위해 노력했습니다. 이러한 그의 생각이 다음과 같은 일반적인 진술에 잘 나타나 있습니다.

여러분이 포기해야 하는 것을 생각하지 마십시오. 그 안에는 아무것도 없습니다. 그것이 손해나 희생이나 고난이라고 생각하지 마십시오. 절대로 이러한 용어들을 사용해서는 안 됩니다. 여러분은 잃을 것이 아무것도 없습니다. 오히려 모든 것을 얻습니다. 그리스도를 바라보십시오. 그를 따라가십시오. 여러분이 궁극적으로 그분과 함께 있게 될 것임을 깨닫기를 소원합니다. 그리고 그의 거룩한 얼굴을 바라보면서 영원토록 그를 즐거워하시기 바랍니다.

Studies in the Sermon on the Mount(산상설교 2), p.236

여러분과 저는 절대로 어부들이나 무식한 사람들을 사도로 부르지 않았을 것입니다. 우리는 아마도 철학자들처럼 주목할 만한 사람들을 불렀을 것입니다. 그러나 교회의 머리가 되시는 우리 주님은 바울처럼 특별하고도 훌륭한 사람들뿐만 아니라 아주 평범한 사람들을 선택하셨습니다. 이 모든 사람들을 선택하신 분이 바로 주님이십니다. 주님은 어떻게 교회의 기초를 세워야 하는지를 잘 알고 계셨습니다.

Christian Unity(에베소서 강해 4), p.194

조나단 에드워즈 : 지옥
Jonathan Edwards : Hell

에드워즈가 쓴 책을 발견하면 그것이 무엇이든지 다 사서 읽으십시오!

Great Doctrines of the Bible(교리 강해 1), p.144

저는 조나단 에드워즈가 아마도 이 세상이 배출한 가장 훌륭한 지성인 가운데 한 사람이었다고 생각합니다. 실로 그는 미국이 낳은 최고의 지성인이었으며, 이 세상에서 잘못된 감정주의가 손댈 수 없는 가장 훌륭하고도 탁월한 철학자였습니다.

Great Doctrines of the Bible(교리 강해 2), p.249

저는 그 누구보다도 조나단 에드워즈와 그의 설교를 흠모하는 사람입니다. 그럼에도 불구하고 때때로 저는 그가 지옥 문제에 관하여 성경이 허락하는 말과 행동의 범주를 벗어났다고 생각합니다. 그는 자신의 상상력을 너무 과도하게 사용했습니다.

Knowing the Times(시대의 표적), p.84

조직신학 Systematic Theology

저는 설교자에게 있어서 조직신학에 정통해 있는 것보다 더 중요한 일은 없다고 생각합니다. 설교자는 반드시 조직신학을 잘 알고 이해해야 합니다. 성경으로부터 연원된 이 조직신학, 신학의 체계는 반드시 설교자의 설교를 제어하는 영향력과 배경이 되어야 합니다. 성경의 특정한 본문과 진술로부터 시작되는 각각의 메시지는 반드시 이 전체적인 진리의 체계의 한 부분이 되어야 합니다……우리는 특정한 본문의 교리가 이 전체 성경의 일부분이라는 것을 항상 명심해야 합니다.
Preaching and Preachers(설교와 설교자), p.66

종교 Religion

종교가 형식화되고 외면화되는 것은 엄청난 저주입니다.
Spiritual Blessing(영적 축복, 요한복음 17장 강해), p.126

진정한 기독교의 가장 큰 대적은 언제나 종교 그 자체였습니다.
Authentic Christianity(사도행전 강해 1), p.19

어떤 의미에서 형식적인 감사보다 더 소름 끼치는 일은 없습니다.
Singing to the Lord(성경적 찬양), p.66

다른 종교들 other religions

저는 세계종교협의회 World Congress of Faiths의 종교나 신앙에는 전혀 관심이 없습니다. 저는 공자나 마호메트나 부처나 다른 철학자들을 찾으면서 그들의 이름을 부르는 사람들과 함께 무릎을 꿇고 기도할 수 없습니다. 저는 절대로 그렇게 할 수 없습니다. 저는 결코 그렇게 할 수 없습니다. 저는 이 세상에서 바라보아야 할 오직 한 분만 알고 있습니다. 그분은 바로 거룩한 하나님의 아들이십니다.
God's Way of Reconciliation(에베소서 강해 2), p.359

여러분은 세계종교협의회의 신앙을 가져서는 안 됩니다. 그러한 사상은 어릿광대 같은 것이며, 실제로 그리스도를 부인하는 사상입니다. 기독교는 그러한 협의회에 참여할 수 없습니다. 우리는 다음과 같이 말하는 그 어떤 제안이나 회담에도 관여할 수 없습니다. "기독교는 놀라운 종교입니다. 그러나 결국 하나님께서는 부처에게도 공자에게도 마호메트에게도, 그리고 다른 이들에게도 통찰력을 주셨습니다. 따라서 우리는 그들에게도 무엇인가를 배울 수 있습니다." 그러나 그리스도인은 그러한 자들에게서 배울 필요가 없습니다. 왜냐하면 '지혜와 지식의 모든 보화가'(골 2:3) 그리스도 안에 있기 때문입니다.

Christian Unity(에베소서 강해 4), p. 103

저는 지금 유교와 불교와 이슬람교와 같은 종류의 종교에 대해 말하고 있습니다. 여러분, 이런 종교들은 종교가 아니라 일종의 가르침입니다. 그것들은 그 어떤 것도 주장하지 못하며 아무것도 되지 못합니다. 그것들은 인간이 어떻게 살아야 하는지에 대한 교훈이며, 종교의 형식을 빌린 철학일 뿐입니다. 따라서 기독교 신앙을 그러한 범주에 넣는 것은 엄청나게 위험한 일입니다.

Authentic Christianity(사도행전 강해 1), p. 241

저는 거듭나지 못한 사람에게서 아무것도 배우지 않을 뿐만 아니라, 힌두교도들이나 이슬람교도들이나 유교도들이나 불교도들에게서도 아무것도 배우지 않습니다. 그들은 저에게 아무 말도 해 줄 수 없습니다. 하나님의 말씀인 오직 성경만이 하나님께서 주신 진리의 지식을 담고 있습니다……우리는 사도 바울처럼 이렇게 말해야 합니다. "너희가 알지 못하고 위하는 그것을 내가 너희에게 알게 하리라"(행 17:23).

To God's Glory(로마서 강해 11), p. 270

종말 : 짐승들, 재림
Consummation : Animals, Second coming

사람 안에서, 그리고 사람들 사이에서 완전한 조화가 회복될 것입니다. 그것은 이 지구상의 짐승과 같은 피조물들도 조화시킬 것입니다. 만유의 머리가 되시는 거룩한 우리 주 예수 그리스도의 통치하에서 천국의 조화가 이루어질 것입니다.

경이로운 일 가운데 경이로운 일, 비교할 수 없는 이 놀라운 일이 발생할 때, 그것은 절대로 다시 실패하지 않을 것입니다.

God's Ultimate Purpose(에베소서 강해 1), pp. 206-207

이런 일들을 약간이라도 어긋나게 하기 위해 폭탄을 발명하거나 세균을 배양하여 사용하거나 가스를 사용하거나 할 수 없습니다. 이것은 성경에 계시된 하나님의 계획이며, 하나님의 이 계획은 반드시 수행될 것입니다. 여러분과 제가 그리스도 안에 있다면, 우리는 이 일에 관련되어 있는 사람입니다. 우리는 본래의 인간의 모습으로 높아질 것이며 회복될 것입니다. 우리는 '피조물의 왕'이 될 것입니다.

God's Ultimate Purpose(에베소서 강해 1), p. 207

전 우주가 새롭게 변화될 것입니다. 이 물리적인 세상 자체가 완전해질 것입니다. 이 세상이 '의가 있는 곳인 새 하늘과 새 땅'(벧후 3:13)이 될 것입니다. 그때에는 '이리가 어린양과 함께 살며……사자가 소처럼 풀을 먹을 것'이며, '어린아이가 그들을 인도할 것'입니다(사 11:6,7참고). 완전한 이상이 실현될 것입니다. 그날이 오고 있습니다. 그날에 하나님의 궁극적 목적이 완성될 것입니다. 전혀 새로운 세상이 우리를 기다리고 있는 것입니다.

The Unsearchable Riches of Christ(에베소서 강해 3), p. 77

결국 그리스도 안에서 완벽하고도 완전한 새로운 인류가 될 것입니다. 그리스도께서 머리가 되시며 우리는 그분의 몸이 될 것입니다. 그분은 많은 형제들 가운데 장자로서 전적으로 새로운 분이십니다. 그분은 둘째 사람이며, 마지막 아담이십니다. 그것이 바로 하나님께서 인류를 구원하시는 방법이며, 구속 계획입니다. 바로 이것이 여러분이 결코 생각하지 못했던 성육신에 대한 우리의 이해를 돕지 않습니까? 오래된 인류의 집단을 취해서 그것에 무언가를 하시는 것이 아닙니다. 그것은 전혀 새로운 작품이 될 것입니다.

God's Sovereign Purpose(로마서 강해 9), p. 137

루터파는 항상 새로운 하늘과 새로운 땅에 대해 가르쳐 왔습니다. 그러나 종교개혁자들은 이 하늘과 땅이 죄와 악으로부터 해방되어 실질적으로 완전히 새로운 하늘과 땅이 될 것이라고 가르쳤습니다. 물론 어느 것이 더 중요한지는 크게 문제가 되지 않으며, 그것을 궁극적으로 결정할 수도 없습니다. 그러나 우리가 깨달아야 할 중요한 문제가 있습니다. 그것은 우리가 요한계시록 21장에 묘사된 상태, 즉 더 이상 슬픔이나 한숨이 없는 완전한 상태에 거하게 될 것이라는 사실입니다.

Great Doctrines of the Bible(교리 강해 3), p.247

우리가 말하는 천국은, 하나님께서 인류가 살기를 원하셨던 완전한 세상에서의 삶을 의미합니다. 태초에 하나님께서는 아담을 에덴동산이라는 낙원에 두셨습니다. 그런데 아담이 타락했고, 모든 인류 역시 그와 함께 타락했습니다. 그러나 인류는 육체로 살게 되어 있으며, 영화된 세상에서 영화된 몸으로 살게 될 것이며 하나님께서 그들과 함께하실 것입니다.

Great Doctrines of the Bible(교리 강해 3), pp.247-248

또 다른 전쟁이 발생할까요? 잘 모르겠습니다만, 한 가지 확실한 것은 악인들은 더욱 악해지고 전쟁과 전쟁, 난리와 난리의 소문이 있을 것이며, 전염병과 더러운 것이 성행하며, 온 세상이 전례 없이 하나님을 대적하는 것으로 가득 차게 될 날이 올 것이라는 사실입니다. 그때 갑자기 하늘에서 인자의 징조, 즉 영광의 주, 만왕의 왕, 만주의 주께서 자신의 거룩한 천사들과 함께 구름을 타고 나타나실 것입니다. 그때 그분께서 세상을 의로 심판하실 것이며, 자신의 모든 대적을 파하시고, 자신의 영광스러운 의와 평강의 왕국을 세우실 것입니다.

Authentic Christianity(사도행전 강해 4), p.157

종말론 Eschatology

우리 주님의 오신 때로부터, 특히 그분의 죽음과 부활과 승천과 오순절의 성령

강림으로부터 그의 재림에 이르기까지의 모든 시간이 '종말의 시간' 입니다.

Walking with God(요한일서 강해 2), p.97

예언에 대한 문제들은 매우 어려운 문제입니다. 이러한 주제에 대해 교조적으로만 말하는 사람들은 그들의 무지를 드러낼 뿐입니다.

Walking with God(요한일서 강해 2), p.98

죄 Sin

죄는 침략자입니다.　　　　　　　　　　　*Assurance*(로마서 강해 2), p.194

죄는 독재자입니다.　　　　　　　　　　　*Assurance*(로마서 강해 2), p.306

죄는 전 우주에서 하나님의 권세를 제외한 가장 강력한 권세입니다.

A Nation Under Wrath(이사야 5장 강해), p.130

죄는 도덕적이며 윤리적인 악입니다. 일반적인 의미에서가 아니라 특별한 종류의 악인 것입니다.　　　　*Great Doctrines of the Bible*(교리 강해 1), p.192

죄는 지성적 문제가 아니라 도덕적 문제입니다.

Old Testament Evangelistic Sermons(구약을 사용한 복음 설교), p.134

죄란 항상 어떤 의미에서 삶의 권태를 뜻합니다.

Banner of Truth, Issue 275(배너 오브 트루스 정기 간행물)

만일 우리가 죄의 참된 본질을 볼 수만 있다면, 틀림없이 그것을 혐오하게 될 것입니다.　　　　　　　　　　　　*Walking with God*(요한일서 강해 2), p.16

죄는 언제나 우리를 철저한 절망감으로 인도합니다.
Walking with God(요한일서 강해 2), p.19

모든 노력에도 불구하고 혼란은 여전히 우리에게 침투해 들어옵니다.
Authentic Christianity(사도행전 강해 3), p.106

오, 죄는 얼마나 강력한 약탈자인지요!
God's Way Not Ours(우리의 방법이 아닌 하나님의 방법), p.80

사람들은 언제나 죄의 교리를 별로 좋아하지 않았습니다.
Fellowship with God(요한일서 강해 1), p.12

하나님의 임재는 즉시 죄를 선고합니다. *Fellowship with God*(요한일서 강해 1), p.36

모든 죄는 하나님과의 교제의 삶을 훼방합니다. *Life in God*(요한일서 강해 5), p.134

우리는 전인적으로 죄를 멀리해야만 합니다. *Children of God*(요한일서 강해 3), p.44

죄는 이 세상에서 단 한 가지, 즉 하나님의 권세만 제외한다면 가장 강력한 권세입니다. *God's Way Not Ours*(우리의 방법이 아닌 하나님의 방법), p.65

우리가 더 거룩해질수록 죄에 대해 매우 불편한 감정을 느끼게 됩니다. 그러나 다시 말하지만, 우리는 절대로 죄인을 불편하게 여겨서는 안 됩니다.
Studies in the Sermon on the Mount(산상설교 1), p.226

우리가 무엇을 생각하든지 간에 죄에 대하여 올바르고도 분명한 견해를 지니지 않는다면, 구원의 방법에 대해서도 올바르고 분명한 견해를 지닐 수 없습니다.
The Law: Its Functions and Limits(로마서 강해 4), p.151

죄

저는 여러분이 지은 죄의 목록을 원하지 않습니다. 저는 여러분의 죄에 대해 신경 쓰지 않습니다. 여러분이 존경스러울 수도 있고 가증스러울 수도 있으며 비열하고 부정하며 추악할 수도 있습니다. 그러나 그것이 더 이상 문제가 되지 않음을 하나님께 감사하십시오. 제가 권위를 가지고 여러분께 할 수 있는 말은 바로 이것입니다. 여러분이 비록 이 세상에서 가장 가증스러운 자일 수도 있고, 지금 이 순간까지 삶의 모든 방면에서 빈민굴과 창녀촌에서 모든 생애를 보낸 것과 같다고 할지라도, 그런 사람에게도 주 예수 그리스도의 복음과 죄 용서가 선포될 수 있다는 것입니다.
Assurance(로마서 강해 2), p.311

여러분, 죄가 무엇입니까? 죄는 궁극적으로 악에 대한 욕망까지도 빼앗아 버립니다. 그래서 술을 마시는 일에 질려 버린 술고래는 이제 약물에 손을 댈 것입니다. 죄가 술 마시는 욕망까지도 빼앗아 가 버렸기 때문입니다.
Banner of Truth, Issue 275(배너 오브 트루스 정기 간행물)

죄 가운데 있는 인간은 죄에 대해 자유롭지 못합니다. 그는 죄에 의해 지배와 통치와 제재를 당합니다.
Assurance(로마서 강해 2), p.306

이것은 고통스러운 과정입니다. 나의 죄를 고백하는 것은 단순히 "글쎄요, 저는 죄인입니다. 저는 한 번도 성자라고 주장한 적이 없습니다"라고 통상적으로 말하는 것을 의미하지 않습니다. 그렇지 않습니다. 죄를 고백하는 것은 매우 상세한 일입니다. 우리는 특별한 죄악들을 고백해야 합니다. 우리는 그 죄의 이름을 하나씩 하나씩 말해야 합니다. 그것은 우리가 그 죄를 절대로 숨겨서도 안 되며 부정해서도 안 됨을 의미합니다. 우리는 그것들을 반드시 직시하고 고백해야만 합니다. 할 수만 있으면 빨리 그 죄들을 잊어버리려고 해서는 안 됩니다. 고백은 그것과 마주치는 것입니다. 우리가 행한 선한 행실로 우리가 범한 죄들을 상쇄시키려 하지 마십시오. 우리는 반드시 빛이 우리를 비추게 함으로 우리의 추하고도 비참한 모습을 감지하게 해야만 합니다. 내가 저지른 일과 나의 모습에 대해 솔직하게 대면해야 하는 것입니다. 그것은 우리가 그것을 하나님께 말로 고백해야 하는 것을 의미합니다. *Fellowship with God*(요한일서 강해 1), p. 32

하나님께 가까이 가면 갈수록 그 사람은 자기 자신의 죄를 더 많이 깨닫게 됩니다.
Spiritual Depression(영적 침체와 치유), p. 70

"저는 그리스도인이 되기에 합당하지 않습니다. 저는 나쁜 짓을 아주 많이 했습니다." 바울은 자신의 과거와 죄를 보고서 한쪽 구석에서 이렇게 말하지 않았습니다. 결코 그렇지 않습니다. 죄가 그로 하여금 하나님을 찬미하게 만들었습니다. 그는 은혜 안에서 하나님께 영광을 돌리면서 이렇게 말했습니다. "우리 주의 은혜가 그리스도 예수 안에 있는 믿음과 사랑과 함께 넘치도록 풍성하였도다"(딤전 1:14). *Spiritual Depression*(영적 침체와 치유), p. 75

결과 consequences

하나님은 하나님이시며, 그 때문에(저는 경외심을 가지고 이 말씀을 드립니다) 특별히 해야 하시는 일이 있습니다. 그것들 가운데 하나가 바로 하나님께서 반드시 죄를 형벌하시는 것입니다. 만일 하나님께서 죄를 형벌하시지 않는다면, 그분은 하나님이 아니십니다. *God's Sovereign Purpose*(로마서 강해 9), p. 212

하나님은 죄를 혐오하십니다. 죄인에게는 언제나 하나님의 불쾌하심이 임합니다. 이것은 죄인에게 임하는 무시무시한 현실입니다. 죄를 불쾌하게 생각하고 혐오하십니다. 하박국은 "주께서는 눈이 정결하시므로 악을 차마 보지 못하시며 패역을 차마 보지 못하시거늘"(합 1:13)이라고 말합니다.
Assurance(로마서 강해 2), p. 33

죄 가운데 있는 인간은 전능한 하나님을 대적하는 피그미에 불과합니다. 그는 원자탄과 맞붙어 싸우려는 파리에 불과합니다.
Banner of Truth, Issue 275(배너 오브 트루스 정기 간행물)

죄 가운데 빠진 모든 그리스도인들은 어리석은 자입니다.

The New Man(로마서 강해 3), p. 27

이렇게 계시된 하나님의 진노에는 어떤 교훈이 담겨 있습니까? 그 교훈은 다음과 같이 요약될 수 있습니다. 죄에 대한 하나님의 진노가 지금 즉각적으로 나타날 수 있다는 것입니다. 저는 역사를 통해서 이것이 종종 발생했으며, 항상은 아니지만 지금도 여전히 발생하고 있음을 설명하였습니다. 또한 하나님의 진노가 연기되는 경우도 있습니다. 디모데전서에는 이것에 관한 바울의 매우 흥미로운 진술이 있습니다. "어떤 사람들의 죄는 밝히 드러나 먼저 심판에 나아가고 어떤 사람들의 죄는 그 뒤를 따르나니"(딤전 5:24). 이것은 다른 많은 구절들 가운데 하나님의 진노를 의미하는 한 구절입니다. 이것은 어떤 사람들의 죄는 분명히 드러나는 반면 다른 사람들의 죄는 감추어지는데, 여러분이 그 이유를 잘 알 수 없다는 것만을 의미하지는 않습니다. 그것은 형벌을 의미합니다. 어떤 죄는 밝히 드러나고 하나님께서 벌하시는 것입니다. 두 사람이 동일한 죄를 저지를 수 있습니다. 그때 한 사람은 즉각적으로 육체적 결과를 당하지만, 다른 사람에게는 아무 일도 일어나지 않습니다. 이런 경우에 하나님께서는 첫 번째 사람을 즉시 벌하시는 한편, 다른 사람에게는 그 형벌을 연기하시는 것입니다.

The Gospel of God(로마서 강해 7), p. 350

원죄 original

저의 본성이 오염되었습니다. 이 타락한 본성에는 죄를 향한 욕구가 있습니다. 저의 행동뿐만 아니라 본성 역시 죄악 된 것이 되었습니다. 바로 이것이 죄를 단지 행위로만 생각하는 죄 없는 완전주의자들이 딱할 정도로 잘못된 길을 가는 이유입니다. 내가 어떤 행위를 하기 이전에 이미 나의 본성이 오염된 것입니다. 우리 안에는 죄악적인 성벽이 있으며, 우리는 이것으로부터 구원받아야 합니다. 성경에 의하면 구세주이신 주 예수 그리스도께서 이 문제를 해결하셨습니다. 주님은 우리를 죄책과 죄의 권세로부터 구원하실 뿐만 아니라 죄의 지독한 오염으로부터도 구원하십니다. 바로 이것이 우리 안에 계신 성령님의 특별한 사역입니다.
The Love of God(요한일서 강해 4), p. 14

죄성을 지닌 유한한 존재로서 여러분과 저는 지금 이 세상에서 한 가지 문제에 직면해 있습니다. 하나님께서 왜 죄를 허용하시는 것입니까? 이 질문에 대한 대답은 오직 한 가지뿐입니다. 우리는 그것에 대해 모른다는 것입니다. 우리가 아는 것은 하나님께서 죄를 허용하셨다는 것입니다. 그렇지 않았다면 죄는 발생하지 않았을 것입니다. 하나님께서 왜 그렇게 하시는지 우리는 알지 못합니다. 그것은 설명할 수 없는 문제입니다. 그러나 우리가 영광 중에서 하나님을 얼굴과 얼굴로 보고 만나게 될 때, 이 모든 것이 분명해질 것입니다.
Great Doctrines of the Bible(교리 강해 1), p. 100

권세 power

죄는 단지 약점이나 부정적인 것이 아니라 실제로 가장 강한 인간의 본성까지도 압도하고 현혹시키는 강력한 힘입니다.
Old Testament Evangelistic Sermons(구약을 사용한 복음 설교), p. 76

현대인들은 하나님과 기독교를 믿지 않습니다. 그러면서도 하나님과 기독교와 완전히 절교하지는 않습니다. 그들은 도움이 필요할 때는 강력하고도 두려운 하나님의 이름을 사용합니다. 필요할 때만 기독교를 꺼내어 사용한 다음에 다시 처박아 둡니다. 그들은 실제로는 기독교를 믿지 않으며 진심으로 하나님을 예배하지 않습니다.
Old Testament Evangelistic Sermons(구약을 사용한 복음 설교), p. 93

우리 주님의 폭로에 의하면, 죄는 지옥 문까지 우리를 따라올 뿐만 아니라, 그것이 가능하다면 천국 문 앞까지 따라오는 지독한 것입니다.
Studies in the Sermon on the Mount(산상설교 2), p. 21

인간의 본성은 너무나 죄악적이어서 아무리 순수하고도 훌륭한 교훈도 사람들에게 해악을 입힐 수 있습니다. 그들은 그것을 왜곡해서 먹이고 흡족해하며 히죽 웃습니다. 죄는 심지어 우리를 이전보다 더 나쁘게 만들고 결국 해하기 위해서 하나님의 계명까지도 왜곡시킵니다.

God's Way Not Ours(우리의 방법이 아닌 하나님의 방법), p.68

교회는 언제든지 모든 종류의 죄의 출현에 대해 민감해야 합니다. 죄는 자본주의 사회에서 공산주의만큼이나 무서운 것이 될 수 있습니다. 그것은 가난한 사람만큼이나 부자에게서도 지독한 것이 될 수 있습니다. 죄는 모든 종류의 사회에서 나타날 수 있으며, 모든 유형과 단체에서도 동일하게 발생할 수 있습니다.

Studies in the Sermon on the Mount(산상설교 1), p.156

자기 자신이 죄로부터 완전히 자유로우며 절대로 단 하나의 죄도 짓지 않는다고 말하는 사람은, 어느 정도이든지 죄의 의미를 오해하는 죄에 빠진 사람입니다.

The Law:Its Functions and Limits(로마서 강해 4), p.199

죄와 하나님은 영원히 적대적입니다. 하나님께서는 모든 존재를 통해 죄를 혐오하고 형벌하십니다.

God's Sovereign Purpose(로마서 강해 9), p.211

죄 가운데 사는 삶은 우리에게 무엇을 시사합니까? 그것은 죄가 없는 행복하고도 건강한 삶이 우리에게 있음을 암시합니다. 그러므로 우리는 반드시 그것을 누리기 위해 영적으로 건강해야 합니다.

Banner of Truth, Issue 275(배너 오브 트루스 정기 간행물)

죄를 단지 행동으로만 생각하는 것보다 더 큰 잘못은 없습니다. 우리가 죄를 실제로 행한 어떤 행위로만 생각하는 한 이 교훈을 이해할 수 없을 것입니다. 성경은 본질적으로 죄가 하나의 경향disposition이라고 가르칩니다. 그것은 마음의 상태입니다. 그러므로 결국 죄는 궁극적으로 자기 숭배와 자기 찬미라고 요약할 수 있습니다. *Studies in the Sermon on the Mount*(산상설교 2), p.22

공포 terror

너무나 위험하고 유해한 독사나 살모사 같은 뱀들은, 입술 천장에 있는 주머니에 독을 숨기고 있습니다. 이 주머니는 수평으로 놓여 있는 엄니와 가까운 위턱에 있습니다. 독사는 먹잇감을 공격할 때 머리를 뒤로 젖힙니다. 그리고는 먹잇감을 향해 돌진한 다음에 이 엄니들을 사용하여 먹잇감을 물어뜯습니다. 바로 그때 엄니 가운데 하나가 이 독이 가득한 주머니를 눌러서 독을 퍼뜨리는 것입니다. 그러면 상처를 입은 먹잇감의 혈관에 이 독이 퍼져 이내 죽고 맙니다. 이와 같이 성경은 독사가 그의 독을 가지고 어떻게 먹잇감을 사냥하는지에 대해 정확하고도 과학적으로 설명합니다.

The Righteous Judgement of God(로마서 강해 8), p.211

여러분은 사도 바울이 어떻게 이 죄를 의인화하고 있는지 알고 계십니까? 그는 이렇게 말합니다. "한 사람으로 말미암아 죄가 세상에 들어오고"(롬 5:12). 죄가 문을 열어젖혔습니다. 죄가 '들어온' 것입니다. 죄가 의인화되어 있습니다. 나중에 그는 죄가 '왕 노릇 한다'고 말합니다. 이것은 무엇을 의미합니까? 죄란 단순히 어떤 자격의 결핍이나 부정적인 상태가 아니라 능동적이고도 적극적이며 무엇인가를 수행하는 어떤 것이라고 진술하는 사도 바울의 방식입니다. 그것은 '들어오고 왕 노릇 하고 다스리고 지배하는' '엄청난 활동을 나타내는 어떤 것입니다. 여기서 우리는 의심의 여지 없이 비성경적인 견해와는 완전히 모순되는 진술을 발견합니다. 죄의 의인화는 성경적 교훈의 특징입니다. 죄가 마귀라는 인물을 통해 세상에 들어온 것은 놀랄 일이 아닙니다. 물론 죄에 대한 비성경적인 견해는 마귀의 존재도 믿지 않습니다. 그런 견해를 가진 사람들은 마귀와 같은 종류의 모든 개념을 어리석은 생각이라고 조소하고 비웃습니다. "아직도 여전히 마귀를 믿다니, 그들은 어찌나 상상력이 풍부한지요!"라고 말합니다. 그러나 여기서 사도 바울은 죄를 설명할 수 있는 충분한 원인이 있어야 한다는 것을 설명하고 있습니다. 그래서 그는 죄를 의인화해서 그런 방식으로 세상에 들어왔다는 것을 상기시키고 있는 것입니다. *Assurance*(로마서 강해 2), p. 193

죄에 대한 지식을 가지고 있다고 해서 죄를 짓지 않는 것은 아닙니다. 실제로 사람들이 죄에 대해 많이 알면 알수록 그것을 저지르고 싶은 유혹을 더 많이 받을 것입니다. *Assurance*(로마서 강해 2), p. 294

용서받을 수 없는 죄 unpardonable
여러분이 단지 성령을 훼방하는 죄를 저지를지도 모른다는 생각으로 걱정하는 것은 성령 훼방죄를 짓는 것이 아닙니다. 여러분은 단순히 그것에 관해 걱정하고 있기 때문입니다. *The Christian Warfare*(에베소서 강해 7), p. 261

여러분이 그런 죄를 지었다고 생각하면서 두려워하는 것은 여러분이 그렇지 않다는 것을 증명해 줍니다. *Life in God*(요한일서 강해 5), p. 138

성령을 훼방하는 죄를 지은 사람은 용서에 대해 관심이 전혀 없는 사람입니다. 그는 하나님의 은혜와 복음을 조롱할 뿐입니다. *The Sons of God*(로마서 강해 5), p. 230

저는 자신의 영혼의 구원에 대해 걱정하고 있다고 말하는 모든 사람에게 항상 "당신은 신자입니다. 만일 당신이 신자가 아니라면 구원에 대해 걱정하지 않을 것이기 때문입니다"라고 말합니다. 거짓 신자들은 절대로 걱정하지 않습니다. 그들은 이렇게 말합니다. "주님이여, 주님이여, 우리가 이것을 행하고 저것을 행하지 않았습니까?" 그들은 교회 안에서 매우 활동적이고 바쁜 사람일 수도 있습니다. 그렇지만 그들은 전혀 걱정하거나 고민하지 않을 뿐만 아니라 더 나아가 자기 자신을 점검하고 시험하게 만드는 설교를 대단히 싫어합니다.
The Final Perseverance of the Saints(로마서 강해 6), p. 332

죄과 Guilt

속죄는 죄과를 제거하는 것입니다. *Great Doctrines of the Bible*(교리 강해1), p.302

죽음 : 사후의 생명 Death : Afterlife

우리는 언제 어느 때 죽음이 우리를 방문할지 모르며, 그 후에는 아무것도 할 수 없기 때문에 반드시 죽음을 준비해야 합니다. 그리고 그렇게 준비했다면, 우리가 죽음에 다다를 때까지 어떻게 살아야 할지를 생각해야 합니다.

Authentic Christianity(사도행전 강해 1), p.170

폭탄이 떨어지게 하십시오. 전쟁이 발생하게 하십시오. 질병과 악성 전염병이 땅을 강타하게 하십시오. 죽음이 다가오게 하십시오. 이것들이 다 무엇입니까? 승천입니다! 하나님과 함께 거하는 것입니다. 나의 옛 육체가, 이 굴욕의 몸이, 이 약한 몸이, 이 질병의 몸이, 이 사망의 몸이 거룩하게 되고 변화되며 영화롭게 되어 그리스도의 부활의 몸과 같이 되는 것입니다. 그리고 이 새롭게 영화된 몸으로 하나님과 영원히 함께 거하기 위해 하나님의 복스러운 실재로 진입하는 것입니다. 이들이 '마음을 같이하여 성전에 모이기를 힘쓰고'(행 2:46) 기도하기에 힘썼던 이유는 바로 이 모든 사실들을 알고 있었으며, 기쁨으로 충만해 있었기 때문입니다.

Authentic Christianity(사도행전 강해 1), p.198

여기 이 모든 것 위에 우리는 결코 잘 죽을 수 없는 우리의 무능력을 경험합니다. 모든 사람들이 죽습니다. 영광스럽고 장엄하고 훌륭한 죽음도 있습니다. 그럼에도 우리는 그것을 성취할 수 없습니다. 죽음은 정말이지 무시무시한 공포와 같습니다. 모든 사람(그리스도 밖에 있는 모든 사람)에게 있어서 죽음이란 혐오스럽고 지긋지긋하며 생각하기도 싫고 기억하기도 싫은 어떤 것입니다. 결국 그들이 죽음에 직면하게 되면, 그들은 정말이지 어찌할 바를 모르고 당황합니다. 그들은 버려지고 절망하며 온몸이 마비된 채, 사도 바울처럼 "내게 사는 것이 그리스도니 죽는 것도 유익함이라"(빌 1:21)라고 말할 수 없게 됩니다.

Authentic Christianity(사도행전 강해 1), p. 229

중요한 문제는 여러분의 몸이 어떻게 처리되는가에 관한 것이 아닙니다. 중요한 것은 여러분의 영혼의 운명입니다. *Authentic Christianity*(사도행전 강해 1), p. 294

사람이 자기가 정말 죽을 때가 가까워 왔음을 아는 것과, 그가 논쟁하고 판단하고 심지어 변호했던 복음이 자신에게 아무런 도움이 되지 않는다는 것을 깨닫는 것은, 정말이지 소름 끼치도록 무서운 일입니다. 왜냐하면 그는 전혀 복음을 이해하지 못했기 때문입니다. 그에게 있어서 그것은 단지 지적인 취미 활동이었을 뿐입니다. *Spiritual Depression*(영적 침체와 치유), p. 57

영향 affects

여러분이 죽을 때 여러분의 순수한 영혼은 육체에서 나와 하나님의 심판대 앞에 서게 됩니다. 그 영혼은 하나님께서 그분의 영광을 위하여 사용하도록 우리에게 주신 것이기 때문에 하나님 앞에서 자신의 삶을 설명하게 될 것입니다. 그리고 하나님께서는 그 영혼으로 우리가 무엇을 행하였는지 우리를 심사하실 것입니다. 우리는 바로 그런 의미에서 심판을 받게 될 것입니다.

Love so Amazing(골로새서 강해), p. 80

성경은 너무나 분명하게 우리가 죽음 이후에 부활할 때까지 의식적인 존재로 활동할 것에 대해 가르치고 있습니다. *Great Doctrines of the Bible*(교리 강해 3), p. 70

사람이 오직 믿음으로 말미암는 칭의 교리를 온전히 이해할 때만 죽음과 심판의 공포에서 해방될 수 있습니다. *Assurance*(로마서 강해 2), p. 21

그리스도인이 죽을 때, 그의 영은 그리스도와 함께 거하게 됩니다. 이것은 너무나도 확실합니다. 요한계시록 20장을 잘 이해한다면, 불신자는 이것을 경험하지 못한다는 것을 알 수 있습니다. 그에게는 죽음 이후에 이 부분이 없습니다. 그에게는 '첫째 부활'이 없습니다. 이 표현은 거듭난 신자가 죽을 때 영혼이 즉시 '그리스도와 함께 거하기' 위해 하늘로 올라간다는 사실을 의미합니다. 이것은 오직 신자에게만 발생하는 진리입니다.

The Final Perseverance of the Saints(로마서 강해 6), p.85

주 예수 그리스도께서는 우리가 극도로 고통스러운 위기에 처한 순간에 우리를 도와주시기 위해서 자신을 나타내십니다. 많은 사람들이 가장 큰 위기인 죽음 바로 직전에 이것을 증거했습니다. 주님께서 갑작스럽게 그들에게 나타나셨고, 임종을 맞는 사람의 침대 곁에 있던 많은 사람들이 그들의 얼굴에 미소를 띠고 죽는 모습을 목격했습니다. 저 역시 한때 지독한 죄인이었던 78세의 노인이 막 세상을 떠나려던 그날을 기억합니다. 그의 침상 곁에 있던 저는 그 장면을 잊을 수가 없습니다. 그는 갑자기 주님을 분명하게 만나게 되었고, 두 손을 높이 뻗으면서 이렇게 말했습니다. "오, 주여 내가 갑니다!"

The Christian Soldier(에베소서 강해 8), p.123

삶의 철학이 나의 죽음에 도움을 주지 못한다면, 그것은 어떤 의미에서 나의 삶에도 도움을 주지 못하는 것입니다.

Banner of Truth, Issue 275(배너 오브 트루스 정기 간행물)

제가 늙어 노인이 된다면, 죽을 때가 가까워 온다면, 그리고 제가 진정한 그리스도인이라면, 저에게 있어서 죽음은 단지 영광스러운 새 생명의 입구가 될 것입니다. 테니슨의 시에 나타난 묘사는 그 무엇보다도 그리스도인의 죽음과 대조적입니다.

"해는 지고 저녁 별 빛나는데

죽음
:사후의 생명

나를 부르는 또렷한 목소리,

내 멀리 바다로 떠날 적에

모랫벌의 슬픈 울음 없기를."

결코 그렇지 않습니다! 위대한 시인에게는 이것이 가능할지 모르겠지만, 그리스도인다운 자세는 결코 아닙니다. 그리스도인은 죽을 때 미지의 바다로 떠나지 않습니다. 그리스도인은 죽을 때 찰스 웨슬리처럼 이렇게 노래합니다.

"천국의 안내길로 안전히 가리니

오, 마침내 나의 영혼을 받으소서."

이것이 바로 죽음에 대한 그리스도인의 입장입니다. 그것은 집으로 돌아가는 것이며 항구를 향하는 것입니다. 그곳에서 '입구가 안내될 것' 입니다. 그것은 지도에도 없는 미지의 바다로 출항하는 것이 아닙니다. 그것은 희미하고도 어슴푸레한 미지의 세상이 아닌 것입니다. 죽음은 천국으로, 즉 우리의 고향으로 돌아가는 입구입니다. 이 모든 것이 무엇을 의미합니까? 그것은 그가 하나님을 알기 때문에 그렇게 죽을 수 있음을 의미합니다. 그는 하나님을 더욱더 잘 알기 위해 노력해 왔습니다. 그는 그리스도를 알고 있습니다. 그는 자신이 어디로 가고 있는지를 아는 사람입니다. 그는 죽을 때 그리스도께서 함께하시기 때문에 결코 외롭지 않습니다……따라서 죽음의 두려움은 사라집니다. 그는 자신이 어디로 가고 있는지, 누구에게로 가고 있는지를 정확히 알고 있기 때문에 이 죽음을 반대하지 않습니다. 더 나아가 그는 '융숭한' 입장을 생각하고 있는 것입니다.

Expository Sermons on 2 Peter(베드로후서 강해), pp.50-51

신자 believer

신약성경을 보면, 특별히 복음서를 읽을 때 여러분은 죽음에 대하여 이 세상이 전에 한 번도 알지 못했던 전혀 새로운 조망을 갖게 됩니다.

The Life of Joy(빌립보서 강해), p.99

여러분은 신약성경에서 우리 그리스도인들에 대하여 '죽는다' 고 말하지 않고

'잠잔다'고 표현하고 있는 것을 알고 계십니까?

The New Man(로마서 강해 3), pp.123-124

여러분과 제가 그리스도 안에 있다면, 마지막 종말이 올 때, 최후의 죽음의 강을 건널 때, 우리는 천사들에게 받들려 천국으로 옮겨질 것입니다. 그것이 바로 그리스도인이 맞이하는 죽음의 의미입니다. *The Life of Joy*(빌립보서 강해), p.105

구원의 진리를 깨닫고 있는 사람이라면, 주 예수 그리스도께서 친히 하신 일이 무엇인지를 알고 있는 사람이라면, 누구든지 사망의 권세에서 구원받을 뿐만 아니라 사망의 두려움에서도 구원을 받을 것입니다. 그는 마귀가 우리 마음을 유혹하는 것과 유혹할 수 있는 모든 종류의 두려움에서 해방될 것입니다.

Liberty and Conscience(로마서 강해 14), p.123

저는 어떤 그리스도인의 죽음을 기억합니다. 저는 그분의 이름조차 기억할 수 없지만······그는 자신을 돌보던 의사에게 이렇게 말했습니다. "내가 병에서 회복하는 것보다 당신이 회개하고 주님을 믿는 것이 더욱 중대한 일입니다. 내가 죽으면 하나님께로 가겠지만, 만일 당신이 회개하지 않는다면 당신은 멸망당할 것입니다."

Liberty and Conscience(로마서 강해 14), p.127

그리스도인은 사도 바울처럼 죽음을 맞이해야 하며, 다음과 같이 말해야 합니다. "내게 사는 것이 그리스도니 죽는 것도 유익함이라", "너희를 떠나 그리스도와 함께 거하는 것이 훨씬 좋으나." 그리스도인은 자신의 영원한 고향, 즉 하나님의 임재 속으로 진입하는 것입니다. 심지어 그리스도인은 영광스럽게 죽을 뿐만 아니라 죽음으로 승리합니다. 그는 자신이 어디로 가고 있는지를 잘 압니다. 그는 죽음을 두려워하지 않습니다. 그의 죽음에는 일종의 기대가 있습니다. 그리스도인의 죽음에는 항상 특별한 무엇인가가 있는 것입니다.

Studies in the Sermon on the Mount(산상설교 1), p.318

죽음
:사후의 생명

두려움 fear

오늘날의 세상은 항상 그래 왔던 것처럼 죽음의 공포에 휩싸여 있습니다.

Assurance(로마서 강해 2), p. 260

그리스도 밖에 있는 사람에게 죽음은 파괴적인 것입니다. 그것은 모든 것의 종말을 의미합니다.

Assurance(로마서 강해 2), p. 259

죽음은 언제든지 비생산적입니다.

Assurance(로마서 강해 2), p. 233

불가항력 inevitability

우리는 항상 젊음을 유지하기 위해 노력하고 죽음과 맞서 싸웁니다. 그러나 여러분은 1년이나 2년 정도 죽음을 연기시킬 수는 있겠지만 그것을 회피할 수는 없습니다. 죽음이 큰 낫과 같이 하루하루 가까이 오다가 결국 불가항력적으로 여러분의 문을 두드리면서 "가시오"라고 소리치는 날, 여러분 모두는 죽음이라는 문을 향해 움직일 수밖에 없음을 잘 알고 있을 것입니다.

Authentic Christianity(사도행전 강해 2), p. 184

사실상 인간이 죽어야 할 필요는 없었습니다. 만일 인간이 하나님께 순종했다면, 그리고 하나님과 교제하는 삶을 계속 살았다면, 그는 신체적 죽음을 맛보지 않았을 것입니다. 따라서 인간이 죽지 않는 것은 가능한 일이었습니다. 그러나 타락으로 말미암아 인간이 죽지 않을 수 있는 가능성은 사라지고 말았습니다. 이것을 라틴어로 이렇게 표현합니다. 본래 인간은 '죽지 않을 능력이 있는 존재 posse non mori'였습니다. 그러나 이제는 '죽지 않을 능력이 없는 존재 non posse non mori'가 되었습니다. 이제 인간은 반드시 죽어야 합니다. 특별한 섭리가 없는 한, 인간이 죽지 않는 것은 불가능합니다.

Great Doctrines of the Bible(교리 강해 1), pp. 186-187

준비 | preparation

여러분은 어떻게 죽을지 준비하고 있습니까?

Old Testament Evangelistic Sermons(구약을 사용한 복음 설교), p.189

저는 인류가 죽음을 병적인 것으로 치부하는 것보다 더 어리석은 생각은 없다고 믿습니다. 사실에 직면하기를 거부하는 자는 어리석은 사람입니다.

Banner of Truth, Issue 275(배너 오브 트루스 정기 간행물)

물론 우리 가운데 임종의 시간이 불행하기를 바라는 사람은 단 한 사람도 없습니다. 우리는 이 영광스러운 구원의 복을 즐거워하기를 소원합니다. 예, 맞습니다. 그러나 우리가 의로운 사람으로 죽기를 원한다면, 우리의 삶도 반드시 의인의 삶이어야 합니다. 이 두 가지는 항상 함께 가는 것입니다.

Studies in the Sermon on the Mount(산상설교 1), p.89

우리는 건강보험이나 생명보험을 들라고 설득하는 사람들에게 화를 내지 않습니다. 그것이 아주 탁월한 지혜인 것처럼 인정됩니다. 어떤 사람은 이렇게 말합니다. "당신은 이런 위험을 감수하지 않겠지요? 당신의 집이 화재로 다 불타 버릴지 어떻게 압니까?" 또 다른 사람은 이렇게 말합니다. "이렇게 발생할지도 모르는 일을 위해 미리 대비하는 것은 얼마나 지혜로운 일입니까?" 오늘날의 현대인들이 그토록 자랑하는 것 가운데 하나가 그들이 대비하고 있다는 것이며, 거의 모든 부분을 스스로 보호하고 있다는 것입니다. 그러나 가장 확실하고도 근본적이며 중대한 피보험자의 의무, 즉 보험을 든 사람이 마땅히 해야 할 일에 직면하게 되면, 그들은 모든 보험 과정을 취소하고, 심지어 보험에 따르는 의무와 중요성을 말하면서 그것을 준비하라고 요구하는 사람에게 화를 내기까지 합니다.

The Life of Joy(빌립보서 강해), p.98

현대인들은 실제로 자신의 죽음 이외의 모든 일들을 준비하고 조정합니다. 심지

죽음
:사후의 생명

어 그는 자신의 장례식까지도 미리 예약합니다. 그러나 그것이 죽음 자체를 예비하는 것은 아닙니다. 그는 자신의 매장을 포함한 모든 것을 위해 보험을 계약하지만 그 무엇보다도 가장 중요한 죽음 그 자체에 대해서는 아무것도 하지 않습니다. 그는 절대로 그것에 주의를 기울이지 않습니다. 바로 이것이 모든 현대인들의 비극이자 실패의 궁극적 원인입니다.

I am Not Ashamed(내가 자랑하는 복음-), pp. 188-189

여러분이 어떻게 죽을지를 생각해서는 안 됩니다. 여러분은 여러 가지 가정이나 소원 또는 요구들을 주장해서는 안 됩니다. 그 모든 것을 그분에게 맡기십시오. 그분이 주관하십니다. 그러면 그분은 여러분을 천사들의 날개로 받들어 하나님의 임재 안으로 들이실 것입니다.

Liberty and Conscience(로마서 강해 14), p. 109

죄 sin

죽음은 죄의 직접적인 결과입니다. 그것은 죄에 대한 처벌이므로 형벌적입니다. 그것은 결코 인간의 체질 가운데 하나가 아닙니다.

Assurance(로마서 강해 2), p. 195

불신자 unbeliever

저는 우리가 해야 하는 가장 어려운 일 가운데 하나가 신자가 아닌 소중한 사람이나 가족이 병들거나 죽었을 때 위로의 편지를 쓰는 일이라고 생각합니다.

The Life of Joy(빌립보서 강해), p. 90

인생의 말년에 자신이 얼마나 잘못된 삶을 살아왔는지를 깨닫는 것보다 더 비극적인 일은 없습니다.

Studies in the Sermon on the Mount(산상설교 2), p. 106

사람들에게 지성적인 질문을 던지면 그들은 쉽게 대답합니다. 그러나 우리가 그들에게 삶과 죽음의 문제를 질문하면 그들은 쉽게 대답하지 못합니다. 그렇다면 우리는 그들에게 삶과 죽음의 의미에 대해 질문해야 합니다.

Banner of Truth, Issue 275(배너 오브 트루스 정기 간행물)

지각 Perfection

여러분이 빛에 가까이 가면 갈수록 어둠을 더 많이 느끼게 될 것입니다.

The Sons of God(로마서 강해 5), pp. 187-188

지성 Mind

여러분이 그리스도인으로 살기 위해서는 반드시 여러분의 지성을 복종시켜야 합니다. 그리고 "물론 나는 그것을 이해할 수 없습니다. 나의 모든 본성이 그것을 반대합니다. 다만 내가 할 수 있는 한 가지 일은, 하나님께서 우리에게 주기를 기뻐하셨던 계시의 말씀 앞에 나를 복종시키는 것뿐입니다"라고 말해야만 합니다.

Assurance(로마서 강해 2), p. 251

그리스도인이 아니었던 어떤 사람이 이제 회심하고 그리스도인이 되었다고 생각해 보십시오. 어떤 의미에서 그의 지성은 예전과 동일할 것입니다. 지성적 능력이 부족하고 둔한 사람이 단지 그리스도인이 되었다는 이유로 갑자기 변해서 천재가 되지는 않습니다! 어떤 사람들은 그렇게 되어야만 한다고 생각하는 것 같습니다만, 그것은 아주 잘못된 생각입니다. 여러분의 재능과 능력들이 거듭났다고해서 갑자기 변하지는 않습니다. 여러분의 재능은 과거에 가지고 있던 것과 동일하며, 여러분의 지성도 생각하고 논증하며 논리적인 의미에서 이전과 동일합니다.

Christian Conduct(로마서 강해 12), p. 106

그들의 문제점은 그들이 거의 악마같이 영리하다는 것입니다. 문제는 그들의 지성이 아니라 그 지성을 조종하는 것입니다. 사람의 진정한 문제는 모든 것을 결정하고 조종하며 통치하는 본질적이고도 궁극적 권세로서의 '그 사람 안에 있는 영'입니다. 그러므로 마음 그 자체가 아니라 모든 과정을 결정하는 마음의 내적 원리가 새롭게 되어야만 합니다. 지성의 방향이 통제되어야 하며 새롭게 변

지성 | 화해야만 합니다. *Christian Conduct*(로마서 강해 12), p.107

지성은 기차의 증기 기관과 비유할 수 있습니다. 증기 기관을 보십시오! 증기 기관에는 엄청난 힘이 있습니다. 그 기차가 선로 위에 서서 한 방향을 향하고 있습니다. 사도 바울은, 여러분이 반드시 기차역에 있는 전차대가 반대 방향을 향하도록 전차대의 엔진 스위치를 켜야 한다고 말하고 있습니다. 이것은 분명히 동일한 힘을 가진 동일한 엔진임을 기억하십시오. 그러나 기차는 이제 완전히 다른 방향으로 갈 준비가 되는 것입니다. *Christian Conduct*(로마서 강해 12), p.107

이성과 지성은 인간이 소유한 최고의 능력입니다. 이것은 의심의 여지 없이 인간 안에 있는 하나님의 형상 가운데 하나입니다. *Faith on Trial*(믿음의 시련), p.75

인간이 가진 최고의 은사는 바로 지성이라는 능력입니다. 이것은 인간이 본래부터 타고난 재능의 일부분으로서 동물과 인간을 구별해 줍니다. 동물은 주로 본능에 의해 행동합니다. 그러나 인간은 생각이라는 신비한 능력을 가지고 있으며, 객관적인 생각을 하는 능력, 자기 자신을 객체로 보는 능력, 논증하고 논쟁하는 능력뿐만 아니라 사물을 고찰하고 스스로 논리적일 수 있는 능력까지 있습니다. 이 모든 것들이 다 본래 주어진 인간의 재능의 일부분이며, 의심의 여지 없이 인간에게 주시는 하나님의 선물입니다.
The Christian Warfare(에베소서 강해 7), p.83

만일 여러분이 그리스도인이 아니라면 여러분의 지성을 믿지 마십시오. 여러분이 그렇게 한다면, 그것은 가장 위험한 일이 될 것입니다. 그러나 여러분이 그리스도인이 되면, 여러분의 지성이 올바른 자리에 돌아올 것이며, 여러분은 이성적인 존재가 될 것입니다. *Studies in the Sermon on the Mount*(산상설교 2), p.105

우리의 지성은 절대로 자유로울 수 없습니다. '자유로운 생각'이라는 것은 없습니다. 그것은 언제까지나 전적으로 불가능한 일입니다. 저는 영국 합리주의언론협회the Rationalist Press Association가 인간의 지성이 자유롭다고 주장한다는 것을 잘 알고 있습니다. 그렇지만 그것은 죄 가운데 있는 인간의 애처로운 망상일 뿐입니다. 지성은 그 본성상, 그리고 죄의 결과로 말미암아 항상 세상과 세상의 가치관에 의해 조종당하게 되어 있습니다. 그리스도인과 그리스도인이 아닌 사람의 차이점은, 그리스도인이 아닌 사람의 지성이 세상에 지배를 당하는 것에 반하여, 그리스도인의 지성은 '변화' 되었고 성령에 의하여 새롭게 '갱신' 되었다는 것입니다. 그리하여 그리스도인은 과거에는 할 수 없었던 일을 이제 영적 방식으로 생각할 수 있게 되었습니다. *The Unsearchable Riches of Christ* (에베소서 강해 3), p.292

지식 Intellect

하나님께서는 지성적으로 혼란에 빠져 있는 사람들까지도 사용하실 수 있는 분입니다. *God's Sovereign Purpose* (로마서 강해 9), p.153

오, 지력에 대한 현대인들의 자신감이 어찌나 어리석은지요! *Authentic Christianity* (사도행전 강해 2), p.194

지적인 교만은 인간의 자아가 자랑하는 최후의 요새입니다. *Banner of Truth*, Issue 275 (배너 오브 트루스 정기 간행물)

지식주의자들은 머리만 있고 몸뚱이는 없는 올챙이와 같습니다. *Banner of Truth*, Issue 275 (배너 오브 트루스 정기 간행물)

지옥 : 마귀와 귀신 들림, 영원한 형벌, 복음화되지 않은 자들

Hell : Devil and Demonism, Eternal Punishment, Unevangelised

로이드 존스는 목회 사역을 통하여 영원한 지옥의 실재를 위해 논쟁했고, 지옥 멸절설과 만인구원론을 배격했습니다.

나는 걸어서 지옥에 가느니 절뚝거리더라도 천국에 가겠습니다.

Banner of Truth, Issue 275(배너 오브 트루스 정기 간행물)

분류 division

성경은 인류를 구원받은 자와 유기된 자, 즉 하나님과 함께 거할 자들과 영원토록 하나님의 임재로부터 분리될 자로 분류합니다. 전자는 천국에 갈 것이며 후자는 지옥에 가게 될 것입니다. 이것은 우리 주님께서 가르치신 것으로서, 구약성경에도 있으며 신약성경에도 기록되어 있습니다. 성경 도처에 있는 것입니다.

God's Sovereign Purpose(로마서 강해 9), p.159

기간 duration

지옥은 하나님과 하나님의 모든 거룩(로마서 1장 21-24절에 묘사된 상태보다 좀 더 과장해서 끝없이 영원히 살게 될)으로부터 단절된 상태의 삶입니다. 달리 말하면, 지옥은 사람들이 지금 살고 있는 삶보다 더 악화된 상태로 영원히 살게 될 상태를 말합니다. 바로 이것이 지옥입니다. 이것보다 더 나쁜 삶을 상상이나 할 수 있겠습니까? 그것은 남자와 여자, 온 인류가 아무런 통제 없이 살다가 결국 하나님으로부터 버림받게 되는 삶입니다. 하나님께서 그들을 '내버려 두신 것'입니다. 하나님께서는 그들을 영원토록 버려두실 것입니다. 그래서 그들은 자신들 안에 있는 모든 더러움과 무가치함 그대로 살게 될 것입니다.

The Gospel of God(로마서 강해 7), pp.392-393

성경은 끊임없이 그러한 방식으로 신자와 불신자의 운명을 대조시키는데, 각각의 경우에 동일한 단어가 적용되었습니다. 신자에게도, 불신자에게도 동일하게 '영원'이라는 단어가 적용된 것입니다. 따라서 성경에 영원한 멸망이라는 개념이 없다면, 영원한 생명이라는 개념도 없을 것입니다. 만일 그렇다면 신자에게 약속된 모든 약속들도 잠시 존재하다가 모두 끝날 것입니다.

Great Doctrines of the Bible(교리 강해 3), pp.73-74

사도 바울은 여기서 제한된 시간 동안, 예를 들면 그들이 1년이나 2년 또는 1백 년이나 2백 년 또는 1천 년이나 2천 년 동안 고통과 괴로움 가운데 살다가 그 후에는 완전히 멸절될 것이라고 말하지 않습니다. 신약성경은 조건적인 불멸성을 말하지 않습니다. 사도 바울은 단지 한 무리가 영원한 생명에 들어갈 것이며, 다른 무리는 영원한 고통과 괴로움에 들어갈 것이라고 말합니다. 그들은 모두 바로 그러한 상태로 존재하게 될 것입니다. 바울은 영원에 끝이 있다고 말하지 않으며, 성경 어디에서도 그러한 개념을 발견할 수 없습니다.

The Righteous Judgement of God(로마서 강해 8), p.89

죄의 삶은 하나님과 영원히 분리될 것입니다. 하나님과 분리되어서 우리들만 남겨진 채 영원토록 살게 될 것이라는 사실, 즉 '우리 주님의 임재와 그의 권세의 영광으로부터의 영원한 파멸'보다 더 무시무시하고 끔찍한 일은 없을 것입니다.

The New Man(로마서 강해 3), p.283

멸망은 문자 그대로 멸망을 의미합니다. 그것은 존재의 멸절을 의미하지 않습니다. 멸망은 영생의 반대입니다. 그것은 영원한 파멸과 같은 말입니다. 그것은 그들이 처할 '벌레 한 마리도 죽지 않고 꺼지지 않는 불'이 존재하는 그 장소를 의미합니다. 그것은 하나님의 생명으로부터 떠나 있는 사람들의 상태를 가리킵니다. 성경에는 이런 지옥에 대한 경고의 말씀이 있습니다. 그런데도 우리는 우리 자신의 위험한 상태를 무시하곤 합니다.

The Righteous Judgement of God(로마서 강해 8), p.107

예수 그리스도 Jesus Christ

만일 여러분이 지옥 교리를 좋아하지 않는다면, 여러분은 예수 그리스도를 반대하는 것과 같습니다. 하나님의 아들이신 그리스도는 지옥을 믿었습니다. 그리스도께서는 죄의 참된 본질을 폭로하시면서 바로 그 죄가 사람들을 지옥으로 이끌게 될 것이라고 가르치셨습니다.

Studies in the Sermon on the Mount(산상설교 1), p.235

우리 주님보다 이 교리를 더 분명하게 가르친 분은 없습니다. 바로 이것이 "그들로 하여금 영생을 얻게 하기 위해 내가 왔노라"라고 말씀하신 이유입니다.

Saved in Eternity(성도의 구원, 요한복음 17장 강해), p.130

실재 reality

저는 지옥의 공포를 없애는 복음에는 전혀 관심이 없습니다.

Faith on Trial(믿음의 시련), p.120

현대인들이 뭐라고 말하든지 간에 지옥은 실재합니다. 현대인들은 단지 추측할 뿐이며, 지옥을 모를 뿐입니다.

Love so Amazing(골로새서 강해), p.21

지옥은 고통의 장소, 고난의 장소, 비참의 장소입니다. 지옥은 악과 원한의 장소입니다. 왜 그런지 아십니까? 그것은 어떤 종류의 영원히 더럽고 추악한 일련의 계획 때문에 그렇습니다. 여러분이 더러움과 사악함이라는 지옥의 타락된 상태를 깨닫게 될 때면 여러분은 아무것도 할 수 없으며, 그저 그렇게 영원히 살 수밖에 없을 것입니다. 악은 하나님과 모든 의를 모독하며 타락시킬 뿐입니다. 지옥에 있는 자들은 고통스러워하며, 하나님의 생명의 영광과 정결함과 거룩과 그의 천사들과 그의 성자들로부터 분리된 삶을 살게 될 것입니다.

God's Way Not Ours(우리의 방법이 아닌 하나님의 방법), p.52

긴급성 urgency

우리는 정말 구원받지 못한 사람들이 영원한 지옥에 빠져 형벌을 받는다는 사실을 믿고 있습니까? 만일 그렇다면, 그들을 위해 관심을 가져야 하며 특별히 우리 가까이 있는 사람들에게 복음을 전해야 하지 않겠습니까?

God's Sovereign Purpose(로마서 강해 9), p.32

저는 최선을 다하여 여러분에게 지옥의 공포에 대하여 경고해야 합니다. 단지 복음에 동의하는 것에만 만족하고 복음을 즐기는 사람들은 결국 영원한 후회와 가책, 영원한 비참과 불행, 끊임없는 고통들을 맞이하게 될 것입니다. 그러나 이런 이유로 또는 다른 이유로 복음을 배반하지 않고 진심으로 받아들이는 사람이 있을 것입니다. 하나님께서는 지옥으로부터 우리를 구원하시며, 실제로 그렇게 하기 위해 기다리시는 분입니다.

Evangelistic Sermons(전도 설교), p.161

여러분이 구원을 가장 기뻐하는 때는 큰 고통으로 인해 고난받을 때입니다. 거의 죽음의 문턱에 이르렀다가 살아난 사람은 그것으로 인해 가장 기뻐할 것입니다. 지옥을 흘긋 본 사람이 천국의 영광을 가장 감사하며 기뻐하게 될 것입니다.

Assurance(로마서 강해 2), p.305

지옥멸절설 Annihilationism

만일 우리가 지옥과 영원한 심판을 믿지 않는 현대 철학의 견해와 태도를 취하면서도 동시에 하나님은 사랑이시기 때문에 모든 사람들이 종국에는 다 잘될 것이라고 믿는다면, 만일 우리가 죽음 이후에 우리의 영혼이 멸절되고 존재하지 않게 되거나, 약간의 고통의 시기를 지난 후에 자비롭게 모든 것이 종결되며 모든 것이 조건적이라고 믿는다면, 그것은 죄의 심판에 대한 우리의 믿음을 손상시키고 복음의 좋은 소식으로부터 벗어나는 것을 의미하는 것임을 직시해야 합니다.

The Gospel of God(로마서 강해 7), p.59

지혜 Wisdom

여러분은 사람에게 지식을 가르치거나 정보를 전해 줄 수 있습니다. 그러나 그를 지혜롭게 만들 수는 없습니다. 이것은 교사가 직면한 가장 어려운 과업 가운데 하나입니다. 그러나 우리가 이런 일로 인해 하나님께 기도할 수 있음을 감사합시다. 성령께서는 그것을 우리에게 주실 수 있습니다. 그래서 사도는 이를 위해 기도합니다.
The Life of Joy(빌립보서 강해), p.53

지식의 근원은 연구에 있습니다. 지혜의 근원은 분별에 있습니다. 여러분은 연구를 통해 지식을 얻을 수는 있지만 지혜를 얻을 수는 없습니다.
Great Doctrines of the Bible(교리 강해 1), p.65

지혜는 무엇입니까? 그것은 상황을 다루는 능력입니다. 사람이 엄청난 지식을 소유하고 있다고 하더라도 그에게 지혜가 결핍되어 있다면, 그 지식은 아무런 유익이 없을 것입니다.
To God's Glory(로마서 강해 11), p.259

진노 Wrath

하나님의 진노의 교리를 믿지 않는 사람들의 본질적인 문제는 그들이 하나님의 성경적 계시를 믿지 않는다는 것입니다. 그들은 자신이 만들어 낸 하나님을 가지고 있습니다. 일반적으로 하나님의 진노의 성경적 교리를 부인하는 사람들은 또한 성경적인 구속 교리와 구원 교리도 거절합니다. 그들은 매우 일관적입니다. 여러분이 하나님의 진노의 교리를 믿지 않는다면, 갈보리 언덕의 화목제물은 필요 없는 것입니다.
God's Sovereign Purpose(로마서 강해 9), p.212

이 교리에 대해 분명한 입장을 취하기 전까지는 그 누구도 구원을 찾지 않을 것입니다.
The Righteous Judgement of God(로마서 강해 8), p.93

여기 자연인이 혐오하는 교리가 있습니다. 그는 이것이 자신을 모욕하는 것이라 느낍니다. 자연인은 언제나 그렇게 해 왔습니다. 역사를 살펴보십시오. 그러면 여러분은 모든 타락과 침체의 시기에 사람들이 그런 방식으로 죄에 대하여 믿지 않았다는 것을 발견하게 될 것입니다. 그들은 하나님의 진노를 믿지 않았습니다. 아마도 기독교 신앙과 관련해서 죄의 교리와 하나님의 진노의 교리만큼 배척을 받는 교리도 없을 것입니다. *Revival*(부흥), p. 40

갈보리 언덕 위 십자가에서 우리 주님이 돌아가신 것을 통하여 죄에 대한 하나님의 진노가 근본적으로 증명되었습니다. 그것은 하나님의 사랑에 대한 최고의 현시인 동시에 하나님의 진노에 대한 최고의 표현이기도 합니다. 갈보리 언덕에는 많은 것들이 교차되어 있습니다. *To God's Glory*(로마서 강해 11), p. 53

저는 전체 성경 중에서도 가장 마지막 책인 요한계시록 6장보다 우리를 더 두렵게 만드는 말씀은 없다고 생각합니다. 사도 요한은 요한계시록 6장에서 사람들이 그리스도를 바라보면서 산들과 바위들을 향해 자신들에게로 날아와서 자신들을 가려 달라고 요청하는 모습을 그리고 있습니다. 무엇으로부터 가려 달라는 말입니까? 그의 사랑의 성육신이신 어린양의 진노로부터 가려 달라는 말입니다. 그의 진노는 모든 것 가운데서도 가장 무시무시한 진노가 될 것입니다. *Revival*(부흥), p. 41

만일 제가 하나님의 진노의 교리를 믿지 않는다면, 십자가에 달리신 그리스도의 죽음을 결코 이해하지 못할 것입니다. 그것은 아무 의미 없는 일이 되고 말 것입니다. *A Nation Under Wrath*(이사야 5장 강해), p. 173

진리 Truth

진리는 마치 정육면체와 같습니다. 그러므로 진리를 다룰 때 우리는 반드시 진리의 모든 국면을 다 살펴보아야 합니다. 그러나 인간은 무능력하여 그렇게 할 수 없습니다. 우리가 진리를 그렇게 다루지 못하는 것은 우리 대부분의 문제라는 사실을 발견하게 될 것입니다.
Faith on Trial(믿음의 시련), p.46

진리가 오직 지적인 부분에서만 드러난다면, 그것은 굳고 건조하며 메마른 것이 되고 맙니다. 그런 사람은 절대로 사랑 안에서 진리를 말할 수 없습니다.
Christian Unity(에베소서 강해 4), p.251

진리를 부정하는 것도 진리만큼이나 오래되었습니다.
Authentic Christianity(사도행전 강해 1), p.127

하나님의 진리와 참된 과학 사이에는 아무런 모순도 없습니다. 오직 하나님의 진리와 인간의 과학적 이론 사이에만 많은 모순이 있을 뿐입니다. 그러나 그러한 이론들은 참된 과학이 아닙니다. 그것들은 철학과 사변의 영역에 속하는 것입니다.
Life in the Spirit in Marriage, Home and Work(에베소서 강해 6), p.335

진화론 : 창조, 반창조론
Evolution: Creation, Anti-Creationism

지난 150년 동안 가장 크게 날조된 것은 바로 진화론이었습니다.
Banner of Truth, Issue 275(배너 오브 트루스 정기 간행물)

지난 37년 동안 저는 여러 가지 이유로 이 진화론에 관한 논쟁에 대하여 읽어야만 했습니다. 정말 이젠 진저리 날 정도입니다.
Great Doctrines of the Bible(교리 강해 1), p.136

저는 진화론을 배격해야만 하는 매우 확실한 이유 한 가지를 항상 말해 왔습니다. 그것은 만일 우리가 진화론을 수용한다면, 죄의 믿음과 속죄의 교리를 결코 설명할 수 없는 어려움에 처하게 될 것이라는 점입니다. 진리는 서로 긴밀하게 연결되어 있습니다. 하나가 다른 하나에 영향을 미칩니다. 한 가지 사실 또는 여러 가지 사실들에 대한 견해를 너무 성급히 내려서는 안 됩니다. 그것이 다른 사실들과 견해에 영향을 미친다는 사실을 기억하십시오. 한 가지 사실 그 자체뿐만 아니라 그 결과들과 거기에 내포되어 있는 것들까지 명심하면서 그 주제를 가능한 모든 국면에서 바라보아야 합니다. *Faith on Trial*(믿음의 시련), p. 28

만일 여러분이 인간이 짐승에서 진화된 생물이며 지금도 여전히 진화되고 있지만 아직 완전한 진화에 '도착' 하지 못했다는 진화의 교리와 이론을 믿는다면, 여러분은 절대로 구원의 교리를 받아들일 수 없습니다. 또한 바울이 이 로마서에서 말하는 내용도 이해하지 못할 것입니다. 어떤 의미에서 진화론이 사실이라면, 인간에게 구원은 필요하지 않습니다. *The Gospel of God*(로마서 강해 7), p. 272

이 문제들에 대해 진화론을 믿는 사람들과 함께 토론한다면, 그들에게 이런 질문을 던져야 할 것입니다. '만일 이 이론이 옳다면, 도대체 세상은 왜 이렇습니까? 왜 1차세계대전과 2차세계대전이 발생했습니까? 왜 이 20세기가 그토록 비참하고도 섬뜩한 세기가 되고 말았습니까?' *The Gospel of God*(로마서 강해 7), p. 317

과학자들은 종종 이 문제에 대해 오류에 빠졌습니다. 수백 년 전에 진화론을 믿던 사람들은 인간의 갑상선은 아무 기능이 없으며 퇴화한 여러 흔적들 가운데 하나라고 말했습니다. 또한 다른 내분비선들에 대해서도 똑같이 말했습니다. 그러나 오늘날 우리는 이 관들이 매우 중요한 기능을 한다는 사실을 알고 있습니다. 진화론을 믿는 사람들은 지금도 여전히 충수appendix가 아무런 기능도 하지 않는다고 말하지만, 그들은 실제로 그것이 무엇인지 전혀 모르고 있다는 것을 드러낼 뿐입니다. 아마도 그들은 이것이 가장 중요한 기능 가운데 하나를 수행하고 있다는 사실을 깨닫게 될 것입니다. 지금 제가 강조하고 있는 요점은 우리 몸속의

진화론
:창조,
반창조론

가장 작은 세포 하나라도, 머리카락 한 개라도 기능과 목적이 없는 것은 하나도 없다는 것입니다. 아마도 이것들은 겉으로 보기에는 별로 중요해 보이지 않을 것입니다. 그러나 이것들은 몸속에서 다른 기관들과 협력하여 여전히 중요한 역할을 수행하고 있는 것들입니다.
Christian Unity(에베소서 강해 4), p.170

만일 제가 진화론을 받아들인다면, 성경을 믿고 난 후에 만나게 되는 약간의 난해한 일보다 훨씬 더 엄청난 어려운 문제들을 만나게 될 것입니다.
Great Doctrines of the Bible(교리 강해 1), p.138

우주 생성 때의 대폭발이 모든 것을 만족스럽게 설명해 줍니까? 그 모든 것이 우연히 발생한 것입니까? 과학자들이 말하는 우주 대폭발시에 발생한 그 폭발과 분산의 물질들은 도대체 어디서 왔다는 말입니까? 진화론은 정말 많은 것들을 설명하지 못합니다. 저는 묻고 싶습니다. 자연에 나타난 모든 질서와 디자인과 배열과 완전함을 볼 때, 섭리와 역사와 이 모든 것들을 볼 때, 여러분은 그 잘나고 교묘한 작은 이론으로 충분히 만족할 수 있습니까? 당신은 정말로 하나님 없이 이 온 우주의 존재를 설명할 수 있다고 생각하십니까?
Authentic Christianity(사도행전 강해 1), p.321

오늘날 세상의 진정한 문제는 인간 자신이 누구인지, 그리고 무엇인지를 전혀 알지 못한다는 것입니다. 그는 자신이 얼마나 탁월한 존재인지를 모릅니다. 예를 들면, 진화론은 성경적 관점에서 볼 때 인간을 철저히 모욕하는 이론입니다. 인간은 하나님이 생각하고 의도하신 위대하고도 영광스러우며 놀라운 존재이기 때문입니다.
Great Doctrines of the Bible(교리 강해 1), p.169

만일 사람이 짐승에서 진화했다면, 동물 창조와 인간 창조 기사 사이에 휴지기는 없었을 것입니다. 하나에서 그다음으로 곧바로 넘어갔을 것이라는 말입니다.
Great Doctrines of the Bible(교리 강해 1), p.155

로이드 존스 앤솔러지
Gems from Martyn Lloyd-Jones

찬송가 Hymns

우리는 종종 부정직하게 찬송을 부를 수 있습니다.
The Unsearchable Riches of Christ(에베소서 강해 3), p.161

가장 위대하고도 영광스러운 찬송들은 모두 다 찬미와 감사로 충만합니다.
Love so Amazing(골로새서 강해), p.151

찬송과 찬송학에 관심이 있는 여러분이 찬송가에서 성령님께 할애된 부분이 얼마나 미약한지를 깨닫고 있는지 궁금합니다. 오늘날 찬송은 일반적으로 박약하고 감상적이며 주관적입니다. 그래서 저는 성령강림주일이 도래할 때마다 큰 어려움에 빠집니다. 우리에게는 성령님과 성령의 사역에 관한 위대한 교리적 찬송이 부족합니다.
Great Doctrines of the Bible(교리 강해 2), p.6

오늘날 우리가 부르는 찬송들은 일반적으로 피상적이며 주관적이고 감상적입니다.
Great Doctrines of the Bible(교리 강해 2), p.75

어떤 사람들은 제가 성탄절이 아닌 다른 주일날 성탄 찬송을 고지하면 제가 갑자기 미쳤다고 생각합니다. 그러나 저는 미치지 않았습니다!……왜 우리가 성탄절이 아닌 날에는 성탄 찬송을 불러서는 안 되는 것입니까? 복음은 그 충만함 그대

찬송가

로 계속해서 우리 마음에 내재해 있어야 합니다. 그것은 복된 소식이요 기쁜 소식입니다!

Saving Faith(로마서 강해 10), p. 299

찬양 Praise

찬양

우리의 삶과 기도 생활에 밝히 드러나는 감사와 찬미의 중요성보다 우리의 현재 상태를 더 잘 보여 주는 모습은 없습니다. 어떤 사람들은 단순히 구하기만 하고 입술만 움직이지만, 하나님께서 우리를 위하여 그리스도 예수 안에서 어떤 일을 행하셨는지를 깨달은 사람은 항상 성부와 성자와 성령 하나님께 감사하며 찬미의 노래를 부릅니다. 이것은 논쟁의 여지가 없이 필연적인 것입니다.

Assurance(로마서 강해 2), p. 28

우리의 기도의 간구와 찬미는 우리 안에 계신 성령 하나님의 모습을 분명히 나타내 줍니다.

Singing to the Lord(성경적 찬양), p. 65

여러분은 절대로 하나님을 '아빠 아버지'로 부르도록 자기 자신을 설득할 수 없습니다. 만일 여러분이 그것을 시도한다면, 그 단어는 여러분의 입술에서 얼어붙고 말 것입니다. 더 이상 진전은 없을 것입니다.

The Sons of God(로마서 강해 5), p. 244

여러분의 죄조차도 여러분으로 하여금 노래하게 만듭니다. 왜냐하면 여러분은 하나님께서 어떻게 놀랍고도 영광스러우며 풍성하게 그것을 처리하셨는지를 보게 되기 때문입니다.

Assurance(로마서 강해 2), p. 303

만일 여러분이 성령으로 충만하고 성령에 의해 움직인다면, 무의식적으로 박수를 치고 있는 자신을 보게 될 것이며 모든 것이 형통할 것입니다. 이것은 흥분을 유발하기 위해 박수를 치는 것과는 사뭇 다를 것입니다.

Singing to the Lord(성경적 찬양), p. 38

우리가 만일 누군가를 사랑한다면, 그에게 사랑한다고 말하고 싶어합니다. 우리는 그것을 행동으로 나타낼 뿐만 아니라 우리의 입술로도 실제로 사랑한다고 말할 것입니다. 하나님과의 관계도 똑같습니다. 하나님과 참된 관계에 있는 사람은 그 입으로 하나님을 찬미하게 되어 있습니다.

Fellowship with God(요한일서 강해 1), p.84

누군가 묻습니다. "그러나 우리가 어떻게 마음으로 찬양할 수 있습니까?" "저는 별로 노래하고 싶지 않습니다." 사랑하는 성도 여러분! 여러분이 찬양할 수 있을 때까지 주님을 생각하십시오.

Singing to the Lord(성경적 찬양), p.58

그분과 관계되어 있는 모든 것은 찬미와 노래와 감사를 발하게 되어 있습니다. 그분을 가까이하고 그분을 바라보며 그분이 누구인지를 아는 이들은 찬미와 노래를 발하게 되어 있습니다.

Singing to the Lord(성경적 찬양), p.48

찬양대 Choirs

교회가 부흥 가운데 있지 못할 때 찬양대를 강조하기 시작합니다. 단순히 찬양대를 강조하는 것뿐만이 아닙니다. 찬양대원들, 4중창단과 독창자들에게 보수를 지급합니다. 회중은 그저 앉거나 서서 그들의 노래를 경청합니다. 심지어 찬양대가 회중들을 위한 노래를 불러 주기도 합니다. 이것은 성령을 소멸하는 일입니다. 이런 사람들에게는 "모든 일을 적당하게 하고 질서대로 하라"라는 말을 할 필요가 없습니다. 그것만이 그들의 관심사이기 때문입니다.

Revival(부흥), p.77

창세기 Genesis

창세기는 역사임을 주장합니다. 창세기는 주어진 사실들을 전달하는 것이며, 창세기로부터 이어지는 역사는 진실하고도 참된 역사이며, 절대로 우화가 아닙니다.
Great Doctrines of the Bible(교리 강해 1), p.134

창조 : 종말 Creation : Consummation

자기적 힘과 에너지원을 동반한 우주 만물과 은하계의 모든 별들과 태양과 달과 모든 동력과 원자는 하나도 예외 없이 하나님의 권세 아래 있습니다. 모든 자연과 피조물과 인간과 그의 모든 재능과 지혜와 계획과, 할 수 있는 모든 가능한 일들이 다 하나님과 그리스도의 권세 아래 있는 것입니다.
Saved in Eternity(성도의 구원, 요한복음 17장 강해), p.185

하나님의 역사는 언제나 완전하며 흠잡을 데 없이 완벽합니다.
God's Way of Reconciliation(에베소서 강해 2), p.196

저는 '날'이라는 용어를 24시간이라고 말하지 않는다면 어떻게 더 좋게 해석할 수 있을지 의문입니다. 제가 볼 때, 다른 가설들은 전혀 불가능한 것들입니다.
Great Doctrines of the Bible(교리 강해 1), p.132

여러분도 이미 살펴보았듯이, 만일 여러분이 그 어떤 부분이라도 성경의 가르침을 장난치듯 가지고 논다면, 여러분의 전체 체계는 무너지고 말 것입니다. 그러므로 우리가 이해하지 못하는 특정한 부분이 있다고 말해야 할지라도, 저는 아무런 어려움 없이 이 창세기 3장이 있는 그대로 실제로 발생한 역사라는 사실을 받아들입니다.
Great Doctrines of the Bible(교리 강해 1), p.182

생명의 기원에 대한 현대 과학자들의 글들을 읽어 보십시오. 그러면 여러분은 그들이 생명의 기원을 전혀 설명하지 못한다는 사실을 발견하게 될 것입니다. 그들은 무생물과 유기체와의 간극을 전혀 연결하지 못합니다.
Studies in the Sermon on the Mount(산상설교 2), p.114

민첩한 사람들은 창조를 교묘히 반대하는 이론을 어찌 그리 빨리 믿는지요! 그들은 과학적이고도 철학적인 근거로 인해 점점 더 신뢰를 잃어 가고 있는 진화론처럼 단지 가설에 지나지 않는 이론을 게걸스럽게 받아들입니다.

God's Ultimate Purpose(에베소서 강해 1), pp.410-411

우리는 창조와 우주에 관하여 성경에 기록된 말씀은 무엇이든지 모두 하나님께서 하신 말씀이기 때문에 진실한 것으로 믿습니다. 또한 성경이 지금의 특정한 과학적 발견과 충돌되는 것처럼 보인다 할지라도, 우리는 결국은 과학자들이 어떤 부분에서 오류를 범했으며 성경의 진술이 참되고도 진실하다는 사실을 발견하게 될 것이라고 사람들을 안심시킴으로 그들에게 좀 더 인내할 것을 권면합니다.

Knowing the Times(시대의 표적), p.346

창조론 반대자들 anti-creationists

그들은 무엇을 믿습니까? 그들에게 이 세상이 도대체 어떻게 시작되었는지 질문해 보십시오. 그러면 그들은 이렇게 말할 것입니다. "글쎄요, 옛날에 두 개의 엄청나게 큰 행성이 있었습니다." 그러면 또 질문하십시오. "그것들이 어디서 왔습니까?" 그러면 그들이 이렇게 대답할 것입니다. "잘 모르겠습니다. 어쨌든 두 개의 큰 행성이 있었는데, 왜 그런지는 아무도 알 수 없지만, 어느 날 하나의 행성이 다른 하나의 행성에 너무 가까이 가서 부딪히는 바람에 우주에 떨어졌습니다. 그리고 그 결과 우리가 사는 이 지구가 탄생한 것이지요!" 바로 이것이 하나님을 믿지 않는 위대한 인간의 두뇌들이 주장하는 지구의 기원입니다. 그들에게 봄, 여름, 가을, 겨울의 완벽한 질서를 보여 주고, 여러분이 조사한 꽃의 완벽함을 설명하고, 인간이나 동물 조직의 완전성을 설명해 보십시오. 그들에게 창조의 완전한 질서를 보여 주십시오. 그러면 그들은 이렇게 말할 것입니다. "모든 것이 사고로 발생한 것입니다. 모든 것이 우연히 발생한 것입니다. 아무런 이유도 없고 결과도 없으며, 목적도 전혀 없습니다!" 저는 사실상 줄리언 헉슬리 Julian Huxley 교수와 같은 사람을 지칭하고 있는 것입니다. 바로 이것이 그들이 믿는 바입니다. 사도 바울이 이런 것을 가리켜 '헛된 변론과 어리석고 악한 말'이라고 칭한 것은 놀랄 일이 아닙니다. 인간이 우주에 대해 생각하는 모든 것, 즉 그들의 철학을 위해 창조에 대해 완전하게 설명하는 성경을 거부하는 것입니다. 이런 것들에 사용될 만한 말이 있습니다. 그것은 바로 헛된 것입니다. 무가치한 것입니다. 혼란과 혼동뿐입니다. 그렇다면 모든 미래 역시 불확실한 것이 되고 말 것입니다. 바로 이것이 창조론을 반대하는 그들의 어리석은 입장입니다.

The Gospel of God(로마서 강해 7), p.378

미래 future

만일 하나님께서 하나님이며 위대한 창조자이며, 하나님께서 자신이 명령하는 말씀의 모든 법도와 권위에 있어서 전능하시다면, 하나님의 순전한 성품이 이 피조 세계를 지금의 모습으로 그냥 남겨 두시는 일은 전혀 불가능할 것입니다.

The Final Perseverance of the Saints(로마서 강해 6), p.57

만일 사람이 창조를 믿는다면 사람에게 발생한 일이 필연적으로 창조 세계에도 발생해야만 합니다. *The Final Perseverance of the Saints*(로마서 강해 6), p.61

인간의 타락은 창조 세계에 영향을 미쳤습니다. 태초의 창조 세계는 전혀 오늘날의 모습과 같지 않았습니다. 뿐만 아니라 이 세상에서 죄와 악이 제거될 그날에도 지금의 모습과 같지 않을 것입니다.

Great Doctrines of the Bible(교리 강해 1), p.19

인간은 최초의 창조에도 공헌한 바가 없으며, 새 창조에도 전혀 아무런 역할을 할 수 없습니다. *To God's Glory*(로마서 강해 11), p.288

책들 Books

저는 다시 한 번 이것이 죄라고 강력하게 강조합니다. 우리가 책에 관하여, 즉 책을 의지함으로써 한물간 중고품의 영적 인생을 살 수도 있다는 것입니다. 그것은 다음과 같은 방식으로 나타납니다. 우리는 종종 지금 우리의 모습이 인생 본연의 모습이 아니며 무언가 좀 더 놀라운 일이 생길 수도 있을 것이라는 감정적인 불만을 가질 때가 있습니다. 그럴 때 우리는 책들, 예를 들면, 수준 높은 신자의 삶을 다루고 있는 전기를 읽습니다. 우리는 그런 책을 읽는 것을 대단히 즐기며 그것에 큰 감동을 받습니다. 우리가 읽고 있는 그러한 경험을 해 본 적이 없음에도 우리는 행복을 느끼고 스스로가 더 나은 사람이 되었다고 느낍니다. 우리는 그리스도를 의지하는 대신 그런 책들을 의지하며 산다는 것을 깨닫지도 못한 채 수년 동안이나 그런 일을 계속할 수도 있습니다.

The Unsearchable Riches of Christ(에베소서 강해 3), p. 261

우리는 종종 성경 읽을 시간이 없다고 말합니다. 이것은 정말 그리스도인에게 수치스러운 일이 아닐 수 없습니다! 사실 우리는 충분히 수고하여 성경을 읽지 않으며, 기독교 교리를 이해하려고 노력하지 않습니다. 그러나 우리가 정말 하나님을 경배하고 섬기기를 원한다면 시간을 들여 수고함으로 성경을 읽어야 합니다. 그것이 신자의 본분입니다.

God's Ultimate Purpose(에베소서 강해 1), p. 52

지난 수년 동안 이것은 저의 습관이 되었습니다. 이전에 보지 못했던 성령의 교리에 관한 책을 볼 때마다 저는 그 책의 개관이나 목차를 가장 먼저 살피고 마지막에 위치한 색인을 살펴봅니다. 그런데 저는 '부흥'이란 단어를 찾으려 했지만 찾을 수 없었습니다.

Joy Unspeakable(성령 세례), pp. 430-431

책임 Responsibility

하나님께서는 죄의 원인자도 아니고 죄를 승인하지도 않으십니다. 하나님은 단지 그것을 허용하며 감독하며 제재하며 제한하고 통치하십니다. 오직 인간이 자신의 죄에 대하여 책임을 져야 합니다. 야고보서 첫 장은 이 교훈을 분명하게 교훈해 줍니다.
Great Doctrines of the Bible(교리 강해 1), p.150

저는 대영제국이 지난 세기에 중국에서 수치스러운 아편 무역을 한 행위에 대하여 책임이 있습니다. 제가 그 일에 개인적으로 가담하지 않았다 할지라도, 제가 태어나기 오래전에 끝난 일이라 할지라도, 제가 영국인이기 때문에 그것에 대한 책임이 있는 것입니다. 저는 그 일에 대한 책임감과 수치심을 느끼고 있습니다. 이와 마찬가지로 그리스도께서 십자가에서 돌아가시고 죄를 대적하시는 하나님의 진노를 견디셨을 때, 저 역시 거기에 참여한 것입니다. 저는 그리스도 안에 있었고 그와 함께 십자가에서 죽었습니다. 저는 율법에 대하여 죽었고 하나님의 진노에 대하여 죽었습니다.
God's Way of Reconciliation(에베소서 강해 2), p.106

하나님의 주권이라는 교리와 인간의 책임이라는 교리는 둘 다 참된 것입니다. 사도 바울은 지금 여기서 이 두 가지 교리를 동시에 진술하고 있습니다.
God's Sovereign Purpose(로마서 강해 9), p.284

천국 : 사후의 생명 Heaven : After Life

천국에 가고 싶은 유일한 이유는 그리스도와 함께 거하고 싶기 때문이며, 또한 그분이 보고 싶기 때문입니다.
The Life of Joy(빌립보서 강해), p.108

기대 anticipation

순수한 기쁨, 영광, 거룩, 그리고 순결과 경이로움! 바로 이런 것들이 우리를 기다리고 있습니다. 이것이 바로 우리가 살아 있는 동안 확신할 수 있는 그리스도 안에서의 여러분과 저의 운명입니다. 우리가 시간을 들여 이런 것들을 생각하지 않는 것은 얼마나 어리석은 일입니까!

Studies in the Sermon on the Mount(산상설교 1), p.147

천국과 지옥에 관심이 없는 사람들은 주 예수 그리스도를 닮지 않은 사람입니다. 그들은 사도들과도 같지 않으며, 모든 성인들과 이 세상에 존재했던 최고의 그리스도인들과도 다른 사람들입니다. 여러분은 얼마나 많은 시간 동안 천국에 대해 생각하십니까? 여러분은 얼마나 자주 그곳을 응시하고 바라보십니까?

God's Ultimate Purpose(에베소서 강해 1), p.386

우리가 기대할 만한 놀라운 일이 있습니다. 그것은 우리 각 개인의 몸이, 여러분과 저의 이 육체가 영화롭게 되는 일입니다. 그때가 되면 어떠한 연약도 남아 있지 않을 것이며, 그 어떤 질병의 흔적도, 쇠약하게 나이 드는 일도 없을 것입니다. 대신 그곳에는 굉장한 젊음의 부활이 있을 것입니다. 우리가 그러한 계속되는 젊음의 영원 속에서 살게 될 것이기 때문에 그때에는 썩는 일도 없고 질병도 없을 것이며, 우리에게 속한 영광이 감소되는 일도 없을 것입니다. 바로 그것이 교회가 외부적으로 취하게 될 모습입니다.

The Christian Warfare(에베소서 강해 7), p.176

저는 앞으로 그리스도와 함께 살게 되겠지만, 영적으로는 지금도 '그리스도 안'에 있습니다. 그러나 저의 몸은 여전히 이 땅에 살고 있으며 시간 세계 안에 존재하고 있습니다. 저의 영은 앞으로 완전히 구속되는 것만큼이나 지금도 그리스도 안에서 구속되었습니다. 그러나 저의 몸은 아직 완전히 구속되지 않았으며, 다른 모든 그리스도인들과 함께 '양자될 것, 곧 우리 몸의 속량'(롬 8:23)을 기다리고 있습니다. 바울이 빌립보 교회에 보내는 편지에서 말하듯이 이 시간 세계 안에서 우리의 위치는 '천국의 시민권자' 입니다. "우리의 시민권은 하늘에 있는

지라 거기로부터 구원하는 자 곧 주 예수 그리스도를 기다리노니 그는 만물을 자기에게 복종하게 하실 수 있는 자의 역사로 우리의 낮은 몸을 자기 영광의 몸의 형체와 같이 변하게 하시리라'(빌 3:20,21). 저는 영적으로 이미 그곳에 있지만, 육체와 몸으로는 아직 여전히 이 세상에 있는 것입니다.

God's Ultimate Purpose(에베소서 강해 1), p.76

여러분은 언제나 천국에 있기를 소망하고 있습니까? 그것은 우울하거나 병적인 것이 아닙니다. 저는 매튜 헨리 Matthew Henry가 남긴 "성경은 한 번도 우리가 죽기를 고대해야 된다고 말한 적이 없으며, 오히려 천국에 가기를 고대해야 한다고 말했습니다"라는 명언을 반복하기를 좋아합니다. 죽기를 고대하는 사람은 단순히 고난 때문에 지금 이 세상에서의 삶을 회피하고 싶어합니다. 그것은 그리스도인의 참모습이 아닙니다. 오히려 그것은 이교도들의 모습입니다. 그리스도인은 천국을 향하여 긍정적인 욕구를 가진 사람들입니다. 그렇다면 저는 이렇게 묻고 싶습니다. 우리는 천국에 가기를 고대하고 있습니까? 더 나아가 우리가 천국에 들어간다면 그곳에서 무엇을 기대하겠습니까? 우리가 소망하고 원하는 것이 무엇입니까? 그것은 천국에서의 안식입니까? 고난과 고생으로부터 자유롭게 되는 것입니까? 천국의 평화입니까? 천국의 기쁨입니까? 물론 이 모든 것들이 다 천국에 있음으로 인해 하나님께 감사드립니다. 그러나 이런 것들이 천국에서 우리가 기대하는 것은 아닙니다. 우리가 기대하는 것은 하나님의 얼굴입니다. "마음이 청결한 자는 복이 있나니 그들이 하나님을 볼 것임이요"(마 5:8). 화려하게 빛나는 환상, 최고선이 하나님의 순전한 존재에 나타날 것입니다. "우리의 눈이 주의 영광을 보게 될 것입니다." 우리는 과연 이것을 간절히 바라고 있습니까? 이것이 과연 천국에서 우리가 기대하는 것입니까?

Faith on Trial(믿음의 시련), p.111

우리는 지금 이곳에서 천국을 미리 맛보고 있는 것입니다. Revival(부흥), p.222

보증 assurance
구속받은 하나님의 가족들 중에서 일부는 이미 천국에 가 있으며, 다른 일부는 아직 이 세상에 있습니다. 그러나 그들은 모두 다 동일한 한 가족입니다.
The Unsearchable Riches of Christ(에베소서 강해 3), p.116

묘사 description
사람들은 이따금씩 우리가 왜 이토록 천국에 대해서 거의 듣지 못하는지, 왜 이토록 영원한 상태에 대해 거의 듣지 못하는지 질문하곤 합니다. 대답은 아주 간단합니다. 왜냐하면 우리가 죄성을 지녔고 타락했으며, 우리의 언어 역시 타락했기에 천국의 영광을 묘사하기 위해 시도하여도 잘못된 설명밖에 할 수 없기 때문입니다.
God's Way of Reconciliation(에베소서 강해 2), p.418

신약성경이 훨씬 더 많은 것을 설명하지 않는 이유는 우리가 그것을 감당할 수 없기 때문입니다. 우리의 언어로는 부적절합니다. 만일 천국이 우리 언어로 표현하기에 적절한 것이었다면, 천국에 대한 묘사는 우리가 참지 못할 만큼 시시하게 될 것입니다. 천국에 관한 것은 너무나 영광스럽고도 놀라운 것입니다.
Children of God(요한일서 강해 3), p.34

인간의 언어는 천국에서 일어나는 일들을 묘사하기에는 전적으로 부적당하고 불충분합니다. 그래서 성경에는 천국에 관해 아주 조금만 기록되어 있는 것입니다.
The Final Perseverance of the Saints(로마서 강해 6), p.135

목적지 destination
젊은 시절의 필립 헨리(Philip Henry, 영국의 유명한 설교자이자 주석가였던 매튜 헨리의 부친)는 자신보다 훨씬 높은 귀족 계급에 속해 있던 젊은 여인을 사랑하게 되었습니다. 그녀 또한 필립을 사랑했습니다. 그들은 서로 결혼하기를 원했고, 그녀는 이 사실을 자신의 부모님에게 말했습니다. 그러나 그녀의 부모는 이 결혼을 좋아하지 않았습니다. 그들은 필립 헨리나 그의 부모에 대해서 아는 것이 없었습니다. 그녀의 아버지가 그녀에게 마지막으로 물었습니다. "그 친구는 도대체 어디 출신이니?" 그러자 필립 헨리와 마찬가지로 훌륭한 그리스도인이었던 그녀는 불멸의 대답을 했습니다. "저는 그 사람이 어디서 왔는지 잘 알지 못해요. 그렇지만 저는 그 사람이 어디로 가고 있는지는 확실히 안답니다." 이 외에 도대체 무엇이 문제가 된다는 말입니까?

Christian Unity(에베소서 강해 4), p.86

어떤 사람은 그리스도인을 가리켜 고향을 기다리는 '천국의 거류민'이라고 묘사했습니다. 우리가 속한 곳은 천국입니다. 다만 우리는 현재 우리가 살고 있는 이 세상을 식민지로 만들기 위해 보냄을 받은 것입니다. 천국이 우리 고향입니다. 그곳이 바로 우리가 속한 나라입니다.

The Life of Joy(빌립보서 강해), p.106

중간 상태 | intermediate

일반적으로 성경이 묘사하고 있는 '천국'은 빌립보서 1장 23절에서 사도 바울이 '그리스도와 함께 있는 것이 훨씬 더 좋은 일이라'라고 묘사한 상태를 의미합니다. 그것은 중간 상태를 의미합니다. 몸이 영원하고도 궁극적인 상태와 관련되어 있기 때문입니다. 우리의 몸이 아직 무덤에 있을 수도 있고, 깊은 바다 속 어딘가에 있을 수도 있습니다. 어쩌면 우리 몸이 폭탄으로 인해 공중분해되었을지도 모릅니다. 바울은 지금 천국에서의 몸을 말하는 것이 아닙니다. 바로 이것이 구속받은 백성들의 상태와 조건으로서의 중간 상태입니다. 그들은 몸의 부활과 마지막 영화를 기다리고 있는 것입니다.

The Final Perseverance of the Saints(로마서 강해 6), p.86

준비 | preparation

우리는 현재 준비 학교에 다니는 중입니다. 이것 자체는 삶이 아니라 준비일 뿐입니다. 우리를 기다리고 있는 것은 영광이며, 그것이 바로 진정한 삶입니다. 우리는 바로 이 영광의 삶을 위해 준비되고 있는 것입니다. 그 영광은 순전하며 거룩합니다. 천국에는 죄가 없습니다. 그곳에는 악도 없습니다. 여러분은 자신이 천국에 들어가기에 합당하다고 생각합니까? 물론 그런 사람은 하나도 없을 것입니다.
The Christian Warfare(에베소서 강해 7), pp. 253-354

자격 qualification

자신이 천국에 들어가기에 합당한 사람이라고 생각한다면, 그는 결코 그리스도인이 아닙니다. 그러나 자신이 마땅히 지옥에 들어가야 할 사람이라고 생각한다면, 그에게는 소망이 있습니다.
The Cross(십자가와 구원), p. 75

실재 reality

우리의 영원한 상태는 공중에 있는 천국에서 희미하고도 불투명한 영적 상태로 사는 삶이 아닙니다. 여기서는 우리가 영화롭게 된 새 하늘과 새 땅에서 영원히 살게 될 것이라고 가르칩니다. '의가 있는 곳인 새 하늘과 새 땅'(벧후 3:13)에서 말입니다. 즉, 영원한 의미에서의 천국은 '지상에서의 천국'이라고 할 수 있습니다. 우리가 영원토록 살게 될 지상에서의 천국, 즉 새 하늘 아래 새 땅에서의 천국은, 우리의 전인이 완전히 구속될 것이기 때문에 몸과 분리된 영혼만의 삶이 아니라 몸도 포함하는 삶이라는 것입니다. 실재하는 몸은 반드시 살아가야 할 실재하는 세상을 필요로 합니다. 바로 이것이 우리가 살게 될 세상이라고 성경은 말씀합니다. 모든 피조 세계가 구속될 것입니다. 이제 우리가 아는 것은 모든 악이 '하늘의 불에 타서 풀어지고 물질이 뜨거운 불에 녹아질 때'(벧후 3:12 참고) 완전히 사라질 것이라는 사실입니다. 그것은 현재라는 시간이 사라지고 우주로부터 모든 악과 죄가 축출되는 것을 의미합니다.
The Final Perseverance of the Saints(로마서 강해 6), pp. 88-89

천년왕국 : 유대인 Millennium : Jews

로이드 존스 박사는 천년왕국론자였습니다. 그는 그리스도께서 그의 교회를 통

**천년왕국
:유대인**

하여 지금 왕처럼 통치하시기 때문에 또 다른 천년왕국, 즉 그리스도께서 지상에 재림하셔서 시작되는 지상 통치가 필요하지 않다고 믿었습니다. 그는 이것을 그의 저서인 『로마서 강해』를 통해서 매우 강력하게 설명했습니다. 이것이 유대 나라가 하나님의 계획 안에서 어떤 특별한 목적을 예언적으로 가지고 있지 않았다는 것을 부정하는 것을 의미하지는 않습니다.

성경 어디에서도 천년왕국의 도래를 고대하라고 권면하는 말씀은 찾을 수 없습니다. 그리스도인들은 성경 도처에서 주님의 다시 오심과 계시될 주님의 영광을 소망하라는 권고를 받고 있습니다. 그러나 성경 그 어디에도 우리 지상의 성도들과 함께 주님이 천 년 동안 다스릴 문자적인 통치를 기다리라는 훈령이나 권면의 말씀은 없습니다. *The Final Perseverance of the Saints*(로마서 강해 6), p.84

그렇다면 도대체 천 년이라는 시간은 무엇입니까? 저는 여러분에게 그것이 오직 하나님께서만 알고 계신, 그리스도의 초림과 재림 사이의 완전한 시간을 암시하는 상징적인 표현이라고 말씀드립니다. 그것은 문자적으로 천 년의 시간을 의미하는 것이 아닙니다. 천 년이라는 이 전체 시간은 그리스도께서 그의 대적자들을 발등상 앞에 엎드리게 할 때까지 통치하시는 시간을 의미하며, 그제야 마지막 심판을 위하여 우리 주님이 다시 오실 것입니다.

Great Doctrines of the Bible(교리 강해 3), p.225

천사들 Angels

천사들

성경은 소위 수호천사와 같은 존재에 대하여 명백하고도 특정하게 가르칩니다.
The Life of Joy(빌립보서 강해), p.26

우리가 천사들의 사역에 대해 무관심한 것이 걱정스럽습니다. 우리는 그들에 대해 충분히 생각하지 않습니다. 그러나 우리가 인식하고 있든지 그렇지 않든지 간에 우리를 돌보는 천사들이 있음은 자명한 사실입니다. 그들은 우리 주변에 있습니다. 우리는 그들을 볼 수 없지만, 그것은 문제가 되지 않습니다. 사실 우리는 가장 중요한 것들을 보지 못합니다. 그저 눈에 보이는 것들만 봅니다. 우리는 천사들에 둘러싸여 있습니다. 그들은 우리를 돌보기 위하여 임명을 받았고, 우리를 위해 사역하는 수호천사들입니다. 제가 그것을 모두 이해한다고 말하는 것은 아닙니다. 저는 성경이 말씀하는 것 이상을 알 수는 없습니다. 다만 저는 하나님의 종들인 천사들이 바로 우리의 종이라는 사실을 알고 있습니다. 그들은 우리를 둘러싸고서 우리를 돌보고 있으며, 우리가 이해하지 못하는 방식으로 우리를 위하여 사건들을 처리합니다. 그리고 그들이 우리가 죽을 때에 우리를 받들어 지정된 장소로 옮길 것입니다.

Life in the Spirit in Marriage, Home and Work(에베소서 강해 6), pp. 205-206

우리는 또한 누가복음 16장에 묘사된 부자와 나사로의 비유처럼, 우리가 죽을 때 '아브라함의 품으로 들어갈 것'이라는 엄청난 위로를 가지고 있습니다. 우리가 그리스도인이기 때문에 하나님의 천사들이 우리를 위해 수종 들 것입니다. 그들은 여러분과 저를 위해 하나님께서 보내신 '섬기는 영'(히 1:14)입니다. 우리가 비록 그것을 인식하지 못하고 있다 하더라도 그들은 이 사역을 감당하고 있습니다. 우리는 그들에 둘러싸여 있습니다. 그들을 보지 못하지만, 그들은 거기 존재합니다. 우리가 그리스도에게 속해 있으며 그리스도와 혼인했고 그로 말미암아 '구원받을 상속자'가 되었기 때문에 그들은 우리를 섬겨야 하는 것입니다. 슬프게도 우리는 천사들의 사역에 소홀하고 무관심합니다. 그러나 여러분이 외롭고 희망을 잃고 무엇을 해야 할지, 또 어디로 향해야 할지 모른다고 느낀 적이 한 번이라도 있다면, 큰 고난과 고통 속에서 그리스도께서 하나님 아버지께 행하신 것처럼, 하늘에 계신 주 예수 그리스도의 하나님 아버지께서 천사들을 보내시어 여러분을 섬기게 하셨다는 사실을 기억하십시오.

The Law: Its Function and Limits(로마서 강해 4), p. 59

천사들

교회사에서 종종 주장된 바와 같이 이것은 우리 주님께서 천국으로 돌아가시고 그의 구속이 완성될 때, 그가 친히 천상의 머리가 되신다는 것을 암시합니다.

Great Doctrines of the Bible(교리 강해 1), p.364

여러분과 제가 깨닫든 깨닫지 못하든, 천사들은 우리를 위하여 이러한 일을 하고 있습니다. 아마 우리는 천사들의 모습을 전혀 보지 못하고 이 세상을 떠나게 될 것입니다. 그러나 우리가 그들을 보든 보지 못하든, 이것이 그들의 사역임을 분명하게 확신할 수 있습니다. 그들은 우리를 돌보고 주시하며 보호하고 숨겨주며 종종 우리를 구출해 줍니다. 하나님께서 우리를 돕기 위해 이렇게 그들을 사용하시는 것입니다.

Great Doctrines of the Bible(교리 강해 1), p.114

케루빔은 의심의 여지 없이 모든 것들 가운데 최상의 존재입니다. 그들의 특별한 기능은 하나님을 경배하는 것뿐만 아니라 만유의 경배를 하나님께 가져오는 것입니다.

Great Doctrines of the Bible(교리 강해 1), p.119

다른 말로 성경은 그리스도인들이 함께 모여 기도할 때에 하나님의 천사들이 임재하는데, 그래서 여자들이 공중기도를 올릴 때에 모자를 써야 한다고 가르칩니다(고전 11:10 참고).

Great Doctrines of the Bible(교리 강해 1), p.110

타락한 천사들 : 마귀, 귀신들 fallen angels : Devil, Demons

성경이 언급하고 있는 귀신들이나 마귀들, 또는 더러운 영들은 의심의 여지 없이 타락한 천사들입니다. 이 천사들은 마귀들과 함께 하나님을 대적하여 죄를 범했으며, '자신의 본래 지위'를 지키지 않고 그들을 따른 자들입니다(유 1:6 참고). 이들이 바로 타락한 마귀의 천사들이며 사자들이요, 그들의 대리인들이자 마귀의 일을 수행하기 위해 부리는 도구들입니다. 이들이 바로 '이 세상의 어두운 공중 권세를 잡은 통치자들과 권세들'(엡 6:12 참고)입니다. 이 모든 자들이 타락한 천사들입니다. 그들이 아니라면 누가 타락한 천사겠습니까? 마귀는 그들을 창조할 수 없습니다. 마귀는 이러한 추종자들을 생산해 낼 수 없습니다. 왜냐하면 그 자신이 창조된 존재이기 때문입니다. 절대로 마귀는 자신의 천사들을 만들 수 없습니다. 귀신들이나 마귀들은 이 '구별된 천사'의 추종자들이었다가 하나님께 쫓겨난 자들입니다. *Great Doctrines of the Bible*(교리 강해 1), p.125

천사들

철학 Philosophy

우리는 모두 철학자로 태어납니다. 그러나 철학자의 문제는 그들이 모든 것을 다 이해할 수 있다고 주장하는 데 있습니다. 이것은 마땅히 강조되어야 합니다. 바로 이것이 신약시대의 철학자들이 하나님의 계시의 말씀과 기독교 진리의 가장 큰 대적자들이 된 이유입니다. *The Heart of the Gospel*(복음의 핵심), p.47

철학

저는 이것을 교리적으로, 그리고 매우 강경하게 강조하고자 합니다. 복음주의자들은 인간의 이성을, 특히 철학적 형태의 인간의 이성을 믿지 않습니다……모든 종류의 종교개혁은 항상 이성을 불신했습니다. 이것에 대한 가장 초창기의 실례 가운데 하나가 서방교회의 위대한 신학자 가운데 한 사람인 터툴리안에게서 발견됩니다. 터툴리안은 이것을 아주 인상적으로 주장했습니다. 예루살렘과 아테네가 도대체 무슨 관계가 있다는 말입니까? 도대체 하나님의 성전과 포치와 아카데미가 무슨 상관이 있다는 말입니까? *Knowing the Truth*(시대의 표적), p.324

저는 지난 수백 년 동안 신학대학들과 신학교들이 철학 과목을 가르치는 것을 허용해 왔기 때문에 오늘날의 교회가 이 지경이 되었다는 것을 부인할 수 없습니다. 인간의 철학은 기독교 진리의 거대한 대적입니다.
 The Christian Warfare(에베소서 강해 7), p.171

철학은 항상 교회가 어그러진 길로 가는 원인이 되었습니다. 왜냐하면 철학이란 궁극적으로 인간의 이성과 지식을 신뢰하는 사상이기 때문입니다.
 Knowing the Times(시대의 표적), pp.324-325

「ㅊ」 483

철학

여러분은 플라톤과 소크라테스와 헬라의 철학자들이 그리스도가 오시기 전부터 그리스도인이었다고 주장하는 말들을 종종 들어 보았을 것입니다. 왜냐하면 그들은 자신들이 소유한 빛 가운데 살며, 고상하고도 이상적인 사상을 견지하고, 착한 일을 하였으므로 의심의 여지 없이 하나님의 인정을 받는 선인의 범주에 진입한 사람으로 여겨졌기 때문입니다. 그러나 이들에 대한 아주 단순한 대답은 그들 모두가 이교도들이었으며 우상 숭배자들이었다는 것입니다. 그들은 이런 과실을 범했으며, 신약과 구약성경으로 미루어 볼 때, 정죄받아 마땅한 인물들입니다. 그들은 심지어 하나님을 두려워하는 자들도 아니었습니다. 그들은 어떤 특정한 철학들을 소유했으며, 그 철학으로 말미암아 아주 놀라운 방식으로 도덕적 자각이라는 교훈을 개발해 냈지만, 구원에 관한 한 그런 교훈은 전혀 소용이 없는 것일 뿐입니다. *The Righteous Judgement of God*(로마서 강해 8), pp.133-134

이것이 철학자들의 난제입니다. 그들은 하나님께서 어떻게 이런저런 일을 하실 수 있는지 이해할 수 없다고 말합니다. 그들은 자신들의 보잘것없는 하찮은 지성으로 전능한 하나님의 마음을 설명하기를 원하지만, 결코 그렇게 할 수 없습니다. 바로 이것 때문에 철학자들이 그리스도인이 되기가 무척이나 힘든 것입니다. *Saved in Eternity*(성도의 구원, 요한복음 17장 강해), p.177

인간의 지성으로 모든 것을 측정하려는 것, 그것이 바로 철학의 탐구입니다. 그러나 지금 우리는 여기서 우리의 지성이 측량하기에는 너무나 큰 전능한 분을 상대하고 있습니다. *Great Doctrines of the Bible*(교리 강해 1), p.95

오늘날이 팝 음악의 전성기인 것처럼 음악에 유행이 있듯이 철학에도 유행이 있습니다. 그러나 그것은 오래가지 못합니다. *Authentic Christianity*(사도행전 강해 4), p.196

청교도들 Puritans

그 긴 역사의 여러 국면에서 볼 때, 교회는 어리석게도 그리스도인이 아닌 사람들에게 그리스도인처럼 행하며 살아야 한다고 요구하였습니다. 저는 대단히 유감스러운 마음으로 말씀드립니다. 이것이 3백여 년 전 청교도들이 저지른 가장 큰 실수 가운데 하나였다고 말입니다. 오늘날 이들을 맹목적으로 추종하는 사람들 역시 같은 오류를 범하고 있습니다. *Christian Conduct*(로마서 강해 12), p. 75

초신자 Novice

이러한 교훈을 충실히 따르지 않아서 기독교회와 그리스도인의 삶에는 얼마나 치명적인 비극이 발생했는지요! 여기 소위 '스타의 출현'이라고 불리는 사람, 놀라운 회심자를 즉시 앞에 내세우려는 유혹이 도사리고 있습니다. 그러나 결과는 종종 그 회심자를 파멸로 이끕니다. 그는 자신이 과거에 저지른 죄를 자랑하기 시작합니다. 그는 그것이 자신을 중요하게 만들기 때문에 과거의 자신의 악한 삶을 큰 소리로 떠벌립니다. 사도 바울은 초신자를 빨리 앞에 세우지 말라고 경고합니다. 만일 그렇게 하면, 분명히 마귀가 그를 유혹할 것이기 때문입니다. 그러므로 우리는 반드시 이 규칙을 지켜야 합니다. *The Christian Warfare*(에베소서 강해 7), p. 91

축복(은총, 하나님의 복 주심) Blessing

저는, 구원의 복이 아담의 타락으로 인하여 발생한 손실을 초과하고도 남는다는 아이삭 왓츠 Isaac Watts 의 말에 전적으로 동감합니다. *Assurance*(로마서 강해 2), p. 232

하나님의 복 주심이 주 예수 그리스도를 통하지 않고 오는 법은 전혀 없습니다. *Assurance*(로마서 강해 2), p. 237

축복(은총, 하나님의 복 주심)

"하나님께서는 우리를 연회장으로 초대하셨습니다." 이 연회장은 하나님께서 언제나 우리를 부르시는 곳입니다. 이것은 보잘것없는 부엌에서 하는 식사가 결코 아닙니다.
Spiritual Blessing(영적 축복, 요한복음 17장 강해), p.98

우리는 복에 너무 급급한 나머지 그것을 주시는 분을 잊어버리곤 합니다.
The Life of Joy(빌립보서 강해), pp.94-95

많은 그리스도인들이 하나님을 부지런히 찾지 않기 때문에 이생에서의 수많은 복을 놓치고 맙니다. 그들은 하나님의 얼굴을 구하는 데 많은 시간을 투자하지 않습니다. 하나님의 전에서 무릎 꿇고 기도하는 그들의 눈물방울이 여호와를 찾기에는 부족합니다. 그리스도인은 매일 끊임없이 주님의 얼굴을 구하는 사람입니다. 기회가 있을 때마다 여호와 하나님의 얼굴을 구하는 사람입니다.
Studies in the Sermon on the Mount(산상설교 2), p.143

죄 가운데 거하는 사람과 그리스도인이 아닌 사람들의 가장 심각한 문제는, 그들이 하나님의 복에서 제외되어 있다는 것입니다. 이것은 죄가 생산해 내는 비참함이나 모든 고난보다, 그리고 오늘날 사람들이 관심을 가지고 있는 주관적인 요소들보다 더욱 심각한 것입니다.
The New Man(로마서 강해 3), p.135

로마서 8장 15절 말씀의 하반절은 긍정적으로 "양자의 영을 받았으므로 우리가 아빠 아버지라고 부르짖느니라"라고 말합니다. 이것은 단순히 과거의 감정의 부재, 즉 '다시 무서워하는 종의 영이 지니는 감정'의 부재가 아닙니다. 물론 이 부정적인 감정 역시 놀라운 것이며, 우리는 부정적인 자비와 복을 결코 경홀히 여겨서는 안 됩니다. 그러나 우리는 여기서 멈추지 않습니다. 우리에게는 '아빠 아버지라고 부르짖게 만드는 양자의 영'을 수여받는 긍정적인 복이 주어진 것입니다. 이것은 우리의 아들 됨에 대하여 우리가 지금까지 고찰한 것보다 더 강력한 증거입니다. 왜냐하면 이것은 긍정적인 복이며, 따라서 필연적으로 강력한

복이 되기 때문입니다. *The Sons of God*(로마서 강해 5), p.233

우리가 언제 이런 위대하고도 풍성하며 놀라운 복들을 경험할 수 있습니까? 그 답은 '지금 바로 이곳에서'입니다! 명백하게도 이 모든 복들은 점진적인 방식으로 옵니다. 왜냐하면 만일 '하나님의 충만하심'이 갑자기 우리에게 임하면 우리의 마음을 열고 깨뜨리게 되기 때문입니다. 따라서 하나님의 복은 우리에게 이렇게 점진적으로 이루어집니다. *God's Ultimate Purpose*(에베소서 강해 1), p.67

출생 Birth

여러분이 여기 이 세상에 들어오는 바로 그 순간이 이 세상에서 나가는 순간이기도 합니다. 여러분의 첫 번째 호흡이 바로 마지막 호흡과 연결되어 있는 것입니다. *The Final Perseverance of the Saints*(로마서 강해 6), p.51

이 세상에 태어나는 그 어떤 사람에게도 신적인 흔적은 없습니다. 이 세상에 태어나는 모든 사람은 아담의 후손이기 때문에 사망 가운데서 태어나고 영적으로 죽은 가운데서 태어나는 것입니다. *God's Way of Reconciliation*(에베소서 강해 2), p.105

치유 : 은사주의 Healing : Charismatic Gifts

이 사람들은 허약함과 질병이 타락의 결과이므로 그리스도인은 질병에 걸려서는 안 되며, 속죄가 바로 그러한 모든 국면에서의 타락을 처리한 것이라고 주장합니다. 그들은 치유가 속죄 안에 있으며, 결과적으로 여러분이 절대로 질병에 걸리지 말아야 한다는 것을 주장할 수 있고, 또 반드시 주장해야 한다고 가르칩니다. 그러나 사도 바울은 이렇게 대답합니다. "그뿐 아니라 또한 우리 곧 성령의 처음 익은 열매를 받은 우리까지도 속으로 탄식하여 양자 될 것 곧 우리 몸의 속량을 기다리느니라"(롬 8:23). 이 세상에서의 몸은 최종적으로 완전히 속량되

치유
:은사주의

지 않았습니다. 따라서 몸이 완전히 속량되었다고 주장하는 것은 과장된 주장입니다.
The Final Perseverance of the Saints(로마서 강해 6), p.102

터무니없는 주장이나, 자연적인 이유와 다른 근거만 제시해도 간단히 무용지물이 될 주장보다 더 복음의 평판을 나쁘게 만드는 주장은 없습니다. 저는 한 치의 주저함도 없이, 우리가 어떤 가설로도 설명할 수 없는 사항에 대해서만 하나님이 직접적으로 간섭하신 결과라고 추정해야 한다고 말씀드립니다. 그렇게 하지 않는다면, 그것은 결국 우리를 실망과 슬픔으로 이끌고 말 혼란스러운 생각을 양산할 것입니다.
Why Does God Allow War?(하나님은 왜 전쟁을 허용하실까), p.21

사람들은 "이 은사를 구하십시오. 치유의 은사를 주장하십시오"라고 말합니다. 그러나 세 번씩이나 치유를 간구한 사도 바울도 그것을 얻지 못했습니다. 그러므로 절대로 그것을 주장하지 마십시오. 그런 단어조차 사용하지 마십시오. 우리는 그저 복종할 뿐입니다. 주시는 분은 오직 성령님입니다.
Joy Unspeakable(성령 세례), p.175

여기에는 자연적 치유의 은사가 있습니다. 자연적 종류의 은사이지만 어떤 특정한 사람들에게는 거의 마법과 같은 치유입니다. 예를 들면, 인간의 몸에 존재하는 전자파는 가장 흥미로운 문제 가운데 하나입니다. 우리는 그것을 이제 막 이해하기 시작했습니다. 수맥을 찾는 사람들과 같은 진기한 능력을 가진 사람들도 있습니다. 또한 텔레파시와 같은 정신감응이나 생각의 전이나 특별한 지각능력을 가진 사람들도 있습니다. 이런 것들은 이제 막 우리가 이해하기 시작한 것들입니다. 이러한 은사들과 능력들로 인해 많은 사람들이 기이하고도 놀라운 일들을 할 수 있습니다. 그러나 그들은 여전히 그리스도인이 아닙니다. 인간의 자연적 능력은 특정한 부분에 있어서 성령의 은사인 것처럼 보일 수도 있습니다. 물론 성경은 인간의 자연적 능력에 대하여, 하나님께서 측량할 수 없는 자신의 뜻 가운데 하나님의 선한 목적을 성취하시기 위해 불신자들에게 이러한 능력들을 주기로 결정하신다는 것을 우리에게 상기시켜 줍니다.

Studies in the Sermon on the Mount(산상설교 2), p.270

신앙의 치유사들은 그리스도의 속죄가 모든 악한 결과와 죄의 결과들을 감추어 버린다고 말합니다. 나의 죄책뿐만 아니라 내가 받아야 할 형벌까지도 말입니다. 더 나아가서 그들은 죄의 결과로 말미암아 육신이 받아야만 했던 모든 고통들까지 속죄가 해결했다고 주장합니다. 그래서 그리스도인은 절대로 아파서는 안 되며, 건강이 나빠져서도 안 된다는 것입니다. 그들은 그리스도인들이 반드시 항상 완전히 건강한 상태를 유지해야 하며, 그 어떤 질병 때문에 죽어서도 안 된다고 말합니다. 그러나 이러한 논증은 불완전합니다. 만일 속죄로 말미암아 여러분의 모든 죄의 결과들이 직접적으로 다 처리되었다면, 그리스도인은 절대로 죽어서는 안 된다고 말해야 합니다. 왜냐하면 인간의 신체적 죽음은 타락과 죄의 결과이기 때문입니다.

The Sons of God(로마서 강해 5), p.81

하나님께서는 우주에 발생하는 일들이 소위 '자연법'이라는 것에 의해 발생하도록 만드셨습니다. 따라서 여러분이 만일 아프다면, 치료를 받고 일정 시간이 지나면 점차 낫게 되어 있는 것입니다. 그것은 옳은 것입니다. 다만 치유하시는 분은 여전히 하나님이심을 기억하십시오. 만일 여러분이 치유되지 않는 것이 하나님의 뜻이라면, 이 세상에서 가장 최고의 치료를 받는다 할지라도 여러분의 질병은 전혀 호전되지 않을 것입니다. 하나님께서는 대부분 의사들과 약들을 통해 간접적으로 치료하시지만 종종 이런 것들 없이도 치료하십니다. 하나님께서 직접 치료하시는 것입니다. 하나님께서는 자신이 정한 법에 제약을 받는 분이 아닙니다. 하나님께서 그 법을 만드신 분이기 때문입니다. 그런 하나님께서 그것을 초월하시지 못할 이유가 무엇이겠습니까?

Authentic Christianity(사도행전 강해 1), p.227

침체 Depression

저는 사람들로 하여금 자기 자신을 들여다보게 하는 마귀의 역사로 인하여 그들이 하나님을 바라보지 않고 그들 자신을 바라봄으로써 이 모든 우울증과 침체를 낳는다고 주저 없이 말할 수 있습니다.

Great Doctrines of the Bible(교리 강해 1), pp.124-125

사람은 몸과 마음과 영을 지니고 있기 때문에 영적인 문제를 육신과 분리해서 생각할 수는 없습니다. 가장 위대한 그리스도인들도 다른 어떤 때보다도 신체적으로 약할 때 영적 침체의 공격을 받기가 쉽습니다. 이런 중대한 실례들이 성경에 기록되어 있습니다.

Spiritual Depression(영적 침체와 치유), p.19

주 예수 그리스도를 믿기만 하면 모든 근심과 걱정들이 다 사라진다고 생각하는 사람들, 그래서 결국 '그 이후로 행복하게 살 것'이라고 믿는 사람들은 조만간에 영적 침체로 인해 고통을 받게 될 것입니다.

Spiritual Depression(영적 침체와 치유), p.51

영적 침체 또는 불행한 그리스도인의 삶은 종종 복음의 위대성을 인식하지 못하는 데서 기인합니다.

Spiritual Depression(영적 침체와 치유), p.34

칭의 Justification

이 세상에서, 특별히 개신교회 역사 가운데서 다른 어떤 것보다도 가장 탁월하게 두드러진 단어가 있다면, 그것은 바로 이 위대한 단어 '칭의'입니다.

Great Doctrines of the Bible(교리 강해 2), p.167

우리는 칭의를 통해 의롭게 만들어지는 것이 아니라 의롭다고 선언되는 것입니다. 이 두 가지는 전혀 다릅니다.   *Great Doctrines of the Bible*(교리 강해 2), p.169

칭의는 우리의 죄가 용서되었을 뿐만 아니라 우리의 죄가 처리되었고 완전히 제거되었음을 의미합니다. 칭의는 하나님께서 우리를 마치 죄를 짓지 않은 의로운 자처럼 간주하시는 것을 뜻합니다. 즉, 칭의는 용서보다 더 강한 용어입니다. 우리 죄가 용서받았다 하더라도 그 죄가 우리에게 남아 있을 수 있습니다. 그러나 하나님께서 칭의를 통해 우리의 죄와 죄책을 모두 제거하시는 것입니다. 하나님께서 그 죄로 인해 우리를 형벌하시지 않으며, 나아가 우리를 전혀 죄를 짓지 않은 자처럼 의로운 자로 바라보시는 것입니다. 죄가 모두 제거된 것입니다.
Fellowship with God(요한일서 강해 1), p.138

인간이 이 칭의 교리를 파악하지 않고서는 하나님과 인간 사이의 평강이 존재하지 않습니다. 칭의는 평화의 유일한 방법입니다.   *Assurance*(로마서 강해 2), p.18

의롭다함을 받는 것은 하나님께서 우리를 의롭다고 선언하신 것을 의미합니다. 이것은 법적이며, 법정의적 용어입니다. 이것은 오직 하나님만이 행하시는 일입니다. 하나님께서는 우리를 의로운 자로 여기신다고 선언하시는데, 하나님께서 주 예수 그리스도의 의를 우리의 것으로 우리에게 전가시키시기 때문입니다. 그리스도의 의로 우리를 입히시고 자신의 옷으로 우리를 덮으시는 것입니다.
Assurance(로마서 강해 2), p.133

우리의 모든 죄, 하나님의 백성들의 모든 죄가 그분에게 돌려졌습니다. 심지어 하나님의 백성이 될, 아직 태어나지 않은 자들의 죄까지도 그분이 짊어지셨습니다. 그 안에서 모든 믿는 자들이 과거와 현재와 미래의 모든 죄로부터 의롭다함을 받은 것입니다!
Assurance(로마서 강해 2), p.257

오직 믿음으로 말미암아 자신이 의롭다함을 받았다는 사실을 아는 사람만이 엄청난 확신 안에서 기뻐할 수 있습니다. 오직 그런 사람만이 하나님과의 평화와 하나님의 은혜 안에서의 자신의 위치와 하나님의 영광 안에서의 소망을 즐거워할 수 있습니다.

Assurance(로마서 강해 2), p.102

믿음으로 말미암는 칭의는 하나의 과정이 아닙니다. 그것은 '단번에, 그리고 영원히' 발생하는 어떤 것입니다. 이와 반대로 성화는 하나의 과정입니다.

Assurance(로마서 강해 2), p.31

오직 믿음으로 말미암는 칭의를 설교하는 것에는 아주 건전한 위험이 항상 도사리고 있습니다. 이런 점에서 볼 때, 우리의 설교가 건전한 위험을 내포하지 않는다면, 아마도 그것은 복음이 진실하게 설교되지 않았다는 증거일 것입니다.

The New Man(로마서 강해 3), p.195

우리는 거듭났기 때문에, 새로운 본성을 소유하기 때문에 또는 거룩하게 되었기 때문에 의롭게 되는 것이 아닙니다. 이것이 바로 로마 가톨릭 교회와 이단이 저지른 오류입니다. 바울의 가르침의 핵심은, 우리가 '경건하지 않은' 상태에서 아무런 본성의 변화 없이 죄인이 되었을 때 하나님으로 말미암아 그 앞에서 의롭다함을 받았다는 것입니다. 물론 칭의와 성화는 함께 가는 것이지만, 우리가 거듭났기 때문에 의롭게 되는 것이라고 말해서는 절대 안 됩니다. 우리는 그 순서와 차례를 생각하고 사고하는 데 있어서 언제나 반드시 거듭남 이전에 칭의를 두어야 합니다.

Assurance(로마서 강해 2), p.206

거듭남이 우리를 구원하는 것이 아닙니다. 다시 태어났다는 사실 때문에 우리가 구원받는 것이 아닙니다. 우리를 구원하는 것은 그리스도의 의입니다. 하나님께서는 경건하지 않은 자를 의롭게 하시는데, 경건하지 않은 자는 거듭난 자가 아닙니다. 우리가 의롭게 된 것은 경건하지 아니할 때였습니다. 거듭남은 실제적으로 동시에 발생하는 것이긴 하지만 무언가 약간 다른 것입니다.

Assurance(로마서 강해 2), p.134

칭의는 우리가 이미 살펴본 바와 같이 성부 하나님의 행위입니다. 한편 성화는 본질적으로 성령 하나님의 역사입니다.

Great Doctrines of the Bible(교리 강해 2), p.175

우리는 오직 믿음으로 말미암는 위대한 칭의 교리를 수호하기 위해 싸워야 합니다. 이 교리는 수시로 공격받습니다. 그러나 우리가 이 칭의 교리를 수호하기 위해 싸우는 동안 우리의 모든 행위들을 의로운 재판장이 되시는 주님께서 보고 계시며, 우리가 신자로서 지상에 살면서 하는 모든 행위들이 다음 세상인 천국에서의 영광스러운 삶에 어떤 공헌이나 영향을 끼칠 것이라고 가르치는 교훈에 빠져 진정한 칭의 교리를 훼손하게 된다면, 그것은 매우 통탄할 만한 슬픈 일이 아닐 수 없습니다.

Great Doctrines of the Bible(교리 강해 2), p.246

로이드 존스 앤솔러지
Gems from Martyn Lloyd-Jones

ㅋ

칼빈주의 - 선택 : 하나님의 주권
Calvinism - Election : Sovereignty of God

**칼빈주의
-선택
:하나님의
주권**

로이드 존스는 신학적 입장에 있어서 칼빈주의자였지만, 자신을 칼빈주의자로 묘사한 적이 거의 없습니다. 종교개혁의 원리에 헌신한 그는 전도를 위한 권고와 설득을 통하여 인간의 의지를 사로잡는 데 아무런 모순도 느끼지 못했습니다. 그는 복음전도의 모든 성공이 청중들과 설교자에게 역사하시는 성령의 능력 때문임을 굳게 믿었습니다. 따라서 복음은 주님의 비유에서 잘 나타나듯이 씨앗처럼 뿌려져야 하며, 구원의 소식이 무조건적으로 제공되어야 하는 것입니다.

저의 한 친한 친구가 에베소서 2장을 강해하면서 어떻게 칼빈주의를 언급하지 않을 수 있냐며 제 설교를 듣고 대단히 실망했다고 말한 적이 있습니다. 그런 그에게 저는 단순하게 이렇게 대답했습니다. '에베소서 본문이 그 단어를 언급하지 않았기 때문'이라는 것이었습니다. 저의 친구는 너무 과도하게 교파의식에 사로잡힌 나머지 저의 입장을 의심하고 말았습니다.

Christian Unity(에베소서 강해 4), p. 251

우리는 교황의 무오성을 배격하는 것만큼이나 존 칼빈의 무오성 역시 배격합니다. 만일 그 누구라도 존 칼빈을 교황으로 만든다면, 그는 성경을 부인하는 자요 존 칼빈을 부당하게 취급하는 자가 될 것입니다.

God's Sovereign Purpose(로마서 강해 9), p. 18

칼빈주의가 강력할수록 부흥과 재각성이 임할 가능성은 훨씬 높습니다. 여기에는 교리가 필연적으로 뒤따라 옵니다……저는 '죽은 칼빈주의'라는 용어 그 자체가 모순이라고 믿습니다. '죽은 칼빈주의'라는 단어는 성립할 수 없으며, 만일 당신의 칼빈주의가 죽은 것으로 나타난다면 그것은 전혀 칼빈주의가 아닙니다.

The Puritans(청교도 신앙, 그 기원과 계승자들), pp. 210-211

극단적 칼빈주의 hyper Calvinism

우리가 이 문제에 대해서 입장을 분명히 하는 것은 매우 중요합니다. 위대한 종교개혁자들의 교리를 오해한 채……복음은 오직 예정되고 선택받은 자들에게만 제공되어야 한다고 말하는 사람들이 있습니다. 많은 사람들이 무지 가운데 이것을 칼빈주의라고 말합니다. 그러나 이것은 극단적 칼빈주의입니다. 존 칼빈은 일반적인 소명과 복음 전파가 모든 피조물을 향한 것이어야 한다고 가르쳤습니다.

The Final Perseverance of the Saints(로마서 강해 6), p. 188

만일 여러분이 칼빈주의자와 극단적 칼빈주의자의 차이점을 정의해야 한다면, 그것을 어떻게 정의하시겠습니까? 이것은 다음과 같은 이유 때문에 가치 있는 질문입니다. 저는 많은 사람들이 '극단적' 칼빈주의자라는 용어를 일반적 의미에서 칼빈주의자를 지칭하는 말로 사용한다는 것을 알고 있습니다. 달리 말하면, 그들은 극단적 칼빈주의자가 무엇인지를 전혀 모르는 것입니다. 극단적 칼빈주의자란 구원의 복음이 오직 구속받은 자들에게만 제공되어야 하며, 그 어떤 복음 설교자도 모든 사람에게 그리스도를 설교하거나 구원을 제공해서는 안 된다고 말하는 사람들입니다. 극단적 칼빈주의자는 구원을 모든 사람에게 선포하거나 제공하는 사람을 위험한 인물로 간주합니다. 현재 런던에는 제가 모든 사람에게 그리스도를 설교하며 구원의 복음을 제공한다는 이유로 저를 위험한 알미니안주의자로 묘사하는 단체가 있습니다.

Great Doctrines of the Bible(교리 강해 2), p.50

복음은 모든 사람에게 제공되어야 합니다. 바로 이점이 소위 '극단적 칼빈주의'라는 사상이 얼마나 잘못되고도 비성경적인 사상인지를 보여 줍니다. 복음은 모든 사람에게 선포되어야만 합니다. 그것은 모든 이들에게 설교되어야만 하는 것입니다.

God's Sovereign Purpose(로마서 강해 9), p.285

퀘이커 교도 Quakers

조지 폭스 George Fox는 분명히 중대한 문제들에 대한 특별한 관심을 불러 일으키기는 했지만, 너무 멀리 나갔습니다. 그는 거의 성경은 필요하지 않으며, 중요한 것은 '내적인 빛'과 성령뿐이라고 말하기까지 했습니다. 그리하여 현대 퀘이커주의, 즉 프렌드파 the Society of Friends는 거의 전적으로 비교리적이 되었고, 실제로 종종 그들이 과연 그리스도인인지를 의심받는 지경에까지 이르렀습니다. 퀘이커교는 단지 희미한 박애심과 선한 정신일 뿐입니다.

Great Doctrines of the Bible(교리 강해 2), p.245

본래 퀘이커 교도들은 성례에 대하여 로마 가톨릭의 가르침과는 정반대되는 견해를 가르치고 제안했습니다. 그것은 오늘날에도 여전히 고수되고 있는 교훈으로서, 소위 오직 신자 안에 계시는 성령의 내적 작용만이 유일한 은혜의 방편이라는 것입니다. 퀘이커 교도들은 어떤 사람이 이 '내적인 빛' 즉, 그들 안에 있는 하나님의 성령의 역사를 경험하기만 한다면 더 이상 아무것도 필요 없다고 믿습니다.

Great Doctrines of the Bible(교리 강해 3), p.25

성령과 하나님의 말씀을 분리시키는 것은 언제나 위험합니다. 실제로 많은 사람들이 그렇게 했으며, 그 결과 탐욕적인 무절제가 발생하고 말았습니다. 실제로 정통 신앙에서 벗어난, 소위 퀘이커 교도들의 실질적인 이탈은 바로 성령과 성경을 분리한 것에서 비롯됩니다. 그들은 '내적인 빛'을 너무 과도하게 강조한 나머지 성경을 무시하고 말았습니다. 그들은 심지어 성경은 중요하지 않다고까지 말하면서 중요한 것은 내적인 빛이라고 말합니다. 결국 그들은 다소 차이는 있을지 몰라도, 신약성경의 교리에서 스스로 떨어져 나가고 말았습니다. 그들의 신앙 체계에서 주 예수 그리스도는 더 이상 필요 없는 존재가 되고 만 것입니다.

Life in the Spirit in Marriage, Home and Work(에베소서 강해 6), p.161

이어지는 퀘이커교의 비극은 – 저는 지금 조지 폭스를 말하는 것이 아닙니다. 왜냐하면 그는 참된 교리를 견지하지 않았기 때문입니다 – 어쨌든 이어지는 세기의 그들의 비극은 퀘이커 운동이 성령을 너무나 배타적이고도 독점적으로 강조한 나머지, 우리 주님과 구세주 예수 그리스도의 교리를 완전히 무시했으며 잊어버리고 말았다는 사실에 있습니다.

God's Way of Reconciliation(에베소서 강해 2), p.328

크리스천 사이언스 : 컬트
Christian Science : Cults

'크리스천 사이언스'는 쓰레기 같은 철학일 뿐입니다.

Faith on Trial(믿음의 시련), p.44

'크리스천 사이언스'는 이 세상에 장애나 문제가 있을 수 없기 때문에 질병도 없다고 주장합니다. 그러므로 우리가 아프다는 생각이 들더라도 실제로는 아픈 것이 아니며, 우리는 결코 아플 수가 없기 때문에 스스로에게 아프지 않다고 말해야 한다고 주장합니다. 그러나 우리는 크리스천 사이언스의 창시자인 메리 베이

크리스천
사이언스
:컬트

커 에디Mary Baker Eddy 여사가 그녀의 인생 말기에 모르핀을 사용했으며, 안경도 써야 했음을 잘 알고 있습니다.
I am Not Ashamed(내가 자랑하는 복음), p.173

로이드 존스 앤솔러지
Gems from Martyn Lloyd-Jones

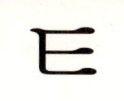

타락 : 아담, 짐승들, 성취, 창조
Fall, The : Adam, Animals, Consummation, Creation

성경은 인간 역사가 시작되기 이전에 발생한 어떤 일에 관한 것을 배경으로 하고 있습니다. 그것은 바로 마귀와 악의 기원에 대한 엄청난 문제에 관한 것입니다. 우리는 그것에 대해 모든 것을 다 알지는 못합니다. 하나님께서는 이것에 대해서 모든 것을 다 계시하지 않으셨습니다. 그러나 그 계시만으로 충분합니다. 우리의 역사와는 별개로 우주적인 타락이 있었습니다. 우리가 이미 살펴본 바와 같이 하나님의 위대한 천사 가운데 하나가 하나님을 대적했습니다. 그가 바로 사탄이라고 불리는 마귀이며, 그의 유일한 목적은 하나님을 대적하고 승리하는 것입니다. 성경에 기록되어 있는 이 위대한 드라마 가운데 하나가, 하나님의 역사와 하나님을 패배시키려는 마귀의 시도인 것입니다. 하나님께서는 이 세상을 완전한 낙원으로 만드셨습니다. 그런데 마귀가 들어왔고 싸움을 시작했습니다. 마귀가 사람을 유혹하기 시작하면서 불의가 인간과 전 인류와 우주 역사에 들어온 것입니다.

Saved in Eternity(성도의 구원, 요한복음 17장 강해), p.113

구원의 역사를 받아들이지 않고서는 여러분은 성경의 구원 교리를 믿을 수 없습니다. 그리고 이 본문이 너무나도 명백히 밝히고 있듯이, 그 역사의 일부분은 창세기 3장에서 나타나고 있는 것처럼, 어떤 역사의 한 시점에 하나님께서 세상을 저주하셨다는 사실을 포함하고 있습니다.

The Final Perseverance of the Saints(로마서 강해 6), p.56

타락:아담, 짐승들, 성취, 창조

이 세상에서 시행된 가장 찬란하게 빛나는 계획은 에덴동산에 있는 아담과 하와에 관해 마귀가 세운 계획이었습니다. 그 얼마나 완벽한 작전이었습니까! 그 얼마나 완전한 계획이었습니까! 그는 인간에게 어떻게 접근해야 할지를 정말이지 너무나 잘 알고 있었습니다. 그의 방법은 얼마나 그럴듯하고 영향적이었습니까! 그 후로 이런 것들은 마귀의 추종자들의 가장 큰 특징이 되었습니다.

Christian Unity(에베소서 강해 4), p. 238

타락 이전의 자연세계에는 가시나 엉겅퀴가 없었습니다.

Love so Amazing(골로새서 강해), p. 270

피조물의 영장이 타락했을 때, 피조 세계 역시 함께 타락하고 말았습니다.

Love so Amazing(골로새서 강해), p. 270

"당신은 오늘날과 같은 시대에도 그런 것을 믿습니까?" 사랑하는 성도들이여, 오늘날의 세상은 저로 하여금 그렇게 믿게 만들고 있습니다. 저는 세상이 발전하지 않고 쇠퇴하는 모습을 목도하고 있습니다. 저는 인간의 타락 교리와 악의 교리, 지옥의 교리, 마귀의 교리를 제외한 채로는 인간의 삶을 이해할 수 없습니다. 그 모든 것들이 바로 이 성경에 담겨 있습니다. 오직 성경만이 그것을 설명합니다. 그것은 결코 사고나 우연의 결과가 아닙니다. 하나님께서 세상을 완전하게 창조하셨음에도 우리가 살고 있는 세상이 이런 모습이 된 것은, 마귀와 악과 그의 영향으로 인한 것입니다.

I am Not Ashamed(내가 자랑하는 복음), p. 66

한때 유명했지만 이제 멸망해 버린 여러 왕궁 밖에는 이런 표지판이 세워져 있습니다. "수세기 전 이러저러한 왕이 여기 이 왕궁에 살았습니다." 마찬가지로, 타락의 결과 인간 세상에는 "한때 하나님이 여기 사셨습니다"라고 기록되어 있습니다.

Great Doctrines of the Bible(교리 강해 1), p. 188

인간이 하나님을 대적하여 타락했을 때, 그는 여전히 사람이었습니다. 그의 본질적인 인성과 인격은 여전히 남아 있습니다. 뿐만 아니라 그가 처음 창조되었을 때 받았던 하나님의 형상의 일부분 역시 여전히 남아 있습니다.

Great Doctrines of the Bible(교리 강해 1), p.175

인간이 타락했을 때, 그는 하나님과 분리되었을 뿐만 아니라 그의 영적 기능 자체가 마비되었습니다. 그의 지성이 어두워졌고 희미해졌으며, 그의 전 이해가 흑암에 빠져 버렸습니다. 그에게서 능력과 재능이 사라져 버린 것입니다.

God's Ultimate Purpose(에베소서 강해 1), pp.407-408

인간이 타락했습니다. 그는 죄의 종이 되고 말았습니다. 하나님의 창조의 가장 절정인 인간이, '피조물의 영장'이 타락하고 만 것입니다. 그가 타락했을 때 전 피조 세계 역시 함께 넘어지고 말았습니다. 땅이 저주를 받았고 무질서가 시작된 것입니다.

The Final Perseverance of the Saints(로마서 강해 6), p.360

인간이 타락했을 때, 그는 무언가를 상실했습니다. 그는 형상의 한 국면을 상실한 것입니다. 그러나 완전한 형상 전체를 상실한 것은 아닙니다. 형상에 있어서 중요한 부분이 여전히 남아 있습니다. 그것은 각각의 인격 안에서 발견되는 이 하나님의 형상 안에 어떤 특정한 요소가 있다는 것을 암시합니다.

Great Doctrines of the Bible(교리 강해 1), p.170

로이드 존스 앤솔러지
Gems from Martyn Lloyd-Jones

프

평화 Peace

평화

우리가 '하나님과 평강'을 누리기 전에는 결코 '하나님의 평강'을 알 수 없을 것입니다.

Assurance(로마서 강해 2), p. 13

'하나님과 평화를 누리는 것'은 하나님과 우리의 관계와, 그분에 대한 우리의 지위에 관한 객관적인 명제입니다. '하나님의 평강'은 전적으로 주관적인 것입니다. 그것은 우리가 걱정하고 근심하는 파멸적인 경향을 극복하는 방법입니다.

Assurance(로마서 강해 2), p. 13

평화주의 Pacifism

평화주의

저는 오늘날에도 여전히 속죄 교리를 이해하면서도 평화주의를 주장하는 사람들을 상대해야 합니다.

Life in the Spirit in Marriage, Home and Work(에베소서 강해 6), p. 272

저는 평화주의자들만큼 기독교의 교훈을 반대하는 사람은 없다고 생각합니다. 제가 여기서 의미하는 사람들은 우리가 이성과 가르침의 적용을 통해 전쟁을 멈추게 할 수 있다고 말하는 사람들입니다. 그들은 왜 그렇게 잘못된 것입니까?

왜냐하면 그들은 모든 종류의 전쟁의 원인을 깨닫지 못하기 때문입니다. 그것이 부부간의 말다툼이든지 두 사람 사이의 싸움이든지, 모든 말다툼과 싸움과 모든 종류의 평화와 교제의 결핍은 잘못된 지성 때문이 아니라 잘못된 마음에서 비롯되는 것입니다. 근본적으로 모든 문제는 마음에 있는 것입니다.

Authentic Christianity(사도행전 강해 2), p.6

포르노그라피 Pornography

만일 여러분이 외설스러운 잡지들이 자유롭게 출판되어야 한다고 생각한다면, 여러분은 의심의 여지 없이 '육체의 정욕을 공급'하며 사는 것과 다를 바 없습니다. 사람들은 그것을 근사한 인쇄물이라 생각할지도 모르지만, 그것이 해악을 끼칠 것임은 자명한 사실입니다. 그것은 격정을 불붙게 하고 육체의 죄를 조장할 뿐입니다. 육체의 행위를 죽이는 삶을 살고자 하는 그리스도인은 결코 육체의 정욕을 위해 살아서는 안 됩니다.

The Sons of God(로마서 강해 5), p.190

프리메이슨주의 : 이교
Freemasonary : Cults

신약성경에 사용된 '신비'라는 용어는, 바울 시대에 아주 유행했던 '신비의 종교들'의 특징들이 잘 보여 주는 것과 같이 초창기의 몇몇 사람들에게만 계시되고 나머지 사람들에게는 의도적으로 숨기는 신화적 비밀이 아닙니다……이 신화적 비밀이라는 것은 몇몇 특정한 철학자들과 비범한 사람들에게만 한정되어 알려진 비밀을 가리킵니다. 이것은 평범한 사람들에게는 절대로 주어지지 않았습니다. 오늘날에는 바로 이러한 사상에 기초한 특정한 이교도들과 비밀스런 단체들이 있습니다. 그들은 출입문을 굳게 잠근 채 집회를 열고, 이 단체에 들어오기를 원하는 자는 절대로 비밀을 누설하지 않겠다고 서약해야만 합니다. 그러면 그들은 다른 광신도들을 알아볼 수 있는 비밀스러운 표식을 받습니다. 이것은 기독교와 정반대되는 특징들입니다. 기독교는 복음의 메시지를 선포하고 설교하며 강해하고 전파하며, 모든 사람들이 그 메시지를 알기를 소원합니다.

God's Ultimate Purpose(에베소서 강해 1), p. 188

피상적 신앙 Superficiality

그리스도인 된 백성들이 구원받고 죄를 용서받았으면서도 여전히 성경과 성도들의 삶을 통해 묘사된 엄청난 전투에 대해서는 아무것도 모르는 수준 낮은 신앙을 지닌 상태로 이 세상을 통과할 수도 있습니다.

Joy Unspeakable(성령 세례), p. 377

핍박 persecution

저는 오늘날 우리가 살아가고 있는 이 세대의 하나님의 교회가 어떤 의미에서 카타콤으로 돌아가야 하지 않을까라는 생각을 합니다. 우리는 그런 상황을 직면하게 될지도 모릅니다. 실제로 오늘날 적지 않은 사람들이 이런 상황에 있습니다. 또한 많은 국가에서도 동일하게 이런 현상이 발생하기도 합니다.

Walking with God(요한일서 강해 2), p. 109

로이드 존스 앤솔러지
Gems from Martyn Lloyd-Jones

하나님 God

기독교 복음은 주 예수 그리스도와 함께 시작되지 않습니다. 복음은 아버지 하나님과 함께 시작됩니다. 성경은 항상 어디서나 성부 하나님으로 시작합니다. 그러므로 우리 역시 그러해야 합니다. 왜냐하면 그것이 성부, 성자, 성령이 되시는 성삼위일체의 순서이기 때문입니다.

Saved in Eternity(성도의 구원, 요한복음 17장 강해), p.42

경외감 awe

저는 우리 가운데 젊은 청년들이 담배나 파이프를 물고 웃고 떠들고 농담하며 매우 영리하게 하나님에 대하여 논하는 모습을 본 적이 있습니다. 만일 우리가 하나님에 대해 그 어떤 것이라도 진정으로 알게 되었다면, 우리는 그 담배를 끄고 파이프를 멀리 던져 버렸을 것입니다. 그리고 발에서 신도 벗어 버렸을 것입니다. 우리는 우리가 거룩한 땅에 서 있다는 사실을 깨달았을 것이며, 무릎을 꿇고 하나님 앞에 엎드렸을 것입니다.

Love so Amazing(골로새서 강해), p.197

하나님

사람들이 하나님에 대해 유창하게 떠벌리면서 이러한 문제들에 대해 지절거리는 것을 듣는 것보다 더 아연실색할 만한 일은 없습니다. 여러분은 하나님께서 반드시 이렇게 또는 저렇게 해야만 한다면서 여러분의 견해들을 늘어놓습니다. 사랑하는 성도들이여, 여러분이 지금 무슨 말을 하고 있는지 알고나 있습니까? 여러분은 하나님께서 소멸하는 불이며 거룩한 하나님이시며, '빛의 아버지시며 변함도 없으시고 회전하는 그림자도 없으신 분'(약 1:17 참고)임을 알고 있습니까? 저는 여러분이 하나님 아버지의 이름을 사용할 때 매우 조심하기를 원합니다. 저는 고대 유대인들이 하나님의 이름을 사용함에 있어서 느꼈던 두려움을 이해할 수 있습니다. *Old Testament Evangelistic Sermons*(구약을 사용한 복음 설교), p.41

무엇인가가 잘못된 것 같습니다. 우리는 마치 불경한 자들은 잘살고 형통하는데 자신은 고난을 당한다고 생각하면서 "하나님 도대체 왜 이렇게 행하십니까?"라고 질문하는 시편 73편의 그 사람과 같습니다. 오, 사랑하는 성도들이여, 여러분의 가슴속에 또다시 그런 생각과 감정이 생긴다면 잠시 멈추어 서서, 이 영광스러운 하나님, 썩지 아니하시는 하나님에 대해 생각하며 말하고 있다는 사실을 기억하십시오. 그는 거룩과 무한하심과 위엄에 있어서 영광스러운 분이십니다. 우리는 모두 손으로 입을 가리고 하나님께서 우리에게 자신의 위대한 목적을 계시해 주실 때까지 만족해야 합니다. 생각 없이 하나님에 대하여, 창조주에 대하여, '영원히 찬송받으실 하나님'에 대하여 입을 여는 것은 얼마나 위험한 일인지요! 우리 모두 잠시 멈추기를 원합니다. 하나님께서는 무가치한 방식으로 하나님에 대하여 말하는 죄악을 절대로 허용하지 않으십니다. *The Gospel of God*(로마서 강해 7), p.387

하나님의 이름은 경외의 대상이 되어야 합니다. 여러분은 유대인들이 여호와라는 이름을 사용하지 않았다는 사실을 잘 알 것입니다. 그들은 그 이름이 너무나 신성하다고 느꼈습니다. 그런데 우리는 그러한 경외감을 상실하고 말았습니다. 그러나 사도는 여기서 바로 그 경외감을 다시 불러 일으키고 있습니다다. 그분의 초월성과 위엄성과 무한성과 영광에 대한 생각이 우리를 겸손하게 만드는 것입니다. 우리는 반드시 경외감과 경건한 두려움으로 하나님에 대해 말해야 합니다.
The Gospel of God(로마서 강해 7), p.386

존재 existence

저는 항상 창조주 하나님이 계시다는 것을 인간의 눈만으로도 충분히 증명할 수 있다고 주장해 왔습니다. 인간의 눈은 너무나 섬세하고도 민감한 기관입니다. 눈은 정밀하며 사물을 분별할 수 있습니다. 이 작은 기관은 거의 우리 인간 생활의 모든 국면을 지배합니다. 이것이 과연 우연의 결과이겠습니까? 결코 그렇지 않습니다. 모든 것이 너무나도 완전합니다. 눈이야말로 정말 그 어떤 인간도 만들 수 없는 완전한 기관인 것입니다. 그러므로 인간의 눈은 위대한 지성, 위대한 설계자, 위대한 예술가가 계심을 명백하게 증거하는 것입니다.
I am Not Ashamed(내가 자랑하는 복음), p.60

용서 forgiveness

하나님께서 하나님이신 이상 결코 죄를 그냥 용서하실 수는 없습니다.
Saved in Eternity(성도의 구원, 요한복음 17장 강해), p.99

죄의 용서란 감히 하나님의 지혜에 무거운 짐을 지우는 것이라고까지 말할 수 있습니다.
The Unsearchable Riches of Christ(에베소서 강해 3), p.87

거룩성 holy

나의 친구여, 바로 이것이 우리가 세상에 선포해야 하는 것이 아닙니까! 하나님께서 거룩하며 의로우시며 죄를 영원토록 미워하시며 심판하신다는 것을 말입니다. 이것이 바로 하나님 자신의 계시입니다.
Revival(부흥), p.232

불변성 immutability

하나님의 뜻은 불변합니다. 그것은 하나님께서 하나님이시기 때문에 변할 수 없는 것입니다. 하나님께서 뜻하시면 실행하십니다. 하나님께서 목적으로 하고 결정하시면 그것을 수행하십니다. 불변하는 하나님의 뜻이 모든 것의 기본 원리가 됩니다. 만일 내가 이것을 믿지 않는다면, 나에게는 믿음이 없는 것입니다. 하나님께서 변하지 않으신다는 것은 절대적인 진리입니다.

Faith on Trial(믿음의 시련), p.100

하나님의 속성은 변하는 법이 없습니다. 그러나 하나님께서 자신의 백성을 다루시는 방법은 다양합니다. *Great Doctrines of the Bible*(교리 강해 1), p.61

하나님은 변하지 않으시는 분입니다. 어떤 사람이 묘사했듯이, "시간은 영원이라는 시간의 이마에 단 하나의 주름도 만들 수 없습니다." 그리고 인간 역시 변하지 않습니다. 그는 타락한 이래 항상 똑같이 타락한 모습 그대로 남아 있으며, 동일한 문제를 지니고 있습니다. *Preaching and Preachers*(설교와 설교자), p.41

여러분은 어떻게 하나님께서 변하지 않으시는데 성경이 후회하시는 하나님을 언급하고 있다고 말할 수 있습니까? 왜냐하면 후회란 마음을 바꾸는 것을 의미하기 때문입니다. 그러나 이에 대한 해답은 명백하게도 다음과 같습니다. 하나님의 성품은 결코 변하지 않습니다. 변하는 것은 사람을 다루시는 하나님의 방법입니다. *Great Doctrines of the Bible*(교리 강해 1), p.61

우리는 하나님의 마음의 근원적인 역사하심을 완전히 파악할 수 없습니다. "이것은 왜 이렇고 저것은 또 왜 그렇습니까?" "하나님은 왜 바로 왕을 세우셨습니까?" "하나님은 왜 야곱을 선택하시고 에서는 선택하지 않으셨습니까?" "만일 모든 것이 미리 결정되었고 작정되었다면, 하나님께서는 왜 우리를 형벌하시는 것입니까?" 이렇게 질문하는 것은 부질없는 짓입니다. 이런 질문에 대답은 다음과 같습니다. "이 사람아, 네가 누구이기에 감히 하나님께 반문하느냐?"(롬 9:20) 여러분은 지금 하나님의 지혜와 맞붙어 싸우고자 하는 것입니다. 여러분은 자신이 얼마나 미미하고도 유한한 존재인지, 또한 타락의 결과로 말미암아 얼마나 죄로 가득한 존재인지 잊고 있는 것입니다. 여러분은 영광에 이르기 전에 결코 근원적인 이해에 도달할 수 없습니다. 여러분이 이 시간 세계 안에서 해야 할 일은 오직 하나님께서 언제나 일관적이심을 믿는 것이며, 하나님께서 자신의 영원한 작정에 관해, 그리고 하나님께서 세상의 기초를 세우기 전에 무엇을 예정하고 결정하셨는지에 관해 분명하고도 명백하게 우리에게 말씀해 주신 것을 인정하고 받아들이는 것뿐입니다. *Great Doctrines of the Bible*(교리 강해 1), p. 102

공의 justice

만일 여러분이 하나님을 불공평하다고 말할 뻔한 유혹에 빠진 적이 있다면, 욥처럼 손으로 입을 가리고 지금 여러분이 누구에 대해 말하고 있는지 깨닫도록 노력하십시오. *God's Ultimate Purpose*(에베소서 강해 1), p. 16

하나님은 한 분이며 보이지 아니하며, 항상 하나님으로서 행하십니다. 여러분은 하나님의 사랑이 그분의 공의와 적대 관계에 있다고 설정해서는 절대로 안 됩니다. 하나님은 언제나 충만한 신적 존재로서 행하십니다. 그분은 사랑 가운데 행하시는 동시에 공의로 행하십니다. 따라서 여러분은 하나님의 사랑이 하나님의 공의 또는 그분의 의와 관계없이 행사된다고 말해서는 안 됩니다. 마찬가지로 하나님의 공의와 의가 그분의 사랑과 관계없이 행사된다고 말해서도 안 됩니다. 하나님은 신적인 존재로서 행하십니다. 여러분은 절대로 이 두 가지 속성을 분리시켜서는 안 됩니다. *Assurance*(로마서 강해 2), p. 148

사랑 love

하나님께서는 자신의 공의보다 자신의 사랑으로 인해 더욱더 기뻐하십니다. *Assurance*(로마서 강해 2), p. 231

하나님

하나님의 사랑은 그리스도의 죽음 안에서 극치를 이룹니다.

Assurance(로마서 강해 2), p. 111

사람들이 그리스도 예수 안에서의 하나님의 사랑에 대해 뭐라고 말하든지 간에 여기에는 항상 무엇인가가 더 있습니다. 이것은 영광 가운데 존재하는 천상적 주제입니다. 이것은 송가이며, 모든 구속받은 백성들의 노래입니다. 또한 이것은 영원토록 우리를 사로잡는 주제입니다.

Assurance(로마서 강해 2), p. 140

하나님의 사랑에 대해 알기 위해서는 먼저 하나님의 '사랑하는' 아들 안에, 그리고 그에게 어떤 일이 벌어졌는지를 알아야 합니다. 우리가 하나님의 참된 사랑을 측량하는 것은 바로 하나님의 아들 안에서입니다.

God's Ultimate Purpose(에베소서 강해 1), p. 141

바로 이것이 하나님의 사랑입니다. 하나님께서는 사람들이 자신의 아들을 향해 조소하고 욕설하며 돌을 들어 자신의 사랑하는 독생자에게 던지는 모습을 보고 계십니다. 아무것도 없던 것에서 세상을 만드시고 단 한순간 그 모든 것을 끝장내실 수 있으며 불가능한 것이 하나도 없는 하나님께서, 세상이 자신의 사랑하는 독생자를 부인하고 거절하며 핍박하고 상하게 하는 모습을 지켜보고 계신 것입니다. 여기서 우리는 하나님의 사랑을 조금이나마 측량할 수 있습니다. 사복음서에 기록된 기사들을 읽는다면, 여러분은 하나님의 사랑하는 독생자에 대해 읽고 있으며, 성부 하나님께서 자신의 사랑하는 독생자를 항상 지켜보고 계실 뿐만 아니라 그를 대적하는 세상의 모습도 지켜보고 계신다는 사실을 기억해야만 합니다.

God's Ultimate Purpose(에베소서 강해 1), pp. 142-143

만일 우리가 우리 자신의 감상적이고도 엉성하며 부조리하고 불의한 사랑의 개념을 영원한 신성의 사랑과 같은 것으로 간주한다면, 우리 자신은 믿을 수 없는 불확실한 입장에 빠지게 될 것입니다. *Great Doctrines of the Bible*(교리 강해 1), p. 333

자비 mercy

하나님께서는 불신자들의 상태를 기뻐하지 않으시며, 그들을 멸하는 것도 즐거워하시지 않습니다. 하나님은 그들이 복음을 들을 수 있도록 그들을 그저 내버려 두시는 것입니다. 그것이 하나님의 뜻이며 기쁨입니다. 그러나 그것 자체가 그들을 구원하지는 않습니다. 바로왕을 향한 하나님의 오래 참으심과 인내가 그를 변화시키지는 않았습니다. 가룟 유다를 향한 우리 주님의 오래 참으심과 인내가 그를 변화시키지도 않았습니다. 모든 인류와 지금 우리가 살고 있는 이 세상을 향한 하나님의 오래 참으심이 그들로 하여금 주 예수 그리스도를 믿게 하지는 않았습니다. 그러나 이 얼마나 놀라운 하나님의 오래 참으심과 인내입니까? 만일 하나님께서 자신의 진노를 거두시지 않았다면, 하나님의 오래 참으심과 자비에 대해 결코 아무것도 알지 못했을 것입니다.

God's Sovereign Purpose(로마서 강해 9), p.216

이름 name

하나님의 이름이 하나님의 속성을 표현한다는 것은 시편 22장 22절에서도 나타납니다. "내가 주의 이름을 형제에게 선포하고 회중 가운데에서 주를 찬송하리이다." 신약성경에서도 십자가에서의 죽음을 앞두신 우리 주님의 위대한 선포를 볼 수 있습니다. "세상 중에서 내게 주신 사람들에게 내가 아버지의 이름을 나타내었나이다"(요 17:6). 또한 예수님은 계속해서 이렇게 말씀하셨습니다. "내가 아버지의 이름을 그들에게 알게 하였고 또 알게 하리니"(요 17:26). 하나님의 이름을 선포하는 것은 하나님에 관한 진리를 선언하는 것과 같습니다. 그것은 하나님의 존재에 대한 위대한 진리를 우리 인간이 이해하고 파악할 수 있는 방식으로 나타내는 것입니다.

Great Doctrines of the Bible(교리 강해 1), p.80

여러분은 절대로 '친애하는 하나님'이라는 표현을 사용해서는 안 됩니다. 우리 주님께서도 그런 말을 사용하시지 않았습니다. 주님은 '거룩하신 아버지'라고 말씀하셨습니다.

The Sons of God(로마서 강해 5), p.224

> 하나님

성경을 읽으면서 이 말씀을 더욱더 묵상하고 더 많이 연구하면 할수록 저는 왜 고대 유대인들이 여호와라는 이름을 절대로 언급하지 않았는지를 이해하게 됩니다. 그들은 정말 놀라운 두려움과 경외감으로 가득 차 있었습니다. 그들이 하나님의 위엄하심을 이해했기 때문에 감히 하나님의 이름을 입 밖으로 말하지 않았던 것입니다. 저는 사람들이 '사랑하는 하나님, 또는 친애하는 하나님'이라고 말하는 것을 별로 좋아하지 않습니다. 성경에서는 그런 표현을 찾을 수 없습니다. 성경에는 '거룩하신 하나님'이라는 표현이 기록되어 있을 뿐, '친애하는 하나님'이라는 표현은 없습니다.

Great Doctrines of the Bible(교리 강해 1), p.53

전능성 omnipotence

하나님의 권능은 우리의 표현 능력과 이해를 초월합니다. 이 세상의 모든 사전들을 다 찾아보고 모든 존재하는 단어들을 다 동원해서 그 모든 단어들을 합친다고 할지라도, 하나님의 위대하신 권능에 대한 묘사를 시작조차 할 수 없을 것입니다.

God's Ultimate Purpose(에베소서 강해 1), p.397

편재성 omnipresence

하나님의 영원하심은 하나님께서 존재하는 모든 것의 근원이자 원인이 되심을 암시합니다. 모든 존재와 생명은 하나님으로부터 나옵니다. 또한 하나님의 영원성은 하나님께서 모든 제한과 속박에서 자유로우심을 상기시킵니다. 하나님께서 관계하시는 모든 곳에는 제한이 없습니다. 하나님은 모든 존재와 함께하시며 어디에나 계시고, 제한이 없으십니다. 이것을 가장 잘 묘사하는 말은 아마도 다음과 같을 것입니다. 하나님의 높으심, 하나님의 위엄하심, 말로 형용할 수 없는 하나님의 권위, 모든 것 위에 높이 계신 하나님의 초월성이 바로 그것입니다.

Great Doctrines of the Bible(교리 강해 1), p.53

전지성 omniscience

하나님이 알지 못하시는 여러분의 움직임이나 하나님이 보지 않으시는 여러분의 행동이나 하나님이 모르시는 여러분의 생각이나 마음은 없습니다. 하나님께서는 여러분을 단순히 보고 계실 뿐만 아니라 그 존재의 심원을 철저히 보고 계십니다. 하나님 앞에서 우리는 펼쳐진 책과 같습니다.

Old Testament Evangelistic Sermons(구약을 사용한 복음 설교), p. 239

만일 제가 하나님을 이해할 수 있다면, 저는 분명히 하나님보다 높은 존재일 것입니다. 또한 하나님께서 제가 이해할 수 있고 저의 생각에 옳은 일만 하시는 분이라면, 그분은 하나님이 아니라 저의 하인일 것입니다.

Old Testament Evangelistic Sermons(구약을 사용한 복음 설교), p. 173

주권 sovereignty

여러분은 하나님의 뜻이 두 가지의 주요 방식으로 표현된다는 것을 발견하게 될 것입니다. 하나님께서는 자신이 앞으로 수행하고자 하는 특정한 일들을 선포하십니다. 우리는 이것을 하나님의 '법령적 의지'라고 부릅니다. 하나님은 또한 우리로 하여금 어떤 특정한 일을 하도록 명하십니다. 이것을 우리는 하나님의 '규범적 의지'라고 부릅니다.

Great Doctrines of the Bible(교리 강해 1), p. 67

하나님이 시작하고 하나님이 진행하십니다.

God's Way of Reconciliation(에베소서 강해 2), p. 196

하나님께서는 일을 절반만 한 채로 마치실 수 없는 분이십니다.

Faith on Trial(믿음의 시련), p. 101

성경은 사소한 문제들, 시간 안의 분쟁들을 다루지 않습니다. 나라가 세워지기도 하고 몰락하기도 하겠지만, 하나님의 계획은 끊임없이 계속됩니다. 특히 그 계획은 일시적인 생각이나 변덕에 맞추기 위해, 또는 개인이나 국가의 싫고 좋음에 맞추기 위해 수정되지 않을 것입니다.

The Unsearchable Riches of Christ(에베소서 강해 3), p. 78

진노 wrath

하나님과 사람, 사람과 하나님 사이에 평화가 이루어지기 전에 계시된 하나님의 진노가 먼저 해결되어야 합니다.
Assurance(로마서 강해 2), p. 15

사도가 그렇게 한 것처럼, 우리가 하나님의 진노의 교리를 선포하고 설교한다는 것이 거룩하신 삼위일체 하나님의 분리를 의미하지는 않습니다. 사도는 하나님의 진노가 인간의 모든 불경건과 불의를 대적한다고 말했으며, 동시에 그 동일한 하나님께서 우리 죄를 위하여 그 아들을 보내셨다고 말합니다.
Assurance(로마서 강해 2), p. 105

성경에는 우주적인 하나님의 부성과 우주적인 형제성에 대한 가르침이 없습니다.
God's Sovereign Purpose(로마서 강해 9), p. 257

절대자 하나님에 대한 생각은 인간이 공통적으로 가지고 있는 믿음입니다. 이 세상에 태어난 모든 사람들은 다 이 본능을 가지고 있습니다.
Great Doctrines of the Bible(교리 강해 3), p. 73

하나님에 대한 지식 Knowledge of God

우리는 하나님으로부터 어떤 복을 원하기 전에 먼저 하나님에 대해 알아야 합니다.
Great Doctrines of the Bible(교리 강해 1), p. 50

하나님께서 여러분을 사랑하신다는 것을 아는 것보다 더 놀라운 일은 없습니다. 그리고 그 어떤 사람도 예수 그리스도와, 그분이 십자가에 못 박히신 사실을 알지 아니하고서는 하나님께서 자신을 사랑하신다는 사실을 알 수 없습니다.
Assurance(로마서 강해 2), p. 19

만일 여러분이 여러분의 머리로 어떤 것을 측정하려 한다면, 그것은 여러분의 두뇌가 그 측정하려고 하는 대상보다 훨씬 더 크고 위대하다는 것을 의미합니다. 따라서 사람이 하나님을 이해하려고 노력한다면, 그의 노력과 능력과 지성과 이해로 하나님을 찾고자 한다면, 그는 자신이 하나님보다 더 위대하고 하나님은 일종의 조사를 받으셔야 할 존재라고 가정하는 것과 다름없습니다. 이러한 생각은 소름 끼치도록 어리석은 것입니다.

The Christian Soldier(에베소서 강해 8), p.214

예수 그리스도와 동떨어진 하나님에 대한 지식은 없습니다. 예수 그리스도를 통하지 않고서는 절대로 하나님께 진실로 나아갈 수 없습니다.

Life in God(요한일서 강해 5), p.96

만일 대부분의 그리스도인의 삶에 있어서 가장 큰 결점이 무엇인지를 단 한 문장으로 서술하라고 한다면, 저는 하나님을 우리가 마땅히 알아야 할 성부 하나님으로 아는 일에 실패하는 것이라고 말씀하겠습니다.

Studies in the Sermon on the Mount(산상설교 2), p.202

이것은 여자와 사랑에 빠진 남자가 소유한 지식에 비유할 수 있습니다. 그는 책상에 앉아서 자신의 사랑을 철학적으로 써 내려갈 수 없습니다. 그는 자신의 사랑을 이성적으로 설명할 수 없습니다. 그는 그 사랑을 알고 있습니다. 그러나 거기에서 자신의 논리와 이성이 멈추게 됩니다. 바로 그것이 이성과 지식이 이해할 수 없는 위대한 사랑입니다. 새끼 양은 많고 많은 양들 가운데 어째서 그 양이 자기 엄마 양이 되었는지를 이성적 논리로 설명할 수 없습니다. 새끼 양은 단지 그 양이 자기 엄마라는 것을 알 뿐입니다. 자기 주님에 대한 그리스도인의 지식 역시 그와 똑같습니다.

Saved in Eternity(성도의 구원, 요한복음 17장 강해), p.157

성경의 충만한 교리 위에 수립된 참된 믿음은 우리를 청교도들이 하나님에 대한

> 하나님에 대한 지식

영적 지식이라고 불렀던 단순한 믿음의 지식보다 한 층 높은 즉각적이고도 직접적인 하나님에 대한 지식으로 인도합니다.
>
> *Saved in Eternity*(성도의 구원, 요한복음 17장 강해), p.163

우리는 하나님으로부터 어떤 복을 원하기 전에 먼저 하나님에 대해 알아야 합니다. 어떤 특별한 경험을 소유하기 위해서 모든 것을 추구하고 예배하고 노력해서는 안 됩니다. 우리의 목적이 단순히 어떤 특별한 복을 간청하는 것이 되어서는 안 됩니다. 우리의 목적은 하나님 자신, 즉 선물이 아니라 선물을 주시는 분을 아는 것이어야 합니다. 복 그 자체가 아니라 모든 복의 근원과 샘물이신 분을 아는 것 말입니다!
>
> *Great Doctrines of the Bible*(교리 강해 1), p.50

경험에서 머무르지 마십시오. 최종 목적지는 하나님을 아는 것입니다. 그것 외에 다른 것은 없습니다.
>
> *Faith on Trial*(믿음의 시련), p.111

저의 가장 큰 소원은 무엇보다도 먼저 '하나님을 아는 것' 입니다. 과거를 회상해 볼 때, 다른 주제들로 만족하려는 경향을 발견하는 것보다 더 저를 놀라게 하는 일은 없습니다. 저는 '이 세상의 가련한 우상' 또는 배교만큼 죄악 된 것이라고 말하는 것이 아닙니다. 오히려 삼위일체 하나님에 대한 진리로 만족하는 것은 아주 쉬운 일입니다. 믿음을 신학적이고도 교리적으로 다루며, 심지어 믿음을 변증하는 것은 매우 즐거운 일입니다. 이 모든 것들이 그리스도인이 누리는 유산의 일부분이기도 합니다. 그러나 그리스도인은 절대로 그것을 의지하여 살거나 단지 그것에만 만족하면서 살아서는 안 됩니다. 하나님을 아는 것이 평강으로 충만한 생명이기 때문입니다.
>
> *David Martyn Lloyd-Jones: The Fight of Faith*(믿음의 싸움), by Iain Murry, p.220

여러분에게 있어서 하나님은 실재하십니까? 여러분이 무릎을 꿇고 기도할 때 하나님께서 거기 계시다는 것을 알고 그분의 임재를 깨닫습니까?
>
> *God's Ultimate Purpose*(에베소서 강해 1), p.344

여러분을 하나님을 아십니까? 저는 여러분이 하나님에 대한 어떤 것을 믿고 있는지가 아니라 하나님을 진정으로 만났는지에 대해 묻는 것입니다. 여러분 자신은 하나님의 현존을 알고 있습니까? 하나님이 여러분에게 말씀하시고 여러분이 하나님과 대화하는 것을 알고 있습니까? 로렌스Lawrence 형제의 『하나님의 임재 연습』The Practice of the Presence of God은 우리에게 여러분이 부엌에서 설거지를 하면서도 가장 그리스도의 좋다운 사명을 감당할 수 있다고 말합니다. 여러분이 이것이 가능하다는 것을 알고 있으며 그리스도께서 그것을 가능하게 하기 위하여 돌아가셨다는 사실을 알고 있는 한, 장소는 전혀 아무런 문제가 되지 않습니다. 그리스도는 '우리를 하나님에게로 데려오기 위해' 그리고 이러한 지식을 부여하기 위해 돌아가신 것입니다. *God's Ultimate Purpose*(에베소서 강해 1), p.348

사람에게 발생할 수 있는 가장 최고의 특권이 있다면, 그것은 하나님께서 직접 그에게 말씀하시는 것입니다. 마찬가지로 인간이 받을 수 있는 가장 큰 상실의 고난이 있다면, 그것은 하나님께서 더 이상 그에게 말씀하시지 않는 것입니다 ……만일 자신이 더 이상 하나님의 말씀을 듣지 못하고 하나님께서 그에게 말씀하시지 않는다고 느낀다면, 그는 자신을 가장 비참하고도 불쌍한 자로 생각해야 합니다. *The Righteous Judgement of God*(로마서 강해 8), pp.168-169

인간의 내부에는 하나님이 계시다고 소리 지르는 양심의 내적 감각이 있습니다. 모든 사람이 이 양심의 감각을 지니고 있습니다. 소위 무신론자도 이것을 가지고 있습니다. 단지 이 양심을 거슬러 행동하며, 자신이 믿고 싶지 않지만 자신의 내부에서 계속 소리 지르고 있는 것을 거슬러 버티고 있는 것입니다. 고고학적 발견과 연구는 이 세상에서 가장 원시적인 종족들조차도 그들 내부에 이 위대한 하나님에 대한 인식, 모든 역사의 배후에 위대한 주권자가 존재한다는 인식을 소유하고 있었음을 보여 주었습니다. *God's Ultimate Purpose*(에베소서 강해 1), p.352

하나님의 나라 Kingdom of God

만일 우리가 하나님의 나라를 일종의 지배와 통치로 간주한다면, 그 왕국은 우리 주님이 육신의 몸을 입고 이 땅에 계셨을 때에 여기 있었습니다. 하나님의 나라는 주 예수 그리스도께서 주로 인정되시는 곳이라면 어디든지 현존하는 것입니다. 그러나 하나님의 나라는 만인과 만물이 그의 주 되심을 인정할 그날에 완전히 실현되고 성취될 것입니다. 따라서 우리는 하나님의 나라가 이미 도래했고 우리 가운데 있으며, 그리고 장차 도래할 것이라고 말할 수 있습니다. 그렇다면 교회와 하나님의 나라와의 관계는 무엇입니까? 그것은 확실히 다음과 같습니다. 교회는 하나님의 나라를 표현하기는 하지만 하나님의 나라와 동일한 것은 아니라는 것입니다.

Great Doctrines of the Bible(교리 강해 3), p.4

학문 Scholarship

순수 학문이라는 것은 존재하지 않습니다.

The Final Perseverance of the Saints(로마서 강해 6), p.320

우리는 소위 '학문'에 얼마나 큰 경외심을 느끼는지요!

God's Sovereign Purpose(로마서 강해 9), p.80

저는 기죽거나 낙담하지 않습니다. 저에게는 믿음이 있습니다. 뭐라고요? 최신 학문이라고요? 어림도 없습니다! 학문은 인간의 지식에 의해 지배받기 때문에 영의 활동을 부정합니다. 현대 학문은 우리에게서 복음에 관한 모든 것을 빼앗아 갈 것입니다.

Authentic Christianity(사도행전 강해 3), p.161

행동 Behaviour

그리스도인이 아닌 사람에게 그리스도인으로서의 행위를 기대하는 것은 죄와 성경에 계시된 죄의 방식에 대한 엄청난 무지를 드러내는 것입니다.

God's Ultimate Purpose(에베소서 강해 1), p.197

실제로 신약성경에 의하면, 그리스도인이 아닌 사람들에게 그리스도인으로서의 행위를 요구하거나 권하는 것은 지독한 이단이라는 것을 주저 없이 말하는 바입니다. 그들에게는 그런 행위를 할 능력이 없습니다. 사람들이 기독교적인 삶을 살기 위해서는 반드시 새로운 피조물이 되어야만 합니다. 만일 그들이 이스라엘의 자녀들에게 주어진 도덕법과 십계명과 고대법들을 준수하지 못한다면, 어떻게 산상수훈을 준행할 수 있겠습니까? 그들이 어떻게 그리스도를 따를 수 있겠습니까? 그것은 순전히 어리석은 생각입니다.

Fellowship with God(요한일서 강해 1), p.70

우리가 누구인지를 깨닫기만 한다면 우리의 행실 문제는 자동적으로 해결될 것입니다. 이것은 부모들이 종종 그들의 자녀들을 훈육하기 위해 사용하는 방법이기도 합니다. 그들은 자녀들에게 이렇게 말합니다. "너희가 누구인지 항상 기억해라." 다른 말로 하면, 우리가 누구인지를 깨닫는 일에 실패할 때에 도덕적 행위와 행실에 관한 모든 문제에 걸려 넘어지게 되는 것입니다.

Children of God(요한일서 강해 3), p.24

행복 Happiness

이 세상에서 가장 행복했던 사람들은 항상 영광스러운 구원을 잘 이해하고 자신들이 신약성경의 위대한 표현인 '그분 안에' 있음을 잘 알았던 사람입니다. 그들은 철저하게 그분 안에 있었습니다. 그래서 그들은 이 세상에서 승리자 그 이상의 삶을 살았으며, 궁극적으로 우리의 행복과 불행의 원인이 되는 모든 것으로부터 자유롭게 된 사람이었습니다.

Saved in Eternity(성도의 구원, 요한복음 17장 강해), p.96

정말로 행복해질 수 없는 사람은 행복을 위해 사는 사람입니다. 만일 여러분이 행복을 추구하기 위해 산다면, 여러분은 절대로 그것을 찾을 수 없을 것입니다. 행복은 절대로 직접 추구될 수 있는 것이 아닙니다. 만일 여러분이 이것을 깨닫지 못한다면, 여러분은 행복과 평강에 관해 잘못된 길로 접어들 것입니다. 행복과 평강을 목적으로 삼는다면, 여러분은 절대로 그곳에 도달하지 못할 것입니다.

Authentic Christianity(사도행전 강해 2), p.227

여러분은 의보다 행복을 앞세울 때마다 비참해질 것입니다.

Studies in the Sermon on the Mount(산상설교 1), p.75

저는 어떤 사람들의 생각처럼 우리가 기독교의 기쁨을 참되고도 본질적으로 표현하기 위하여 그저 싱글거리며 의미 없는 헛된 웃음을 지어야 한다고 말하는 것이 아닙니다. 여러분은 거기에 아무것도 더할 필요가 없습니다. 기독교의 기쁨은 '존재할' 것입니다. 기독교의 기쁨이 그 자체를 표현하는 일을 도와줄 수는 없는 것입니다.

Spiritual Depression(영적 침체와 치유), p.14

헌신(하나님께 드리는 시간)Devotions

만일 여러분이 단 5분 동안 성경 말씀 몇 구절과 약간의 주석을 읽고 간단히 기도하는 것만으로도 하루를 살아가기에 충분하다고 생각한다면, 저는 여러분이 마귀의 궤계에 관해 아무것도 알지 못한다고 단언할 수 있습니다.

The Christian Warfare(에베소서 강해 7), p.153

여러분은 누구에게 몰약 상자를 바치려 합니까? 여러분의 모든 것을 누구에게 드리려 합니까? 누가 여러분의 마음을 이끌고 있습니까? 누가 여러분의 찬미와 감사를 요구하고 있습니까?
Evangelistic Sermons(전도 설교), p.211

여러분이 예수님의 사랑이 '무엇' 인지를 알기 원한다면, 그분이 여러분에게 말할 수 있도록 하십시오. 예수님은 성경을 통해 여러분과 만나 주실 것이며, 여러분에게 말씀하실 것입니다. 시간과 장소와 기회를 드리십시오. 다른 것들을 모두 제쳐 두고, 사람들에게 이렇게 말씀하십시오. "저는 당신의 부탁을 들어드릴 수 없습니다. 저는 다른 약속이 있습니다. 약속하신 분이 오실 것이며 저는 그분을 기다리고 있습니다." 여러분은 예수님을 고대하십니까? 여러분은 예수님을 기다리고 있습니까? 여러분은 그분을 받아들였습니까? 그리고 여러분을 향한 그분의 사랑을 깨달을 수 있도록 그분에게 말할 기회를 드리고 있습니까?
The Law:Its Functions and Limits(로마서 강해 4), p.62

현대성 Modernity

현대인의 지식은 죽음이나 영원에 대해 전혀 관심을 가지지 않습니다.
Authentic Christianity(사도행전 강해 3), p.182

오늘날 세상의 상태는 인간의 실패에 대한 섬뜩한 기념비와도 같습니다.
Banner of Truth, Issue 275(배너 오브 트루스 정기 간행물)

금세기에 인간의 재주와 능력은 주로 파괴의 기술에 몰두해 왔습니다.
Authentic Christianity(사도행전 강해 4), p.85

현대인들이 아무리 영리하다고 해도 그들은 새로운 죄를 발명할 능력이 없습니다. 죄와 악덕의 나쁜 형태는 성경에 다 있습니다. 해 아래 새것은 전혀 없습니다!
A Nation Under Wrath(이사야 5장 강해), p. 105

오늘날 인류가 만난 난제와 과거의 난제가 다르다는 사상은 가장 바보 같은 생각입니다. 그것들이 다르다니요? 오늘날의 인간은 전혀 다르지 않습니다. 그들은 지금까지 존재해 왔던 인류와 정확히 동일합니다.
Authentic Christianity(사도행전 강해 1), p. 142

이것이 현대인들의 문제점입니다……마귀가 그들의 마음을 어둡게 하였습니다……그러한 인류에게 우리가 무엇을 배우겠습니까? 마귀에 의해 눈먼 자들이 하나님의 뜻에 대해서 저에게 무슨 말을 해 줄 수 있겠습니까? 제가 그들과 대화해야 할 이유가 무엇이란 말입니까? 그럴 필요가 없습니다. 유감스러운 말이지만, 현대인은 눈이 멀었으며 무지하고 아무것도 알지 못합니다. 그러나 저에게는 그런 현대인을 도와줄 유일한 지식이 있습니다. 그것은 제 것이 아니라 주어지고 계시된 것으로서, 그들에게 이것을 말해 주는 것이 바로 설교자로서의 저의 의무입니다. 그들에게 말하라고 하는 것은 오히려 손해를 끼치는 일입니다. 현대인은 의견을 말할 능력이 없습니다. 그들은 '허물과 죄로 죽어 버린'(엡 2:1 참고) 어둠 가운데 있기 때문입니다.
To God's Glory(로마서 강해 11), p. 270

바로 이것이 현대를 살아가는 남녀의 비극입니다. 그들은 자신들이 하나님께 이를 수 있으며, 하나님을 이해할 만큼 위대하다고 생각합니다. 그들은 그들의 하찮은 지성으로 하나님의 모든 영광을 측정할 수 있다고 생각합니다. 어리석은 자들이여! 어리석은 자들이여! 도무지 이해할 수 없는 분을 이해하려고 시도하는 자들에게 무슨 다른 이름을 지어 줄 수 있겠습니까?
Authentic Christianity(사도행전 강해 4), p. 29

비판적이고도 냉정한 초연함으로 그의 문화와 학식을 자랑하는 현대인들은 그들이 주창하는 왔다가 사라지는 각종 운동에 관심을 가지며, 마치 영원히 살 것처럼 행동합니다. 여기 온 우주의 보좌에 앉아 있는 심판장으로서의 현대인이 있습니다. 그러나 그는 자신이 죽을 수밖에 없는 인간일 뿐이며 죽어 가고 있고 죽음과 대면해야 할 존재임을 잊고 있습니다.

Authentic Christianity(사도행전 강해 3), p.205

오늘날의 세상은 지독하게 병들어 있으며, 인간은 그 어느 때보다도 더 불행한 것 같습니다.

Banner of Truth, Issue 275(배너 오브 트루스 정기 간행물)

20세기를 살아가는 우리의 중대한 죄는 우리와 같은 특별한 사람들이 과거에는 전혀 존재하지 않았다고 믿는 것입니다.

Fellowship with God(요한일서 강해 1), p.62

현대를 살아가는 남녀에게 가장 먼저 일어나야 할 일은 그들의 기초가 되는 주 춧돌이 무너지는 것입니다. 그들은 자신들이 이전에 세상을 살았던 다른 모든 사람들과 별반 다르지 않은 인간일 뿐이라는 사실을 반드시 깨달아야 합니다……그들은 자신들이 이 거대한 역사의 일부분일 뿐이라는 사실을 깨달아야 합니다. 현대인들은 자신의 중요성과 모든 현대적인 문제들에 집중하기 이전에 무엇보다도 먼저 전체 역사를 살펴보아야 합니다.

Authentic Christianity(사도행전 강해 4), p.25

혈연관계 Relationships

혈연관계는 인간의 법규에 의해 결정된 관계보다 더욱 친밀하고도 직접적이며 살아 있는 관계입니다.

God's Way of Reconciliation(에베소서 강해 2), p.411

형벌 : 지옥 Punishment : Hell

만일 여러분이 하나님의 말씀을 듣지 않는다면, 여러분은 고통을 당하게 될 것입니다.   *Old Testament Evangelistic Sermons*(구약을 사용한 복음 설교), p.8

사람이 범죄하는 바로 그 순간에 즉시 형벌을 당하게 될 것이라고 생각하는 것보다 더 잘못된 궤변은 없습니다.

Old Testament Evangelistic Sermons(구약을 사용한 복음 설교), p.94

혼란 Perplexity

당황하고 혼란스러워하는 것은 죄가 아닙니다.   *Faith on Trial*(믿음의 시련), p.16

절망에 빠져 있는 것은 잘못된 일입니다. 그러나 혼란에 빠져 있는 것은 잘못된 일이 아닙니다.

Faith on Trial(믿음의 시련), p.16

화해 Reconciliation

화해는 실로 놀라운 사역입니다. 화해는 더욱더 놀랍고도 굉장한 일입니다. 왜냐하면 화해는 그 자체가 목적이 아니기 때문입니다. 화해 다음에는 우리가 하나님 아버지께로 가까이 가는 일이 있습니다.

God's Way of Reconciliation(에베소서 강해 2), p.316

확신 Conviction

존 번연John Bunyan은 『죄인 괴수에게 넘치는 은혜』*Grace Abounding*에서 자신이 18개월 동안 영혼의 고통 가운데 있었다고 술회합니다. 시간적 요소는 문제가 되지 않습니다. 유죄 선고를 받고 자신의 죄를 각성한 사람은 누구든지 이것에 대하여 고통스러워하기 마련입니다. 도대체 어떻게 종말을 맞이하고 하나님의 얼굴을 볼 수 있다는 말입니까?

Assurance(로마서 강해 2), p.18

인간이 칭의 교리를 이해하지 않고서는 사람과 하나님 사이에 평화는 없습니다. 이것만이 평강을 이룰 수 있는 유일한 길입니다. *Assurance*(로마서 강해 2), p. 18

저는 '두려움과 속박의 영'이 언제나 양자의 영보다 먼저 있어야 한다고 주장하는 바입니다. *The Sons of God*(로마서 강해 5), p. 207

1630년의 스코틀랜드 장로교회에 발생한 엄청난 사건을 생각해 봅시다. 그 유명한 존 리빙스턴John Livingston의 월요일 오전 설교로 인해 수많은 사람들이 로마서 7장의 두 번째 부분을 완벽하게 묘사해 주는 죄의 자각에 따른 고통에 빠졌습니다. 어떤 이들은 몇 시간씩 그러한 상태에 빠져 있었고, 또 어떤 이들은 며칠씩, 또 다른 이들은 몇 주씩이나 그러했습니다. 그들은 마치 완전히 죽은 사람 같았습니다. 그들은 계명의 영성을 보았고, 자신들의 노력이 얼마나 쓸모없는 헛수고인지를 깨달았습니다. 그들은 구원이나 자유를 찾을 수 없었습니다. 그곳에서 그들은 신음했고, 어떤 이들은 마치 죽 늘어선 관목들처럼 누워 있었으며, 다른 이들은 이른 새벽에 목사관을 찾아와 그들이 찾을 수 없었던 구원을 갈망하기도 했습니다. 제가 보기에 바로 이것이 로마서 7장 13-25절을 가장 완벽하게 묘사해 주는 상태입니다. 이것은 영적 생명의 초기 표현입니다. 그러나 그것은 죄의 확신이지 회심은 아닙니다. *The Law:Its Functions and Limits*(로마서 강해 4), p. 262

머지않아, 조만간 하나님의 영이 우리 각자를 방문하시고 움직이시며 흔들어 놓으실 때가 있을 것입니다. 그것은 지금과 같은 집회의 경우일 수도 있고 찬송을 부를 때일 수도 있으며, 우리가 가장 사랑하는 사람의 죽음이나 장례식에서일 수도 있습니다. 또는 죽음에 이르는 돌발적 사고나, 많은 상황들과 상태 가운데 하나를 통해 하나님의 영께서 우리를 다루실지도 모릅니다. *Evangelistic Sermons*(전도 설교), p. 26

확신

성령께서는 항상 판결을 내리십니다. 항상 말입니다! 우리는 과거에 전혀 겪지 못했던 성령의 권세와 임재를 의식할 수 있게 됩니다. 우리는 잠시 마음이 누그러지고 부드러워집니다. 그러다가 갑자기 우리가 올바로 살지 못했으며, 우리의 삶이 이기적이고 죄악적이었을 뿐만 아니라 하나님과 예수 그리스도 안에 나타난 그분의 영원한 사랑을 잊고 있었다는 것을 성령께서 점점 더 분명하게 떠오르게 만들어 주십니다.

Authentic Christianity(사도행전 강해 2), p. 211

우리가 살펴본 바와 같이, 성령께서는 사람들을 믿게 하심으로써 확신시키십니다. 저는 오직 성령만이 이 일을 하실 수 있음을 강조합니다. 성령이 아니고서는 이 진리의 말씀들을 그 누구에게도 확신시킬 수 없습니다.

Authentic Christianity(사도행전 강해 2), pp. 212-213

활동 Activity

활동

저는 지금까지 하나님의 나라의 사역에 지칠 줄 모르고 활동하던 사람이 갑자기 병으로 인해 일을 그만두고 나서 무엇을 해야 할지 몰라서 당황하는 경우를 보았습니다. 도대체 무엇이 문제입니까? 그들은 자신의 활동을 위해 살았던 것입니다. 여러분이 자신의 영혼을 돌보지 않은 채 그저 설교하고 일하면서 바쁘게 지낼 수도 있습니다. 그러나 여러분은 자신의 영적 생활에 너무나 게을러서 마지막 날에 자기 자신과 활동을 의지한 채 살아왔음을 발견하게 될 것입니다. 그리고 여러분이 그 활동을 멈출 때, 또는 병이나 다른 환경들로 인해 그만두어야 할 때, 자신의 삶이 공허하며 아무런 소원도 없음을 깨닫게 될 것입니다.

Studies in the Sermon on the Mount(산상설교 2), p. 278

회개 Repentance

회개

저는 한 번 회심했다가 다시 죄에 빠진 사람을 기억합니다. 저는 그의 회개를 도와주려고 했습니다. 그러나 이미 그 사람 스스로가 자신을 도울 준비가 너무나도 잘 되어 있다는 사실을 발견하게 되었습니다. 그는 내게로 와서 자신의 죄를 고백하고는 즉시 미소를 띠면서 이렇게 말했습니다. "결국 하나님의 은혜의 교리가 있잖아요!" 저는 그가 너무나 지나치게 건강하다고 느꼈습니다. 그는 너무도 재빠르게 자신을 치유하고 있었던 것입니다. 그러나 그것은 회개가 아닙니다. 죄에 대한 우리의 반응은 반드시 아주 깊은 후회와 참회이어야만 합니다.

Studies in the Sermon on the Mount(산상설교 2), p.291

회개는 하나님과 자기 자신과 그 관계에 대해서 다시 생각하는 것을 의미합니다. 그러나 가장 먼저 해야 할 일은 바로 하나님에 관해 다시 생각하는 것입니다.

The Sons of God(로마서 강해 5), p.44

뒤를 돌아보고 여러분이 불행했던 시간을 떠올려 보십시오. 그러면 그 시간이 분명히 여러분이 무엇인가 말하고 며칠 동안 그것을 후회했던 때임을 발견하게 될 것입니다.

Banner of Truth, Issue 275(배너 오브 트루스 정기 간행물)

회개가 죄 사함보다 먼저입니다. 그리고 그리스도 안에 있는 하나님의 은혜로운 말씀을 통한 죄 사함과 기쁨과 평강과 회개는 자신의 죄로 말미암아 비참과 고통을 깨닫는 사람들에게만 찾아옵니다. 따라서 축제를 위한 지름길은 금식에 있습니다. '슬픔'은 그리스도의 간섭으로 말미암아 '기쁨'으로 바뀝니다. 우리 모두 이것을 분명히 이해합시다. 오직 자신의 죄로 말미암아 비참과 고통을 느낀 사람들만이 구원의 기쁨을 체험할 수 있습니다. 그러므로 우리가 이미 살펴본 바와 같이, 구원에 대한 기쁨을 누리지 못하는 구원이 과연 존재하는지 의심스러운 일입니다.

Old Testament Evangelistic Sermons(구약을 사용한 복음 설교), p.262

하나님의 성령의 영향 아래 있지 않고서는 그 누구도 회개할 수 없습니다.

Authentic Christianity(사도행전 강해 3), p.80

회심 Conversion

우리가 그리스도를 위해 결심할 수 있다는 모든 교훈은 자동적으로 거짓입니다.

Spiritual Blessing(영적 축복, 요한복음 17장 강해), p.198

여러분은 최초의 믿음만으로는 살 수 없습니다. 베드로가 그렇게 살고자 했습니다. 그는 큰 믿음으로 시작했지만, 그 믿음을 계속 진행시키지 않고 그저 그 믿음으로만 살고자 했던 것입니다. 그러나 처음 받았던 그 믿음에 머물러서는 안 됩니다. 회심에만 머물러서는 안 됩니다. 그러면 여러분이 어디에 있는지 알기도 전에 그만 지쳐 버리고 말 것입니다. 여러분은 하나의 특별한 경험만으로는 살 수 없습니다. 반드시 매일 계속해서 그리스도를 바라보면서 살아야 합니다. 우리는 '믿음을 따라 행하며' 주 예수 그리스도를 믿는 믿음으로 살아야 합니다. 우리는 회심한 그날만큼이나 임종의 순간까지도 주 예수 그리스도가 필요한 존재입니다.

Spiritual Depression(영적 침체와 치유), p.158

영향 affects

기독교회를 핍박했던 어리석은 다소의 사울이 매우 영리하고 착하며 신앙적인 사람이라고 생각해 보십시오. 그저 '주의 형제를 대하여 살기가 등등' 했던 사울을 생각해 보십시오. 그를 사로잡았던 살기와 혐오의 정신을 생각해 보시고, 그것과 이 편지(빌립보서)를 기록했던 사람과 비교해 보십시오. 그러면 여러분은 복음이 얼마나 엄청난 일을 할 수 있는지를 깨닫게 될 것입니다.

The Life of Joy(빌립보서 강해), p.12

그것은 본성의 변화요 변경입니다.

Children of God(요한일서 강해 3), p.90

영적 생명의 첫 번째 증상은 여러분이 자신을 죽은 것처럼 느끼는 것입니다!

The Law: Its Functions and Limits(로마서 강해 4), p.145

인간의 성격은 그가 회심하더라도 완전히 변화되지 않습니다. 여러분이 "그런즉 누구든지 그리스도 안에 있으면 새로운 피조물이라. 이전 것은 지나갔으니 보라 새것이 되었도다"(고후 5:17)라는 사도 바울의 말을 모든 그리스도인들이 동일하게 될 것을 의미한다고 간주한다면, 그것은 아주 잘못된 것입니다. 우리의 인격과 성격의 근본적인 요소들은 회심이나 거듭남을 통해서 변화되지 않습니다. '새사람'은 새로운 경향, 새로운 이해, 새로운 태도를 의미합니다. 그러나 본질적으로 사람 그 자체는 정신적으로 과거의 사람과 동일한 것입니다.

The Christian Warfare(에베소서 강해 7), p.211

회심하기 이전의 인간의 능력과 힘과 성향은 회심한 이후에도 여전히 동일합니다. 회심했다고 해서 과거에 가지지 못했던 어떤 본성적 능력이 주어지는 것은 아닙니다. 그는 회심하기 전과 동일한 능력을 소유하고 있습니다. 이 말씀을 기록한 사도 바울의 예를 들어 봅시다. 그가 사도 바울이 되었을 때나 다소의 사울이었을 때나 그의 인격은 동일했습니다. 훼방자요 핍박자요 포행자로서의 다소의 사울은 엄청난 열정과 흥분으로 매우 철저하게 자신의 일을 수행한 인물입니다. 다소의 사울은 대충 일한 적이 없습니다. 그가 믿는 일은 무엇이든지 최선을 다해서 철저하게 수행했습니다. 그는 열렬한 핍박자였습니다. 그리고 그가 회심하여 바울 사도가 되었을 때에도 그러한 엄밀한 자질과 특성은 변하지 않았습니다. 그는 갑자기 조용한 성격의 소유자나 조용한 설교자가 되지 않았습니다! 우리는 그의 서신서들을 읽을 때마다 바울의 열망과 재능과 열정을 인식할 수 있습니다. 달리 말하면, 사람이 자기 자신을 표현하는 '요소들'은 회심 이후나 이전이나 동일한 것입니다.

The New Man(로마서 강해 3), p.256

기초 basis

'회심'은 강렬한 개인적 경험입니다.

Old Testament Evangelistic Sermons(구약을 사용한 복음 설교), p.14

회심

내가 만일 그리스도 안에 있다면, 그리스도께서는 나의 칭의와 의로움이 되실 뿐만 아니라 나의 성화와 궁극적 구속이 되십니다. 나는 그리스도의 부분만을 취할 수 없습니다. 그분은 완전한 그리스도이십니다. 내가 만일 그리스도 안에 있다면, 그분의 모든 유익이 내 것이 되는 것입니다. *Assurance*(로마서 강해 2), p. 277

그리스도인 됨에는 당연한 것이 없습니다. 그것은 전적으로 새로운 것입니다. 그것은 운명이나 당연히 발생해야 하는 어떤 것이 전혀 아닙니다. 실제로 그리스도인이 되는 것은, 신약성경이 '새로 남' 또는 '새창조' 또는 '신기원'이라고 묘사하는 것처럼, 일종의 중대한 국면이요 결정적인 사건이며 엄청난 격변과도 같습니다. 그리스도인이 된다는 것은 죽은 영혼이 소생하는 것과 견줄 만한 것으로서, 하나님에 의해 역사되는 초자연적 행위로 묘사되어 있습니다. 그것은 하나님의 아들이신 예수 그리스도 안에서, 그리고 그를 통하여 인간의 삶에 직접적으로 개입하시는, 무한하신 은혜로 말미암는 역사를 의미합니다.

Evangelistic Sermons(전도 설교), p. 166

여러분은 그리스도를 부분이나 한 조각으로 받을 수 없습니다.

Banner of Truth, Issue 275(배너 오브 트루스 정기 간행물)

여러분은 지금 이 순간 조금이라도 여러분 자신을 의지하고 있습니까? 만일 그렇다면 여러분은 그리스도인이 아닙니다. 여러분이 기독교 국가나 도시에서 태어나 자랐다는 사실을 의지하고 있습니까? 그렇다면 하나님께서 여러분에게 자비를 베푸시기를 기원합니다! 여러분이 여전히 기독교 국가를 의지하고 있다면, 여러분과 저는 서로 다른 말을 하고 있는 것이 됩니다. 여러분이 어렸을 때 받은 유아세례를 의지하고 있습니까? 또는 성인이 되어서 받은 세례가 여러분이 의지하고 있는 것입니까? 여러분은 한 교회의 교인 명부에 이름이 올라가 있다는 사실을 의지하고 있습니까? 그렇다면 하나님께서 여러분에게 자비를 베푸시기를 기원합니다! 누구라도 그렇게 될 수 있습니다. 특별히 이러한 문제들에 대해서 엄밀성을 요구하지 않는 요즘과 같은 시대에는 더욱더 말입니다. 여러분은 자신이 행한 선한 행위들을 의지하십니까? 여러분은 한 번도 술 취한 적이 없고 간음한 적도 없으며 살인한 적도 없이 선하게 살았던 삶을 의지하십니까? 이런 것들이 여러분이 의지하는 것들입니까? 그렇다면 저는 여러분이 밖에 있는 사람이라고 말할 수밖에 없습니다! 저는 여러분이 얼마나 존경받을 만한 사람인지에는 관심이 없습니다. 여러분은 구원 밖에 있는 사람입니다. 구원은 '우리가 행한 의의 행위'로 말미암는 것이 아닙니다. 그것은 절대 '우리의 행위에 따른 보상'이 아닌 것입니다. *I am Not Ashamed*(내가 자랑하는 복음), p.137

사람에게 믿음이 있다는 사실 자체가 그가 거듭난 증거입니다. 믿음은 하나님에 의해 다시 태어난 사람의 삶에 나타나는 첫 번째 열매입니다.
Life in God(요한일서 강해 5), p.17

위기 crisis

우리는 율법의 행위를 너무나 홀대해 왔습니다. 그저 사람들을 일종의 '결심'으로 몰아넣는 열망으로 허둥지둥했던 것입니다. 엄청난 고통으로 인하여 고난을 받은 사람만이 고통에서 해방된 것으로 감사할 수 있습니다. 죽음의 문턱에서 치유를 받아 살아난 사람만이 그 치유에 대해 가장 크게 기뻐하고 감사할 수 있습니다. 지옥을 희미하게나마 본 사람이 바로 영광스러운 천국을 가장 크게 인식하고 기뻐할 수 있는 것입니다.
Assurance(로마서 강해 2), p.305

"예수께로 나온다"는 것은 없습니다. 어떤 의미에서 사람은 결코 그리스도에게로 나올 수 없습니다. 그는 '오직 주 예수께로 나올 뿐'입니다. 만일 이 교리가 진리라면, 사람이 처음에는 그리스도를 오직 구세주로만 받아들이다가 나중에야 그를 주님으로 받아들이기를 결심할 수는 없습니다. 왜냐하면 그리스도는 언제나 주님이시기 때문입니다. 우리 죄를 위하여 돌아가신 분은 주님이십니다. 죄가 하나님의 진노의 대상이기 때문에 그리스도께서 우리 죄를 위하여 돌아가

회심

신 것입니다. 죄가 율법을 대적하고, 하나님과 반목하기 때문에 반드시 형벌을 받아야만 합니다. 나에게 필요한 구주는 모든 죄로부터, 죄의 권세와 그 죄와 관계된 모든 것으로부터 나를 구원해 주실 주님입니다. 만일 내가 죄에 대한 올바른 개념을 지니고 있다면, 죄의 용서만을 간구할 수는 없습니다. 나는 반드시 죄의 권세와 그 오염으로부터의 구원까지 간구해야 합니다. 우리는 '예수님'만 믿고 '주님'은 믿지 않을 수 없습니다. 우리는 오직 분리될 수 없는 한 분 주님을 믿는 것입니다. 그리스도의 한 인격 안에는 두 본성이 있습니다. 우리가 그분을 믿을 때 우리는 영광의 주님과 생명의 주님으로서의 예수 그리스도를 믿는 것입니다. 우리가 그분을 믿을 때, 그것은 주님께서 우리 죄를 위하여 돌아가셨고 우리를 구속하셨으며, 속전으로 값을 주고 사셨음을 믿는 것입니다. 우리가 그분을 믿을 때 그것은 우리 자신을 그분께 드리겠다는 것이지 '예수께로 가는 것'이나 예수를 믿는 것이 아닙니다. 우리는 주 예수님께로 나아가며 그분을 주 예수 그리스도로서 믿는 것입니다. *God's Ultimate Purpose*(에베소서 강해 1), p.321

성령 Holy Spirit

여러분이 단순히 복음을 사람에게 제시하는 것만으로도 그 사람이 복음을 믿기를 기대한다면, 여러분은 복음 자체를 부정하는 것이 되고 맙니다. 여러분은 복음을 이해하지 못한 것이지요. 그는 복음을 결코 믿을 수 없습니다. 여러분이 흥분하거나 그에게 복음을 믿으라고 압력을 가하는 것은 아무런 소용이 없습니다. 그것들은 아무런 효과를 나타내지 못합니다. 사람은 스스로 자신을 도울 수 없기 때문입니다! 그에게는 성령만이 베푸실 수 있는 조명이 필요합니다. 여러분에게 이것이 필요하듯이 그에게도 이것이 필요한 것입니다. *God' Sovereign Purpose*(로마서 강해 9), pp.34-35

단순히 복음을 사람에게 제시하는 것만으로는 충분하지 않습니다. 사람 안에 어떤 일이 반드시 행해져야 합니다. 성령은 말씀 안에 계셔야 할 뿐만 아니라 반드시 사람 안에도 계셔야 합니다. 이것이 전제되지 않고서는 진리를 볼 수 없

습니다. *God's Ultimate Purpose*(에베소서 강해 1), p.407

'그리스도인이 아닌 사람' 과 '그리스도인인 사람' 사이에는 이것도 저것도 아닌 흐릿한 차이는 없습니다. 그것은 여러분이 검정색에서 흰색으로 가는 동안 여러 단계의 회색을 통과하는 것과 같지 않습니다. 여러분이 검정색과 흰색 사이의 어느 부분에 있는지를 설명할 수 없는 그런 것이 아닙니다. 검정색이 약간의 흰색과 섞이고, 흰색을 약간 더 섞고 계속 섞으면 결국 여러분은 "아! 이것이 흰색이네요"라고 말하게 될 것입니다. 그러나 그리스도인이 아닌 사람과 그리스도인인 사람의 차이는 전혀 그렇지 않습니다. 그것은 철저하게 잘못된 것입니다. 그것은 사도 바울이 지금 여기서 가르치고 있는 것과 완전히 반대되는 것입니다. 사도는 검정색 아니면 흰색이라고 말하고 있으며, 거의 인식할 수 없는 상태로서의 중간 상태는 절대 없다고 못 박고 있습니다. 그것은 아주 교묘한 가시광선과 같은 변화가 아닙니다. 여러분은 정확히 어느 지점에서 한 가지 색깔이 끝나고 다른 색깔이 시작되는지를 결코 설명할 수 없습니다. 절대로 말입니다! 이 대조는 분명하고도 명확한 것입니다.

God's Way of Reconciliation(에베소서 강해 2), p.230

이 세상에 단 한 명의 그리스도인이 있다는 사실 그 자체가 바로 기적입니다.

God's Ultimate Purpose(에베소서 강해 1), p.414

시금석 tests

만일 여러분이 자신에게 용서받을 수 있는 어떤 권리가 있다고 느낀다면, 제가 이해하는 바, 여러분은 그리스도인이 아닙니다. *Faith on Trial*(믿음의 시련), p.89

이것보다 우리 기독교 신앙고백에 대해 더 철저한 시금석은 없습니다. 우리는 하나님과의 화평을 즐기고 있습니까?

Assurance(로마서 강해 2), p.17

여러분은 겸손해지 않고서는 결코 그리스도인이 될 수 없습니다.

Authentic Christianity(사도행전 강해 1), p. 114

이것보다 더 좋은 시금석은 없습니다. *Authentic Christianity*(사도행전 강해 1), p. 173

하나님에 관한 두려움의 자연적 상태, 하나님과의 적대감이 제거되었습니까?

Assurance(로마서 강해 2), p. 17

회심하지 않은 자 Unconverted

그리스도인이 아닌 사람들을 생각할 때, 우리의 마음은 반드시 불쌍히 여김과 연민으로 가득 차야만 합니다. *Assurance*(로마서 강해 2), p. 312

회중 Congregation

훌륭한 설교는 언제나 훌륭한 회중을 낳습니다.

Preaching and Preachers(설교와 설교자), p. 155

회중이 강단을 자주 조종해 왔고, 그것으로 인해 교회에 엄청난 해악이 발생했습니다. 사도는 디모데에게 사람들이 바른 교훈을 거스를 때가 올 것이라고 경고한 바 있습니다. *Christian Unity*(에베소서 강해 4), p. 201

저는 회중이 절대로 강단에 대해 명령하거나 조종해서는 안 된다는 것을 격언처럼 말하고자 합니다. 이것은 오늘날 매우 강조될 필요가 있습니다.

Preaching and Preachers(설교와 설교자), p. 143

설교자는 절대로 그의 회중의 사적이고도 개인적인 사실들을 알 필요가 없습니다……왜 그렇습니까? 설교자는 모든 인류 개개인이 의롭지 못하다는 것을 잘 알기 때문에, 설교자의 입장에서는 그들이 빈민촌에서 왔든지 런던의 가장 훌륭한 집에서 왔든지, 그것은 아무런 문제가 되지 않는 것입니다. 그들이 웨스트엔드 출신이든지 이스트엔드 출신이든지, 북극에서 왔든지 남극에서 왔든지 아무런 문제가 되지 않습니다. 그것이 뭐가 문제가 된다는 말입니까? 그들이 어떤 옷을 입었든지 어떻게 생겼든지 얼마나 존경을 받든지, 평판이 얼마나 나쁜지, 그런 것들은 아무런 문제가 되지 않습니다. 그들은 영혼입니다. 또한 그들은 사람입니다. 따라서 그들은 의롭지 못하며 그들에게 필요한 것은 복음뿐입니다. 왜냐하면 이 복음이야말로 그들을 구원할 수 있는 유일한 해결책이기 때문입니다. 예배를 마치고 난 후에 그들이 설교자에게 와서 자신의 죄의 목록을 이야기하기 시작할 때, 성경을 진정으로 아는 설교자라면 반드시 이렇게 말해야 합니다. "그만하십시오! 당신이 과거에 무슨 일을 했든지, 어떤 사람이었든지 상관없습니다. 당신은 그저 다른 모든 사람들과 마찬가지로 죄인입니다. 그리고 당신에게 필요한 것은 바로 동일한 우리의 구세주뿐입니다."

The Righteous Judgement of God(로마서 강해 8), pp. 199-200

책임 responsibility

직접적이고도 실제적으로 말해 봅시다. 여러분은 기독교 예배를 드리기 위해 교회에 올 때 어떤 기대를 가지고 있습니까? 여러분의 마음가짐은 어떠하며, 어떤 상태로 교회에 오십니까? 여러분이 하는 일에 대한 여러분의 태도는 어떠합니까? 여러분은 단지 주일 아침이기 때문에 예배의 장소에 가는 것입니까? 예배가 단지 프로그램의 한 종목에 불과합니까? 단지 몇 곡의 찬송을 부르고 성경봉독을 들으며, 설교에 귀를 기울이는 등의 행사일 뿐입니까? 이전에 자주 그랬던 것처럼, 여전히 습관적으로 예배를 반복하는 것입니까? 이것이 여러분이 하나님의 집에 출입하는 방식인가요? 만일 그렇다면 정말 하나님께서 여러분에게 자비를 베푸시기를 기원합니다!

The Christian Warfare(에베소서 강해 7), p. 283

회중

그러나 설교자가(설교를 준비했고 그것도 아주 세심하게 준비했다 하더라도) 이 영적 자유의 요소로 인해 회중으로부터 무언가를 얻을 수 있습니다. 여기에는 작용과 반작용이라는 상호 작용이 있으며, 이것은 종종 매우 중요한 차이를 만들어 냅니다……회중의 반응과 열망이 설교자를 고양시키고 활기차게 합니다. 그러므로 설교자는 이것을 받아들여야 합니다. 만일 그렇지 않다면, 그는 설교자에게 발생할 수 있는 가장 영광스러운 경험 가운데 하나를 놓치게 될 것입니다.

Preaching and Preachers(설교와 설교자), pp. 84-85

얼마나 많은 그리스도인들이 예배를 드리기 전에 하나님의 영이 설교자에게 임하셔서 설교자와 그의 메시지를 사용해 달라고 기도하고 있습니까? 설교자와 마찬가지로 회중들 역시 이것을 위해 기도해야 합니다. 그렇지 않으면 회중들은 설교자와 그의 메시지만 의지하게 될 것입니다.

Revival(부흥), p. 124

예배의 장소로 향할 때마다 우리는 이 세상에서 가장 놀랍고도 감격스러운 일을 하고 있다고 느끼고 있습니까? 우리는 정말 살아 있습니까? 예배를 기뻐하고 있습니까? 다른 사람과 비교해 볼 때 우리는 어떤 사람들입니까? 근엄하지만 생기가 없는 그리스도인은 많은 부분에 있어서 가장 영광스러운 요소로서의 복음을 부정하는 사람입니다. 따분하고 동작이 둔하고 활기가 없기에 항상 자극을 주고 깨워야만 하는 사람, 기쁨으로 예배를 드리기 위해 달려가기보다 항상 이것이나 저것을 하라고 강요하는 사람은 기독교에 대한 슬픈 초상이 아닐 수 없습니다.

The Christian Soldier(에베소서 강해 8), p. 285

회합 Meetings

회합

우리는 오늘날 집회와 회합을 의지하며 살아가는 세대가 되어 버렸습니다.

The Unsearchable Riches of Christ(에베소서 강해 3), p. 108

후회 Regrets

일반적인 생각의 잣대로 볼 때, 과거에 일어났던 일로 인해 현재의 여러분이 실패자로 살아가는 것보다 더 통탄스럽고 비난받을 만한 일은 없습니다.
Spiritual Depression(영적 침체와 치유), p. 83

만일 여러분이 그리스도에게 더욱 관심이 많다면, 여러분 자신에 대해서는 더 적은 관심을 기울이게 될 것입니다.
Spiritual Depression(영적 침체와 치유), p. 88

결코 뒤를 돌아보지 마십시오. 여러분의 현재의 시간을 낭비하지 마십시오. 여러분의 에너지를 낭비해서는 안 됩니다. 과거는 잊어버리고, 하나님의 은혜로 된 여러분의 현재의 모습 안에서 기뻐하고 즐거워하십시오. 또한 앞으로 여러분의 삶과 존재에 발생할지도 모르는 하나님의 경이로운 은혜 안에서 놀라고 기뻐하십시오. 심지어 나중 된 자가 먼저 될 것이라는 주님의 약속을 발견하고 기뻐하십시오. 여러분의 여러분 된 모습으로 인해, 그리고 하나님의 나라에 속한 것으로 인해 하나님을 찬미하십시오!
Spiritual Depression(영적 침체와 치유), p. 90

아주 순수한 정통주의 교리적 입장으로 볼 때, 저는 어떤 의미에서 타락한 개신교 계급주의보다 몇몇 로마 가톨릭 구조에 더 가깝다고 할 수 있습니다. 그러나 저는 로마 가톨릭 교회와 반드시 분리되어야만 합니다. 왜냐하면 로마 가톨릭 교회는 그리스도만으로 충분하다고 여기지 않고 모든 다른 종류의 약들을 섞은 이단적 몰약병을 가지고 있기 때문입니다. 그들은 그리스도에 교회를 더하고, 동정녀 마리아를 더하고, 사제들과 신부들을 더하고, 성자들을 더합니다. 이것은 이단적 행위입니다.
Spiritual Depression(영적 침체와 치유), p. 187

마틴 로이드 존스의 저작 목록

A Nation Under Wrath(Kingsway, 1997)
이사야 5장 강해(기독교문서선교회)

Alive in Christ(Crossway, 1997)
그리스도 안에 생명

Authentic Christianity
  Authentic Christianity Vol. 1 : Acts 1-3(Banner of Truth Trust, 1999)
  진정한 기독교, 사도행전강해 1(복 있는 사람)
  Authentic Christianity Vol. 2 : Acts 4-5(Banner of Truth Trust, 2001)
  담대한 기독교, 사도행전강해 2(복 있는 사람)
  Authentic Christianity Vol. 3 : Acts 5:17-6:8(Banner of Truth Trust, 2003)
  승리하는 기독교, 사도행전강해 3(복 있는 사람)
  Authentic Christianity Vol. 4 : Acts 7:1-29(Banner of Truth Trust, 2004)
  영광의 기독교, 사도행전강해 4(복 있는 사람)
  Authentic Christianity Vol. 5 : Acts 7(Banner of Truth Trust, 2004)
  도전하는 기독교, 사도행전강해 5(복 있는 사람)
  Authentic Christianity Vol. 6 : Acts 8:1-30(Banner of Truth Trust, 2004)
  저항할 수 없는 기독교, 사도행전강해 6(복 있는 사람)

Authority(IVP, 1966)
권위(생명의 말씀사)

Banner of Truth, Issue 275, August/September 1986
배너 오브 트루스 정기 간행물 1986년 8,9월호

Christmas Sermons : An Exposition of the Magnificat(Brynterion Press, 1998)
크리스마스 메시지(청교도 신앙사)

Enjoying the Presence of God(Crossway Books, 1991)
하나님 앞에 사는 즐거움(생명의 말씀사)

Ephesians:
  God's Ultimate Purpose : Ephesians 1(Banner of Truth Trust, 1978)
  영적 선택, 에베소서 강해 1(기독교문서선교회)
  God's Way of Reconciliation : Ephesians 2(Banner of Truth Trust, 1981)
  영적 화해, 에베소서 강해 2(기독교문서선교회)

The Unsearchable Riches of Christ : Ephesians 3(Banner of Truth Trust, 1979)
영적 충만, 에베소서 강해 3(기독교문서선교회)

Christian Unity : Ephesians 4:1-6(Banner of Truth Trust, 1980)
영적 연합, 에베소서 강해 4(기독교문서선교회)

Darkness and Light : Ephesians 4:17-5:17(Banner of Truth Trust, 2003)
영적 광명, 에베소서 강해 5(기독교문서선교회)

Life in the Spirit in Marriage, Home and Work : Ephesians 5:18-6:9(Banner of Truth Trust, 1975)
영적 생활, 에베소서 강해 6(기독교문서선교회)

The Christian Warfare : Ephesians 6:10-13(Banner of Truth Trust, 1976)
영적 투쟁, 에베소서 강해 7(기독교문서선교회)

The Christian Soldier : Ephesians 6:10-20(Banner of Truth Trust, 1977)
영적 군사, 에베소서 강해 8(기독교문서선교회)

Evangelistic Sermons at Aberavon(Banner of Truth Trust, 1990)
전도 설교(기독교문서선교회)

Expository Sermons on 2 Peter(Banner of Truth Trust, 1983)
베드로후서 강해(기독교문서선교회)

Faith on Trial(IVF, 1981)
믿음의 시련(지평서원 근간)

First Book of Daily Readings(Epworth Press, 1970)
매일의 묵상

From Fear to Faith(Inter-Varsity Press, 1953)
하박국 강해(지평서원 근간)

God's Way Not Ours(Banner of Truth Trust, 1983)
우리의 방법이 아닌 하나님의 방법(기독교문서선교회)

Great Doctrines of the Bible, Vols.1,2,3
 God the Father God the Son(Hodder & Stoughton, 1996)
 God the Holy Spirit(Hodder & Stoughton, 1997)
 The Church and the Last Things(Hodder & Stoughton, 1998)
 교리 강해 1,2,3 : 기독교문서선교회, 교리강좌 1,2,3(부흥과개혁사)

Healing and the Scriptures(Oliver-Nelson Books, 1988)
의학과 치유(생명의 말씀사)

Heirs of Salvation, Bridgend(Brynterion Press, 2000)
하나님을 만나는 비결(꿈지기)

I am Not Ashamed : Advice to Timothy(Hodder & Stoughton, 1986)
내가 자랑하는 복음(복있는 사람)

Joy Unspeakable(Kingsway, 1995)
성령 세례(기독교문서선교회)

Knowing the Times(Banner of Truth Trust, 1989)
시대의 표적(기독교문서선교회)

Let Everybody Praise the Lord : Ps 107(Brynterion Press, 1999)
찬양, 만입의 고백(지평서원)

Life in Christ: Studies in 1 John
  Fellowship with God(Crossway Books, 1993)
  요한일서 강해 1(생명의 말씀사)
  Walking with God(Crossway Books, 1993)
  요한일서 강해 2(생명의 말씀사)
  Children of God(Crossway Books, 1993)
  요한일서 강해 3(생명의 말씀사)
  The Love of God(Crossway Books, 1994)
  요한일서 강해 4(생명의 말씀사)
  Life in God(Crossway Books, 1995)
  요한일서 강해 5(생명의 말씀사)

Not Against Flesh and Blood(Brynterion Press, 2001)
귀신들림, 점술, 강신술(꿈지기)

Old Testament Evangelistic Sermons(Banner of Truth Trust, 1995)
구약을 사용한 복음 설교(생명의 말씀사)

Out of the Depth(Evangelical Press of Wales, 1986)
회개(복 있는 사람)

Preaching and Preachers(Hodder & Stoughton, 1971)
설교와 설교자(복 있는 사람)

Prove All Things(Kingsway, 1985)
성령의 주권적 사역(기독교문서선교회)

Revival(Crossway Books, 1987)
부흥(복 있는 사람)

Romans:
  The Gospel of God : Romans 1(Banner of Truth Trust, 1985)
  하나님의 복음, 로마서 강해 7(기독교문서선교회)
  The Righteous Judgement of God : Romans 2(Banner of Truth Trust, 1989)
  하나님의 의로운 판단, 로마서 강해 8(기독교문서선교회)
  Atonement and Justification : Romans 3(Banner of Truth Trust, 1995)
  속죄와 칭의, 로마서 강해 1(기독교문서선교회)
  Assurance : Romans 4(Banner of Truth Trust, 1995)
  확신, 로마서 강해 2(기독교문서선교회)
  The New Man : Romans 5(Banner of Truth Trust, 1995)
  새사람, 로마서 강해 3(기독교문서선교회)
  The Law: Its Functions and Limits : Romans 6(Banner of Truth Trust, 1995)
  율법과 기능의 한계, 로마서 강해 4(기독교문서선교회)
  The Sons of God : Romans 7(Banner of Truth Trust, 1995)
  하나님의 자녀, 로마서 강해 5(기독교문서선교회)
  The Final Perseverance of the Saints : Romans 8(Banner of Truth Trust, 1995)
  성도의 견인, 로마서 강해 6(기독교문서선교회)
  God's Sovereign Purpose : Romans 9(Banner of Truth Trust, 1995)
  하나님의 절대주권의 목적, 로마서 강해 9(기독교문서선교회)
  Saving Faith : Romans 10(Banner of Truth Trust, 1995)
  이신칭의, 로마서 강해 10(기독교문서선교회)
  To God's Glory : Romans 11(Banner of Truth Trust, 1995)
  하나님의 영광을 위해, 로마서 강해 11(기독교문서선교회)
  Christian Conduct : Romans 12(Banner of Truth Trust, 1995)
  그리스도인의 행실과 윤리, 로마서 강해 12(기독교문서선교회)
  Life in Two Kingdoms : Romans 13(Banner of Truth Trust, 1995)
  두 나라와 그리스도인의 삶, 로마서 강해 13(기독교문서선교회)
  Liberty and Conscience : Romans 14(Banner of Truth Trust, 1995)
  그리스도인의 자유와 양심, 로마서 강해 14(기독교문서선교회)

Singing to the Lord(Brynterion Press, 2003)
성경적 찬양(지평서원 근간)

Spiritual Depression : Its Causes and Its Cure(Pickering and Onglis, 1976)
영적 침체와 치유(기독교문서선교회)

Studies in the Sermon on the Mount(Eerdmans, 1987)
산상설교 상,하(정경사)

The All Sufficient God(Banner of Truth Trust, 2005)

너희 하나님을 보라, 이사야 40장 강해(복 있는 사람)

The Assurance of Our Salvation : Studies in John 17
요한복음 17장 강해 1,2,3,4

The Cross(Kingsway, 1986)
십자가와 구원(기독교문서선교회)

The Heart of the Gospel(Kingsway, 1991)
복음의 핵심(양무리서원)

The Kingdom of God(Crossway, 1992)
하나님의 나라(복 있는 사람)

The Life of Joy(Hodder & Stoughton, 1942)
빌립보서 강해 1,2(생명의 말씀사)

The Miracle of Grace(Baker Book House, 1986)
은혜의 기적(아가페출판사)

The Plight of Man and the Power of God
인간의 곤경과 하나님의 능력(복 있는 사람)

The Puritans : Their Origins and Successors(Banner of Truth Trust, 1991)
청교도 신앙, 그 기원과 계승자들(생명의 말씀사)

True Happiness : Exposition in Psalm 1(Brynterion Press, 1997)
세상이 모르는 그리스도인의 특별한 행복(청교도신앙사)

Truth Unchanged, Unchanging(Evangelical Press of Wales, 1990)
불변하는 진리(지평서원 근간)

Unity in Truth(Crossway Books, 1991)
진리로 하나(목회자료사)

Walking with God Day by Day(Crossway Books, 1993)
날마다 읽는 마틴 로이드존스(복 있는 사람)

Water in the Desert(Brynterion Press, 1991)
사막의 샘터(지평서원 근간)

What is an Evangelical(Banner of Truth Trust, 1992)
복음주의란 무엇인가?(복 있는 사람)

Why Does God Allow War?(Crossway Books, 2003)
하나님은 왜 전쟁을 허락하실까?(지평서원 근간)

영문판에 누락된 저작목록

The Gospel in Genesis: From Fig Leaves to Faith(Crossway Books, 2009)
창세기 강해
Let Not Your Heart Be Troubled(Crossway Books, 2009)
요한복음 14장 강해
Jesus Christ and Him Crucified(The Banner of Truth Trust, 1999)
십자가에 못 박히신 예수 그리스도(복 있는 사람)

Living Water(Crossway Books, 2009)
요한복음 4장 강해

Love so Amazing(Kingsway Publications, 1995)
골로새서 강해(기독교문서선교회)

Raising Children God's Way(Banner of Truth Trust, 2007)
가족(생명의 말씀사)

The Christian in an Age of Terror(New Wine Press, 2007)
위기의 그리스도인(지평서원)

참고문헌

Martyn Lloyd-Jones (1899-1981) and Twentieth Century Evangelicalism, Milton Keynes(Brencher, J., Paternoster, 2002)

D. Martyn Lloyd-Jones: Letters, Edinburgh(Murray, I. (ed.), Banner of Truth Trust, 1994)

D. Martyn Lloyd-Jones: The First Forty years (1899-1939)(Murray, I., Banner of Truth Trust, 1983)

D. Martyn Lloyd-Jones: The Fight of Faith (1939-19381)(Murray, I., Banner of Truth Trust, 1990)

옮긴이 **신호섭 목사**는 고려신학교(B.A.)를 거쳐 동 신학교 신학원(M.Div.)을 졸업했으며, 영국에서 London Theo-logical Seminary를 졸업하고 미국 Westminster 신학대학원에서 싱클레어 퍼거슨 교수의 지도하에 The Imputation of Christ's Active Obedience in Puritan Theology라는 제하의 논문으로 역사신학(Th.M.)을 졸업했다. 이후 고려신학교에서 강의하던 중 2009년에 도미하여 미국 미시시피 잭슨에 있는 Reformed Theological Seminary에서 "21세기 신교회 운동인 이머징 교회 운동의 영향"(2012)으로 박사 학위를 수여받았다. 귀국한 이후에는 2014년에 개혁교회연구소와 올곧은교회를 개척하여 지금까지 올바르고 곧으며 진실하고 정직한 그리스도의 제자 공동체 건설을 통한 하나님 나라의 확장을 위해 힘쓰고 있다. 저서로는 『개혁주의 전가 교리』가 있고, 대표적 역서로는 『칭의 교리의 진수』, 『성령의 사역, 회심과 부흥』, 『칼빈주의』(이상 지평서원), 『부흥과 부흥주의』, 『위대한 전도자, 목회자, 신학자 로이드 존스와 떠나는 여행』(이상 부흥과개혁사), 『예수님은 십계명을 어떻게 해석하셨는가?』(크리스챤) 등이 있다.

MLJ 3
로이드 존스 앤솔러지

지은이 | 마틴 로이드 존스
옮긴이 | 신호섭

펴낸곳 | 지평서원
펴낸이 | 박명규

편 집 | 정 은, 박혜민
디자인 | 백현아
마케팅 | 김정태

펴낸날 | 2009년 7월 10일 초판
　　　　 2016년 10월 4일 초판 3쇄

서울 강남구 선릉로107길 15 (역삼동) 지평빌딩 06144
☎ 538-9640,1　Fax. 538-9642
등 록 | 1978. 3. 22. 제 1-129

값 20,000원
ISBN 978-89-86681-89-5-94230
ISBN 978-89-86681-69-7(세트)

메일주소 jipyung@jpbook.kr
홈페이지 www.jpbook.kr
페이스북 www.facebook.com/jipyung
트 위 터 @_jipyung